U0902222

泰山学者工程专项经费资助
教育部人文社科基地重大项目“两宋时期易学流衍与哲学发展”（16JJD720011）前期成果

主编　林忠军

历代易学名著整理与研究丛书

周易时论合编导读（下）

［明］方孔炤 撰　许伟 导读

周易时论合编卷之三

皖桐方孔炤潜夫论述
孙中德、中履、中通、中泰编录

箫氏，以“主客”观《序》矣。胡庭芳曰：“《同》《有》后：坤，乃‘长、少二男’之从母也。”《订》曰：“上下互观，亦为‘母统三男之卦’。”潜老夫曰：“‘特主’之在爻中，师、比、同、有之当‘飞’‘见’是也。‘特主’之在卦中，则履、畜[1]、谦、豫之在‘惕’‘跃’是也。‘特主’之在初、上，则剥、复、夬、姤之颠‘潜’‘亢’是也。人爻最切，故‘立夏、立冬’之转‘巳、亥’，当深玩焉。谦、豫之越五转冬，犹履、畜之越五转夏也。此指《方图》。”智曰：“《横图》,《震》中,《坤》终；豫，乃‘折半之交’也。艮、坤，同为太阴；谦，乃‘太阴之自交’；而豫，亦在‘太阴八卦之中’者也。故《阴符》、黄老，皆主‘谦’道，‘以后为先’。豫知大随，而‘兵几’藏焉。圣人知之，故和‘礼’以‘乐’[2]，而‘动止皆顺’矣[3]。《上经》至豫，亦‘折半之中’也[4]。”

䷎地山谦

智按：“谦、兼、嗛、歉、慊，古皆通用。盖从‘兼’得声，膁之

---

①《小畜》卦。

②“谦以制礼，豫以作乐”。指《谦》《豫》两卦。

③《谦》卦，为上坤下艮；《豫》卦，为上震下坤。坤，为顺；艮，为止；震为动。所以称“动止皆顺”。

④六十四卦卦序，《豫》为第16卦。《上经》三十卦，所以称《豫》卦，为“折半之中”。

发送也。‘用中’，贵乎‘两端’[①]。‘兼’者，‘用两’也。古今也，阴阳也，费隐也，人我、生死也；能‘兼’，则能‘平’矣。”泰、否，著“君子”“小人”；同、有，“类”“辨”善恶，而恐其“角争矜饰”。故“《谦》以制礼”，归于“平称”。《记》曰：“礼时为大，顺次之，体次之，宜次之，称次之。”是，礼以“称”用其“时”。“称”，所以“平”；“平”，则已自“克复”矣。“称”者，“时为大”之“有终”也。孔子曰：“《易》，先同人；后大有，承之以谦，不亦可乎？”[②]“九卦”[③]，于《上经》取履、谦、复，岂偶然哉？

谦（《归藏》，作“兼”。子夏，作“嗛亨”。），**君子有终**。（《说苑》引“君子有终，吉。”徐锴云：“‘谦’，犹‘嗛’也。”《艺文志》，引“《易》之‘嗛嗛’”，即“谦谦”也。可证。《大学》“谦”“慊”，声义本通。）

康成曰：“自损下人，艮‘坚固’，坤‘厚顺’，乃能‘终’之。”《语》曰：“饥马在厩，漠然无声；投刍其旁，争心乃生。”不终，如是。仲翔曰：“‘君子’，谓三。艮，‘终万物’象。”程子曰：“达理，故乐天而不竞；内充，故退让而不矜。”《野同录》曰：“《谦》者，‘克己复礼’[④]之‘柄’也；‘成己、成物’[⑤]之‘制’也[⑥]。‘亨嘉之会’[⑦]，‘卑牧’，‘劳终’[⑧]。苛刻之名法，竟雄捭阖；倍谲之机锋，斗狠火驰。岂知‘君子之终’乎？”

《彖》曰：谦，亨。天道下济而光明，地道卑而上行。

《荃》曰：“凡一阳卦，《彖传》皆以刚指之：《复》曰‘刚反’，《师》曰‘刚中’，《豫》曰‘刚应’，《比》曰‘刚中’，《剥》曰‘柔变刚’。惟《谦》不然；《谦》，不贵刚耳。”《宜》曰：“以艮‘一阳之天道’，‘光明’于坤之‘地’也。坤居艮上，是‘卑而上行’也。”神曰：“高而不

---

①《礼记·中庸》：“舜其大知也与，舜好问而好察迩言，隐恶而扬善。执其两端，用其中于民，其斯以为舜乎！”

②《韩诗外传》八。

③《系辞下》，所引“三陈九卦”。

④《论语·颜渊》：“颜渊问仁。子曰：‘克己复礼为仁。一日克己复礼，天下归仁焉！为仁由己，而由人乎哉？’”

⑤《礼记·中庸》：“诚者，非自成己而已也，所以成物也。成己，仁也；成物，知也。性之德也，合内外之道也。”

⑥《系辞下》：“《谦》，德之柄也。”“《谦》以制礼。”

⑦《乾卦·文言传》：“元者，善之长也。亨者，嘉之会也。利者，义之和也。贞者，事之干也。”

⑧《谦》卦：“谦谦君子，卑以自牧。”“劳谦君子，有终，吉。”

卑，‘无忌惮’之‘小人’[①]；卑而不高，‘待文王’之‘凡民’[②]。”《意》曰：《易》“以‘乾刚’，反复、往来、上下，于‘坤之柔中’耳。故以‘上达’，藏于‘下学’[③]”。

天道亏盈而益谦（“亏”，马作“毁”），**地道变盈而流谦，鬼神害盈而福谦**（“福”，京房作“富”），**人道恶盈而好谦。谦尊而光，卑而不可逾：君子之终也**。

永叔曰：“日食、星变，孔子未尝道其所以然，曰：‘天地，不知；为其可知者，人而已。’天，见其‘亏盈’于物；地，见其‘变流’于物；鬼神，见其‘祸福’者矣。人，则可知者；故直言其‘好恶’。”张画子曰：“一者，尽；三者，在其中。‘人心’，即‘天心’也，又何疑？”智曰：“‘盈不可久’之旨，于此惕之。‘卑牧’，用于‘鸣劳’；而‘㧑’，则不妨‘征伐’；是《谦》乃所以‘善用其盈虚也’。”

《象》**曰：地中有山，谦。君子以裒多益寡，称物平施**（郑、荀、董、蜀本，“裒”作“桴”。《字书》，引《易》“掊多益寡”。张揖云[④]：“掊，减也”）。

刘景升云：“山，本地。山，今居‘地中’，‘降体’之象。”子瞻曰：“物过，然后知有‘谦’。使物不过，则‘谦’者，乃其‘中’也。”《洹词》曰：“山，各有脉。其形，起于地上；其根，发于地中。地中之‘山与水’，犹人身中之‘骨与血’也。”神曰：“《谦》者，《泰》之根；一阳，正处于三爻‘乾乾’之位。《剥》者，《否》之根；一阳，孤立于上爻‘亢龙’之位。”玄同曰：“嵩、华、泰岱，远则隐矣。君子不以山‘自恃’，而以地‘自平’；乃知‘圣愚各有长短，只得其平’。目不以能见，加于耳；手不以能持，加于足。有齿无角，一夫之智；而色矜、气侈，不亦恶乎？”元公曰：“我山，最高；摧，则不见。”潜老夫曰：“谦与剥，为山地、地山之‘损益’。谦，正用剥，以裒之、称之以名，而名称其实。诡伪者、逃迹者，皆无所用其‘贡高’，此同人、大有之神权乎？惟‘称’其‘平’。‘称’，自因物；因物，即‘施’。‘复礼’‘行恕’[⑤]，‘平天下’之宗也。舍‘物之称’，而言‘平施’，必有‘以截鹤续凫，为平’者矣。离物绝施，而云‘本无多寡’，必有‘以土凷顽石，

①《礼记·中庸》：“君子之中庸也，君子而时中。小人之中庸也，小人而无忌惮也。”

②《孟子·尽心上》：“待文王而后兴者，凡民也。若夫豪杰之士，虽无文王犹兴。”

③《论语·宪问》：“子曰：不怨天，不尤人，下学而上达。”

④张揖（生卒不详），字稚让，东汉清河人，著《广雅》十卷、《埤苍》三卷、《古今字诂》等。

⑤《孟子·尽心上》：“万物皆备于我矣。反身而诚，乐莫大焉。强恕而行求仁莫近焉。”

为平者’矣。君子学问，不过‘一平’，而妙于‘称’‘施’。劳民以礼，服民以则，但言‘忠恕’，心志‘自平’，此所以‘天下太平’也。岂以‘荒委’言‘平’？”

初六，谦谦君子，用涉大川，吉。变离为《明夷》。

《宜》曰：“卦,《谦》；爻下，曰‘谦谦’。‘乾乾’‘夬夬’，重刚也；‘坎坎’，重阴也；‘蹇蹇’，前互见重《坎》也。‘涉川’，坎‘水’，震‘木’，离‘舟’象。‘利涉’者，其才，其时也。‘用涉’，则用此以涉，见‘用谦之有成劳也’。《庄子》曰：‘惟道集虚。’谦者，虚谷也。至人牧心，如‘牧牛’然。‘养性’之纯，人、牛不见，虚之至也。”张敬夫曰：“牧人驯扰，不加棰策，而自无抵触矣。”

《象》曰：谦谦君子，卑以自牧也。

《正》曰：“君子处‘治世’，如‘服耒耜’①‘任重负’②焉；处‘衰世’，如画《狸首》③，以游‘决拾’之内④。齐闾丘来盟⑤，闵马父笑，子服景伯曰：‘正考父，较《商颂》，以《那》为首，其辑之乱。’曰：‘自古在昔，先民有作，温恭朝夕，执事有恪。’先圣不敢专，而称曰‘自古’，曰‘在昔’，曰‘先民’。今吾子戒曰：‘陷而入于恭。’甚矣，子之满也。”

六二，鸣谦，贞吉。变巽，为《升》。积变，《泰》。

姚信曰：“二，体震形，为‘善鸣’；二上比应，故曰‘鸣’。”《遡》曰：“谦、豫、有、小过之‘飞鸟’，《谦》之‘鸣’同；而心志，有‘得、不得’者。二，鸣于‘无事’，为‘比德’之‘和声’⑥。上，鸣于‘征伐’，以谦绳‘不谦’；而致讨非‘谦者之本心’，‘志’所以‘未得’也。”郝《解》曰：“二，以‘谷虚应’而鸣；上，以‘雷出地’而鸣。袁临侯曰：二‘鸣’，由中达外；上鸣，则踞上矜尊矣。”《正》曰：“赵衰，让卿三‘辞’，可谓‘鸣谦’。”

---

①《礼记·月令》：“天子亲载耒耜，措之于参保介之御间。”

②《系辞下》：“服牛乘马，引重致远。”

③《仪礼·大射》：“上射揖，司射退，反位。乐正命太师曰：‘奏《貍首》，闲若一。’”《礼记·射义》：“其节，天子以《驺虞》为节，诸侯以《貍首》为节。”陆德明《经典释文》：“貍之言不来也。首，先也。此逸诗也。”

④《诗经·小雅·车攻》：“决拾既佽，弓矢既调。”《仪礼·大射》：“小射正奉决拾以笥，大射正执弓。”

⑤“闾”字，原为“闵”字。根据黄道周《易象正》。《国语卷五·鲁语下》曰：“齐闾丘来盟。”

⑥《国语·晋语八》：“君子，比而不别。比德以赞事，比也。”《礼记·玉藻》：“君子于玉比德焉。”

《象》曰："鸣谦贞吉"，中心得也。

《诂》曰："六二，与三，非勉强唱和也。曰：'平怀之士，冲口妙叶。'曾子桑户，声满天地，非'中心得而能之'乎？故曰：'贞吉。'"退之曰"物不得其平则鸣"[①]。"鸣"，则固已"平"矣。此，即圣人"容民"之大物理也。

九三，劳谦，君子有终，吉。变纯《坤》。积变《临》。

《宜》曰："坎'劳'，卦'谦'，必有'可谦'之实；故推'致其身'[②]，而要其'吉'。初、三之'君子'，即一人也；六爻，皆其'终'也；'涉川''征伐'，皆其'劳'也。桓宽曰：'禹亲其劳，泽行路宿，簪堕不掇，冠挂不顾。'《谟》，止载其'勤俭不满假'，而已。"胡仲虎曰："《乾》三，'君子'；《坤》三，'有终'。《谦》三，兼之：'劳'艮，乾'惕'。'谦'，即'含章'也。阳君，阴民。'万民'，象坤，'顺服'象。"《正》曰："仲尼观于五德，'吾为士乎？''所其无逸，知稼穑之艰难。'[③]'劳谦有终'，圣贤所'自与'也。以公孙段之'汰'也，相郑君敬，而得州田。以季孙宿之'专'也，拜莒田让加笾，而晋重其好贶。故管仲辞上卿之礼，子产辞六邑，盖此志也。"

《象》曰：劳谦君子，万民服也。

潜老夫曰："舍身'与民同患'，即功名，而无功名矣。即劳是安，'慎终如始'[④]。岂如偏高放达，以'自受用'，为'守雌谦退'之'谷王'哉？上《系》，以此为七爻之中[⑤]，有以夫？"

六四，无不利，㧑谦（"㧑"，郑读为"宣"）。变震，为《小过》。积变，《归妹》。

"㧑"，通作"麾"。坤"众"、合艮"手"，互震"动"，"㧑"象。"㧑"，好上者，使知下牧也。"不违则"者，物物之则，即"顺帝之则"也[⑥]。"益"与"施"，则谦"劳"；"称"与"平"，则谦"不过"；而继以"征伐""用涉大川"之实事也。慈湖曰："以柔居柔，圣人教之㧑去其谦。"荀爽曰"众阴欲'㧑'三；使上居五，'万民'服之，非也。"赵汴水曰："下三爻，谦'善其身'，皆言'吉'；上三爻，谦'善天下'，

①韩愈著《送孟东野序》。

②《论语·学而》："贤贤易色：事父母能竭其力，事君能致其身，与朋友交言而有信。虽曰未学，吾必谓之学。"

③《尚书·无逸》。

④《老子》。

⑤《系辞上》举7爻。《中孚》九二，《同人》九五，《大过》初六，《谦》九三，《乾》上九，《节》初九，《解》六三。《谦》所引之爻，为所举七爻中之第4爻。

⑥《诗经·大雅·皇矣》："不识不知，顺帝之则。"

皆言‘利’。”

《象》曰：**“无不利，㧑谦”，不违则也**。

《正》曰：“非手提之，言示之事。以《抑》‘自命’，是‘㧑谦’也。”智曰：“‘平’‘施’，‘无我’，而‘物物有则’者也。世‘为天下则’者，不违‘民之视听’，即不违‘天之视听’矣。‘不自满假’，㧑其功能；‘挥斥八极’[①]，岂作圣解者乎？管辂讽何晏，正以《谦》《壮》并论。”

六五，不富以其邻，利用侵伐（郭京，作“征伐”。王廙，作“寝”），**无不利**。变坎，为《蹇》。积变，《兑》。《兑》宫世。

六五，即《离》体也。坤“众”，而用离之“戈兵”，于震“涂”、坤“国”之间。又二以上肖《师》卦，“侵伐”象。“《谦》轻，《豫》怠。”[②]容有因“轻”，以“肆侮”者。“不富以其邻”，则邻不巽于道，有“可伐”之罪也。震，反巽象。朱子曰：“《老子》云：‘抗兵相加，哀者胜矣。’孙子言：‘始如处女，敌人开户；后如脱兔，敌不及距。’则《谦》，自是用兵之道。”诚斋曰：“虚心纳天下，天下归之。汉高自以为，不如三子，故能有三子。爻见两‘利’字，见‘侵伐’犹‘利’，况‘兴事集功’乎？”《正》曰：“‘以邻’者，方伯连帅事也。汤于韦、顾，文于崇、密；以天子之德，而行诸侯之事，何‘谦’如之？”

象曰：“利用侵伐”，征不服也。

慈湖曰：“万民咸服，而有不服者，天下所共怒也。人所共怒，其‘利’孰御？若徒以‘私怒’而征之，则适足致祸。”故兵，非得已也。

上六，鸣谦，利用行师，征邑国（郑、荀、马、陆无“邑”字）。变纯艮。

《宜》曰：“‘鸣谦’如是，而‘志’，犹‘未得’；故可‘用行师’耳。‘侵伐’，则近；‘行师’，则远；‘五内、上外’之辨。或谓：‘邑，之在国中者。’上公所征，止于邑，如‘堕费、堕郈’之类。上，为宗庙爻。‘禡师’[③]‘受脤’[④]，亦其象也。劳‘细柳营’，述‘蔡郓书’，可谓‘鸣谦’者乎？薛更生曰五之‘不富’，追美‘西伯专征’也。上之‘鸣谦’，‘公自伤’哉？”玄同曰：“谦，收敛之道也。而发舒之用，即在收敛中。是故心愈小，功愈大；藏愈密，感愈神。民不易‘㧑’，‘不

① 《庄子·田子方》：“夫至人者，上闚青天，下潜黄泉，挥斥八极，神气不变。”
② 《杂卦传》。
③ 《说文·示部》：“禡，师行所止，恐有慢其神，下而祀之曰禡。从示，马声。”
④ 《左传·闵公二年》：“帅师者，受命于庙，受脤于社。”

怒而威'[①]；固不易'伐'，'我战必克'[②]。则以谦能得众；众得，而惟所挥霍矣。"淇澳曰："'㧑''侵'，俱是'先人、上人'事，此圣人之善言谦也。'无伐、无施'[③]，颜有'志'焉。而夹谷之会，不动声色，坐归强侵，于指顾间；圣人之谦也，若此。"《心易》曰："孔子之'沐浴，请讨'[④]，《孟子》之望'能言距'者[⑤]，皆'鸣谦'也。"

《象》曰："鸣谦"，志未得也；"可用行师"，征邑国也。

《订》曰："'志未得'者，如《益》赞于禹，'满损、谦益'之意[⑥]。"郝《解》曰："《谦》，两曰'鸣'：以二与三比，上与三应也。二，未离'牧'；故适志，而鸣。上，思反牧；故'未得志'，而鸣。反居《豫》初，为'鸣豫'，是'得志'矣。"潜老夫曰："凡极上者，志正，不可自以为得。知《同人》之'未得'，则知《大有》之'自天'矣；知《谦》之上'未得'，则知'何可长冥'矣；知《随》之'上穷'，则知《蛊》之'志可则'矣。此《上经》之中，所以表'时义'也。"

《时论》曰：履、谦，"和行""制礼"之望对也[⑦]。"德言盛，礼言恭。"[⑧]赞谦者，莫盛于"礼"矣。《蠡》曰："不顺，曰'傲'；顺而不止，曰'象恭'。顺合于止，道斯光矣。"《礼运》，标本于天地之先；《易》卦，综《谦》于礼之内；是"践形之履"，即"空空之履"也。礼，端于谦，终于谦。后世，繁文盛，而真意衰；天地神人，不相享格；"亏、变、害、恶"[⑨]之妖孽，杂见于"冥昭"[⑩]；"益、流、福、好"之祯祥，消亡于"矫诬"[⑪]。圣人忧焉。推原其意，曰："地谦，可见也；天，不可见也。气机，已非形象；而大原，更出于先。""下济"而"卑"，谦道之"资始"也；"光明""上行"，谦道之"有终"也，君子得之矣。

---

① 《礼记·祭义》："天则不言而信，神则不怒而威。"

② 《孟子·告子下》："我能为君约与国，战必克。"

③ 《论语·公冶长》："孔子问志。颜渊曰：'愿无伐善，无施劳。'"

④ 《论语·宪问》："陈成子弑简公，孔子沐浴而朝，告于哀公曰：'陈恒弑其君，请讨之。'"

⑤ 《孟子·滕文公下》："能言距杨、墨者，圣人之徒也。"

⑥ 《尚书·大禹谟》："满招损，谦受益，时乃天道。"

⑦ 《系辞下》："《履》以和行，《谦》以制礼。"望对，指《六十四卦方图》，履卦位于东南，谦卦位于西北。

⑧ 《系辞上》："德言盛，礼言恭。谦也者，致恭以存其位者也。"

⑨ 《谦》卦，《彖》曰："天道亏盈而益谦，地道变盈而流谦，鬼道害盈而福谦，人道恶盈而好谦。"

⑩ 《楚辞·天问》："冥昭瞢闇，谁能极之。"

⑪ 《尚书·仲虺之诰》："夏王有罪，矫诬上天，以布命于下。"

《谟》曰：“满招损，谦受益，时乃天道。”法天者，地[①]；法地者，君子。“地中有山”，“平陂、多寡”之故。触目易碍，举止常颠。人如地，我如山；性如地，情如山。甚矣，“称物”之难也。登临远览，则“居高狭下之概”顿生；坦道周行，则“含垢纳污之想”俱旷。君子锄“不足之山”，处“有余之地”；安得不以“裒益平称”，为“德柄”哉？变《坤》[②]，“劳”坎；三，主谦矣。称“君子”[③]，称“有终”[④]，兼乾、坤也。周公戒伯禽曰：“《易》有一道，大守天下，中守其国，小守其身，‘劳谦’之谓与。”其曰“禄位尊盛，守之以卑者贵”，三也。“德行宽裕，守之以恭者劳”，初也。“博闻强记，守之以浅者智”，二也。“土地广大，守之以险者安”，四也。“聪明睿智，守之以愚者善”，五也。“人众兵强，守之以畏者胜”，上也。周公自训之矣。初，“夷”其“明”[⑤]，“谦”而又“谦”。前行，互“险”[⑥]；“自牧”者，大地平沉，可浮渡也。《意》曰：“《谦》之体，藏于‘自牧’；《谦》之用，显于‘服民’。‘自牧’之体，征于‘得志’；‘服民’之用，彰于‘征伐’。自是而二之《升》[⑦]闻，皆用涉以往事矣。”《诗》曰：“声闻于天。”二之“鸣”也，是以“中心得”。《书》曰：“我则鸣鸟不闻，其有能格。”上之“鸣”也，是以“志未得”。四之“辞山而入地”也，“裒”贯“‘恭俭’之中”[⑧]，身居“‘劳’臣之上”；而“奉‘富’君之下‘㧑’”者，忘也。五《蹇》、互《师》[⑨]，“朋来”有邻。五，“利用侵”；上“利”，得行矣。虞“舞两阶”，文“遏徂旅”，何“富”？何“鸣”？自有“勤劳大顺”者，“万民服”矣，而犹有“不期之会”。“服庙”[⑩]“誓社”[⑪]，虽曰“鸣之”，其志“欿然”[⑫]。揖让、征诛，皆“称物平施”之谦也。“三杯”“一局”[⑬]，岂抱

①《老子》：“人法地，地法天，天法道，道法自然。”
②《谦》卦，九三独变，为坤卦。
③《乾》卦：“九三，君子终日乾乾，夕惕若厉，无咎。”
④《坤》卦：“六三，含章可贞；或从王事，无成有终。”
⑤《谦》卦，初六独变，为《明夷》卦。
⑥谦卦，二三四，互坎。坎，为险。
⑦《谦》卦，六二独变，为《升》卦。
⑧《谦》卦，六四独变，为《小过》卦。《小过》卦，《象》曰：“君子以行过乎恭，丧过乎哀，用过乎俭。”
⑨《谦卦》，六五爻独变，为《蹇》卦。二三四五上，互为《师》卦。《蹇》卦：“九五，大蹇，朋来。”
⑩《唐六典》：“女初嫁，听摄母服庙见。”
⑪《礼记·郊特牲》：“而君亲誓社，以习军旅。”
⑫《孟子·尽心上》：“附之以韩魏之家，如其自视欿然，则过人远矣。”
⑬邵雍：“唐虞揖逊三杯酒，汤武征伐一局棋。”

"震矜之色"哉[1]？可用，而未"终用"，是谦之止也。

智曰："谦、否，介亥以立冬；履、泰，介巳以立夏。巳，本于'天门'[2]；夏始之'发用'，本于冬始之'刊落忍仁'也。是伏《乾》，而《兑》'悦'之五变也[3]。成'东南之仁'，裁'西北之义'，而内炼'乾勇'，中藏'坎之智、信'者也。兼'坤、艮'二土，以言《谦》；而'天道济明'[4]，以成终焉；君子法之。履其礼，体其理；而'多''寡'，一矣。'扐''劳''牧''服'，终《同》《有》之'声教'矣。惟一兼二；二，即以一兼一；是'礼本于大一'之'运'也。'执两'，乃所以'用中'[5]；此，'称物平施'之兼道也。藏山于地，藏高于卑；盖藏智于礼，而知止于《礼运》之'大顺'者也。《大学》以'恕'让'慎'[6]，为'平天下'之'明明'[7]，始于'自谦'[8]，即为'自慊'。旨哉！旨哉！惟'毋自欺'，故'平'；惟'平'，故能'称'。"

䷏雷地豫

《说文》："豫，象之大者。"贾侍中说："不害于物，常行安舒。"《晋书》，河南曰"豫州"，言"禀中和之气，性理安舒也"。《尔雅》解"豫"为"叙"。"待暴，取《豫》"。[9]"豫备者，有叙"。声相取也。"以喜随人"[10]，"作乐殷荐"[11]，言"悦豫"也；"《谦》轻《豫》怠"[12]，言"佚豫"也；皆因"安舒"而转。后分，立"预"耳。从予，深喉之宫声也。莫豫于"予"矣，"帝出"而"率土"[13]。叠《复》[14]，而《谦》转，《震》宫

①《公羊传·僖公九年》："葵丘之会，桓公震而矜之，叛者九国。震之者何？犹曰：'振振然'。矜之者何？犹曰；'莫若我也'。"

②戌亥，为天门，乾之位也。辰巳，为地户，巽之位也。

③《谦》卦，上卦伏乾。《谦》卦，为兑宫五世卦。兑，为悦。

④《谦》卦，《彖》曰："天道下济而光明，地道卑而上行。"

⑤《礼记·中庸》："执其两端，用其中于民，其斯以为舜乎？"

⑥《礼记·大学》："所藏乎身不恕，而能喻诸人者，未之有也。""慎"字，出现于多处："故君子必慎其独也。""有国者不可以不慎，辟，则为天下僇矣。""是故君子先慎乎德"

⑦《礼记·大学》："大学之道，在明明德，在亲民，在止于至善。"

⑧《礼记·大学》："如恶恶臭，如好好色，此之谓'自谦'。"

⑨《系辞下》："重门击柝，以待暴客，盖取诸《豫》。"

⑩《序卦传》："以喜随人者必有事。"

⑪《豫》卦，《象》曰："先王以作乐崇德，殷荐于上帝，以配祖考。"

⑫《杂卦传》。

⑬豫卦，上震下坤。震为雷。《说卦传》："帝出乎震。"坤，为地。《诗经·小雅·北山》："普天之下，莫非王土；率土之滨，莫非王臣。"

⑭叠，即内外卦互换。

之第一变也，《上经》之中也[①]，四九之首一终也[②]。故以表“礼乐”，具“刑政”[③]；建“中和”之极，示“知几”之神焉。知此，则豫矣。

豫：利建侯，行师。

《一》曰：“《屯》‘建侯’，《谦》‘行师’；《豫》兼之，兼坤震也。震‘侯’；而坤坎，‘行师’也[④]。‘顺动’，所以行也。”邓绮曰：“《先天图》，除《坤》逆行，四变至《豫》；除《复》顺行，四变至《震》。盖观、比、剥、坤、复、颐、屯、益八卦，乃阴中之阴，无数也。天顺行，以《震》为首；地逆行，以《豫》为首。”重耳筮，“贞屯悔《豫》，皆八”。石斋云：“两筮也。”韦昭注曰：“‘居乐’，母在内也；‘出威’，震在外也。”

《彖》曰：豫，刚应而志行，顺以动，豫。

四，为卦主，五阴应之。“劳谦”者，当四，而志大行矣。

豫，顺以动，故天地如之，而况建侯行师乎？

郝《解》曰：“知时，则知豫；因时，则能豫。‘如’，即豫也。”《意》曰：“‘天地’如‘圣人’；以‘圣人’，即‘天地’也。心平，而后用兵；人和，可以一战。此，‘有大、能谦’[⑤]之必得也。”

天地以顺动，故日月不过，而四时不忒（京，作“贷”）；**圣人以顺动，则刑罚清而民服，豫之时义大矣哉。**

子瞻曰：“子重问晋国之勇，栾针曰；‘好以暇’。故惟‘暇’者，能用师。”《正》曰：“《谦》，‘礼’也；《豫》，‘乐’也。‘地制’以艮，‘天作’以震[⑥]。礼乐者，刑罚之抵也。礼乐不作，则刑罚不清；而斧钺、钟鼓，皆敝矣。”《订》曰：“司空季子，以为‘母老、子强’。今观惟四一阳，逼近六五；君柔、臣重，侯伯之卦也。动而顺，则为‘桓文’[⑦]；动而逆，则为‘曹马’[⑧]。故夫子‘惓惓’焉。‘四时不过’，以‘晷刻’言；‘不忒’，以‘气候’言。”潜老夫曰：“此言圣人‘时行’，自中节也。

①豫卦，为第15卦，为《上经》30卦之中。

②36贞悔卦，9卦一组，谦豫一组为第9贞悔卦。为第一轮之终。

③《礼记·乐记》：“礼以道其志，乐以和其声，政以一其行，刑以防其奸。礼乐刑政，其极一也，所以同民心而出治道也。”

④《师》卦，为上坤下坎。所以，坤坎，“行师”。

⑤《序卦传》。

⑥《礼记·乐记》：“乐者，天地之和也；礼者，天地之序也。和，故百物皆化；序，故群物皆别。乐由天作，礼由地制。”

⑦《孟子·梁惠王上》：“仲尼之徒，无道桓文之事者，是以后世无传焉。”桓文，是齐桓公和晋文公并称。

⑧三国魏曹真、晋司马懿，并称。

赞‘时义用之大’者，凡十二卦，此为《上经》之中。其几，微哉！”

《象》曰：雷出地奋（郑，作“需”），**豫；先王以作乐崇德，殷荐之上帝**（京，“殷”作“隐”；“荐”，或作[illegible]，作薦），**以配祖考**（“配”，《汉书》作“亨”）。

康成曰：“‘王者，功成作乐。’①文作籥舞，武作干舞。豫，喜也。“作乐饰喜”②，合天下之欢心，以崇“先祖之德”，即崇“天地之德”。《思文》之《诗》，美“稷”；《我将》之《诗》，美“文”也。《孝经》云：“郊祀后稷，以配天；宗祀文王于明堂，以配上帝。”《公羊》曰：“自内出者，无匹不行；自外至者，无主不止也。”祭于南郊，曰“天”；明堂，曰“帝”。谓“冬至南郊配天，以配祖；季秋祀上帝于明堂，以考配”，康成说也。朱子曰：“以主宰，曰‘帝’。帝，即天也。”朝觐、享祀，莫不用乐。然郊祀上帝，乃大合乐而奏之，此举其大者。《易》言“享帝”，即是“祭天”。历代异制；“明堂”，乃“庙屋”耳。或言：“冬，郊；春，明堂”。“春禘、秋尝”③，名皆通用，各以义起也。岂必如后世之“争议六帝，合享殿”哉？《野同录》曰：“天地间，皆声气也；阴阳旋转，皆律吕也；八卦，皆音节也。帝出地上，而奋由天作，故有‘乐’象。乐，正所以象‘礼之和’。‘礼乐’，所以冥‘政刑’，而‘洋洋如之’者也④。何徒拘‘坎律、艮庙’之取象耶？”《儿易》曰⑤：“《复》见‘天地之心’，即人之心。言心，则知其中矣。人心本徵，而曰宫；亦犹黄锺为宫，而本羽。心气及喉，九寸；则知地气及管，其元必九寸也。《豫》‘以作乐崇德’。先王之德，即‘乐之德’。言‘德’，则知其‘和’也。德，不可一端名；亦犹‘声，不可一音举’。圣人之德，配‘四时’，则知‘其气，周十二律也’。是故‘复心’，曰‘见’；‘灰之必歕’者也。《豫》德，曰‘崇’；‘声之必纵’者也。又曰：‘伦治律，以凤鸣；夔治乐，以兽舞。’《复》之治律，以地雷；《豫》之治乐，以雷地。鸣者，气至；舞者，声通。雷蛰地，为气；雷奋地，成声也。故以其下一奇，为之‘宫’；以其上五偶，为之‘地’；而以雷吹之，则无灰不飞矣。一以其中一奇，为之‘元’；以其上下五偶，为之‘调’；而以雷播之，则无音不作矣。其在于人，未鸣为气，噎于喉下，是《复》之

①《礼记·乐记》：“王者功成作乐，治定制礼。”

②《礼记·乐记》：“乐者，天地之和也。夫乐者，先王之所以饰喜也。”

③《礼记·郊特牲》：“春禘而秋尝。”

④《礼记·中庸》：“使天下之人，齐明盛服，以承祭祀；洋洋乎，如在其上，如在其左右。”

⑤（明）倪元璐撰《儿易内仪以》。此引用，见《儿易外仪》卷十一。

初；既宣为声，鞺于膠表，是《豫》之四。《复》曰：‘出入无疾，朋来无咎’‘反复其道，七日来复’。则知，其气自五月以还，归阳渐降，由地中行。一入一出，‘得朋而来，乘灰即出’者也。《豫》曰：‘利建侯行师’。则知，其声为耆功而作；兵兴之会，惨结沴生，非乐不解也。”元公曰：“乾闼鼓琴，大地起舞；可与‘雷奋作乐’，同参。”

初六，鸣豫，凶。变重《震》。

康成曰：“‘宠辱’，贵‘不惊’。而初应四；‘鸣’，乃‘鄙夫’也，非‘盍簪之朋’也。”《见》曰：“是诵功德之流也。”集曰：“应震、变震，‘决躁’‘善鸣’象。谦、豫，皆以阴和阳，‘鸣’。而‘鸣谦’，则‘心得’；‘鸣豫’，则‘志穷’。心志之间；其几，严夫？”

《象》曰：**“初六鸣豫”，志穷凶也**。

诚斋曰：“‘志穷’者，‘狡志而肆其欲’者也。暴公，以‘谗’鸣；伊戾，以‘諛’鸣；仪、秦，以‘说’鸣；髡衍，以‘辨’鸣；鼂错、主父，以‘谋’鸣；江充、息夫躬，以‘讦’鸣；王叔文，以‘治道’鸣；李训，以‘大言’鸣。鸣乎下，应乎上，凶在其中。”石塘曰：“又况加以‘为我、冥应’之鸣、‘别墨倍谲’之鸣乎？”《意》曰：“人，不‘文之以礼乐’，则偶有半见，即不禁其‘鸣豫’得志；偏宕放言，以为‘遂初’‘率性’矣[①]。岂知其‘穷凶’乎？‘鸣谦’，则可。”德曰：“与人和歌，非‘平心静气’不能。是‘弦歌’[②]‘中节’[③]，圣人所以平人‘无穷之凶志’也。‘兴《诗》，立礼，成乐。’[④]信知《学记》‘未发之豫’。”

六二，**介于石**（古，“介”，作“砎”；马融，作“扴”），**不终日，贞吉**。变坎，为《解》。积变，《归妹》。震宫世。

《宜》曰：“两间，为‘介’。‘介于石’，如石之开，截然分断也。《学记》曰：‘禁于未发，之谓豫。’”《遡》曰：“《坤》‘直方’，则‘介’。石，艮象。乾，‘终日’；坤，‘不终日’；反象。与四不应、不承，‘上交不谄’也；初三比近，而不与同，‘下交不渎’也。变《离》，知几，故静则如石。去‘不崇朝’[⑤]，以‘中正’，明所‘由然’也[⑥]。人‘不可

①《礼记·中庸》：“天命之谓性，率性之谓道，修道之谓教。”
②《史记·孔子世家》：“三百五篇，孔子皆弦歌之。”
③《礼记·中庸》：“喜怒哀乐之未发谓之中，发而皆中节谓之和。”
④《论语·泰伯》：“兴于《诗》，立于礼，成于乐。”
⑤《诗经·卫风·河汉》：“谁谓宋远，曾不崇朝。”
⑥《大戴礼记·文王官人》：“喜色由然以生，怒色拂然以侮，欲色呕然以偷，惧色薄然以下，忧悲之色累然而静。”

与共安乐'[1]，而皆不能'舍安乐'。范蠡，其似乎？"元公曰："光明露顶，直下不染一尘。"淇澳曰："'介石'，方也；'不终日'，圆也。方圆、生杀，用之同几；礼乐刑罚，所自出也；常日中耳。"《儿易》曰："石，为众音所依。故《书》称：'拷拊'。"《诗》曰："'平和'。举一，以总七也。'石，以立辨'[2]，故曰'介'。雅音有度，故'不终日'也。"郝《解》曰："'不迁怒'，'介于石'也；'不二过'，'不终日'也。"《正》曰："《豫》之《解》。万物'甲坼'，'建侯行师'，皆不可不'夙'也。故'介于石'，未《解》之物也；'不终日'，已《解》之时也。雷霆破山，不避金石；坚冰不凿，一宿顿销。君子立子，不谋于左右，不谋于妇人；出师，不宿命于家，不漏言于亲。《诗》曰：'不留不处，三事就绪。'伊尹曰：'先王昧爽丕显，坐以待旦。'夫非'知几豫解'之能如此乎？"《见》曰："二四，共成豫，而不附四。金日磾，与霍光并受顾命；而不受秺封，不纳女后宫。其近乎？"

《象》曰："不终日贞吉"，以中正也。

苏《传》曰："以晦观明，以静观动；则吉凶，如黑白矣。'介于石'，果于静也；'不终日'，果于动也；'以中正也'。"《意》曰："不'以中正'，则'介石'，为'冷灰顽浸'；'知几'，为'智算权谋'矣。二，不以豫，为乐；而以豫，为忧。神，在一知；知'决于中正'，而已。'我心匪石，不为物转'，此《中庸》之'豫立'，即《易》之'豫顺'也。故《系词》，以四'知'，'断'之[3]。"

六三，盱豫（子夏，作"纡"。京房，作"汙"。姚信，作"盱"，引《诗》"盱日始旦"）**悔，迟有悔**。变艮为《小过》。积变《大壮》。

《宜》曰："张目，曰'盱'。即《震》'视矍'意[4]，'近四而惊'之象。惊，则徘徊观望。期'染指'焉，是以'迟而有悔'也。'盱'，变巽，'白眼'象。上，'《震》起也'[5]，无下系意；三，将求豫，而辱，故'悔'。坤性，疑迟，故戒之。"苏《传》曰："'据静观物'者，二也；'乘动见物之似'者，三也。物之似福者，诱之；似祸者，劫之。我且睢盱而赴之，既而非也；则，后虽有诚然者，莫敢赴之矣。故'始失'

①《史记·越王勾践世家》："越王为人，长颈鸟喙，忍辱妒功，可与共患难，不可与共安乐。"

②《礼记·乐记》："石声磬，磬以立辨，辨以致死。君子听磬声，则思死封疆之臣。"

③《系辞下》："介如石焉，宁用终日？断可识矣。君子知微知彰，知柔知刚，万夫之望。"

④《震》卦："上六，震索索，视矍矍，征凶；震不于其躬于其邻，无咎；婚媾有言。"

⑤《杂卦传》。

之疾，其终，未尝‘不以迟，为悔也’。”《正》曰：“臧文仲，获地于重馆，‘夙’也；子太叔，施幕于晋庭，‘迟’也。速败者，多。然豫而又迟之，是重悔也。《周官》曰：‘畜疑败谋，怠忽荒政。’言‘盱悔’也。”

《象》曰：盱豫有悔，位不当也。

《意》曰：“‘出见纷华’，不无交战[①]。豫，知此物几矣。‘不见异物而迁’[②]，则当矣。顾杂处近羶，而责以‘撄宁’之学乎？曰‘位不当’，盖言‘人，当知所处也’。”

九四，由豫（马融，作“犹豫”，“疑”也），**大有得；勿疑，朋盍簪**（古，“簪”作“贷”；一作“栽”。京、蜀，作“攒”。马，作“臧”。荀，作“宗”。虞，作“戠”。陆希声，作“捷”，李鼎祚曰：“旧，读作‘攒’。”）变纯《坤》。积变，《泰》。

《宜》曰：“‘由’，以卦主取。震，‘大涂’；艮，‘径路’；‘由’象。”玄同曰：“《易》凡言‘得’者，必《坎》。此，言‘大有得’；《坎》，言‘求小得’。凡言‘得丧’者，必《离》。《晋》，言‘失得勿恤’；《睽》初、《震》二、《旅》五、《既济》，皆‘先丧后得’。即《睽》三之‘无初有终’，《大有》四之‘匪’，皆象《离》。又加《随》上肖《坎》，则‘有得’‘有获’；下肖《离》，则‘系’一、‘失’一。此，无他。坎，阳在阴中；犹‘一男挟二妇’，理无不得；离，阴在阳中，世必无‘两夫并丽之妇’，是以‘有得’‘有失’也。坎，‘疑’；‘朋’，阴也。‘盍’，合也，坤象。‘簪’，连也，震象。‘簪’，即攒。人众，而争先也。然则曷疑乎？爻，主豫。逼近柔主，此皆应阴，无‘同德之助’，嫌疑易生。其惟‘家视王室，忧乐同人，精白一心’；殆周公之‘自道’乎？”郝《解》曰：“《士丧礼》：‘爵弁服簪裳于衣，谓联也。’簪，以聚发；震，一奇横，而众偶聚之。此，威权震主，‘首止践土’之事也。”《订》曰：“《盐铁论》：‘神禹治水，遗簪不顾。’即‘弁服之笄’也。”

《象》曰：“由豫大有得”，志大行也。

《订》曰：“齐桓，诚心尊周；周，岂复弱乎？夫子，于四曰‘志大行’；于五，伤其‘乘刚’。可知矣。”《意》曰：“学问‘由己’，‘天下归仁’，然必‘以礼为目’焉。恐以‘由己’之说，荒政坏教。故联‘朋来’，于礼乐嘉会；表‘盍簪’，于‘乾衣、坤裳’[③]；乃为‘志大行’也。”

---

①《史记·礼书》：“出见纷华盛丽而说，入闻夫子之道而乐，二者心战，未能自决。”

②《管子·小匡》：“以此教其子弟，少而习焉，其心安焉，不见异物而迁焉。是故其父兄之教，不肃而成，其子弟之学，不劳而能。夫是，故工之子常为工。”

③《系辞下》：“黄帝尧舜，垂衣裳而天下治，盖取诸《乾》《坤》。”

六五，贞疾，恒不死。变兑，为《萃》。积变，《需》。应爻。

《宜》曰："'疾'，坎象。'恒'，合伏象。'不死'，艮象。虞翻取'坤死、震反生'象。"或云："'坎'病'，受震'东方、生气'象'。"玄同曰："圣人以乐，乐人；不以乐，乐身。五，阴柔；而'由豫'于四，其疯痍乎？'人生忧患，而死安乐。''非分'之豫，豫，甚于疾矣。'德慧术智，存乎疢疾。'[1]讵谓'贞疾'，非所以'保豫'耶？'自非然'者，'君若赘旒'[2]，而大夫张。向戚溴梁，所以叹也。"《订》曰："刘后主，初年似之。然知任武侯，而不知'贞疾'，亦终于死而已。"《正》曰："礼乐之中，有奇疾焉。《萃》，而不戒；不有夷难，必有子祸。申生召戎，伯服召翟，'国医所敛手'者也。"《揆》曰："《颐》之'由'，在上九；故六五，'不可涉大川'。《豫》之'由'，在九四；故六五，'贞疾恒不死'。"《野同录》曰："齐为陈氏，而景公闻言彗徙；甘露既变，而文宗岁减球会；其'贞疾不死'乎？高洋之'晦疾'，宣宗之'不惠'，将'愈之'耶？终，死于豫耳。"

《象》曰：六五"贞疾"，乘刚也；"恒不死"，中未亡也。

慈湖曰："中，未能亡，故为正道之疾。执义坚刚，意终不死。"竹西曰："作意，仿'总杀'耳。不协卦爻，强扭圣言。此，言'二、五，正应'。五，能'贞疾'；二之'介石'，所感也。良心不死；'贞疾'，何咎？'《谦》礼《豫》乐'之中道，不欲人'狃于豫'，而已。'心自本无'，不必以训。故《大学》，止言'诚''正'。岂得'厌事例象征'，而专尚'浚恒''冥语'乎？"淇澳曰："五，'贞不死'之心，即'夕死之心'也[3]。"

上六，冥豫，成有渝，无咎。变离，为《晋》。

《宜》曰："卦至上，而成坤'迷'，故'冥'。震'动'，故'渝'。'成'而能'渝'，则不冥，故'无咎'。'何可长'者，见若不渝，'贞'者且'疾'，能免咎耶？"苏君禹曰："'贯朽粟红'，未尝不想其'豫盛'。而土木甲兵，征输望宰，纷然交作，至于烦费骚动，然后知'圣人之虑'深哉？爻于三之'悔'，则欲其'速图于始'；于上之'渝'，则幸其'改正于终'；是故'轮台'之《诏》，君子犹有取焉。"《正》曰："冥，晦也；晋，昭也。楚子，三年不听政，樊姬讽之；一日而举孙叔敖，霸于诸侯。齐侯，委国于左右，三年不治；一日而烹阿大夫，

① 《孟子·尽心上》："人之有德慧术知者，恒存乎疢疾。独孤臣孽子，其操心也危，其虑患也深，故达。"

② 《公羊传·襄公十六年》："君若赘旒然。"

③ 《论语·里仁》："朝闻道，夕死可矣。"

遂强其国。魏文侯，远太子击，于中山；赵仓唐，牵狗、载雁以献，诵《晨风》之《诗》，于是归之，发其衣裳，尽皆颠倒，可谓‘冥豫有渝’矣。”张献翼曰：“赵简子，问羊殖成博，曰：‘其为人数变，每变益上。’”

《象》曰：“冥豫”在上，何可长也？

郭子章曰：“《易》称‘冥’者，二。《太玄》曰：‘出冥入冥，新更相代。’是以《豫》，‘成有渝’；《升》，‘贞不息’①。‘何可长’者，明‘当渝也’。”智曰：“终则必反，故曰‘何可长’。况上极而‘冥’乎？冥与明，犹‘日与夜’也。酷明，非可‘享豫’；偏冥，则归于‘乱豫’，而已。此道当变于‘圆成之后’；而空外，亦可免‘世途之鸣’。‘功成身退’者，‘时当闲散’者，蜀市之‘帘’②，柴桑之‘醉’③，蓴鲈之‘思’④，谷城之石⑤，其升‘南冥’乎？终知此‘几’，‘废而中权’⑥，虽不免于随蛊，圣人不责之矣。”

《时论》曰：屯、豫、比、晋：“侯”取，得“地”；而“建”，则雷象也。“云雷”之侯，“勿往”⑦，“以贵下贱”⑧，在乎“不宁”⑨。“雷出”之侯，“利行”⑩，先忧后乐，在乎“顺动”。《屯》初，与《彖》同词；《豫》四，但言“大得”；其“志行”，则一也。“刑罚”“礼乐”合，而成《豫》，此“天地、日月、四时之义”乎？乾坤让君师，炼世间之险。需、讼，次以“文”“武”⑪，乃能“懿德”而“定志”以礼⑫。“天地交”⑬，命“‘君子’包‘小人’之名”；《同》《有》，归于“平施”⑭；乃始

①《升》卦：“上六，冥升，利于不息之贞。”

②《汉书·严君平传》：“平卜筮于成都市，以为‘卜筮者贱业，而可以惠众人’。”“裁日阅数人，得百钱足自养，则闭肆下帘而授《老子》。”

③陶渊明（352 或 356—427），字元亮，又名潜，浔阳柴桑人。

④《世说新语·识鉴》：“张季鹰，因思吴中菰菜羹、鲈鱼脍，曰：‘人生贵得适意尔，何能羁宦数千里以要名爵！’”

⑤黄石公。

⑥《论语·微子》：“谓‘柳下惠、少连，降志辱身矣。言中伦，行中虑，其斯而已矣’。谓‘虞仲、夷逸，隐居放言，身中清，废中权’。”

⑦《屯》卦：“勿用有攸往，利建侯。”

⑧《屯》卦初六，“《象》曰：‘虽磐桓，志行正也；以贵下贱，大得民也。’”

⑨《屯》卦，《彖》曰：“雷雨之动满盈，天造草昧；益建侯而不宁。”

⑩豫：利建侯行师。

⑪《师》卦，武；《比》卦，文。

⑫《小畜》卦，《象》曰：“君子以懿文德。”《履》卦，《象》曰：“君子以辨上下，定民志。”

⑬泰否。《泰》卦，《彖》曰：“天地交而万物通也，上下交而其志同也。”

⑭《谦》卦，《象》曰：“君子以裒多益寡，称物平施。”

标“时义”[①]，而“崇德”以“乐”[②]。“遂性”“反命”[③]，冲阴、合阳，“先王作乐”之元也；府修事和，尊天亲人，是“荐上帝、配祖考”之义也。且就“乐”义，而精之。一阳卦，六。自《复》至《豫》，其侯始“奋”，跃微成著，而乐作焉。出，而灰符度表；则四，其权也。互坎，律也。黄钟生林钟，而成卦；《震》起子，《坤》起未[④]。而生太簇，为震“出”[⑤]，是“三统”也。自震至坤，《先天》隔八；《圆图》，北冬十六卦相并者也。《方图》，震，起中亥；坤，收外巳。震，六十八；坤，百；合之，乃倍其八十四调也[⑥]。贞悔《序卦》，《豫》终首九[⑦]，黄锺九法也。《大横图》，《豫》当六十，犹文王之序《节》也[⑧]，甲律也。谦、履、豫、畜，礼乐之源。《圆》，《豫》居亥；而《方》，居午；此“礼乐刑政”之成治也。且以“六爻之乐”表之。子夏论音始，最妨其害志。初《震》一“奋”[⑨]，而鴫鸣先扬。“豫，恒燠若”[⑩]，“志”可满乎？太平无事，葬人久矣。况倚“奥援”，而“穷奢甘凶”者哉？滞伏之气，二为《解》之[⑪]。譬堂上之“击、拊石”[⑫]，音“诎然”[⑬]；“金声”，贵“玉振”也[⑭]。变藏坎、离，至静“明”“习”，决不停几，犹之审音矣。三《小过》[⑮]，而“观美眩”乎[⑯]？九四“由豫”，《坤》乐“大终”[⑰]。“来格”[⑱]，“来仪”[⑲]；“盍簪”，又“何疑”乎？子曰：“暴民不作，诸侯宾服；五刑

①《豫》卦，《象》曰：“豫之时义大矣哉。”“时义”，于六十四卦，首次出现。

②《豫》卦，《象》曰：“先王以作乐崇德，殷荐之上帝，以配祖考。”

③《周礼·春官·都宗人》：“国有大故，则令祷祠。既祭，反命于国。”

④十二律吕图，黄钟，位于北方子位；林钟，位于西南未位。豫卦，上震，下坤。

⑤十二律吕图，太簇，位于东北寅方。

⑥84×2=168。

⑦《谦》《豫》一组，为第9贞悔卦。所以，称“首九之终”。

⑧《大横图》，豫卦为第60卦。文王序卦，第60卦，为《节》卦。

⑨《豫》卦，初六独变，为《震》卦。

⑩《周书·洪范》：“曰：咎徵：曰狂，恒雨若；僭，恒阳若；豫，恒燠若；急，恒寒若；蒙，恒风若。”

⑪《豫》卦，六二独变，为《解》卦。

⑫《尚书·益稷》：“予击石拊石，百兽率舞。”

⑬《礼记·聘义》：“叩之其声清越以长，其终诎然，乐也。”

⑭《孟子·万章下》：“集大成也者，金声而玉振之也。金声也者，始条理也；玉振之也者，终条理也。始条理者，智之事也；终条理者，圣之事也。”

⑮《豫》卦，六三独变，为《小过》卦。

⑯《国语·周语》：“夫乐不过以听耳，而美不过以观目。若听乐而震，观美而眩，患莫甚焉。”

⑰《豫》卦，九四独变，为坤卦。《坤》卦用六，《象》曰：“用六永贞，以大终也。”

⑱《尚书·益稷》：“戛击鸣球，搏拊琴瑟以咏，祖考来格。”

⑲《尚书·益稷》：“箫韶九成，凤皇来仪。”

不用，百姓无患，天子不怒，如此则乐达矣。”“崇德”至此，“由”之也已。五，“萃有位”[①]。其“铸无射”[②]，“听而震”乎[③]？如“其病病”[④]，“疾”而“贞”矣。上处豫极，而《晋》反成“冥”[⑤]。单穆子之说乎？“成而有渝”，治教，犹谨“豫怠”；勿执“至人之冥”，以病天下也。《乐记》曰：“礼乐刑政，其极一也。所以同民心，而出治道也。”吹律知师，听乐知德。特赞二，以“知几”；盖言“微”也。“知几”，尚在“由豫”之先；至于“大得”时，已伏“疑”，而慎“盍”矣。何况“譋张于盛满，睥睨于权势，射赘于疢毒，耽纵于长夜”者乎？《意》曰：“‘乐以天下’者，公也；‘乐以一身’者，私也。”“鸣”“盱”“疾”“冥”，“自受用”之私也。四“兼善”，二“独善”[⑥]，皆有关于“天下”；虽乐，亦公。

智曰：“盱江曰：‘雷，天气；泽，地形。“出奋”者性，“乐由天作”；“上下”者形，“礼以地制”。’智以《上经》‘天道’之中，‘礼’‘乐’之嘉会也[⑦]。‘仁近于乐’[⑧]，而显赞‘时义’之大；‘率神’‘居鬼’[⑨]，故独举‘荐配’之典[⑩]。《乐记》所云：‘节和以同人心，刑政总归一极。’即此旨乎？‘蟠地’‘极天’[⑪]；豫，全收矣。‘乐极则忧，礼粗则偏’[⑫]，故以‘顺动’训焉。‘横槊’作《乐府》，琵琶伤宫声。即此，知‘建侯行师’之动，果顺乎哉？故曰：‘惟自由者，主豫；惟忧天下者，能乐。’周公，其‘大有得’乎？”

---

①《豫》卦，六五独变，为《萃》卦。《萃》卦：“九五，萃有位，无咎，匪孚；元永贞，悔亡。”

②《国语·周语》：“二十三年，王将铸无射，而为之大林。”

③《国语·周语》：“夫乐不过以听耳，而美不过以观目。若听乐而震，观美而眩，患莫甚焉。”

④《老子》：“知不知，尚矣；不知知，病也。圣人不病，以其病病。夫唯病病，是以不病。”

⑤《豫》卦，上六独变，为《晋》卦。

⑥《孟子·尽心上》：“穷则独善其身，达则兼善天下。”

⑦六十四卦卦序，谦，为第15卦；豫，为第16卦。《系辞下》：“《谦》以制礼。”《豫》卦，《象》曰：“先王以以作乐崇德，殷荐之上帝，以配祖考。”

⑧《礼记·乐记》：“仁近于乐，义近于礼。”

⑨《礼记·乐记》：“乐者敦和，率神而从天；礼者别宜，居鬼而从地。”

⑩《豫·象》曰：“先王作乐崇德，殷荐之上帝，以配祖考。”

⑪《礼记·乐记》：“及夫礼乐之极乎天，而蟠乎地；行乎阴阳，而通乎鬼神。”

⑫《礼记·乐记》：“乐极则忧，礼粗则偏矣。”

随

邵子曰："卦，不交于乾、坤，则交于泰、否。泰盛，而蛊；否'倾'，即随。"《遡》曰："三阴阳卦，从《否》《泰》变。否、泰，具'乾、坤之体'者也。随、蛊，乃'初、上换爻'者也。"邓绮曰："兑震，为《随》；震兑，为《归妹》；艮巽，为《蛊》；巽艮，为《渐》。天地，始终万物；此四维之卦，居于《先天》也。"郝《解》曰："随、蛊，商周之事也。《随》上六，文王所以事纣也。《蛊》六五，武周，所以'承'先也；上，则'不臣周'者也。文之'服事'①，自尽其随，而已。商，日坏，而为《蛊》。武王，以子'幹父'；固非文心，武王岂得已？天运终始，'先甲''后甲'，即'甲子昧爽'之象也。卦，本乾坤。《随》，乾上，来坤初。为君之'纯臣'，故'官''功'，'在道'；'孚嘉'，而不改'用享'之节，臣道也。《蛊》，坤上，来乾下；是为父之'肖子'，故'承考''干''裕'，而不夺'义士'之守，子道也。"潜老夫曰："《随》者，《否》'初、终'之反也；《蛊》者，《泰》'初、终'之反也②。'否泰，反其类。'③于换爻，而益明矣。以'乾一索'合'坤三索'，兼《未济》而分《困》《噬》者，泽雷也。以'坤一索'合'乾三索'，兼《既济》而分《贲》《井》者，山风也。雷归魂于泽④，风归魂于山⑤；'官''有功'，而'维''用享'，'意承考'，而'高尚''志'；诚'世道人心'之'雷声''风力'乎？"又曰："《圆图》，随、萃、豫、震，在北；蛊、大畜、巽、小畜，在南；皆相峙也。《豫》《随》'时义'，'由冬而春'之候乎？故'豫必有随'⑥，'喜随有事'⑦，直连，举其义焉。"智曰："谦、豫、随、蛊，困、井、革、鼎，上下《经》之中也。贞悔为九者，四；此，次九，首也⑧。二《济》、二老，为冬春之际，'衔

①《论语·泰伯》："三分天下有其二，以服事殷。周之德，其可谓至德也已矣。"

②《否》卦，初上换，则为《随》卦。《泰》卦，初上换，则为《蛊》卦。

③《杂卦传》。

④《随》卦，上兑下震。震为雷，兑为泽。

⑤《蛊》卦，上艮下巽。巽为风，艮为山。

⑥《序卦传》："豫必有随，故受之以随。"

⑦《序卦传》："以喜随人者必有事，故受之以蛊。"

⑧贞悔 36 卦，九卦一组。随蛊之贞悔卦，为第 10 卦，为"次九之首"。

尾无首’者也。谦、豫、随、蛊，为春夏之际，‘随风生蛊’者也。坎、离、咸、恒，为夏秋之际，‘咸用悦利’者也。困、井、革、鼎，为秋冬之际，‘剥忍变造’者也。”

☱☳泽雷随

智按：“《易》以三阳、三阴，为中。故泰、否，为纲领；而随、蛊，寓‘咸、恒、损、益之消息’焉。‘上下，相易。’[①]《随》，则上刚，来随初也；故以‘随’名之。《说文》：‘随，从辵，隋声。’而惰，从陊省，‘裂肉’[②]，音隋。”一曰：“随，古作‘攵’，履、後、复、麦，从之。”一曰：“从髓，省声。髓，‘随人身骨血而来’者也。”今为商，齐齿声。

随：元亨利贞，无咎.

《蠡》曰：“四德，不全予；予，犹多‘危辞’焉。今，全予《随》；而又系之‘无咎’，言：‘人生随天地开辟之时，而大其义也。’”《筌》曰：“《履》，以‘履其后’，为义。《随》，以‘下随上’，为义。‘随无咎’者，上下，本无事也。”《遡》曰：“雷，天地长子，出号令以鼓万物。动于泽下：则将出，万物与俱出；而《震》宫，归《随》[③]。动于泽上：则将入，即万物与俱入；而《归妹》，为‘八宫之大归’焉[④]。震卯、兑酉；《随》自卯而酉，为昼、为春夏，阳明而发育。《归妹》，自酉而卯，为夜、为秋冬，奄伏而沉藏。《圆图》，《随》在立春前一卦。”《凿度》：“孔子曰：‘随者，二月之卦，随德施行，藩决难解，万物随阳而出。’”[⑤]谓：“‘兑秋，雷藏声者’，一端之说也。《洛书》，兑与震交；龙虎从，木金应，养气家重之。”《揆》曰：“君子转物，而物自随我；非‘使物得以转我，而我反随物’也。”《意》曰：“‘豫必有随’[⑥]，言‘当动随时义也’。‘西山之维’，即‘出门之功’矣。豫、随，为《上篇》之中[⑦]；世，则‘太平之世’也。若以人言，则‘顺动’，不知‘晦息’；失身，必且荡‘维’。故节豫、慎随，为天下之大义焉。”

《彖》曰：随，刚来而下柔，动而悦，随。

①《系辞下》：“上下无常，刚柔相易，不可为典要，唯变所适。”
②《说文解字》。
③《随》卦，为震宫归魂卦。
④《归妹》卦，为兑宫归魂卦，也为八宫卦之“大归”。
⑤“陽”，原为“旧”字。于意不通。根据《易纬·乾凿度》。
⑥《序卦传》：“豫必有随，故受之以《随》。”
⑦上篇 30 卦，《豫》为第 16 卦，《随》为第 17 卦。故称，“上篇之中”。

竹西曰："谓'《泰》《否》来'，即从《蛊》颠[1]；转上，而为《随》初也。谓'乾上，转而来坤初'，可也。是初、上，主卦也。朱子举困、噬、未济，细就其画变，而言之。变因画具，'一然俱然'者也。后，仿此。"

大亨，贞无咎，而天下随时（王肃本，作"随之"）。

子瞻曰："时者，上之所制也。不'从己'，而'从时'；其为随也大矣。"诚斋曰："时出于圣人，天下随圣人；时成于天下，圣人随天下。"《订》曰："必先有'圣人之随'，而后有'天下之随'。"观我氏曰："'揖让'也，'革命'也，'事狄'也，'逃父'也，'负扆'也，'作《春秋》'也。出常情，而天下安之；异前圣，而后圣信之。"君子曰："是'庸德'也，是'时中'也，期于'心之无我'而已矣。黠者睨，而窃以自与，特患夫'戒慎'之'不利于我'也。乃逃'町畦之外'，以为'见性''率性'；随顺任之，虽穷玄极微，祇滋骄泰。故'贞'在'无咎'，而大揭'随时之义'焉。"郝《解》曰："谦、豫、随，相因；而几，在乎'时'。'无可无不可'[2]，随也。当理、措宜，'素位'[3]'中节'[4]，随之义也。无忌惮者，谓之'诡随'。"《意》曰："不言'元'者，'随'，即藏'元'也；不言'利'者，'大亨贞'，即'利'。而'贞'，在'无咎'；此天下'随时之义'，所以'利物，和其中'也。时乎羲禹！时乎周孔！'时措之宜'[5]，一'中'，而已。雷雨出云，'有开必先'[6]。岂能'剖斗、折衡，而锢民于混沌'哉？以'小康'[7]目'三代'[8]，而欲'从先进'之'野人'，时也；'郁郁''监二代'[9]，'今用之，吾从周'[10]，时也。"

---

①《蛊》卦，颠倒即《随》卦。又称"贞悔卦"。

②《论语·微子》："虞仲、夷逸，隐居放言，身中清，废中权。我则异于是，无可无不可。"

③《礼记·中庸》："君子素其位而行，不愿乎其外。"

④《礼记·中庸》："喜怒哀乐之未发，谓之'中'；发而皆中节，谓之'和'。"

⑤《礼记·中庸》："成己，仁也；成物，知也；性之德也，合内外之道，故时措之宜也。"

⑥《礼记·孔子闲居》："清明在躬，气志如神，嗜欲将至，有开必先。天降时雨，山川出云。"

⑦《礼记·礼运》："此六君子者，未有不谨于礼者也。以著其义，以考其信，著有过，刑仁讲让，示民有常。如有不由此者，在执者去，众以为殃，是谓'小康'。"

⑧《礼记·礼运》："大道之行也，与三代之英，丘未之逮也，而有志焉。大道之行也，天下为公，选贤与能。"

⑨《论语·八佾》："周监于二代，郁郁乎文哉！吾从周。"

⑩《礼记·中庸》："吾学周礼，今用之，吾从周。"

随时之义大矣哉（王肃本，作“随之时义”）！

程子曰：“此，赞‘随时之义大’；与《豫》等诸卦，不同。”《心易》曰：“‘随’，可‘时’也，不可系也。爻，取‘随时而动’；《象》，取‘随时而息’；动息，不违其时；此‘随时之义’，所以为‘大’。”

《象》曰：泽中有雷，随。君子以嚮晦入宴息（“向”，王肃作“乡”，又作“向”）。

《全》曰：“‘雷出地奋’，下起直上，若物碍之，则冲激成形；如木、如石、如斧之类，值之者伤。泽，乃地之虚处；雷之形气，至此随散，其声遂息。”诸儒，或言：“兑秋《月令》‘雷始收声’；木王于春，遇金则废。”此，取“四时一节”言也。幼清以“龙雷，一也”；“灵湫喧污，辄兴云雨”，其一理也。熊南沙曰：“‘旸谷’‘昧谷’，‘自震向晦’之象。互艮，‘息’象。”《意》曰：“《彖》，以动言；《象》，以静言。《豫》位正冬，先言‘出奋’；《随》已当春，即具秋收。盖谓：‘随静，知其动；随动，知其静也。’法《离》，‘向明’，为‘外王’；体《随》，‘向晦’，为‘内圣’。晦，不属冥；息，未尝灭；惟‘慎独’者，知之。”《正》曰：“‘乾乾终日’，‘法天’之道也；‘向晦宴息’，‘随日’之义也。同人，而‘不流’；独居，而‘不忧’[①]；以从于天下，犹之‘宴息’也。”《心易》曰：“心，自有息；息，必归心。‘绵绵若存’，为‘天地根’[②]。外，若灭息；内，自生息。微矣！”《见》曰：“三更不睡，血不归肝。故以‘向晦’，象伏雷。”画子曰：“‘宴’，安也；‘息’，生也。‘安其形’，所以‘生其神’。‘退藏于密’，‘六用’‘旋元’也[③]。”智曰：“全动、全静，必用于‘细动静’。养动之根，自入而息。‘夜气’，以‘止息’，为‘生息’也。人寐，则目先不用，耳次不用；鼻息，则寐亦不息者也。‘自心’鼻祖，为‘形声折摄’之轮，犹不悟‘渊默之雷’乎[④]？知‘动息同时’者，谓之‘寤寐一如’。南视北斗，日午三更，何时而非息邪？”移孝曰：“‘随’，乃所以‘复’；‘复’，乃所以‘节’。语上，止言‘复’；语中下，但言‘节’；‘随’，则不语也。随上中下，而语之；则‘复’‘节’，乃‘大随’也。因爻随变，因时随候，皆‘随其当然’之义，使人中节，而已。”

①《系辞上》：“与天地相似，故不违。知周乎万物，而道济天下，故不过。旁行而不流，乐天知命，故不忧。”

②《老子》：“谷神不死，是谓玄牝。玄牝之门，是谓天地根。绵绵若存，用之不勤。”

③《楞严经》：“心无贪淫。于外六尘不多流逸。因不流逸。旋元自归。尘既不缘。根无所偶。反流全一。六用不行。十方国土。皎然清净。譬如琉璃。”

④《庄子·在宥》：“尸居而龙见，渊默而雷声。”

初九，官有渝（蜀才，“官”作“馆”），**贞吉；出门交有功**。变坤，为《萃》。

《全》曰：“主其事，之谓‘官’。‘渝’，犹《豫》成之‘渝’也。”《遡》曰：“《随》，东西对，而主宾立；震兑交，而言行孚；故象‘朋友’。求之乡国天下，则‘出门’；求之《诗》《书》，则《尚》《论》，故有‘远取’之象焉。初随上也，不渝，则中益；而訑訑拒人，即‘出门’，何益乎？贞，以‘渝’见；‘执一’不更，则非‘正’矣。‘官渝’，震象；‘门’，艮象。”《意》曰：“‘心之官则思’[①]。《礼运》曰：‘其官于天也。’天下，时而已；时者，用而已。用，莫大于官；官，必随交而贞之。‘贞’于‘渝’中，故‘不失’也。”《正》曰：“《豫》终，‘冥豫’。《随》初，‘出门’，则方旦也。‘渝’者，阴阳之交变也。”尔止曰：“此‘门’，达道所由。投足，最初宜慎，故以‘晦’‘息’严之。”《见》曰：“‘官有渝’，如韩信、陈平，事项羽；不能其官，而事汉高。此，自一说。”

《象》曰：“官有渝”从正吉也；“出门交有功”，不失也。

慈湖曰：“‘官各有守’。今，‘渝’焉，‘随时’也。然事可渝；‘贞’，不可渝也。”《正》曰：“大人守道，不以‘出门’典一官；居常虑变，不以‘无功’坠厥事。精诚所交，众志随之，故《随》而《萃》。”《全》曰：“初‘交’四，以进五。”《宜》曰：“‘交’，上。”集曰[②]：“从上爻而变初，主随。因‘渝’二三，应四交五，以‘有功’；而正、应，本不失也。”《揆》曰：“二三四，互艮‘门’。‘出门’，交五，故曰‘渝’。”智曰：“随其所‘渝’，而精‘随时’之义，自‘不失’正。出门豁然，何难‘舍已从人’？”

六二，系小子，失丈夫。变重《兑》。积变，《困》。

《揆》曰：“二，‘系’三，‘失’五。三，‘系’四，‘失’二。‘小子’‘丈夫’，阴阳之辨。观《渐》初六，称‘小子厉’；则阴爻为‘小子’，明矣。二比三，不能越三；而三比四，易于‘舍下就上’也。”《宜》曰：“六二中正，非必果‘系彼失此’也。三，亦非真见四之为‘丈夫’也；而亲之以近比，故适遭之耳。‘弗兼与’，明事势也。随义所在，不论小大、得失，故不言‘吉凶’。卦三阴爻，皆言‘系’。”《野同录》曰：“有谓‘系小子，为不失赤子之心’者，强扭就臆说耳。圣人因二贞一，随‘义与比’，即两‘无’也[③]。周公著‘小子’‘丈夫’，

① 《孟子·告子上》：“心之官则思，思则得之，不思则不得也。”

② “曰”字，原文为“口”字。

③ 《论语·里仁》：“君子之于天下也，无适也，无莫也，义之与比。”

于《随》；犹孔子著‘君子’‘小人’，于《泰》。贪洪荒耶，何谓‘随时’？”

《象》曰：“系小子”，弗兼与也。

玄子曰：“二，亦中正者。人之所随，得正，则远邪；从非，则失是。无‘两从’之理，故戒之曰‘弗兼与’也。穆姜筮《艮》之八，是《艮》之《随》：乃《随》五爻变，而二不变也。姜举《文言》，知史讽而掩饰也。且《左传》，为三晋文人笔，掇《文言》措词耳。”《筌》曰：“里克之‘中立’，邓析之‘两可’[①]，‘终于邪’而已，非‘随之善’也。”《见》曰：“二之‘系’，其夷吾，系子纠；魏征，系建成乎？‘孚于嘉’，则桓公、太宗也。” 曰：“亚父发疽，冯衍闭门，自叹‘其系，失也’。庞公不比管乐，徐庶废于汉魏，其‘知随’乎？知‘弗兼与’之义，则可以随‘两端’，而‘用中’矣。”

六三，系丈夫，失小子；随有求得，利居贞。变离，为《萃》。积变，《大过》。《震》宫归。世。

郝曰[②]：“震，初索于坤母；故二、三，坤体；视初，犹子。《蛊》初，为‘子’，亦此象也。三近四，为夫，故为‘系夫、弃子’之象。不必，拘‘正应’为说也；此，‘随时’也。二‘系’初子，而母所‘失’者，子所必欲得也。三‘系’四夫，而母所系念者，亦子所终必往也。故九四大‘有获’以此。”《宜》曰：“《震》往则未，《艮》手则得。又《巽》市，‘利’象；‘居’，《艮》止象。‘利居贞’，为诡随、苟得者戒也。”《正》曰：“《随》之《革》，水火相灭，非贞不得。孙伯宗妻谓其夫得毕阳，‘庇其子州犁焉’，得所求矣。”海鹤曰：“庞参柳津之失其子乎？凯风笳拍之失其子乎？子卿还汉，而通国终来，是两不失也。袁绍因子病误事，而卒杀田丰，是两失也。宋太祖明知之，而传太宗，是贞于‘系’‘失’者也。”

《象》曰：“系丈夫”，志舍下也。

《订》曰：“三系四志，仅舍初而已。孰知四之亦当舍，而不当系乎？”

九四，随有获，贞凶；有孚在道，以明，何咎！变坎，为《屯》。积变，《井》。

幼清曰：“四，居阴，故或与六三；九，体阳，故能交初九。四三，

①《吕氏春秋·离谓》：“洧水甚大，郑之富人有溺者，人得其尸者。富人请赎之，其人求金甚多。以告邓析，邓析答之曰：‘安之。人必莫之卖矣。’得尸者患之，以告邓析，邓析又答之曰：‘安之。此必无所更买矣。’”

②郝敬著《周易正解》。

非应，故曰‘义凶’。‘孚道’，得应，则四‘明哲之功’也。”《遡》曰：“四、五，皆‘孚’；孚比凶，孚应吉。以神迹辨，有心曰‘得’，无心曰‘获’。然四凶于三者，阴，或不得已求阳；阳而徇阴，即非‘明白正大’之相与矣。阳，‘道’象；艮，‘光辉’，‘明’象。”《正》曰：“与人同功，必与人同过；与人分福，必与人分祸矣。子犯还璧‘请亡’，而重耳矢河。异日，叔向举似范文子，文子愍其未仁。夫子犯之明，岂不及竖须、勃鞮乎[①]？随人，而患多矣。惠公之入，里丕之党，有存者乎？”《意》曰：“‘有获’之心，皆私也。然不明其道，则自快其‘无所获’，亦凶也。”

《象》曰：“随有获”，其义凶也；“有孚在道”，明功也。

潜老夫曰：“得者，失之门。不作‘小大、得失’之见者，明礼矣。然不随小大、得失，而以道孚之，岂能‘明功’乎？君子，内竭忠诚，外明分谊，不弃初爻之‘官’，能随‘远近之应’，谓之‘善处功名，身系‘安危’，何非道乎？’”

九五，孚于嘉，吉。变重《震》。积变，《升》。

《集义集》曰：“震巽中正，而远近皆孚，莫非‘嘉之会’矣。”《揆》曰：“四曰‘有孚’，五曰‘孚嘉’。盖《随》从《否》变，四、五同乾德，而远近、内外随之。‘随时’之主，岂私一人哉？”幼清曰：“‘有孚’者，彼孚于此。专言‘孚’者，此孚于彼。”《笙》曰：“二，本中正，昵于‘近其迹’耳[②]。‘负俗之累’[③]，贤者不免；在明主‘释猜、捐迹’，而‘嘉会’成矣。”《正》曰：“公孙固与负羁之妻，皆知晋文，以‘从者，皆国相也’。”

《象》曰：“孚于嘉，吉”，位正中也（或作“位中正也”）。

《意》曰：“‘位中’，则‘不偏不倚’[④]。善随天下之‘交’‘系’‘求’‘获’，而各以其‘嘉’者‘孚’之，所以为‘时中’[⑤]之‘尊亲’‘洋溢’也[⑥]。四、五，皆曰‘孚’；阳，同德也。”

上六，拘系之，乃从，维之；王用享于西山（“享”“亨”同）。变

---

①竖头须，寺人勃鞮。

②（晋）葛洪著《抱朴子·喻蔽》：“騏騄追风，不能近其迹；鸿鹄奋翅，不能卑其飞。”

③（汉）袁康著《越绝书·越绝外传记范伯》：“有高世之材，必有负俗之累。”

④（宋）朱熹著《四书章句集注·中庸章句》：“中者；不偏不倚；无过不及之名。”

⑤《礼记·中庸》：“君子中庸，小人反中庸，君子之中庸也，君子而时中；小人之中庸也，小人而无忌惮也。”

⑥《礼记·中庸》：“是以声名洋溢乎中国，施及蛮貊。舟车所至，人力所通，天之所覆，地之所载，日月所照，霜露所队，凡有血气者，莫不尊亲，故曰配天。”

乾，为《无妄》

玄同曰："'享西山'者，无情亦格。孚初九者，终始相联。'拘系''从维'，联固状也。'拘系'，巽'绳'也。'维'，取四方'震、兑、坎、离'，俱见也。'王'，自'文王追王'言，文兴于西。附兑，见《升》卦[①]；同'诸侯祭境内山川'，分也。初上互换，穷上返下，始终共贯者也。"《野同录》曰："'随时'，未可以象喻也。变乾为《无妄》，而伏'冥升之不息'。万物，收于西'成'，而乃享'义利'之乾坤；依然从此四维，以贞天下于'无咎'而已矣。随天下之'系'，拘天下之'求'，而明'交功'之道、'正中'之位焉。天下，皆亨其'随时之义'，而不知'其所以然，是乾之元亨也。所以然，则'向晦而息之'矣。"

《象》曰："拘系之"，上穷也。

《潜录》曰："'小子''丈夫'，本无增减，是其不随乎？专言'太上'，则不能随时'与民同患'，而势且纵人荡维，蛊此天下矣。是偏上，而'穷'也；不落上下，犹暗痴也。穷上返下，止宜'随天下之讲下学'，而'何下，非上'乎？"智曰："知'随时'之'贞于无咎'，则随其'穷上'，而即以上者'拘系之'矣。此'集大成'之义，而奏'金玉'，以'宴息'者也。"德曰："卦图，以隅为维；以廉棱四方之节，维圆也。'国有四维'，本法此象。"

《时论》曰："雨、旸、燠、寒、风来备，曰时。"[②]非"一家、一国"之随，"天下、万世"之随也。所以随者，时也。"耕凿"壤衢，忘于"作息"[③]；"祁寒""暑雨"，泯于"怨咨"[④]。《象》之"随时而动"也，《象》之"随时而息"也。"震纳庚"，寄魄于兑先；"兑纳丁"，生魄于震后；"向晦宴息"之象也。天道立昏中，君子存"夜气"。龙见渊声，"一身"之泽雷也；出作、入息，"一世"之泽雷也。《意》曰："三阴，并有'系'者；'系'，不可以言'随'。九四，独为'随'者；随。不可以'有获'。'系'，昵也；'获'，贪也；圣人'弗与'焉。"阳，一君[⑤]；阴，二民；兼者，臣也。"丈夫"，志"交"；"小人"，志"系"。节小子者，丈夫也；随丈夫、小子，以"从王享"者，"大丈夫"乎？非

①《随》卦，一至五爻皆变，而为《升》卦。《随》卦，上六爻独变，为《无妄》卦。《无妄卦》，伏卦为《升》卦。

②《尚书·洪范》："庶征：曰雨，曰旸，曰燠，曰寒，曰风。曰时：五者来备，各以其叙，庶草蕃庑。"

③《庄子·让王》："日出而作，日入而息，逍遥于天地之间而心意自得。"

④《尚书·君牙》："夏暑雨，小民惟曰怨咨。冬祁寒，小民亦惟曰怨咨。厥惟艰哉。"（北周）庾信《角调曲二首》："祁寒暑雨是无胥怨，天覆云油滋焉渗漉。"

⑤《系辞下》："阳一君而二民，君子之道也。阴二君而一民，小人之道也。"

以“时义明道”，其能“维而息之”乎？识时者，杰其“官于天”乎？“倾否”随初，变《萃》，伏《畜》[①]。“阖户”不觌，为过；“辟户”一笑，为功。“出门”，随帝；“从正”，所以善变也。初，则“不失”；二、三，“失”矣。虽然，此“失”、彼“系”，谁较胜耶？二“弗兼与”，三“求有得”，其“在志”乎？盖三与四，随所交；出《革》，而进《屯》也。革，“征”则“凶”[②]；随，“居”则“利”[③]。屯，“明”而“求”[④]；随，“明”而“孚”[⑤]。初、四，相应，其“功”何在？亦在乎“秉道随时”，而已。“孚嘉”之君，《震》中有渐[⑥]；“官渝”求明，咸《萃》于下；远近皆孚，“嘉会合礼”[⑦]，不独私于二之变“悦”也[⑧]。获情近私，获义蠹公，夸者死权，骄吝可不戒哉？上之“拘系”也，“随时因革”之大权也。所谓：“从欲风动，而安教洽化者也”。“西山”者，周家“丕丕基”也[⑨]。省山、拔兑，德化荒之，礼乐康之。《无妄》之极，悦以先劳，上穷下通；“维”“系”固结，而不解矣。知“最上之极则”，而用“亨贞之中道”；必以“义”，为“西成之享”。天下各“拘其所系”，而维不可坏。随，即随其维焉。若执偏上，教治反穷；“随时之义”，岂不大哉？“服牛乘马，取诸《随》。”牛马，天也；可服、可乘，亦天也。圣人因天、用天，是“时义”也。人不识“随时之义”，而曼言“无彰、无瘅”[⑩]之“大随”，其“异于禽兽者几希”？

智曰：“《上经》，坎，赞‘时用’；颐、大过，赞‘时’；惟二九中间[⑪]，乃赞‘时义’。《下经》，遁、姤、旅，赞‘时义’；睽、蹇，赞‘时用’；解、革赞‘时’。而《随》，独赞曰：‘随时之义，大矣哉。’此，特例也。圣人深心，见乎词矣。六十四，皆‘时’，皆‘乾之时’也。始终用坎，使‘乾乾’其心，以随之；虽有治乱，大义中天，民心不死，‘孚’‘维’此四德矣。执‘太上’，为‘大随’；而不知‘随

①《随》卦，初九独变，为《萃》卦。《萃》卦，伏《大畜》卦。

②《革》卦：“上六，君子豹变，小人革面；征凶，居贞吉。”

③《随》卦：“六三，系丈夫，失小子；随有得，利居贞。”

④《随》卦，九四独变，为《屯》卦。《屯》卦六四，《象》曰：“求而往，明也。”

⑤《随》卦：“九四，随有获，贞凶；有孚在道，以明，何咎？”

⑥《随》卦，九五独变，为《震》卦。

⑦《乾卦·文言传》：“君子体仁足以长人，嘉会足以合礼，利物足以和义，贞固足以干事。”

⑧《随》卦，六二独变，为《兑》卦。

⑨《尚书·立政》：“以并受此丕丕基。”

⑩《尚书·毕命》：“彰善瘅恶，树之风声。”

⑪上经，18贞悔卦。随、蛊一组，为第10贞悔卦，故称“二九中间”。

时之义’，则‘私系’‘荡维’，‘蛊’能‘幹’乎？‘利物和义。’[①]西‘成’，以合乾坤。君子曰：‘此“义以为质”[②]，行“礼”达“仁”，以全“信智”之大表法也。’几，在息者知之。惟其息也，乃可以环应其‘交’‘与’‘求’‘获’之宜，而天下随此中矣。惟其上也，乃可以‘穷上反下’，周四维而随《无妄》之所之焉。中道，亨矣。人情乐纵，卑者靡，高者僻，脱者放。群间巷，皆知言‘随时’矣，谁知‘随时之义’乎？‘比义’之‘无适、无莫’[③]，此正‘不落两者’也。‘义’，即‘宜’也[④]。然不正告之，曰‘义’；则‘时宜’之流为‘脂韦’，犹夫‘随时’之流为‘脂韦’也。天地已分，名可避乎？可名之‘义’，即不可名之‘宜’。与其训‘宜’，不如训‘义’。《庄子》愤‘假义’，而‘卮言’激之，是‘仆而罪路’也。‘无首’六龙，飞乎上下者，谁可许哉？故言‘第二义’，即是‘第一义’。《孟子》之‘集义’，赞‘时’，深于读‘随时之《易》’者也。《庄子》知随而已；真随，固不易也。言‘义’者，或不知‘真随’，而况‘偏随者’乎？故末季，藉其‘卮言’，自解荡义，而不顾其蛊矣。此圣人所以深忧之显著之，而预防之乎？文王于《乾》，五言而已矣，‘表岁之四时’而已矣。《随》，则终之以‘无咎’。此‘系词’者，维万世之‘义’也。”

䷑山风蛊

《左传》：“皿虫，为蛊；谷之飞，亦为蛊。”《潜虚》曰：“百毒之聚，胜者为蛊。”朱子曰：“器中毒蛊，自并之象。”邵子曰：“蛊者，风之旋也。蛊，以风化。地犯风，则多蛊；虫入木，则易坏。蛊、鼓，同音，牙喉满唇之声气也。故具‘败坏’‘淫惑’之意。”智曰：“饮食男女，是蛊种也。师‘毒’、随蛊，以药治病，以药治药。惟巽制权，惟风所转，以道德止之，以先后治之；即民事以鼓其志意，要明乎‘甲庚生克’之消息，使其易入、易止已耳。”

蛊：元亨，利涉大川；先甲三日，后甲三日。

集曰：“‘宴息’[⑤]，‘喜随’[⑥]；而竟‘不事天下之事’，则蛊矣。知蛊之几，而‘巽权’以饬治之，则‘元亨’矣。初至四，肖坎、互泽；而巽

① 《乾卦·文言传》：“利物足以和义，贞固足以干事。”
② 《论语·卫灵公十五》：“君子义以为质，礼以行之，孙以出之，信以成之。”
③ 《论语·里仁》：“君子之于天下也，无适也，无莫也，义之于比。”
④ 《礼记·中庸》：“人者仁也，亲亲为大。义者宜也，尊贤为大。”
⑤ 《随》卦，《象》曰：“君子以向晦入宴息。”
⑥ 《序卦传》：“以喜随人者必有事，故受之以蛊。”

‘木’乘风，‘利涉’象也。”先后“甲三”，诸家纷然。智，尝作“甲庚说”，曰：“康成，本子夏，作‘新辛丁宁癸度’之说；朱子因之。”程子曰：“‘甲’者，事始；‘庚’者，变更之始。戊己，为中；过中，则变也。”他如鼎祚所集远矣。子瞻以“干五、支六，而复”，所云“六甲”“六庚”之“先”“后”，明“阳之生子、尽巳，阴之生午、尽亥”，夫人而知之也。“先甲三日”，子戌申也；申尽于巳，而阳盈生阴。“后甲三日”，午辰寅也；寅尽于亥，阴极阳生。“蛊”，无九五以干之；故穷变，而“终则始”。“先庚三日”，午辰寅也，尽于亥；“后庚三日”，子戌申也，尽于巳，故曰“无初有终”。胡仲虎曰：“《先天》，甲在东离。逆数，离震坤，得艮，为‘先甲三日’；顺数，离兑乾，得巽，为‘后甲三日’。”文王，发先天于《蛊·彖》；周公，发后天于《巽》爻。巽艮，前后三卦，其方为庚。巽，本无艮；以五变，即艮，《巽》之《蛊》也[①]。吴幼清，则谓：“为筮日之占矣。”熊朋来，以“纳甲”论之：蛊、随，相伏。初变，则内为乾，“先甲”也；至四五变，则外为乾，“后甲”也；“乾纳甲”也。重巽，伏震，“先庚”也；五变，则三至五，互《震》，“后庚”也。来矣鲜，因季常，而以先、后天明之。曰：“《后天》，艮巽，夹震木于东，言“巽，先于甲；艮，后于甲也”。《先天》，艮巽，夹坎水于西，言“巽，先于庚；艮，后于庚也”。五变，即是艮矣。独言“甲庚”者，“卦，皆乾坤也”。甲居寅，为《泰》；艮居申，为《否》也。焦弱侯，因辅嗣“申命”，而引“浃日”[②]。“甲”，木仁，示宽令；“庚”，金义，示严命也。复始，曰“申”。“申命”，非更，则续。“庚”，续也，更也。事变至蛊，则当复始，故曰“甲”。“甲”，日首，事始也。《巽》变《蛊》，蛊即始事，巽又申之，故于五爻言。智按：“《说文》：赓，古‘续’字。而相沿读‘庚’，是其证也。”玄子曰：“‘六甲’，始甲子，终甲寅。北西东南，‘始义、终仁’也。‘六庚’，始庚午，终庚申，东南北西，‘始仁终义’也。甲，为阳更；庚，为阴更。甲，居于端；庚，居于中。阳更，居于端，‘开创迅烈’之意多，故‘始义终仁’。阴更，与干中，‘修补调和’之意多，故‘始仁终义’。蛊，则变而从新；巽，则修举废坠而已。故‘终则有始’，取‘甲之始’也；‘无初有终’，取‘庚之中’也。”《象正》曰：“甲，是‘帝出’之‘终始’也。道，未有‘周六甲而不变者’也。巽之治‘辛’，艮之治‘丙’，皆于‘六甲’取之。‘甲’，取辛丁；‘庚’，取丁癸；义，亦互起。古之为日也，左而尚柔，右而尚强。‘吉日庚午’，‘吉日维戊’，右

①《巽》卦，九五独变，为《艮》卦。上卦，则由巽，变艮。

②《国语·楚语下》：“远不过三月，近不过浃日。”韦昭注：“浃日，十日也。”

事也；‘上辛祀帝’，‘祭用丁亥’，左事也。然则武王克商，以‘甲子昧爽’[①]；‘先三日’而‘誓师’，‘后三日’而‘毕事’。既来自商，‘大告武成’，以‘庚戌柴望’[②]；‘先三日’而‘祀庙’，‘后三日’而‘分封’。故《蛊》用‘振民’，《巽》用‘申命’；‘庚申’之义，起此乎？曰：‘《诗》《书》《易》象，相为表里也。’‘戊午师逾孟津’[③]，己未誓师，‘甲子’又‘誓’[④]，‘癸亥夜陈’[⑤]，‘会朝清明’[⑥]。故戊癸、甲己，周师之所取，合也。周，以火德王。戊癸之合。‘朝步自周’，‘陈郊’‘卜洛’‘烝祭’，皆戊也；未有‘用己’者。‘自戊而己，乃毕厥争矣’。克商之岁，日至己未，日月星辰，会于北维，越六日而受商命。卜洛之岁，甲寅而成位，甲子而用书；夫是六日，则必有合之者矣。‘乾甲，而震庚；震甲，而兑庚’，或论德，或论位。甲己从化，乙庚同气，《易》间取之。此旁义也。”元公曰：“道家杀三尸虫，必守甲子、庚申，故《蛊·彖》《巽》爻取之。东方甲木，西方庚金，中央己土。《革》乃天时变候，一岁之中，故曰‘己日乃孚也。’”智曰：“诸家，各有开合。而或有‘执此、复疑彼’者，或有‘信后天图、不信先天’者，盖未全悟‘虚空，皆象数；一合，皆合’者也。若谓‘图数，不可信’，则‘六合之日月，七尺之经络，应叶之律历，周旬之干支，皆不可信矣。’‘橛虚’者，执‘皆有、皆无’之影事，而荒之。‘循庸’者，执‘宰治、质分’之训诂，而疑之。谁肯‘研极精义’耶？子瞻所云‘甲庚先后，阴阳相反，《易》以寄治乱之势’，此定理也。矣鲜所云‘往来泰否，天地之道，不过如此’，此定理也。弱侯、玄子之言‘甲仁、庚义，更端始中’，此定理也。特，未畅‘一在二中，叁两用六’之所以然耳。古人，小事必有义尚；幼清‘筮日之占’，非无谓也。古人，以韵训义；‘辛丁之说，庚革同声’，非无谓也。特，其‘显密、大小，同时并用’。而儒者，遂执一说，盖欲‘浅白示民’，而已。”《易简录》曰：“《先天》巽位西南，《后天》坤来居之，是‘巽肩坤母之责’；艮位西北，乾来居之，是‘艮肩乾父之责’。六十二卦，俱干‘乾坤之事’，于《蛊》见例。《蛊》，遂兼乾坤二元。”玄同曰：“《后天》，乾坤退位，是‘父、母蛊’象。艮巽受之，即能干之；故合艮巽，名《蛊》。”智按：“孔子曰：‘阳祖微而据

①《尚书·牧誓》：“时甲子昧爽，王朝至于商郊牧野。”
②《尚书·武成》：“越三日，庚戌，柴望，大告武成。”
③《尚书·武成》：“既戊午，师逾孟津。”
④《尚书·牧誓》：“时甲子昧爽。王朝至于商郊牧野，乃誓。”
⑤《国语·周语》：“王二月，癸亥夜陈，未毕而雨。”
⑥《诗经·大明》：“肆伐大商，会朝清明。”

始，坤臣道以正终。’盖谓：‘先天；用于后天；《图》变《书》，而分阴居四维也。’一用二，二倍四，二四为八，三四为十二。干盘于支，则十二分，值八卦：阳一，而阴二也。四正，当子午卯酉；四维，乾当戌亥，艮当丑寅，巽当辰巳，坤当未申。此，四维之‘乾、巽、艮、坤’，交幹也。北冬三位，乾首于亥，艮辅于丑；南夏三位，坤终于未，巽起于巳。故艮以岁限，与坤；司《方图》之泰、否。《巽》转风而终律，与《乾》；司《圆图》之泰、否。四月，纯《乾》。《巽》，尤居阳阴之关，长《震》木之气，‘申命行事’者也。干支六十，约以‘六旬’，以旋‘六律’。每三十度为宫，环十二宫；而用半，为六爻；此，‘一切见成’者也[①]。《巽》五著变者[②]，藏六于五也。分六，而两言‘三日’，‘以九侵六，以六损九’也。四分十二，而用‘一分之三’也；犹‘十二用九’之为‘四分三’也。但言‘甲’‘庚’者，万法，不过反对；而举东、西轮也。”老父曰：“冬夏用春秋，子午用甲庚，以其生于亥、巳，犹之‘四，用半也’，尽之矣。”盖谓：“或举水火，或举金木，或举仁义；总之，是阴阳代错，而已矣。”邵子曰：“十二宫，自寅至戌九时，为日；亥子丑，为夜；犹‘岁用三季，而余冬也’。寅至戌，甲至庚；天干之余，三犹‘地支之余三也’。”邓绮谓：“甲起《明夷》，庚终《谦》者；用四十八卦，而余十六也。虽用三，而实用二；二，自为交轮耳。不见‘乡饮酒之图’乎？”仁，属春夏之“僎主”；义，属秋冬之“介宾”。圣人制度表法，何处不然？《礼》曰：“教者，民之寒暑也。”“记治乱之事，曰《春秋》”者：酷寒、酷暑，日少；与民用“和平之旨”也。春生于冬，甲生在亥之符也；秋生于夏，庚生在巳之符也。东，震木，合巽；以畅离火，成坤土。西，兑金，合乾金；以归坎水，终艮土。生克互用，恩刑交施，尽古今、费隐，无出此者。岂特《巽》五变《蛊》，互震“木”，曰“甲”；《蛊》五更《巽》，互兑“金”，曰“庚”乎？程迥曰：“完颜亮入冦，筮《蛊》。”迥，占曰：“惟《巽》发刚，‘利武人贞’，至四则有‘获’矣。外变《随》兑‘毁’，《随》自《否》来，断乾之首，坠于地下，当杀亮。”

《彖》曰：蛊刚上而柔下，巽而止蛊。

《宜》曰：“从《泰》变也，魂飞降也。‘户枢不蠹’，用器不蛀。天下欲各事其事，‘巽而止’，宜其蛊矣。”

蛊，元亨而天下治也。“利涉大川”，往有事也。“先甲三日，后甲

① 《五灯会元》卷十：“若论佛法，一切见成。”

②《巽》卦，九五爻独变，为《蛊》卦。《巽》卦：“九五，贞吉，悔亡，无不利；无初有终；先庚三日，后庚三日。”

三日”，终则有始，天行也。

子瞻曰：“蛊，非一日也，以喜随人，溺宴安也。父养其疾，至子而发也。以天下无事，而不事事，则后将不胜事矣，此蛊所以‘有事’也。而昧者，乃‘以事为蛊’，则失之矣。”《宜》曰：“爻，惟二五应，是‘利往’者。《传》言‘天行’者三：剥、复，为消息盈虚；此，为消息中变。所贵‘乾惕’‘天行’，‘知几’‘事事’，岂委之循环乎？贾谊曰‘厝火薪上，而谓之安’，‘先甲’也；杜预云‘平吴后，当劳圣虑’，‘后甲’也。”

《象》曰：**山下有风，君子以振民育德**。

《宜》曰：“风在天上、地上、水上，皆行而无阻；‘山下有风’，郁而不畅，穴自生风，长木穿土。‘風’字，从虫。形家，以风知虫；巽风，尤为生虫之害气。三蛊攒血，尸瘵相传。动静归风，风为百病之首，莫神于风，亦莫贼于风，故为‘蛊’象。‘振’，取风木之声；‘育’，取山土之养。明乎‘甲’‘庚’，一生、一杀；‘知风之自’[①]，一张一弛，是君子之事也。《蛊》以宴安，纲纪以弛，法网拘牵，养道必失。”

初六，幹父之蛊，有子考，无咎，厉终吉。变乾，为《大畜》。

《一》曰：“除上爻外，皆称‘父蛊’，无所委也。”《订》曰：“乾坤体坏，父母之亡，男尚幼；而长女当家也，女弱何辨？必有阳刚之子，补救之，而‘考乃无咎’也。‘厉’，乃操心之密机。嫌疑之际，自初‘干’旋至终，乃吉也。”画子曰：“由《泰》变，则上爻为‘父’矣。初上二爻，成卦之主，始终‘子’之。幹必旋，乾象也。”元公曰：“蛊，为食志之虫，传尸而不已；非毒药攻治，则祸延子孙。”

《象》曰：**“幹父之蛊”，意承考也**。

《订》曰：“因弟之幼，以‘承’当父事，为心也。岂必缇萦乎？”《正》曰：“‘厉’者，为子，而行‘臣妾之道’也。‘多识’《畜》德，必有以用之矣。”《宗一》曰：“‘三年无改于父之道’，非无改其‘蛊事’也，故曰‘意承’。末世，以‘富贵’为‘继志’；是鄙夫其父，而世济热中耳。岂谓‘善继’？”

九二，幹母之蛊，不可贞。变重《艮》。积变《贲》。

《宜》曰：“‘干母蛊’者，‘贞’则伤恩，故必‘巽以行权’。郑庄，失之‘誓泉’；蒯聩，失之‘顾剑’。凡蛊之深、干之难者，皆‘干母蛊’之象也。” 曰：“嬴政、高纬，与汉惠、哲旦等耳；皆《随》‘维’先坏，而后《蛊》乃深。向使戚姬不思夺嫡，则人彘之祸，自不激傅禄

① 《礼记·中庸》：“君子之道，淡而不厌，简尔文，温而理，知远之近，知风之自，知微之显。”

产；太宗不留巢妃，则高可不蒸，玄可不报；先以《随》'维'之礼，幹之矣。东汉黜吕后于太庙，是'中道也'。柬之，不尽暴罪，亦一道也；后人责柬之，亦一幹也。伊起莘曰：'圣人扶阳，无两大之理，故父在为母期。'而武氏、韦氏，再改之；玄宗，又合服嫁母三年；宜其乱也。'干母之蛊，不可贞'，圣人预幹之矣。"《儿易》曰："尧，不子丹；舜，为之子。舜，不子商均；而禹，为之子。雉，不可母汉；而陈平，为之女。曌，不可母唐；而仁杰为之女。舜、禹之'诛殛随刊'，男子之才；陈、狄之'委蛇却曲'，女子之容也。"

《象》曰："幹母之蛊"，得中道也。

玄子曰："如舜泣田，不敢家也；号冥天耳，不取于人也。'得中道'者，不从合，亦不伤恩。《易》望人'贞'，而曰'不可贞'；非谓'可不贞也'。可举其凡，不可悉其目，难与世之'徇形迹、好功名'者谈。" 曰："闵损、王祥之感，惟此'中道'。考叔、茅焦，且能旁感后人；以责鲁桓、唐中，迂远矣。"

九三，幹父之蛊，小有悔，无大咎。变坎，为《蒙》。积变，《颐》。《巽》宫，归。

子瞻曰："三，与二同德；而不知所以用之。二，用以阴；三，用以阳也。"《意》曰："其匡章乎？"《宜》曰："《蛊》幹，而亲之失彰，故'悔'。子之道尽，故'无咎'。爻由体孝子之心传，直揭'幹之'之道。"玄子曰："三之'幹'，上实诿之也。"

《象》曰："幹父之蛊"，终无咎也。

潜老夫曰："三，为归、世[①]；当半，而即知其'终'。"

六四，裕父之蛊，往见，吝。变离为《鼎》。积变《噬嗑》。

宜曰："重阴，体艮，故'裕'。当幹，而不忍幹；以小孝为大孝。'迁延岁月'，渐积以往，其失乃见，故曰'往见吝'。与'往有事'，正反。"《见》曰："'四惩三之'小悔'，不幹而'裕'，以为'不必有为'也。此，宋绍述之说。曰：'汉成之于元也。'"

《象》曰："裕父之蛊"，往未得也。

《诂》曰："四'裕'，徒以稚耳。岂得遂'执此道以往'哉？"

六五，幹父之蛊，用誉。变重《巽》。积变《无妄》。

程子曰："德在臣，誉归君；如是，'干'矣。"郝《解》曰："其'周公，追王上祀'乎？"安石白氏曰："'行道，扬名显亲。'[②]《孝经》，所以通'无终始'之'神明'，以为万世之'争子'也。此，'用誉'；

① 《蛊》卦，为巽宫归魂卦。《蛊》卦，九三爻，为世爻。

② 《孝经·开宗明义》："立身行道，扬名于后世，以显父母，孝之终也。"

《丰》，‘庆誉’；《旅》，‘誉命’；皆五位阴爻，贵‘合德’也。”曰：“《仲虺之诰》，‘吉甫’之‘诵’[①]，‘用誉’也。四皓数语，亦誉‘幹’也。德宗，不用卢杞，李泌曰：‘尧舜不逮矣。’此誉‘幹’也。”

《象》曰：幹父用誉，承以德也。

《意》曰：“圣人，因天地之生机，即以‘喜随’为‘消蛊之道’；但表‘天地之理’而名之，便为‘君父教臣子’，便为‘臣子幹君父’矣。故尚论帝王，称述《诗》《书》；皆所以‘几谏讽谕’，使之‘巽入易承’也。褚贲、李璀，惜不能早‘用誉’耳。”

上九，不事王侯，高尚其事。变坤，为《升》。

仲虎曰：“《蛊》以‘父’‘子’言；至上，言‘君’‘臣’。故君子，在事中尽力，行《巽》之‘权’；在事外洁退，法《艮》之‘止’。”玄同曰：“上爻，以‘去’为‘幹’，微子是也。以‘幹’，为‘幹’；其心，易明。以‘不幹’，为‘幹’；其心，并不求明矣。泌之衡山，乃其所以‘感人主、服左右’也；尚曰‘好谈神仙，为世所轻’。史之‘冤人志’者，岂少哉？处‘四侯、五王’外，‘不事’象。艮‘山’、震‘林’合，‘高尚’象。”又曰：“‘世有孝子，必不以“家庭无蛊”，而遗“志事之思”；世有圣人，必不以“乾坤无蛊”，而弛“裁成之责”。’《蛊》之‘幹’，通乎不蛊，而义始备。必‘待蛊而幹’，非‘善继、善述’者也。”导曰：“皆云‘父母’，此曰‘王侯’，未‘委贽’之词也。”淇澳曰：“‘不事王侯’，亦其不妄为世用，恐贻‘父母之辱’。”

《象》曰：“不事王侯”，志可则也。

《野同录》曰：“‘宴安酖毒’[②]，始于‘志在温饱’，而后甘蛊家国。誉‘挂瓢’者，所以幹‘天下之不让也’。民到如今称‘饿夫’者，所以幹‘千驷之蛊’者也[③]。故不妨存‘烟霞’之‘痼疾’[④]，作‘羶热’之‘冷风’；其‘事’，不必‘可行’；其‘志’，固‘可则’矣。”

《时论》曰：先、后天，皆巽上、艮下；而《蛊》，倒之。巽艮，幹乾坤，已具象矣。《传》云：“风落山，女惑男也”。乃曰：“元亨，天下治”者，“天行”之终，“人事”之始乎？非“《蛊》中之“元亨””，乃“《蛊》后之“有事””也。徒“以不事事，为随”，何曰：““涉川”，“亨”此蛊耶”？“甲”“庚”，大用也。冬夏，用春秋；子午，用甲庚；以其生于亥、巳，犹之“四，用半也”。“乾纳甲”，“先甲”者，“子从父”也；

① 《诗经·大雅·烝民》：“吉甫作诵，穆如清风。”

② 《左传·闵公元年》：“宴安鸩毒，不可怀也。”

③ 《论语·季氏》：“齐景公有马千驷，死之日，民无德而称焉。”

④ 《新唐书·田游岩传》：“臣所谓‘泉石膏肓，烟霞痼疾’者。”

"震纳庚","先庚"者,"妻从夫"也。甲,属震;而巽伏震,巽艮又夹震。《先天》巽,处坤[①]。甲,《巽》"木";归魂于《蛊》[②],变在五爻[③];故二卦以"甲""庚"之例,取象。"甲",始事;而"庚",更治也。"终则有始,甲起子,而贞元也。"无初有终",庚不得"起子、终子"也。旁通论之:庚,以七克,秋成。乾包金体,纳音用金起子,"鳌极"居金于木,不可以互征乎?夫以巽交"甲""庚",是"舍阴而从阳"也。"父蛊"已终,子"幹"伊始;资父事君,臣道宜然。"振民"者,作其"尊亲"之气;"育德"者,培其"忠孝"之心[④]。《意》曰:"天下容有'不事王侯'之臣,未有'不事父母'之子。'干'道,有二。一曰'厉';厉,非'危殆'之谓,而'愤发'之谓也。一曰'誉';誉,非'阿谀'之谓,而'委曲'之谓也。名教,所以为'君父''委曲'也。'显扬'[⑤],所以为《孝经》'发愤'也。"初,承"考意";五,承"父德"。二五交,为艮巽,虽交《蛊》;而《渐》,可"幹"矣[⑥]。"母",而"不可贞";"父",而"用誉";亦《渐》道也。《诗》云:"母氏圣善,我无令人",二事也;"我心写兮,是以有誉处兮",五事也。三四,同"干";何"悔""吝"耶?更张无序,则刚气觉伤;怠裕自宽,则柔质多困。是三,亦"见金"之《蒙》[⑦];四,亦"覆餗"之《鼎》矣。勉之曰:"往即未得""终乃无咎",知其"意"与"德",而已。初,为"幹"始,一索还乾,勉之曰"有子",是多畜"笃光"者也[⑧]。不欲伤"厥考"之意[⑨],而克盖"前愆"[⑩];抑若"事与意违"者,不无"厉"焉。"堂构"[⑪]"菑播"[⑫],"其肯曰予有后,弗弃基。"[⑬]此,初,所以婉转"承考

①后天八卦中,坤位于先天巽位。

②《蛊》卦,为巽宫归魂卦。

③"五"字,北大本模糊,似"丑"字,于句意不通。据文镜本。《巽》卦,九五独变,为《蛊》卦。

④"忠"字,北大本不清,似"患"字,于句意不通。据文镜本。

⑤《礼记·祭统》:"显扬先祖,所以崇孝也。"《孝经·开宗明义》:"立身行道,扬名于后世,以显父母,孝之终也。夫孝,始于事亲,中于事君,终于立身。"

⑥上艮下巽,为《蛊》;上巽下艮,为《渐》。

⑦《蛊》卦,九三爻独变,为《蒙卦》。《蒙》卦:"六三,物用取女,见金夫,不有躬,无攸利。"

⑧《蛊》卦,初六独变,为《大畜卦》。《大畜》卦,《象》曰:"大畜,刚健笃实,辉光日新其德。"

⑨《尚书·酒诰》:"小子惟一妹土,嗣尔股肱,纯其艺黍稷奔走事厥考厥长。"

⑩《孔丛子·论书》:"忧思三年,追悔前愆。"

⑪《尚书·大诰》:"若考作室,既底法,厥子乃弗肯堂,矧肯构。"

⑫《尚书·大诰》:"厥父菑,厥子乃弗肯播。"

⑬《尚书·大诰》:"厥考翼,其肯曰予有后,弗弃基。"

意”；而五，所以赞扬“承考之德”也。“冥升”艮“山”，此“不息”之“志”也[①]。有事未成，则“志”酿于“意”；有事既就，则“意”表于“志”。岂论“迹”乎？“高尚”，非必“隐士”也。然天下之祸，总此“富贵”之根；故必以“高尚”风之。

智曰：“天地，蛊混沌；万物，蛊天地。‘生生’，即‘蛊蛊’也。生予以欲，‘欲’莫大于‘富贵’；而又不得不，随《随》而‘维’之。‘随’，必荡‘维’；而执理者，不能以制变矣。故以‘父子之亲’言，因情转情，以变定变。曰‘不可贞’，曰‘小有悔’，曰‘往见吝’，曰‘用誉’，非‘四种方便’耶？随、蛊，为否、泰互换之卦。初、上，最重。此则，初，重‘有子’之‘担当’；而上，重‘高尚’之‘超越’也。人知，舜禹之‘幹蛊’；而不知，其以‘担当道法’，即‘治蛊之正方’也。《孝经》一书，为‘利涉’之‘经权’，‘天行’之‘终始’，人知之乎？上之‘冥升’，奇方出格。许由、泰伯，是‘治蛊’之‘熊丸’‘冰水’也。王侯尊，而愎矣。有志‘不事’者，则‘敝屣’为‘凉药’矣。‘雪山’，表‘解蛊之高医’；而壁雪无门，遂传‘以毒攻毒’之大事。嗟乎！尽天地，无非‘毒药’。三百八十四，各具‘随时丸散’；但饮‘绝韦’‘枕肱’之水，以下之；而万世之蛊，消矣。”

玄子曰：“十二辟，惟此一对，畅泰、否之‘君子’‘小人’消长。《临》进，则《泰》，故与其‘吉’；《观》进，则《否》，仅止‘无咎’[②]。”《遡》曰：“顺阳之式临我，曰《临》；仰阳之观，法我，曰《观》；重二五‘类聚’之阳爻也。若阴类聚于二五，曰《遁》《壮》，祇以‘阴阳消长’名矣。《临》，全肖《震》；震，为‘侯’，故以‘有国、临民’为象。《观》，全肖《艮》；艮，为‘广阙’，故以‘享神、宾王’为象。”潜老夫曰：“‘《临》《观》，与求。’阳施与乎阴也，故‘教思’及民；阴仰求乎阳也，故‘设教’言神。阳长，则‘务民之义’；阴长，

① 《蛊》卦，上九独变，为《升卦》。《升卦》：“上六，冥升，利于不息之贞。”
② “《临》进”，“《观》进”，从十二辟卦言。如二阳之《临》，进三阳之《泰》。

则‘敬鬼神而远之’[①]；《易》之敬也。”智曰：“《上经》，二阳之卦：屯、蒙、临、观、颐；二阴之卦：需、讼、无妄、大畜、大过也。临、观之辟，处剥、复、泰、否之中，故《杂卦》著‘与’‘求’，而二《象》著‘教’‘思’焉。以全肖，震、艮；而泽习风声，为观感也。‘刑罚’，继‘教’者；亦以《离》‘明’，合《震》《艮》也。”

䷒地泽临

《全》曰：“品，古‘厓’字，人临之。”《说文》：“监临也，从卧品声。”邝氏曰：“[illegible]字，‘堆起’耳。”临，今闭口，来母矣。以上莅下，因转为“监临”“交接”“亲至”诸义。

临：元亨利贞，至于八月，有凶。

徐氏“以上下相与，为临。”《野同录》曰：“《临》当丑月，钟吕偕行，既收岁限，以先夏正；北方亥子丑，成始、成终矣。全卦，肖《震》，一阳‘咸临’。《圆图》，临，主春分。自《复》历二八，而著二阳[②]；故《临》《遁》著‘浸’义焉。此后，三阳、四阳，倍速矣。是故，二为卦主，以五应之；与《大有》同。‘临’者，大也。《中庸》言‘至圣’之‘足以有临’[③]。统四足之十六德，盖体此也。少阴数，八。月，西出；《临》主兑，故曰‘八月’。少阳数，七。日，东出；《复》主震，故曰‘七日’。王介甫、程沙随，皆言之。”“《剥》六阴，至《复》初，凡七位。七数，为阳；于象，为日。《临》六位，至《遁》二，凡八位。八数，为阴；于象，为月。”此仲虎说也。谓：“一阳复，历‘八月’，为《遁》者。临、遁，相伏也。”谓：“自建子十一月，至建酉八月，为《观》者，以临观，贞悔也。”郑玄、蜀才，“以建丑之月，历八月，至《否》”。玄子以为“文王从殷正，而取之”。“论黄钟，隔八，生林钟；而用之于大吕丑宫”，一理也。“酉宫南吕，羽与宫相衔；而逆转羽、徵、角、商、宫，即生数也，羽即“金商之八音”首用”，此一理也。郝《解》曰：“月，主阴；日，主阳。《豳风》‘七月’‘五月’，言阴也；‘一之日’‘二之日’，言阳也。兑秋，金旺，潮汐方盛，泽泛地上，故为‘八月’之象，主‘夏正’也。八月，兑，正秋也。”就文王《序卦》

---

①《论语·雍也》：“务民之义，敬鬼神而远之，可谓知矣。问仁。曰：‘仁者先难而后获，可谓仁矣。’”

②《六十四卦方图》，《复》卦，历十六卦而为《临》卦。《临》卦，历八卦而为《泰》卦。《泰》卦，历四卦而为《大壮》卦。《大壮》卦，历四卦而为《夬》卦。《夬》卦，历一卦而为《乾》卦。

③《礼记·中庸》：“唯天下至圣，为能聪明睿智，足以有临也。”

言，以《观》为切。《正》曰："日，从'甲''庚'；月，从律、吕。'甲'与'己'化，则为'六日'矣。'庚''甲'互始，故谓之'七日'。《临》，为大吕。大吕，丑也；夷则，申也；丑之距申，相去'八月'。故'八月'者，'律吕'之所从生；'七日'者，'甲''庚'之所从始也。而独见于《临》《复》者，以'日月'纪'天道'，以'刚柔'别'人事'。'刚柔'不当，则'吉凶'杂生。故刚，而授之以'损'；柔，而授之以'益'。律吕、干支，圣人所教为'损益刚柔'之具也。莫为之损，而待其自消；莫为之益，而待其自富；是则'委化之事'，非圣人所为道也。范蠡言两'节'，是用柔者也。以柔贼刚，幸而近于道；不幸，而近于贼。"

《彖》曰："临"，刚浸而长，说而顺，刚中而应。大亨以正，天之道也；"至于八月有凶"，消不久也。

《阴符经》曰："天地之道浸。"《列子》曰："一气不顿进，一形不顿亏。"《遁》亦曰："'小利贞'，'浸而长'也，此志喜矣。"《儿易》曰："《易》，以'浸'为道者也。爻不浸而至三，不敢称卦。二不浸，而积小，不敢称'大'。惟'浸'，故'生生'；'生生'，故'日新'[①]。《灵曜》曰：地常动移，人莫之觉。董子曰：'日长加益，而不知。'此，皆以其积渐微曲，使物无愕者也。圣人虽其奖阳，亦必欲其有序耳。"《全》曰："由《复》而浸进内卦之中，则阳不孤而五应之。故《临》以方盛，言'大'。"《意》曰："四德，亦藏'元利'。《无妄》言'命'，与此道互相明。甫喜浸长，而即曰'消不久也'，为君子戒也。与泰、否、剥、复之言'消长'相应。"

《象》曰：泽上有地，临；君子以教思无穷，容保民无疆。

《一》曰："水气润泽土中，故《周礼》载天下之'浸'。因崖岸相临，故称'地'焉；实，无非地也。取《兑》'讲习'，以言'教'；取《坤》'含弘'，以言'保'；而曰'教思'、曰'容保'者。《洪范》，'思主土'，《临》位丑，伏艮土，以用坤土也；'思曰睿'，所以用思官天也。惟'容乃公'，地用天道。'咸临'，感人在教；此，思所以'容保'其'无思'乎？"

初九，咸临，贞吉。变坎，为《师》。

《诂》曰："阳临阴，而在阴下，有'男下女'之象，故皆曰'咸'。"潜老夫曰："《圆图》，春秋二分四卦互用。又太阳兑与太阴坤，为临；太阳兑为太阴艮，为咸；二者，稚气之道也。"《大全》曰："'咸'

①《系辞上》："日新之谓盛德，生生之谓易。"

者，遍也，大也，公也。即此，‘贞吉’。”《正》曰：“‘容畜’，以为‘教思’也。《管子》虽未得古，然其道不竭泽。”

《象》曰：“咸临贞吉”，志行正也。

辅嗣云：“以刚感顺，志行其正。”《筌》曰：“有守正，有‘行正’。《临》初，正与《屯》同；与靳靳自守者，异。”

九二，咸临，吉无不利。变震，为《复》。积变，为《坤》。《坤》宫。世。

《宜》曰：“临，本训‘至’。全，肖震；四，复互《震》；故四曰‘至临’。‘至’，在四；而初二，皆‘咸’感。在家修命，未施于天下，故曰‘未顺命’。至四，其顺命矣乎？”《意》曰：“全体，肖震；而自二以上，互《复》。故二主卦世，而应‘知临’。‘知’，属上达；坤，伏乾‘命’。‘知天命’，而惟以‘下学’为‘教思’，非徒言‘委顺’也。故有‘未顺命’者，乃所以为大顺也。”

《象》曰：“咸临，吉无不利”，未顺命也。

郝《解》曰：“五，以上临下；二，以阳临阴。上临下，为顺；下临上，为不顺。又命自主出，五为爻主，三为兑主；以二承、应，当临之时，皆有‘未顺命’之象。”又曰：“初‘贞’，则二自长；二‘无不利’，初‘贞’，培根也。《咸》九二，亦曰‘顺不害’。彼顺阳，此顺阴也。”熊南沙曰：“六五，在二阴间，虽曰‘知临’，其命未必皆当。二，体兑‘说’，嫌于‘舍我所学以从上’；然本‘刚中而应’，故有‘都俞吁咈’焉。因曰：‘但知‘顺命’，非二之事也。’”㦛曰：“李藩批敕，阳城坏麻，亦此爻位。”

六三，甘临，无攸利；既忧之，无咎。变乾，为《泰》。积，《谦》。

《宜》曰：“成兑、互坤，水土和，而生味矣。然甘口说言，所当忧也。”玄同曰：“‘甘临’，即‘干禄’。少加炫耀，即实学，亦‘甘临’也。《易》‘甘’以忧，斯‘暗然’之真修矣。”郝《解》曰：“本《泰》三‘艰贞’，故‘忧’。”玄子曰：“《节》五，变《临》，亦曰‘甘节’。然彼以‘中正’，甘则‘吉’；此以不中正，为甘言媚悦，故‘无攸利’。若能知‘刚进不可遏’，而变媚敛藏，则可‘无咎’。此，圣人折小人，以扶君子也。互《震》，‘恐惧’。”项平甫曰：“此见二阳之难‘说’，易事也[①]。”

《象》曰：“甘临”，位不当也；“既忧之”，咎不长也。

《意》曰：“甘言日饫，当思满概；‘生于忧患’，咎自‘不长’。悦

①项安世撰《周易玩辞》：“六三以甘媚临，而‘无攸利’，见君子之难说也。既优之，无咎，又见君子之易事也。”

顺、悦健，合《谦》《泰》之德，在此关矣。”

六四，至临，无咎。变震，为《归妹》。积变，《小过》。

《宜》曰：“‘分茅胙土’，‘出身加民’[①]，必至外而始临，理势然也。‘有望’[②]，在未至之先；而‘不厌’，在相临之际。过之斯化，感通素矣。仲翔曰：‘至，下也。’下‘至’初应，当位有实，故‘无咎’。《说文》：‘至，鸟飞，从高至地也。’”郝《解》曰：“亲临，正在此应地。深入泽底，临之极至也。水土相依，顺悦相承[③]，‘求’‘与’相接也。坤在兑后，兑反向坤，遇坤来，有‘至’象。”《正》曰：“《泰》之冰判，《临》之室处也。‘饥渴，燕喜’[④]是《渐》《归》之‘已至’者也。精诚所格，雷雨从之。”

《象》曰：“至临无咎”，位当也（或作“当位实也”）。

《一一》曰：“上下相与之交，故著当、不当焉。”《揆》曰：“不云‘正当’者，归‘大亨之正’于刚，不予阴也。”

六五，知临，大君之宜（徐作“智临”），**吉**。变坎为《师》。积变《咸》。应爻。

《宜》曰：“二阳，进至五，即《夬》。五曰‘大君’，暗承《夬》尊之象。《乾》赞四德，言‘仁义礼信’，不言‘智’；‘知光大’，言于《坤》。此曰‘知临’，五常之德，知藏于内也。”《野同录》曰：“坤‘藏’乾之‘知’，而‘通理’也；乾‘君’，宜于坤‘藏’也。‘知临’，‘行中’；子思，于此悟‘时措之宜’矣。积变为《咸》，合刚柔之寂感，是‘咸临’之‘时中’也。”元公曰：“以天下之‘耳目’，为‘视听’，则‘无不见’‘无不闻’[⑤]；故《管子》以‘飞耳’‘长目’，为大明[⑥]。”

《象》曰：大君之宜，行中之谓也。

子瞻曰：“柔尊应下，方其未足，乃收之，可使为吾用；有余而柔之，可使怀吾德，此智也。天子以是，服天下之强，则可；小人以是，畜君子，则不可；故曰‘大君之宜’。大君以是，行其中；小人以是，行其邪。”淇澳曰：“苏，未尽也。人主，当务‘聪明’之实。‘四目四聪’，舜称‘大智’；‘立贤无方’，汤称‘执中’；乃知‘阴阳消长，其

---

①《系辞传》：“言出乎身，加乎民。”

②《礼记·中庸》：“君子动而为天下道，行而为天下世法，言而世为天下则，远之则有望，近之则不厌。”

③《临》卦，上坤下兑。坤为土，为顺；兑为泽，为悦。

④《诗经·小雅·车辖》：“匪饥匪渴，德音来括。虽无好友，式燕且喜。”

⑤《管子·心术上》：“耳目者，视听之官也。心而无与于视听之事，则官得守其分矣。夫心有欲者，物过而目不见，声至而耳不闻也。”

⑥《管子·九守》：“一曰长目，二曰飞耳，三曰树明。明知千里之外，隐微之中。”

权全在人主，而不在天。'"《正》曰:"《泰》忧'甘'，《节》戒'苦'，是《临》'长'之'宜中'也。物已'甘'，则蠹生之；已'苦'，则人不享也。'曲蘖''盐梅'[①]，剂其甘苦，以为民极。夫非'知临'，而能'教思'乎？"

上六，敦临，吉，无咎。变艮，为《损》。

《宜》曰:"《尔雅》云'覆敦'。'江东呼地高堆，为敦。'按:'敦临''敦复''敦艮'，凡三见；非体坤，即变坤，'安土敦仁'之义。'敦临'，即'久道化成'之临也。吉且无咎，宁有加于大君之知哉？"子瞻谓:"如'复'之。六四，见已应物；六五，又从而附益之曰'敦'，'复'也。"杨诚斋曰:"有志，而得位可行，无位亦可行。上六，以至德长者，无位而能以乐善之志，从二阳之君子。'吉'孰大焉？祁奚免叔向，在请老之后；吕强庇党人[②]，无宠任之柄。君子，病'无志'焉。"

《象》曰:"敦临之吉"，志在内也。

元公曰:"'内'，指心，所谓'黄纯于潜'[③]，即'教思'之'思'也。"《意》曰:"'志在内'之二阳者，卦象也；处事外，而默卫善人者也。上统智用，而敦于'不睹不闻'之内，此卦意也。五，积变为《咸》；上，独存为《咸》。此，象外、意外之'咸临'也。"《订》曰:"十二辟卦中，惟《临》无'小人'。故圣人以'临'道予'君子'，而'大'之。初、二，曰'咸临'；犹泰、否之'内君子'，而言'上下交'也。知'咸临''交泰'之义，则知'阳刚化阴柔之道'矣。"

《时论》曰:刚浸而长，是以四德润泽天下者也。临、同、损、革，为东中；犹遁、师、蒙、咸，为西中也。"咸临"，表二阳隐遁，而扬其"咸"也。凡言"七"者，十二之半，得其中交贯终始也。凡言八者，十二之参中，举其两也。《蠡》曰:"'浸长'虑消，是在正人'教思'耳。"《意》曰:"二阳，具'浸长'之势；不以怒，而以悦。四阴，处'在上'之位，不以忤，而以顺。上下，各安其分；阴阳，不拂其情；临之善道也。""感人和平"[④]，莫妙于"咸"。惟君子，能感小人者，为"无心之咸"；小人，能感君子者，为有心之"甘"。我，感

---

①《尚书·说命》:"若作酒醴，汝为曲蘖；若作和羹，汝为盐梅。"

②"吕强"字，原为"吕疆"字。杨万里著《诚斋易传》作"吕强"。

③扬雄著《太玄》。

④《咸》卦，《彖》曰:"天地感而万物化生，圣人感人心而天下和平。"

而和；彼，和而至。人臣之感，遵“无陂”之义[①]；“大君”之感，本“灼知”之心。不惟“感者，敦”，而“甘者，亦敦”矣。临世之君臣，发挥其“大”者，以与人相浃洽。命，至顺也；即有“未顺命”，无非“顺”也。岂论“君臣、事迹之依违”耶？初、二，临之主也。律中“地统”，有“容民畜众”“反复其道”之象。二，咸于初，是天道之“休命”也[②]。《书》曰：“咸有一德。”“浸长”气机，不疾而远。初、二相并，内以“悦”施，外以“顺”应。运，即交《泰》候，而三当其际；所宜“艰贞、孚恤”者，惜阴柔耳。然小人“据位”，以临君子；亦习为“孔甘”之言，“餤”乱于君子[③]，而速其“咎”。夫“咸临”，君子“难悦而易事”者也，忧勤惕厉可矣。初临四，而至此，不“愆”其“期”，位当下贤，“永终”“行正”之志乎[④]？“大君有命”[⑤]，“知人则哲”，临至此而咸宜。甚矣，“行中”之大也。《记》曰：“齐其教，不易其宜。”其“甘”有节，左右宜之[⑥]，日月行天，江河行地，“钦明”[⑦]“浚哲”[⑧]，曷以过焉？临，止矣。“弗损无家”，犹夫《艮》之“敦”其上也[⑨]。内阳外阴，君子之志也；“行中”之君，行正之臣，其志交矣。何虞“八月”耶？观于地泽，而益见“教思”“养气”之为“大临”也。《周官》“教”，十有二；“保息”，有六；至详也。礼有来学，悦在“官思”。《诗》歌“保定”，“如川，如阜”[⑩]。乃知“水泽腹坚”，已临于“东风解冻”矣；是天之先保，以申“教思”也。《洪范》“思风”，即建“皇极”，临、观之“用天于地”也。微哉！

智曰：“《圆图》，观北，而临东；《方图》，临东，而观南。临，肖《震》也，其‘帝出’乎？‘教思’之道，以‘咸’为‘敦’，以‘忧’为‘甘’，以‘至’用‘大’；以智行仁者也，以‘恐惧‘而‘悦顺’其

---

①《临》卦，九三独变，为《泰》卦。《泰》卦：“六三，无平无陂，无往不复；艰贞无咎，勿恤其孚，于食有福。”

②《大有》卦，《象》曰：“君子以遏恶扬善，顺天休命。”

③《诗经·巧言》：“盗言孔甘，乱是用餤。”

④《临》卦，六四独变，为《归妹》卦。《归妹》卦：“九四，归妹愆期，迟归有时。”《归妹》卦，《象》曰：“君子以永终知弊。”

⑤《临》卦，初九独变，为《师》卦。

⑥《诗经·小雅·甫田之什》：“左之左之，君子宜之。右之右之，君子有之。维其有之，是以似之。”

⑦《尚书·尧典》：“钦明文思安安，允恭克让。”

⑧《尚书·舜典》：“浚哲文明，温恭永塞。”

⑨《临》卦，上六独变，为《艮》卦。《艮》卦：“上九，敦艮，吉。”

⑩《诗经·小雅·天保》：“天保定尔，以莫不兴，如山如阜，如岗如陵，如川之方至，以莫不增。”

‘民思’者也，‘明即诚’也。《观》则知‘生之风教，而神北于南’者也。‘神道之设’，肖乎‘敦艮’，以天下为身，而‘顺入’其‘民生’者也，‘诚即明’也。老夫提‘思风’之《范》，所以征‘睿智之足以有临’也。《乾》，以知统四德；子思，以知弥四纶。用天于地，此《易》所以‘围其范’乎？”

☴☷风地观

观，从雚，大鸟击喙有声，高巢知阴晴。大风大水，土人以其望，及其居徙，占灾。加目或见，为“观察”之义。《周礼》“觀”，亦从之。许慎曰：“观，谛视也。”《谷梁》曰：“常事，曰视；非常，曰观。”本去声，后转平；且古见、看、观通转，皆牙音也。远视、上视曰“观”，近视、下视曰“临”；又有“形而质象，以相见，曰‘临’；无形而意象，若见之，曰‘观’。”通言之，则临汝，亦“神道”也。

观：盥而不荐，有孚颙若（或作“[illegible]”。李，作“[illegible]”。王肃，作“盥而观荐”）。

王逵曰：“天气通于目，上动、下静；地气通于口，上静、下动。观，巽风动，而坤土静，故曰《观》。颐，艮山静，而震雷动，故曰《颐》。”《遡》曰：“观卦，全肖‘天覆’。人，仰则观天。天曰‘贞观’，以此。古人立庙，以巽方；祭享，必置洗于巽位，盥而后行事。艮，阙也。艮手，巽洁，‘盥’也。坤牛，大牲也。”智曰：“观寄日以为感，而实存乎‘神明’。文王，形容其‘无为而化’之象焉。‘奏格无言’，‘饫歌饱德’，皆‘不荐’也、‘颙若’也。夫祭神之观，上下之观，一也。岂必待‘悬器始趋、规象始摹’哉？‘颙’，头端直貌，二阳象。康成曰：‘贡士，必以礼宾之。主人盥而献宾，宾盥而酢主人。设荐俎，则弟子也。’考古无据，因‘乡饮’，而附会‘宾兴’耳。玄子取之，而[illegible]言‘祭象’者，则又执矣。京山以‘灌祼古通，以郁鬯酒，灌大宾，无笾豆之荐’。将立饮乎？凡象，不必执也。”愚谓：“‘洋洋如在’[①]，‘神道’之大表法也。‘出门如见大宾，使民如承大祭。’[②]并举，以言仁，尚不悟乎？”

《彖》曰：大观在上，顺而巽，中正以观天下。

《一》曰：“‘物大，然后可观’。子路使子羔，子皮使尹何，岂如曾点、雕开之见大意乎？学一先生之言，而为师表；一问，而穷矣。‘小

① 《礼记·中庸》：“使天下之人，齐明圣服，以承祭祀，洋洋乎如在其上。”
② 《论语·颜渊》。

道，必有可观；致远，恐泥耳'[①]。故'大德不官，大道不器，大信不约，大时不齐'[②]。此云'大观在上'，潜谷所谓'二阳既老，德成而刑也'。二阳，曰《大观》；四阳，曰《大壮》；论其德而已。德则'中正以观天下'，其'神明湛然、光被广运'者乎？以天下为我，犹'指掌'也。"

"观，盥而不荐，有孚颙若"，下观而化也。

《野同录》曰："无非，神明之所化也。相临而观，必缘'闻见'而入；感通内外，形迹自忘。'圣人作而万物睹'，千秋之下，且盥于'羹墙'，'况亲炙之者乎'[③]？朱子尝言：'圣人所作，从不犯手。'此，'盥而不荐'之'神道'也。"

观天之神道，而四时不忒，圣人以神道设教（《释文》，无"以"字），**而天下服矣**。

《一一》曰："诚，观天乎？孰主张是？孰网维是？不谓之'神道'，得乎？其变而不变，无如'四时之不忒'矣。'时行物生，天何言哉？'卦蓍、礼乐，圣人之'时行物生'也。就天下，神天下；就天下，观天下；就天下，服天下矣。"

《象》曰：**风行地上，观；先王以省方观民设教**。

集曰："风，最善入。八风周环，而巽司之。地有五方，各成风气，先王'省方设教'，礼从其宜，各安其俗。凡以顺土风而施号，采诗观俗，一道同风，有'神于其中'者矣。封肇五巡，舜之所以'无为'也。"

初六，童观，小人无咎，君子吝。变震，为《益》。

玄同曰："《观》，全肖艮。艮，为人爻，故以人象。曰'童'，曰'女'，曰'我'，曰'生'，曰'宾'，曰'君子'，皆人也。由艮体，一阳象首；二阴，象四肢也。又生人之寅，在艮。'建寅为人'，正以此。'大观在上'，初惟'童'，二惟'女'，亦得被其余光。小民，但知'耕凿'[④]'嬉游'；红女，但知'苹蘩蕴藻'[⑤]。'神道设教'之妙，无人不陶铸于'中正'之内矣。初，下体阴，曰'小人'；伏乾，曰'君子'。"

《象》曰：**初六"童观"，小人道也**。

《意》曰："'童蒙'，则天下人之公体也；'童观'，则教小人之道也。

---

①《论语·子张》。

②《礼记·学记》。

③《孟子·尽心下》。

④古诗《击壤歌》："日出而作，日入而息，凿井而饮，耕田而食，帝力于我何有哉？"

⑤《文选·左思蜀都赋》："杂以蕴藻，糅以苹蘩。"

士夫守此，则羞吝矣。"

六二，窥观（古，亦作"窺"），**利女贞**。变坎，为《涣》。积变，《中孚》。

《宜》曰："阴，在坤'阖户'中，'女窥'象。"慈湖曰："子夏好论精微，孔子没，'以有若似圣人欲事之'，独曾子'不可'。若、曾子，斯免'窥观'之'丑'。仲长统有言：'中世选三公，务于清悫谨慎，循常习故，乃妇人之简柙耳。'焉足居斯位哉？"《见》曰："辛毗女识丕衰，陈婴母识汉大；'窥观'，亦毒矣。人主一身，为天下所观，虽妇人、童子不能逃也，可不'中正'乎？此是别提。"

《象》曰："窥观女贞"，亦可丑也。

元公曰："童子之见，不真；妇人之见，尤不广。"玄子曰："丈夫志在四方；宇内事乃吾分内事。又得君应，不能明'阳刚中正'之道，但觇朝美一班，于形似之粗，此女子之见耳。"

六三，观我生，进退。变艮，为《渐》。积变，《小畜》。

幼清曰："'生'者，人之神明；所得以生者，即日体也。非'内心自复'，不能识'我生'；非'本体常醒'，不能'观我生'。"《遡》曰："'生'，平生也。三，则'具君子、丈夫之观'者。观我生平，参之世运，'退'足修道，'进'足行道，夫何失焉？三，介上下，而见巽，故曰'进退'。"来矣鲜，以为"观正应之上，为'我生'。"何玄子，以"《观》四，为'我生'"，谓"阴生至四，而成观也"。五之"我生"，则云"观下四阴"。《揆》曰："《观》五之'生'，以卜进退；进，则《剥》矣。取象，则可；通论，勿执。"

《象》曰："观我生进退"，未失道也。

《意》曰："处'临、观上下'之介，虽超于'童子、妇人'之见，然未免'进退'。惟其反观'我所以生'，则'进退'不果，亦'未失道'。"

六四，观国之光，利用宾于王。变乾，为《否》。积变，《乾》。独存，为《泰》。《乾》宫，世。

《宜》曰："五，自观，则曰'生'。四，观之，则曰'光'。'礼乐刑政'，灿然穆然，'光被四表'[1]，'平章昭明'[2]矣。《左传》陈敬仲生，筮《观》之《否》，论六四为'公侯'，知'宾于天子者，元侯也'。以群阴逼阳之势，转为'诸侯朝王'之象。大观而化，正在此爻。"

《象》曰："观国之光"，尚宾也。

①《尚书·尧典》："允恭克让，光被四表，格于上下。"
②《尚书·尧典》："九族既睦，平章百姓；百姓昭明，协和万邦。"

《宜》曰：“尚、上，通。言‘上进，以朝贡于王，而见宾’。坤，‘国’；五，‘王’；艮，‘光’；‘宾’，则阴阳接也。鲜于子骏曰：‘如二王之后，作宾王家，助祭宗庙也。’”《意》曰：“‘以宾为尚’者，道用于交二，以为一也。”

九五，观我生，君子无咎。变艮，为《剥》。积变，《大有》。

《遡》曰：“五曰‘我生’、上曰‘其生’者：五，有位而‘出身加民’，当观其‘出身’者何如，故曰‘我生’；上，无位而‘居室’，考‘应’‘违’于‘千里’[①]，则曰‘其生’。子赞五，以‘观民’，谓‘舍民，无以观我’；赞上，以‘志未平’，谓：‘志难自信，不容不观之民也。’皆言‘君子无咎’者，一阳将《剥》，道大福小，其势危也。《象》不系‘王’，以此。”《订》曰：“唐武宗之时，内之宦者，外之牛党，皆欲攻李德裕；但以武宗刚明在位，故仰视而不敢动。一日事变，万事去矣。”元公曰：“神明之德，洞视十方，其‘内照’之光乎？”

《象》曰：“观我生”，观民也。

郝《解》曰：“观我所以生者，何在乎？‘天为民，作君’[②]‘王者，以民为天’[③]‘得之则存，失之则亡’[④]，是‘我所以生’也。”《意》曰：“‘观我生’，是‘返照自心’之学；而曰‘观民’者，君子以天下为我，不敢图‘自受用’也。”

上九，观其生，君子无咎。变坎，为《屯》。

《一》曰：“上，在位外。‘观其生’，指下诸爻言。不曰‘我’者，避五也，一若‘从旁观之’耳。”孙文介曰：“‘临观之义’，‘容保’[⑤]凝与，而非‘洞悉真则’，何以与？‘省方’若求，而非‘恒至’，则何以求？总是天地、帝王，‘生生之意’流注，故皆曰‘生’。不得分，孰为我，孰为人。汉成时，黄雾四塞，封王凤弟等为五侯。哀帝时，亦然。杨宣引《京房传》曰：‘观其生，言大臣之义，贵观贤人，知其性行，推而言之。否，则谓闻善不与，厥异黄，厥咎聋[⑥]。’”

《象》曰：“观其生”，志未平也。

《订》曰：“见，异《剥》者，多一阳耳。故上九惓惓助九五，以

①《系辞上》：“君子居其室，出其言，善则千里之外应之，况其迩者乎？居其室，出其言，不善则千里之外违之，况其迩者乎？”
②《尚书·泰誓》：“天佑下民，作之君，作之师，惟其克相上帝，宠绥四方。”
③《史记·郦生陆贾列传》：“王者以民人为天，而民人以食为天。”
④《荀子·致士》：“得之则治，失之则乱；得之则安，失之则危；得之则存，失之则亡。故有良法而乱者，有之矣；有君子而乱者，自古及今，未尝闻也。”
⑤《临》卦，《象》曰：“君子以教思无穷，容保民无疆。”
⑥“聋”字，原文为“袭”。

'观民设教'，以群阴方进，阳德甚孤；其'志'，未能帖然安平，而忧患也。"郝《解》曰："危哉，九五！群阴观望于前，强阳瞰于后。文于二阳，致悔过之辞，《象》发'未平'之义，其戒深矣。上九，果君子耶？则为周公弼成王，居高思危，'志未平'也。若小人而'观其生'，则为莽、操之黩于天位；又如沛公、项羽，纵观秦皇，且欲袭而夺之矣。其'未平之志'，又何可言？此，《噬嗑》所以继后也。"曰："极观最上，而忧'民生'；恐'神设'传讹，必'明法'以'文'治之。"

《时论》曰：阳消之卦，圣人教之"尊阳"，艮"庙"立焉，《壮》体伏焉。萃、涣，"禋祀"之开元也；观，"骏奔"之在宫也。"七庙观德"[①]，遍觐"班瑞"[②]。"大观在上"，而"中正"下化者，何如乎？"洋洋一如"[③]，可以洗手而"洗心"矣。辅嗣曰："王道可观，莫盛宗庙；宗庙可观，莫盛乎盥。"吾谓："盥，祭之始也，不必灌也。""奏假靡争"，"亦临亦保"，其"盥而不荐"乎？"神无常享，享于克诚"，其"有孚颙若"乎？"三才"言之：五、上，为天。天遇乎地，自风始；"风行地上"，犹"天行"也。《意》曰："圣人'设教'，岂以异术骇天下之观耶？直以'我心之神，孚而化之'。天下之服圣人，非缘声色之大也，亦繇'民心之神，孚而化之'。'风之靡草'也[④]，'四时之行'也[⑤]，'莫之为而为'者[⑥]，圣人之'神道'也。"《大象》，以君求民乎？六爻，以民求乎君。五者，君、民之"互观"；上者，君师之"反观"；授其权于二阳也。小人之"视听"，必待君子，以为"景从"。君子居下，立"顺地"[⑦]，为"万夫之望"[⑧]；君子居上，申"巽风"，树"四国之仪"[⑨]。不然，君子而视小人之履，亦奚能"大作"耶[⑩]？"下观而化"者，使初化

①《尚书·咸有一德》："七世之庙，可以观德。万夫之长，可以观政。"

②《尚书·舜典》："辑五瑞，既月，乃日觐四岳群牧，班瑞于群后。"

③《礼记·中庸》："使天下之人，齐明盛服，以承祭祀。洋洋乎，如在其上，如在其左右。"

④刘向著《说苑·贵德》："天子好利则诸侯贪，诸侯贪则大夫鄙，大夫鄙则庶人盗。上之变下，犹风之靡草也。"《论语·颜渊》："君子之德风，小人之德草，草上之风必偃。"

⑤《管子·版法》曰："版法者，法天地之位，象四时之行，以治天下。四时之行，有寒有暑，圣人法之，故有文有武。"《论语·阳货》曰："天何言哉？四时行焉，百物生焉，天何言哉？"

⑥《孟子·万章上》："莫之为而为者，天也；莫之致而至者，命也。"

⑦《观》卦，上巽下坤。坤，为顺，为地，故称"顺地"；巽，为风，故称"巽风"。

⑧《系辞下》："君子知微知彰，知柔知刚，万夫之望。"

⑨《诗经·曹风·鸤鸠》："淑人君子，其仪不忒。其仪不忒，正是四国。"

⑩《观》卦初六独变，为益卦。《益》卦初九："利用为大作，元吉，无咎。"

《益》、二化《涣》，则“童蒙”戴“施生之德”，女子瞻“庙见之仪”，闺门、上国，皆此风也。丈夫，自有生平，“窥”乃“丑”耳。《传》曰：“乱世，则人听于神；世治，则神听于人。”“听于神”者，童子、妇人，最先易炫。“听于人”者，“明德惟馨”[①]，“备物典策”[②]，非“昏昏”而已也。三，将入《巽》，为“进退”；四，已出《坤》，为“国光”。三，如《渐》“征”，而“在陆之意”多[③]；四，乃“有命”，而“畴离之祉”近[④]。夫臣子，而至于“用宾”也，辉映乎“赫濯之朝”。岂复有“神人杂居，祭而谄、祀而黩”者？然天子尊严，若神；民虽愚，而亦神。上下“观化”之际，必有本矣。《书》曰：“皇建其极，敛时五福，用敷锡厥庶民”，“观我生”也；“惟时厥庶民于汝极，锡汝保极”，“观民”也；曰“予攸好德，汝则锡之极，时人斯其惟皇之极”，“观其生”也。子曰：“未能事人，焉能事鬼？”是则人鬼之关，不外“知生”；而我生之关，不外“顺巽中正”。圣学、圣政，尽于五、上矣。阴一《剥》，而“窥视”之“女”，“贯”以“宫人”[⑤]。阳一变，而“后夫之凶”，竟成“匪比”[⑥]。吾不能不观其微哉。《蛊》上，不与“天下之乱”，故曰“志可则”；《观》上，必求“天下之治”，故曰“志未平”。《彖》，“神道而人”者也；爻，“人道而神”者也。大观，止矣。

智曰：“观与谦，为太阴之卦。谦，居艮首；而观，居坤中。《横图》，末四卦之首，犹中孚领小过、二《济》为闰也。圣人尊五、上之阳，于太阴中；故以仰观之天，神其‘颙若’耳。‘象告’精流[⑦]，不可思议。悬者，不待言说；仰者，不落声闻。‘洋洋如在’之神，与‘寂然不动’之神，有二乎？用目乎？用神乎？万世之上，万世之下，相观而化。凡有生者，皆同‘盥而不荐’者也。‘观我生’，与‘观其生’，有二乎？二者相观，一必用二，二即一矣。教主风声，神自速至，使万世之自然谦履者。天，即是一‘庙’貌；地，即是一‘盥盂’也。”

---

①《尚书·君陈》：“至治馨香，感于神明。黍稷非馨，明德惟馨。”

②《左传·定公四年》：“备物典策，官司彝器。”

③《观》卦，六三独变，为《渐》卦。《渐》卦：“九三，鸿渐于陆，夫征不复，妇孕不育，凶；利御寇。”

④《观》卦，六四独变，为《否》卦。《否》卦：“九四，有命无咎，畴离祉。”

⑤《观》卦，九五独变，为《剥》卦。《剥》卦：“六五，贯鱼以宫人宠，无不利。”

⑥《观》卦，上九独变，为《比》卦。《比》卦：“六三，比之匪人。”

⑦《系辞传》：“八卦以象告，悬象以明，居则观其象，动则观其变。在天成象，在地成形，变化见矣。”

噬嗑䷔賁

萧氏云:“离，自交乾，为同、有；即交震、艮，为此一对。”袁临侯曰:“此，以初、上，换否、泰之二、五；而用离‘明’，故主‘刑罚’。”玄子以“随、蛊，至末，除坎、离卦，皆遥对；而嗑、贲、剥、复，居中者也”。元公曰:“屯、蒙，震、艮，与坎交。噬嗑、贲，震、艮，与离交。坎、离，阴阳之性命也。故屯、蒙，为乾、坤之继；噬嗑、贲，为剥、复之先。”《揆》曰:“食色，人情所不免。‘动而明’，则无思于‘食’矣;‘明以止’，则无思于‘色’矣。故君子，不谓‘性’。”潜老夫曰:“教必用‘刑罚’，而法必用‘文’。此，大周之‘首一周’终，而中周交‘剥、复之际’也[①]。”智曰:“李韡云:‘乾、坤，经七卦“制礼”；又五卦，而“作乐”；又四卦，而“象刑”。’智以‘六贞悔，而“制礼”；九贞悔，而“作乐”；十二贞悔，而“明刑”。’[②]盖自乾、坤‘战’后，屯‘难’、蒙‘冠’，讼‘凶’、师‘律’，履且‘咥’矣，皆先杀而后生也。六、九为限，即其节也。圣人制作，中乎时宜，九为阳满[③]；故‘刑罚清’，而‘作乐’焉。十二[④]，为二六；阴阳之、参两之，中和时盘也。以‘文’‘法’[⑤]，终‘风教’[⑥]；而以剥、复、无妄、大畜，明其‘心’[⑦]，使之‘学’[⑧]焉。但曰:‘唐虞礼乐分而兵刑合，三代礼乐合而兵刑分。’便薄‘耄荒之书’，诋‘子产之铸’，岂知‘天道，即此春秋；而春、秋之并用’乎?圣人布《易》，虽有次第；而用，则六十四卦同时；同时，亦不碍‘次第’也。特因象提之，以示人耳。”

---

①36贞悔卦，若12卦为一周，则《噬嗑》《贲》为第12贞悔卦，为第一周之末。《剥》《复》为第13贞悔卦，为中周之始。

②《小畜》《履》，为第6贞悔卦。《谦》《豫》，为第9贞悔卦。《噬嗑》《贲》，为第12贞悔卦。

③《谦》《豫》之贞悔一对，为第9贞悔卦。

④《噬嗑》《贲》之贞悔一对，为第12贞悔卦。

⑤“法”，指《噬嗑》卦。文，指《贲》卦。《噬嗑》卦，《象》曰:“先王以明刑敕法”。《贲》卦，《象》曰:“观乎天文，以察时变；观乎人文，以化成天下。”

⑥《临》卦，《象》曰:“君子以教思无穷，容保民无疆。”《观》卦，《象》曰:“风行地上，观；先王以省方观民设教。”

⑦《复》卦，《象》曰:“复，见天地之心。”

⑧《大畜》，《象》曰:“君子多识前言往行，以畜其德。”

䷔火雷噬嗑

《全》曰："古'噬'，作㗊。即古'齿'字。"《字书》："加止，作'齿'耳。"《尔雅》云："盍，合也，从血从大，以覆为义。"翼"以合，训'嗑'"。盖，古通也。噬，今读商齿，忍收声；嗑，今读浅喉声。"临、观，与、求"之后[①]，继以"明刑"。可《观》而后，有所"合"；以人必观感于"教法"，而后"合节"也。全属，阳仪小阴之卦。

噬嗑：亨，利用狱。

《宜》曰："天地之生，万物之成，皆合而后能遂。凡物不合，由'有间'也。'狱'者，刑之未成；所以治间，而求其情也。故大狱，不决；则和气，不洽。"《意》曰："天下群观，而有'作梗负固'之徒；非加惩创，则酿乱矣。不得已，而著之曰'利用狱'。'君子怀刑'[②]，'惧以终始'[③]。民志不畏，岂能使其'不苟合，以坏法邪'？"

《象》曰：**颐中有物，曰噬嗑。**

元公曰："《颐》体中虚，常以'灵龟之不食'为贵，学在'自养'，功在'养人'。'颐中有物'，则'梗化'者，当以《噬》为养矣。因四，取象。"

噬嗑而亨，刚柔分，动而明，雷电合而章。柔得中而上行，虽不当位，利用狱也。

《宜》曰："谓'噬，必合而后，亨也'。'刚柔分'，如'肤'，则柔；'干胏'，则刚；腊肉、干肉，则柔中刚；剖别之也。'动明'，以'问刑拟罚'言；'雷电'，以'致刑行罚'言。昔五侯僭逼[④]，罪壮显明；成帝得于亲目，非不明也，乃不能致之法，则'雷，不与电合'。赵、盖、韩、杨之死，宣帝非不断也，然皆罪不当死，则'电，不与雷合'矣。'得中上行'，哀矜畏志。柔居五，刚居四，虽未当位，然'用狱，则利'，何也？有九四之刚，奉雷电之威；苟其君又刚，则惨虐矣。卦互坎，为法律，为'刑狱'。或云：'一阳居中，因象。'为颐中物，种恶之根，得情不易。然分论之，则中爻，各象所噬之物也。"淇澳曰："《噬》，取饮食。'不茹不吐'[⑤]，人情之调，我调之也。饮食，以为生也，

① 《杂卦传》："《临》《观》之义，或与、或求。"

② 《论语·里仁》："君子怀德，小人怀土；君子怀刑，小人怀惠。"

③ 《系辞下》："其道甚大，百物不废，惧以终始，其要无咎，此之谓《易》之道也。"

④ 汉成帝时，王凤的五个兄弟王谭、王商、王立、王根、王逢时，一同被封侯。成帝，则纵情于声色之间；朝廷大权，完全被皇太后，及王氏兄弟所操纵。

⑤ 《诗经·大雅·烝民》："人亦有言，柔则茹之，刚则吐之。维仲山甫，柔亦不茹，刚亦不吐，不侮矜寡，不畏强御。"

而不知‘其杀我’；刑罚，以为杀也，而不知‘其生我’。先王，惟以‘饮食生之’之心，为‘刑罚杀之’之事。”《揆》曰：“独以‘吉’予四，以去间也。”

《象》曰：**雷电**（蔡邕《石经》，及李鼎祚本，皆作“电雷”。程朱，从之），**噬嗑；先王以明罚**勑法。

艸庐曰：“既开，为电而有光矣；又合，为雷而有声；犹噬之，而使开者，合也。电先见，而雷乃出，故‘明其罚’，所以‘敕其法’。圣人为刑不掩物，于所不避，不慢令而与之死。噬嗑、丰，皆火雷；《大象》皆象‘狱’，重‘明断’也。其悔卦，《贲》‘无敢折狱’，《旅》‘无留狱’，俱反‘贞卦’，弢其‘明断之意’。”玄子曰：“丰，震在明前，故重在‘折狱致刑’。噬嗑，明在震前，故重在‘明罚敕法’。‘罚’，即一时所用之法；‘法’，即平日所定之罚。‘明’，象电光；‘勑’，象雷威，从《石经》便矣。”钱国端云：“《泰》曰‘天地交’，此亦例也。”如须曰：“《上经》中轮之首、尾①，其重‘天地之分’，明‘帝出、齐之序’，以立法乎？《象》凡言‘君子’，通称之辞。‘先王’，以‘立法者’言。《剥》言‘上’，合上下，以明‘消息’也。《离》言‘大人’，位南，‘向明’也。泰、姤、复，称‘后’，其三阳、五阳、一阳之几乎？”

初九，屦校灭趾（陆，作“止”），**无咎**。变坤，为《晋》。

《遡》曰：“‘噬嗑’，即‘市合’。古，戮人于市，故象‘狱’。互艮，为人；坎，为‘耳’。人下有物，‘屦校’，罪轻。耳上有物，‘合校’，罪重。子言‘不行’‘不明’者，震‘行’，而艮‘止’之；离‘明’，而坎‘暗’之；‘上下互分’之象也。《周官》：‘掌囚，下罪桎。’桎，足械也。械，亦曰‘校’。足械之制，周围其胫，如‘纳履’然。械木，遮掩其‘趾’，故曰‘灭趾’。”

《象》曰：**“屦校灭趾”，不行也**。

《诂》曰：“所以，止恶，于其初也。《系词》‘惩戒’，取此终、始。”

六二，噬肤，灭鼻，无咎。变兑，为《睽》。积变，《未济》。应爻。

《宜》曰：“卦，兼二象；惟噬嗑、丰，为然。分观，而义自明；牵合，则拘矣。‘肤’，豕腹下，‘柔软无骨’之肉。古礼，别‘实于一鼎’，曰‘肤鼎’。二，在互《坎》下，象‘灭鼻’。互艮，象‘劓’也。与‘灭趾’‘灭耳’，皆自罹刑者，言之。”朱子曰：“‘噬肤’，而‘灭’其‘鼻’，于器中也。’”郝《解》曰：“狱，以初讯为本。二，象狱正；三，象士师；四，象司寇；五，象王。三讯无疑，而后献于王；自下而

①上经 18 贞悔卦，每六贞悔卦为一轮。则第 7 至第 12 贞悔卦，为中轮。泰、否，为第 7 贞悔卦，即中轮之首；噬嗑、贲，为第 12 贞悔卦，为中轮之尾。

上，震合离也。二，当‘初讯’，法不深求，曰‘噬肤’。五，狱达王；噬乾犹肉，还其‘不深求之初’而已。三、四执法，务得其情，故有‘腊’‘胏’之‘噬’。同是一狱，自初讯、再讯，以达于王；情有浅深，狱无难易。”淇澳曰：“《中庸》‘致中和’，独揭‘饮食知味’，而终‘不赏民劝，不怒威钺’。故君子，观‘调身之法’，可得‘调天下之法’。”元公曰：“用刑之卦，取象于食肉，盖为治狱者伤也。不能‘肉人之白骨’，而至于噬人，岂‘民父母’哉[①]？”

《象》曰：**噬肤灭鼻，乘刚也**。

诚斋曰：“初，与四为应。四，于卦为梗。二能绝其应，而不通；则四，自孤而无与矣。故吴濞，非楚，则反不决；燕旦，非上官，则谋不发。‘肤’者，患之浅；‘鼻’者，气之通。”屯、震六二，以“乘刚”，为厄；此，以“乘刚”，为利。

六三，噬腊肉，遇毒；小吝，无咎。变重《离》。积变，《鼎》。

《宜》曰：“腊，正作昔，肉之晞于阳者也。假借，今昔。乃加肉，为‘腊’。《周礼》腊人，以兔之薨为腊鼎。‘田猎所获野物，或兽或禽，全体干之，通谓之腊。’”《遡》曰：“‘腊肉’云者，悉‘两造’之端[②]，委无遗情也。如此，而切‘哀矜之痛’，则无毒而遇毒；如此，而蒙‘失道之羞’，则非吝而亦吝。曾子之告阳肤者，此爻备之矣。‘腊’，应离象；‘毒’，取坎象。”《五行志》云：“‘厚味实腊毒’[③]。‘腊’，久也。‘味厚’者，为毒久也。”《七命》“甘腊毒之味”，是也。

《象》曰：**“遇毒”，位不当也**。

诚斋曰：“三之去恶；视二，更难矣。‘遇毒’，不亦宜乎？‘百揆’[④]，非舜；则‘去四凶’，以安民，祇以危民。司寇，非仲尼；则‘诛少正卯’，以治鲁，适以乱鲁。” 曰：“‘以毒攻毒’之方，‘存乎其人’。”

九四，噬干胏（《子夏传》，作“脯”；荀、董，同。《说文》作）**得金矢；利艰贞，吉**。变艮，为《颐》。积变，《蛊》。

《宜》曰：“离，‘为干卦’。四五，体离，故曰‘干’。骨带肉，而又干之，爻刚象。艮‘手’，‘得’象。卦，三阳，而四中；同，乾中画，借象‘金’。五，则直以变乾，象金。铁，亦金也。”王肃曰：“‘金矢’，所以得野禽。故食之，反得‘金矢’。‘矢’，离象。《周礼》‘狱，

---

① 《礼记·大学》：“乐只君子，民之父母。民之所好好之，民之所恶恶之，此之谓‘民之父母’。”

② 《周礼·司寇》：“以两造禁民讼，入束矢于朝，然后听之。”

③ 《国语·周语下》。

④ 《尚书·舜典》：“纳于百揆，百揆时叙。”

入钧金，束矢，乃听之。’[①]此汉儒说。其实，‘金’，取‘刚’；‘矢’，取‘直’也。”

《象》曰：“利艰贞”，吉未光也。

诚斋曰：“‘金刚，矢直’[②]，犹‘利艰贞’。非正而固，则必败。于怯漏、于踈训之色变，怯也；蕃之宣章，踈也。有强梗者，天下之不幸；去强梗者，圣人之不得已；故曰‘未光’也。”

六五，噬干肉，得黄金；贞厉，无咎。变乾，为《无妄》。积变，《巽》。《巽》宫，世。

宜曰：“离，得坤中[③]，曰‘黄’。市合，有‘得货’之象；故四、五，皆曰‘得’。‘得金矢’者，‘肺石’，以达平民。‘入矢’‘入金’，从容待之，期民之‘自平’；是以‘艰贞’而‘吉’，‘得黄金’者。古，‘刑不上大夫’[④]；‘在八议之科’者，犹然‘听赎’[⑤]；仁也。”郝曰：“取‘黄中’也。五，得‘金’，无‘矢’。金利，矢杀；大君所以‘平恕’，异于司寇也。狱，至五，而生杀定。天子三宥，不得而后刑，故为‘贞厉’，虽刑无咎也。讼方争，而求辨；非‘刚中之君’，不能‘畏其志’，故曰‘利见大人’。狱已断，而行刑；非‘柔中之君’，不能‘恤其情’，故曰‘利用狱’。”然“恤之于终”，不若“化之于始”。此六五之“无咎”，何如《讼》九五之“元吉”耶？《离》初，故“未光”[⑥]；终，故“不明”；中，故“得当”。“柔中居尊，于“用狱”则得当”云。

《象》曰：“贞厉无咎”，得当也。

《意》曰：“‘祥刑’[⑦]，惟‘贞厉’，亦‘无咎’；虽不当位，亦‘得当’矣。立教，断古今之狱，贵明‘当’而已矣。”通曰：“尽法无民，旧例难执。若不就事断理，明‘当、不当’，何以处分？尼山，故开通例。”

上九，何校灭耳（“何”，古作“荷”），**凶**。变重《震》。

幼清云：“首械围项，木厚掩耳，‘灭耳’象。”《荃》曰：“六爻，皆主‘治狱’者。若以初、上，为受刑之人；则以‘灭趾’，为‘无咎’，

①《周礼·秋官·大司寇》：“以两造禁民讼，入束矢于朝，然后听之。以两剂禁民狱，入钧金，三日乃致于朝，然后听之。”

②王弼《周易注》：“金刚也，矢直也。”

③八经卦，离，中为阴，即“得坤之中爻”。

④《礼记·曲礼上》：“刑不上大夫，礼不下庶人。”

⑤隋《开皇律》：“其在八议之科，及官品第七以上犯罪，皆例减一等；其品第九以上犯者，听赎。”

⑥《噬嗑》卦，上卦为《离》。离初，即九四爻；中，即六五爻；终，即上九爻。

⑦《尚书·吕刑》：“有邦有土，告尔祥刑。”

不通矣。上犹‘怙终’，至加‘贼刑’[①]，谓‘非人上所致不可，故凶。’”于此，见“泣罪”之心。

《象》曰：“何校灭耳”，聪不明也。

元公曰：“有耳，皆有聪。‘灭耳’，非‘罪其不聪’，罪其‘聪之不明’也。”《野同录》曰：“《系词》两举此卦之初、上：以初，易荡于‘步趋之趾’；而上，更荡于‘废法之耳’也。‘勑法’，以耳勑口，以‘睹闻’勑‘不睹闻’。故《春秋》为大狱，震万世夫妇之‘耳’。”

《时论》曰：“求”“与”，相观而合；安得，不明其法乎？因讼而刑，因刑而狱；刑轻，而狱重也。刑惟轻，故于《蒙》可“发”，于《豫》可“清”；狱惟重，故于《贲》则“不留”，于《旅》则“不敢”，于《解》则“宥”，于《中孚》则“缓”；“惟明克允”，而已矣。厌动忌刚，所以“勑”也。《礼》司刺曰“断中”，士师曰“受中”，小司寇曰“登中”。《书》“刑期于无刑，民协于中。”夫惟中也，“刚柔”“动明”，“雷电合章”，无所不利矣。当其雷鼓于下，电掣于上，虽有“怙恶”，恐惧莫逃天照、天怒，其物爽然丧矣，其间翻然合矣。《意》曰：“惟‘听讼’，乃能‘无讼’[②]；治心、治世皆然。”人一身中，无往而非陷阱也。趾以步之，屦踊杂焉；鼻以臭之，宅居别焉；耳以判之，善恶声焉。三者，我胜，则灭彼；彼胜，则灭我；不并存也。物之有于颐中也；“肤”，至脆焉。肉，熯于日中，少坚矣。“腊肉”，水卤而火炙，进于坚矣。“干胏”，强于骨矣。种毒，每伏于一脔；消毒，必须于两合。圣人设狱，如口食毒，岂得已哉？去其“鲠吾喉舌”者，而后“达聪”“明目”[③]，使民“措手足”耳[④]。《周礼》“束矢”“钧金”，禁争噬也。后世反其道，舞文周内[⑤]，以狱为市。“梗阳”之“贿迁”，而“乐鲋”之“车来”[⑥]；可耻，亦难掩矣。得情哀矜，痛痒则一；恶有“捐顶趾、毁耳鼻、铲骨肉，而喜见物情”者乎？物情之隔绝、疏通，不外“金矢”“黄金”，而已矣。谁“中”？谁“直”？谁“当”？“谁”光？戒之哉。噬，非“炰烋”然噬也[⑦]；以颐养之道，合之也。物情最

①《尚书·尧典》：“眚灾肆赦，怙终贼刑。”
②《论语·颜渊》：“听讼，吾犹人也，必也使无讼乎。”
③《尚书·舜典》：“明四目，达四聪。”
④《论语·子路》：“礼乐不兴，则刑罚不中；刑罚不中，则民无所错手足。”
⑤《史记·货殖列传》：“吏士舞文弄法，刻章伪书，不避刀锯之诛者，没于赂遗也。”
⑥《诗经·卫风·氓》：“尔卜尔筮，体无咎言。以尔车来，以我贿迁。”
⑦《诗经·大雅·荡》：“咨汝殷商，女炰烋于中国，敛怨以为德。”

艰，吾亦用艰，物情最厉。繇《颐》而后[①]，疾消“勿药”矣[②]。繇《颐》而前，初，合“昼日”[③]；中，合“遇巷”[④]。三、上，离震互交；“贞明”，乃能“合章”。与其“不明于终”，曷若“不行于物”耶？《系传》倍申初、终，以“惩福”[⑤]“成名”[⑥]，为天地明“名教”，而小人自灭于梦魂矣。《彖》用重典，曰“狱”；《象》用轻典，曰“罚”。先王之亨道，亦茀明之勑之，“象刑”无犯焉尔[⑦]。雷电，至不测也，故畏之如神。使日轰轰焉，求天下之人而击之，威且未遍，不亦亵乎？

智曰：“口有梗，牙啮之；国有梗，刑断之。岂贪‘刑措不用’之曼词，而讳‘五服弼教’之实政耶？舜矜禹泣，所贵监于慈祥，而‘大畏民志’耳[⑧]。‘神武不杀’[⑨]，‘君子怀刑’[⑩]，冷斋智证，惟取《噬嗑》。知《噬嗑》之食者，‘正命食’也[⑪]。天下，即《易》之‘狱’也。‘蓍策’，为‘皋陶’；而‘无咎’，‘垂拱’矣。折狱者，破单词、爰书，而得其情者也。‘律设大法，礼顺人情。’[⑫]‘艰贞’‘哀矜’者[⑬]，何得‘不茹吐’耶[⑭]？彼好煅炼‘周内’，以申、商之酷，断饮食之喉者；虽‘弃灰’黥传，今速行乎？普世遇毒矣。若恃口‘本自嗑，惟其所噬’，以龁吞铜为铁券，不顾先王之‘明饬’者，是何‘校’也？”

①《噬嗑》卦，九四独变，为《颐》卦。“由颐之后”，即《噬嗑卦》九四之后；“由颐之前”，指《噬嗑卦》九四之前。

②《噬嗑》卦，六五独变，为《无妄》卦。《无妄》卦：“九五，无妄之疾，勿药有喜。”

③《噬嗑》卦，初九独变，为《晋》卦。《晋》卦，《彖》曰：“康侯用赐马蕃庶，昼日三接。”

④《噬嗑》卦，六二独变，为《睽》卦。《睽》卦：“九二曰，遇主于巷，无咎。”

⑤《系辞下》：“小惩而大诫，此小人之福也。”

⑥《系辞下》：“善不积，不足以成名。”

⑦《尚书·尧典》：“象以典刑，流宥五刑，鞭作官刑，扑作教刑，金作赎刑。”

⑧《礼记·大学》：“子曰：‘听讼，吾犹人也。必也使无讼乎？’无情者，不得尽其辞，大畏民志。”

⑨《系辞上》：“古之聪明睿知，神武而不杀者夫。”

⑩《论语·里仁》：“君子怀德，小人怀土；君子怀刑，小人怀惠。”

⑪比丘以乞食资养色身，清净延命，称为“正命食”。不以乞食如法自活，依四邪、五邪之法而活命，称为“邪命食”。

⑫范晔著《后汉书·卓茂传》。

⑬《尚书·吕刑》：“皇帝哀矜庶戮之不辜，报虐以威，遏绝苗民，无世在下。”

⑭《诗经·大雅·烝民》：“人亦有言，柔则茹之，刚则吐之。维仲山甫，柔亦不茹，刚亦不吐，不侮矜寡，不畏强御。”

䷕山火贲

贲，从水蟲。有杂文如锦者，皆蟲也。加卉，以畜藏之。智《通雅》考“贲”，有十四音；而此，为彼义切，发唇声。古《三坟》，与“文”通转。《古文尚书》“黑坟”，作“黑贲”。《谷梁》“地坟”，作“地贲”是也。文，随分声，因备诸义。故转音备，莫备于费而隐藏之。

贲：亨，小利有攸往（郭京，作“不利”）。

子瞻曰：“‘直情而行’[①]，谓之‘苟合’[②]；‘礼以饰情’[③]，为之‘贲’。苟，则易合；而相渎，故易离。贲，则难合；而相敬，故能久。”幼清曰：“‘执贽’，‘受币’，乃成相合。《表记》曰：‘无辞，不相接也；无礼，不相见也。’欲民之‘无相亵’也。”《野同录》曰：“《上经》三周中，以‘文’‘法’，收泰、否[④]；而表‘剥、复、无妄、大畜’之道。则孔子‘得《贲》而愀然’者，可思矣。大其心，以任道；必细分别之，以入用；故曰‘小利往’。此离‘明’、艮‘止’，之所以‘亨嘉’也。贲、离、明夷，以立春；而艮收谦，以立冬。四方八卦，四分用三；寅戌之用，天人同之，乌可不察？”

《彖》曰：**贲，亨，柔来而文刚，故亨；分刚上而文柔，故小利有攸往。**（王，加“刚柔交错”四字）**天文也；文明以止，人文也。观乎天文以察时变，观乎人文以化成天下。**

程子曰：“贲，必有‘文’，自然之理。一，不独立；二，则为‘文’。非‘知道’者，孰能识之？”“天文”者，自然之文。非必依王弼，加“刚柔交错”于其上也。《意》曰：“随诸家之言‘变’，皆不出‘乾坤、阴阳之变也’。‘柔来文刚’，文以贲质，质为主也。秦宓曰：‘虎生而文炳，凤生而五色。’岂自刻画哉？天性自然也。不止，则为‘周末之淫靡’；愤激，则为‘棘子成之鞹’矣[⑤]。故以小用大，以分用合；‘往来’，而止于‘无往来’。是‘人文’，即‘天文’也；文，皆质也；

---

①《礼记·檀弓下》：“有直情而径行者，戎狄之道也。”

②《序卦传》：“物不可以苟合，故受之以《贲》。”

③《礼记·曾子问第七》：“君子礼以饰情，三年之丧而吊哭，不亦虚乎？”

④上经十八贞悔卦，《泰》《否》一组，为第7贞悔卦；《噬嗑》《贲》一组，为第12贞悔卦。第7贞悔卦，至第12贞悔卦，为上经三周之中。贲，“文”也。《贲》卦，《彖》曰：“观乎天文以察时变，观乎人文，以化成天下。”噬嗑，“法”也。《噬嗑》卦，《象》曰：“先王以明刑敕法。”所以，文、法，指此二卦。

⑤《论语·颜渊》：“棘子成曰：‘君子质而已矣，何以文为？’子贡曰：‘惜乎夫子之说君子也！驷不及舌。文犹质也，质犹文也，虎豹之鞟犹犬羊之鞟。’”

是谓‘份份’[①]。又曰：‘星气变异，自有大运，而与人事默得其几。’‘历象’‘巩衡’[②]，与时‘敬授’[③]，而配位推变，即以表法为范围焉。”《一一》曰：“三统、五达，‘礼乐刑政’，犹‘时行物生’也。不察‘时变’，何贵于观天人？即终日言‘化’，‘化’又岂能‘成’哉？‘无声无臭’[④]，即此‘睹闻’[⑤]。故孔子‘四教’，首‘文’[⑥]；‘四民’，首‘士’[⑦]；终以志事，托于‘斯文’，而已。”

《象》曰：**山下有火，贲；君子以明庶政，无敢折狱**。

郝《解》曰：“‘合章’，互坎、艮[⑧]。而电火得水愈焚，故爻象腊、胏、干肉，皆燥胜也。‘山下之火’，传于薪而已。山隐其光，互坎‘沃焦’，故爻有‘车马载涂、濡首’之象。”《正》曰：“狱，亦‘庶政’也。而敢心，则殆矣。周政，五申之曰‘庶狱庶慎，文王罔敢知于兹’。夫以文王之圣，而不敢与苏公争折狱；苏公之智，过于文王乎？文王明于用人，而苏公明于‘折狱’。故曰：‘敢折狱，明主之大戒也。’”淇澳曰：“大禹‘文命’之‘敷’[⑨]，‘下车泣罪’之心，为之也。”《意》曰：“‘山下有火’，有木以用光，而上炎；然有山即‘止’，而不过。能‘明庶政’，则听断无冤；‘哀矜勿喜’[⑩]，则文乃无害。是故圣人以学问善世，使之明其所明。而又令其‘无敢’，庶免‘尊知火驰、卤莽斗胜’之焰。然后知：文之为道，正所以分而柔之也。”《诂》曰：“贲，外止、内明，故‘无敢折狱’。旅，外明、内止，故‘明慎用刑，而不留狱’。”

初九，贲其趾（古，一作“止”），**舍车而徒**（郑、张本，作“舍舆”）。变重《艮》。《艮》宫。世。

《宜》曰：“《贲》，下体离‘明’，嫌于过饰。初之‘舍车’，任贤也。‘徒’，即‘徒行’象。在坎‘车’下，为‘徒’；眚车[⑪]，故‘舍

①《说文》曰：“份，文质备也。”“彬”，古文作“份”。《论语·雍也》中的“文质彬彬”，原作“文质份份”。
②《尚书·舜典》：“在璿玑玉衡，以齐七政。”
③《尚书·尧典》：“乃命羲和，钦若昊天；历象日月星辰，敬授民时。”
④《诗经·大雅·文王》：“上天之载，无声无臭。”
⑤《礼记·中庸》：“是故君子戒慎乎其所不睹，恐惧乎其所不闻。莫见乎隐，莫显乎微。”
⑥《论语·述而》：“子以四教：文、行、忠、信。”
⑦《春秋谷梁传·成公元年》：“古者有四民：有士民，有商民，有农民，有工民。”
⑧《噬嗑》卦，《象》曰：“刚柔分，动而明，雷电合而章。”噬嗑卦，三四五，互坎；二三四，互艮。
⑨《尚书·大禹谟》：“文命敷于四海，祗承于帝。”
⑩《论语·子张》：“上失其道，民散久矣。如得其情，则哀矜而勿喜。”
⑪《说卦传》：“其为舆，也为多眚。”

车’。‘乘’，正与四‘马’应[①]。”《正》曰：“‘斧钺’‘缧绁’，生于‘车服’。‘舍车而徒’，则去其刑狱也远矣。”《意》曰：“桓荣、董徵，陈其‘车服’，夸以‘高会’，何其陋耶？冯良、熊玄之坏车，各有其义。所贵‘士君子之步趋’者，不为‘轩冕’所动耳。”

《象》曰：**“舍车而徒”，义弗乘也**。

“人文”之“化成”，成以“义”也。《艮》宫，持世[②]，“义”在乎初。郝《解》曰：“奉命求贤，‘舍车’山下，躬造‘贤者之庐’。此又一说。”

六二，贲其须。变乾，为《大畜》。积变，《蛊》。

《宜》曰：“二，互坎、变乾，合水天之《需》，为‘须’。必待可文者，而后文之；不须文者，不文也。”玄子曰：“二四五上，互《颐》。二，在《颐》下，为‘须’。须，阴也，柔文刚也。二，必‘贲其须’，以从三；五，必‘贲于丘园’，以从上。圣人‘右质、左文’之意，见矣。或曰‘贱妾也’。天官，有须女。离元，正配，故取其象。”元公曰：“有须者，贲五官之文采也。《离》，藏智，为‘心’；窍面，为‘目’；附喙，为‘须’。‘喙’，艮象。”郝《解》曰：“‘须’，旗之旒；与‘车马束帛’，同意。”

《象》曰：**“贲其须”，与上兴也**。

诚斋曰：“如贾谊知‘《易》之《贲》’，未知《贲》之‘须’也。”《遡》曰：“‘文明’，当与上之‘笃实’，俱兴。”履曰：“汉武重学，而文翁化蜀；六经中天，而魏、元皆不敢改。相须而兴，时化必然。”

九三，贲如，濡如，永贞吉。变震，为《颐》。积变，《蒙》。

《宜》曰：“三、四，刚柔；维离、艮交。故俱曰‘贲如’。‘濡’，坎水象。《离》成文德，恐为所溺，故勉以‘永贞’。”郝《解》曰：“坎‘轮’，当险；‘六辔’[③]，如‘濡’。震‘雷’、坎‘雨’，有‘车马载涂遇雨’之象。上，与艮主敌应，为‘山高车不进’之象。盖见贤者，‘抗节’‘幽贞’，‘高山仰止’；所以为‘永贞’，不可‘陵’也。”

《象》曰：**“永贞之吉”，终莫之陵也**。

曰：“周党、严光，虽征致之；而终莫能以尊爵，‘陵’之。”

六四，贲如，皤如（郑、陆，作“蟠”。荀，作“波”。董，音“槃”），**白马翰如**（“翰”，一作“寒”）；**匪寇，婚媾**。变重《离》。积变，《未济》。应爻。

① 《贲》卦：“六四，贲如，皤如，白马翰如；匪寇，婚媾。”
② 《贲》卦，为艮宫一世卦，世爻在初九。
③ 《诗经·秦风·小戎》：“四牡孔阜，六辔在手。”

郝《解》曰:“‘皤’，大腹也。《左传》曰:‘皤其腹。’坎，满象。马在车前，震也。《檀弓》曰:‘殷人尚白，戎事乘翰。’上卦艮，‘白’也。‘冦’，指三。而初与四应，本婚媾也；三为坎，主‘隐伏’，故疑为‘冦’。知之，则合矣；为‘共济、上达’之象。”

《象》曰：六四当位，疑也；“匪冦婚媾”，终无尤也。

《意》曰:“谨其初，所以厚其‘终’也；‘疑’，所以慎也。‘终无尤’，则非‘苟合’矣。上体，‘笃实’；文之以礼，而已。”

六五，贲于丘园（陆德明，引黄□[①]作“世于丘园”），**束帛戋戋**（子夏，作“残残”），**吝，终吉**。变巽，为《家人》。积变，《讼》。

《宜》曰:“古之得贤，舜，可甥；尹，可师；说，可相；蔼若家人，情殷礼略。后世，循‘通帛’之‘旃’[②]，‘束帛’先焉。方之于古，‘戋戋’，吝矣。‘以其尊德乐道’[③]，故吉也。五，变巽，有刚明之德；而巽于贤，故象‘聘士’；此所以‘有喜也’。艮‘山’，震‘林’；艮‘丘’，震‘园’。婚媾，‘纳帛一束’。‘束，五两’[④]。《注》:‘十端，为束。’[⑤]以帛从两头卷至中，以‘十端’，成‘五两’；用‘聘女’，因以‘聘士’。《子夏传》‘五匹为束，三玄二纁’，象阴阳也。五，阳位；六，阴画；故有‘阴阳’象。坤，为‘帛’；而二阳束之，‘束帛’象。”《订》曰:“‘莘耕’[⑥]‘版筑’[⑦]；《贲》光，所以映商邦者。五以礼上九之贤，受贲于上九也。”郝《解》曰:“贲，以五象‘丘园’；谦，以五象‘侵伐’；《易》未尝定‘以五，为君也’。泰，以六二象‘君’；谦，以九三为‘主’；未尝定‘以君，居五也’。”

《象》曰：六五之吉，有喜也。

《意》曰:“贲，莫大于礼；礼，莫大于敬贤；此天地交泰之喜机也。”

上九，白贲，无咎。变坤为《明夷》。

---

① 此字不清。

② 《周礼·春官·司常》:“司常掌九旗之物，名各有所属，以待国事。日月为常，交龙为旂，通帛为旃，杂帛为物，熊虎为旗。”

③ 《孟子·公孙丑下》:“故将大有为之君，必有所不召之臣；欲有谋焉，则就之。其尊德乐道不如是，不足与有为也。”

④ 《礼记·杂记下》:“纳币一束，束五两，两五寻。”

⑤ 胡三省（1230—1302），字身之，宋元之际史学家，著《资治通鉴广注》《资治通鉴音注》《释文辨误》。《通鉴注》:“唐制，帛以十端为束。”

⑥ 《孟子·万章上》:“伊尹耕于有莘之野，而乐尧、舜之道焉。非其义也，非其道也，禄之以天下，弗顾也；系马千驷，弗视也。非其义也，非其道也，一介不以与人，一介不以取诸人。”

⑦ 《孟子·告子下》:“舜发于畎亩之中，傅说举于版筑之间。”

《一》曰:“乾坎艮，为‘白’；而艮，为‘成终’。《大学》‘明明’，要之于‘止’。质其文，文其质。采，以白为地。白心素位，此无色之色，所以为至色也。此，知‘质统文质’者也。”郝《解》曰:“来，则成乾；天地，所以交泰也。往，则为止；人文，所以增光也。”

《象》曰：**白贲无咎，上得志也**。

潜老夫曰:“旷然太古之逸，无‘缁尘纤墨’之染，双超无累，自得已志，惟其独上也。小往，实大心矣。《南华》之写‘藐姑射’，非貌此乎？通乎‘剥、复、无妄、大畜’之道者，‘陋巷’与‘删述’，‘深山’与‘垂裳’，同一‘白贲’也。”

《时论》曰：子读《贲》而“愀然”，语于子张曰“非正色之卦也。丹漆不文，白玉不雕。质有余，不受饰也。”既曰“非正色”，又曰“贲无色”，何耶？自无色，而玄黄；玄黄，即无色也。天地之色，寄于日火；山表地理，火灿天文。民宝日用，以明藏幽，南离“相见”，登高视远。心，本火也，以见为缘，能见文理，止于文理。“知止”者，见其“所不见”矣。“色色”者，未尝色矣[①]。“小利攸往”，细分而慎之也。曰“分刚”，曰“刚上”，尊阳而统之也。《后天》，离，代乾南；乾，代艮西北。天文起乎，《离》宫东方；而《贲》，为《艮》宫初变，《圆图》位乎寅方。一刚来《离》中，而二柔成文；一刚分《艮》上，而二柔成文；此一端之象也。以《泰》交易，则乾、坤之文也。三阳交错，是三白杂文于六色也。况“一在二中”之“无所不文”“无所不通变”耶？天，文于地；而“无，文于有”者也。日刚，月柔；星刚，辰柔；暑刚，寒柔；概也。节候星土，燥湿有宜；生克制化，体用相资。任其“无历、无律，而莫为”之“明”，“止”；则天经，荒矣。君刚，臣柔；父刚，子柔；夫刚，妻柔；概也。一人之身，茹吐相资；一法之立，张弛相用。“僭忒、偏宕，而莫为”之“明”，“止”；则人伦斁矣。虽曰：“文者，末也；止者，本也。”[②]然纵其“率陋”，岂能止其“热焰”？惟以“文明止之”，而薪火自相适矣。此圣人所以全末、全本，上察下化，有济而无损乎？君子之贲天下，贵止、贱动；而常因动，以为止。事业之极文明者，莫光辉于“尚贤”。而贲相望于道者，“车”“马”也。

①《列子·天瑞》:“有形者，有形形者；有色者，有色色者。”

②“止”字，应为“质”字。

"车、马，闲驰"[①]，"卷阿"思吉[②]；介以"媒妁"[③]，被以"玄纁"；质，有其文矣。"乘也者，君子之器也。"[④]揆度斯义，初虽徒步，继必"上兴"；亦将立绥、"濡"辔，而从"翰"矣。初，"艮其趾"[⑤]，不羡"车服"。二，"辐"可"脱"[⑥]，"须"亦可执。三，"观所养"[⑦]，和乐且"濡"。四，柔"丽"刚，《艮》变之应也[⑧]。辅嗣曰："欲静，则失初之应；欲进，则惧三之难。"[⑨]"疑"生，则"寇"；"疑"亡，则"媾"。若是乎"致饰亨尽"[⑩]之时，"纷华"之为大敌[⑪]，而"朴素"之为佳耦也。"素丝良马"[⑫]，相因"束帛"；"有家勿恤"[⑬]，志存"丘园"；表里"式闾"[⑭]，盛世之大文章也。虽偏吝啬；五，"终吉"矣。上之《明夷》，吾道"用晦"，曰："有何色？"而五采之祖也。《意》曰："'皎皎空谷'[⑮]，艮体终'止'，'从先进'矣[⑯]。以'无咎'，为万世之大喜；此'化成'之志也，非'上'而能'得'乎？"《象》曰："明庶政。"恐其执总恶别，不分条理也。曰："无敢折狱"。恐其恃智刻深，充类冤贤也。《象》赞贲，爻虑贲，乃所以善享"文法"之天地欤？

①《诗经·大雅·生民之什》："君子之车，既庶且多。君子之马，既闲且驰。矢诗不多，维以遂歌。"

②《诗经·大雅·生民之什》："有卷者阿，飘风自南。岂弟君子，来游来歌，以矢其音。"

③《白虎通·嫁娶》："男不自专取，女不自专嫁，必由父母，须媒妁何？远耻防淫佚也。"

④《系辞上》："负也者，小人之事也。乘也者，君子之器也。小人而乘君子之器，盗思夺之矣。"

⑤《贲》卦，初九独变，为《艮》卦。《艮》卦："初六，艮其趾，无咎，利永贞。"

⑥《贲》卦，六二独变，为《大有》卦。《大畜》卦："九二，舆说輹。"

⑦《贲》卦，九三独变，为《颐》卦。《颐》卦，《象》曰："观颐，观其所养也。"

⑧《贲》卦，六四独变，为《离》卦。《离》卦，《象》曰："离，丽也；日月丽乎天，百谷草木丽乎土。"上卦艮，变为离。

⑨"静"字，原为"进"字。此，即《贲》卦六四爻。

⑩《序卦传》："致饰然后亨则尽矣。"

⑪《史记·礼书》："出见纷华盛丽而说，入闻夫子之道而乐，二者心战，未能自决。"

⑫《诗经·鄘风》："素丝纰之，良马四之。"

⑬《贲》卦，六五独变，为《家人》卦。《家人》卦："九五，王假有家，勿恤吉。"

⑭《尚书·周书》："天下大定，乃反商政。政由旧，释箕子囚，封比干墓，式商容闾。"

⑮《诗经·小雅·白驹》："皎皎白驹，在彼空谷。生刍一束，其人如玉。毋金玉尔音，而有遐心。"

⑯《论语·先进》："先进于礼乐，野人也；后进于礼乐，君子也；如用之，则吾从先进。"

智曰：“噬嗑，伏井，而叠丰；‘劳劝’[①]‘井井’，‘宜照天下’[②]，而‘法明’矣[③]。贲，伏困，而叠旅；苟能知‘命’[④]，而‘旅’处之，岂有‘文灭质、礼滋伪’之忧乎？晦息明用，阳杂阴文；不得不，即此‘日章’者，养其‘暗然’也[⑤]。贲、革，居《方图》坎、离井格之下；‘文炳’[⑥]‘文蔚’；非所以因《革》，而‘化成’哉？《易》之卦图，可谓‘至文’，可谓‘无色’，是‘明即止，而贲自白’者也。”

周易时论合编卷之三终

①《井》卦，《象》曰：“君子以劳民劝相。”
②《丰》卦，《象》曰：“‘勿忧宜日中’，宜照天下也。”
③《噬嗑》卦，《象》曰：“先王以明罚敕法。”
④《困》卦，《象》曰：“君子以致命遂志。”
⑤《礼记·中庸》：“故君子之道，闇然而日章；小人之道，的然而日亡。”
⑥《革》卦，九五《象》曰：“大人虎变，其文炳也。”上六，《象》曰：“君子豹变，其文蔚也。”

周易时论合编卷之四

皖桐方孔炤潜夫论述
孙中德、中履、中通、中泰编录

剥

复

章本清曰：“艮止、震动于离上下，为嗑、贲；艮止、震动于坤上下，为剥、复。离之一阴，坤之机乎？初之‘不远’，即上之‘不食’；一上下，而异耳。《剥》曰‘顺而止之’；《复》曰‘动而以顺行’。君子于阴阳消息之间，未尝一毫不以‘顺’也。”《绎》曰：“一，贵阳也。一者，贵也，母从子也。”《宜》曰：“人心，不为《剥》亡，不为《复》存；机有往来，体无增减。”《儿易》曰：“圣人惧《否》，而尤惧《泰》；惧《剥》，而尤惧《复》。‘复’者，还也。病，既愈之，曰‘还’；病愈，而又还之，曰‘死’。天下之病，愈于‘复’；天下之人，死于‘复’也。故申《否》，而系之曰‘亡者，保其存者也’；则知‘存者，之不保亡’矣。申《复》，而系之曰‘知之，未尝复行也’；则知‘又有复之害复者’矣。《否》终，则喜以‘倾否’；《复》终，则凶以‘迷复’。以其否，故‘倾否’；复，故‘迷复’也。天下皆归命于《泰》，终之曰‘城复于隍’；天下皆待尽于《剥》，终之曰‘硕果不食’。此虑君子之力，未必荡邪；亦度小人之才，不能灭正也。夫处否、剥，则君子甚完；处泰、复，则君子必罅。否剥之世，必得‘君子’；泰、复之世，必失‘君子’。否、剥之世，小人用事，而君子逃责；泰复之世，君子乘权，小人抵巇。圣人观世，‘危’《泰》，而‘微’《复》。是故殷道之‘泰’，终于‘帝乙’；乙而后，无‘泰’，是‘泰’之‘危’也。孔门之‘复’，几于颜子；颜子而外，无‘复’，是‘复’之‘微’也。”《易简录》曰：

"'克己'之克者，以'烂'入手；'复礼'之复者，以'反'得力。"潜老夫曰："是六贞悔之第三轮首，而三其十二之中轮首也[①]。世之治、乱，'心'之'危''微'，于此乎消息焉。人能'自反'，知'真心有必不丧尽'者，'见天地心'，间不容发，此'在凡不减、在圣不增'者也。今人但恃'天地之心，本无增减'，便自任放。此，则'至日牢关'；实未尝'合符'，亦未尝'弃繻'耳[②]。夫'复'，而'迷'；与守此关前丐食者，其'迷复'之'凶'，一也。"智曰："是辟中特主之颠复、消息也。《圆图》，介于子中，以伏午中之夬、姤；天根系《复》，实在《剥》也。全体艮、震，而'顺其行、止'者也。圣人知'无在、无不在'之大本，而必于此际，扼其几焉。剥、复，叠为谦、豫。此，《方图》坤巳之用南也。乾在坤中，即逆是顺矣。"

䷖山地剥

《全》曰："剥，从刀、从木、从仌，谓'刀削木上之烂也'。许慎：'从刀彔。'彔，割剥也，豆唇声。"郝《解》曰："文胜，必敝；贲饰，剥褫，故受《剥》也。'剥'者，'杀牲体解'之名。故爻象，为'床'。'床'，几案也。因有'肤''鱼''果'核，陈设之象。自《噬》以来，皆杀也；《贲》虽'文'，而'虎贲'用事。'白贲'在山，王侯不能下，时事可知，是以《剥》也。"智曰："'《剥》烂'，然后'《复》反'；仁烂，乃生。'天行'九月，万物剥落，成坤而《复》。震、艮，合离，又合坤；火转土中，全妙坤'藏'。"

剥：不利有攸往。

《一》曰："一阳孤存，群阴极盛；故观象，即'顺止'矣。'不往'，非'绝世'之谓；谨身晦迹，孙言待会。不惟，免于'剥'；'转剥为复'之道，自寓矣。"潜老夫曰："此太阴自合之卦，君子以'安'夜气'之宅'焉。"

《彖》曰："剥"，剥也（郭京，作"剥"，剥落也），**柔变刚也。**

《一》曰："因消息剥落之时，而以'刀剥之名'，释之也。曰'柔变刚'，使人毛耸。《否》言'匪人'、言'不利君子贞'，则名义尚存。《剥》，则名义荡然；'杜门'投老，尚恐为人踪迹。"《宜》曰："《剥》，

---

①《剥》《复》一组，为第13贞悔卦。若12卦为一轮，则为第二轮之首卦。若六卦一轮，则为第三轮之首卦。

②《汉书·终军传》："初，军从济南当诣博士，步入关，关吏予军繻。军问：'以此何为？'吏曰：'为复传，还当以合符。'军曰：'大丈夫西游，终不复传还。'弃繻而去。"

从《乾》变；故曰‘变刚’。《夬》之‘名正言顺’[①]，则曰‘刚决柔矣’。小人谋君子，‘萋菲’浸润[②]，使之日消、月铄，故曰‘变’。”

不利有攸往，小人长也。顺而止之，观象也；君子尚消息盈虚，天行也。

《宜》曰：“君子‘包’于《姤》，‘嘉’于《遁》，‘休’于《否》，‘大观’于《观》；以五君位，君心未剥，道犹可行。剥至五，‘不利攸往’矣。‘顺止’，如‘夜静，以俟昼；冬安，以俟春’。非‘以冬与夜，为不可往’，而遂逃也。肖《观》，曰‘观象’。随入自得，怨尤两泯。‘顺止’，显于外，曰‘观象’；‘顺动’，涵于中，曰‘见心’[③]。”

《象》曰：山附于地，剥；上以厚下安宅。

《宜》曰：“阴起于地上，为‘山’。卦、互，皆坤；地气多山，特附之耳。此大学问，‘贤当厚愚’，不独‘君当锡民’也，故以‘上’‘下’言。”《意》曰：“‘白贲’之‘上得志’，惟‘厚‘下学’以安之’。知弥高，行弥下；剥落枝叶，所以‘归根’也。《老子》曰：‘高以下为基。’”《正》曰：“‘若跣弗视地，厥足用伤’。[④]‘百姓’者，君子之地也。”

初六，剥床以足，蔑，贞凶（荀爽，“蔑”作“灭”，无“凶”字）。变震，为《颐》。

京山、虚舟，以“蔑”断句。一奇，偶载，为“床”；初，为“足”。以“足”“蔑”，言：“床足，剥落不见也”。阳受剥，而守此；其“凶”，可知。床下足，其面“辨”，即平也。《尚书》“平章”“平秩”，《史记》作“便”。《索隐》云：“《今文尚书》曰‘辨’。故知‘平、辨，声通’。‘辨’上，则人。”子瞻曰：“君子于小人，不疾其‘有丘山之恶’，而幸其‘有毛发之善’。故剥‘足’，及‘辨’，犹‘未为凶’；至‘蔑贞’，则‘凶’。”此，与荀慈明解，合。羽南曰：“两言‘蔑贞’，著‘小人之敢’也。”

《象》曰：“剥床以足”，以灭下也。

幼清曰：“先从下剥，渐及于上；以此，阐其‘蔑贞’。”

六二，剥床以辨（古，作“分”），**蔑贞凶**。变坎，为《蒙》。积变，《损》。应爻。

---

①《论语·子路》：“名不正，则言不顺；言不顺，则事不利。”

②《诗经·小雅·巷伯》：“萋兮斐兮，成是贝锦；彼谮人者，亦已大甚！”

③《剥》卦，上艮、下坤；坤为顺，艮为止；“顺止”也。《复》卦，上坤、下震；坤为顺，震为动，“顺动”也。

④《尚书·商书·说命上》。

孔仲达云："谓'床分辨之处'。"程子曰："'床之幹也'。吾固知'剥人者之凶'，必无异于'受剥者之凶'。两爻，重言之者，伤之深也。"

《象》曰："剥床以辨"，未有与也。

丘行可云："'与'，应也。"幼清曰："至三，始有应、与。盖伤'有与'之不早，而仅能存一阳也。"

六三，剥之无咎（陆，无"之"字）。变重《艮》。积变，《大畜》。

《集》曰："成坤，而与上应；无害阳之心，故特异其词。"程子云："如东汉之吕强，是也。"

《象》曰："剥之无咎"，失上下也。

《诂》曰："所失者，'上下'之阴也。《坤》以'丧朋'，而'有庆'；《剥》以'失上下'，而得'无咎'。圣人恐其系恋同类，故断以劝之。"

六四，剥床以肤（京房本，作"簠"，谓"祭器"），**凶**。变离，为《晋》。积变，《大有》。

崔憬曰："'肤'，荐席也。"郝《解》曰："床上之具，有'肤''鱼''果'焉。切割肉也；四寸，曰'肤'。艮'手'、坤'釜柄'，有'切肉'之象。无'宰割之才'，依'无足之床'，切'四寸无骨之肤'，有'糜烂涂地'，而已。"

《象》曰："剥床以肤"，切近灾也。

"切近灾"，甚。壮其危耳。

六五，贯鱼以宫人宠，无不利。变巽，为《观》。积变，《乾》。《乾》宫，世。

胡廷芳曰："圣人于《观》四，别取'观国'义；于《剥》五，又取'率群阴，以受制于阳为利焉'。其'扶阳抑阴'之意，每如此。"郝《解》曰："'鱼'，阴物也。《礼》鱼十五为俎[①]，在床之象。贯者，穿之。"《春秋传》曰："'梁亡，鱼烂而亡'。[②]由中也。五位，本龙；龙，今为'鱼'，'柔变刚也'。五位，朝廷礼法之所。而以宠'宫人'，即汉、唐、宋末年'播迁'；惟左右宫妾，相随耳。"《宜》曰："变巽，'为鱼'；下连数巽，为'贯鱼'。阴，尊象，下象。'宫人宠'者，五、上，阴阳交也。三，以身应；而'失上下'，且许'无咎'。五，尊位力大；率群阴，以听于阳，自许其'利'矣。以暗为君子之心，托为二小人之策，此正'厚下'处。"丘行可云："《遁》，'畜臣妾'，则教阳以'制阴之

① 郝敬著《周易正解》曰："鱼十五为一鼎，横陈于俎。"

② 《公羊传·僖公十九年》："梁亡，此未有伐者。其言梁亡何？自亡也。其自亡奈何？鱼烂而亡也。"

道’，权犹在阳。‘以宫人宠’，则教阴以‘从阳之道’，权全在阴。”

《象》曰：“以宫人宠”，终无尤也。

子瞻曰：“圣人教人，容其‘或有’，而去其‘太甚’。如责之以‘必无’，则彼有不从，而已矣。”

上九，硕果不食，君子得舆（京，作“德”；董，作“德车”），**小人剥庐**。变纯《坤》。

何玄子之师曰：“‘硕果不食’，此君子之秋也。所谓：‘一，不为少；夫《观》，有二“君子”焉。’[①]‘洛蜀、牛李’之党，所自起也。五之见消，未必非此。”仲虎曰：“君子守道‘固穷’；人，‘亦无如之何’[②]。或曰‘民之望也’[③]，不可杀。或曰‘不足杀’[④]，及乎事成，又不可得而杀。是，以常在天。天若佑晋，则为谢安之止桓温；而天下，皆得所载。天下佑汉，则为王允之死于傕、汜；而小人，亦相随亡。故此爻，不言‘吉凶’。”《筌》曰：“召平、董公、四皓、鲁两生之徒；士，不以秦而贱。伏生、浮丘伯；经，不以秦而亡。万石君之家；俗，不以秦而变。”《宜》曰：“天地元阳，终无可灭；纯阴，即纯阳之蕴也。剥至上，将为《坤》；即上九，亦变为阴。‘不食’云者，浑身，藏于坤六之中；人见以为变，而阳正于此完固，辟之‘果烂，而仁独存’。‘君子尚盈虚消息’，惟是‘顺止’，守‘在中之阳’耳。”《易简录》曰：“《剥》言‘硕’者，欲人知感通前，早有一步‘寂然不动’‘安止’之圣功也。”元公曰：“万物，以天为‘庐’；无天，何覆乎？‘君子’，民之天也。”玄同曰：“天地，皆生生之气，终不可剥。故冰雪中，有生物；冱寒时，有晚芳。人即陷溺，‘夜气’[⑤]常存，皆此‘不食’者留之。在象，则《艮》之阳果阴蓏，阳大为‘硕’。剥，从乾变；上九，为不变之命根，‘硕果’，即乾象也。五阴，载一阳，为‘舆’；一阳，覆五阴，为‘庐’。《复》为‘天根’，以一阳也；在《剥》，即为‘硕果’。信知：此树之果，即他树之根。”

《象》曰：“君子得舆”，民所载也。“小人剥庐”，终不可用也。

《宜》曰：“‘得舆’，自‘不食’来。‘民所载’者，在乱，思治。《匪风》《下泉》，所以居变风之终。‘剥庐’，自‘小人长’来；‘终’而后，

①阳，为君子。《观》，九五、上九，为阳，称“二君子”。

②《礼记·大学》：“小人之使为国家。灾害并至，虽有善者，亦无如之何矣。”

③《左传·襄公二十九年》：“邻为善，民之望也。”

④《世说新语·贤媛》：“孙秀初欲立威权，咸云：‘乐令民望不可杀，减李重者又不足杀。’”

⑤《孟子·告子上》：“梏之反覆，则其夜气不足以存；夜气不足以存，则其违禽兽不远矣。”

知‘不可用’。吁，‘晚已’。艮，为‘宫门’。小人，不足以当之，故变。文言‘庐’者，殿中直舍也。‘厚下’，是教君子容小人；‘剥庐’，是戒人害君子，‘委曲扶抑’之意。”《儿易》曰：“独阳，居上，必至于《剥》；独阳，居下，犹可以《复》。故世道之丧，皆由‘有君无臣’；‘吾道’不已[①]，所恃‘贤人在野’也。”《象正》曰：“‘剥，烂也。’[②]时之已过，君子不能留也。君子失于君，顺而求之民；小人失于民，逆而求之君。故《坤》者，‘君子之舆’；《剥》者，‘小人之庐’也。”德曰：“徐穉、子徵、袁闳、郑玄、孙期、任旐、胡昭、华秋、司空图，贼皆不犯其庐，民且依之以免，岂非‘忠信为舆’耶？君子有此‘安宅’，何处不可盘根？”

《时论》曰：圣人，未尝忧《剥》，而忧姤、遁。至《否》，则曰“大人亨”。观，则崇以安庙。剥，则奉以“舆”“庐”。曰：“小人，何能剥君子乎？”君子“观象”，尚“天行”矣[③]。阳，如不消；阴，必不得长；无如“消息盈虚”，有“天”存焉。“穷上反下”[④]，势有必然。“上以厚下安宅”，理所素定。君子，“顺”于剥，而“不违”；亦“止”于剥，而“勿动”[⑤]，何也？“上”“下”分定，“厚”“安”之情[⑥]，仍在“君子”，不在“小人”也。《意》曰：“阳虽微，犹为民心所共载；阴虽盛，犹必托阳而后安。”小人无日不薄君子，然不肯自夺其所“厚”；亦无日不危君子，然不肯自堕其所“安”。“墙高基下，虽得必倾。”[⑦]皮去、毛空，无号何地？小人道中，原未有“厚安”之一术，不得不归附于君子，曰：“吾且顺时而止之。”“消”，自有“息”时；“虚”，自有“盈”时；“天行”固然，“不远将复”矣。姑为小人谋焉，可乎？三者，应上艮，分定随缘，祸亦不棘也。三曰：“吾从众人，党邪害正，然取灭亡。吾，内失初、二，外失四、五，翻然自断，无“夤列”之咎矣[⑧]。”君子，岂遂汩汩耶？小人即多，不多于民；对小人，则君子孤；对民，则小人更孤。“民”之“所载”，君子“得舆”；民之所去，小人“剥庐”，何也？“厚安”《坤》道[⑨]，君子“载”之；乾留“硕果”，岂惟人“不”

①《论语·里仁》：“吾道一以贯之。”

②《杂卦传》。

③《剥》卦，《象》曰：“顺而止之，观象也；君子尚消息盈虚，天行也。”

④《序卦传》：“物不可以终尽，剥穷上反下，故受之以《复》。”

⑤《剥》卦，上为艮，下为坤。坤，顺；艮，止。

⑥《剥》卦，《象》曰：“上以厚下安宅。”

⑦《后汉书·郭太传》：“墙高基下，虽得必失。”

⑧《剥》卦，六三独变，为《艮》卦。《艮》卦九三：“艮其限，列其夤，厉薰心。”

⑨《剥》卦，上九独变，为《坤》卦。

得而“食”之？抑且“归根复命”[①]，含实滋芽，长“造化”以“无穷之福”矣。小人之得时也，不过“男女饮食，床第屋庐，交相比附为用”耳。从来倾危浊乱，巧通植根；艳妻煽处[②]，“寺人之令”[③]，极其机算；利蕴孽生，卒未有不覆败者。“蔑贞”之“凶”，彼辈自身受之。《说文》曰：“人劳则蔑。”然君子劳耶？民劳耶？小人劳耶？君子以其“下”而蔑之，则君子之失也；小人之灭君子，亦必先从其“下”灭之，则小人之得也。君子而“未有与”，则其势衰；小人而“未有与”，则态亦善变矣。《诗》言：“生男寝床，室家君王；生女寝地，酒食是议。”床也者，阴阳之所分也。“床以足”，“元龟”宅也；“床以辨”，“纳妇”宅也；“床以肤”，“硕鼠”宅也[④]。床之屡“剥”，宅甚不安，“朵颐”淫渎，“贪啮”莫厌，情状尽矣。“切近之灾”，“玉石焚”矣[⑤]。五而“窥观”，有“贯鱼”之道焉。子瞻曰：“宠均，则势分，害浅。”用阴顺阴，用阴止阴，“安”天下如“宫人”之“宅”，“终无尤”也。“不利攸往”，藏其“果”也。“舆”，即宅矣。小人，待君子而化；君子，亦以小人为药。“山附于地”，乃以“厚安”。学必“剥烂”，乃能“复反”。危哉！微哉！

智曰：“人止于《复》言‘学问’，岂知‘不剥，不复’之故耶？《杂卦传》曰‘烂也’‘反也’。善于图画‘硕果’之仁，浸长其‘乾元’之干者也。仁，必克核；而芽出反生，则‘仁烂矣’。发而参天，全树皆仁。岂非‘显诸仁’乎？‘仁’者，人也；‘人’者，‘天地之心’。邵子曰：‘寒变物之情，目之曰“天根”。’风雪冰霜，乃以落叶反本，而忍其仁焉。塞两间之‘盛德大业’，此天地之‘果’也，具此仁元中矣。《剥·象》，但著‘上下’，其旨精哉。‘宅’‘庐’本安，‘床’‘舆’自在，‘观象’‘知几’，‘顺止’贵乎‘厚下’。故君子以‘世变厄难’，为天地‘霜雪之恩’。”

䷗地雷复

《全》曰：“复，古文，从[illegible]，从夂。天，与日月同度也。”许慎曰：“复，往来也。”何安曰：“归本曰回。”智按：“复之为声，羽风旋宫之转

---

①《老子》：“夫物芸芸，各复归其根。归根曰静，静曰复命。复命曰常，知常曰明。”

②《诗经·小雅·十月之交》：“楀维师氏，艳妻煽方处。”

③《诗经·秦风·车邻》：“有车邻邻，有马白颠。未见君子，寺人之令。阪有漆，隰有栗。”

④《剥》卦，初六独变，为《颐》卦；六二独变，为《蒙》卦；六三独变，为《艮》卦。

⑤《剥》卦，六四独变，为《晋》卦。《尚书·胤征》：“火炎昆岗，玉石俱焚。”

入也。”

复：亨。出入无疾，朋来无咎（京房，作“崩来”）；**反复其道**（古，一作“反覆”），**七日来复，利有攸往**。

《集》曰：“朱子云：‘发生，惟此一阳；位有消长耳。阳之消处，便是阴。’故一阳谓之《复》，言‘本来’也；一阴谓之《姤》，言‘偶遇’也。”[①]《意》曰：“周子以‘利贞’，为‘诚之复’。伊川，就‘动处’言复；复，为‘贞下之元’。是‘复’即‘元’，‘元’即‘亨’矣。‘出’者，刚长；‘来’者，刚反。临、泰，诸阳，皆‘朋’也。渐而不遽，自‘无疾咎’矣。‘七日’者，主阳而周爻度也。”智按：“贯此‘混’‘辟’之‘往来’，无非‘一在二中’之旋四、倍八也。参其旋四，为十二；则十二宫、十二舍、十二时、十二月、十二爻、十二会，皆是也。举其半，为六爻；而周复之，则为七。随人就爻，就日，就月，何不可乎？隔坤六爻，成七；犹倒剥六爻，成七也。自子至午，成七；犹姤月至复月，为七也。随以他一端征之。建、破，以七日更；黄道，日行七舍；医，以七日传经。十二经与时转，自心‘午’至胆‘子’，亦七也。”熊南沙曰：“‘抱一’者，用四十九日而圣胎成。人生四十九日，而七魄全；死四十九日，而七魄绝；此‘来复’之数，阴阳之极也。”或曰：“复，在蛊七卦之后；震，在巽七卦之先；既济，在巽七卦之后；皆曰‘七日’。”亦一端耳。今或“执爻则訿日，执日则笑岁，执心而病冬至”之说者，皆未悟“无往，非表法也”。“六月”之“息”[②]，“游”此《七篇》；二“指”、四“顾”，“周行七步”[③]；曾知之乎？元会与呼吸，一也。交轮之几，惟时日律历，始能细剖，故以冬至象焉。诚通会之，“天地之心”，即“吾心”矣。知“阳统阴阳”者，“出入”“朋来”，自“无疾咎”；而“来”“往”，皆“利”矣。《正》曰：“日月纪象，星辰纪岁。纪岁，则曰“七岁”；犹纪日之为“七日”也。岁候七十二，体用交积，相乘之爻，三万一千一百四；以七岁之辰除之，余分律益五百十一，而日分乃尽。故七日之积分，与七岁之积辰，正相值也。”不碍“半年为六爻、六日”；亦不碍“六十卦，一爻当一日也”；亦不碍“月分七日，为四分之一也。”《彖》言，举大概耳。

---

①朱熹著《朱子语类》卷六十五。“大抵发生都则是一个阳气，只是有消长。阳消一分，下面阴生一分。又不是讨个阴来，即是阳消处便是阴。故阳来谓之复，复者是本来物事；阴来谓之姤，姤是偶然相遇。”

②《庄子·逍遥游》：“鹏之徙于南冥也，水击三千里，抟扶摇而上者九万里，去以六月息者也。”

③《涅盘经》。

《彖》曰：“复，亨”，刚反；动而以顺行，是以“出入无疾，朋来无咎”。

《一》曰：“‘穷上反下’，消息本然。《复》，见其‘端’；而‘治乱理欲’之几，于此征焉。故圣人‘志喜’耳。《彖旨》据古读‘刚反动’为句。”《隅通》曰：“植物，根先生；动物，首先生；其生，皆‘反’。故取象于小成之《震》曰‘反生’，于大成之《复》曰‘刚反’。‘反’，即是‘动以顺行’。斯‘无疾咎’，‘天行也’。见，无‘不复’之阳，亦无‘骤长’之阳。”《见》曰：“‘出入’，是阳气得出而转入，不肯一往遽出也。藏之极固，然后发之始畅，故‘无疾’。草木之甲乙，折转而向下反生，是其入之验也。‘朋’者，坤也。‘朋来’，谓：‘阴，此时正盛；而阳，宜安养于下也。’”

“反复其道，七日来复”，天行也。“利有攸往”，刚长也。

《意》曰：“反而复其故道，即能‘反复’。知‘天行’之所以然；《复》之‘天行’，犹《剥》之‘尚天行’也。知此，即知《乾》之‘不息’矣。”神曰：“‘七日’者，地二生火，天七成之。冬至子半，水冷木枯，便是‘水温木发’之机。乾、蛊、剥、复，皆曰‘天行’。天干，始于甲；甲，胎于子。‘先甲三日’，为辛，克木也；‘后甲三日’，为丁，克金也。克尽始生，其几至微，故曰‘克己复礼’。或修金刚，或修木炁，直以专‘复’致之耳。” 曰：“五行尊火，天七，所以用二。两间七曜，贵日，自是至理。”《全》曰：“‘刚反’，是方复之初；‘刚长’，是已复之后。《泰》言‘往来’，而《复》止言‘来’；微阳安静，不与阴争也。”

复，其见天地之心乎？

邵子文曰：“儒见一阳初复，遂以‘动’为‘天地之心’，乃谓‘天地，以生物为心’。噫！‘天地之心’，何止于‘动而生物’哉？见五阴在上，遂以‘静’为‘天地之心’，乃谓‘动复则静，静复则止’。噫！‘天地之心’，何止于‘静而止’哉？为‘虚无’之论者，则曰‘无心’。噫！一归于‘无’，则造化息矣。盖‘天地之心’，不可以‘有’‘无’‘动’‘静’言。未尝‘有、无、动、静’，亦未尝离乎‘有、无、动、静’者也。故于‘动静之间’，有以见之。然‘动静之间’，间不容发，岂有‘间’乎？惟其‘无间’，所以为‘动静之间’也。”慈湖曰：“天地之间，何物、何事、何理，非‘天地之心’？明者，无俟言矣。启从其端，则于‘穷上反下，《复》生’见之。‘视、听、言、动'[①]，'仁、义、礼、智'[②]，'变化云为'[③]，何始何终？一思既往，再思复生。思自何来？归于何处？莫究其所，莫知其自，非'天地之心'乎？万物、万事、万理；一乎？三乎？此尚不可以一名，而可二乎？"《宜》曰："因质论以教人，则不妨二之、三之，皆'天地之心'也。"张子曰："《复》言'天地之心'，《大壮》言'天地之情'。心，微；情，显。"《正》曰："情两、心独。'惟精惟一'，盖言'独'也。"《宗一》曰："'人心'者，一之'显诸仁'也；故'危'，而'察上察下'。'道心'者，一之'藏诸用'也；故'微'，而'不睹不闻'。'危''微'《剥》《复》，皆'天地之心'。即人之心，而必于《复》见之。"《揆》曰："'刚柔'者，'天地之心'；而'刚反'，则'见天地之心'。动、静，皆'天地之心'；而'动以顺行'，则'见天地之心'。"藏一曰："一念知反，顿还本来，是为'独阳无阴'。"

《象》曰：**雷在地中，复；先王以至日闭关，商旅不行，后不省方**。

《集》曰："《先天》，坤、震在下；阳气，亥子为端。此，首衔尾处也。以《坤》'阖户'，伏《巽》'商旅'，用《震》阳之'至日'。'至'者，阴阳之气，极至也，始至也。"近溪曰[④]："雷潜地中，即阳复身内；'几希'隐约，本难以情求智索也。'商旅行'者，欲'有所得'也；'后省方'者，欲'有所见'也。不'行'、不'省'，情忘、识泯，人尽天完而复纯矣。"淇澳曰："人以《复》对《姤》，以为'冬夏两时'；不知，正一时也。一阳之藏，便是一阴之遇。圣人于阳之藏，欲其善藏；于阴之遇，欲其善遇。《礼》云：'乐由阳来，礼由阴作。'收敛，便是'复礼'；以此固阳，即以此遇阴。是一念，非二念也。"《正》曰："'闭关''反照'，出入自知。象魏布和，乃告以时。"元公曰："'后'，乃心王也。'闭关'，'全一'，'六用不行'[⑤]。"《揆》曰："'致知'，曰'梦觉关'；'诚意'，曰'人鬼关'。曰'人者，天地之心。'[⑥]'闭'者，天地之'关'。过关，然后知之；过小关，则知大关矣。'天地之心'，随举即是；万古皆冬至，'辙环'皆'静坐'矣。《庄子》曰：'静，非静也；善，

①《论语·颜渊》："非礼勿视，非礼勿听，非礼勿言，非礼勿动。"

②《孟子·公孙丑上》："恻隐之心，仁之端也；羞恶之心，义之端也；辞让之心，礼之端也；是非之心，智之端也。人之有是四端也，犹其有四体也。"

③《系辞上》："是故，变化云为，吉事有祥，象事知器，占事知来。"

④罗汝芳（1515—1588），字惟德，号近溪，门人称"近溪先生"，江西南城泗石溪人，泰州学派的代表人物。"近溪曰""近溪云"，皆引其著作。

⑤《楞严经》："尘既不缘，根无所偶，反流全一，六用不行，十方国土，皎然清净。"

⑥《礼记·礼运》："人者，天地之心也，五行之端也。"

固静也。'[1]辅嗣所谓静，非对动者也。'闭关'，以养阳；而'阖坤'[2]，正所以'闭关'。'来复'，人与天俱。既复出与天游，'渊默雷声'[3]，何往而非天乎？必过小关，始知大关；既过大关，重立细关。与天下安其出入，即谓之'无关'，可也。辟之'冬至为一周'，则知'元会为一大周'；又何碍一月五候之细分日夜，与民中'日作夜息之节'邪？"

初九，不远复，无祇悔（"祇"，音"支"，适也。王肃，作"禔"，云"孬也"。《九家易》，作"多"，音"支"；又作"㩼"，与"多"同），**元吉**。变纯《坤》。坤宫，世。

宜曰："《复》初，即乾；曰'贞而元'，无断续也。方穷于上，即返于下，曰'不远复'。张子曰[4]：'剥之与复，不容线。适尽即生，更无先后之次。'一岁则转关于子月，而月月有阳；一日则转关于子时，而时时有阳。在转关处，见此一阳为主，而'形色，皆天矣'[5]。"郝《解》曰："圣人'寂感'顺应[6]，心本无心，于何有悔？是谓：'元吉'。恒人之'复'，生于'悔'；于是有'但悔终不复'者。二之'休复'；'悔'，而'复'也。三之'频复'；'悔'，不胜'复'矣。"敬仲曰："意起，为'过'；不继，为'复'。人心自善、自神、自明，应酬交错，如鉴中万象；鉴不动，而万象森然。意起，即过矣。微过，即觉；觉，即泯然无际，如气消空，'不可致诘'[7]，是谓'不远复'。"《象正》曰："初，为《复》之《坤》。《书》曰：'若有疾，惟民其毕弃咎。'疾者，君子所不自解免也。病，加于小愈；祸，生于寇去。故《坤》而《复》[8]，君子致慎；《复》而《坤》，君子致顺。顺者，天地之序也。颜子退，然以'克复''请事'[9]，则知'无过、不怒'[10]之难也。雷奋于地，日食于

①《庄子·天道》："圣人之静也，非曰静也。善，故静也。"

②《系辞上》："是故阖户谓之坤，辟户谓之乾。一阖一辟谓之变，往来不穷谓之通。"

③《庄子·在宥》："尸居而龙见，渊默而雷声。"

④"曰"字，原为"由"字。

⑤《孟子·尽心上》："形色，天性也，惟圣人然后可以践形。"

⑥《系辞上》："《易》无思也，无为也；寂然不动，感而遂通天下之故。非天下之至神，其孰能与于此？"

⑦《老子》："视而不见，名曰夷；听之不闻，名曰希；搏之不得，名曰微。此三者不可致诘，故混而为一。"

⑧《坤》卦，变《复》卦。

⑨《论语·颜渊》："颜渊曰：'请问其目。'子曰：'非礼勿视，非礼勿听，非礼勿言，非礼勿动。'颜渊曰：'回虽不敏，请事斯语矣。'"

⑩《论语·雍也》："有颜回者好学，不迁怒，不贰过。"

天，盖时数而有之也。必曰‘未尝不知，未尝复行’[①]，恐颜子自谓‘未能’。”

《象》曰：**“不远之复”，以修身也**。

近溪曰：“‘反身而求’，鞭鞭在肉，方复得来。”元公曰：“以法为身，宁有去来；妄求玄妙，去之愈远。”郝《解》曰：“圣道，以‘修身’‘复礼’为本；所以化民成俗，维世立极。岂堕‘泡影’‘悖伦’之‘已甚’耶。”《意》曰：“《大学》‘有所忿懥’等，以身指之。盖以心治身，即以身治心也。”智曰：“心其天地，即‘身其天地’矣。”

六二，休复，吉。变兑，为《临》。积变，《师》。

《筌》曰：“‘不远复’，‘合下’[②]，即是‘仁体’；颜子当之。曾子亲炙其‘虚而不校’之学[③]，亦进于仁。‘休复’，‘下仁’者也。”文中子曰：“学莫便乎，近其仁。”《遡》曰：“二爻，论阴阳，则阴将退；阳不劳，而‘已克、礼复’矣。爻曰‘休’，赞曰‘下仁’。则‘休’，自复；‘下仁’，则‘天下之归仁’也。六十四卦，惟此称‘仁’。知复者，仁也。‘仁远乎哉？’[④]‘休’矣。”

《象》曰：**“休复之吉”，以下仁也**。

王肃曰：“下附于仁，就象言也。”《意》曰：“知大本，则全树皆仁。而‘休’，息于震动之中；正以能‘下’，乃见‘仁’耳。”

六三，频复（古，作“嚬复”。郑玄，作“卑”，当是“顰蹙”之“顰”），**厉无咎**。变离，为《明夷》。积变，《升》

《宜》曰：“许慎云：‘频，水涯也。人所宾附、频蹙，不前而止。’有‘踌躇’‘烦燥’之意。故其象为数、为急、为连，三所谓‘日月至’者[⑤]。‘惟一’之学[⑥]，何待‘频’邪？二，是从容休心者；三，是急躁致力者。”

《象》曰：**“频复之厉”，义无咎也**。

《一一》曰：“圣人，恐人狃‘频复，无咎’，故以‘厉’呼，而震醒其‘义’焉。”

六四，中行独复。变重《震》。积变《恒》。应爻。

《一》曰：“‘中’，虽以五阴之中，与三四之中取象；实则，以应初

①《系辞下》：“有不善未尝不知，知之未尝复行也。”

②朱熹著《朱子语类》卷十五：“大学之道，在明明德，谓人合下便有此明德。”

③《论语·泰伯》：“以能问于不能，以多问于寡，有若无，实若虚，犯而不校。昔者吾友，尝从事于斯矣。”

④《论语·述而》。

⑤《论语·雍也》：“回也，其心三月不违仁；其余，则日月至焉，而已。”

⑥《尚书·大禹谟》：“人心惟危，道心惟微，惟精惟一，允执厥中。”

爻，而著其‘行解相应，为时中也’。‘独’者，离人、离己，而立于独也。‘中行从道’之独，则‘合天下为大独’者也。世有当倚无心圆应，而遂忽略行履者，其圣人所许‘中行’哉？”邓氏曰：“坤、复之间，有大极，天地之中心也。《复》之初九，又为‘中之中’者也。夫《复》之一卦，独有六四，下应初九，盖‘自中而行’者也。”《象正》曰：“《易》之言‘中行’者，四。其二，则皆‘迁善改过’也，《益》之三、四是也。三，以‘改过’，‘用凶’而‘有孚’；四，以‘迁善’，‘从公’而‘利用’[①]。皆以‘中行’，归之《泰》之九二：秉其四德，以‘尚中行’。而此，以‘中行独复’称。‘复’者，自知之道也。有善，而自知迁，不以人迁；有不善，而自知改，不以人改；颜子‘庶乎此’也。熊鱼山曰：惟‘独’，不可离。”又曰：“不特‘声希味淡，为独’，即‘草木禽鱼，参伍耳目之官，皆其独之地也’。”

《象》曰：**“中行独复”，以从道也**。

《意》曰：“‘天地之心’，是见‘独’也。‘出入朋来无疾咎’者，是‘中行’也。岂舍初之‘修身’，别有道哉？”智曰：“畔羡俱忘，远近皆泯，四当思位。乾，不息于坤中。舍身从道，是‘从心不逾’之大顺也。”

六五，敦复，无悔。变坎，为《屯》。积变，《大过》。

《一》曰：“复当五位，全地是天。‘安土敦仁’，以‘黄中’通‘天之理’者也。初，所谓‘无祇悔’者；五，直已‘无悔’矣。五，为正中；上，则穷。上，为闰位，反而复，复而反，故著‘凶’焉。”

《象》曰：**“敦复无悔”，中以自考也**。

敬仲曰：“中以自成，无俟行，而自成也。‘考’，成也。”《宜》曰：“复，重初心；而犹以‘中道’，为至。纯坤之‘中’，‘自考’，所以‘独复’。道，至神圣；亦不废‘克己复礼’之言。故于四、五致意焉。”

上六，迷复，凶，有灾眚（郑，“灾”作“裁”；陆，作“災”；本一字）。**用行师，终有大败；以其国，君凶；至于十年不克征**。变艮为《颐》。

至五，而复道成矣。上穷，必反《剥》。[②]则忘其《震》主，失其本初，故“凶”。坤“众”，乘震，“行师”之象。“国”，坤象。阴极反《剥》，“大败”象。“君”，指初九；震，为“帝”也。由《复》五阴，历《剥》五阴；遇艮阳上止，不剥，为“十年不克征”之象。“十”者，地数之终也。《意》曰：“贤智之过，执‘总杀’，以扫天下之学问，是

① “从公”，应为“公从”。

② 《序卦传》：“物不可以终尽，剥穷上反下，故受之以复。”

为‘迷复’之‘凶’。故知‘先迷后得主’；则用‘迷’，以为药。若执迷而终，则言‘动即不动’者，尤为此世之‘灾眚’。即恃‘无妄’，而横行，亦为‘眚’矣。并其初心之作主者，皆成‘卤莽傲悍’之‘凶’。‘眚’者，目不明，贵自知也。近溪曰：是在‘复而迷’，不是‘终迷’。不复，终迷，尚有复时。在复而迷，则‘侮圣任智，明叛义理’之不恤，故‘凶’。‘十年’，则终有可复之日。一阳渐进，至于《夬》，则决而成《乾》，此上六‘复之日’也。”导曰：“由初观上，于‘复’为‘远’；大惑终身，亦物理也。”淇澳曰：“恒自以为迷，退藏之极也。‘凶，有灾眚’，迷之虑也，此自别提耳。‘终’，与圣人语气不洽；必执此论，以仿毒鼓，亦‘迷复’也。”玄同曰：“二气乘除，不极不止。《复》至上，而五居坤‘土’；坤‘众’皆消于暗中，肖‘师无将’，故有‘败’‘凶’。‘终有’者，‘驯致’乃见也。‘眚’，宜象《离》。历考《彖》爻皆震，由‘吉凶悔吝，生乎动’，故‘眚’也。‘灾’，亦震者。上变，即《离》，木火相因故也。世，无‘不止’之动。颐，‘动而止’，故上‘吉’；复，动而不止，故上‘凶’。心，为天君。未复，贵反；复，则不可反。《传》于《剥》上曰‘民载’，指‘众阴之为民’；《复》上曰‘君道’，表‘一阳之为君’；扶抑之意，严矣。剥、复，皆‘天行’也；道之废兴，皆‘天命’也。然，《易》为君子谋耳。成十六年，晋楚遇于鄢陵，晋筮遇《复》曰：‘南国蹙，射其元王，中厥目。’正谓：‘上变，肖颐，肖离。’‘南国蹙，中其目’，正指上爻也。”游吉料楚，引《复》之《颐》，曰：“‘迷复凶’，楚子将死矣。”

《**象**》**曰**：“**迷复之凶**”，**反君道也**。

《意》曰：“‘穷上’之‘迷复’，未尝不‘亢高自是，屑越帝王’。然正以其‘反君道’，而用‘屠劓溅血之师’，徒‘凶眚’耳。故继之以，无妄、大畜。”

《**时论**》**曰**：一阳，而已。阳分，其余为阴，而役之。自往自来，自入自出，复周其所从来，故谓之“复”。不得已，而以“时运之周”“天象之周”征之。“帝出乎震”，气先入于坤，天克地，而又周于地者也。六曜行，多迟疾；而太阳，“出入无疾”也。冬至，行一度多，渐减；以及夏至，而渐增；反复如之。通观，何“迟”“疾”乎？呼吸，亦然。心，岂有呼吸、迟疾乎？阳气，本自如此，特不可见耳。以显知隐，《复》之“出入”，可知矣。《坤》丧“东北之朋”，得“西南之朋”；至于《复》，而其朋偕来。观“帝出”之《图》，则乾坎艮之“朋来”；转月卦之轮，则临、泰、壮、夬、乾之“朋来”。可以知，“乐朋”之无咎矣。十二缠次，黄、赤反复；举半言六，该之于爻。故称其“周”，必言“七”焉。自太极而上，名其卦，亦七层也。六爻，加“用”[①]，亦七也。闰也，琴藏闰于中徽，亦七也。邵子曰：“天，见乎南，而潜于北；极于六，而余于七。”以用三成六，而加余分，故有七也。六限之开七分，是矣。时约子、午，月卦姤、复，数七皆然。不“月”而“日”者，尊阳也。此“天地生成”之表法乎？其所以然，谁见之乎？孙淇澳谓：“康节子半，犹言‘用始’，不知‘体始’。然不知‘至体，无体’，其始不可见；若‘有，即是无’，则处处是始。故曰：‘天地无心，以中为心。’何在非中？而必征其几焉，乃于此亲见之耳。”《玄》中首曰[②]：“阳气潜萌黄钟之宫，信无不在其中。”而以“周”，准“复”。子之半也，冲气之起也。顺而弗动，不见也；动而不顺，弗克也。“见天地之心”，圣人自见其心也。“先王”，养微阳于“天下”，则“闭关，商旅不行”；“后”，养微阳于“一身”，则“不省方”矣[③]。天道，见于表法。“通知”[④]“观玩”[⑤]者，即此顺其天理。犹岐“象数”“虚无”而二之，岂能自见“其心，即天地之心”哉？夫子心其天地，而传颜子；“一日”[⑥]，即“七日”也。“出入”“朋来”，自所有事。震坤反复，初四相从，可无“请事”耶？“刚反者”，复以前事；“刚长”者，复以后事；顿、渐，不相坏也。初，“修”其“身”；四，“见”其“独”；二，“下”其“仁”；五，“中自考”；三，“厉”其“义”；上，“反”其“君”，皆“修身”之所以“体元”也。“中行”，不“泥”[⑦]；“元吉”，无“冰”[⑧]。其则“不远”，独出群阴，自心相应，“中”以为“行”；此从道者，之所以“还元”也。坤震以内，为《临》、为《夷》。如《否》五之“休”，从四而“往”；《复》二之“休”，从初而“上”。上，能“下仁”，所以“刚长”也。三，虽“频复”，亦觉频失；其中《夷》“晦”，亦不可“疾”。日至、月至，复“义”亦力矣。震坤以外，为《屯》、为《颐》，“安”五之“士”，“敦”二之“仁”，同初“无悔”，此四“中行”，“经纶”小物，复之君也。全体，肖《震》；上变，为《颐》。动极“颠拂”，执《坤》之“迷”，“先迷”则可，“执迷”则“凶”。不知，不战服人；而

①乾，用九；坤，用六。

②扬雄著《太玄》。

③《复》卦，《象》曰：“先王以至日闭关，商旅不行，后不省方。”

④《系辞上》：“曲成万物而不遗，通乎昼夜之道而知。”

⑤《系辞上》：“是故君子居则观其象而玩其辞，动则观其变而玩其占。”

⑥《论语·学而》：“一日三省吾身，乃求吾德馨香矣。”

⑦《复》卦，六四独变，为《震》卦。《震》卦：“九四，震遂泥。”

⑧《复》卦，初九独变，为《坤》卦。《坤》卦：“初六，履霜，坚冰至”。

酷师以逞，国丧君危，必矣。“无妄之药不可试”，而毒药，可饮食乎？惟初，惟中，仁礼天下也。

智曰：“此‘潜龙’‘冰霜’，‘勿用’之‘用’也。论‘从心’之极，则身何待跛挈乎？而圣人与百姓，同此过日，招天下之‘朋来’；故时时列‘冬至之关’焉。‘中行’之‘独’，藏此万古；狭路无门，必一翻身。黄宫真宅，岂恋窟乎？故曰‘复以自知’，曰‘《复》小而辨于物’[①]，不贵‘颟顸大语’也。”

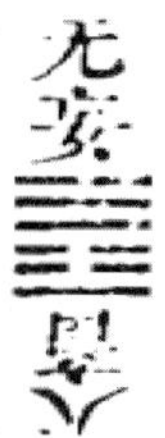

玄子曰：“剥、复，艮震，交地也；无妄、大畜，交天也。复者，贤学；无妄，圣学。”姜居之曰[②]：“《大畜》‘尚贤’，非圣学耶？正惟圣能‘尚贤’。彼好为‘掊击圣贤之说，以侈无妄’者，大妄人也。”《遡》曰：“无妄，‘诚’也；大畜，‘诚而明’也。性，以动显；学，以止畜。”潜老夫曰：“艮震，贯天地；而天贯乎地，岂可分乎？分，亦可征；而非徒一分之所能征也。天贯乎地，惟有时耳；即时之节，可以征矣。《复》之冬至，《无妄》之交春，皆以节征之者也。细节细征，一呼一吸，皆有冬焉，皆有春焉。何谓‘雷起、雷行，不可以指节掏之’耶？” 曰：“无妄，伏升，叠《壮》[③]。故任情者，必好高。大畜，伏萃、叠遁。故‘多识者’，必积聚，皆疾也，皆药也。言《无妄》，即可以‘《剥》烂’矣；言《大畜》，即可以‘《复》反’矣。”

䷘天雷无妄

止菴谓：“妄，从亡。㚢，古女字也。人在㚢内而亡去，乃‘心不在神明之舍’也。”智按：“亡，古庑字。通为‘有无’之‘无’，‘存亡’之‘亡’，其义则传舍也。心动而交物，则妄生；故莫妄于见女。此固铅汞阴阳之物理，而天人剥、复之‘危’‘微’，见于此矣。震艮从地，

---

①《系辞下》。

②姜曰广（1583—1649），字居之，号燕及，晚号浠湖老人，江西南昌新建人，著《石井山房文集》《皇华集》《輶轩纪事》《石井山房语录》《过江七事》等。

③伏，全卦阴阳变，如《复》变《升》。叠，内外卦换，如《复》变《大壮》。

而必从天者，《剥》《复》皆‘天行’也。所贵处乎剥、复之‘中’者，‘无妄’而‘大畜’也。天人，本无妄也；所贵‘适乎天人之间’者，正用之，而无眚也。”

无妄（《史记》，作“无望”。康成、子雍，皆云：“妄，犹望。”）：**元亨利贞，其匪正有眚，不利有攸往**。

程《传》曰：“震，动也。动以‘天’，为无妄；动以‘人欲’，则妄。”《易简录》曰：“‘《复》小而辨于物’，此是坤道‘静翕’主人；‘刚自外来而为主乎内’，此是乾道‘动直’主人[①]。‘其匪正’者，生于‘有眚’。病目视之，若有也。”《筌》曰：“‘捏目生华’[②]，原非实事；若因有所动，是无妄之中，自生妄也。”玄同曰：“甘食悦色，好生恶死，人与禽兽同者，阴灵也。‘四端’‘五常’‘油然’‘勃然’[③]人与禽兽异者，以阳光用其阴灵也。阴灵，随其生质；而阳光，统此阴阳，正用即得，知乃无眚。古合道心、人心，论‘执中’；而后士但标‘两无’以破执，于是任之，则《无妄》以眚而灾矣。古德云：‘莫道无心云是道，无心犹隔一重关。’”《野同录》曰：“‘《大畜》时也，《无妄》灾也’。有妄，不得谓之‘灾’；无妄，故谓之‘灾’耳。《复》上，以‘灾眚’信‘执迷之凶’。《无妄》之《彖》，专提‘有眚’；盖灾，不碍正道；而眚目，岂云‘知天’？今知‘动以天者’，之‘无妄’；曾知‘恃天动者’，之‘为妄’乎？曾知‘舍人而求天者’，之‘为妄’乎？不言‘日用之’，何以得正？不言‘使天下之’，何以各正？但曰‘人即天也，妄即诚也’，则‘坚焊’之流，反夺正人之席；‘漫汗’之语，即眚天下，而成横灾矣。故惟大畜以学问，而后时措之宜。”智曰：“专论至体，非‘真’‘妄’所可言也；必无离‘日用之体’，惟正用之，乃无眚耳。”《宗一》曰：“‘继父’者，必孝子，是谓‘明善’，是谓‘正用’。”

《彖》曰：**无妄，刚自外来而为主乎内，动而健**（《举正》[④]，作“愈健”），**刚中而应；大亨以正，天之命也。其匪正有眚，不利有攸往；无妄之往，何之矣？天命不祐**（《释文》，作“佑”；马，作“右”），**行矣哉！**

慈湖曰：“‘道心’，无内外；外心，即内心。惟‘人心’驰逐，始

① 《系辞上》：“夫乾，其静也专，其动也直，是以大生焉。夫坤，其静也翕，其动也辟，是以广生焉。”

② 《楞严经》卷八：“阿难，如是众生，一一类中，亦各各具，十二颠倒，犹如捏目，乱华发生。”

③ 《庄子·知北游》：“注然勃然，莫不出焉；油然漻然，莫不入焉。”

④（唐）郭京著《周易举正》三卷。“举正作”“举正曰”“郭京作”，皆引其著作。

设内、外之词。觉，则复而为主于内；不觉，则放而为客于外。”《遡》曰：“震初即乾，从坤索得，故曰‘刚自外来而为主于内’。有‘为主’者，非‘以内为主’也。刚来于内，方可以往于外。‘天行’，有剥、有复；天命，有正、无邪。彰瘅[①]‘好善’[②]之公，正是理数之一切见成，必讳言之；而专标‘於穆’，则必‘以眚为无妄，而放行矣’。”《订》曰：“人之妄也，傲以天而不惧，故震之。东方情怒，天之变象也。‘震夷伯之庙’，以戒‘展氏之慝’[③]；‘启金縢之书，以彰周公之德’[④]。非徒此也，君子诵‘无妄’之词，砰訇驻耳。《中庸》之‘不睹不闻’，皆‘雷行’也。曰‘通昼夜而知’，天地之雷声，有何内外乎？‘通知’，而与天下正用之；则无内外，而不碍分内外、外内也。地静则蛰，天动则启；蛰则为《复》，动则《无妄》。不明乎此，安能免眚？”

《象》曰：**天下雷行，物与无妄；先王以茂对时育万物**。

《诂》云：“‘雷行物与’，断句。物之蛰者，无不从雷惊起。雷，无私‘震’；‘物’，无私‘与’。先王茂对天时，养育万物，无私而已。”胡旦曰：“物物相与，以应‘雷行’。‘茂对时’，即‘时措’[⑤]‘时出’[⑥]也。‘洋洋优优’[⑦]，‘三重寡过’[⑧]，皆‘育物’也。”郝《解》曰：“庄生以‘倏忽’喻人心，亦‘雷行’之义。急迫，则真性发见；宴安，则迷失本初。‘乍见孺子入井’乎[⑨]？计及‘妻妾、宫室’乎？《复》，则自知‘妄、不妄’矣；《无妄》，所以象‘雷行’也。”

初九，无妄，往吉。变坤，为《否》。

《宜》曰：“无内外中，内为外主，‘刚来于内’，故可往外。初所以‘吉’，无二念也。人，以营魄载神明。神内伏，而‘六凿之牖’外受，是以动与眚俱。圣人随动，无非‘道心’；君子择执，用其‘初念’。‘牿

---

①《尚书·毕命》：“彰善瘅恶，树之风声。”

②《孟子·告子下》：“夫苟好善，则四海之内皆将轻千里而来告之以善；夫苟不好善，则人将曰：訑訑，予既已知之矣。”

③《左传·僖公十五年》：“震夷伯之庙，罪之也，于是展氏有隐慝焉。”

④《尚书·周书·金縢》。

⑤《礼记·中庸》：“性之德也，合外内之道也，故时措之宜也。”

⑥《礼记·中庸》：“溥博渊泉，而时出之，溥博如天，渊泉如渊。”

⑦《礼记·中庸》：“大哉圣人之道，洋洋乎！发育万物，峻极于天。优优大哉！礼仪三百，威仪三千，待其人而后行。”

⑧《礼记·中庸》：“王天下有三重焉，其寡过矣乎！”

⑨《孟子·公孙丑上》：“今人乍见孺子将入于井，皆有怵惕恻隐之心，非所以内交于孺子之父母也，非所以要誉于乡党朋友也。”

之反复'[①]，并'初心'亦不可用矣。"《筌》曰："刚实也，当位也，不系应也；初九,三者皆全矣。九五、九四，有其二；六二、上九，有其一。三，以比于二、四；如人上有严师，下有良友，虽中材，可进于善。"

《象》曰：**"无妄之往"，得志也**。

曰："'得志'者，'自得其所'之正也。直心而行，不失其初，得无所得矣。此岂震世勋华，所可胜其志哉？"

六二，**不耕获**（陆云："或依注，作"不耕而获"；下，亦然。"），**不菑畬**（《礼记》，此下有"凶"字），**则利有攸往**。变兑，为《履》。积变，《讼》。

郝《解》曰："随寓自适，可食，不必耕；可艺，不必田；为'不耕获，不菑畬'之象。彼偏用之者'树下一宿，日中一飡'[②]，背君亲、弃常业，以为'施舍'，是'毫厘千里'之眚。'无妄之药，不可尝试'，正以此。"《宜》曰："此，非不'耕''菑'也。尽日用之所当为，即谓之'前念不生，后念不起'矣[③]。无'获'与'畬'之心，一似并'耕''菑'，原不曾有耳。"《易简录》曰："'不耕获'，透过'功利关'；'行人得牛'，透过'灾祸关'；'勿药有喜'，透过'生死关'。初之'往吉'，三'关'，俱不待言矣。象，震'于稼为反生'。中互风雷之《益》，乃'观象'以'制耒耜'者；见艮'手'、震'足'，胼胝在田位，'耕获'象。肖《离》，火焚牛耕，'菑畬'象。'田一岁曰菑，三岁曰畬'[④]。"子瞻曰："不必'充操，为蚓'也[⑤]。于义可'获'，不必其所'耕'；于道可'畬'，不必其所'菑'。不害其为正，而可以'通天下之情'。玄子曰：不'方'耕'，而即望其有获也'；不'方菑，而即望成其畬也'。农，最朴民。农之业，为本业，以其无妄心也，故以为象。"

《象》曰：**"不耕获"，未富也**（《举正》，作"求富也"）。

《一一》曰："恒情，以自有，为'获'；以私分，为'田'；是富之也。六二，虚中不滞，淡然屡空矣。"

六三，无妄之灾：或系之牛，行人之得，邑人之灾。变离，《同人》。积变，《姤》。

①《孟子·告子上》："梏之反覆，则其夜气不足以存；夜气不足以存，则违禽兽不远矣。"

②《佛说四十二章经》。

③《坛经》："前念不生即心，后念不灭即佛；成一切相即心，离一切相即佛。"

④《尔雅·释地》。

⑤苏轼《东坡易传》："拣发而栉，数米而炊，择地而蹈之充其操者，蚓而后可将有所往，动则蹶矣。"

《宜》曰："失牛，非妄。不知'得于行人'，而必责之'邑人'，乃为大妄，是为'不妄之妄'。"《筌》曰："无妄，致灾，以'系'也。系虽正，而亦妄。得，非真得；失，则真失矣。'灾'，取离；'牛'，亦象离。艮'鼻'，巽'绳'，'系牛'象。上爻，乾'健行'，曰'行人'。二爻，坤'安土'，曰'邑人'。"敬仲曰："三，非邪，特未能不作意耳。无得，则无失；觉，则六通矣。"《三一》曰[①]："'无所得'者，入空、入有之方便也。执此以为不失乎，更是一眚。"

《象》曰：行人得牛，邑人灾也。

智曰："'楚人遗弓，楚人得之。'进而至于'得之、失之'；进而至于'无得、无失'，而仍不妨于'楚人得失'也。圣人之道，贵使'行人''邑人'各安其所，而已。'得'者、'灾'者，各因以'雷行'其'无妄'矣。"履曰："刘宽、刘虞、朱冲、王延，皆解牛与人，真忘得失乎？犹以为名乎？"

九四，可贞，无咎。变巽，为《益》。积变，《巽》。

《宜》曰："初爻，动于天。二，近初；四，应初；犹之为无妄也。"《象正》曰："谓'可贞'，似犹有'不可者'焉，而后可之。'可'之，谓'不利往，而利往'者也。虢之会，楚人将以穆叔为戮，乐王鲋求货于穆叔，曰'诸侯之会，卫社稷也，我以货免，鲁必受师'。召使者，裂裳帛而与之。翼之会，晋人执昭子，范鞅使请冠焉，取其冠法而与之两冠，曰'尽矣'。吏人请其吠犬，将去，杀而享之。是亦一道也。臧会窃龟而卜，曰'僭吉'；穆子梦魇，而旦号竖牛；是'妄吉''妄凶'也。然固有其吉凶者。'龟''牛'冯之，不知其'固有'，而益以'未始有'。故臧会有其'妄吉'，穆子有其'妄凶'也。"

《象》曰：可贞无咎，固有之也。

《孟子》曰："非由外铄我也，我固有之也。"《正》曰："一贞也，《易》慎用之。曰'利贞'，曰'小利贞'，曰'利女贞'，'利艰贞'，'利幽人之贞'，'利武人之贞'，'利君子贞'，'不利君子贞'。'贞'，非君子不能也；而犹有'利''不利'焉，故曰'可贞'。亦圣人之所'慎与'也。"

九五，无妄之疾，勿药有喜。变离，《噬嗑》。积变，《蛊》。巽世。

---

① 吴应宾著《三一斋稿》。《蒙》卦初六，有"《三一稿》曰"。

《遡》曰："周公之'不智'[①]，孔子之'党君'[②]；'妄'，即'不妄'矣。"慈湖曰："五，中也。意或微动，而过差，此疾既小，不药自愈；如加药焉，其病滋甚，故'不可试'。若治此疾，则于意上生意，疾中加疾，此'蒙养，圣功也。'[③]孔子哭旧馆人，而脱骖。非'过于哀'乎？孔子不加'药'焉，子贡不知也。变坎，心痛，曰'疾'。艮'石'、震'木'，巽'草'，曰'药'。乾'健'，则'勿药'，'喜'象附见。"《野同录》曰："充类致尽，心为病根。有心，是'疾'；无心，亦'邪'。扫天地，而还混沌；混沌，亦'大疾'也。以自然为天而任之；天，亦是'疾'矣。圣人尽而又尽，故曰'有余不敢尽'[④]。既已为此时之人矣，有'必不免'者，有'可以免'者，有'与人言免，而免免'者，贵善用之则正矣。岂曰'皆免，皆不免'，而执'本自不动'之急口，以荒忽之乎？如以为疾，宁害'明伦好学'之'疾'。'辙环''韦编'，至老不休，即此'饮食'，即此为'药'，即此为'勿药'。岂矜其禁方，而比屋尝试乎？"智曰："《老子》曰：'惟其病病，是以不病。'室中卧榻，可以互参。此一'勿药之药'，惟善用药、善辨药、善制药者知之。'不可试'，非谓'废其药'也。"

《象》曰："无妄之药"，不可试也。

玄子曰："告子之'冥悍不思'，偏真之'遗弃世故'，皆'妄试药'者也。"

上九，无妄，行有眚，无攸利。变兑，为《随》。

《野同录》曰："纯乾，何妄乎？硁硁、硁硁，崖岸、廉隅；'眚'，犹可言也。尊标'本空不受'，而绝学订修，不惜纵人诡随；眚之灾世，不可言也。欲尊其标，则先必驱'耕夫之牛'，夺'饥人之食'，以惑乱天下为得计；而以'本自无真，安得有妄'之语，藏其身焉。庄生所谓'决绝流遁'之行，'别墨死人'之行，岂不自谓'无妄'乎？'终身不反'[⑤]，正以尝试'穷上迷亢'之药耳。今理学家，不知其眚，而袭以为奇，是可哀也。"京山曰："《无妄》，中正而已。圣人'不思勉而中'[⑥]，

①《孟子·公孙丑下》："周公使管叔监殷，管叔以殷畔。知而使之，是不仁也；不知而使之，是不智也。仁智，周公未之尽也，而况于王乎？"

②《论语·述而》："孔子退，揖巫马期而进之曰：'吾闻君子不党，君子亦党乎？君取于吴，为同姓，谓之吴孟子。君而知礼，孰不知礼？'巫马期以告。子曰：'丘也幸，苟有过，人必知之。'"

③《蒙》卦，《彖》曰："蒙以养正，圣功也。"

④《礼记·中庸》："庸德之行，庸言之谨。有所不足，不敢不勉；有余不敢尽。"

⑤《庄子·徐无鬼》："驰其形性，潜之万物，终身不反，悲夫！"

⑥《礼记·中庸》："诚者，不勉而中，不思而得，从容中道。"

‘从心不逾矩’[1]，‘无可无不可’[2]，而‘言行庸谨’[3]，是‘无妄’之正也。以任放为‘自然’，以礼法为‘牵缠’，径率旷宕，自谓‘天真’，似‘无妄’，而非也。将谓：‘何正？何不正？’此天地圣人之所不忧，而又何烦‘教人诬天’乎？故曰：‘摩崖登峰，还处平地。’一，不住一；必以《大畜》之‘时’，免《无妄》之‘灾’。”

《象》曰：**无妄之行，穷之灾也**。

《一一》曰：“惟眚，故‘灾’；偏上，故‘穷’。恃无妄而横行者，甘灾，以为‘固穷’[4]。圣人恐其‘惑民目’也。故碎其‘太极’，而以‘向、威’[5]之二‘用’，明‘皇建’之‘正中’。建‘正中’，而‘无中边’之‘圆中’，随时安享矣。”

《时论》曰：无妄，先天也。《圆图》，起乾，终复；以震之一“动”，为真气。《方图》，雷从中起，为真心；劳出一周，为真序。雷乃发声，春生万物，为真生。此之谓：“复则不妄矣”。《杂卦》之“灾”之也。直以刚内，为无妄；刚外，为“有妄”乎？刚，无内外，乃为真刚。“莫为而为，莫致而致。”[6]“元亨利贞”，寂然一乾矣。而曰“匪正，有眚”，何耶？“《易》无体”，以感为体。“守约”之小寂然，不容偏说；“冥随”之大寂然，尤不容偏说者也。惟一动，而“天地之心”见；惟一动，而“真妄之介”分。感物任动；刚主，能自保乎？“理”，有未“穷”；“性”，有未“尽”；“命”，不可得而“至”也[7]。贵无妄者，为其行之而无不利也。无妄，而不能行；行，且有眚；则自谓“我本无妄”，而不“反复分合穷理”之过也。理性所在，一观乎物，一观乎人，人乃知其天。物也者，“无情”之无妄也；人也者，“有情”之无妄也；天也者，“包有无”之无妄也。“雷雨”一“作”，谷草“甲坼”[8]，物与之以无妄，“绝乎天，不离乎人”者也。“茂对时育”，以“耕获”“菑畬”，“勤乎人，以还天”者也。“艰食，乃粒”[9]，必有讼争；故谋食之途，百妄集焉。食

①《论语·为政》。

②《论语·微子》：“虞仲、夷逸隐居放言，身中清，废中权。我则异于是，无可无不可。”

③《乾卦》：“庸言之信，庸行之谨。”

④《论语·卫灵公》：“君子固穷，小人穷斯滥矣。”

⑤《尚书·洪范》：“向用五福，威用六极。”

⑥《孟子·尽心上》：“殀寿不贰，修身以俟之，所以立命也。殀寿者，莫为而为，莫致而致者也，所谓天命是矣。”

⑦《说卦传》：“穷理，尽性，以至于命。”

⑧《解》卦，《象》曰：“雷雨作，而百果草木皆甲坼。”

⑨《尚书·益稷》：“暨稷播，奏庶艰食鲜食。懋迁有无，化居。烝民乃粒，万邦作乂。”

中之妄，不已，必生疢疾；疾中之妄，不已，必资药饵。人事之诚实，以育身者，无如“药”；物类中之诚实，以育百谷者，无如“牛”；故取象焉。谁善牧乎？谁制药乎？乃有“行人”，拨学自恣，“蹊田夺牛”[1]；“邑人”，其以为“妄人”乎？“邑人”，援“非望”，以自解矣。人将以“谲智”，夸激功乎？仓箱自祝，“具赘卒荒”[2]，“鄙夫”之田；“灾”，亦福也。圣人观之，害亦并育矣，而必戒“夺”焉，劝“耕”焉，恤“灾”焉，复“历志”焉。学者，勿系此“得”“失”也。何如“未当”之二，依然得初之“志”乎？“来主于内”，“利攸往”矣；体天“可贞”，“勿药”可矣。然一往亢上，势必罪药、嗤耕；不则，“槁木”也。不行，亦眚；不穷，亦灾。况不自知眚，不顾犯灾，往何之耶？故曰：“《无妄》，灾也”。《否》可“拔茹”，而《履》自“坦坦”也；《同》勿“升高”，而《益》自“固有”也。《噬》“干肉”，可以“得当”；而《随》之“上穷”，宜从“维”矣。《意》曰：“自无生有，动而妄矣。执‘不动’、执‘无有’者，亦妄也。疾生疾灭，灾来灾过，终不免眚。惟学，乃能正行无眚，故受《大畜》。”

智曰：“文王于剥、复后，不曰‘真卦’，而曰‘无妄’。岂非‘妄既已消，真亦不立’者乎？古，贞即真。许慎‘登天之说’，妄也。君子言其‘复仁’之几，可小辨者，而已。其‘本无真妄’者，学修所不及也。以《蒙》寓之，岂容言乎？专言‘本自无妄’，而恃之；恃，即妄矣。恃，必恣矣；必至，‘以恣，为无妄’矣；必至，反罪‘学问者，为妄’矣。此‘无妄之药’，所以更‘不可试’也。故以《大畜》之‘学’，‘实’而‘新’之[3]，正其利害、得失、疢灾；而‘时育’，即‘天佑’也。天‘自佑’其天之‘四德’；而人人享其‘本无真妄’之命矣。”

䷙山天大畜

畜，为兹田，详见《小畜》。沈存中，专以大小《畜》《过》，论《易》。不能不过，故不得不畜。智谓：“动，即妄矣。竟不许动，亦妄也。”反复其《无妄》之震，而正用于动中；则“耕”“菑”之“牛”，牧放随时；食在天下，无所非药。此“畜天于山中”之大学问，所以

---

① 《后汉书·皇后纪上论》：“但蹊田之牛，夺之已甚。”

② 《大雅·桑柔》：“天降丧乱，灭我立王。降此蟊贼，稼穑卒痒。哀恫中国，具赘卒荒。”

③ 《大畜》卦，《彖》曰：“大畜，刚健笃实，辉光日新其德；刚上而尚贤，能止健，大正也。”

“荷天之衢”乎？畜“礼”，畜“养”，“畜牝牛”而已矣。

大畜（《归藏》，作“毒”；古，一作“蓄”）：**利贞，不家食吉；利涉大川**。

子瞻曰：“乾‘健’，艮‘止’，其德天也。物相服者，必其以天。鱼畏鹈鹕，畏其天也。物在乾上，有忌乾之心。今艮自知，有以畜乾，不忌其‘健’，而许其进；乾故受畜，为之用矣。‘辉光’者，两相磨，而神明见也。”邹泗山曰：“惧其过锐，或躁；过刚，或折；过大，或简。故畜焉，以裁之。此圣人陶铸天下之几，可心会，不可言尽也。《表记》曰‘不家食吉’。言‘必大畜君子，受大禄也。’艮‘家’，变为坤‘国’，故有‘不食于家，而食于国’之象。‘利涉大川’者，可以济天下之险也。乾‘健’，涉泽，见互《震》，于《兑》前，‘涉川’象。”《揆》曰：“士大畜，而后可大用。人主，大畜士，而后得大贤。”潜老夫曰：“有‘无妄’，然后可‘畜’，非徒曰‘天地未分，此体具足’云尔也。[1]‘十室之邑，必有忠信如丘者焉，不如丘之好学也。’则有‘未不忠信’者矣[2]，有‘忠信而不好学’者矣；不得以‘无别之语’曼之也。圣人立教，善于分明。无妄，表体，大畜，表用；止有‘下学’，即藏‘上达’。《孟子》‘博详’，即是‘反约’[3]。是故‘厉’之、‘脱’之、‘艰’之，历炼‘牿’‘牙’之‘喜’‘庆’，乃畜极而‘荷天衢’焉。宁许顿超，而废学乎？大正立法，体天养才，以贤化愚，以多用一；始令万世，各安其‘言行’之食，而共享其‘无妄’之天。此‘集大成’，所以为‘大畜’也。将以‘多识’，‘博名’乎？将以‘言行’，‘干禄’乎？将苛责昔贤，尽扫古辙，以自便；而‘博’超达之‘名’，‘干’善巧之‘禄’乎？皆天地之所‘衢畜’，而圣人之所‘闲畜’者也。‘家食’，而溺庸潦；‘不家食’，而蹈危波；其灾不同，其眚一也。‘多识’‘一贯’，所贵‘无眚’。不求知而不避，不践迹而不逃，声气胞与，随时应天，大其‘有’，大其‘畜’；自然‘有而不与’[4]，而‘无大过’矣。”

《象》曰：**大畜，刚健笃实，辉光日新其德**（康成、公明，以“其德”，属下句。玄子，从之）；**刚上而尚贤，能止健，大正也**。“**不家食吉**”，**养贤也**。“**利涉大川**”，**应乎天也**。

---

①“云”字，原文缺。根据句意补。

②“未不”二字，原文不清。

③《孟子·离娄下》：“博学而详说之，将以反说约也”。“博约”，出自《论语·雍也》：“博学于文，约之以礼。”

④《论语·泰伯》：“巍巍乎，舜禹之有天下也，而不与焉。”

《一》曰："乾，'刚健'；艮，'笃实'；两化，则'辉光'。朝旦，为'辉'；日中，为'光'。艮，居戌，为一日之终。乾行一周，此'万古常新'之象也。道无新故，而'温故知新'，'大畜''日新'，自然'不厌'矣。乾荡，需夬二畜，而终于泰卦[①]。以上'止'，为主。三，为健极，而应之。知'止'，而善用其'健'，特曰'大正'。其揭书乎？以'多识'，藏'一贯'；以'尚贤'，藏'两忘'。此所以三根正'食'，而无弊也。'尚'而养之，盛世之事欤？君子，以'万世'为'家'，以'古今'为'川'。'前言往行'，莫非'食'也；学问、经济应之，而'天不违'也。'以德凝道'[②]，道自大行；多即是一，畜而不滞。道，不域乎见闻，亦不离乎见闻。'民视，民听'[③]；言行，无可逃之天。《诗》《书》《礼》《乐》，'舆卫'其备。惟其'尚'之，乃能'公容'[④]；惟其'识'之，乃能'薪传'；惟其'畜'之，乃能'大成'。然在圣人，祇是'随日新日，因天畜天'而已矣。"

《象》曰：天在山中，大畜；君子以多识前言往，行以畜其德。

《乾凿度》曰："山含元气，自地而上。"皆气，则皆天也。气聚，则隆拔高卓，而藏其深沉。故因人间之"睹闻可及"者，表"天在山中"之象。小蕴大，费蕴隐。山中之天，与山外之天，有二天乎？德，表于言行；心，寓于见闻；"於穆"，藏于"法象"[⑤]。"君子多识前言往行"，所以大畜其无妄而用之也。子夏曰："博学笃志，切问近思，仁在其中矣。"子瞻曰："论乾九二之德，曰'君子学以聚之，问以辨之'。是以知乾之患，在于不学。又曰'日知，而月无忘'[⑥]，岂掠虚乎？今设械以待敌，有急则推堕滉漾不可知之中，如是而已矣；是以饱食诳语为道也。"《乾惕集》曰："学于古训。事不师古，则师心狂荡。故生知之圣，必好学；而好学之士，可入圣。若云'何必读书，然后为学？'则吾夫子之佞季路谓何？诚恐以其学术误天下后世也。"景逸高氏曰："姚江误看朱子穷理，立论偏重，遂使学者谓'读书是徇外'，空踈杜撰，一无实学。宗一氏曰：剥烂古今，直开天眼，正谓之读书人。"夏彝仲曰："物滞而以无物消之，盖飘荡而不返，故使格物。恐见其一而不见

①《六十四卦方图》：最下一行，乾，夬，大有，大壮，小畜，需，大畜，泰。

②《礼记·中庸》："君子既修德以凝道，则圣人之道，全备于一身，自然无所处而不当矣。"

③《尚书·泰誓中》："天视自我民视，天听自我民听。"

④《老子》："知常容，容乃公，公乃全，全乃天，天乃道，道乃久。"

⑤《系辞下》："是故，法象莫大乎天地，变通莫大乎四时，悬象著明莫大乎日月，崇高莫大乎富贵。"

⑥《论语·子张》："日知其所亡，月无忘其所能，可谓好学也已矣。"

其一也；恐从小视大者不尽，而从大视小者亦不精也。黄陶庵曰：安则万变不必却，而物常有以养心。未有本胶、末折，而独智独仁者也。”《野同录》曰：“先父藏陆于朱，以毋欺而好学为铎，正所以大畜其良知也。大畜，即所以格致也。《大学》知‘止至善’，不废事物；《易》贯寂感，必言功用。观天在山中之象，即知虚在实中，一在万中，德在言行中。故尼山不铎悟而铎学，曰‘我非生而知之者，好古敏以求之者也’。盖有‘不知而作者，我无是也。多闻择其善者而从之，多见而识之，知之次也。’‘学而不思则罔，思而不学则殆。’子思曰：‘吾尝深有思，而莫之得也，于学则寤焉。’圣人知凿空之弊，百倍于拘循之弊。故身居其次，藏罕于雅，是真悟也。根本易得，差别难穷。既知由己，又明万法；一法未明，即为一法所惑。心以闻见为缘，今以往古为鉴，‘本身征民建考质俟’[①]，编韦发愤，至老不休。所贵时措之宜，适当其言行之用，足为法；则以善万世之言行也。知，即无知之体，原不忧其缺少，岂必毁事物之当然，废日星之纪度，以锢洪荒哉？雄陆排朱，则便肆饰陋者，动以‘皋夔稷契读何书？’为解。不知上古之仰观俯察，六合七尺，四时百物，莫非精入深几之书？圣人继起表之，‘以前民用’。羲轩在今日之午会，亦必诵读尚友，参证古今，时为之也。学之为言也，‘兼参省言行’之谓也。道寓于器，即费是隐。闻见灭，斯文灭，天地灭矣。士风三民，文传四教。然士有泥训诂者，溺词章者，胶玄理者，故塞其睹闻，使自得于不睹闻。究也，糟粕即神奇，玄妙尽黄叶。士生此时，《诗》《书》《礼》《乐》，犹饮食也；神明默成，乃知味耳。将闭口辟谷，以夸味乎？内外本一，分即是合，多识即默识也。师古，即从心也；‘制数度议德行’，即‘不思不勉之从容’也：知之次者，即无知之知也。周公才艺思兼而不骄吝，孔子博学无成名而集大成，真大畜之时，所谓‘制天而用’之者乎？欧阳《本论》谓‘礼义明，则胜邪。’礼义，载于六经，明于讲学。而倍谲之流，图衒高幡，利于黑路总杀，以轻六经、压礼义，则人受其愚弄耳。士君子诵法先王，明体适用，出以济世，处以训俗。心迹互治之薪火，足以供万世之炊爨，各安生理。无所用遁上、遁下之诐邪，乃反助秦焰而自撤宫墙乎？故异外高畸，亦能充类无妄，专执大一，以挥斥天地，贱压帝王，势必任妄为真，先犯六蔽。至乎《大畜》‘时中’，则苦荻者，鬼窟者，纵脱者，玄胜者，皆永不得而假借矣。此‘下学即上达’之正经，所以为天地之宰也。” 曰：“多是一中之多，一是多中之一。博约同时，是大畜

① 《礼记·中庸》：“故君子之道本诸身，征诸民，考诸三王而不谬，建诸天地而不悖，质诸鬼神而无疑，百世以俟圣人而不惑。”

也。‘身如椰子，藏万卷书。’[①]‘真智、内智、外智’，[②]曾知，不可离否？‘芥’‘山’乎[③]？‘洞’‘天’乎[④]？‘隐弅’耳[⑤]，‘卮’‘寓’耳[⑥]。止有一实。‘乡里’‘蛮貘’[⑦]，步步‘天衢’；‘帘卜’[⑧]、毫端，何妨‘舆卫’？‘脱辐’不犯，时哉！时哉！糊口四方，不嚼一粒，又何‘绣牺’‘牢策’之足叹耶？然非‘推山、破天’，乌能语此。”

初九，有厉，利已。变巽，为《蛊》。

子瞻曰：“小畜，顺以畜乾，故终‘反目’；大畜，‘厉’以畜乾，故终‘亨’。‘君子爱人以德，细人之爱人以姑息。’[⑨]”《宜》曰：“不独‘仕进’也。矜胜露才，犯天灾矣。曾子终身不涉世，而曰‘临深履薄’。‘不犯灾’之戒也。”郝《解》曰：“司徒教士，有‘六礼’‘七教’‘八政’。‘简其不帅者，移郊移遂，屏诸远方。’[⑩]初，为‘离经辨志’；而往试，则‘厉’矣。大成畜德，以‘知止’为始；此，亦‘止之’之条例也。小学、大学，总是‘川流’，总是‘敦化’[⑪]。”

《象》曰：“有厉利已”，不犯灾也。

《意》曰：“顾泾凡，尝笑讲学者，缙绅，惟‘明哲保身’一句；布衣，惟‘传食诸侯’一句。可见，畏灾太甚，归于杨子‘为我’。然名教考祥，几先，止有一吉。世又有‘悍然恬祸’之流，炼‘北宫黝’之术，以相雄逞，岂‘大畜’之学乎？故君子，既明其‘素’，又明其‘位’。”智曰：“邴原，闻‘潜龙’之训，即还郁州；文中，献策不用，即归河汾。‘见微’即止，早是‘急流’；‘敝屣’未能，难言‘不犯’。”

---

①《景德传灯录·智常禅师》。

②《宝藏论》：“何谓‘三智’者？一曰‘真智’，二曰‘内智’，三曰‘外智’。何谓‘外智’？分别根门，识了尘境，博览古今，该通俗事，此为‘外智’。何谓‘内智’？自觉无明，割断烦恼，心意寂静，灭有无余，此为‘内智’。何谓‘真智’？体解无物，本来寂静，通达无涯，净秽无二，故名‘真智’。”

③佛教用语，芥子，须弥山。指微小的芥子，能容纳巨大的须弥山。喻诸相皆非真，巨细可以相容。

④“洞天”，道教语，指神仙居住的名山胜地。喻“山中有洞室通达上天，贯通诸山”。

⑤《庄子·知北游》：“知北游于玄水之上，登隐弅之丘，而适遭无为谓焉。”

⑥《庄子·寓言》：“寓言十九，重言十七，卮言日出，和以天倪。”

⑦《论语·卫灵公》：“言忠信，行笃敬，虽蛮貊之邦，行矣。言不忠信，行不笃敬，虽州里，行乎哉？行己有耻，使于四方，不辱君命，可谓士矣。”

⑧“帘卜”，出自（晋）皇甫谧《高士传》：“严遵，字君平，蜀人也。隐居不仕，常卖卜，于成都市，日得百钱以自给；卜讫，则闭肆下帘，以著书为事。”

⑨《礼记·檀弓上》。

⑩《礼记·王制》。

⑪《礼记·中庸》：“小德川流，大德敦化，此天地之所以为大也。”

九二，舆说輹（古，作“轝说辐”。“说”，音“脱”）。变离，为《贲》。积变，《艮》。艮世。

《遡》曰：“‘说’，以乾‘轮’、兑‘毁’，取；亦以变坎‘多眚’，取。此言‘輹’，为轮外‘伏兔’；止，则脱，不行。《小雅》所谓：‘无弃尔辅，员于尔辐。’‘辐’[①]，即輹也。《小畜》之‘辐’，为轮辏。《老子》之‘三十辐共一毂’也。”《订》曰：“‘脱辐’，不进；自畜，以‘待价’者也[②]。通言之，举一切胜心、英气、情识、见解，而悉‘脱’之矣。”《意》曰：“輹，可‘脱而不进’，亦可‘员于尔辐’；与‘堕解脱深坑’者，自别。”

《象》曰：“舆说輹”，中无尤也。

小畜，以一阴畜五阳；四“主”畜三[③]，故“反目”。此，以六五之“君”，止畜九二之“臣”，以“时中”而自安，又何“尤”乎？或曰：“高初九一筹矣。”灾厉俱无，可“说”。然“尤”之所在，贤者未易可免。彼“钓渭”者，“还衡”者，其中何如？介推因禄，舅犯要盟；则“尤”之甚矣。

九三，良马逐（郑玄、姚信，作“逐之”），**利艰贞；曰闲舆卫**（郑玄，作“日闲”），**利有攸往**。变兑，为《损》。积变，《剥》。

郝《解》曰：“司徒，论选士升太学；大乐正，论大学之造士。造于王，升于司马之时也。士，为国家干城羽翼，故‘闲舆卫’。卦象，二、五互变，为坎、离，‘弓轮’‘戈兵’[④]。四‘牛’、五‘豕’，皆坎、离也。”《遡》曰：“震‘马’，前；乾‘马’，后。三阳并进，‘逐’象。艮，‘阻艰’象。作‘曰’者，兑象。作‘日’者，乾象。初四、二五，正应；故应其‘止’，而以‘进’为戒。三上，敌应；故不受‘止’，而以‘往’为‘利’。盖健成人位，培养已久；积畜已多，于时可行，故称‘良马逐’焉。《考工》车六等，‘戈人殳戟矛轸’，皆‘卫’也。‘天子十二闲，邦国六闲，卿大夫四闲。’[⑤]闲以序辨，亦以习名也。”来矣鲜曰：“‘舆’，任重也；‘卫’，应变也。‘以德为车，以乐为御。’[⑥]‘忠信为甲胄，仁义为干橹。’[⑦]‘待时而动’[⑧]，‘闲’也。”《意》曰：“莫‘优游’

①“辐”字，原为“輹”字。因句意改。
②《论语·子罕》：“沽之哉！沽之哉！我待贾者也。”
③《小畜》卦，六四爻，为卦主。
④《说卦传》：“坎，为弓轮。离，为戈兵。”
⑤《周礼·夏官·校人》。
⑥《礼记·礼运》。
⑦《礼记·儒行》。
⑧《系辞下》：“君子藏器于身，待时而动。”

于‘艰贞’矣。‘时乘六龙’，‘惕’即‘闲’矣。‘艰’，则不佚；‘闲’，则组舞；乐哉。今日之‘骀’乎？莘野、隆中，当之。”

《象》曰：**利有攸往，上合志也**。

《一一》曰：“上，欲畜之，以成其德；三，亦忻自畜也。隐居求志，天人交合；‘天衢’，在‘陋巷’中矣。四代之‘体乐’，固‘孔颜’之‘舆卫’也。初九，见地高；九二，撒手早；九三，愿力大。‘天衢’之亨，夫岂偶然？”

六四，童牛之牿（《广苍》，作“撞”。《说文》，作“僮牛之告”。《九家》，亦作“告”。陆绩云：“‘牿’，当作‘角’。”），**元吉**。变离，为《大有》。积，《晋》。

《遡》曰：“离，‘大腹’，‘牛’‘豕’象。‘童’，未角，艮‘少’象。”郝《解》曰：“郊天用童牛，‘角茧栗’[①]。‘先三月施横木于角，以止其触。’又‘牢礼’重牛，‘天子适诸侯膳用犊’[②]。‘童牛’，以祀上帝，飨天子，为‘名世大贤’之象。”又曰：“四，当‘造士’，养之在早。旧说‘畜初’。”《筌》曰：“‘牿’，牛马圈也。《书》曰‘牿牛马’。”

《象》曰：**六四“元吉”，有喜也**。

《一一》曰：“四，能畜阳；四之‘喜’，亦三阳之‘喜’。此以歆阳，恐以疾夫‘牿’也。”智曰：“‘络马首，穿牛鼻’[③]，‘达士’逃畜耳。不络、不穿，安取马牛而用之？裁‘狂狷’，文‘礼乐’，早忘其‘穿络’矣。蠢秽如豕，亦必牙之。庞公所‘噫’，‘聚偻’不免。”

六五，豮豕之牙（郑，读为“互”），**吉**。变巽，为《小畜》。积，《否》。

《说文》：“豮，剧也，豕去其势。”《尔雅》曰：“豕，子猪、㹠、豮。”豮者，豕子也。《埤雅》曰[④]：“牙者，所以“畜豮豕"之杙也。"今海岱之间，以杙系豕，谓之“牙”。玄子，从之。行马列于牙门，止行人，可知其称矣。《郝解》曰：“六五居尊，士所倾向，下应九二，‘脱輹’潜修，材器已就；士皆含‘牙’、砺‘角’，以待用。豮、坟通，大也。二变坎，为‘豕’象。”《遡》曰：“莘野、隆中，至再、至三，夷然不屑聘，愿待用。其‘自卫’者，礼也。四、五，所以尚贤者，‘荐之于天，衅之祖庙’乎？四，用‘郊天’之‘童牛’；五，用‘享庙’

① 《礼记·王制》：“祭天地之牛，角茧栗；宗庙之牛，角握；宾客之牛，角尺。”

② 《礼记·郊特牲》。

③ 《庄子·秋水》。

④ 陆佃（1042—1102），字农师，号陶山，越州山阴人，陆游祖父，著《埤雅》。“陆佃云”“《埤雅》曰”，皆引其著作。

之‘豮牡’。刚鬣体荐，太烹亦具，故取象焉。”

《象》曰：**六五之吉，有庆也**。

《一一》曰：“畜士有成，英才济济，社稷生灵之福，所以‘有庆也’。‘喜’，在一人；‘庆’，在天下。刚柔相济，故赞‘喜’‘庆’。‘喜’其正位之下交，‘庆’其中理之调众。艮，以二阴，柔内之三阳。四，全其用，兼大畜、小畜之位，故称‘元吉’。五，合中以享众，不用大牲；是以四之元，为其元也。”潜老夫曰：“‘童牛之牿’，四以纯正，养‘贤者之和顺’也。‘豮豕之牙’，以柔居刚，兼制小人之‘蠢悍’也。贤士，才德养成，故‘有喜’；小人安分者众，故‘有庆’。”

上九，何天之衢（梁武帝，作《荷灵光赋》，亦用“荷天衢”。盖，古“何”，即“荷”），**亨**。变坤，为《泰》。

《一》曰：“艮‘背’，象‘荷’。四达，曰‘衢’。之《泰》，与‘通’。乾‘天’，艮‘路’；路，在天上矣。畜极而‘亨’，人尽天见，‘六通四辟’[①]，翱翔天路，畜以成之，岂忧‘覂驾’？‘广开贤路’之道也。”《野同录》曰：“山顶摩霄，背上足下，无非天也。学问至此，得忘其‘得’，而并忘其‘无所得’，随行而皆是矣。‘负青天’‘御六气’，其从此写意耳。子曰‘道大行也’，非‘自受用’已也。‘厉’‘脱’‘艰’‘闲’，而‘喜’‘庆’畜之，各才其才，各食其食，使之驰驱，使之鼓舞，‘浴乎，风乎’[②]‘飞乎、跃乎’？[③]依然‘删述’，依然‘弦歌’，依然曰‘贤人之德业’，依然曰‘多识前言往行，以畜其德’而已矣，必将建鼓‘天衢’。禁绝闻见，诃学诃修，扼塞贤路，偏责‘本无’，‘适得怪焉’[④]。何‘道’之‘大行’乎？”

《象》曰：**“何天之衢”，道大行也**。

《一一》曰：“全卦是学，全卦是道。备于身，谓之‘德’；达于世，谓之‘道’。‘帱覆代错’[⑤]，‘集大成’矣。故以《颐》‘养’、寡过、‘习教’‘继明’，终《上经》焉。”《浮山闻语》曰：“京山曰：‘物可养，而后可止；虎豹，不可止，为不可养耳。骐骥伏枥，然后责千里。苟不食刍豆，安得良马用之？爵禄，人主之刍豆也。因材而教之，程器而用

①《庄子·天道》：“明于天，通于圣。六通四辟于帝王之德者，其自为也，昧然无不静者矣。”

②《论语·先进》：“暮春者，春服既成，冠者五六人，童子六七人，浴乎沂，风乎舞雩，咏而归。”

③《诗经·大雅·旱麓》：“鸢飞戾天，鱼跃于渊。”

④《庄子·天下》。

⑤《礼记·中庸》：“辟如天地之无不持载，无不覆帱，辟如四时之错行，如日月之代明。万物并育而不相害，道并行而不相悖。”

之，任使之，黜陟之，尊礼之，士所以砥砺而应其求，大畜之治道也。”愚者叹曰：“《老子》悲天地，以‘万物为刍狗’。《易》何乃以人间之贤豪，为‘马’‘牛’‘豕’乎？圣人之‘畜百家’也，犹明王之‘畜才能’也。‘厉’之、‘脱’之，‘艰’而‘闲’之，皆所以‘牿’之、‘牙’之，皆所以‘衢’之也。有‘就其才而以喜畜’者，有‘反其才而以艰畜’者，有‘灾于此而畜彼’者，有‘尤于彼而畜此’者，各使自‘喜’其才能，自‘庆’其分艺，自‘卫’其德业，而大道泯矣。大泯，即大行矣。呼牛、呼马乎？驱豕入山乎？‘遁世’刚骨，厌入‘皂栈’[①]；或欲飞身天上，或欲‘曳尾’‘放牿’，亦‘拨闷’耳[②]。果其‘无闷’，不为此语；果其大畜，闷亦畜之。苍天！苍天！”

《**时论**》**曰**：“《大畜》，时也”，所以“时其无妄”而用之也。天下，不谋“家食”，则涉险以谋“传食”。不蹶于“躁竞”，则丧于“萎薾”。因有“窃食贱耕、讳疾忌医”之学，巧掠虚空，以掩固陋，言谬行秽，曰：“本无妄也”。质古今，而不知，曰“天何言哉？”先罪绳辔，不许鞭策，则天下皆“无用之牛马”；而“封豕”，且食人矣。不讲“学问之弊”，遂至是乎。圣人定之曰：“尚贤”，曰“多识前言往，行以畜其德”；此乃所以“自强不息”也，乃所以“动静不失其时”也。山能畜天光，以应其时；天能畜山光，以“新”其“日”；君子能含蓄“古今之天”，表其“山望”，而具其“时乘”。“应天”者，应时也。“继善”之“沆瀣”，洋溢两间；“分艺”之“田园”，膏沃万世。“摩霄”，即“谷王”也；“车马”，皆“虚舟”也。登山，涉川，不亦龙遁乎“三、五达”之衢哉？旧曰：“内三爻，难进而易退，贤所自养也；上三爻，畜极而大通，贤君所以贤也。”《小畜》之时，小人用巽术，以厄君子；《大畜》之时，君子亦用止术，以厄君子。同道相忌，入宫相妬，其“志”弗“合”，其“尤”弗“中”，吾曰：““知正而应天“者，即以“巽止”，自畜；即以“巽止”，畜天下也。”《小畜》之初，以巽入巽[③]，“复自道”也。《大畜》之初，以艮止巽[④]，“有厉”所以“不犯”也。二之“脱辐”，亦《贲》而“不往”也。三《损》，所以“致一”也。此，乾之“良马”也；善“逐”而能“艰”，盖曰“闲其舆卫”矣[⑤]。自重其用，愈“艰”愈“闲”；“多识”以为载，而“健笃”以为毂者乎？三上不应，而能

---

①《庄子·马蹄》：“连之以羁馽，编之以皁栈，马之死者十二三矣。”
②《庄子·秋水》：“宁其生而曳尾于涂中乎？”
③《小畜》卦，初九独变，为《巽》卦。上下皆巽，即“以巽入巽”。
④《大畜》卦，初九独变，为《蛊》卦。上艮下巽，即“以艮止巽”。
⑤“曰”字，原文为“日”字。

“合”者，“志”也。养贤之典，招之以“车马”，牵之以“拴牢”，“不家食”之时也。“童牛”，设其辐衡，护“茧栗”也，佐大烹也，群贤《大有》“彭彭”矣。若夫五居尊位，用柔止健，宁复“挛如”《畜》小耶[①]？“豕”之为物也，“蹢躅”于《姤》，“负涂”于《睽》，妨贤病国之孽也。事势自有机牙，未可以力胜之。“批窍导窾”[②]，运“牿牛”之技，而“富”豮豕之“邻”，既“有喜”，复“有庆”者，上怀“笃实”之心，下遇“刚健”之佐，“四灵”为畜[③]，何碍“茁葭，发豝”耶？[④]讵视初、二，为“牛”“豕”乎？上九畜主，天地相交之《泰》“衢”也。明君、哲相，欲养贤才，以化天下。若不令天下，讲“大畜”之学问，亦安所贵帝王哉？时乎“删述”之后，《六经》为“天衢”矣。士，惟在“艮背”以荷之。

智曰：“先天，为一；则今时，为多。舍多，无一；舍今时，安有先天哉？则今时‘多识’之‘大畜’，即先天‘一贯’之‘无妄’，甚燎然也。《无妄》曰‘茂对时育’，而《大畜》止言‘日新’，不言‘时’也。时‘新’其‘日’，‘温故知新’，‘山中畜天’之时，岂犯《无妄》三、上之‘灾’耶？‘多识前言往行’，是合古人天地之心，以畜‘对时’之命。‘眚’‘疾’，尽入药笼；山川，可供吞吐；‘笃实’，即‘空空’也。岂徒捃摭渔猎，矜豪于牛栏豕圈，以为足免‘家食’之陋乎哉？”

玄子曰：“颐、大过，肖象，启坎、离之先；分男女，成咸、恒之交；更置之，为中孚、小过[⑤]，二《经》囊括矣。”《遡》曰：“颐，取中虚；大过，取中实；不以阴阳名，而取中之纯体也。”潜老夫曰：“四偏卦，而肖坎、离，中互乾、坤；则二老、六子俱用之卦。中孚、小过，

①《大畜》卦，六五独变，为《小畜》卦。《小畜》卦：“九五，有孚挛如，富以其邻。”

②《庄子·养生主》：“依乎天理，批大郤，导大窾，因其固然”

③《礼记·礼运》：“麟、凤、龟、龙，谓之四灵。”

④《诗经·国风·召南》：“彼茁者葭，壹发五豝，于嗟乎驺虞！”

⑤内外卦，互换。

肖坎离，而用六子、不具二老，故收《下经》。”智曰：“时其艮、震，于地、天，而可以逍遥生死矣。《颐》‘养生’也，《大过》‘送死’也。始下动，终上止，阳向为‘生’；下内入，上外悦，阴背为‘死’。石斋公所谓：‘颐养不节，而生疾疢；时命将颠，而有大过。’‘节慎’之，而无‘惧闷’；是‘习明’之心法，‘教事’也。”

䷚山雷颐

颐，《说文》曰：“颔也。”古篆，作，象口车辅食物之形。后加页，作“颐”耳。或以为“侧口”，或以为“笑口”。其声，开口穿齿。凡阴阳颐养，同为深喉。故曰：“颐者，时宜其养也。”《尔雅》：“东北隅，谓之‘宧’。”李巡谓：“东北，阳气所生，育养万物，艮震相连”。可证，古人“声义合取”之故。

颐：贞吉；观颐，自求口实。

《全》曰：“下动，上止，中虚，‘口’象；肖《离》，‘观’象。元公曰：人，以食为命。凡夫识食，圣人智食。” 曰：“颐，中虚，故当于‘未受物’之先，择其所养，观所养之正、不正，而吉凶判在‘自求’耳。有物《噬嗑》，贵于‘动而后合’。今中虚，而下犹动；爻故，动体‘凶’，止体‘吉’。孔子称：‘禹，首菲饮食。’论学惓惓，‘食无求饱’，‘不耻恶食’，毋乃‘过类溪刻乎’？恐以口腹丧其心志，不得不教人，自观所养，自求其实。《孟子》曰：‘官思则得。’[1]‘考其善、不善，于己取之而已’矣[2]。”《意》曰：“‘物有畜，然后有礼’，‘物畜，然后可养’，上《序》两申之。礼，好其‘养’，又好其‘辨’。养正者，礼也。礼，所以时止其动中；而虚其实，实其虚也。《大畜》以‘止天’，而正《无妄》之‘天动’[3]，故《颐》合‘止动’，著‘惧节’之经焉[4]。‘观’，所以为辨；‘灵’，所以为观。‘知止’即‘正’；而灵，自由矣。既具‘大畜’之实学，则养妙于用虚。外实、中虚，虚实相养，格物践形，皆所以‘自求口实’也。”玄同曰：“‘言’，以养辩；‘禄’，以养廉，其养同也。自观之，‘未言’‘未禄’之先；求，则得矣。”

《彖》曰：颐，贞吉。养正则吉也。观颐，观其所养也；自求口实，

---

① 《孟子·告子上》：“心之官则思，思则得之，不思则不得也。”

② 《孟子·告子上》：“无尺寸之肤不爱焉，则无尺寸之肤不养也。所以考其善不善者，岂有他哉？于己取之而已矣。”

③ 山天，大畜，艮；为山，为止。天雷，无妄；雷为震，为动。

④ “止动”：山天大畜，艮为山，为止；震为雷，为动。“慎节”，即《大畜》卦，《象》曰：“君子慎言语，节饮食。”

观其自养也。天地养万物，圣人养贤以及万民：颐之时大矣哉。

郝《解》曰：“善养者，以‘不养’养。‘谷神不死’[①]‘谷’者，虚也。唯虚，可以养生；大过实，则死。”《宜》曰：“饮食，必需；而圣人为天地全养道者，‘养正则吉也’。观‘自’，则知‘所’矣。”《书》曰：“‘食哉，惟时’。应时，而动；非时，则止。天地圣人之道，‘时’而已矣。”黄山谷曰：“养虎者，不以全物予之；牧养者，鞭其后；是谓‘观其所养’。‘庖丁’之‘解牛’，‘痀瘘丈人’之‘承蜩’，是谓‘观其自养’。‘所养’，尽物之性；‘自养’，尽己之性。”赓之氏曰：“功施及物，非‘虚愿塞责’也。食，必已饥；饮，必已渴。一切‘尘羹涂饭’，何裨缓急？而况‘尺寸之肤’[②]？”左忠毅曰：“黄石，教留侯取履者，‘畜’道也。漂母，与淮阴进食者，‘颐’道也。黄石，仙矣。人知‘漂母之为仙’乎？”

《象》曰：**山下有雷，颐；君子以慎言语，节饮食。**

《宜》曰：“雷，声于震；蛰于乾、坎、艮。艮，东北；而冬春之交，雷藏其下，收声养气。《颐》，当‘慎节’之象。雷之声，象‘言语’；山之养，象‘饮食’。《彖》传举‘养物’‘养民’，《象》传举‘言语’‘饮食’，已得其养，然后及人。祸从口出，病从口入。曲学，偷快偏词，流传害政；干禄，不过升斗，遂以殒身。危哉。”颜质卿曰：“粱肉，生病；嗜欲，杀身；货财，杀子孙；学术，杀天下。后世之人心，皆已‘颠’‘拂’，巧图利养。《颐》之用大，《节慎》之用大也。故《颐》继《大畜》，受《大过》，而终以平合畜牛。”

初九，舍尔灵龟，观我朵颐（京房，作“揣颐”），**凶**。变坤，为《剥》。

《宜》曰：“位下，不当‘养人之任’；而‘灵’知自养，本具足也。初震以应，故不免动心于外耳。子牟‘心在江湖，心悬魏阙’，虽曰‘重伤’，已受诮矣。圣人之养万世也，先以‘羞恶’养之。垂涎于人，人必吐弃。‘尔’‘我’之声色相加，庸能腼乎？肖《离》，‘为龟’。下阳可灼，故有‘灵龟’之象。损、益，互颐，故亦象‘龟’。此，喻‘人心本灵，欲动即昏’。‘养正’‘慎节’，即在初矣。”《遡》曰：“龟，伏气而善噎，不志于养。故簠簋，皆为龟形于上。而大臣以贪墨废者，曰‘簠簋不饰’云。‘朵’，取震，仰开象。‘我’者，上自我也。”淇澳曰：“‘灵龟’‘朵颐’，养心、养气之别名。‘朵颐’之‘观’，是求‘慎’

①《老子》。

②《孟子·告子上》：“人之于身也，兼所爱。兼所爱，则兼所养也。无尺寸之肤不爱焉，则无尺寸之肤不养也。”

与‘节’于气者，‘告子’之学也。孟子‘持志无暴气’，自然‘睟、盎’[①]，所谓‘上施之光’。”郝《解》曰：“朵，垂也。人视不自见颐，曰‘朵颐’。‘灵龟’，谓上九；‘尔’，谓六四。初体，从动；四体，从上。故初自矜得养，教四‘舍灵龟，观我朵颐。’盖上，志在‘养人’；初，志在‘自养’。大道本一，而二阳所尚之道不同；故其象如此，因以戒焉。凡图‘自受用’者，不惜人见而笑之。其实，内省，难欺也。”《正》曰：“荣夷公好专利，芮良夫曰：‘王室卑矣？’子常见斗且，问‘蓄聚’，且曰‘如见饿豺狼焉’。”

《象》曰：“观我朵颐”，亦不足贵也。

《一一》曰：“观之而获，尚‘不足贵’，况于徒‘观’？虽自矜‘服气长久’，自恃‘昭昭灵灵’；君子以为不能‘养贤以及万民’，犹之饮食之人耳。然籍口‘养之及民’，而巧遂其温饱者，其去‘乞播昏夜，骄人白日’者，几许耶？齐人曰‘我宁乞墦间之食’，必难‘观’显者之‘颐’。”

六二，颠颐；拂经（子夏，作“弗经”），**于丘颐，征凶**。变兑，为《损》。积变，《蒙》。

《遡》曰：“阴柔不能自主，之谓‘颠’；擯扬于外，谓之‘拂’；乃有或‘颠’、或‘拂’之异者。二四，重阴过柔，故‘颠’；三五，阴不重，故‘拂’。又有‘拂颐’‘拂经’之异者。南、北，为‘经’；东、西，为‘纬’。五南、二北；君臣之位，分。三东、四西，阴阳之方，别。三，非经，故‘拂颐’：二、五，为‘经’，故‘拂经’。又坤不颠，阳震之，而‘颠’；乾不老，阴形之，而‘老’。以阴阳相擯，中外异德，论之。中爻，‘颠’‘拂’同，而‘吉’‘凶’异者，阴以‘颐止’，能‘慎’且‘节’，犹可言也；阴以‘颐动’，不‘慎’、不‘节’，不可长也。大言无当，‘如酌孔取’。东坡所谓：‘拖舌掠虚，使公卿馈拜，咎必及之，何用‘丘颐’为乎？’汉高呼‘大嫂’为‘丘嫂’。‘丘’，即大也。颜师古曰：‘空也，亦大也。’空，转为孔；孔，亦大也。本从声转。”《正》曰：“此《颐》《损》也[②]。亲戚类聚，无故而节缩；服政辨官，无故而自闭；不有‘乾餱之愆’，则有‘诵言之醉’矣。与其，矫虔；不如，自然。”

《象》曰：六二“征凶”，行失类也。

《一一》曰：“或从下，或征而上，皆为‘失类’。若能转‘动’，为

① 《孟子·尽心上》：“君子所性，仁义礼智根于心，其声色也，睟然于面，盎然于背，施于四体，四体不言而语。”

② 应为“颐之损”。《颐》卦，变《损》卦。

‘止’，而不行，则圣人言外之所许矣。”

六三，拂颐；贞凶，十年勿用，无攸利。变离，为《贲》。积变，《蛊》

《宜》曰：“伊川、敬仲，皆以‘拂颐贞’为句。有‘凶’，无‘利’，虽‘贞’不免。震成动极也，其‘王伾文、八司马之徒’欤？‘十年’，坤象。初之‘凶’，失在‘观’；二之‘凶’，失在‘行’。四丽正，五‘居’正，故‘吉’；此，则‘正’乎‘凶’矣。三，‘拂’而‘颐’，则‘悖道’；上，‘施’而‘光’，则‘有庆’；动、止，异也。”《野同录》曰：“《颐》不在‘自养其口腹’，而在养人。有‘不自养’，而责‘养于人者’矣。况夺人之食，而自‘以枯槁为教’乎？大悖于民矣。是《庄子》所谓‘天下不堪’者也。”《正》曰：“复之颐，‘十年不征’。颐之贲，‘十年勿用’。可知，顺动不止，固‘天地之大戒’也。”

《象》曰：“十年勿用”，道大悖也。

潜老夫曰：“不中、不正，以‘拂’为‘贞’，极菲、极刻，不顾民用，徒自利于‘行其胸中一往’，是以‘悖’也。”

六四，颠颐，吉；虎视眈眈，其欲逐逐（子夏，作“攸攸”。苏、林，音“迪”。《汉书》，作“浟”。荀爽本，作“悠”。刘瓛本，作“跾”，云“远也”。《说文》：“跾音，式六反”），**无咎**。变离，为《噬嗑》。积变，《鼎》。《巽》游。世。

《宜》曰：“艮，‘为虎’。虎无项，行常垂首下视地。地，初位也。变离，为‘视’。‘耽耽’，‘视近志远’貌。志远，则欲逐矣。四，入艮，则止；应初，则动。躁而能持，斯‘欲逐而不动’云。上主颐养天下，以光明之性，施于同体，四先被之，故‘吉’。《巽》宫，由《噬嗑》而转游，持世[①]，既去‘颐中之物’矣。”《意》曰：“初系‘龟’，取服气不妄食。四系‘虎’，取远类不妄交。四，本应初，而以止从上；此，‘颠’而得正，‘吉’者也。豪贵，知止而用远贤者：郑庄、郑太，好客不衰；王述，‘足自当止’；庾敳，以家财与越。此，在上‘施光’，而用之。昔杨绾相，而黎干减驺从，子仪减音乐；李泌言听，而韩滉贡不绝，韩弘且入朝矣。和峤，亦有钱癖；冠准所过，烛泪成堆。世遂以王戎之‘会计’，比于信陵之‘饮醇’，是为鄙夫生色耶。哀夫。”《见》曰：“陈宫，谓吕布曰：‘吾谓曹公养将军，如养虎。’韩信、陈平，高帝以此御之。故四之‘耽’‘逐’，上之所利也。若如三‘拂’，以枯槁为教，上何赖焉？”

①《颐》卦，为巽宫游魂卦。六四爻，为《颐》卦世爻。

《象》曰：**颠颐之吉，上施光也**。

上九，施光明之道。四，同上体；故养而“吉”。

六五，拂经；居贞吉，不可涉大川。变巽，为《益》。积变，《姤》。

郝《解》曰：“柔尊，不能弘养；以致二、三、四，皆‘拂’五位之‘经’，往依上九。而五居中，体《艮》，‘居贞’不动；处颐、‘顺上’，则‘吉’。苟五不安其‘居’，则六，往居上；九，来居五；艮变坎，为‘大川’，成‘屯膏’矣。”《意》曰：“上，为伊、周，则‘由颐’矣。不则，六五，乃汉元成、唐文宗矣。” 曰：“五，恭俭高拱，则‘吉’。君道，养贤；振纲磨钝，未能也。虽欲‘拂经’行权，而‘太阿’旁落。宋神宗，不如不任安石，犹为‘居贞吉’耳。”

《象》曰：**“居贞之吉”，顺以从上也**。

苏君禹曰：“养得其道，则若‘颠’，而可以相济；似‘拂’，而可以相成。不然，则乱道也。”《正》“曰：‘言语’‘饮食’，不可益也。《颐》之《损》《益》，皆为‘拂经’①。”

上九，由颐；厉吉。利涉大川。变坤，为《复》。

《一》曰：“成颐者，艮藏、坤致养，以大止‘容天下之动’者也。‘知止，有定’②，‘克复，由己’③，而张弛安顿，善使天下由之，各得所养，故曰‘由颐’。然‘厉’，不可忘也。”郝《解》曰：“位高责重，惕、厉，则‘吉’。极上必变，山当为泽，卦反为《大过》。上九，‘坚’艮之‘节’④，足济《大过》，故有‘利涉大川’之象。嗟乎！‘由颐’，而‘利涉大川’，亦危矣。所以取于‘观’，而尚‘灵龟’也。”

《象》曰：**“由颐厉吉”，大有庆也**。

识法者惧，上而不荡，天下被“慎节”之化，而共“由”之矣。故与《履》上，同曰“大有庆”也。《野同录》曰：“‘直养无害’⑤，‘塞乎天地’⑥。生死来去，犹之‘寒暑’。‘由己’者，颐道也；而自由者，又‘厉几’也。惟‘静虚’，足以养‘刚大’；而‘时止’，足以‘成始终’。‘死而不亡者寿’⑦，是仁者之寿，岂长生家之‘长生’乎？窃此《易》，

---

①《颐》卦，六二独变，为《损》卦；六五独变，为《益》卦。

②《礼记·大学》：“知止而后有定，定而后能静。”

③《论语·颜渊》：“克己复礼为仁。一日克己复礼，天下归仁焉。为仁由己，而由人乎哉？”

④《说卦传》：“艮，其于木为坚多节。”

⑤《孟子·公孙丑》：“气直养而无害，劲以曲蓄而有余。”

⑥《礼记·孔子闲居》：“志气塞乎天地。”

⑦《老子》：“不失其所者久，死而不亡者寿。”

而小用之，旋气不散，是‘老而不死，谓之贼’也[1]。况无聚不散者乎？守尸鬼窟，皆‘拂颐’者也。因贪生，而诱以‘免祸’；少逐名利，则几矣。”

《**时论**》**曰**：张口，而伸大腹；《颐》，所以名也。游魂《巽》“入”，口腹累人，前《噬》、后《蛊》，岂有极耶？故戒之曰：“养正也”。养大体者，贵“求其实”耳。圣人观变复、剥，而知“天地养万物”也；观变益、损，而知“养贤，及万民也”。《观》之义，“求”也。古人常恐来世，以为“口实”。人能自求，而计尔、我乎？《颐》中之“口实”，必自初、四始矣。道，合经、权，其由上乎？初、上，二阳，人身之大经也。阳，一日不尽，不死；阴，一日不尽，不生。经正，而后“口实”吉也。内“经”，惟初；而二，则“拂”。外“经”，惟上；而五，则“拂”。“经”，虽“拂”乎；然“自养”与“养人”，异也。地异，时异；则“居吉”“征凶”，亦异。《意》曰：“以上养下，以阳养阴，《颐》道之‘经’也。夫人涉涂而好高，必生颠倒矣。”“终食之间，颠沛”[2]，存焉。“颠”而求养人，与“拂”而求养人；“颠”而求人养，与“拂”而求人养。其“吉”“凶”之异，明矣；其“失类”“大悖”之道，则难明也。或以求“养人”，为“自养”计；更以求“自养”，为“养人”地。或贪之以“不死”，或骇之以“死后”，或曼之以“不生不死”。其说，皆可“拂经”颠翻，以唾“慎节”之训；然，实则邪也。故曰：“观其所养、自养也”。“节饮食”，先当“慎言语”矣。《颐》象，上下，为首足；四五之心，近虚；二三之腹，不实。“从上”而“顺”，从“上”而“施”；天地圣人，同此时也，得此类也。豫，一阳，而“由”在四；颐，二阳，而“由”在上者，艮，“成终也”。“龟”“虎”外阳，非全象乎？《后天》，“成”艮、而“出”震。“虎视”冬交，“龟”起春蛰。初，“动”，而言“龟”；四，“止”，而驯“虎”。二、五之损、益[3]，亦有“龟朋”，而“其类”互有“得”“失”。革，“虎”而“变”；履，“虎”而“咥”；颐，“虎”而“视”。龟，服气乎？颐，养虎乎？斯二物者，养生之要也。三《贲》，乃饰说也；四《嗑》，乃当食也。初、上，《剥》《复》，何“由”与“朵”之相悬乎？是人道“口实”之分，而贯乎贵贱者也。“酒池”之“口实”，岂如“瓢饮”之“口实”耶？糗草、玉食，则“慎”“节”自由矣。山以藏雷，“兹”“韦”，泯其“罕”“雅”；雷殷山下，饮食，惊其“匕箸”。君子，细之嬉笑怒骂，巨之号令交词，约

① 《论语·宪问》。
② 《论语·里仁》：“君子无终食之间违仁，造次必于是，颠沛必于是。”
③ 《颐》卦，六二独变，为《损》卦；六五独变，为《益》卦。

之饘粥饔飧，博之军宾祭享，莫非“观其所养”焉？致虚充实，观其“养之主”矣。

智曰：“天地，生人以口；即以此口，杀人者也。‘循墙’之‘命’，‘金人’之‘缄’，阎没之‘讽属餍’，德公之‘噫鸡豕’，总为口腹累人。《孟子》以‘墦间’画‘朵颐’，岂徒笑‘刺肥叹鼠’者哉？圣人，以‘不耻恶食’，为‘灵龟’。《庄子》，以‘适得而几’，为‘虎视’。不能‘自求’，安能‘自由’乎？‘酒脯’之辞，恐成‘沟壑’；‘相繇’之‘首’，必‘食九山’[①]。后必有，以‘倒仓刳肠’医之者矣。已饥、已渴，是‘自求口实’之大药也，要当以‘箪瓢’‘发愤’为甘露，烹此药耳。”

䷛泽风大过

“过”，从咼，从辵。骨之历历，皮里见咼，从个转声。冎，乃从“骨”省耳。加辵，以“经过”为义。因以此历彼，生“过、不及”之差，因有“过差”之义。智按：“过历、过差，皆以天度表法。人生之事，人心之机，皆过也。邵子‘六爻用四爻’，收上下《经》皆四阳、四阴；而颐、大过，尤为四阴、四阳之在中者。‘养生’，归于‘送死’，为大事；过历，过差，莫著于此矣，故名《大过》。”

大过：栋挠，利有攸往，亨。（《说文》，作“栋桡”）

《一》曰：“人以阳生，以阴养阳。太实失养，则大过而死。”郝《解》曰：“时过、不及，犹所谓‘大行、大归，送死之卦也’。大过，自颐来，如人‘期颐’衰老，故爻象‘枯杨’‘老夫’‘老妇’。《序卦》谓‘不养不可动’，皆‘老死’之象也。小过，自中孚来，如鸟孚初成，又以少男象祖父、妣，皆‘初生’之象也。小过，木动土上，生气也，故为‘杵臼’之利，以安生。大过，木灭泽中，死气也，故为‘棺椁’之利，以送死。大抵事物之理，不及，犹可待；小过，未即殃；至于大过，未有不亡者。食本养生，过饱即灾。故穷饿致死者，常少；而醉饱伤生者，常多。人心，亦然。至愚，心虚犹可教；而志满，则难移。涉世，亦然。柔弱者，常自保；而强梁者，必遇敌。所以《易》尊阳，而贵‘无首’；大刚必折，大实必裂。阳虽实，而下无基，上无系，故象‘栋桡’。幸阳行‘巽悦’之德，虽上下无附，终不萎尔无用。如汤武，不遇主；周公，遭流言；孔子，上下无交，危而明道业。大过之事，有大过之才，自‘利攸往’，然终非圣人本愿。盖造化无孤阳独行

① 《山海经·海外北经》：“臣曰相柳氏，九首，以食于九山。相柳之所抵，厥为泽溪。”

之理，天下无‘有君子、无小人’之世。‘治道，去其泰。’[①]‘疾不仁而甚，乱也。’[②]‘孔子圣之时’[③]，不为‘已甚’，故曰：‘五十学《易》，可以无大过矣。’”《意》曰：“‘巽而悦行’，适来适去，死即不死矣。‘志士不忘在沟壑’[④]，君子以砺‘独立’之骨，莫亨于‘无闷’矣。”轞曰：“坎，为‘栋’，肖象。四阳推，变《大壮》，为始。五初换，为‘宫室’之‘栋’。兑‘毁’，‘桡’象；是合四为一，而‘习坎’者也[⑤]。”

《彖》曰：**“大过”，大者，过也。“栋桡”，本末弱也**（“弱”，一作“溺”）。**刚过而中，巽而说行，利有攸往，乃亨。“大过”之时大矣哉。**

《宜》曰：“‘本末’，皆木也。一阳藏下，而根株回暖，为本；一阳散上，而枝叶向荣，为末。上下皆阴，故‘弱’。‘刚过’，不必为大过，歉也。‘刚过而中，巽而悦行’，所以‘往’，所以‘独立’也。‘乃亨’者，难词也。非‘大过之人’，能当‘大过之时’耶？‘时也’者，其有过而不过者乎？舍‘四岳’，而‘明扬侧陋’[⑥]；舍‘有位’，而‘惟肖傅岩’[⑦]，不可‘寻常守辙’也。”邵子曰：“《大过》，‘本末弱也’。必有大德大位，然后可救常分。有大德大位，可过者也，伊、周也，不可‘惧’也；有大德、无大位，不可过者也，孔、孟也，不可‘闷’也。”

《象》曰：**泽灭木，大过。君子以独立不惧，遁世无闷。**

《宜》曰：“巽，在他卦，为风；在泽、地、水木之中，皆曰‘木’。水，本滋木。然《井》流水，上于木，而木气通。此，止水，上于木，而木气绝，为‘灭’。水，本‘天一’阳数；至灭木，阳大盛，‘大过’象。”神曰：“‘泽灭木’，木无生意。木生于水，反受其伤；其为过也，大矣。但知‘顺生’，不知其‘反克’，鲜不‘以凶为吉、以亡为存’也。‘独立’如木，‘不惧’如水；巽则能‘遁’，悦则‘无闷’。”《野同录》曰：“生与灭之适如此也，犹阴阳、潮汐也，而况利害、毁誉哉？‘独处’是‘立’，‘即世’为‘遁’，‘不惧’即‘无闷’矣。以阳

---

① 《汉书·循吏传·黄霸》：“凡治道，去其泰甚者耳。”

② 《论语·泰伯》：“好勇疾贫，乱也。人而不仁，疾之已甚，乱也。”

③ 《孟子·万章下》：“孟子曰：‘伯夷，圣之清者也；伊尹，圣之任者也；柳下惠，圣之和者也；孔子，圣之时者也。’”

④ （宋）王柏《次前人韵》：“志士不忘在沟壑，不应后世便无人。”

⑤ 《大过》卦，中间四阳爻看作一阳；则《大过》全卦，肖八经卦之《坎》。

⑥ 《尚书·尧典》：“帝曰：咨！四岳；朕在位七十载，汝能庸命，巽朕位！岳曰：否德忝帝位。曰：明明扬侧陋。”

⑦ 《尚书·说命上》：“说筑傅岩之野，惟肖。”

盛，而意气标榜；以摈阴，而坐失‘权藉’[①]。行无余地，累重自颓，非惟‘不能遁’之过也。‘中立、时乘’之龙，头出、头没于斯世，而无人知者；岂以‘绞直’‘暴梃’，为死‘橛枸’耶[②]？”潜老夫曰：“知‘首出’之‘潜’，即知‘独立’之‘遁’矣。‘不惧’，非惟根深，实能应变。风波卷地，心中寂然；生平学问，以磨炼为逍遥；天下之倾，咸蒙‘覆帱’。常人视之，以为过；圣人视之，以为常。”履曰：“范孝敬、司空图，皆入宴寿藏，以旷消惧，亦一遁法。”

初六，藉用白茅，无咎。变乾，为《夬》。

《宜》曰：“在下，曰‘藉’。合巽‘白’，与阴木，曰‘白茅’。柔，作忤；洁，不污。《系词》取其‘过慎’之意；盖见‘无小物，不可用也’。慎小于初，尤为切用；而恃刚者跨之、忽之，过矣。‘白茅’之用，古祭祀缩酌、沃灌，荐牲、荐黍稷，皆藉以茅。《既夕礼》云：‘茵著、用荼，盛之以囊，纳圹底藉柩御湿。’亦其象也。”

《象》曰：**“藉用白茅”，柔在下也**。

以下承刚，而用“柔”。“谷王”之道，以“善处下”也[③]。以刚藉刚，则摩碎矣。

九二，枯杨生稊（郑，作“荑”），**老夫得其女妻，无不利**。变艮，为《咸》。积变，《家》[④]。

陆德明曰：“稊，秀也。”《订》曰：“禾成穗，曰‘秀’。柳，亦有穗，唐诗所谓‘柳线’。”《夏小正》：“正曰[⑤]：‘柳稊，注曰；发孚也。’”郝《解》曰：“杨无根，而反生，喜植泽边。‘稊’，蘖也；‘枯’，老也。二、五变，咸、恒[⑥]。下卦巽，伏震‘长男’，遇兑‘少女’；上卦兑，伏艮‘少男’，乘巽‘长女’，故有此象。”《遡》曰：“二五，舍‘栋’，论过。二，老而俯初之少，为‘稊’、为‘女妻’，生机犹在，故‘利’。五，老而仰上之少，为‘华’、为‘士夫’，生机已息，故仅‘无咎’。夫妻，以‘俯’‘仰’辨，可也。初，既切比于二；二，复无应于上。刚柔互宅，在外与初，故当‘过以相与’象。《彖》曰‘大过之时’，谓‘时，过也’。”

《象》曰：**“老夫女妻”，过以相与也**。

① 《战国策·齐策五》：“夫权藉者，万物之率也；而时势者，百事之长也。故无权藉，倍时势，而能成事者寡矣。”

② 《庄子·达生》：“吾处身也，若橛株枸；吾执臂也，若槁木之枝。”

③ 《老子》：“江海所以能为百谷王者，以其善下之。”

④ 积变，是《大过》初、二爻皆变，实际应为《革》。九三积变，为《随》，是例，

⑤ “正”，即正月。

⑥ 《大过》卦，九二独变，为《咸》卦；九五独变，为《恒》卦。

子瞻曰：“‘大过之时’，患在‘亢而无与’。人情，夫老、妻少，则妻倨而夫恭。故臣难进，而君下之，斯‘无不利’。”张子曰：“刚中下济，亦有获助。”

九三，栋桡，凶。变坎，为《困》。积变，《随》。

《遡》曰：“三、四，‘栋’；而初为之‘藉’，上为之‘顶’。初之‘藉’，‘栋’之础也。茅虽弱，犹托地以不倾上，寄也。寄，则君之孤卿，栋之梁拱，岂可虚乎？初‘无咎’，而上‘凶’，固其所也。卦，合言‘栋挠’；而三、四居中，变坎‘坚木’，以其所应、所位，分‘隆’‘桡’焉。四应初，救其‘本’，于未过之先；三应上，救其‘末’，于已过之后。三《困》，四《井》也。[1]”诚斋曰：“‘桡’者，初、上也；而三独‘凶’。盖三志过锐，力过勇，将‘辅’上之栋而适坏之，仲举似焉。子瞻曰：初、上，非‘栋’也，‘栋’之所寄也。所寄，在彼；而‘隆’‘桡’，见于此。”

《象》曰：“栋桡之凶”，不可以有辅也。

《一一》曰：“‘桡’者，用别木以辅之。九三重刚，《震》之游魂，下压，故‘不可以辅’。四，则以刚居柔矣。”

九四，栋隆，吉；有它，吝。变坎为《井》。积变《屯》。《震》游世。

《子夏传》曰：“非应，曰‘它’。三，既‘桡’矣；四又比之，将过刚而折，故‘吝’。”《遡》曰：“乾体，故‘隆’。兑‘毁’，则‘有他’。‘隆’之谓‘坚’，‘它’之谓‘不坚’，在栋耳。‘藉’何‘与’焉？欲一茅，而支‘大厦之颠’乎？”

《象》曰：“栋隆之吉”，不桡乎下也。

爻曰：“隆。”《传》曰：“不桡。”明，三与四异也。　曰：“楚庄王，赦绝缨；秦穆，饮盗马；周亚夫，喜得剧孟；霍光，赏符玺郎；‘不桡下’之妙也。或以萧引，不听李、蔡嘱；李岘，叱中宫榻；为‘不桡’；又以李吉甫，不衔陆忠州；陆逊，荐淳于式；为‘不桡’。”

九五，枯杨生华，老妇得其士夫（《举正》，作“夕夫”），**无咎无誉**。变震，为《恒》。积变，《复》。

《宜》曰：“五，以刚居刚；上，以柔居柔；皆过极在卦终，故‘无咎无誉’。《传》惧人之顽钝，以自解，故‘丑’之。”《见》曰：“‘老夫’‘女妻’，高宗于张九龄，玄宗于李神童乎？不及用矣。不如，宋太祖，以张齐贤赠太宗；我太祖，以方孝孺贻建文也。‘老妇’‘士夫’，

---

① 《大过》卦，九三独变，为《困》卦；九四独变，为《井卦。

则霍光于昭宣时，‘咎’不可有，‘誉’尤当避矣。不必以申叔取夏姬，卫青尚主，乃为切象。”

《象》曰：**“枯杨生华”，何可久也？老妇士夫，亦可丑也。**

《一一》曰：“赵威后，齐君王后，亦能支持，‘何可久’乎？后此，事女主者，亦不幸矣。汉武筮此，太卜曰：‘匈奴破，不久。’乃遣贰师，败降，武帝咎卦。此太卜之告，不明也。”

上六，过涉灭顶，凶，无咎。变乾，为《姤》。

玄同曰：“上爻，不论‘末’‘弱’；别从‘涉’世之‘过’，立论。盖‘大过’之世，‘人亡邦殄’[①]；君子砥柱贯虹，亦‘无闷之遁’也。”《野同录》曰：“安石、了翁尝言：‘伯夷，无‘首阳’之事；屈平，未投汨罗；此自爱惜其死，以埋没古人耳。’漆园激口，以‘跖’辱‘夷’；遂有以‘杀身成仁’，为‘非闻道’者。故圣人断断曰：‘不可咎也。’其曰‘死事易，成事难’者，论事宜审，论人则苛。”

《象》曰：**“过涉之凶”，不可咎也。**

浮山曰：“过此牢关，何有‘咎’‘誉’？世人刻论，掊克圣贤，总为媚浊流一而自解耳。‘凶不可咎’一语，胥涛横岛，且为生风，况歌‘令丁洋’之《诗》乎[②]？”

《时论》曰：“学《易》，无大过。”过，能无乎？吾玩《大过》伏《姤》，颠转阴仪，此所以“遇夏而悲秋”乎？遇“大过之时”，有“大过之才”，可济“大过之事”，本末并重，可无忧乎？阳多，而无所“藉”，无所“与”，则诚过矣。恃大，而不知其过多，而反独。所贵，自“慎其独”也。“本末”既“弱”，能不“缩而惧”“郁而闷”耶？《过》之“栋”，犹《壮》之“栋”也。《象》伤其“桡”，而爻言其“隆”，“涉”不碍“利”。君子自信，为“天地之栋”而已。岂“一木之支”乎？“独立不惧，遁世无闷”，是本末之大本也。养古今之“口实”，习人间之“水火”，《大过》之“亨”，可不“立”哉？《意》曰：“爻惟三、四，当‘栋’之任。三‘桡’、四‘隆’，三居四下也。三所应者，‘灭顶’之上，为之‘辅’；四所应者，‘白茅’之初，可‘藉’为用也。是栋，诚难也。”圣人勉之曰：“初、上，夬、姤之机；操阳伏夺，如是其微也，吾当以人胜之。”二五，恒配也。用阴、用偏，亦有“过、不过”之分焉。五阳，为“老夫”耶？男“下其腓”，亦可“过”也。昭

① “亡”字，原为“忘”字，于句意不通，故改。据《诗经·大雅·瞻昂》：“人之云亡，邦国殄瘁。”

② “零丁洋”，原为“丁零洋”。（宋）文天祥《过零丁洋》：“皇恐滩头说皇恐，零丁洋里叹零丁。人生自古谁无死，留取丹心照汗青。”

烈赘孙，李泌命婚，是其象也。吾阳，为“士夫”耶？不能“制义”，即“无咎、誉”，“亦可丑也”。世皆缘合，“骑屋栋”乎？曲逆梁公，未易借口，吾当以“忧患”胜之。三“辨”《困》乎？何，为“末桡”？四，有《井》“地”，应以“本隆”，然藉为它用，竟保其“不桡”耶？二、五，不云“栋”，而云“枯杨”。“杨”而“枯”，非“栋之任”也；“稊”与“华”，亦分矣。荣枯也，生灭也，得失、取与也，久暂、好丑也。虽四阳合比，位遇各别；所贵者，离己离人，而“立”于“独”也。全独，则“全用是体”，岂分阴阳乎？初，则藉其薄，而用“吾之厚”；藉其轻，而用“吾之重”；“用错地”[1]，决不污也。终，则蹈波如地，“灭顶”靡它；灵均、秀夫，遇也[2]。“亢”，“潜”，龙也。人情恤死，必有以理障“偿节”，咎之者。圣人揭书曰：“断断不可矣”。“独立”之志，直塞两间，自垂“善生善死”之统。继“由颐”者，伏艮、震；“龙德”，本“无闷”矣。巽“木”、兑“毁”，万物雕落，阴包阳外，故取“棺椁”。《颐》后，惧以“灭木”，为人“死于安乐”也。京山曰：“《颐》养生，《过》送死。”吾亦曰：““死”，以“立”生；“颠”，乃知“决”。”圣人，观于两《过》，以取水火。危哉！微哉！天人之间。

智曰：“圣人，大赞《颐》与《大过》之‘时’；正以观《过》，而‘用’《坎》、‘继’《离》也。《大过》，全体象《坎》，颠之而不变者也。先天，不能不后天，此已过矣。况‘口实’‘有情’者耶？惟过乃以救，过而使之平。执平言平，安能平乎？故治教，以《小过》为经；生死，以《大过》为权。《庄子》以刀‘养生’，此其所以‘慎独’也。《杂卦》，后语更端：誉《大过》，以继《讼》焉。惟其‘颠’而不变，斯能正养‘男’‘女’，于《渐》《归》；遇二《济》，而一‘决’矣。‘可以无大过’者，‘过而无过’者也。‘五、十’，天地生成之‘中’‘终’也。不‘自用其聪明’，而寓之于‘蓍策’；不自昵其‘易简’，而以‘险阻’为家常。岂非‘遁于两间，立其大独’者哉？”

---

①《系辞上》：“苟错诸地而可矣；席用白茅，何咎之有？慎之至也。”

②屈原（前340—前278），芈姓，屈氏，名平，字原，又名正则，字灵均。陆秀夫（1236—1279），字君实，一字宴翁，别号东江，南宋左丞相，抗元名臣，崖山海战兵败，背着卫王赵昺赴海而死。

坎䷜　離䷝

《全书》曰:“坎、离,乾、坤之交;既、未,坎、离之交。乾坤,未交前;坎离,为日月之体。乾坤,既交后;坎离,为男女之用;故以终《上经》,而开《下经》之始。”左忠毅曰:“坎,《先天》居西,《后天》居北。水,外阴,中阳,乾根也。离,《先天》居东,《后天》居南。火,外阳,中阴,坤根也。取坎填离,为中剥、复。五行,止是一水、二火。日月者,《先天》之水、火,《后天》之日、月。”李子思曰:“坎中实,为‘诚’;离中虚,为‘明’。离,阴中含明,为‘日’;日阳,而阴神也。坎,阳中受明,为‘月’;月阴,而阳神也。”《绎》曰:“先坎,先‘阳中’耶。乾坤后,主坎,为‘诚明之性’。后离,后‘阴中’耶。交泰后,主离,为‘诚明之教’。”《隅通》曰:“以作息论:日之光照,功大于月。以生成论:水之滋育,功大于火。”玄子曰:“乾上,坤下,定体也;如首上,足下也。《杂传》曰:‘《离》上,《坎》下。’南北,奇偶,夜半、日中;阴阳之精气,互藏其宅,如人‘心上,而肾下’也。”郝《解》曰:“颐、大过,坎、离;‘生死’‘昼夜’之象也。颐,似离[1]。离,中互大过,似坎。坎,中互颐。流下则平,故《坎》五‘不盈’;炎上则忧,故《离》五‘嗟若’。《坎》,初、上‘凶’;水,外暗也。《离》,初、上‘吉’;火,外明也。阳敛,则阴在外;阳开,则阴在内;翕辟而已矣。”淇澳曰:“‘鲲’‘鹏’,表坎、离也。《离骚》‘登天’‘入水’,亦表坎、离也。徐巨源曰:北鱼、南鸟,即是水火。鹏运,而鲲不运;用阳,而不用阴也。鲲化鹏,而不复者;变至阴,为纯阳也。总是,以坎填离耳。”潜老夫曰:“阴阳,互体、互用;而又自为体用,遂自为阴阳。实则,全阴之一,即全阳之一也。物物有水火,物物是坎离。如心火、肾水,而水正是丙火,心乃丁火也。火,乃阳性用阴,故‘炎上’;水,阴性藏阳,故‘润下’。此知:阳无体,成体为阴,实阳凝之;故体用,皆阳主也。世人,但执‘可见者,为阳’,此一端耳。虚舟言:‘坎,在上下《经》,皆八卦;而他卦,不得比。’元成所云:‘坎,最用事;而未济,火下终之以水。’二十四气,首‘雨

① 《颐》卦,卦中四爻,并作一阴爻看,肖八经卦之《离》。

水’；七十二候，终‘水泽腹坚’。《易》尊‘坎之用中’，为始终也。’”智曰：“关尹子言：‘水，精无人；火，神无我。’道家以‘坎为命、离为性’。故魂魄见识，皆可分属；而水肓魂魄，火冥魂魄，坎离之中，各有坎离。生人之水精，即真火也；人用之性火，即理水也。冒论之，为无阴阳，皆阴阳。实则，体阳，用阴；而体转为阴，用转为阳。直下，止有一用，即贯阴阳，而交坎离矣。故圣人惟立‘明即诚’之教，而‘诚’‘明’双泯其中。舍‘下学’，安有‘上达’耶？是以二卦，著‘常习’‘继明’之象焉。”

☵☵上下皆坎

《全》作“委”，邝氏作“欻”。升菴曰：“滩碛相凑，曰欻，音子。”魏子才，“以‘欻’即‘委’。”按：“坎、坑、欠，同为闭口腭声，旋韵适转北方。”邓绮曰：“習，从二月，加日。習，讹为羽耳。项平甫曰：重卦之序，坎先六子，故加‘习’焉。”《遡》曰：“‘重嫡’也，贵中也。”《野同录》曰：“《易》，以象数征理。比为二人，从初，从朔。‘平在朔易’，盖月与日会，亦二也。五脏，有二肾，玄武为龟蛇。四时之帝，水为玄冥，乃少昊二子，修熙也。扬雄以‘罔与冥，配坎。’《乾·象》终‘贞’，以信兼智，可知‘一在二中，舍二无一’。水，其始征乎？《洪范》合‘五行’于子水之位。三钟、三吕，统于黄钟；而黄钟、应钟，以二钟合于亥子。处处表法，圣人会心。岂得执近熟之诂，而疑‘散殊引触之神解’哉？造化之‘大一’，见端于北方之‘初一’。元阳，造阴阳，而谓之命；元气，贯虚于实，而生水；大心贯身，而为人心。真若‘一阳陷于二阴之中’，危哉！微哉！《论语》不言‘性’，而首言‘时习’。《易》于二篇之中，著此‘习坎’。盖谓‘性在习中，舍习无性’，犹‘一在二中，舍二无一也’。专言‘学修不及’之性，则所谓‘无性之性、无体之体’，剔除而形容之耳。莫险于‘有形、有身之世’，处此‘忧患’，惟‘有孚’而‘心亨’。‘行贵有尚’，‘常习有事’，以人事即天道也。‘不习’之‘习’，在此‘习教事’之中矣。”

习坎（《归藏》，作“箪”。刘瓛，作“飲”。本，或作“埳”。郭京，加“坎”，于“习”上）：**有孚，维心亨；行有尚。**

朱子曰：“人心，虚则生惊，实则有主；主则宁静，‘无入不自得’。”此言：坎中阳，为“心亨”；二阴，为“心病”也。《正解》曰：“坎，阳也。而阴配月，何也？阴不得阳，不能为水；阳化阴为水，则浸淫不得出，阴自不能舍阳。如人精液，聚而成形；神气，凝而成知。液形，为阴，知气，为阳。知宰形，形累知。知欲离形，脱然升举，而未能，故曰‘坎陷’也。险，自不平不信。天下至汹涌不测，莫如水，以其能‘为坎’也。然至平，不失信，亦莫如水，以其能‘习坎’也。高下曲折，宛转便利，深浅方圆，各肖其形，先后不争，得平则止。天下，‘习坎’忘险，孰有如水者乎？‘操则存，舍则亡，出入无时，莫知其乡。’[①]可不谓‘险’乎？心，为万事万物之本。涉世，如水行坎，何非‘坑陷’？故教以‘困衡’[②]‘忧患’[③]之道，如《乾》之‘易知’而‘知险’。‘维其心亨’，何险不平？”《意》曰：“‘逝斯不舍’[④]，‘混源，盈科’[⑤]，多取于水；水与天地相终始，而不已者也。各因其所流，而习平其心。‘有尚’，以亨‘孚’；‘有孚’，即能亨行，此即‘两坎相习’之道。道行于德，理亨于事，亦在乎‘熟之’，而已矣。”

《彖》曰：**“习坎”，重险也，水流而不盈。行险而不失其信，维心亨，乃以刚中也；‘行有尚’，往有功也。天险不可升也**（虞，作“天岩”），**地险山川丘陵也，王公设险以守其国：险之时用第大矣哉**。

《野同录》曰：“有志于道者，能履初险；而至于‘重险’，则难。有世味情欲之险，又有学术意见之险；有世间最下之险，又有无心无事之险。可见，远近，无‘可避之地’；智愚，无‘自脱之人’。惟水能‘习’之，而‘孚’耳。坎者，言水所行之‘坑坎’也。故重以‘水’呼之，言‘水本不险也’。”子瞻曰：“物之窒我者，有尽；而是心无已，则终必胜之。不以力争，故柔外；以心通，故‘刚中’。慈湖曰：人心遇险，而惧；惧而甚，则乱。乱或失其‘信’，其心安能‘亨’？故言‘习坎’。”黄《疏》曰：“流者，气之生而不积者也，故‘不盈’。土聚则填，木聚则郁；其体重，不能自流。水者，天之初气，形而未形，故与淡荡之气同流。”《订》曰：“百折必行；行，则出险有功。人，勿谓‘处险，为不幸也。’明其‘时用’，且为吾助。天地自然之险，王公因而设之；‘守国’与‘维心’，同一用也。” 曰：“心能转险，岂复为险所转？心因险有，险因心有。‘流’，故‘不盈’；用，乃自信。故直担当，即真解脱。习而忘之，谓之‘无世可涉’。何者为‘能涉’、为‘所涉’耶？古人设险，以守其法；三百八十四爻，皆大险关也。‘惧以终始，

①《孟子·告子上》。

②《孟子·告子下》：“困于心，衡于虑，而后作。”

③《孟子·告子下》：“生于忧患，死于安乐。”

④《论语·子罕》：“逝者如斯夫，不舍昼夜。”

⑤《孟子·离娄下》：“源泉混混，不舍昼夜；盈科而后进，放乎四海。”《孟子·尽心上》：“流水之为物也，不盈科不行；君子之志于道者，不成章不达。”

其要无咎。’勿令无事，劳之乃安；在此水中，即用此水。‘洗心藏密’，所以洗心之险，即洗世之险，即洗设法之险，而常可以时洗、时设矣。故曰：‘时习其所当习，即习是忘。’离习求忘，激颡而设险耳。人而求免于习，犹水求免于湿也。是知‘时用’之大。学言‘时习’，不必言‘忘’，是曰‘忘忘’。”

《象》曰：**水洊至**（京，作“臻”。干，作“薦”。《尔雅》，作“荐”），**习坎；君子以常德行，习教事**。

欧阳永叔曰：“险可习，则天下之事，无不可为。此，戒人之‘习恶而不知’。当习善而‘不倦’也。”《宜》曰：“水流，行无间，常象‘盈科后进’。‘习’象，重洊而至，渊源而来。五常之德，日用有事。不则，空言一心，无有科分征验；而‘行险斗狠’者，自雄其‘不惧’矣。坎，‘心亨’，又为‘心病’，可无所尚而行乎？可无劳乎？可不列而之事乎？此‘学诲不倦’[①]，所以‘不舍昼夜’，而渐渍之也。”《正》曰：“弦魄潮汐，子午重习，差而平之，分于卯酉，究于巳亥。故阴德者，‘洊至’之道也。‘德行’有‘常’，‘教事’有‘经’；过化，而天下信之。”

初六，习坎，入于坎窞，凶。变兑，为《节》

《解》曰：“阴，居重坎之下，其坎最深。‘窞’，阙陷处，偶象也。始习生疏，故‘凶’。”《宜》曰：“全卦，初、上，为险；二三四五，皆陷险中者。故初、上，为‘凶’，皆曰：‘失道’。其‘行险以侥幸’[②]，而‘陷阱不知避’者乎？”《正》曰：“君子信心而行，不以为名。悬溜之出山，束陒之赴海，磅礴相激，非其好也。德有常性，道无奇节。《传》曰：‘祸不好，不能为祸。’‘习坎’，‘入坎’，非祸而何？”

《象》曰：**“习坎入坎”，失道凶也**。

辂曰：“‘教事’，以平正告。初闻设险逼人之奇，而遂狂肙深入[③]，则堕于‘瀑流之潭’矣。”

九二，坎有险求，小得。变坤为《比》。积《屯》。

子瞻曰：“坎世，可与，同处患；不可与，同处安。初上，自挟其险外；而中四爻，相得不叛者，以同患也。”郝《解》曰：“九二，‘坎险求，得’；如门人闻‘一贯’，私问曾子，亦未了然。六四，似曾子；九五，似夫子。导曰：坎矣，更有险。人不能备，然求‘小得’，亦救一半。”画子曰：“‘求’，当作‘来’。”

① 《论语·述而》：“学而不厌，诲人不倦。”
② 《礼记·中庸》：“故君子居易以俟命，小人行险以侥幸。”
③ “狷”。

《象》曰："求小得"，未出中也。

变坤，《比》顺，"求小得"矣。然与五敌应，而不为大援，故"未出中"。当险之时，守中，亦未为得也。

六三，来之坎坎，险且枕（古文，作"检且沈"。九家，"枕"作"玷"），**入于坎窞，勿用**。变巽为《井》。积《既》。

《订》曰："二坎之间，故称'坎坎'。上往，亦坎；下来，亦坎。震'木'横内，而艮'止'，'枕'之象也。下有二，'险且枕'其上。居阳位而奋出，才不刚，位不正，亦终入于'坎窞'而已。戒曰'勿用'，欲别求'出险之路'也。不则，鲍焦、申徒狄，是从《井》耳[①]。"画子曰："险，求速出，是益险也。'无可奈何，安之若命。'[②]且以险为'枕'，任其'来之坎坎'，而我心无坎。曰'勿用'者，惕之潜也。喜其变巽，而得《井》，通'时用之道'也。"

《象》曰："来之坎坎"，终无功也。

智曰："不得'时用之道'，而'来之坎坎'，徒劳罔功。幼安，竟居塞北；子卿，'自分死人'；是以'勿用'，为'大用'者。"

六四，樽酒，簋贰，用缶，纳约自牖（陆绩，作"诱"），**终无咎**。变兑，为《困》。积，《革》。

《订》曰："天子大臣，出会诸侯，主国'樽栿簋副'是也。坎'酒'、巽'木'、震'足'，'樽酒'象。震'竹'，又主祭器，'簋'象。以此'贰'之，一奇二偶也。《尔雅》：'缶，盎。'《风俗通》云：'瓦器节歌。'《诗》：'坎其击缶。''离中虚'，而鼓缶，此互变《离》也。程子以'贰'断句，以《象传》证也。'牖'，亦'中虚'象。四，以柔承五。刚中险难之世，君臣交通，故'终无咎'。"来矣鲜曰："世故多艰，无繁文也。麦饭，不以为简；雪夜，可至臣家。彼'修边幅'之公孙，宜其'井底'矣。"《逊》以为"圆扉通食"之象，羑里"纳牖"行此道也。《正解》曰："'樽''簋'交际，'牖'取旁通；坎水货殖，忧乐相倚。故二，'求得'；三，'且枕'；四，酒食，皆坎中象。四，甫出坎，君臣相得，'贰'以承'樽'，惧以恩终，故有'纳约'。以学言之，助我'知十'之领悟[③]，即期于'大成'也。"

《象》曰："樽酒簋贰"，刚柔际也。

智曰："以四五之际，言汤曰：'药食，尝于贱，乃致于贵；药言，致于上，乃行于下。'变《兑》，为'言'。《困》之'徐徐'，必有委婉

---

① 《坎》卦，六三独变，为《井》卦。

② 《庄子·人间世》："知其无可奈何，而安之若命，德之至也。"

③ 《论语·公冶长》："回也，闻一以知十；赐也，闻一以知二。"

倾倒者矣。险阻之时，非刚柔交际，其有济乎？白头翁教臣，诵《黄台瓜词》，得此道也。”

九五，坎不盈，祇既平（“祇”，《说文》、京房，作“禔”。郑玄云：“当作‘坻’。”），**无咎**。变坤，为《节》。积，《解》。

朱子曰：“坎水止，是平而不满。‘祇’者，犹言‘适足’也。坎，恶下流。在上之中，正体乾刚；变《坤》，有常；互《艮》，为止。故水不溢出，适与坎平。道，以平为至。‘不盈’，则虚。老氏曰：‘上善若水。’庄生曰：‘平者，水停之盛也。’”《正解》曰：“滔天与安流，本一水，所争‘平与未平’；多闻与默识，本一心，所争‘悟与未悟’；而皆以‘不盈’为则。‘中未大’者，处险之用也。文王、孔子，多难既平，而其心愈小；虽演《易》‘开成’万世，删定垂法来兹，岂‘中自大’而为此乎？皆兢兢业业，忧愤而作也。文王若盈，则不能与四友约，而兴邦于多难；孔子若盈，则不能与七十子约，而明道于乱世。‘从心不逾矩’，‘不盈祇既平’，而已。”淇澳曰：“《坎》二、五，是一部《易》之枢纽。二‘有险’，小心‘不忘本’，为习体；五‘不盈’，大心‘不居’，为习成。”

《象》曰：“坎不盈”，中未大也。

《一一》曰：“惟‘中’，故不自大；‘未大’，故‘不盈’。以卦象言之，上六变，则为《涣》。犹未涣也，五可自大乎？世固多‘举头天外’之狂士，而未归‘礼乐之和平’，流为独尊横行，诟厉‘信谨’[1]，悍顽不顾，平地荆棘矣。”

上六，系用徽纆，寘于丛棘（子夏，“寘”作“湜”。刘瓛，作“示”。姚信，作“实”。郑玄，作“置”用），**三岁不得，凶**。变巽，为《涣》。世。

《一》曰：“三股，曰‘徽’；两股，曰‘纆’。变《巽》，长绳。狱垣，负棘；司冦，‘圜土，教罢民’。能改者，三年而复。坎，伏离；又第三爻，‘三岁’象。险极穷上，伏入以终；此阴陷大过，而能陷阳无忌者。故先王，定左道‘奇袤’之刑；儒者，阐平正‘距放’之教[2]。继以《离》‘明’，使安五常，而习‘日月当行’之事。‘设险守国’，守此人心而已。《坎》上，著‘狱’；《离》上，著‘征’，岂得已哉？”《易简录》曰：“《坎》上，示人‘窒欲’；《离》上，勉人‘惩忿’。”

《象》曰：上六失道，凶三岁也。

《野同录》曰：“阴，独踞上，而反以谲智陷天下。非庸人也，祇为

① 《乾卦·文言传》：“庸言之信，庸行之谨。”

② 《孟子·滕文公上》：“距杨墨，放淫辞。”

不平心以讲‘常习’之道。故，与初之兑‘毁’者，同‘失’而‘凶’也。可悟‘险之时用’，是为利器。必就‘教事’，与众明之，然后使民各安‘咸恒之常’，而寡过不犯法矣。是为‘洗心’，而‘吉凶与民同患’。”

《时论》曰：卦名取德，不取象；惟《坎》取象，不取德。“坎”者，地中之象也。水之德，宜取下、取润，未尝险也；惟遇坎，而成险。坎，未尝陷也；惟积水，而成陷。圣人知“生忧患”，故名“习坎”，小心翼翼，独任中阳。岂非天一生后，而随流在中；再索得刚，而“时节乃中”乎？《图》生、《书》□[①]，一“习”始此。“习”者，“劳”之。人贵用也。水不习于地，而“习于坎”者；入险、出险，皆“习”也。帝王心法，“允执厥中”。中者，阳也，故“心亨”。“贰尔心”，□[②]两阴也，故“心病”。六十四卦之心，“见”于《复》，“获”于《明夷》，“熏”于《艮》，而“习”于《坎》[③]，“时用大矣哉”。泛滥滔天，有害“无功”。君子善于取“尚”。故以“流而不盈”[④]，见“孚行之功”焉。江海“舟航”，而溪涧“褰裳”，险可行矣。盈虚□[⑤]月，潮汐应星，不失信矣。险者，天地、山陵之所共；而水，未尝专焉。“王公所设法”，非无心。心不亨者，不知也。“德行”“教事”，吾道之“至平”，而无尺寸之险者也。即世途之险以习，还其“本心之平”，谁肯信乎？“忠信”“笃敬”，蹈“蛮貊”之波涛也[⑥]。下象，入险；上象，出焉。教之以“小得”，教之以“不盈”，所贵“平”耳。“平”，惟“未大”，能“允其中”。信此“无咎”，所“尚”，大矣。刚柔交际，其“知终”乎？二、五，刚中，变得《比》《师》之道，易习也。三、四，“惕”“跃”于“颠沛”，一“勿用”，一“无咎”，未易习也。柏孝直之“习围城”乎？谢良佐之“蹈危阶”乎？“往来井井”，亦“坎坎”也。“《井》迁”“《困》通”，“习”而“常”矣。酒食，通于“缶”“牖”，以柔际刚。“酌献”“温克”，节歌倾诚，旁通“纳约”[⑦]，终此耿耿，得其“心亨”之委曲乎？

①原文缺失，此处或为“克”字，与“《图》生”，相反。

②原文缺失，或为“外”字，坎外之两阴也。《诗经·大雅·大明》：“矢于牧野，维予侯兴。上帝临女，无贰尔心。牧野洋洋，檀车煌煌，驷騵彭彭。”

③“习”字，原文无，根据前后文补。

④“而”字，原文缺。根据《坎》卦，《象》曰：“习坎”，重险也，水流而不盈。”或为“坎”，根据《坎》卦：“九五，坎不盈，祗既平，无咎。”

⑤原文缺，或为“应”字。

⑥《论语·卫灵公》：“言忠信，行笃敬，虽蛮貊之邦行矣；言不忠信，行不笃敬，虽州里行乎哉？”

⑦《坎》卦：“六四，樽酒簋贰，用缶，纳约自牖，终无咎。”

初之“习坎”，犹《过》四之“栋桡”；一爻，任一《象》之事。水当《节》，而不节，为“苦”上之“徽纆”“丛棘”，习“盗”而常“加忧”。水当《涣》，而不涣，为“血”。两爻“失道”，所谓“心病”者乎？不得已而治心，大不得已而“习险”。习之中，有“不习者”在也。因有苛刻毒劓，以雄扫者；因有偏主任便，而云“心本自治”者；皆凶“窞”也，皆“纆”“棘”也。先明善曰：“古人观水，辄叹禹功。”吾叹曰：“涤源会同，“既平”之“不盈”也。神哉！禹也。”“生，寄也；死，归也。”[①]“不自满假”[②]，其习险于龙乎？

智曰：“‘生于忧患’，‘不忘沟壑’[③]，宗一先生与先廷尉，所以合‘习坎’之教也。‘教’必有‘事’，‘德行’惟‘常’。莫险于乡国之陷阱，莫险于人情之泆激，莫险于学术之鞣盗，莫险于文字之风波。谁，非‘窞’乎？谁，非‘棘’乎？安，则自出；定，则知牖；中，则自平；惟有‘忠信蹈之’而已。孔子曰：‘蹈水之道无私。’此邵子所以赏至理之言乎？”

☲☲上下皆离

《全》作“炎”。《精蕴》曰：“火于五行，独以神明；万物用之，则为炅气。是故炎克，而炅和。”《潜虚》以“内火为荧，外火为焱，合内外曰𤇾”。俗，作“離”。“离”，乃山兽；“隹”，乃短尾鸟，相见飞走。《说文》：“离，仓庚也。”借为“离别”“附丽”二义。来母半喉舌，与两、丽之声相转。南方蕤宾，附林钟者也。《集解》曰：“《坎》中之奇，即天一之真阳；《离》中之偶，即阳泄之虚阴。阳施，则阴辟；阳见，则阴藏。故畜离，必以坎；‘习坎’，必以离。气始‘化湿’，湿烝成暖；水，‘资始’；火，‘资生’。水化气而凝精，火化形而藏神。火者，两化也。其先天地者，所以为水火者也。奇离成偶，偶丽成《离》；生灭无体，缘无自性；空中有火，虚乃生明。故一星，离为千炬，遇物皆焚；人一心，离为万应，随感皆通，虚能离也。又谓之‘麗’者，故作丽加鹿，旅行善丽也。离者，两之分；丽者，两之合。火息于空，光丽于薪；神潜于寂，智寓于物。离薪为火者，妖火也，不可以烹；离物为明者，邪慧也，不可以知。故曰：‘致知，在格物。’《易》贯寂感，明物察伦，圣人所以先觉也。离而不能丽，飞扬燥扰，恒人所以昏迷也。魂魄南北，日夜诚明，互藏交轮，乾坤之中气”。“才三用二”之几，不极

①《淮南子·精神训》。

②《尚书·大禹谟》：“克勤于邦，克俭于家，不自满假，惟汝贤。”

③《孟子·滕文公》：“志士不忘在沟壑，勇士不忘丧其元。”

深者，乌可语此。

离（古，一作“离”）：**利贞，亨；畜牝牛吉**。

《野同录》曰：“六十四，皆离两而丽之。可知，天地间，皆以用为体，皆即物为畜者也。故《离》终《上经》，而开《下经》。用主分别，必明邪正，故‘利贞’。乃‘亨’，不言‘元’者，‘分别’即‘浑沦’，知‘畜’即‘贞元’矣。”《遡》曰：“文王以坤配乾，曰‘牝马’；以离配坎，曰‘牝牛’。顺静以动，莫如‘牝牛’。坎化离，神发于外，勿使热中焚和，故以此象之。‘坎命、离性，玄牝牧牛’之说，皆本此表法也。”潜老夫曰：“《上经》，首贞悔，收以《畜》‘礼’[①]。末贞悔[②]，明剥、复之‘消息’，而《大畜》其《无妄》，明颐、大过之生、死，而以坎畜离，‘初复著履’象焉。此畜《离》者，合畜体、畜养，而‘大明终始’以相继者也。”

《彖》曰：**离，丽也；日月丽乎天，百谷草木丽乎土**（《说文》、王肃，作“地”）。**重明以丽乎正，乃化成天下；柔丽乎中正，故亨**（古本，作“明以丽乎中正，故亨；重明以丽乎正，乃利贞”），**是以畜牝牛吉也**。

《野同录》曰：“太虚之体，莫非明也。不丽形气，则明无所发越。火丽物，而后见。人生水精、火神，合气成有，而散则泯无。道用，不可以有、无言；而离、丽，本一也。但训‘离，丽’者，言‘合即藏分’矣，并‘藏分即是合’之旨矣。观之天地，何物不然？皆以‘不睹闻’，丽‘睹闻’；即‘睹闻’，以泯‘不睹闻’者也。人者，天地之心。目能视，耳能听，谓之‘莫非明焉’，可也。然不能不用。用于‘正’，则明物察伦，好学济世；用于‘不正’，则诡诈奸妄，害政乱俗。故‘习坎’以‘教事’，而明‘继明’以‘丽正’为本。然‘好善恶恶’，正矣；而以便己徇情，移其好恶，则‘未为正’也。‘反视收听’，正矣；而废事物，以假混沌，则凌蔑帝王，以骄言性命，更不正矣。故明于内，而不明于外；明于总，而不明于别；明于‘无内无外’之一，而不明‘内内外外之二即一’；明于‘不用制用，用即不用’矣，而不明于‘‘用即不用’之不可以训；皆非‘重明’也。非苛刻名法，而不知张弛；则‘洸洋’‘执一’，而悖于日用，何能‘化成天下’乎？故知‘刚必用柔，柔乃养刚。’先天之《坤》统三刚，即后天之《坎》合三刚为体；先天之《乾》统三柔，即后天之《离》合三柔为用。理水，以膏性火；北‘智’，用于南‘礼’，则‘柔丽乎中正’之亨道也。此，刚柔陶

①六贞悔卦，为一轮；小畜履卦，为第 6 贞悔卦，所以称“收之以《畜》礼。”
②上经 18 贞悔卦，六卦为一轮；《剥》《复》一组，则为第 3 轮之始。

镕后之柔也。‘飞’‘潜’相合，而‘见龙’正中；‘黄裳’在中，而‘通理’正位。则内卦‘黄离’，外卦‘戚嗟’，何谓‘非亨道’耶？坎实、离虚，养之于‘无实无虚、即实即虚’之中。浩天露地，水草随分，优游《礼运》之田，是善‘畜牝牛吉’也。”

《象》曰：明两作，离；大人以继明照于四方。

仲翔曰：“《乾》五之《坤》，成《坎》；《坤》二之《乾》，成《离》。‘作’，成也，故‘明两作，离。’”子瞻曰：“火得所附，则一炬可传千万；明得所寄，则一耳目可以尽天下。天下之续吾明者，众矣。”郝《解》曰：“君身‘日新，又新’，丽也；继体以贤、象贤，亦丽也。”吕东川曰：“天纵之圣，亦藉学问；日月有常，不废《庭燎》。‘经筵日讲’，所以‘善继启沃，交明一德’者也。”潜老夫曰：“无两，不成《易》。《易》者，日月也。日上月下，为‘易’；日左月右，为‘明’。羲皇‘结绳’之治，首‘取诸《离》’；‘帝出’，‘南面’而聪，独‘取诸《离》’。盖‘畜’以为用，‘显仁’即‘藏用’，‘两’所以‘继’也。《阴符》曰：‘机在目。’予人两目，即寓两耳。回光返照，虚受无穷。言‘作’，即寓‘息’，即寓‘无息’。二曜，即成岁朔；三光，即藏灯火。明贯明、晦，照用同时，举在此矣。‘继’，从五丝而分别以续之，‘用二交网而贯五为一’之象也。中统‘四方’，即统‘四隅’；即方隅而为中，‘照’始著‘四方’焉。照，即泯中边矣。离微邻虚，无不彻上彻下矣。六十四卦，惟《离》称‘大人’，与《乾》二、五相应。聪明睿智，照临时出，至人之体，高人之奇，达人之才，贤人之法，凡人之分，皆畜之矣。此所以‘帱覆代错’[①]宰天地之政府也。”

初九，履错然，敬之，无咎。变艮，为《旅》。

在下，为“履”。日出，民兴事起，故交“错然”也。“平旦”，即“夜气”；《坤》“敬”，即《乾》“惕”。通“朝夕”者，敢不“敬”乎？五行，火为礼。礼，主敬。淇澳曰：“人知‘离，为心’。初指一‘敬’，方知‘所以为心’，方知君子‘所以求中处’。初之‘履错’，所以养‘未发’也。”《正解》曰：“‘突’‘焚’者，以‘炎上’也；初‘敬’，即‘韬光’矣。”《遡》曰：“重《离》二象，曰‘日’、曰‘火’。日之用‘下烛’，下卦取之；火之用‘上炎’，上卦取之。早岁‘敬’‘履’，‘暗’，不‘日亡’[②]；晚岁优游，歌又何憾。二，则德崇业广，天下共仰

①方以智著《易余·太极不落有无说》：“惟容乃公之帱，常古自覆，听代错矣。”《礼记·中庸》：“譬如天地之无所不持载，无不帱覆，譬如四时之错行，如日月之代明。”

②《礼记·中庸》：“君子之道，暗然而日章；小人之道，的然而日亡。”

之时。"

《象》曰："履错之敬"，以辟咎也。

《正》曰："武王之黄陵坂，幭解而自结之；周公亲执贽，而见七十二人；可以'《旅》处'者，几乎？"智曰："'缓步，以当车'乎？'绝尘，而瞠后'乎[①]？皆无所避。'敬以直内'，即藏其'方外'矣。曰'辟咎'者，以身明范，为世惕也。'畜'，即是'敬'，不碍'歌''嗟'。此乃起死回生，'错然'珍重。"

六二，黄离，元吉。变乾，为《大有》。积，《鼎》。

淇澳曰："《离》之'中虚'，即《坎》之'中实'也。《坎》曰：'未出中。'《未济》，坎遇离，亦云。可见坎之中，至离而出，故二直曰'得中道也'。"《意》曰："黄道周天，是大表法。'黄中通理'，正载'时乘'。文，足以经天下，而称其质；明，足以鉴天下，而养于虚。二所'畜'者，'缉熙宥密'矣[②]。空虚无象，不碍万象发挥。'通昼夜'者，必以日轮当午，为'正位'之象焉。'奉三无私'，中心无为[③]。《离》之《大有》，是'当其无，有，有之用'也[④]。《太玄》曰：'黄心在腹，白骨生肉。'其造福之原乎？"

《象》曰："黄离元吉"，得中道也。

曰："皆中也。'水流下'，故五'既平'；'火炎上'，故二'元吉'。坎，以上出，为功；离，以内明，为贵。不特《坎》五、《离》二，当位也。"

九三，日昃之离（《说文》，作"日厢"。《释文》，作"吴"），**不鼓缶而歌**（郑，作"击缶"），**则大耋之嗟**（京，作"大绖"。蜀才，作"咥"），**凶**（古文，及郑、薛，无"凶"字）。变震，为《噬嗑》。积，《未》[⑤]。

"昃"，过中象。"缶"，烧土为之，以节乐，"坤在火中"之象。八音，以琴瑟位离，以缶埙位坤，以鼓位坎。故奏皆曰"鼓"。雅歌，则弦歌；朴野，则缶歌。火声，故为"歌""嗟"之象。古诗："昼短苦夜长，何不秉烛游。"至三而"昃"，偷乐暗伤。八十，曰"耋"。卦画，奇偶共八也。悲乐相因，恒人之常。圣人"朝闻，夕可"，"不知老之将至"，

① 《庄子·田子方》："夫子奔逸绝尘，而回瞠若乎后矣。"

② 《诗经·周讼·昊天有命》："成王不敢康，夙夜基命宥密，于缉熙。"

③ 《礼记·孔子闲居》："奉三无私，以劳天下。"

④ 《老子》："当其无，有车之用，埏埴以为器，当其无，有器之用；凿户牖以为室，当其无有室之用。"

⑤ 《未济》卦。

而陶情丝竹。叹老嗟悲，又何及哉？子云言："庄生愤言生死，其畏死之心甚乎？"欧阳读李翱文曰"使当时皆易其'叹老嗟卑'之心，为翱忧河北之心，唐岂乱哉？在位而不肯忧，又禁他人使不得忧，可叹也。"

《象》曰："日昃之离"，何可久也！

曰："忧死，情也。忧之无益，人生，原不可久。知其'可久'者，而悲乐原自随时。世儒，定责人以无'悲乐之情'，乃为'闻道'。岂其然乎？嵇、阮，非不嗒然，遂尔颓放不羁，以为乱世避祸之术，终何可免？免，亦'何可久'？况后世，绝无知嵇、阮之所以歌嗟者，而又效之耶？君子'知生即知死'，依然'继明''履敬'，为其所当为而已，终'不以放达，为知命'。傅灿曰：梁商，上已，宴洛水，歌《薤露》。周举，以为'爱乐失时'。袁山松'道上行殡，卒于沪渎'。"

九四，突如其来如，焚如，死如，弃如。变艮，为《贲》。积，《蒙》。

外离之始，已暮而复出，故为"突如""来如"。下，乘九三重刚烈焰之上，故为"焚、死、弃如"。《离》三、四，刚居阴内；与《坎》初、上，柔居刚外者，同"凶"；内景、外景之分也。火乘风突，木巽火焚；艮"生"，而兑反之。故死焚成灰，而弃于山下。此不得"火之明"，而独受"火之烈"者也。益叹初"辟咎"之明矣。来矣鲜曰："暴秦似之。《古占法》载，隋炀江都筮此爻，乃以离宫为寺，名曰'山火'，在扬州湾头。"张华不听其子，王思远劝王晏，皆此类也。

《象》曰："突如其来如"，无所容也。

曰："三炎，不敢反；五尊，不敢犯；上下，皆'无所容'矣。心本明觉，人皆有之。一念静正，则敛辉蓄用，为初九之'履敬'；一念躁动，则膏火焚和，为三、四之猖狂。盖火能降，则济；好上，则凶。'知白守黑'[①]，'十法成乘'[②]，无非'本于《易》中，设方便'耳。淇澳曰：四以下，不恤利害，为用明本。返初，以儆惕为明本，如是方为'重明'。"画子曰："'突''来'者，燥妄心，不化。'焚''死''弃'者，'断灭相'，不忘。非'世不能容四'，还是'四，不能容世也'。许身炉治，何择其火？水下、缶上，火上、缶下；坎、离，相反处，即其交处耳。"智曰："倏忽如风，本大火聚。穷则必变，即用此以当机。"

六五，出涕沱若（古，一作"沲若"。荀，作"池若"。古，作"湝"，当是"砦"），**戚嗟若**（子夏，"戚"作"嘁"。《集韵》，作"慽"。荀，"嗟"

① 《老子》："知其白，守其黑，为天下式。"

② 天台宗，为进修初住所实际熏修的十种观行法门，即"十法成乘观"，又名"十乘观心"。

作“差”)，**吉**。变乾，为《同人》。积，《涣》。

仲虎曰:“九三之‘嗟’，以死生为忧者也。六五之‘嗟’，居君位而能忧者也，故‘吉’。”《易简录》曰:“善养心者，必以真水制火。水，即‘沱若之涕’是。”《订》曰:“肖坎‘水’，为‘沱’象；离‘目’，‘出涕’象。”幼清曰:“‘继明’‘嗣位’，不以位为乐。‘居谅暗，而百官听冢宰’之象也[①]。”《筌》曰:“明主，洞烛民隐，恻然‘痌瘝乃身’。”《正》曰:“圣人有事而致嗟者，刑也，兵也。火交于金，液出而悲；两兵相交，‘哀者必胜’[②]。汤禹‘见罪人，下车泣之’[③]。保衡曰:‘弗俾厥后，惟尧舜，愧，若挞市。一夫不获，时予之辜。’古之致其悲戚如此。”

《象》曰:六五之吉。离王公也(郑，作“丽王公”)。

曰:“五，‘离王公’之位，自当忧‘王公之忧’。况近四同体，世难之所为突而来者，原自不测如火乎？五王，与上公相丽；势也，理也。”

上九，王用出征，有嘉折首，获匪其丑(玄子，“匪”作“非”)，**无咎**。变艮，为《丰》。世。

慈湖曰:“此‘甲胄’‘戈兵’之象，备离明之变也。《洪范》‘八政’，‘师’居其末。《离》上居卦极，不得已而用之。”郝《解》曰:“‘司马，为夏官。’九来居五，为‘有嘉折首’，归功于君也。九四‘死’，六五‘戚’。九三之祸，‘离王公’，可弗讨乎？上九，以师保元老。上，与九三敌应，王用之‘出征’。‘获匪其丑’，获三也。三，非五上同体，故非其类；以明‘四之为类也’。”《订》曰:“王嘉上九之‘丕绩’，‘出征’而折取魁首，‘胁从罔治’，故曰‘获匪其丑’。”此为正解，刘向引此可证也。淇澳曰:“人生难破者，生死也。三‘歌’而不‘嗟’，明于一身。世道，所最不可爽者，邪正也。上，‘出征’‘折首’，是明于天下。《乾》‘大明终始’，无非保任坎中一阳，至《离》九乃明彻耳。合坎离，以见心体，与‘尽心’处。‘危’‘微’，其《坎》乎？‘精一’‘允中’，其《离》乎？”

《象》曰:“王用出征”，以正邦也。

杨诚斋曰:“此成王‘闵予小子’，卒平‘三监’，而吉也。”京山曰:“周公，无‘杀管叔’之事，以壁书《蔡仲之命》误也。公为宰，管叔监武庚。武庚与奄、徐，挟管叔叛，而流言毁公，公避之东。王

① (西晋)潘安《西征赋》:“天子寝于谅暗，百官听于冢宰。”
② 《老子》:“祸莫大于轻敌，轻敌几丧吾宝，故抗兵相加，哀者胜矣。”
③ (汉)刘向《说苑·君道》:“禹出见罪人，下车问而泣之。”

与太公、召公，谋获管叔诛之。公自作《鸱鸮》诗贻王。‘及风雷之变，王启金縢’，乃悟而泣迎公归。公乃讨武庚，灭其当奄、徐五十国。以《离》象言之：上，东征也；五，成王也；四，管叔也；三，武庚也；二，微子辈；初，箕子辈。观《棠棣》之《诗》，与此卦爻，盖有恸焉。”《野同录》曰：“‘征’，正也。正天下之不正，而后安享其‘各正’矣。坎、离，以上爻持世，而主兵刑。《既》《未》之‘征伐’，其‘坎离之交’乎？皆阴阳，皆坎离，皆生克也。蒙、需、师、泰、同人、谦、豫、复、离、晋、明夷、解、益、夬、萃、既、未，取‘兵’象；噬嗑、贲、丰、旅、中孚，取‘狱’象；皆以‘设险’‘用明’，致众、制刚取之，然不出‘克以为生’。谓‘六十四卦，皆生克之兵刑’，可也。‘道心’，在‘人心’中。不用，是死人也[①]；用则，必分邪正，必‘尚正，以治邪’。圣人当午乘权，明其时宜中节，各安生理，即是‘两忘’；张弛用中，即是‘绝待’。岂得雄‘已甚’之黑愚，偏充类而废法，遂使‘尊知火驰’[②]，灭理斗狠，浪任‘歌’‘嗟’，‘突’‘弃’正教耶？故定坎离‘维心善世’之表法，必言‘明两之贞一’，不许匿于‘坏两之混一’。则‘时习’之‘学’，幸甚；‘几希’之‘存’，幸甚。”

《时论》曰：邵子，以《纵》《横》举《先》《后》，盖曰：“体用之间，有变存焉。”本无体用，而体在用中；冬用于夏，而岁无冬夏。“习坎”“继明”，北入南之大用也；《既济》而《未》，南而北之大用也。惟“明”乃济，《离》居正午，“继”之变化大矣哉。坎离，《先》横、《后》纵[③]，继乾、坤以立极，当日月之交道。而《离》“向明南治”[④]，天火同归，故终《上经》焉。《彖》言臣道，《象》本君道，实则“君臣道合”也。《离》内、外十六卦[⑤]：取“火”象，十三；取“电”象，二；此取“继明”者，尊日而统月也。天明，则日月不明；而必用日月者，为其“丽”乃可用也。“柔丽中正”，岂独本卦“黄离”乎？言“诚明”者，知“代明”之“於穆不已”乎？“两作”，已合刚柔；“重明”，即藏暗天。人知《乾》“明终始”，即《坤》通“黄中”乎？但知黄为中色，土位黄中，抑观悬象而知“黄中”之表法乎？二陆，当复、姤；二分，当震、兑，而黄道贯之。月九行于黄内外，是非自然之“黄离”乎？内

①“不用”二字，北大本缺，根据文镜本补。

②《庄子·天地》：“方且尊知而火驰，方且为绪使，方且为物絯，方且四顾而物应，方且应众宜，方且与物化而未始有恒。夫何足以配天乎！”

③先天八卦，离东，坎西。后天八卦，离南，坎北。

④《说卦传》：“圣人南面而听天下，向明而治。”

⑤内卦，八卦取离；外卦，八卦取离。

卦，初，日出；二，日中；三，“日昃”。外卦，为对日暗虚，而中四爻有《坎》象，为“月”；互《巽》，为“辛”，月“旁死魄”；互《兑》，为“庚”，月“哉生明”[①]。二四之间，赤道交焉。观“两作”之表法，而“继照四方”之道，可知也。日月大矣，犹有交蠲；“修德”“省刑”[②]，能无“戚”“嗟”？史迁所云：“发见有大运，而与政事俯仰，近大人之符者也。”[③]上九，“继明”矣。文明之始，“敬授人时”，为大；盛明之敝，“出征折首”，为功。《意》曰：“初‘敬’，则明常存，不致‘仓皇失履’于始。上断，则明常用，不致‘因循酿乱’于终。”化成之本，二、五“中”“正”矣。二丽初，则“天佑”“积中”，“敬用五事”，以答天者也。五丽上，则“大师克相遇”，“敬胜则吉”[④]，以忧人者也。《坎》，“用缶”而“约”；《离》，“鼓缶而歌”，惟“敬”乃“可久”也。“俾昼作夜”[⑤]，《噬》“毒”，其能久乎？《坎》“来之险枕”，《离》“来如，死、弃”[⑥]，惟“敬”乃可“容”也。“具祸以烬”，“致饰”，何“所容”乎[⑦]？明，明其在初矣。“履”若“错”然，得无旅进、旅退耶[⑧]？“履”端明彻，“惧以终始”，所贵贞明“辟咎”，非避事也。大人以敬用明，“得中”、善“继”，生死哀乐，雷逝云游；正邦立法，以四方为喜怒，兵刑归于礼乐。“旦旦光华”[⑨]，其“戚”、其“嘉”，岂为一己哉？昔尝叹：“文以让始，武终用征”矣。嗟乎！“卑服”[⑩]之“敬止”也[⑪]，《丹书》之“敬义”也，皆大人之以“畜牝”为“继照”者也。时也。

智曰：“《上经》之终，《上》《下》之中也。全《易》，皆天道、人事；而此，又‘天道、人事’之交几也。《乾》‘明终始’，贵‘重明’以继之。所‘教’，非所‘事’；‘常习’，不愈乱乎？故常变统性习，而贯明晦者，必以明为正也。《易》表日月，日月丽天，天在明中。‘继照

①《尚书·周书·武成》：“惟一月壬辰，旁死魄。越翼日，癸巳，王朝步自周，于征伐商。厥四月，哉生明，王来自商，至于丰。”

②《史记·天官书》：“日变修德，月变省刑，星变结和，凡天变过度乃占。”

③史迁，即司马迁。《汉书·叙传》：“乌呼史迁，薰胥以刑！”

④太公《丹书》：“敬胜怠者吉，怠胜敬者灭；义胜欲者从，欲胜义者凶。凡事不强则枉，弗敬则不正，枉者灭废，敬者万世。”

⑤《诗经·大雅·荡》：“式号式呼，俾昼作夜。”

⑥《离》卦：“九四，突如其来如，焚如，死如，弃如。”

⑦《离》卦，九四独变，为《贲》卦。《序卦传》：“致饰然后亨则尽矣，故受之以《剥》。”

⑧《离》卦，初九独变，为《旅》卦。

⑨《尚书大传·虞夏传》：“日月光华，旦复旦兮。”

⑩《尚书·无逸》：“文王卑服，即康功田功。”

⑪《诗经·大雅·文王》：“穆穆文王，于缉熙敬止。”

四方’，而‘中’可知矣。无非表法，故即世事教世事，以‘继’其世；即心行教心行，以‘继’其心。尊日月，而治水火；因魂魄，而正性命，‘继善’‘贞一’之道也。以北水，洗南火；以立命，尽其性；礼乐，以嘉魂魄；盈虚，以通日月；何，非‘继’乎？何，非‘畜’乎？初，以‘履敬’，‘折’颟顸之‘首’；而上，以‘王用’，‘正’四照之‘邦’。生死电光，可以鼓‘日昃’之‘缶’；疾焰‘焚如’，亦可‘出’人间之‘涕’。‘黄离’中土，享其大经；午会文章，皆牧牛之歌也。柝薪传火，安‘谷草之分’也。斯，大人所以‘执两用中’，善乾坤之济，而性咸恒之情乎哉？端冢叶洽，日在牵牛，浮山之孤，吕智谨识。”

周易时论合编卷之四终

周易时论合编卷之五

皖桐方孔炤潜夫论述
孙中德、中履、中通、中泰编录
莆田后学余佺再较

周易下经贞悔十八卦

《上》《下》之首，四正四维，详《图说》矣。李子思曰："巽艮，为蛊；震兑，为归妹。惟《咸》二少、《恒》二长相配，为阴阳气等，故首《下经》。"邓汝极曰："山通泽润，敷产毓物，而地体尽于此。雷，鼓元气以生物；风，通八气以阜物；而天用妙于此。动、止、入、说，而百物情性尽此矣。感受无迹，天气通焉；'动''桡'有时[①]，地材兴焉。'虚受'，无失其'圆神'；'方立'，无失其'方智'。此四隅卦，所以善通四主卦之变也。"元公曰："《乾》'咸宁'，《坤》'咸亨'；《乾》'恒易'，《坤》'恒简'，《乾》《坤》之'咸''恒'也。《咸》'化生'，《恒》'化成'，《咸》《恒》之乾坤也。"潜老夫曰："乾、坤，六轮畜、履，开泰、否之交；咸、恒，六轮夬、姤，显损、益之交，则贞悔之枢纽也[②]。《上篇》二老，分以立体，乾坤、坎离皆分治；《下篇》二少，合以成化，咸恒、既未皆交治，此'造端之察至'也[③]。《先天》，兑从乾，

① 《说卦传》："动万物莫疾乎雷，桡万物莫疾乎风。"

② 《乾》，为第1贞悔卦；《坤》，为第2贞悔卦；《畜》《履》，为第6贞悔卦，称"乾坤六轮畜履"。《咸》《恒》，为第19贞悔卦；《损》《益》，为第24贞悔卦，称"咸恒六轮损益"。

③ 《礼记·中庸》："君子之道，造端乎夫妇；及其至也，察乎天地。"

而艮从坤。《后天》，坤代兑，而乾代艮，‘定位’‘通气’；故《咸》续《坎》《离》焉。乾兑，同一太阳；故尊兑于艮上焉。”智曰：“《乾》以统正性命，为元本；以旁通性情，为大用；他卦，无言之者。独《下经》咸、恒，言‘天地万物之情可见’。壮、萃，亦言之，而《壮》止言‘天地’，则万物有情之情，何如‘天地之情’乎？深几曰：《圆图》，壮、恒，为南夏八卦之始、终；咸，接秋分，萃，接立冬。而春不言‘情’，正如幼至成人，其情无累；自壮至老，情万变矣。故《乾》以正大首治之。《方图》皆二四者，动悦也。恒、咸，与益、损，为寅申之迤交；而壮、萃，为君藏之上下。其皆统于乾之半者，天因人也。因而理之，即以节之。咸者，溥寂之场；恒者，动定之门。”

䷞泽山咸

《说文》：“咸，皆也。从口从戌，悉也。”智按：“万物终戌，而交亥。亥为阳始；故戌、口，为‘咸’。至今咸、感，皆闭口韵。咸，以宫声首尾，声义微哉。”仲虎曰：“先天象，《说卦》两言之，惟‘通气’不改。此二少合，以首《下经》也。”《野同录》曰：“道用二交，以为一致。坎离，著《上》《下》之中；即以二少，著‘三才’之端。此与‘知能’‘不知能’之周遍，咸也。《损》言‘化醇’，《咸》言‘化生’，《系词》连举‘一致’‘致一’。岂非‘通气’二化，乃所以一哉？”

咸：亨，利贞，取女（古，“取”，亦作“娶”），**吉**。

《遡》曰：“《随》取友，《咸》‘取女’。《随》，悦而动。动，故友；今未足，求之古人。《咸》，悦而止。止，故从一而终；礼无渎乱。咸、恒，不言‘元’。咸恒，即‘元’也，以‘天地’‘万物’为一体。咸者，人也。六爻皆应，故以人身取象；贵贞其人事，而自‘亨利’矣。执一，则偏；是元亦病。故以‘交二’言。”《易简录》曰：“往言：‘咸、恒，配天地’，不知‘一咸，已配天地’。故《序卦》，不言《咸》。子思之‘造察’，以此[①]。”京山曰：“不透此关，将大道知能，作情识窠臼，贪恋执迷，一堕坑堑，万事瓦解。苟能于此不惑、不溺，如天地咸恒，无心有别，则‘戒惧’‘中和’‘至察’矣。言‘道，费隐’[②]，它氏颇混同；言‘造端’，则跆矣。”《见》曰：“下经《序卦》，重举‘天地’以正‘造端’，所以申屯蒙‘贞字’‘纳吉’之礼义也。若荒之以为‘无心之咸’，人岂知‘有父’乎？”潜老夫曰：“峰刚为牡，‘溪谷为牝’[③]。山

① 《礼记·中庸》：“君子之道，造端乎夫妇，及至察乎万物。”
② 《礼记·中庸》：“君子之道，费而隐。”
③ 《大戴礼记·易本命》：“丘陵为牡，溪谷为牝。”

泽，亦阴阳之形，故曰‘虚空皆夫妇’。然正当以此，信伦理；岂以廓论，藐伦理乎？人伦、天伦，即‘心之伦’。偏宗扫法，废心之言太胜，流于麃貉，以任为平。此，令升，所以恨‘清谭’；欧阳，所以作《本论》也。”

《彖》曰：**咸，感也；柔上而刚下，二气感应以相与。止而说，男下女，是以亨，利贞，取女吉也。**

《遡》曰：“加心，为‘感’；去心，为‘咸’；此一端也。心，以无主而虚，亦以无主而荡；以有主而窒，亦以有主而神。‘有无，不落’，尚属曼语。《易》，以感为体，故‘《易》无体’。咸，感也，所以注‘寂感之蕴’也。”《揆》曰：“悦归于止，即‘性其情’。不则，妄感、客感已矣。”《意》曰：“‘刚’‘柔’，言艮、兑；‘二气’，言乾坤。艮兑，为太阳、太阴之交；咸，为太阳、太阴之内合。《方图》，咸、损、艮、兑，立三围之寅申、巳亥。艮、咸，相峙，皆取人身。《艮》曰：‘上下敌应，不相与。’《咸》曰：‘二气感应，以相与。’当，合观焉。痛诛之，则念起即淫；全赦之，则聚麀任纵。何如‘授绥三周’[①]之礼，为‘止而悦’，即‘悦而止’乎？” 曰：“‘上’‘下’，以‘乾坤，二体’言。以‘否泰之交’言，一也。”

天地感而万物化生，圣人感人心而天下和平；观其所感，而天地万物之情可见矣。

《一》曰：“‘天地’‘圣人’，总此一几。因二相感，心以情见。盖心统性情，而情用，即‘心性之用’也。《复》言‘天地之心’，《咸》言‘人心’；于此，自见。一耶？二耶？‘中节’，曰‘和’；适中，曰‘平’。《太玄》，以‘应’‘迎’当之。”

《象》曰：**山上有泽，咸；君子以虚受人。**

黄《疏》曰：“不以‘雷风之气’，明感；而以‘山泽之形’，明感。盖山泽，形实；而气，虚也。‘胞有重阆，心有天游。’[②]其，深于‘虚受’乎？” 程子曰：“虚者，无我也。” 子瞻曰：“咸，以神交，将遗其心，况于身乎？在卦者，咸之全也；爻者，咸之粗也。爻配一体，自‘拇’而上，至于‘口’。当其处者，有其德；德，有优劣，而吉凶生焉。合而用之，则‘拇’据、‘腓’行、心虑、‘口’言，六职并举；而我不知，此其所以为卦也。” 玄子曰：“‘舜，无为’[③]，‘虚’也。九官四

① 《礼记·昏义》：“降出，御妇车，而壻授绥，御轮三周。”
② 《庄子·外物》。
③ 《论语·卫灵公》：“无为而治者，其舜也与？”

岳，深山野人，何所不‘受’？颜，‘屡空’[①]，‘虚’也。自门墙之‘请事’[②]，至孺子之咏歌，何所不‘受’？”

初六，咸其拇（子夏，作“踇”。荀，作“母”）。变离，为《革》。

《宜》曰：“艮，‘为指’。初在下而动，为‘拇’，足将指也。人行，必先举一足，而拇又先之。静躁所系，‘跬步’，正‘神光’也。”

《象》曰：**“咸其拇”，志在外也**。

曰：“与四，正应。拇，虽未行；‘慎独’，在此矣。”郝《解》曰：“四，为心志。‘拇’，受命于志。志在外，而感在初；‘神欲行’，而‘官知止’[③]；所以为咸。人身在下，动莫如足。其‘不动而动’者，惟‘拇’、与‘腓’、与‘股’，故以《象》爻之‘悦而止’。内三。象仆，故见拇、腓、股；外三，象仰，故见心、胸、舌。”

六二，咸其腓（荀，作“肥”），**凶；居吉**。变巽，为《大过》。积变，《大》[④]。

“腓”，足肚，《说文》所谓“胫腨”也。五，“脢”，喉骨也。居无事之地，五不能应，二不当为感。故未交，则“凶”；能“居”，则“吉”。然人身“腓”“脢”，乃无心顺应者。“止”，不枯槁；“悦”，非贪逐；故，象二、五之“中”。

《象》曰：**虽凶居吉，顺不害也**。

《订》曰：“二五，正应。恐其比三，致‘凶’耳。顺理静守，则‘不害’也。”《宜》曰：“恶动，求静，亦病也。顺应，则与本体何害乎？”

九三，咸其股，执其随，往吝。变坤，为《萃》。积变，《兑》。兑宫，世。

《宜》曰：“初、二，阴；阴，主应。三，阳也；阳，当职感，不职应。君子为‘风’，不为‘草’。今上感，而三‘随’，则倒置矣。以此持世，君子‘吝’之。”元公曰：“‘执随’，自是一流学问。随缘顺应，不著思惟，自谓‘处矣’；而不知，亦‘不处’也，病症甚微。”

《象》曰：**“咸其股”，亦不处也；“志在随人”，所执下也**。

《订》曰：“上三，为兑。艮主，随二，则‘执下’也。”《揆》曰：“仆妾，役耳。进而士，其‘环中’乎？”潜老夫曰：“九三，倒艮为震，向兑，则为《随》。世有托《老子》‘随人处后’之学，而倒行下

---

①《论语·先进》：“回也，其庶乎！屡空。”

②《论语·颜渊》：“回虽不敏，请事斯语矣。”

③《庄子·养生主》：“方今之时，臣以神遇而不以目视，官知止而神欲行。”

④积变，即《咸》卦初二爻皆变，为《夬》卦。

流，自谓‘无执’，其‘执’甚矣。自此‘下流’，岂止孔光、胡广而已乎？”

九四，贞吉，悔亡；憧憧往来（京房，作“憧”，云“迟也”。陆，作“偅偅”），**朋从尔思**。变坎，为《蹇》。积变，《节》。

《野同录》曰：“上下之交，当身为心，以其主《咸》，为乾之中画也。独不言‘咸’，不言‘心’，而直言‘贞’。‘贞’者，无心之正体也。”子瞻曰：“其朋，则从；非其朋，则不从也。”《筌》云：“不特‘心无其心’，并‘感无其感’矣。庄生曰：‘天机不张，五官皆备。’前后际断，则‘蟠极’，皆其变化也。”毛璞曰：“《易》言‘悔亡’，自此爻始。‘精义入神’，即是‘何思何虑’。日月、寒暑之‘往来’，‘二即一’也。”《正》曰：“人生，其多难乎？夏台之圣，无所致其勇；羑里之仁，无所骋其智，‘屈蛰’而已。咸，知性者也；蹇，知命者也。呼谷而应，建溜归平，犹未知也。”

《象》曰：**“贞吉悔亡”，未感害也**。**“憧憧往来”，未光大也**。

潜老夫曰：“感，自‘往来’；徇感，‘憧憧’。禁‘往来’，则愈‘憧憧’矣。曾知‘心自本无’乎？彼专夸‘心自本无’者，与‘执随’者，等耳。此分别影事之‘未光大’也。感不害心，唯‘贞’，则一。”

九五，咸其脢，无悔。变震，为《小过》。积变，《临》。

施下之易信曰：“五，居心上、口下。”陆农师曰：“‘脢’，喉中之‘梅核’是也。思，必宣之以言。欲言不言，辗转喉吻间；志在口末，而不轻发，故‘无悔‘。”玄子曰：“今谓之‘三思台’。动而迎饮食，以咽；有它思，则噎。脢与颊舌，最为比近。脢不能言，必颊、口以宣之。旧解‘背肉’，不合。”

《象》曰：**“咸其脢”，志末也**。

郝《解》曰：“惟四，‘贞’。而后二、五，得‘居吉’‘无悔’，故《传》皆言‘志’也。” 曰：《内经》“‘五藏略志’，而实一志也。一志帅二气，而志气一矣。以虚受之，圆成一实；摄末归本，摄本于末，一也。然全本、全末，即在‘明本、明末’之中。当中五之位，而不明伦御世，徒然随喙嗫嚅；将以《列子》之‘废心任形’，为‘践形’乎？犹之‘志末’也。”

上六，咸其辅颊舌（孟喜，作“侠舌”。虞、荀，“辅”作“酺”）。变乾，为《遁》。

《宜》曰：“辅，以辅牙。颊，口旁也。辅在内，颊在外，舌动则从。三者相须以言，兑象。”《意》曰：“道，不载于语默；而人生，以声气相与。言为心苗，岂必‘以闭为感’耶？然在上者，以此容悦快口，遂开‘尊知火驰’之病[①]；则镂空狎侮，坏天下之和平必矣。倚口以感人，‘巫觋’之道也。”

《象》曰：**“咸其辅颊舌”，媵口说也**（“媵”，《九家》，作“乘”；郑、虞，作“媵”；徐，作“腾”）。

《一》曰：“‘媵’，水超涌也。踞最上者，知之易，勿言‘难’。神明默成，藏罕于雅，此所以与世相忘于和平之感也。”《揆》曰：“诸爻，历数其非，不一指其是。心固，不可言欤？”

《时论》曰：蔡伯静以：“乾、坤气化，咸、恒形化。形化，即气化也。”余谓：“气化、形化，皆归理化者也。”圣人所以补救天地者，表《礼》以理其情也，而“情即性”矣。郝京山谓：“十玄之窃权，跆于造端。”然哉。卦辞，系“女”者，四见：咸、家人、姤、渐；而咸，居其首。女不壮，男不躁，阴阳和平，山泽《关雎》，可以知风气矣。董子曰：“东方，和北方之所起；西方，和南方之所养。起之，不至于和之，所不能生；养之，不至于和之，所不能成。生于和，成必和也。”人能一观天地，固已“平心而和”矣。“万物资始”，于《乾》；而艮，为东方“起元”之始。“万物资生”，于《坤》；而兑，为西方“代贞”之终。“一致”也，“同归”也，即“化生之和平”见之矣。阳，两其阴八；阴，两其阳七；天癸小通，生育气完。圣人，为天地别之、妁之、媒之，以《咸》“利而贞之”，此身世生理之吉也。无始之“絪缊”，非“两少之因应”乎？心而无心矣。“止而说”，感本正也；山汇泽，感本虚也；心主而思臣，感本寂也。圣人爻象其两间，则“虚空皆男女”也。张子曰：“有主则虚。”周子曰：“无欲故静”。《书》曰：“从欲以治。”阳明曰：“循理则静。”吾，合而咸之矣。四，当心位；思，本无思。五，居喉间之“脢”，出入罔觉。三，居心下之“股”，上不害心，下不害“腓”；自谓“随缘”，而“执”犹在也。拇，不“随”、不“执”；而“外”，不能免也。志能强其不外，非加害乎？三阳之责，甚重；而三阴从之。九四一阳之责，独重，而两阳从之。此‘乾在坤中’之朋情，不言而喻者。《易意》曰：“‘心官则思’。思，本虚也。已虚受人，‘朋’，又何‘憧憧’乎？‘何思何虑’之原，即‘来往屈伸’之极。‘百虑’‘殊途’，‘神化’不弃。然‘安身’‘致用’，必亲本于‘静虚’之门。而全静全动，即实即虚者，咸之矣。”“尺蠖”“龙蛇”之藏山泽也，土寒水冱，“寂然不动”。君子“堕体黜聪”，独抱元化，“天机不张，五官皆

---

① 《庄子·天地》：“彼且乘人而无天，方且本身而异形，方且尊知而火驰。”

备”，“不获其身”，何“朋”可见？非可倚“心自本无”之普通，而不观“屈蛰亲切”之物候也。诚与天地万物同情，则“朋从”，皆“和平之神听”矣。宜此、顺此，“神化”即从之。而“未之或知”者也，“知之易，勿言难。”[①]“滕口”，何为乎？以变观之，“祖妣”，感诸“已往”；“枯稊”，感诸“方来”。或“革”其故步，或“遁”于口舌[②]；“朋从”，本不免也。“股”“随”，自“萃”阴朋[③]；以此持世[④]，将免“嗟”乎？四，泽通水，应初之火，以“蹇蹇”忘“憧憧”，亦交济也。合而咸之，“往屈来伸”，在“心官一转”耳。

智曰：“《下经》举四‘情’，以性‘乾之情’。则用情、治情，惟在‘思官之贞’耳。周公以咸、艮，表身；以‘惕’‘跃’之爻，表心。《圆图》，位于秋分后，立冬前；《方圆》，双峙于第三层，巳申之转；岂无谓乎？言‘屠劓’者，说火欲热耳。恃此，‘私通车马’，则反荡矣。故圣人始终以‘和平相与’之贞，利之；任其‘往来’，皆‘何思何虑之天下’也。《复》，所以‘贞’之。‘复见’者，见‘天地之往来，即无往无来’者也。孔子连指‘日月’‘寒暑’，示‘寂感之蕴’；而令以‘精入致用’，为‘行止之屈伸’。谁‘虚受’而悟旨耶？《艮》三，居下之上，故‘列限、危熏’。《咸》四，居上之下，故‘贞吉悔亡’。此‘下学而上达’者，所以‘惕万世而跃之’，使善用其‘思即无思’而已矣。”智尝笑：“告子，虽‘终身不反’；然孟子度后世之‘告子’，不少也。今，亦并无‘告子’耳。有，则必感‘屈信往来’之恩矣。假使‘告转为孟’，更见‘恩大难酬’[⑤]。”

䷟雷风恒

《精蕴》作“𢛳”，俗作“恒”，言：“立心，如一日。”智按：“《说文》‘从艮’，谓‘舟竟两岸’，谬甚。戴合溪，因‘如月之恒’，‘从二、从月’。左忠毅‘从日’。其声，为亨之阳喉。自坎离以二中，明男女；《咸》以二少，明夫妇；《恒》以二长，明‘克家’。尽古今，无非‘二交合一’之咸。即有‘恒于咸中’者，反复其‘咸’，则知‘恒’矣。”

恒：亨，无咎，利贞，利有攸往。

---

①《庄子·列御寇》：“知道易，勿言难。知而不言，所以之天也；知而言之，所以之人也；古之至人，天而不人。”

②《咸》卦，初六独变，为《革》卦；上六独变，为《遁》卦。

③《咸》卦，九三独变，为《萃》卦。《萃》卦：“六三，萃如嗟如，无攸利；往无咎，小吝。”

④《咸》卦九三，为世爻。

⑤“恩”字，原为“思”字。

《宜》曰："咸，可大；恒，可久。常亨者，无咎也。贞，即久也，所以为恒者也。恒，非'固执不变'也，有'变变而不变'者。冒言'本自不变'，而荒其'日用之节'；则恒，即有不贞者矣。异外之'浚振'者，执一不变，亦自谓'恒'。惟其'始择不明'，则理非其理，事非其事；无理无事，是'咎薮'矣。"《意》曰："震巽，反、伏艮兑。四隅相旋，以亨乾坤、坎离之正。《咸》'情'，见于始；《恒》'情'，见于终。即'利往'，而藏'来'矣，往而不息者也。"

《彖》曰：恒，久也。刚上而柔下，雷风相与，巽而动，刚柔皆应，恒。"恒：亨，无咎，利贞"，久于其道也。天地之道，恒久而不已也；"利有攸往"，终则有始也。

《一》曰："上下，恒分也；二长，恒序也。'雷风'，即山泽之气。'相与'者也，恒气也。内巽，以承外动；行事，自恒顺矣。咸，亦皆应；而惟恒，则安，故曰《恒》；皆，以卦象求之。'恒：亨，无咎'，言'人安伦理，当久于其道也'。申言'天地'，征其'不已'。道者，发即未发，而'变化中节'之统名也。'利有攸往'，言'道在人事中，人当各事其事也'。'终则有始'，正言'事事，之所以'不已'；而变化，皆恒也。'伦而五之，'不易方'矣。报国，则忠即孝；处家，则孝即忠，'不易方'也。贤者，恒言其理；而愚、不肖，总归化成；'不易方'矣。不无'愚、不肖之乱'，而不能'易贤者之理'，'不易方'也。故曰：'久由其道，乃得为恒。道外，无恒'。'布帛菽粟'，何者非'於穆'耶？"子瞻曰："恒，非不变；能及其未穷，而变耳。及其未穷而往，则始终相受，如环无端。阳至午，未穷也，而阴已生；阴至子，未穷也，而阳已生；故寒暑之变，人安之。"《意》曰："恒理、恒事，犹'寒恒，当絮；暑恒，当葛也'。苏言：'知之，则预事其事，而已'。'立法'者，'使由'者，皆此'不已'也。"

日月得天而能久照，四时变化而能久成，圣人久于其道而天下化成；观其所恒，而天地万物之情可久矣。

《集》曰："天地之道，何可见乎？日月四时，而已矣。孰'运日月'乎？孰'旋四时'乎？又非'扫日月、四时'，而言'得天之变化'也。飘风、迅雷，此不恒也。风之自，雷所起，可易知乎？雷发有时，风起有候，谁不知乎？圣人知恒，非一事、一时，万变不息者也。然不碍'因时而候之，因事而安之'；此'化生'，所以恒于'化成'也。如此'亲迎'，如此'克家'，亘古不变。神化自成，'情即道'矣。岂如后世之新奇衒人者，专离事物，以言道；而又灭理任情，以为恒乎？"

《象》曰；雷风，恒；君子以立不易方。

《一一集》曰："山泽，流峙各得，而以为感；雷风，倏忽无常，而以为恒。圣人深见'天地万物之情'乎？一切皆坏，而'所以然'不坏。所以者不坏，则一切皆不坏。此通论也。气，充两间之形气；而声，无来去之可寻。则曰：'有形必坏，而声气不坏。'故取象，雷风为《恒》，而风雷为《益》；他卦，咸则损，泰则否矣。此质论也。故曰'万变，本自不变'，此'冒恒'也。制义，以宜其情，'立'处中节，此因用见则，'方方不易'者也。'冒恒'，必用于'细恒'中。随物具理，总此'不易'之理；'立不易方'，乃所以为圆也。'立'，'可与权'[①]。立方，即大权也。尊亲有别，得主有常。岂坏规矩，而'浚恒''振恒'乎？"《正》曰："'烈风、雷雨，弗迷。'[②]象，盖取此。"

初六，浚恒（郑，作"濬恒"），**贞凶，无攸利**。变乾，为《大壮》。

元公曰："初六，鬼幽；上六，鬼躁，病阴也。"《野同录》曰："道在当前，本无浅深。所恒用者，'天下、家国'之身心也。必欲别搜玄胜，以深骇人；势必，鄙扫纲维，禁革饮食，幽沉黄泉，乃死水也。吹毛索瘢，先冤贤者；民智力竭，以伪相矜矣。"《荀子》曰："中则可从，畸则不可为，匿则大惑。"陈传良曰："形道太高，而绝礼法，是子夏所谓'诬'也。"

《象》曰："浚恒"之"凶"，始求深也。

《集》曰："圣人，亦深以通志，而藏顿于渐。何必'始求'之急，而一锹浚井、以揠为方乎？"《正》曰："道太清，则无徒；水太深，则寡游。峻行、厉声，君子之所罕也。"

九二，悔亡。变艮，为《小过》。积变，《家人》。

《宜》曰："《壮》二、《解》初、及此，皆不著其所以然。盖以爻明之，故《传》著'九二'。"《正》曰："《下经》称'悔'，止十三，而《恒》为之主。恒，治内者也。"元公曰："'浚'，乃'隐怪'。二，乃依《中庸》者乎？"

《象》曰：九二"悔亡"，能久中也。

《集》曰："恒之内中，悠久自固。'中庸不可能'[③]，而不碍其'成能'也。"淇澳曰："颜子之'不违仁'也。《复》曰：'不远复。'《恒》曰：'能久中。'"

①《论语·子罕》："可与共学，未可与适道；可与适道，未可与立；可与立，未可与权。"

②《尚书·舜典》："纳于山麓，烈风、雷雨，弗迷。"

③《礼记·中庸》："天下国家可均也，爵禄可辞也，白刃可蹈也，中庸不可能也。"

九三，不恒其德，或承之羞（郑，作“咸承非”）；**贞吝**。变坎，为《解》。积变，《震》。

《集》曰：“初，象巽入；三，象巽躁。雷风相成，抟势故然。处《乾》中画，而逞刚不思，自谓‘变通无碍’，鄙屑德行，凌夷恒法，借口任天，遂成恶恐。依然此‘感应情理’之世，何所逃乎？‘承羞’必矣。既谓‘异类中行’，悍然不顾毁誉；而复附会‘浚振’之说，以自解，即‘揜著’之恒性也。”

《象》曰：**“不恒其德”，无所容也**。

《筌》曰：“既不安处于巽，又不仰承乎震，进退皆‘无所容’。”玄子曰：“夫妇易位，安所逃羞？”《正》曰：“优施从里克饮，‘教兹暇豫事君’。里克知君将杀共世子，曰：‘中立其免乎？’称疾不朝，三日难成。为臣如此，不罹‘无恒之羞’，得乎？”

九四，田无禽。变坤，为《升》。积变，《泰》。

《集》曰：“初求四者，太深。四，以决躁夬姤，而反无以应初，则弋猎《鸡鸣》[1]，难以歌矣。其藉‘无所得’之说，为‘荒忽之恒’者乎？象为坤‘田’，而应柔‘无禽’。”

《象》曰：**“久于其位”，安得禽也**？

《一一》曰：“九四，以阳居阳；咸、恒，同也。咸恒易位，九四易止为动，‘失位’久矣。”《宜》曰：“‘杨墨’之仁义，外不足‘成物’，内不足‘成己’，徒劳罔功。”智曰：“不言‘素位’，而动欲绝物，以为高，‘安得禽’乎？猎犬守枯椿，饱鹰扬去矣[2]。”

六五，恒其德，贞（《衣记》，作“侦”）；**妇人吉，夫子凶**。变兑，为《大过》。积变，《屯》。

《宜》曰：“二‘悔亡’，而五‘德’，其位中也。君子于此，宜有变化之宜、经权之妙，乃守此，以为‘贞’耶。通于‘夫’，而君父可知矣。”《揆》曰：“伯姬、申生、尾生似之。”潜老夫曰：“言恒顺无为者，体也。执此为用，则濡弱之宗，销人骨性。夫岂知‘义之与比’，则‘莫’亦‘无莫’，‘适’亦‘无适’乎[3]？世有‘讹武侯不谏取刘璋、光武二于更始’者，是‘妇人之恒’也。”

《象》曰：**妇人贞吉，从一而终也。夫子制义，从妇凶也**。

《正》曰：“齐桓，不如晋文智矣。桓得管仲，仲殁，而齐衰。文公

---

①《国风·郑风·女曰鸡鸣》。

②（宋）韩大伯《悟道偈》：“一兔横身当古路，苍鹰才见便生擒。后来猎犬无灵性，空向枯椿旧处寻。”

③《论语·里仁》：“君子之于天下也，无适也，无莫也，义之与比。”

得赵衰、先轸、狐偃，又有郄谷、栾枝、箕郑、胥都、狐毛、先都、先居且诸臣；故文公没，而晋再伯。则是管仲之智，亦不逮赵衰之智也。”《浮山闻语》曰：“北齐娄后致位高演，而孝琬百年殄；宋杜后致位匡义、廷美、德昭歼；况唐之高、中、玄、肃乎？汉武云阳，似越高祖矣，然不以此许求将之吴起也。言莽操女，有怜之者；言窦毅女，有愤者乎？楚昭之母、孙翊之妻，‘从一’而‘制义’者乎？为男子者，当何如？”

上六，振恒（虞、张本，皆作“震恒”。《说文》，作“揗恒”），**凶**。变离，为《鼎》。

《集》曰：“应三，‘不恒’；执柔，亢‘上’；乃以‘委顺平等’之说，宽之。随其妄动，以为寂乐，是‘败教坏俗’之恒风也。”

《象》曰：振恒在上，大无功也。

《集》曰：“夸最上者，必扫事功，乃可纵脱。故圣人以‘大无功’为证，断学术之案。”子瞻曰：“合，而为咸、恒。离爻而观，见此而不见彼；则所以为咸恒者，亡矣。故咸、恒，无完爻。”郝京山，以“全《恒》，为妇道”。则以“全《恒》，为臣道”，可也。咸，为圣人之天道；恒，为圣人之人道。

时论曰：《咸》不言“圆”，而《恒》言“方”；《咸》不言“中”，而《恒》言“久中”。《方图》，从中而立，西南应《咸》。《圆图》，恒、壮、益、观，峙南北之八位。“非礼弗履”，“迁改”“设教”，此“久中”“不易”之象也。方生于圆，圆用于方。知“舍方无圆”者，知“久于其道”矣。《后天》，“出”震、“齐”巽，变化其“相薄”，而四时相与。震司二分，发声收声；巽司八风。恒，三阳九，三阴六，而一至。是天地周期之几，即元运之几，即呼吸之几也。气灵于形，而发则为声；故知声气，不随形灭。此理贯乎形气，尝以声宣。“方方中节”之不易，即“所以然”之不易也。王文成，统言耳。统不坏别，象即有义，人有恒言，必道恒事，请以人事言之。风皇制“俪皮”之礼，民始不渎。故《序卦》著“夫妇”之“久”，藏咸于恒，“礼义有措”，重申“天地”。此，《恒》之《象》不标，而于五爻著“义”焉。著其刚柔之中在上者，不可过也。妇道《过》“恭”，为二可也[1]；夫道《过》“桡”，五则“丑”矣[2]。立法之初，义在履礼。“浚”之“求深”，则犯《壮》“趾”之“穷”。成家之终，义在养饪。“振”之动极，则失主器之节。岂有“不可处家

① 《恒》卦，九二独变，为《小过》卦。《小过》卦，《象》曰：“君子以行过乎恭，丧过乎哀，用过乎俭。”

② 《恒》卦，六五独变，为《大过》卦。《大过》卦：“栋桡；利有攸往。”

常”者，而强欲化成天下者哉？《月令》:“奋铎曰:“雷将发声，有不戒容止者，生子不备，必有凶灾””，重始雷也。置翳喂药，“毋出九门”；“无杀麑夭”，柔风方来；省妇事，禁为“容观”；重始风也。“不恒”自《解》，佚而可“羞”。非“位”求《升》，荒而“无禽”，非恒情乎？《传》曰:“冬雷夏雹，气之贼也。刑德易节，贼气乃至。”三，失德，以从上之“振”；四，失刑，以随下之“浚”，非恒情乎？太柔毋断，亲爱易僻。“蒙风”之流为“恒风”，“蝇声”之渐为“牝晨”，非恒情乎？末世有“好离义，以言道”者，流风必且任恒情矣。圣人忧之，故明“制义”，于中五；而表“立方”，于《大象》。《坤·翼》曰:“方其义也”。礼，以义起。不知“制义”，岂知礼乎？岂知“方方立处，有“不可易”之礼义”乎？咸，以感人心言“情”；恒，以“制义”言“情”。制有“巽权”，而《震》在“修省”。试玩二、五之应，迭更两《过》。《咸》上、《恒》初，壮遁藏几；终则有始，“化生”贵乎“化成”。不知此，而一生玉帛，专奉齐眉，是“优孟之礼”也，三亦“羞”之。不知此，而厌恶淫浊，废伦独槁，是“土木之道”也，久非其位矣。《意》曰:“‘天覆地载’，‘不易方’也；日昼、月夜，‘不易方’也；四时接序，‘不易方也’；圣人之教，尊亲有别，制义从一，‘不易方’也。”有方位，有方法，情义折中，心迹相准，素此卦爻，化成礼乐。所以然者，久在此“雷风之声气”中。“恒易”“恒简”，复何逃乎？然则溪刻甚深之说，便于略其常规者，遁乎“浚”，以掩“羞”耳；悍然奋迅，谓“可一切不问”者，遁乎“振”，以得禽耳。故继以“严”“礼”，辨《遁》《壮》之“进退”“明晦”焉。

智曰:“至人无情，无不近情。所感，即所恒也，‘不易方’。有不从恒情者，‘久于其道’，则恒情，即道矣；得天变化，皆其方矣。‘布帛菽粟’，‘饥食’‘寒衣’，但立家常，终不可易。圣人亦曰‘极深’，而非‘始求深’之‘浚’也；亦曰‘振民’，而非‘踞上以振矜高’者也。”李去华曰:“杨墨之‘仁义’，子莫之‘执中’，岂不曰‘自立’乎？”意见一错，不恒，则孟浪一生；恒，则祸天下矣。出此入彼，《恒》无吉爻。危哉！

遯 ☰ 大壮

郝《解》曰："《咸》《恒》，继《坎》《离》，而首《下篇》，为至道。《遁》《壮》继之，犹《屯》《蒙》之继《乾》《坤》也。《屯》《蒙》，人物之始造；《遁》《壮》，君子之始修。道莫大于进退。'退以义，进以礼'[①]，斯君子矣。"《象正》曰："《咸》，静以与心；《恒》，定以与人。'虚以受人'，难于远小人；'立不易方'，无以观礼之通。故《遁》《壮》言礼以修，即以礼为远也。"潜老夫曰："《咸》《恒》之后，即交乾、坤。此一对为阳，而肖体，则艮、震、兑、巽也。再一对为阴，而四爻肖体，仍艮、震也，互《坎》而显《离》者也；咸立见于出处，而归于'用明'者也。《杂传》，言'止''退'；以'止''退'，为进者也。大小，皆利贞；而'小利贞'者，尤征'虚''立'之微几焉。"智曰："静虚立定，惟此'进''退''明''晦'，为言行同异之验。反身自严，赦宥外宽，而损益合时矣。进退之关，最明；而其几，最微。明理自由者，履'天地万物'之情场，其飞矣乎？"

䷠天山遁

《说文》："豚，善走也。"智按："古，盖以'团'为'腯'；所谓'牲牷肥腯也'。腯，本作盾；谓其全藏。加辵，为遁，谐声，通用为遁。遯，古作遂，舌头征声。《玉藻》：'圈豚，行不举足。'亦谓：'襜围团栾，藏步不觉也。'《宙合篇》曰'豚豚乎，莫得其门'，犹之'团团'也。团者，浑沦善藏，故与'遁'之声义通转。"

遯（一，作"遂"，又作"遁"）：**亨，小利贞**。

《宜》曰："盛名之下，难久居；得意之处，勿再往。'物不可久居其所'，故变'遁退'。夫妇老，为父母，亦退位也。全肖《巽》，为'进退'。康成，以为'逃去'之象。世固有觌面而遁，人莫之知；如子见南子，遇阳虎者。陈仲弓，不忤中人；徐元直，不为操画计。可知，危行言逊，皆'小利贞'者也。进退、出处，士君子感受'立方'之大消息也。"《订》曰："《临》对《遁》，《大壮》反《遁》，皆曰'利贞'，'为君子谋'也。《遁》'小利贞'，其欲化小人为君子乎？"《儿易》曰：

① 《孟子·万章上》。

“遁十二卦，而升；犹屯十二卦，而豫也。六月阳盛，而观时知几，盖深责人难进、易退也。”

《彖》曰：**“遁，亨”，遁而亨也；刚当位而应，与时行也。**

玄同曰：“君子‘包承’以，治《否》，岂于二阴时而去之？第此时病症未分，虽有和扁，不得不待其势定，有待而治，非不治也。遁者，正自治其足以‘倾否’之学也。”《正》曰：“否，可持；遯，不可持。《否》之‘小人’，阴盈且败，邪正已别，持之尚易；《遁》之‘小人’，阴节方厉，厉而进，邪正不别，持之害矣。故君子舍《遁》无术。谚云‘退一步，行安乐法’，不独出处然也。”元公曰：“富贵场中，‘著著有出身路’。如尧之‘无名’，舜之‘不与’，孔子之‘无知无能’，皆遁道也。”《意》曰：“遁，即《乾》初之‘潜龙’，遁于六十四卦中者也。大过，以‘生死之关’中，明‘遁世无闷’之象。子思，‘折中’‘隐怪’半涂，而以‘遁世’写真，‘与时行也’。”

小利贞，浸而长也。遁之时义大矣哉。

《集》曰：“‘浸’，与《临》‘浸’相应。本平泯也，而圣人为君子叹，若是深乎？《圆图》，一阴一阳，至二阳二阴，皆十六卦。从冬、夏至，而春、秋分也。过此，则八卦，为泰、否；四卦，壮、观；二卦，夬、剥矣。故于二进时，言‘浸长’以慎之。” 曰：“利禄不入于心，即能宛转善世。子支父曰：‘能无以天下为者，乃能以为天下也。’‘倾否’‘硕’《剥》，皆本于此。”

《象》曰：**天下有山，遁：君子以远小人，不恶而严。**

《宜》曰：“积阳，为天；积阴，为地。山起于地，有似阴长。遥望，山若连天；登而天远若遁去者，故有此象。”神曰：“天在山上，见山，不见天，此遁法之祖。凡人就水见天，入空则明，一实则塞。道家，就山见天，化实为空，化塞为明。故山天《大畜》，学而圣；天山《遁》，学而仙。先天，所谓‘山’者；后天，所谓‘天’。”黄《疏》曰：“君子与小人绝远者，地步高也。”

初六，遁尾；厉，勿用有攸往。变离，为《同人》。

《意》曰：“艮，为‘狗’‘虎’；在下，故为‘尾’象。《方图》，遁、谦、履、临，四峙。‘遁尾厉’，犹之‘履虎尾’也。以礼临物，‘不恶而严’；谦以退处，世路自宽。‘厉’，‘潜龙’之‘勿用’者，在其始矣。”《正》曰：“《遁》之《同人》。‘委蛇’‘和光’，亦曰‘救’也。救之不可，终亦必遁，是‘遁尾’矣。”智曰：“顾荣，何如张翰？庞德公曰:‘谓豕斯突，何取于缚？’吾宁‘曳尾于泥中’[1]。”

《象》曰:“遁尾”之厉，不往何灾也？

《一一》曰:“张琣、胡昭，孟德不强屈之。文举复恋大中大夫，此‘自往取灾’也。‘尾’，‘不为天下先’，其申屠蟠乎？司空图，已‘厉’矣。”

六二，执之用黄牛之革，莫之胜说（音“升脱”）。变巽，为《姤》。积变，《乾》。

《宜》曰:“姤，阴已‘壮’；遁，‘厉’可知。二阴既厉，‘执’当愈固。二偶亦坤，曰‘牛’、曰‘黄’。艮，亦变坤。下阴，曰‘肤’；上阳，曰‘革’。‘执’，与‘莫脱’，艮‘手’象。”或谓:“二比三，而应五，阴阳相得。‘致款诚’，以挽其去志也。”《筌》曰:“剥，阴剥阳，而取‘宫人之宠’，以顺上；遁，阴驱阳，而取‘黄牛之革’，以留贤。老氏云:‘圣人善救人，是以无弃人。’”《揆》曰:“二阴爻，浸阳也。”

《象》曰：执用黄牛，固志也。

《一一》曰:“以遁道言之：尧已得舜，由可挂瓢；光武已治，严可垂钓。士各有志，君子亦以为‘疾固’；而彼自固执，亦无伤也。”

九三，系遁（《订诂》作“繫”），**有疾厉；畜臣妾，吉**。变坤，为《否》。积，《履》。

《集》曰:“三，与上乾同德，然比阴与同体。艮‘成’，德‘止’，见为阴不我害，宜‘遁’；而‘系’，艮‘手’、巽‘绳’之象。然二阴浸阳，施由三始；‘骎骎’，‘疾厉’逮之。然三乾，所以得避二阴之长，以九三止之。‘畜臣妾吉’，畜阴也。初，艮下；二，巽下；为‘臣’，为‘妾’。‘阍寺’,亦‘臣妾’象。上下易，为《大畜》，‘畜’象。”钱国端曰:“《姤》二，‘包有鱼’;《遁》三，‘畜臣妾’;《否》四，‘畴离祉’;《观》五，‘观我生’;《剥》上，‘得舆’。此，可明‘待小人之道’。玄子曰：绛侯、梁公之畜吕、武也。”《正》曰:“有遁心而时者，‘臣妾’则不逮矣。夷、齐之逃也，手不赍粮；公子针之亡也，有车百乘。‘臣妾’者，天下所为‘系’‘畜’也。”《易见》曰:“‘臣妾’，最不利士君子之遁。士君子不能遁，正为臣妾颜面耳。”

《象》曰;“系遁”之“厉”，有疾惫也;“畜臣妾吉”，不可大事也。

潜老夫曰:“古人，有托疾以为遁者。伤唐虞之往，发广武之叹，闭户经月，出哭穷途，是以‘疾惫’为遁者也。信陵近妇人，唐文末年亦类之。况士负才，而处于阴长之世乎？益叹翟公书门，尚未悟‘喑聋

[1]《庄子·秋水》:“往矣！吾将曳尾于涂中。”

之道’。”

九四，好遁，君子吉，小人否。变巽，为《渐》。积，《孚》[①]。

《宜》曰：“初应四，交‘好’而‘遁’，‘小人’不能也。”按：“乾刚无系，愈进愈吉。‘从吾所好’，‘好遁’也。《传》申之，暗点三‘系’，则变《否》耳。”灿曰：“‘吉’，则‘容迹’皆‘朝隐’。‘否’,则‘终南’亦‘捷径’。”

《象》曰：**君子好遁，小人否也**。

《正》曰：“君子三让而进，一揖而退[②]。小人恶退，则以遁为‘弃妇’也。《雨无正》，非欤？曰：‘救遁者也。’周公乎？三年徂冬，亦未为退也；七年制作，亦未为进也。”

九五，嘉遁，贞吉。变离，为《旅》。积，《损》。

《筌》曰：“五，以礼自藏，而与之应，潜消其‘嫉阳之心’。诸阳，得以周旋其间，而不去者，五之为也。”《见》曰：“‘嘉’，礼也。及相信时，以礼而退，其‘二疏’乎？[③]”玄同曰：“出处远近，同为‘归洁’；稷、契，皆巢、许也。益叹留邺之志，‘遁’乃为‘嘉’。”《正》曰：“‘所谓伊人，于焉嘉客’。‘萋苴’之‘追琢’[④]，亦古人之所贵也。”

《象》曰：**“嘉遁贞吉”，以正志也**。

郭子和曰：“随而不流，无‘执’也，无‘系’也，无‘好’也。不事于外，‘正’其‘在我之志’，而已。”《意》曰：“遁，必藏于中和；而《传》，则表其‘正志’。”

上九，肥遯（用修云：“古‘肥’作‘巴’，或作‘蜚’。”按：《九思易》、张衡、曹植，皆用“飞遁”。证知，古通），**无不利**。变兑，为《咸》。

《筌》曰：“四皓、鲁两生也。”《正》曰：“山泽之癯，而以为‘硕人’。”玄子曰：“此特‘遗世’耳，惟孔子‘无可无不可’当之[⑤]。”刘牧曰：“处，不‘逃名’，遁而不遁；出，不‘荣禄’，不遁而遁。”

《象》曰；**“肥遯，无不利”，无所疑也**。

《宜》曰：“三，犹疑于所比；四、五，犹疑于所应也。”智曰：“真至不疑之地，‘骑日月，乘云气以游’矣。”履曰：“崔铣谓：‘陶靖节，

---

① 《中孚》卦。

② 《礼记·表记》：“君子三揖而进，一辞而退。”

③ “二疏”，指汉宣帝时名臣，疏广与兄子受。

④ 《诗经·有客》：“有萋有苴，追琢其旅。”

⑤ 《论语·微子》：“虞仲、夷逸隐居放言，身中清，废中权。我则异于是，无可无不可。”

洁身如嵇康而安，逊保如孙登而平，放志如阮籍而法’。履谓：‘君平，以孝顺，为肥；安道，以礼度，为肥；玄晏、云祯，皆以笃学，为肥。’安往而不得‘吾肥’乎？贵‘正志’耳。又何‘所疑’？”

《时论》曰：阴长之卦，自姤至剥，《象》莫不“憯惩”气运[1]，“厥焰攸灼”[2]；而《象》爻，为君子辟坦途，并未“与小人以径路”。三十爻中，仅以《否》初、二，予“小人”一“吉”，乃其最盛时“小大平分”之世也。过此，《观》，反不取“阴长”之训；《剥》，且直断其“篾贞”，标存“硕果”矣。况前此，阳尚未衰，而君子悻悻避匿，不亦“果”哉？非也。真遁者，非“人所睹闻”也。《剥》之“顺时止”，以“观象也”。《遁》之“与时行”，以“正志”也。非“当位”，则“跬步”即“蹶”；非刚应，则“轇轕”皆偏矣。《易意》曰：“遁，非‘隐高’也，匡救‘严’焉。‘偕行’，非‘苟容’也，自立‘严’焉。”遇虎简欢，何其峻而宽乎？司冦客卿，盖亦环辙后车矣。何也？圣贤之志，正于内；圣贤之行，合于时也。刚志，遁于柔时，非“首出”“无首”之龙乎？止“与时行”。有“行天山之外”者，去位“超然”，对治之严也。有“以素位为天山”者，“嘉”之、“好”之、“畜”之，可；而“大事”，“不可”也。“革”，亦可“用”也；“尾”，亦可“厉”也。乡国枯菀之场，君子之“天山侨寓”也。地步高矣，何时而不严耶？虽然藏天下，而不得虽遁；彼无忌之小人，亦且窥之，而巧于“固位乘权”矣。君子以龙遁，小人非“如豚善遁”耶？《遁》之前，为《姤》，则“蹢躅”“烝涉”矣。《遁》之继，为《否》，肯“弭耳”而供“庖羞”耶？彼且不为我畜，而登峰者苦矣。盖有“畜臣妾之道”焉，“固”其顺性，消其“厉”“灾”，一“用”，一“不用”。君子有礼，以用《易》。彼虽浸长，如“白日中天之法”何哉？彼虽以“大地同坏”自解，而见在之“乡国屋漏”，为君子所严，此终不能自解也。“疾”至《否》，而亡乎？此“君子”“小人”之介，天地所严，亦必不坏者也。四，遁于初乎？五，遁于二乎？小人，终为“自受用”所畜；而君子，能畜其“受用”。绝黠之小人，终求自解，而君子“无容自解”，此“潜龙”之志，所以“无疑”也。若在“疑信之交”，则君子受龛于小人矣。遁，固“君子，以小人为药”者也，果如上之远乎？齐小大，“乘云气”，游乎尘中，不可得染，是“真不疑”者。其泯古今，以为“肥”者乎？然君子，亦不以此废“万世之严”也。

智曰：“遁道，潜于‘六龙’。人处咸、恒之世，固遁场也。世，已

① 《诗经·小雅·十月之交》：“哀今之人，胡憯莫惩。”

② 《尚书·洛诰》：“无若火始焰焰，厥攸灼叙，弗其绝。”

为吾隐矣，何庸更‘买山’哉？是，则是矣。圣人恐人恃此大遁，障‘苟容’之面也。故于此《象》，著‘不恶而严’之剂焉。末世，动以‘柳下、梁公’借口，岂知柳下‘不睹不闻之龙’，遁于‘介’乎？梁公不识柬之，则钱癖之遁薮耳。赤松衡山，哑为吊诡；钓台、黾池，将以终南径之耶？是不容‘天下有山’矣。摩诘之叹渊明，即渊明之远摩诘也[①]。下望之，自言‘鄙吝’，即其远‘清谭’也。王曾刼嗣宗，岂能远‘放诞’乎？故君子‘陋巷’‘饮水’而乐，即远‘贪竞者’矣。爻象，礼乐为娱，即远‘鄙倍者’矣。《孟子》提出‘大舜’之‘敝屣’，即远万世之‘分香卖履’矣。‘不睹不闻’之龙，万世所共睹闻者也。‘麒麟’之手目，遁于《春秋》，盖以触万世之‘揜著’也。其‘严’乎？故大壮，示之以‘礼’。”

䷡雷天大壮

壮，从丬土。丬，半木也；土生木，而析用其半也。《字书》以“丬为床，土为士”，取“士人居室同息”意，更迂屈矣。智按：“床、藏、壮，同声，商征之通声也。古‘反身为臣，戈以自卫。’藏，即臧矣，加艸别之。床，所以藏人也；壮，‘藏诸用’也。因有‘盛壮’之义。声气极天，而遁于礼，以为藏用者也。”

大壮：利贞。

曰：“反《遁》，为《壮》，实本《无妄》，而四阳连进直遂，故曰‘大壮’。”玄同曰：“《大壮》之阳，至四始壮，‘道心，微也’；《姤》之阴，于初已壮，‘人心，危也’。然四阳已壮，而不可用；五阳为《夬》，而犹未夬，其‘精一’乎？”仲虎曰：“复、临、泰，阳长于内，皆言‘亨’。大壮，阳自内而达于外，‘亨’不待言，独云‘利贞’。天地之道，浸大以渐而壮，是之谓‘正’。礼者，贞之矩也。”辅嗣云：“世未有‘违谦越礼’，能全其壮者。”故曰“大壮，则止也”。

《彖》曰：“大壮”，大者壮也；刚以动，故壮。“大壮利贞”，大者正也。正大而天地之情可见矣。

《意》曰：“两呼‘大’者，正名定义，责成爱惜，言外俱见。四阴、四阳之卦，不言‘长’。《观》曰‘大’，而《大壮》曰‘正’，一贵

① 王维（699—761），字摩诘，号摩诘居士，唐朝河东蒲州人，著名诗人、画家。他在《与魏居士书》中评价陶渊明：“近有陶潜，不肯把板屈腰见督邮，解印绶弃官去。后贫，《乞食》诗云‘叩门拙言辞’，是屡乞而多惭也。尝一见督邮，安食公田数顷。一惭之不忍，而终身惭乎？此亦人我攻中，忘大守小，不知其后之累也。”

‘用四’之道也。”《宜》曰：“‘壮’，以气言；‘正’，以理言。‘大’，自无不正。君子‘正’，所以成其‘大’，故又以‘正大’合言。‘雷在地中’，生机初动，故曰‘见心’，而扬其辞。‘雷在天上’，则生物之心尽露，故曰‘见情’，而决其词。‘万物之情’，终以‘天地之情’正之。”潜老夫曰：“不‘正’，即非‘大’，便与天地隔绝。六十四卦中，独《大壮》专得《乾》之‘利贞’，无余词焉。此明‘天地之情’，以‘正’《咸》《恒》进退之‘情’。”

《象》曰：**雷在天上，大壮；君子以非礼弗履**。

《宜》曰：“天，无上下；以人所不睹闻处，为上。礼者，天所秩，而用于人。乾在下，而雷行在上，‘履’象。处高而呼，声非加疾，而闻者远；故君子置身高地，步天路以为行。”横渠曰：“‘克己复礼’，《壮》孰甚焉？”《野同录》曰：“‘礼本于大一，而分为天地’者，即‘本天殽地，列事协艺’者也。故《履》，‘辨’其‘志’；此，著其‘礼’。礼以制情，即以用情。‘节文’适安[①]，而‘微’‘显’交泯矣。诸子言心，亦入玄微。而标天地‘正大之情’，以人伦履礼为教，则惟圣人正大无漏。它氏，反以‘无漏’，成‘偏畸’矣。颜闻‘由己’，而必‘请其目’。圣学贵‘博学详说之约’，不‘以灭为约’，不‘以荒为约’也。”《正》曰：“夹钟者，日月所由中也。夹与应，应；应与林，应[②]。故林《遁》，而夹《壮》。三钟者，阴阳所为条达，反根而致末也。圣人因以制礼乐。”潜老夫曰：“三十六宫，分为三周[③]，卦中四《大》，于首周，著《大有》；于中周，著大畜、大过、大壮。故《大有》予以‘元亨’，而《大壮》予以‘利贞’。”

初九，壮于趾（古，作“止”），**征凶；有孚**。变巽，为《恒》。

《宜》曰：“卦，肖《兑》，为‘羊’。羊喜触斗，‘壮’象。初，为羊趾。”《遡》曰：“此卦，事权在四。初之‘有孚’，教之‘孚’四，待时也。”《意》曰：“全刚之初，‘刚克’‘践迹’，硁硁步趋。而未有‘博文约礼’之学问，以遁于咸恒之世，则虽‘忠信’一往，其孚亦穷。”

《象》曰：**“壮于趾”，其孚穷也**。

《心易》曰：“君子以诚感人，不徒‘以趾取信’也。况‘趾高’乎？固知东汉处士，宋大学生，圣人戒之矣。近日之‘奋挺上坐贩闻道者’，信步之‘孚’，‘穷’何如耶？”

九二，贞吉。变离，为《丰》。积，《小过》。

---

① 《礼记·檀弓下》：“辟踊，哀之至也。有算，为之节文也。”

② 夹钟，与应钟应；应钟，与林钟应。

③ 三十六宫，即36贞悔卦。分为三周，即每12贞悔卦为一周。

《宜》曰："《大壮》过刚，而二、四以柔济，故皆'贞吉'。九二，'贞'其刚于己；俟其动于四，正大之道，蔼然可见。"《意》曰："合二'克'者[①]，'时中'之'平康'也。"

《象》曰：九二"贞吉"，以中也。

《筌》曰："'九二贞吉'者，三。此，言'以中'；《解》，言'得中道'；《未济》，言'中以行正'；意实相类，但各叶耳。"《正》曰："《上经》，'贞吉'，十三；《下经》，'贞吉'，十二；而《大壮》为之'中主'，上下'贞吉'之所取'中'也。"

九三，小人用壮，君子用罔；贞厉，羝羊触藩，羸其角（"羸"，王肃，作"缧"；郑、虞，作"虆"；蜀才，作"累"；张，作"虆"）。变兑，为《归妹》。积变，《豫》。

《宜》曰："三四，变《兑》；五，互《兑》；上，全《兑》；皆曰'羊'。壮，为'羝'。阳在前，为'藩'。阴在上，为'角'。角出藩前，见兑'折'，为'羸'，缠虆也。上，阴虚，亦系'藩'者，由震体变离。震，'竹苇'；而离，'目'。织'竹苇'成'目'，则'藩'也。'大者壮'，属君子。小人因乘，而用之。九四，为'藩'，一防阴之伤阳，一闲阳使不轻进。三，'触'而往，其罔视'小人'，亦甚已。"《揆》曰："'罔'者，冥行，不明'事几'也。"《意》曰："势不可用，一用，则反施倒置；而败，反在君子矣。小人如'羝'，计在必'触'，而怒及于'藩'。君子恃其'不中之贞'，则蜀、洛，且自相触。'可欺不可罔'者[②]，今必至'用罔'以为'壮'矣。反令'无惮'之旁观，笑为'蜗角'；而尽坏礼法，以快其纵横，岂不哀哉？"

《象》曰：小人用壮，君子罔也。

子瞻曰："阳壮，则轻敌；阴穷，则深计。小人，以是为'壮'；而君子，以是为'罔已'也。"文介曰："骄阳矜气，敛之若无，故曰'罔也'。是《大壮》，克治全力。"《潜草》曰："真小人，必诋君子为伪，必炼'斗狠之锋'。夷、跖并扫，而君子遂无法以处之。夫心学、名教，不分精粗，礼义悦心，即消客气。'荒'既以'包'，而养好其辨。故于泰、否、遁、壮，皆辨'君子''小人'。《遁》四、《壮》三，以'上下之际'也。"

九四，贞吉，悔亡；藩决不羸，壮于大舆之輹（一，作"辐"）。变坤，为《泰》。积变，《坤》。坤宫，世。

《集》曰："四，乘乾，为震主；居柔，不用壮。故与阴遇，而时动

① 《尚书·洪范》："三德：一曰正直，二曰刚克，三曰柔克。"
② 《论语·雍也》。

无阳，为‘藩自决’‘角不羸’之象。《坤》为‘大舆’，指五。輹车，下辅轴木。四，震于‘舆’下大涂。兑，‘决’也。”《遡》曰：“大壮，三、四为‘輹’。輹，在轮舆中，故‘壮’；大畜，初、上为‘輹’。輹，在轮舆外，故‘脱’。乾‘轮’、坤‘舆’，以二画之约象，言之。他爻言‘壮’，不言‘大’；此独言之，成卦主也。”

《象》曰：**“藩决不羸”，尚往也**。

《一一》曰：“前遇阴虚，无所阻格，故宜‘上往’。此动，固礼也。四，不为‘触’；则五，不为‘藩’。四戴五，五容四；斯，为‘善处壮’。”

六五，丧羊于易（《举正》，作“丧牛”。陆绩，作“场”。郑，为“佼易”），**无悔**。变兑，为《夬》。积，《萃》。

郝《解》曰：“时在阴，则阳自失，不待‘藩’也；时在阳，则阴自消，不待‘触’也。得中，自‘无悔’矣。五，不用上六‘设藩用罔’之计，应二、乘四，惟平易以俟之，而刚柔自交。五，失其兑，有‘丧羊’之象。盖谓：‘因时顺礼，我无违则，人自不争也。’在圣人，如尧、舜、禹相禅。若三上，如范雎之倾穰侯。”淇澳曰：“君子早图，‘丧’其‘元益’之强阳于‘易’[①]。故能收‘有用之易’，于举世难为之地，是贞也。”潜老夫曰：“当六爻中，亦可作一人、一事历之，不必拘‘四阳，为君子；二阴，为小人也。’汉高谢羽鸿门，昭烈闻雷失箸，非‘丧羊于易’乎？”

《象》曰：**“丧羊于易”，位不当也**。

玄子曰：“五，在四阳之前，必为阳所胜。故称‘位不当’，非谓‘六居五’也。”

上六，羝羊触藩，不能退，不能遂，无攸[②]**，贞艰则吉**。变离，为《大有》。

朱子曰：“毕竟有可进之理，必‘艰乃吉’耳。”《筌》云：“凡人处事，以为易，则‘不详’。知其详，无不‘详审’者，故曰‘艰则吉’。”子瞻曰：“未有‘羊羸角，而藩不坏者’。”淇澳曰：“人情巧于趋避，久矣。‘羝羊’之‘触’，亦宁武之‘愚’也。‘三过不入’，‘四载’是‘乘’[③]，何非‘圣人之壮’乎？”《正》曰：“进一人，而使之不可退；退一人，而使之不可进。壮中、藩外，自谓‘不疑’，而‘不详’者，比比矣。”

---

①“元”字，或为“无”字。

②此，缺一“利”字。

③《尚书·益稷》：“予乘四载，随山刊木。”

《象》曰：“不能退，不能遂”，不详也；“艰则吉”，咎不长也。

《宗一》曰：“人，能于两‘不能’处，一愤竭之，自有能出处矣。‘艰’，乃所以‘详’之。”

《时论》曰：卦中有四《大》，“祐”于《有》，“庆”于《畜》，“桡”于《过》，而“罔”于《壮》。显仁会壮，何过乎？而诫之曰“利贞”。三，居“惕”位，尤严“君子”“小人”之辨，断之曰“君子罔也”。《诗》云：“人之降罔，维其优矣。”[①]“君子罔”，则其余，皆优于“罔”。人“用罔”以“触”我，我则有“趾”、有“角”，有“进”、有“退”，相驰于愤骄之途。我“用罔”以触“人”，则有“征”、有“羸”，有“丧”、有“难”，有“厉”、有“悔”、有“决”。而“藩”与“舆”，则君子、小人所共用，惟“贞正”者得之。“贞”而不奸，“正”而不颇，惟“守礼”者得之。壮于气者，“大罔”也；壮于礼者，“大壮”者也。《意》曰：“礼者，卫道之藩，居身之舆也。‘不吐’‘不茹’，刚柔互用，则‘辙环’矣。”“壮时，戒斗。”“三十，壮；四十，强仕。”[②]先伏于三阳时，及《泰》而《壮》，气不无过。“小人勇盗，君子勇乱”，斯其候也。人无不斗，而斗必不可用也；好斗于内，而斗必不能往也。斗智之壮于斗力也，千百。君子曰：“斗智者，罔念之狂；标宗以相斗者，非‘克念’之圣也。”《书》云：“不迪则罔。”“罔”，非礼也。“吾无隐乎！”[③]履，履即礼矣。惟《否》为“人禽之关”，故曰“匪人”。匪于《否》前，则“孚于豕”，“执于牛”；匪于《否》后，则“设于神”，“贯于鱼”，“战于龙”，以“无往而不用壮也”者。阳道则不然，“来”于《复》，养微也；“感”于《临》，“思保”也；“际”于《泰》，“平陂”也，似“无往而足用吾之壮”者。遁、壮所之，俱地火风泽也。《遁》多“吉”，《壮》多“凶”者，彼止，而此动也。嗟乎！三“藩”对树，两“角”互牾。虽其间“君子得舆”，“亡羊再易”，而“舆輹”居中，“舆趾”在下，举高心荡，交浅求深，将不胜为咎乎？抑“舍车徒”乎？初壮用风，不可以履《恒》也。其用火乎？内火“吉”，而外火“艰”也。二，居中，可以履《丰》。上，居“不祥”之地；两“不能”而“艰吉”，可以履《有》也。其用泽乎？内泽凶；而外泽平也。“角”既“羸”，不可以履《归》；“易”既“丧”，乃可以履《夬》也。其惟四乎？天一初动，而变泰焉。“礼卑法地”，往尚坤“舆”，君子所履，小人所必褫也。

①应为“天之降罔”，见《诗经·瞻卬》。

②《礼记·曲礼上》：“三十曰壮，有室。四十曰强，而仕。”

③《论语·述而》：“二三子以我为隐乎？吾无隐乎尔。吾无行而不与二三子者，是丘也。”

内揆，两“用”；外审，两“能”。爻，戒壮；《象》，善壮。壮，用“天上”；雷，乃“天行”。“一阳《复》”者，“一善服膺”[①]。“四阳《壮》”者，“四勿”时矣[②]。“复礼”之《大壮》也，如是。

智曰：“遁与大畜，叠转；大壮与无妄，叠转。即‘多识’，是‘一贯’；即‘偕行’，是‘勿药’。故知礼者，以‘不睹闻’履‘睹闻’，而以‘万世之睹闻’履‘一室之不睹不闻’者也。‘无所不可’，而必与生民同德，共复共由之路。心、迹，互治；即已‘心迹双泯’矣。岂玄士之以‘不睹不闻’逃乎？大成之‘畜异端外道’也，大人之‘畜一才一能’也。虽曰‘臣妾’，以礼畜之；听其专精，而礼能食之，则无所施其狂駴矣。奖其才能，而礼能利之，则彼已归吾范围矣。‘履礼’者，‘对时’[③]‘日新’[④]，以‘畜’其‘无妄’，为‘大壮’也。恃‘无妄’而行，曰‘何礼之有’？非‘用壮之眚’乎？是故心迹之间，离而合之，《晋》以‘自昭’，然后许称‘龙遁’耳。故圣人表之曰‘正大，而天地之情可见矣’。此面南八卦之首，不言‘万物’者，表‘天地之情’，节‘万物之情’也。”

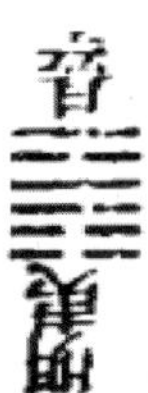

潜老夫曰：“《易遡》‘以分治乱’。《象正》‘以分仁智。’吾谓：‘晋、夷，一对，为“明”“晦”交泰之学。明此学，而治乱皆不变矣。’本《大壮》之‘礼’，而‘旋高履卑’者，知‘穷上反下’之几也。‘晋摧’[⑤]‘不食’，此‘独行’之义，所宜时时策人也。不‘明晦’之‘晋角’[⑥]，此‘无天无地’之刚折，不宜告人者也。‘明’贯‘顺’中，则‘志’也、‘意’也、‘福’也、‘则’也，皆‘不息’矣。”智曰：“‘《晋》，昼’，则《明夷》为‘夜’。人因地而有昼夜也，天岂有昼夜乎？君子之用明、用晦也，‘养日于夜之道’也。用明晦，而总归一明，藏于天地

①《礼记·中庸》：“得一善，则拳拳服膺，而弗失之矣。”
②《论语·颜渊》：“非礼勿视，非礼勿听，非礼勿言，非礼勿动。”
③《无妄》卦，《象》曰：“先王以茂对时，育万物。”
④《大畜》卦，《彖》曰：“大畜，刚健笃实，辉光日新其德。”
⑤《晋》卦：“初六，晋如摧如，贞吉；罔孚，裕无咎。”
⑥《晋》卦：“上九，晋其角，维用伐邑，厉吉无咎，贞吝。”

之道也。于自言‘昭’，于众言‘晦’，故众人不知耳。遁，所以‘晦’咸、恒之‘情’，乃所以‘明’乾、坤之‘性’。礼，所以‘明’《大壮》之《无妄》，即所以‘晦’《大壮》于《大畜》，有明此者乎？天下一家，而‘异即是同’矣。”

䷢火地晋

晋，古作“晉”。王明斋曰：“子生，日益不同。故从‘二子日长’会意。”按：“《说文》作‘晉，日出万物进’。徐锴曰：‘臸，到也。’隶作‘晋’，以‘进’同声义。进隽省，正齿音也。日以二至，而用明之度，地上见矣。二陆，二至也；昼夜、卯酉之明晦，亦二至也。一进于二，即尽于二。虚立进退之故，可以自明矣。”

晋（本作“晉”，孟喜作“齐”，用修曰：“跻，亦进也。”《举正》此下有“享”字）：**康侯用锡马蕃庶，昼日三接。**

《宜》曰：“坤，臣道；日，君象。坤瞻离日，日照坤土，有‘诸侯朝享、天子礼接’之象。”《遡》曰：“‘康侯’，即《周礼》之‘宁侯’‘张侯’。《大射》，祝曰：‘毋或如不宁侯，则抗而射汝。’”《书》曰：“‘康功’，即‘民功’也。《屯》《豫》之‘侯’，取震。《晋》取坤，坤‘有土’‘有民’也。‘锡’，如‘纳锡大龟’‘禹锡玄圭’之‘锡’。《觐礼》：‘奉束帛匹马，九马随之。’离‘马’、坤‘众’，‘蕃庶’象。离，‘日’；‘晋’，尽也。艮‘手’，‘相接’也。‘方觐，延升，一也；觐毕，致享，升致命，二也；享毕，见劳，升成拜，三也。’[①]《大行人》‘三飨、三问、三劳’，皆‘王接诸侯’也。离数，三。坤爻，皆所‘礼接’，亦‘三接’也。”《意》曰：“‘强仕’壮进，礼著朝端。《乾》宫之‘游《晋》、归《有》’[②]，天用于地，是人道之极盛乎？然内卦，不免‘摧、愁’。而上、四，在君旁，非贪即擅，安得不讲‘用晦之明’，以成善《遁》之《壮》？”

《彖》曰：“晋”，进也，明出地上。顺而丽乎大明。柔进而上行，是以康侯用锡马蕃庶，昼日三接也。

黄《疏》曰：“离，在乾上下，曰‘火’。离，在坤上下，曰‘明’。火者，日之气；明者，日之光。《乾》称‘首出’，《豫》称‘雷出’，《震》称‘帝出’，《晋》称‘明出’。‘出’者，‘立乎万物之先’者也。”《宜》曰：“日，明于昼，晦于夜。以地上之见者，言之。日，何尝‘有昼夜’

① 《仪礼·觐礼》。

② 乾宫，游魂卦，为《晋》；归魂卦，为《大有》。

乎？人道贵用，‘顺丽’贵‘大’。惟言‘昼统夜’而已矣。”《订》曰：“‘柔进’，指六五。晋、睽、鼎，皆然。《离》所以离者，柔也，‘南面’而听取之。”

《象》曰：明出地上，晋；君子以自昭明德。

《一集》曰：“人立地上，以用天。天之大瘖，在夏。《后天》，乾用离，即‘明出’，以藏其‘无出无入’者。下学而上达，秉教而经世，此‘人生日用表法也’。莫‘睹闻’于‘不睹不闻’，‘自昭’其本明者。当《晋》之时，君子岂以声华浮荣耶？”龙溪曰：“慊，曰‘自慊’；复，曰‘自复’；明，曰‘自明’；皆非‘有待于外’也。‘良知’，即‘明德’。‘致良知’，‘昭德’之学也。”《正》曰：“《诗》《书》所论，‘明德’备矣。以帝尧之‘明德’，而犹难于知人。‘三接’‘康侯’，何鉴而凭之？曰：‘我自昭明也。’《诗》曰：‘尔德不明，以无陪无卿。’故己德不明，则视天下皆无贤人矣。”

初六，晋如摧如，贞吉；罔孚，裕无咎。变震，为《噬嗑》。

玄同曰：“《晋》初，即《巽》；巽陨，故‘摧’。摧，即《离》；离恤，故‘愁’。三即《兑》，兑悦故‘允’。‘摧’‘愁’，俱觐时‘寅畏’，意‘罔孚’者。初，于五为间爻。‘裕’，宽也，即《丰》‘旬日’义。《集》曰：四互坎、艮，以生《蹇》。虽初正应，而为之忧，故有此象。初当始进，其顺未孚；宽裕以需，自可‘无咎’。”

《象》曰：“晋如摧如”，独行正也。“裕无咎”，未受命也。

《集》曰：“‘独行正’者，不求通于权门也。‘裕无咎’者，在下未受其礼命也。优游由己，岂世途之可摧耶？”郝《解》曰：“孔子、阳货，是已。”

六二，晋如愁如，贞吉；受兹介福，于其王母。变坎，为《未济》。积，《睽》。

二，指五为“王母”。《遡》曰：“承《剥》五来，‘以宫人宠’，‘王后’也。《剥》变《晋》，而五位之阴不变；前卦之‘王后’，遂为后卦之‘王母’矣。坤，为土。胙土之君，为‘侯’。初、二、三，俱受福之‘康侯’。而二应五，故于二言‘受福’。温公于宣仁后，足以当此。窦章于窦太后时，亦善‘愁’者乎？”《正》曰：“君子之受宠命，如避之而不获也，此‘愁如’之‘福’也。”

《象》曰：“受兹介福”，以中正也。

《一一》曰：“‘独行’，而‘未受命’，是‘自昭’也。‘中正’，而‘受介福’，是‘自昭’也。”

六三众允，悔亡。变艮，为《旅》。积，《有》。

《一一》曰："'坤，为众'。而德信众，'允'象。初、二'贞'，'反之身'也。三，'众允'，'征之民'也。"郝《解》曰："玩象，'康侯'，似为九四表者；故云'摧如愁如'。'伐邑'，皆以四之故。六五，文能附众，明能知人。故烛'鼠窃之奸'，集'康侯之众'，以对贼臣。六三，以方伯率诸侯、勤王，'众允'受命，与上'伐邑'，'鼫鼠'伏辜。所以有'蕃庶'之'锡'，'勤王'之'功'也。"

《象》曰：**"众允"之志，上行也**。

《一一》曰："不昵四，而从四。'上'，丽'大明'之君，是'众志所同'。矢'上行之志'，则众信矣。位虽不中正，而处顺极晋丽，是亦'自昭'也。"

九四，晋如鼫鼠（子夏，作"硕鼠"），**贞厉**。变艮，为《剥》。积变，《大畜》。乾宫游。世。

《集》曰："坎，'隐'；艮，'鼠'；互为《蹇》'难'，以阻其晋，己贪而妒人，故有此象。《诗》所讥也。玄子非之，亦非也。"智按："《说文》误以'鼫鼠为五技，而穷'。故张揖、崔豹，遂曰'蝼枯，一名硕鼠'。邢疏亦谓，蔡邕合之。而后人遂误'以鼯、鼫，为一物'矣。《尔雅》'鼫为鼠属'。于《鸟篇》则曰'鼯鼠夷由'。则'非一物'，明甚。陆玑曰：'河东大鼠，人立。'或曰：'雀鼠，即拱鼠也。'鼯，曰'飞生鸓'。此取象贪，直谓'大鼠'，可也。"《正》曰："莒仆杀纪公以宝来奔，宣公欲与之邑，季文子流之是也。"

《象》曰：**"鼫鼠贞厉"，位不当也**。

《一一》曰："人，为贪根。不在富贵之位，犹为王法乡党，所明防也。能自'摧愁'，则地上之实学，足'顺丽'矣。太仓'鼠叹'[①]，便伏'上蔡黄犬'之悲[②]。时位相凑，贪心益长。况乎'冤贤钳世、巧据捷收'之学术，'小廉曲谨'，笑为理障；圆通受用，饰其鄙夫，以夸见地者乎？此时，未必至此也。圣人防之曰：'不待终来众伐，厉可知矣。'倘使'饮河适腹'，何伤于'贞'？是'不当'，以畜贵之，'位'陷之也。初之'摧'，其傅嘏之疏何、邓乎？二之'愁'，德宗令泌避元载乎？咸、恒、遁、壮，所戒者，贪。世值'顺明'，贪宠尤甚；口'昭明德'，自便其私。恃有'失得勿恤'之君，善包容处置之耳。"

六五，悔亡，失得勿恤（孟、马、郑、虞、王，皆作"失德"）；**往吉，无不利**。变乾，为《否》。积，《小畜》。

① 《史记·李斯列传》："李斯叹曰：'人之贤、不肖，譬如鼠矣，在所自处耳！'"
② 《史记·李斯列传》："吾欲与若复牵黄犬，俱出上蔡东门，逐狡兔，岂可得乎？"

《遡》曰:"'失''得',皆离象。丽,则'得';不两丽,则'失'。《旅》五'一矢亡',即'不两得'之意。"仲虎曰:"用其明,于'记功谋利之私';则明,反为累矣。故'失得勿恤',明道也。"《绎》曰:"《比》'显',而'失禽不诫';《晋》'亡',而'失得勿恤';所以'往有庆'也。"郝《解》曰:"高明柔中,何'悔'之有?四,虽攘下窃上,勿忧其失,众志不允,亦终得也。由此而往,以明'伐罪',则'鼫鼠'伏辜;以明'赏功',则'康侯'承宠矣。"

《象》曰:"失得勿恤",往有庆也。

《集》曰:"大明之世,君以'徽柔'藏明。虚中两丽,善用薪火,与众明之;故因天下之名利,即消天下之名利。清者,加进于礼乐,而忘其'廉隅';浊者,自进其才能,而化其'鄙悖'。'勿恤'者,慈母之保赤子也。而为'众父'[①],父之道,寓之矣。"

上九,晋其角,维用伐邑,厉吉,无咎,贞吝。变震,为《豫》。

孔仲达曰:"西南隅,为'角',日经此而昃。程《传》曰'伐邑',内自治也。"《意》曰:"坤方,自然有'角';而'勿恤',则圆之矣。"《宜》曰:"上,诸侯有功,进为方伯。而专征伐者,渎,则凶、厉;不渎,则'无咎';'先文德,而后武功'之义。"郝《解》曰:"牝牛之上,有'角'象。东方之宿,亦曰'角'。《天问》曰'角宿未旦,曜灵安藏',是也。离,'甲胄',故'用伐'。'鼫鼠',有罪当问。与五同体,是为'私邑'。四在地上,有'邑象'。动兵邦内,故'厉';君正、臣罪,故'吉,无咎'。虽得正,而不能化贪,故为明世之'吝'。"

《象》曰:"维用伐邑",道未光也。

《集》曰:"五虽明,而锡恩有余,运感不足;诸侯宾服,而君侧有不掉,是'未光'也。《晋》贵乎明,苟知'位不当'与'道未光',即知所以'自昭';非必以'伐邑'之厉,为非'庆'也。反,而为《明夷》。且有征诛,宁与'明德'有二哉?"淇澳曰:"'维用伐邑',纯臣之道,'堕三都'也。曰'道未光',未行于天下也。"郝《解》曰:"或疑'大明之世,不宜四为贪权'。然爻以一刚梗纯坤,当五位之前;互坎'险'、艮'径',亏明顺之体,其象昭然。"或曰:"上,刚居外而'伐'之。然'道未光',非指'互《坎》坏离'者,而谁欤?"智曰:"《易》'无典要',不可'执一';'与民同患',故'尽情伪'。咸、恒、遁、壮之人情,正叹此一贪根。而鄙夫据'非据之位',但护大同之皮,昧治教之实。周旋卦名,不达反因,则后世之'乡愿'与'无忌惮',

① 《庄子·外篇》:"虽然,有族有祖,可以为众父,而不可以为众父父。"

合而为一；尽世，皆狼鼠矣。‘失得勿恤’，君道也，即本体也。然不碍有‘摧愁’‘上行’‘伐邑’之事，正所以‘自昭’也。”

《时论》曰：火归天，水归地者也。《上经》五卦，为水天《需》，先天所起也。下经五卦，为火地《晋》，后天所继也。故坤游需，乾游晋[1]，伏对轮也。火天《大有》，火地《晋》，归转轮也。火地《晋》，地火《明夷》，旋转轮也。凡测圆必三轮，候气必三际；平约表景，在乎二至。三明于两，止有昼夜，而已。夜用于昼，昼以日明，故《晋》表“明出地上”“昼日三接”之象。《离》曰“继明”，《乾》曰“大明”；乾、离，同位也。《乾》曰“大明”，《晋》亦曰“大明”，天地同继此日也。日之明，无昼夜；而因地上见之，有出入也；是“大明”，乃“通昼夜”者也。帝王法之，用在地上。变从《观》来，“贞观”在上，千百君侯化焉。上行进《离》，“南面”相见，嘉礼恩锡，交接尊亲。文王此系，写“被格”之图乎？[2]君子曰：“《晋》之“君”如昼，则亲贤宝善，“三飨三劳”“朝觐会同，以颁毛马之典”。《晋》之“臣”如昼，则不遑日昃，同类共升，勿负“首鼠”之讥。”“自昭明德”，非待于外，岂“借晖窃照”者乎？然依“末光”者，不乏矣。人亦自有静躁之怀，廉贪之趣，忧喜殊遇，福德异致，众寡各别，总在乎“明主覆容，失得同观”，可也。《意》曰：“大有与晋，皆‘刚而用柔’之主，威信天下而‘公用享’，厚容天下而‘康侯用锡’，得天地文明者也。”五之“休否”，明于危安，锡众类矣。初，“趾不行”；二，“轮尚曳”，而内裕忧勤，皆以“摧愁”在明。世之宥，初命“未受”，犹之二“受福”也。独行于下者，自忘其苦；中道表众者，“福介于兹”。尼山，不让于“在兹”；涂山，不忘于“择兹”。生黄道之地，伏文明之田，吾受宾饯之福，中正而敬时矣。如保之诚，故言“坤母”，明亲之表也。三，敬其时，“主伯亚旅”，以趍平秩。“罔孚”者，信矣；“摧愁”者，行矣，与众同志者也。四“剥肤”，上“冥豫”，非不明也。彼恃一得之明，而谓“鼠窃角触，为无妨”者也。“自处若秽”者，败箴；“矜高不下”者，蔽党。不“自昭”而耀人，安得不至“掺戈入邑、覆陨景运”耶？伤哉。殆天所以炼君子夫。

智曰：“天地主日，五行尊火。火象，惟离与晋，称之曰‘明’。而《杂卦》曰‘《晋》，昼也’，贵人道之用也。礼，以辨为养；君，以照为临。‘康侯’‘三接’，履于朝端矣。‘自昭’者，《礼运》之‘顺’，实也。‘行’正于‘独’，‘福’受于‘中’，‘志’允于‘众’，皆朝端之‘优

[1]《需》卦，为坤宫游魂卦。《晋》卦，为乾宫游魂卦。

[2]《尚书·尧典》：“允恭克让，光被四表，格于上下。”

优’，风天下之‘屋漏’也，‘失得勿恤’矣。虽有贪逞，其能掩‘众辨’乎？‘众辨’而‘莅众’，可以‘用晦’矣。《方图》之大有、晋，互相南北，此二陆之日表也。‘日夕’之惕[①]，惟《离》继之。故必观《明夷》，始信‘《易图》《洪范》，为君子通昼夜、自昭之学。’”

䷣地火明夷

《全》曰：“夷，本𡗜字，从㞢从𡗜，谓‘人力治土则平也’。”《说文》：“从大弓。”邝氏以为“弛”字，从也、从弓。弛、迤，通声。迟徲，双用。古呼“圆庳”为“鸱夷”，即“迟徲”也。因有平夷、芟夷、诛夷诸义。浅喉为支微，皆“来”之余声。卦取《晋》反；而夷，伤其明耳。

明夷：利艰贞。

《野同录》曰：“‘进必有伤’，故知‘明必用晦，昼必以夜养之’，此‘生克互用’之旨也。仁人君子，伤尽天地之心；正志平行，反能‘伤物而物不伤’焉。‘生于忧患’，惟‘利艰贞’。《咸》《恒》‘进’‘退’[②]，贞于‘明晦之一’而已。”《宜》曰：“离游变四[③]。土既掩日，水下灭火，明所以伤也。火旺于南；坤中而司西南以接之，即以囚之，有‘受伤’之义。《彖》多言‘利贞’。贞在艰内，《明夷》‘利艰贞’，特书也。”

《彖》曰：**明入地中，“明夷”；内文明而外柔顺，以蒙大难；文王以之。“利艰贞”，晦其明也；内难而能正其志，箕子以之**（郑、荀、向，作“似之”）。

《野同》曰：“古人为善世，而教人正志，必引故实以征之。《系词》引‘伏羲’‘黄帝’‘尧舜’，《明夷》引‘文’‘箕’，《革》引‘汤武’，惊心‘中古’，故危其词焉。其实，卦卦爻爻，皆天道，皆可人事征之也。《下经》三对，伤之矣[④]。‘明’受其‘夷’，道不可以直用。仁者藏其心，知者藏其则，故《传》以事当之。初，‘见几’，是伯夷、太公也。二，离主承坤，文王也。三，明极当暗交，与上敌，武王也。四，居暗下，乘明之际，应初、比三，归周之微子也。五，居坤中，承暗主，箕子之‘艰贞’也。上，纣也。时贵‘艰贞’，以身传道，故不及比干。圣人能保身；而保身，非圣人事。中五‘艰贞’，归箕子者，箕

① 《乾》卦：“九三，君子终日乾乾，夕惕若厉，无咎。”
② 《杂卦传》。
③ 《明夷》卦，为坎宫游魂卦。
④“下”字，原文缺，根据文镜本。“三对”，指《咸》《恒》，《遁》《大壮》，《晋》《明夷》，三对贞悔卦。

更难于文也。文因衍《易》，箕因传《范》，圣人患难，自系‘斯文’之会，有天意焉。”

《象》曰：明入地中，明夷；君子以莅众，用晦而明。

《正》曰：“日行‘艰贞’，在于宵夜；岁行‘艰贞’，在于秋冬。君子祸不改素，厄不变志。日夕考德，火灭乃敬；虽有宵夜，不废学问；曰：‘是出入昧旸者，日月之序’云耳。”智曰：“以殷周之事指之，亦一端也。请以文、箕、周、孔之学指之。初，则砺志集义，愤竭忘食，不顾‘主人’之言者。二，则‘拯马’‘顺则’，欲用而伤心者。三，则大得‘游南用北’之权，而不以迅疾自矜者也。四，则‘出门庭’，而变通者。两言‘左’，左藏右，用屈即是伸也。五，则建《范》，以用‘变易不息’之明。上，则不落明晦矣。然终以建《范》，为‘用中’之极则。而太上单言‘不落’者，反执一而失则矣。向上一路，千圣不传，千圣不然。君子曰：‘非斯人，而谁与？会天下以为己，慎独即莅众也。’乾离飞伏，全入于坤坎，天在地中，可立、可权。非‘用晦之明’，岂能极‘明明之用’耶？”

初九，明夷于飞，垂其翼；君子于行，三日不食。有攸往，主人有言。变艮，为《谦》。

《一》曰：“五爻，皆著‘明夷’，惟上不言。庄叔，筮叔孙穆子之生，遇此爻。”楚丘曰：“日之《谦》，当鸟[①]。日动，曰‘行’[②]。当三在旦，曰‘三日不食’。火焚山，山败。败言，为谗。”实按：“离，为‘鸟’。《晋》反，而《夷》矣。‘角高’者，‘翼垂’矣。卑远之臣，义无可留，以不苟去者自为，而以悻悻穷日。‘三日不食’者，遗主人以口实，主人之过分矣。古人‘去国不洁其名’，往往若此。明乎远遁，不由‘轨路’，故状之曰‘于飞’。惊弦堕地，故状之曰‘垂翼’。震‘涂’，艮‘径’，‘行’象。‘三日’，离象。坎，为‘食’。变艮，反兑，‘不食’‘有言’象。‘主人’，指上。郝云：‘往，则依二。二，为离主。’”

《象》曰：“君子于行”，义不食也。

《一一》曰：“‘乱邦不居’，岂食其食？”《于忽操》曰：“吾于饥而后噎。”[③]

六二，明夷；夷于左股（子夏，作“睇于左股”。京，作“胰”。马、王，作“左般”。姚，作“右槃”），**用拯马壮，吉**（《说文》、子夏，

① “鸟”字，原为马。《左传·昭公五年》：“日之《谦》，当鸟，故曰‘明夷于飞’。”
② “曰行”，原为“日行”。《左传·昭公五年》：“象日之动，故曰‘君子于行’。”
③ 庞德公，有《于忽操》三章。其三曰：“是皆以食而得之，吾于饥而后噎。鸡兮豕夕，死以是兮。”

“拯”作“抍”)。 变乾，为《泰》。积变，《升》。

《宜》曰:“《咸》以三为‘股’，取巽、取序。此以坎为‘股’。股，即䏶也。左位阴，二、四同。坎马，曰‘壮’；非老非少，则壮矣。二外臣，曰‘左股’；内四臣，曰‘左腹’。夷股，犹浅，故‘用拯’救。羑里‘夷左股’也，用泰颠、闳夭‘拯马’也；‘得专征伐’[1]，而‘吉’矣。初，易飘然。二，在势中，义难可去，天下事尚有可为。‘闻鸡起舞，鼓楫中流’，亦其类也。”

《象》**曰：六二之吉，顺以则也**。

《意》曰:“随‘顺’，常易失则。‘顺以则’，是‘用晦’之可法者也。《诗》，歌文曰‘顺帝之则。’”

九三，明夷于南狩，得其大首，不可疾贞。变震，为《复》。积，《师》。

《宜》曰:“三，《离》成；而位，牧伯。以明治暗，曰‘南’。坐坎‘田’，而肖《师》‘征’，曰‘狩’。‘大首’，指坤所伏之乾；喻‘君侧之奸，不可以不除者也’。如汤伐韦、顾，文灭崇、密，皆是，不独指武王。‘不疾’，则从容中节，无‘齿马’‘投鼠’之嫌矣。武，以‘不疾’，为‘贞’；箕，以‘利艰’，为‘贞’。”

《象》**曰：南狩之志，乃大得也**。

《订》曰:“‘除暴救民’，时‘乃大得’。《孟子》曰：‘有伊尹之志，则可’。初，曰‘义’；二，曰‘则’；三，曰‘志’；皆以一字明之。”《意》曰:“汤武之志，但可言‘得’；文箕之志，始可言‘正’。‘得’者，即犯‘不可疾’之‘贞’；‘正’者，乃存‘不可息’之‘明’。”

六四，入于左腹，获明夷之心，于出门庭。变震，为《丰》。积，《解》。

《宜》曰:“变巽入坤，为‘腹’。四，心位。‘门庭’，坤‘户’象。反艮，为‘出’象。《坎》游，持世也。初，异姓之臣也。四，在‘门庭’内；故不曰‘行’，曰‘出’。”玄同曰:“四曰‘获心’，心必如是而后尽。能入‘左腹’，所以能‘出门庭’。《医书》，心在左腹，谓‘左为血也’。”《一》曰:“离居，坤左。气右，故‘入’象。”《正》曰:“四，为《明夷》之《丰》。日月之光，未有食者，或‘蔀’之，而忧生焉。日之‘不食于月’，犹明之‘不伤于地’也。月退，而入日之‘左腹’；则日出，而明于月之右庭。日进，而入地之‘左腹’；则地退，而日出于东方矣。故明而不伤，《明夷》之心也；‘用晦而明’，《明夷》之意也。

[1]《竹书纪年》:“王锡命西伯，得专征伐。”

《丰》‘蔀’之宜‘中’，《明夷》之宜‘出’，君子所以‘敬慎而不惧’也。”

《象》曰：**“入于左腹”，获心意也**。

玄子曰：“孔不以‘去’贬仁，仁之权也。‘孔子去鲁’，以为‘燔肉’，以为‘女乐’，皆未入其腹也。盖自成之‘不堕’，而夫子之‘去志’，决矣。称‘彼妇’者，以是覆桓子；‘义不可绝’，不必闻于邻也。于是十四年不反，复以康子归，归亦不仕矣。后世，若申公之去，亦所以全楚元王也。”《一一》曰：“舜之‘陶、渔’，季札之游；皆以‘出门庭’，为‘左腹’者也。”

六五，箕子之明夷（蜀才，作“其子”。“其”，即“箕”。赵宾，作“荄滋”），**利贞**。变坎，为《既济》。积，《困》。

《一》曰：“箕子，纣诸父。商礼，兄终弟及，箕子尝劝帝立微子，不听，竟立纣。及比干诛，微子去，天下望属一线，故纣忌极矣。坎‘狱’，‘心病’。为奴，‘佯狂’之象，卒以免祸。传《洪范》于周，‘内难正志’，以阳明用阴晦，而万世之学明矣。”《正》曰：“《易》有‘箕子’，何也？周公之学，盖多得之箕子也。”

《象》曰：**箕子之贞，明不可息也**。

《浮山闻语》曰：“箕子，激而为比干，则《洪范》之学绝矣。‘皇极’，不‘建’；则‘太极’，亦浑仑误人。谁明道法以证《易》乎？古人云：‘死易，立孤难。’节烈，以成艰贞，易；而艰贞，以明天人之学，难。此二、五为中，文、箕所以当之也。穷上，而言‘明本不可息’。不明不晦，必至失则，而‘乾坤，或几乎息矣’。”

上六，不明晦（《举正》，作“至晦”）；**初登于天；后入于地**。变艮，为《贲》。

郝《解》曰：“坤极，为‘日没于地’之象。《诗》云：‘殷之未丧师，克配上帝。’纣，以‘失则’而亡。此爻，为《夷》主也。”《宜》曰：“六二，受人之伤，以‘顺则’全明。上六，伤人之明者，以‘失则’入地。反《晋》，为《夷》，亦物理也。” 曰：“以‘用晦而明’之至体言之，谓之‘不明不晦’，可也；谓之‘无天无地’，可也。然体在用中，必以‘出入当明’之则，就世间之象，相传‘不息之火’而已。”

《象》曰：**“初登于天”，照四国也；“后入于地”，失则也**。

《订》曰：“文，‘顺则’，而兴；纣，‘失则’，而亡。”杨用修云：“文王《明夷》，则‘主’可知矣；仲尼《旅》人，则‘时’可知矣。关键曰：‘入地’，‘无明’也；‘登天’，无‘无明’也。”《野同录》曰：“‘则’

者，范也。围，在范中矣。《老子》专取‘用晦’，以言‘黑啬’。而流至‘以苟且全身，为明哲’，则‘失则’矣。深推一‘不明不晦’之大身，而流至‘荒蔑伦物，以自受用’。圣人能无忧乎？《洪范》，五行，坎北；而五福、六极，在离南，为正用。巽‘五纪’，艮‘庶征’；以两天道，夹震‘八政’之人道于东。乾‘三德’，坤‘五事’；以两人道，夹兑‘稽疑’之天道于西。要之，以善化恶，因二贞一，与《易》证明。‘为人君止于仁，为人子止于孝’，此一切见成之则也。周孔之尊箕也，以《范》；考亭之有功周孔也，亦以《范》。故继《家人》，以‘言’‘行’范家；《睽》，以‘同’‘异’范事。”

《时论》曰：明之在天，本无夷时。而曰“《明夷》，诛也。”何耶？律中夷则，言“阳气退以平，而申贼万物也。”太阳，不能振美于辰，而为阴所申坚也。地居外，凡八皆“吉”；今居悔，而成夷[①]。火居外，凡八皆“亨”；今居贞，而反夷。总之，舍火取日，思《晋》伤明。日一北，而万物生，“晋”象也；日一南，而万物死，“夷”象也。离交天，为大有、同人；离交地，为晋、明夷。《同人》，朋友之亲；《明夷》，君臣之诛也。明体宜出，而掩之使入，则世伤其暗。“高敢不局，厚敢不蹐。”[②]初、二，当之。火性炎上，入而蔽之使下，则土伤其郁。“百川沸腾，山冢崒崩。”上、五，当之。雷与电，“合章”之气；雷与日，“来复”之候也。电光失曜，一阳式微，则伤及于雷。“震电不宁”[③]、“日微孔哀”[④]三、四，当之。文王“翼翼”然，曰“利艰贞”。周公，以五引“箕子”，而当时寓之。孔子赞文与箕，而兴亡寓之。臣子之艰，可尝显引；君父之变，间以寓言。夫上曷为乎？明夷，主也。上之《贲》，殷人尚“白”之运，终矣。三《复》，而“南狩”也。誓及于三，“孟津十有三载”，“不可疾也”。我周文明大器，固蕴结于晦时矣。内卦，文、武、十乱之事；外卦，商纣、微、箕之事。内，周者，“劳谦”之“有终”，“大来”之交志，“出入”之“无疾”也。外，殷者，《夷》主之《丰》“蔀”，“杀牛”之“禴祭”，“致饰”之“亨尽”也。“于飞垂翼”[⑤]，则“飞廉”“恶来”[⑥]；飞而“择肉”，而羑里之“服筊”也。“于行不食”，则“天弃汝，不有康食。”而周、召毕散，我亦“多瘠”也。“攸

①内卦，为“贞”；外卦，为“悔”。
②《诗经·小雅·正月》：“谓天盖高，不敢不局。谓地盖厚，不敢不蹐。”
③《诗经·小雅·十月之交》：“烨烨震电，不宁不令。”
④《诗经·小雅·十月之交》：“彼月而微，此日而微；今此下民，亦孔之哀。”
⑤《明夷》卦：“明夷于飞，垂其翼。”
⑥《史记·秦本纪》：“蜚廉生恶来，恶来有力，蜚廉善走。父子俱以材力，事殷纣。”

往有言”，释西伯矣。“左股”，“内文明”也；“用拯马壮”，“外柔顺”也。戡黎、遏密，岂“剪商”耶？“三分有二”，“马则壮”矣。“以服事殷”，天王圣明之则也。四，处《夷》之一间，可入，亦可出也。“祖伊”之“奔告”乎？“胶鬲”之“观兵”乎？“少师”之“咈耇”乎？未也。“拔壁焚衬”之是获乎？抑“抱祭器”之是获乎？“心意”果获，则“明不可息者”所获，同也。不见身世，则捐身、存身，其心同也。微、干，一去一死，何碍“亢”“跃”？而箕子独以《范》合文《图》，皆演文明于商之末世，以正万世之志。此其所以当“中五”乎？通《易》之变，能转天地矣。乾至明夷，三十六卦，暗符六六之数。故文王《彖》“艰贞”，周公举“箕子”，孔子并举之。前圣、后圣一心，“文不在兹”乎？嗟乎！知“天下”之“莫宗”，而晦于“韦编”，虽不逮“十三祀之访”；而万世为土，烈于朝矣。曾子固且以箕子比玄，而百原“皇极”，遂无访者。抱道，不遇知己，皆属《明夷》。不在祸乱也，徒死祸乱，亦曰“失志”。

智曰：“明夷与无妄，介于冬、春。此‘帝出’之关也，即‘忧惕’之场也，惟‘危’乃‘微’，而《无妄》‘日新’矣。《易》与《洪范》，并明于商周患难之中，非天地所以造中土之心学乎？《彖》曰‘文明’，《象》曰‘莅众’，知在患难，无所苟避；惟以斯世，‘自炼其生死’，而已。履曰：汨罗之《骚》，柴桑之《诗》，时乎《明夷》，而传于世。朱虚之经典，巨鹿之《琹歌》，时乎《明夷》，而不传于世。‘中伦中权’①‘无可不可’②‘较然不欺其志’③，皆箕子也。贵知《易》《范》之所以然，而中其当然耳。汗牛充栋，愈益其非。不落一字，巧藏固陋，以语文明不息，远之又远。”

关子明曰：“明乎外者，物自‘睽’；明乎内者，‘家’自齐。孔子以‘外’‘内’言之，‘明晦之用’具矣。”《遡》曰：“中四爻，一阴一

①《论语·微子》：“谓：‘柳下惠、少连，降志辱身矣。言中伦，行中虑，其斯而已矣。’谓：‘虞仲、夷逸，隐居放言，身中清，废中权。’”

②《论语·微子》：“我则异于是，无可无不可。”

③《史记·刺客列传论》：“然其立意较然，不欺其志。”

阳，为夫妇；下再阴再阳，为父母；上下，为家象。悔，则阴阳再见而相乘，乘则乖，故睽也。”《订》曰：“外，疏之也，故二女有二心；内，戚之也，故一家如一心。”潜老夫曰：“二对，俱有《离》。景元所云：‘坤统三女，坤主离用事者。’吾因曰：‘此《下经》首六之中二对[①]，表四明之法也。’亨，则明溢于外；蹇，则明藏于内。”智曰：“礼合外内，《杂卦》颠之，岂无谓乎？礼，辨异而详用合敬者也。同异者，言行之辨也。”

☴☲风火家人

戴侗以“家，从宀，从众。”阙，以众得音，盖古“族”字也。魏、王从之。《说文》“从豭省”，谬甚。伯琦曰：“家与牢，同意。牢，牛屋，而借作‘牢狱’。家，畜豕，而借作‘室家’也。”《急就章》：“家伏几也。”合考古篆，有“从豕、从犬、从身”者。古家、麻、归、鱼、模韵，读家为姑，即“吾”字之声义也。

家人：利女贞。

文中子曰：“明内，齐外，故取《家人》。”郝《解》曰：“‘伤外，反家。’[②]文王，释羑里，为西伯。‘敬止缉熙’，‘刑于寡妻，至于兄弟’，化暨‘江汉’‘汝坟’，二《南》[③]作而周道兴。卦位东南，巽离亦其象也。孔子教伯鱼以二《南》。人道，‘齐’乎家，‘相见’乎国与天下矣。火以安薪，风以转教。‘知所自’，而言行妙其有矣。”《遡》曰：“‘毛里’天属[④]，义无可解；‘妇姑’人合，易至‘勃溪’[⑤]。自昔城倾家索，恒基女德，姑姑妇妇，由我各正；巽上、离下之序也。”神曰：“木能生火，火能焚木；一家之人，互相生克。‘知和而和’[⑥]，咎矣。”《意》曰：“人伦，以明别为风火，不贵暗沕；非可混沌其咸、恒，而高言‘用晦’也。六卦之后，详举家法，心迹互治，微显乃平，故以‘反身’为本。”

《彖》曰：家人，女正位乎内，男正位乎外；男女正，天地之大义也。家人有严君焉，父母之谓也。父父，子子，夫夫，妇妇，而家道正；正家，而天下定矣。

《一一集》曰：“文王曰：‘利女贞’。孔子曰：‘男、女，正位乎内、

①《下经》，贞悔18卦，《晋》《明夷》一组，为下经第三贞悔卦；《家人》《睽》，为第四贞悔卦；故称首六中二对。

②《序卦传》：“伤乎外者，必反其家。”

③《周南》《召南》。

④《诗经·小雅·小弁》：“靡瞻匪父，靡依匪母。不属于毛，不离于里。”

⑤《庄子·外物》：“室无空虚，则妇姑勃溪。”

⑥《论语·学而》：“小大由之，有所不行。知和而和，不以礼节之，亦不可行。”

外’。‘观厥刑于二女’，此唐虞‘危、微’之心法，而定天下之治法也。《序卦》断自‘天地’，故表‘天地之大义’。即未有天地前之所以然，‘有物’，恒‘有则’矣；‘中节’，恒‘中和’矣。父中父之节，子中子之节，夫妇中夫妇之节，即‘物则’也，‘一用于二’之道也。圣人早于《图》《书》之奇偶，定其分矣。朝廷‘义胜’，不期严而严，故言‘交泰下济’。家庭‘恩揜’，不期狎而狎，故曰‘有严君焉’。家道莫恶于忤，故贵‘巽’；男女莫恶于乱，故贵‘明’。既患无‘严君’，而尤患无‘严母’。芘子弟之恶，养家众之奸，父所不及察者，惟母严而后家无隐慝，故曰：‘家有严君，父母之谓。’至哉！圣训乎！”幼清云：“上九，居一卦之上位，象父母。阳，象‘父’，而亦象‘母’者。《仪礼·馈食》篇：‘妣配考同位，不别设位也。’”

《象》曰：风自火出，家人；君子以言有物而行有恒。

邵子曰：“火自风。”风者，火气之所化。李西溪以为“槖籥之火”。《野同录》曰：“五行惟火无体。二土合水火，皆气也；气，皆风也。大地，皆风所鼓；人身，皆气所凝。而所以为气者，即所以为心者，故心如风。一切风教、风力，皆从人心转。圣人，‘知风之自’[①]。火必用薪而明，明其名分，而言行始安。故以家闲其人，人反其身，以‘有物’‘有恒’定‘言行’；而万世之夫妇，公视公听，巽入此命，即足转其‘无方、无定’之心，而闲天地之家矣。《圆图》，家人、渐、归妹、解，四峙；《方图》，恒、巽，并峙于中，故有此象。茶即当名为茶，饭即当名为饭，此‘言有物’之类也。父坐子立，男女有别，此‘行有恒’之类也。修武曰：‘道与德，为总名；而仁与义，为实用。’此‘物其言’，而淫诐无因入矣。《孝经》曰：‘口无择言，身无择行。’言孝，则终身之言行，满于天下，皆孝道也。此‘恒其行’，而奇邪无因乱矣。”

初九，闲有家，悔亡。变艮，为《渐》。

《宜》曰：“初上皆刚，域中爻于内。初，防‘闲’；上，信畏，序则然也。‘闲’，在《大畜》体艮，《家人》变艮。艮，为‘门闲’，为‘门阈’。于文，门木为‘闲’。初，‘有家’者，‘有物’‘有恒’之妙有也。圣人教人‘有其当有’之家，即是‘无思无为’之寂感。何容赘言‘无’乎？”

《象》曰：“闲有家”，志未变也。

程子曰：“‘闲之’于始，家人志意，未变动之前也；变而后治，则

① 《礼记·中庸》：“君子之道，淡而不厌，简尔文，温而理，知远之近，知风之自，知微之显。”

伤恩矣。"《诗》刺"敝笱"，特书"祝丘"，因变以闲万世之家，岂可少乎？《正》曰："庄公娶齐，而丹楹刻桷，匠庆非之。哀姜且至，公命大夫宗妇觌，用币，宗展辞焉。庆、展，知所'闲'矣。"

六二，无攸遂（《杨震传》，作"出遂"），**在中馈，贞吉**。变乾，为《小畜》。积，《巽》。

《宜》曰："卦主，阴爻，故二'吉'，四'大吉'。'无攸遂'者，妇顺也。凡进食于尊长，曰'馈'。鼎，火烹饪于外，曰'享帝''养贤'。家人，火烹饪于内，曰'在中馈'。'苹蘩'祭祀，则馈事之大者。二，'中'象；坎，酒食，'馈'象。《彖》'利女贞'，惟六二之中正当之。《蒙》五变巽，事师之道；《渐》四体巽，事君之道；此应巽，事夫之道。"《象正》曰："古者，公侯夫人，与于宾祭。《诗》曰：'君妇莫莫，为豆孔庶，为宾为客。'又曰：'诸宰君妇，废彻不驰。'故舍'中馈'，无复'遂事'也。周公之衰也，用舍予夺，皆谋于妇人。《十月》之《诗》，首述'卿士司徒'，而终以'艳妻煽方处'。是则，卿士而下，皆'艳之方煽'者也。《瞻仰》之《诗》曰：'妇无公事，休其蚕织。''蚕织'之与'中馈'，适相佐也。为君子不通《诗》义，必有女祸，盖谓是欤？"

《象》曰：六二之吉，顺以巽也。

《离》，得《坤》之中，"顺"应《巽》之"制"。即饭食中，亦自有节制在。

九三，家人嗃嗃（荀爽作"确确"，刘瓛作"熇熇"），**悔厉，吉；妇子嘻嘻**（张揖作"嬉嬉"，陆绩作"喜喜"），**终吝**。变震，为《益》。积变，《涣》。巽宫。世。

《集》曰："《说文》：'嗃嗃，严酷貌。嘻嘻，太多之声。'《玉篇》：'嘻嘻，和乐貌。'《韵会》以为：'嘻笑，欳欳即嘻嘻，以喜为声。'玄子，取宋王回，谓'重刚卦，无嘻笑理'，拘矣。《震》之初九重刚，亦以'震来虩虩''笑言哑哑'为象。此爻变震，故亦酷、狎同举，即《彖》表'严正'之义也。"子瞻曰："以阳居阳，过于用刚，人见其悔且危也。而矫之以宽，则家败矣。故告之以'终吉'，戒之以'终吝'。"

《象》曰："家人嗃嗃"，**未失也；"妇子嘻嘻"，失家节也**.

《一一》曰："太严、太宽，两皆非中。然严，终'未失'；而太宽，则'失节'矣。特著'家节'，以明'持世恒物'之终。上九'威如，终吉'，与此正应。"

六四，富家，大吉。变乾，为《同人》。积变，《讼》。

《宜》曰："四、五，阴阳之尊者。于家，为堂上；于国，为王后；然王后与臣庶之家，一也。巽'入'，而阴啬，故有'富'象。诸卦四爻，无吉于此者。'庆衍螽斯''履绥樛木'，何加于'顺'哉？'牝晨家索'，非富，明矣。故曰'善富家者，不宝珠玉。'四之富，非富而富也。父子、兄弟，各顺其位，而不相逾越，所谓：'家之肥，即天下之肥也。'"

《象》曰：**"富家大吉"，顺在位也**。

二之"贞吉"，曰"顺"；四之"大吉"，亦曰"顺"，妇道尽矣。《小畜》九五称"富"，《泰》六四、《谦》六五，称"不富"，以阴虚也。此能翕受阳之实，而又不以自有，顺归之阳者也。位，即《象》"正位"之位。　曰："父主教化，母主货财。仪刑表率，父道也；收藏谨节，母道也。故五言'假家'，四言'富家'，父、母之道也。"

九五，王假有家假音格，勿恤，吉。变艮，为《贲》。积，《未》。

玄同曰："萃，'王家有庙'；此，'王假有家'；知'承祧裕后，神明合莫，王道之本也。'"《订》曰："'舜格于文祖'，公格于太庙。格、假互用，可证。初，'闲有家'，家道之始；五，'假有家'，家道之成。变艮，有'各正其所'之象。正家而天下定，故不待忧恤而吉也。"

《象》曰：**"王假有家"，交相爱也**。

子瞻曰："假，至也。王者，以天下为家。家人之家，近而相渎；故严推别远，以存'相忘'之意。天下之家，远而易忘；故简易'勿恤'，以通'相爱'之情。此称其德，论天下之家焉。君臣，欲其如父子；父子，欲其如君臣也。"杨廷秀曰："以文王为君，大姒为妃，王季为父，太妊为母，武王为子，邑姜为妇，其无'交相爱'乎？无忧者，文王'勿恤'也。《象》言'严'，此言'爱'。严能生爱，礼中有和，此之谓'家道正'。"

上九，有孚，威如，终吉。变坎，为《既济》。

《集》曰："'孚'，则人自为闲。初，'齐其家'；而上，则'家齐'矣。人信其家，如信其身。岂以无所事事，而遂弛其'反身'之'威如'哉？"《正》曰："《既济》'终乱'①，患生于忽昵也。君子之敬其妻子婢仆，皆如其始至焉。"

《象》曰：**威如之吉，反身之谓也**。

子瞻曰："上之所'信'者，三也。两刚相临，是以终身不忘畏也。《传》曰：'畏威如疾，民之上也。'故畏人者，人亦畏之；慢人者，人

①《既济》卦："亨小，利贞；初吉，终乱。"

亦慢之；此之谓‘反身’。”仲虎曰：“‘嗃嗃’之严，‘有悔’，而吉；‘反身’之严，‘终吉’，无悔。”《野同录》曰：“‘反身’谓何？‘言有物，行有恒’之谓也。‘威如’谓何？‘不睹不闻’之谓也。‘身’中，亦有家焉；‘反’，则知之。人必不免于家，家必不免于身，身必不免于心。心不免于身、家，犹火之必不免于热，风之必不免于吹也。圣人著‘反身’‘齐家’之道，即‘以身家，泯身家’矣。彼矫枉已甚，以‘泡电’舍之[①]，势先‘泡电’其帝王之家法，而终归于不堪，岂中道哉？别路激反，如《蛊》上者，犹当论其‘志’焉。”

《时论》曰：乾坤之家，长中女合，为家人、鼎；中少合，为睽、革；长少合，为过、孚。长能率中，非难率少；盖巽德胜于丽悦，而巽必用明也。明昼夜之道者，《家人》乃最亲切之昼夜也。观其位置，凛曰“严君”。“洁齐”“相见”，巳午合体，唱随嫡庶。盖天地之大义，截然有制者也。阴者，阳之助也。家人，贵女正，本于男正。内不出，外不入；可和，不可乱也；可交，不可渎也。天位外，地位内；日主昼，月主夜，家有天地焉，身有天地焉。初秉家督，而上师义方也。二“妇”，五“夫”也；三“兄”，“四”弟也。家，天地位矣；身，天地严矣。火生于木，而焚木；风出于火，而灭火。善用，则“交爱”而享利；不善用，则“交攻”而煽害。君子于言行严之。严夫议论惊四海，而妻子或“窥隙”也；事业掩大庭，而梦寐或“愧屋漏”也。《意》曰：“严君，非声色也。人各有家，岂有不知‘闲’者？”然闲于末，何若闲于初？闲于外，何若闲于“志”？闲于变，何若闲于“未变”乎？威于貌，何若威于孚？威于人，何若威于身乎？“鸡鸣栉笄”，雍肃之端；女归《渐》“吉”，闲始此矣。“大夫无遂事”，臣道也；“无攸遂”，妻道也；奉天养役，地道也。奉训长女，资其巽《畜》[②]，以事所天。“酒食是议”，《内则》之“命”在焉。“闲”之、“威”之，多起于奥内嬉笑之细矣。“枭鸱厉阶”，“嘻嘻”始之。抱子“提命”，毋宁“嗃嗃”，为有益乎？“借耰”之色，势必“谇箕”；怨其分财，萧墙戎莽。三事即修，同人一志。“父母在，不私财”，所以顺“严君”也。真富家者，天下肥矣。“交爱”，在乎“勿恤”。庆此文明，思齐其“王假”之颂乎？《既济》知“节”，终此乾坤之咸恒。尧以“厘降观刑”，夫子以二《南》训伯鱼[③]，孚威而各正也。严父传家，“反身”终矣。世，一家也；心，一家也，谁不在此家中？所贵，圣人为天地治家耳。但云“家本自治”，

① 《金刚经》：“一切有为法，如梦幻泡影；如露亦如电，应作如是观。”

② 《家人》卦，六二独变，为《小畜》卦。

③ 《诗经》之《周南》《召南》。

而又掊击治家者乎？无不离有。故“有物、有恒”[1]，有闲、有节。后世“嘻嘻”以自便，而悍扫坊表，偏匿“画前之无分别”者，将以“知母、不知父之洪荒”为道耶？且唾“奠雁”，而麀之矣。率兽、女祸，神人妨此午会，岂无故哉？

智曰：“咸恒‘造端’，止表身心，毕矣。而闲家之法，复著于‘履礼’‘昭明’之后。礼，不厌详也。羑里之《易》衍，而《关雎》之乐奏；则《易》与乐，皆履于礼矣。《释论》申齐家之‘五僻’，‘亲爱’为首。‘威克厥爱’，可不严乎？煽处家国，势必‘扬燎’，而绮词灭礼，助播恒风。凡言‘自严其心君’者，正以肃‘比屋’之嚬笑者也。其如‘曲逆’‘累骑’之言行，陀须解啁，学士艳之。灰压郤冀、石奋之面，何哉？‘言有物，行有恒。’圣人之神于用迂阔也。”

䷥火泽睽

《说文》：“睽，目不相视也，从目癸声。”止菴“以癸从癶、从亏，步不相同也。”智按：“十干之终，曰‘癸’，故有‘揆度’之义。或以为兵器，加目为‘睽’，射‘乖违’之意，遂为睽违双声。退之曰：‘万目睽睽。’凡规规、瞿瞿、睽睽，皆声通也。”

睽：小事吉。

《宜》曰：“真火、真水，为坎离。相济有成，故‘不射’。离兑合，则离死火、兑死水，于是始‘相射’，而有睽、革之名。《睽》不交，《革》‘相息’，卦二皆女。而睽之中少序，子故曰‘不同行’；革之中少反，子故曰‘不相得’。”元公曰：“‘二女同居’，三阴合卦皆然。然巽兑合，以孚、过名；离巽合，为家人、鼎者：木乐火，而金畏火也。或曰：《易》象不著兑金，以避乾金也，非废兑金也。冬水，春木，夏火，转土以生秋金，‘播五行于四时’[2]。不废《后天图》，则不废兑金，明矣。”《意》曰：“‘家道穷必乖’，反家人，成睽；而先睽，后‘遇’[3]。爻，以应论。‘以同而异’，事不厌小，正所以细穷差别，详咸、恒‘进退、明晦’之情于小事也。睽，外也；家人，内也。心内，自一；而用之于外事，自分。知其‘分即是合’，有何不吉？”玄子曰：“‘小事吉’者，以柔为事也。《睽》以九四无应，介离兑两主爻之交，使三、五不得应二、上也。三五柔体，惟不汲汲除四，徐徐驯扰，则自不终睽矣。冯元成以‘平交勃，实吊让；子产赂伯石’，皆是也。”

---

① 《家人》卦，《象》曰：“君子以言有物，而行有恒也。”

② 《礼记·礼运》。

③ 《姤》卦。

《彖》曰：睽，火动而上，泽动而下；二女同居，其志不同。行说而丽乎明，柔进而上行，得中而应乎刚，是以小事吉。

《宜》曰："火泽，先天一气；以动之上下，而睽。二女，后天同居；以志不同行，而睽。女，以嫁为'行'。两阴莫适为主，《革》犹姊妹，《睽》则嫡庶，妒不免矣？'说丽明'，则自下而上，合反对。家人，'柔上应刚'，则自上而下，合兑悦柔中，皆以小心行柔道者。革，刚居五，柔居二，故'大亨以正'。睽，反是，故仅'小事吉'也。《易》无乐乎？柔主，而离居外体者，独称焉。大有'柔得尊位大中，而上下应之'。旅'柔得中乎外，而顺乎刚'，刚柔丽乎中正，故'亨'。噬嗑'柔得中而上行'。晋'柔进而上行'。睽、鼎，皆'柔进而上行，得中而应乎刚。'未济'柔得中也'。离为日，'君'象。'知临，大君之宜'，爻虽不正，必贵之。"

天地睽而其事同也，男女睽而其志通也，万物睽而其事类也；睽之时用大矣哉。

《意》曰："先原其'小事'，后究其大事。事，多贵小；理，则至大。小大一致，睽无不合。'天地''男女''万物'，皆两者之合为用也，明矣。'天地''万物'，以事言；'男女'以志言。又尊'男女'于'万物'，此即'睽之时用'也。"

《象》曰：上火下泽，睽；君子以同而异。

子瞻曰："人苟惟'同'之知，若是必'睽'矣。人苟知'睽之足以有为'，若是必'同'。"《宜》曰："《彖传》，睽中之合，化睽之方也。《象传》，同中之异，不苟同之学也。'秉懿'则同，将同俗之失乎？《同人》'类辨'，贵异所以同也。《睽》'同而异'，因异而贵异也。武侯曰：'违覆而得中，是弃瓦砾、得金玉也。'《传》言'睽'，物性之定分；爻言'睽'，物我之相嫌也。"郝《解》曰："乐同而八音异，乃叶；食同而五味异，乃调，'因异为同、以同剂异'之道也。'睽'，窥也。火高而泽深，火明而水暗，有'疑而窥视'之象。君子不能天下皆知己，亦惟其'同而异'也。"《意》曰："君子不苟立异，以好奇；亦不冒言大同，以自解。姚有仆曰：男子而不卓然异乎流俗者，口曰大同，实'鄙夫'耳。"

初九，悔亡；丧马勿逐，自复；见恶人，无咎。

《宜》曰："初四，敌应。坎离，'马'象。睽而上出，丧而悔矣。初悦刚正，敌四无求，故'勿逐'。始睽、终合，'自复''悔亡'。《震》与《既济》之二，皆变兑，皆曰'勿逐，得'。四，互《坎》'盗'，而处《离》‘燥’，故象‘恶人’。两离交相见，曰‘见’。圣人教人见恶人，即教以见恶人之法，恶人可顺诱而难逆规。道，在作合以来之，招好去恶以示之。‘我无心’焉，彼或意喻情移而不觉矣。”

《象》曰：**“见恶人”，以辟咎也**。

《一一》曰：“以‘见’为‘避’，时用最奇。谢安笑指桓温壁后置人，李抱真酣眠王武俊帐中，是其类也。”

九二，遇主于巷，无咎。变震，为《噬嗑》。积，《晋》。

《宜》曰：“‘主’，指五。应，则‘遇’。二，以五中虚，象‘巷’；五，以二变《噬嗑》，象‘噬肤’，交取也。”玄同曰：“人有‘品同地隔’之不相知，偶有见闻，遂成莫逆。子产，以堂下言得鬷蔑；林宗，以匡坐得茅容，以堕甑得孟敏；皆相遇于隐微，非貌合也。王《注》[①]：‘出门同趣，不期而遇。’又何吝耶？”仲虎云：“‘纳牖’‘遇巷’，坎‘险’、睽‘乖’之时，委曲相求如此。”《正》曰：“于门、于庭、于野，犹有避也；巷，则无所避矣。负俎载盐，饭牛鬻羊，岂‘诡遇’耶？”

《象》曰：**“遇主于巷”，未失道也**。

《一一》曰：“‘遇巷’，迹疑，故以‘未失道’明之。道心行之，无非道者。有意冒此以自解，即千里矣。” 曰：“郦食其衣褐见，彭羕上丽统床[②]，李元忠酌酒会高欢，亦英雄巷遇法。”

六三，见舆曳，其牛掣（子夏，作“契”。《说文》，作“㸤”。郑玄，作“挈”。荀爽，作“觭”）；**其人天且劓**（“天”，杨、桓，作“耏”。“劓”，《说文》，作“臲”；王肃，作“䠡”），**无初有终**。变乾，为《大有》。积，《旅》。

《宜》曰：“《睽》从《损》变，变在四。三，当未变时，艮之‘人’、艮之‘鼻’，坤之‘舆’‘牛’，无恙也。及四变，而人以离‘燥’，曰‘天’；鼻以兑‘毁’，曰劓；舆牛以坎‘眚’，曰‘曳掣’。‘过门不入’，而复‘面目可憎’，若妇之疑夫然，俱指上。人情怀疑，意见横生，皆非实事，故‘无初有终’。”朱子以“天”而篆文相似“刑去须”，曰：“而今作‘耏’。”耏、劓，以坎“刑”、离“戈”取。《揆》曰：“刺凿其额，曰‘天’，又剠也。”郝《解》曰：“车中之人，倒首向天；‘天’之为，言‘颠’也。”玄子曰：“位之‘不当’，以邻四也。《睽》以四成‘牛’‘舆’，为四所‘曳’‘掣’。‘人’，指四；‘天’，指上也。四欲夺三，而上肯容之乎？”

①王弼著《周易注》。

②“羕”字，原为“羡”字。根据《三国志·卷四十·蜀书十·刘彭廖李刘魏杨传第十》。

《象》曰："见舆曳"，位不当也；"无初有终"，遇刚也。

"刚"，指上应。德曰："伯乐于尹铎，苏正和于盖勋，怨亦非怨矣。表其'为公也'。"

九四，睽孤；遇元夫，交孚，厉无咎。变艮，为《损》。积，《艮》。

《宜》曰："合言两爻，曰'睽'；单论一爻，曰'孤'。离'明'刚躁，故四、上系'睽孤'。若五中阴下悦体，不言'睽孤'矣。初以四，为'恶人'，惟四敢于为睽；四以初，为'元夫'，惟初不忘于为睽。'睽孤'，则'厉'；'交孚'，则'无咎'。二阳非偶，而偶合如是，'睽之时用大矣哉'。"

《象》曰："交孚"无咎，志行也。

《一一》曰："'志不同行'之《睽》，而'志行'，故见'睽之时用'。"　曰："孟德于胡昭，范升于周党，正使各行其志。"

六五，悔亡，厥宗噬肤，往何咎？变乾，为《履》。积，《观》。

《宜》曰："二尊五为'主'，分也；五亲而为'宗'，情也。二易、五难者，必君求贤，而后贤从之，故五当先往。'往何咎？'快词也。同阳仪，为'宗'。决如'噬肤'之易也，二变《噬嗑》，取象。"

《象》曰："厥宗噬肤"，往有庆也。

决其下交。通曰："道生知'必往'，德操劝'三往'。'径路隔，风云通'，皆君之往也。"

上九，睽孤，见豕负涂，载鬼一车，先张之弧，后说之弧（古，一作"壶"，一作"壷"）；**匪寇，婚媾；往遇雨，则吉。**变震，为《归妹》

集曰："上三四，互《坎》[①]，上以四疑三象。其行污饰诈，则坎'豕'、负兑'泽'，为'涂'；坎'鬼'，驾乾'车'，为'载'象。其害已未能，则坎'弧'，以乾'圜'张，以兑'毁'脱。又若夫疑其妻然。雨，坎象，阴阳和也。有见，则诸境现前；疑亡，则诸妄消殒。元公曰：相火感心，遂生幻见。然下兑为金，金火相守则流；得坎水以济之，金火始不相克，故有'遇雨'之象。"曰："公沙穆、阮德如，见鬼而能定矣。凡此之类，从何而传耶？实亦'疑'见耳。"

《象》曰："遇雨之吉"，群疑亡也。

玄同曰："初、四，睽于品；二、五，睽于地；三、上，睽于意见，皆务合者。《易》通天下为一家，无'行路之人'也。"元公曰："疑情之积，常起于情之相悦，而好用明。若不相悦之人，则无所致疑，而不见其过矣。"《一》曰："楚恭王疾，曰：'管苏犯我以义，当爵之朝。'左

---

①应为"五三四，互《坎》"。

雄荐周举，举劾雄不当用冯直，雄曰‘韩厥矣’。崔暹于邢邵，王旦于寇准，皆古人之善‘遇雨’也。”

《时论》曰：卦中有两动者，火炎上，动则愈灼；泽润下，动则愈壑。“相遇”，则《革》；不相遇，则《睽》。目不相视，宜其象矣。卦中有两“同”者，男女同，则合；“二女同”，则异。《家人》不异者，统于长也。内外相反，“家道穷必乖”矣。离南火盛，泽西金流，其间老母方“役”，即为死门，万物以消。各争其盛，此未申之矩曲，天之睽关而睽用也。知“小中之大用”者，何不可以有事？同必生异，异即是同。子夏曰：“圣人用天下之物，成天下之事。”取异物相制、相合，其类多矣。“时用之大”，责在君子。“说明”也，“柔行”也，“刚应”也，出此三物，知所以“用其同异之时”矣。斯时也，“元夫”“恶人”比肩，“巷”“宗”一路，“马”“豕”齐驱，“牛”“鬼”等猜，“弧”“舆”比力，“肤”“劓”合邻，“婚”“寇”相应，“疑”“孚”两函，“丧”“复”并机，“初”“终”均遇。谁谓：“梃与楹，厉与西施，不相因哉？”家人，治内也；睽，治外也。“近而不相得，凶；或害之。”[①]君子调之至近，达之至远，故“家、齐”而“治、平”因之。家人，所内；睽，反诸外。其究，外内，一也。五，出“中馈”之《家》，而“噬肤”。三，无“嗃嗃”之节，而“曳掣”。然其变也，《大有》“用享”，而《履》“定”自“辨”矣。初、四，志同刚也，吐多茹少，自疑厥类。三“舆”横“曳”，马虽丧，而“濡尾”“不遂”矣，“遇”而“复”矣。公山南子，何异诸涂？陆机悟戴渊，子仪见葛罗，是也。阳明曰：“舜“不格奸”，待“自复”而已矣。”二五，应也。邻见“天劓”，而我之应将“噬肤”“灭鼻”耶？幸有“巷”在，委曲可道，而《颐》自《嗑》矣。是初、二，苦三之柔进；而三亦，苦初、二之刚。乾“马”，已“复”，而见为“舆曳”；离“牛”，未“孤”，而见为“或掣”。吾自“有终”，而见为五妒己也。“掩袖鼻割”，“天”乎首耶？是本同，而失于意见者也。四，《损》睽情，足治外矣。治外得人，则去疾还喜矣。解狐可举，奚祁不谢矣。季布遂为郎中，陈琳仍使草檄，李阳赐以甲第；曲城之田舍翁，必不杀矣。况本无咎者乎？丽明之主，众悦景从；画室召光，延英信泌。《诗》曰：“君子宗之”。主尊宗亲，“厥宗”之“肤”，“庆”何如也？去污醒迷，“永终敝”矣。钩槛两忘，牛车倾盖。泯廉、蔺之负荆，合房、杜之谋断，载歌彤弓，霖雨天下，“吉”何如也？先祖曰：“君、相、士、民不同，是大同也；元夫、恶人，不妨、不交，是大交

①《系辞传》：“凡易之情，近而不相得则凶；或害之，悔且吝。”

也。”“君子以同而异”，既得其养，又好其辨，此即“小事中之参赞大事也”。

智曰：“‘礼，本大一。’森森然者，本一也。岂必混泾渭，以荒同哉？《齐物论》‘不齐’齐之，此之谓以‘明’，亦非‘任之’而已也。晏子论‘和同’，而曰：‘惟礼可以已之’。荀子忧‘臧耳’‘非马’之辟称，乱吾‘恒物’者也。然不明其同异之所以然，岂能服诐遁于‘苙’乎？是故，事其事而小之，小乃尽其差别焉。有质论、通论之互异，有‘费隐相夺’与‘无费无隐者’之互异，皆‘马’‘豕’‘牛’‘鬼’之疑人者也。情变尽，理变亦尽，而天地之经义，家喻大同矣。出，为‘包荒’‘类辨’之药笼；处，明四教、百家之细惑；狂简可裁，过门无恨。不袭古人之迹，亦不避古人之名，不以‘洸洋’藏身，亦不以‘毛疵’责世。‘不欺’，而‘好学’；‘因物’，而‘分艺’，此‘睽之时用’也。”

玄子曰：“屯，坎上行，为‘云’；解，云下降，为‘雨’矣。蒙，水始出，为‘泉’；蹇，泉沛发水矣。屯、蒙，化机；蹇、解，感遇；天人各有主也。”潜老夫曰：“䷞䷠䷢为第七之三①；䷤䷦䷨为第八之三②。而蹇、解在中，犹遁、壮也。景元所云：‘乾居艮震外，与坎居艮震外，为乾统三男于外者，故为进退往来之几。’此又《下经》首九之中一对也③。”智曰：“文《序》，屯、蒙，至蹇、解，中隔三十六卦；蹇、解，环至屯、蒙，中隔二十四卦；此阳四九，阴四六也。老阴、老阳之策，主变；故相沿以阳九、阴六为难限。”

䷦水山蹇

《说文》：“蹇，跛也，寒省声。”智按：“寒，亦以冬塞为寒也。塞，从众工合手，塞室也。加足，为蹇。蹇、寒之声转，犹咸、感之声转

①六十四卦，从颠倒卦来看，只有 36 贞悔卦。《上经》，18 贞悔卦。每三贞悔卦，为一组；则第七组的 3 个贞悔卦是：《咸》《恒》《遁》《大壮》《晋》《明夷》。

②第 8 组的贞悔卦，是《家人》《睽》，《蹇》《解》，《损》《益》，三组。所以第三卦的卦象，应为《损》卦䷨。

③《蹇》《解》，为《下经》18 贞悔卦之第五卦，故称“首九之中一”。

也。腭发声。”

蹇：利西南，不利东北；利见大人，贞吉。

《一》曰：“‘乖难，受《蹇》。’[①]目不相视，为睽；见险能止，为蹇。睽，双离目也。蹇，艮目见也，然已自‘西南’而‘东北’矣。故教人济蹇，当‘利西南’之用。”《新论》曰：“《蹇》‘利西南’，就土‘顺’也；‘不利东北’，登山‘逆’也。”《遡》曰：“‘西南’‘东北’之义，《坤》详之矣。顺，所以济蹇；‘利西南’，尚往也。蹇解，无乾坤之体，而有相索之情。乾索坤，从‘迷’而‘得主’。《彖》故明其‘利西南’，而爻亦喜其‘得朋’，是以有‘朋来’‘朋至’之系。又屯、蹇四卦，三男合，爻象俱取乾索坤。家人、鼎四卦，三女合爻，不取坤索乾者；男可以下女，女不可下男。圣人本人情，而著《易》也。”《隅通》曰：“先后天，坎皆正，艮皆隅，水行地之中，山处地之偏也。莫险于水，莫阻于山。《后天》，乾顺数坎艮，故‘知险’；《先天》，坤逆数艮坎，故‘知阻’。”玄子曰：“《坤》有‘西南’，无‘东北’，《蹇》有‘东北’，无‘西南’。有之为卦用，虚之为卦主。《坤》虚‘东北’之刚明者，以为主；《蹇》虚‘西南’之平易者，以为主。”郝《解》曰：“坎，坑也；艮，狠也，故东北为《蹇》。坤，顺也；离，丽也，故西南为《晋》。造化物理，为平易，为可近。”《野同录》曰：“《蹇》合险阻，以习北‘成终’之艮‘止’而知之。知止，故可往来而利济矣。利济，妙于用；用，莫妙于坤。坤，具‘地势’；人情物理，亦一势而已矣。四时，表于四方；四方，即十二宫；而用半表爻，则六爻。外卦，为‘西南’，为用；内卦，为‘东北’，为体。犹之，概举寒暑，‘一用二’也。虞翻以‘坎月’言之，亦以‘生西南，而终东北’，犹之‘一用二’也。《易》贵时用，用即是体。而用时专守一体，坐断寒岩，有何利乎？故，当往‘见大人’。卦象，以刚中之五，为‘大人’。通举其理，则以‘前用’为大人。”

《彖》曰：**“蹇”，难也，险在前也；见险而能止，知矣哉。“蹇利西南”，往得中也；“不利东北”，其道穷也。“利见大人”，往有功也；当位“贞吉”，以正邦也**（荀、陆，作“正国”）。**蹇之时用大矣哉。**

《宜》曰：“蒙，贞坎[②]，则中晦昧而‘蒙’。蹇，贞艮，则中光明而‘智’。需，‘险在前’，乾‘恒易知’，故‘不陷’；蹇，‘险在前’，艮‘笃实光辉’，故‘能止’，智矣哉。赞其‘止’，实取其‘观变时用’也。”元公曰：“祸机所伏，肉眼不知；知之矣，又躁不能止。艮具两义。故词特予之‘当位’‘贞吉’，实主艮。观六四‘当位实’，专指

① 《序卦传》：“乖必有难，故受之以《蹇》。”

② “贞”，即内卦；“悔”，即外卦。

九三，其义著矣。”子瞻云：“君子必安其身，以观难之所在、势之可否，而后犯之，是以‘往’则‘得中’。”玄子曰：“‘利西南‘，勉五也；‘不利东北’，戒三也。‘三五同功’，故‘往有功’。爻重当任，解蹇为然。‘当位’‘得中’，指五也。三，反下连上，合‘往’以就‘大人’，故为‘时用之大’。”《筌》曰：“蒙，‘险而止’，德之稚；蹇，‘见险而止’，德之壮。屯，‘动险中’，难之生；解，‘动而免乎险’，难之平。屯、蒙，其始；蹇、解，其终也。”《揆》曰：“《老子》云：‘善摄生者，陆行不遇兕虎，入军不避甲兵。’所谓：‘无死地，即转身法。’有是‘时’，起是‘用’。若委‘无奈何’，坐受其敝，岂‘时用’哉？”《意》曰：“‘反身’‘中节’，思、孟发明此‘时用’耳。屯，‘动乎险’，每‘利居贞’。蹇，‘止乎险’，每言‘利往’。动，以贞止；止，以善动，岂二道乎？”

《象》曰：**山上有水，蹇；君子以反身修德**。

《意》曰：“‘山上有水’，百折始通。反其‘不获’之身，取艮之‘背’；修其‘常习’之德，取坎之‘心’。阳止于外，回顾其内；阳在于中，‘流而不盈’象。‘忠信笃敬’，固所以平‘蛮貊’之山水也，何往来之不利用耶？”

初六，往蹇，来誉。变离，为《既济》。

《宜》曰：“《易》：‘往来不穷之谓通’。《蹇》爻，四言‘往来’，便‘不穷而通’。爻皆先言‘往蹇’，正是竭力经营处。‘来’，正所以为往计，故‘来反’者就二。二为‘王臣’，就二，即就五。‘来连’‘来硕’者，就三。三与五同德[①]，而当任就三，所以就五。九五‘朋来’，正诸爻所谓‘来’也。”玄同曰：“否泰，以下卦，为‘来’；蹇，以助五，为‘来’。初助五，独早，故‘誉’。‘宜待’者，待四之‘连’三也。变离，为‘口’，‘誉’象。”郝《解》曰：“天下之事，不在其位，则不与其难。初不当用位，故宜静以待‘济’，则共济；不济，难亦不及。与《遁》初六‘不往何灾？’同艮，其义一也。是以君子居不辞下。”

《象》曰：**“往蹇来誉”，宜待也**。

《意》曰：“班彪之著《王命论》，隆中之‘自比管乐’，皆‘宜待’之‘来誉’也。汉末大难，汝南‘月旦’[②]，德操冰鉴[③]，皆品藻不失。

①《系辞下》：“三与五，同功而异位。”
②东汉末年，由汝南郡人许劭兄弟主持，对当代人物或诗、文、字、画等进行品评，常在每月初一发表，故称“月旦评”。
③司马徽（约145—208），字德操，东汉人，学识广博，有知人之明，又称“水镜先生”，并向刘备推荐了诸葛亮、庞统等人。

亮、瑜，相料；刘晔、郭嘉在许，皆能不爽。可信，待时无不知人者，‘来誉’正是‘时用’。”

六二，王臣蹇蹇，匪躬之故。变巽，为《井》。积，《需》。

《集》曰：“应五，曰‘王臣’。互坎、应坎，曰‘蹇蹇’。‘艮不获身’，‘匪躬’象。三五，不系‘往来‘者，君臣不蹇，无他诿之义也。韩愈之竟走王庭凑营，辛谠之出入泗州围，非‘匪躬’而能乎？‘艮背’之学，益信‘为济世之故，非仅自高也’。”

《象》曰：**“王臣蹇蹇”，终无尤也**。

《一一》曰：“言‘蹇’而又‘蹇’，终不尤人也。”

九三，往蹇，来反（郭京，据王弼本，作“来正”）。变坤，为《比》。积，《节》。

《遡》曰：“蹇，非阳不济。三居间，感二之忠诚，而助二。许远令睢阳，张巡代之居守是也。阳，性上；不上而就二，曰‘反’。艮，‘反身’象。”

《象》曰：**“往蹇来反”，内喜之也**。

《一一》曰：“二在内，喜其来也。《春秋》书‘季子来归’，以其为国人所喜也，或以蔺相如当之。”宋子建曰：“相如，前不能谏冯亭上党之事，后不能谏赵括代颇之事。何徒以‘一璧、一缶’为能？”

六四，往蹇，来连。变兑，为《咸》。积，《兑》。

《一一》曰：“四近五，而柔。乃连三于五，共为五明。”邹汝光云：“连桓公、管仲之交者，鲍叔也；连简公、子产之交者，子皮也。”

《象》曰：**“往蹇来连”，当位实也**。

阳实，阴虚，指三、五也。

九五，大蹇，朋来。变坤，为《谦》。积，《归》。

《集》曰：“‘遗大投艰。’‘大蹇’，即是处蹇之道。‘当位贞吉’者，中也。使天下之济蹇者，‘朋来’。取‘节’，皆以五之中为中。功何得言？燕昭买骨，而千里马来；敬舆改诏，而河北皆服。然则少康得靡，而斟寻同奋；杖策岍陵，同时响合，亦在乎帝王之推心中节耳。”

《象》曰：**“大蹇朋来”，以中节也**。

《一一》曰：“‘正邦’之功，归于‘反身’之‘中节’而已矣。‘反身中节’，即是‘时用中节’。”

上六，往蹇，来硕，吉；利见大人。变巽，为《渐》。

郝《解》曰：“以六居上，乃坤之‘终’，是‘西南’之乡。六爻，始出险外，故‘吉’。‘利见大人’者，九五居中，背坎、向离，大难已平，人共见之。”

《象》曰：“往蹇来硕”，志在内也；“利见大人”，以从贵也。

智曰：“上，无所复往，下应九三，同志在内，以急君也。蹇时，君道贵于师道。故上虽居外卦，必睹圣明，以明‘贵贱一尊’之义。严光、周党，亦来京师。华山坠驴，何妨效申公之‘善对’乎？庾冰定‘出世人，致敬人主之礼’，正所以平万世‘虚㤭乱分之蹇’也。”

《时论》曰：《上经》，三男任事，为屯、蒙；《下经》，三男任事，为蹇、解。《屯》“难”，起于洪荒，惟长男主于开创；《蹇》“难”，生于颠覆，惟少男谨于中兴。后天“劳”坎、“成”艮。自东南而西，阳大有为之日，故“利”；自东北而北，阴盛阳伏，犹然山水之《蒙》也，故“不利”。“始交”之难，难贵“动”；“在前”之难，难贵“止”。“动”，以出险；“止”，亦以济险也。人患“不能止”耳。堕落机阱，且撄大害，止则见定。“确乎不拔”，湛然当前，行止同时矣。将求地利，而正功乎？负固，非地；权势，非功；饰修，非正。不识“大人”，岂识“时用”乎？大人何所本而往哉？反其天下之身，而已矣。山上生水，反而沃山，濯其荒芜，激其瑾瑜，至高之山，渊泉修焉。君子曰：“一往不反者，必中无所知而冒焉，常试者也。艰难困苦，身备尝之，则其德信而不惧、动而宁静，智者‘不获其身’矣。”险在前而不避，何患声气桴鼓，不共往来报国耶？五之《谦》，《蹇》主也。《谦》主三，而六爻吉；《蹇》主五，必收三为群贤之倡，底于所而后吉。初至五，不言“吉”[①]，所以励“蹇臣”。来而必往，即往成来也。《意》曰：“忧其往，而喜其来，为九五也。”三“反”，“来誉”；四“连”，“来硕”，皆“匪躬”为之招焉。故诸爻有“往”“来”，而六二独无“往”“来”。二，岂徒恃“劳劝”之材乎哉？[②]“鞠躬尽瘁，死而后已；成败利钝，非能逆睹。”[③]此宁淡之学问，所以蹈渊若陵者也。初之《既济》，怀“初吉”而虑“终乱”，其“养望待时”者乎？三之《比》，“不宁方来”，邻于“匪躬”之“臣”，而介于“匪人”之“邑”。初二虽阴，其内相善，山化而险平，“反身”以“反”，人无不来矣。四与上，左右“大蹇”，“连”合待喜之朋，共“见”“从贵”之业者也。《咸》，则“和平”感“实”[④]；

① “吉”字，原为“占”。于句意不通。《蹇》卦，初至五，不言“吉”。上六：“往蹇，来硕，吉；利见大人。”可见，“吉”字意通。

② 《蹇》卦，六二独变，为《井》卦。《井》卦，《象》曰：“君子以劳民劝相。”

③ （三国）诸葛亮《后出师表》。

④ 《蹇》卦，六四独变，为《咸》卦。《咸》卦，《象》曰：“天地感万物而化生，圣人感人心而天下和平。”

而《渐》，则“羽仪”用“硕”矣[1]。“喜内”“志内”，皆“以君国为内”者也。《屯》初“以贵下贱”，《蹇》终以贱“从贵”，《蹇》“大人”之“发而中节”，乃如是耶。欧阳公曰：“舜臣五人为一朋，武臣十人为一朋，‘大蹇’亦‘大来’也。”夫蹇所酝酿者，千百小人，积成险世；及至大蹇，“玉石俱焚”，亦不复见小人之“乱群”矣。小人得利哉？“利见大人贞吉”，《彖》爻所以揆正也。故《解》象“赦宥”，而爻必解“小人”。

智曰：“坎水，‘险’；艮山，‘阻’。‘恒易简’者，知之，因叹‘险阻之在人足下’也。《坎》已入险，困已受困矣。《蹇》难，在往来之际。未陷，而为趋避所陷，安往而非‘塞翁之马’‘毅豹之养’乎？极赞之曰‘智矣哉’，赏‘时用’之‘中节’也。《上经》，以天道之始难，‘习坎’；故《屯》之‘经纶’，在人造天。《下经》，以人情之《睽》‘乖’，‘习坎’；故《蹇》之‘反修’，即以天止人。君亲之‘人间世’，何所逃乎？‘无行地难。’[2]知《蹇》之‘时用’者，不‘择地而蹈之’，是‘反修’即‘经纶’也。有何波涛嵚岩，非平坦‘素履’乎？”

䷧雷水解

《说文》：“解，从刀判牛角会意。”止菴谓：“以个解牛触。”邝氏曰：“刀，乃人讹，言‘人解之’耳。”蹇、解，同为腭发声。

解，利西南；无所往，其来复吉；有攸往，夙吉。

《一一集》曰：“《蹇》‘难’，急迫；舒缓，则《解》矣。雷动雨降，则郁结解；人动乎险外，则险难解。《蹇》，‘不利东北’。反《蹇》，故‘利西南’。不言‘不利东北’者，《解》时即用‘东北’，亦‘西南’也。‘无往’，坎来得中象。‘往’，艮转震象。‘夙’，早朝也，震初象。‘无所往’，要解之成。‘来复’，以安静为吉。‘夙吉’，善解之用。”钱国端曰：“《解》‘甲坼’，一阳生坎中，为戊土，主‘生’万物‘出于震’；震坎相重，便是生信之‘已孚’，故‘坼’。《革》‘己日’，一阴生离中，为己土，主‘成’万物‘成于兑’；对离相重，便是成信之‘已孚’，故‘革’。董子曰：‘北产阳，物始动，得东方之和而生。南萌阴，物始养，得西方之和而成。’可以明‘西南’‘东北’之义。”玄子曰：“尧不去四凶，以罪尚未形，所谓‘无所往，其来复吉。’舜刑当罪，又当其时，所谓‘有攸往，夙吉’也。周公使管叔、诛管叔，亦然。时当无事，则

① 《蹇》卦，上六独变，为《渐》卦。《渐》卦：“上九，鸿渐于陆，其羽可用为仪，吉。”

② 《庄子·人间世》：“绝迹易，无行地难。”

坐镇之；有事，则早图之；‘去其泰甚’而已。”

《彖》曰：解，险以动，动而免乎险，解。“解，利西南”，往得众也；“其来复吉”，乃得中也；“有攸往，夙吉”，往有功也。天地解而雷雨作，雷雨作而百果草木皆甲坼（马、郑、陆，作“甲宅”。《音谱》，作“乇”）**：解之时大矣哉**。

《野同录》曰：“‘动而免’，尽天地间之解道矣。‘宽，则得众。’坎、震，本坤体；动而变，正用其坤之‘西南’也。‘来复’‘得中’，坎复居本位也。‘大蹇朋来’者，正‘贞吉’之‘获三’也。震初‘往夙’，敏则‘有功’也。天地顺时达用，解宁有心耶？屯，草穿地而未申；解，则分用而芽出，形随气解也。雷雨，以破万物之体为功；君子，以破小人之奸为功。不言‘用’者，蹇以解为用，而解仍以蹇为用。若著‘为用’，则人乐纵弛矣；若著‘为义’，则‘总赦’坏法矣。惟时中者，知之。”

《象》曰：雷雨作，解；君子以赦过宥罪（京，作“尤罪”）。

神曰：“雨在雷上，则‘屯’聚于天；雨在雷下，则‘解’散于地。不屯不解，不解不屯；无雷无水，无水无雷，化工之妙真不可测。淇澳曰：自古，多难既解，翻成多难者，不少。‘赦过宥罪’，正所以化同异，安我安人，为调剂刚柔之本。”《野同录》曰：“‘律设大法，礼顺人情。’拘牵者，不知张弛之旨，刻执死法，吹毛索瘢，则天地间永无‘可治、可教’之人矣。然小人之最叵者，本欲自藏，而又好言‘大宥平等’，鄙扫法制，以纵人之荡[1]、便己之逞，则万世之‘隼’与‘拇’也，故君子必‘赦过宥罪’，又必‘射隼’‘解拇’。故曰：‘《春秋》者，所以‘赦宥’也。’”通曰：“‘赦罪’，以‘射隼’，惜王允不知此。”

初六，无咎。变兑为《归妹》。

程《传》曰：“《解》初，宜安静以休息之。故不言所以，盖‘无为’为得也。”

《象》曰：“刚柔之际”，义无咎也。

《一一》曰：“八十‘无咎’，此为特词。泰、坎之际，皆以三、四言。此其以蹇、解‘反因之际’言乎？初解，则此处下之阴柔‘无咎’，甘任解之事；出而有应，则为‘拇’、为‘狐’矣。故表其‘义’乃‘无咎’焉。”郝《解》曰：“此‘无咎’者，即‘来硕’也。故以‘隼’‘拇’‘狐’，归之六三。”

九二，田获三狐，得黄矢；贞吉。变坤，为《豫》。积，《震》。

① “纵”字，原文不清，根据文镜本。

朱子曰："卦，四阴：除五'君'；余，为'三狐'。"《意》曰："处初时，为暗客；处三时，为巧鄙；处上时，则其悍矣。谓'为一人'，可；谓'为一种时流'，可。"郝《解》曰："指六三，为'三狐'也。九二，'来复'犹在《坎》中，与四互《离》，制三以'获'之。雷雨春候，蒐田解害。坎'弓'、离'矢'；设网，为'田'。初外应，而三被'获'也。"《遡》曰："六五之阴，即坤、即离。离'矢'、坤'黄'，二乃'得之'。是五以中正击射之权畀二，故得行其志焉。尧用舜，舜用皋，'法化并施'之中道也。"画子曰：《坎》"'来复'，得中于一。故知'获三'者，即坤之三柔为用也。"

《象》曰：**九二贞吉，得中道也**。

诚斋曰："'狐'，妖也，恭、显也[①]。'隼'，鸷也，宪、冀也。'拇'，贱也，通、嫣也。'负乘'，僭也，莽、卓也。"此通论耳，不必泥爻。廷秀曰："田者，力而取之。矢者，我直则壮也。黄者，中而不过也。去小人而不力、不直、不中，虽行必格，虽胜必乱。故'得中道'者，'贞吉'也。不然，郑朋得以入望之，封伦得以入太宗矣。"

六三，负且乘，致寇至；贞吝。变巽，为《恒》。积，《丰》。

《宜》曰："噬嗑，以耳上有物，为'荷'。此以耳上有物，曰'负'；在轮上为'乘'。《贲》初，以在坎下，为'徒'。"《筌》曰："三，无正应，而慢不能承四；反欲据二而乘之，暴亦甚矣。"《遡》曰："变《巽》'为工'，曰'负'。"郝《解》"以在《蹇》四能连结陷入者，即《解》时之妖如狐、疾如隼、行如寇盗、贱如趾拇者也。"《揆》亦曰："解三之'拇'。"

《象》曰：**"负且乘"，亦可丑也；自我致戎**（本文，作"寇"），**又谁咎也**？

《一一》曰："此小人方自以为'全赦之学，无所不可'，故揭而'丑'之。'鲍通直复是何许人，而作如许耶？''寇'，指上六。敌应相猜，势利所熏，转面不识。郦况绐吕，吕布刺卓；傅瑕纳郑厉，而厉杀之。然正幸而有此。"

九四，解而拇（荀，作"母"），**朋至斯孚**。变坤，为《师》。积，《夷》。

《宜》曰："二、四，两阳当任；而四偏，二正。震'为足'，有'拇'象。'二四同功'，故以二为'朋'，犹《蹇》五、三之'朋'也。孚其刚中，因而'解拇'。"玄子曰："初，阴无能为难。'拇'，指三。

①汉代宦官弘恭、石显的并称。

二虽以‘黄矢’获之，犹虑四与之暱，故告四曰：‘必解汝之拇，而朋斯孚矣。’‘未当位’，不幸与三比也。”郝《解》，亦“以六三为‘拇’”。借爻以历事变情伪，非可胶柱。

《象》曰：“解而拇”，未当位也。

郝《解》曰：“小人以‘当位’，而‘夤缘’；因‘不当位’，而解散。此，四所以得脱然上行也。《蹇》，连结上下由中四爻，皆‘当位’，而六四适在两实之间。今居三‘乘’‘负’两阳，位皆不当。小人思纳交，而支离疏阔，势自不得不解。此言‘未当位’，以反《蹇》之‘当位’，小人之情态尽矣。”《浮山语》曰：“绛侯之祖樊哙在外；李石秉政，泽潞一言，与上有遥应，而解‘射’之象。”

六五，君子维有解，吉；有孚于小人。变兑，为《困》。积，《既》。

《遡》曰：“五，不任威，而任德，故不曰‘王’，曰‘君子’。由雷雨作《解》，膏泽已流‘黄矢’之威。去其‘太甚’，非以养奸也，孚小人而化之也。”《筌》曰：“一意解散荡涤，与偕大道。此其真诚，所以孚于小人，而卒令枉者直。”玄子曰：“五，与三阴本朋，安能解？惟于二、四相‘维’，推诚委任，斯解之而得吉。巽‘绳’，‘维’象。‘君子’，指阳；‘小人’，指阴。独于五言之，君当辨也。”

《象》曰：君子有解，小人退也。

画子曰：“‘君子维有解’，六五惟此一念，而小人自无不退者矣。”

上六，公用射隼于高墉之上墉（徐，作“城”），**获之；无不利。**变离，为《未济》。

《集》曰：“‘隼’，鹞，属‘高墉之上’。‘城狐社鼠’，非公孰得而射之？”《遡》曰：“鸷鸟迅疾，震象。变《离》‘墉’，居上高，乃‘悖而不解’者。二，当任应五，曰‘公’。所射，即‘黄矢’。穴处者，狐；木处者，鸟。《震》，故象隼，象雈。观《泰》之‘翩’，《贲》之‘翰’，皆象震阴。震之‘为鸟’，明矣。”郝乃“以三，为‘隼’；上当解终，正西南坤位也”。

《象》曰：“公用射隼”，以解悖也。

《订》曰：“至《解》终，而未解者，悖乱之极者也。”《野同录》曰：“张温不听张玄，而卓、傕倡覆。五王不射三思，而复成韦祸。‘解悖’知时，岂不难乎？”《正》曰：“是春令也，‘鹰化为鸠’，则隼可射矣。”又曰：“小人在上位，去之甚难。‘射狐’，‘三驱’之下，无所疑也；‘射隼’，‘高墉之上’，则有所疑也。‘待时而动’，其公子友之去庆父，子产之戮子晰乎？”

《时论》曰：解，治蹇者也。治难以易，治棘以缓，治滞以“夙”，治过以“赦”，治罪以“宥”。惟小人在所必解，六爻不遗余力焉。方其多故，役诈使贪；今既清平，宜申正命，明其乱本。而小人之尤者，投身国器[①]，仍行其蠹，乱前人之故智，黄琼所谓“粉墨杂糅”。“赦宥”日广，必去此奸，乃所以成其“赦宥”也。《圆图》，《蹇》居西北，故言“利”“不利”。《解》，则本居西南也。“西南”者，坤成利用于阳方也。帝出以后，条达畅茂，雷动雨润，天地生物且然，况于人乎？夫子之言“动而免乎”？尽《人间世》矣。《意》曰：“以荡涤解散，为‘动免’者，‘得中’之‘夙复’也。”“无往”，“有往”，何耶？两阳者：二之《豫》，“干羽两阶”，“来复吉”也；四之《师》，“七旬苗格”，“夙吉”也。《诗》云：“徐方不回，王曰还归。”“复”，言“反”也，还其“本有之安”也。“不留不富，三事就绪。”“夙”，言“早”也，消其“久扰之患”矣。解，以得众有功，而众岂易得乎？君子进矣，而小人不退；暂缓滋蔓，众人解体，失时矣。故反复叮咛，尽其“解小人之道”焉。君非尽人而解之也，任相而已；相非尽人而解之也，得朋而已。小人之细，为“拇”，未尝不效指臂。迨乎手足误人，伤及心膂，然后恨“决蹯之弗早也”。“寇”，则弓矢制之矣；“狐”，则蒐苗罗之矣。四，居相位，延揽、招徕，而“骈拇”即阴附之，可不悟耶？险情难免，“丑”亦难免。内和“敦弓”，外结“干城”，合“赦宥”解退为处分者，当而可矣。夫二，“知几”矣。“介石”《豫》“立”，宜群狐之化迹也。上谓“解”，已《济》乎？“忧患”生于“安乐”，“悖逆”伏于“柔濡”。隼在高墉，意何为者？“成器而动”，时也。五之《困》，有谐媚之悦，而妨“劓刖”之伤。众方公道去邪，而我优容两可，其谓“闻言不信”，何断之曰“维有解”？以小人必退，而乃孚众也。光武却湖阳，而赏董宣；唐宪出承、璀，以相李绛，是纲目所予者。初当解始，如“娣跛”者，阴不为姤，此蹇、解往来刚柔之际也。三之不《恒》，未有不自嗟者。嗟乎！君子果能胜小人耶？《易》定此解小人之案，则凡窃位者自受千古之矢。此圣人所以化小人，即以孚小人也，固已“赦宥”之矣。“解拇”“射隼”之道，诛其乱本，即可概赦。或先使人知君子之宥，然后巨奸乃可不括耳。后世君子，不学《易》；解复蹇者，比比也。老夫因诚斋而叹曰：“学问之路，亦有‘妖、鸷、贱、僭’之四魔焉。若但言‘包容平泯’，而不明主宰以决之；则委化之说，酿祸正大。有蹇、解‘复夙’之功，而后《损》益、《益》损，可为咸、恒之茶饭斟酌矣。”

① “投”字，原文不清，依文镜本。

智曰:“爻之解小，何严?而《象》之‘赦宥’，何宽也?此‘夙复’之‘张弛同时’乎?蹇、解，以朋情交感之义，利屯、蒙‘君’‘师’之法者也。一转在‘硕见之志’，故义见于初际焉。夫子之所谓‘义’，夫子之所谓‘免’乎?贞悔象限，图环四时。蹇解，为西南秋成时之九中[①]，则‘硕’上、‘义’初，其际也。绝后重苏，豁然在‘宥’，用‘免’何为?吾知，吾免。蹇伏睽，解伏家人，此家即无家，而享王法者也。故《解》独赞‘时’，不赞‘用’。盖即合睽、蹇以为用，而归于损、益矣。”

周易时论合编卷之五终

①《蹇》《解》一组，为第23贞悔卦。若3贞悔卦，为一组；故应为第8组贞悔卦之中，应为“八中”，而非“九中”。

周易时论合编卷之六

皖桐方孔炤潜夫论述
孙中德、中履、中通、中泰编录

损

东坡曰：“自阳为阴，曰‘损’；自阴为阳，曰‘益’。”胡仲虎曰：“上、下《经》，阴阳各三十六画，然后为泰否、损益。《咸》交，而变《损》则不交；《恒》交，而变《益》则不交。圣人于《泰》《否》言‘消长’，于《损》《益》言‘盈虚’。”邓绮曰：“乾坤，先后天东西南北，是天地盛衰之极，全见者也。《否》《泰》西南东北，是天地‘盛衰之始’，半见者也。半者，天地之中道也。故《泰》三，阳出地上，便交《坤》之上六，而为《损》，衰之始也；《否》三，阴出地上，便交《乾》之初九，而为《益》，盛之始也。是天地《损》《益》，皆中道。岂至‘太过、不及’之时，方云损益乎？”神曰：“三阴在内，一阳在下，二阳在上，以象‘天包地’也[①]。《损》，亦三阴在内，但二阳在下，一阳在上，不同。《益》得之《复》，《损》得之《剥》，不剥不损，不损不复，不复不益。”元公曰：“诸卦，以乾‘刚’、坤‘柔’为体，刚柔推荡而变化行，或损焉，或益焉，时也。丘濬，悟损、益二卦，能知未来，明于天地盈虚之数也。”《绎》曰：“咸、恒、损、益，四主卦之交，而不淆者也。咸，人道之交，情之性也，从之则损。恒，人道之经，性之命也，‘立’之而益。然不损不虚，‘惩窒’则速；不益不实，‘迁改’益久。虚舟曰：互换之阳爻，重‘藏富于民’也，俱以下名。咸合，而究损。合者，损之基。恒分，而究益。分者，益之本。”《野同录》曰：“山、泽，形。形之生物有尽，且秋冬敛藏，故《损》。风、雷，气。气

①《益》卦。

之生物无方，且春夏长养，故《益》。‘於穆’之至体，本无增减，即在此‘可减损、可增益’之用中。君子明其当损、当益者，‘与时偕行’而已。”潜老夫曰：“否泰、损益，《上经》成数之交，而《下经》再交者也。六贞悔，则下三轮之首一终也[①]。本泰、否之再交[②]。泰、否，用人；损、益，理财；理财，还归用人而已。”智曰：“《圆图》：恒居夏，以转巽；益居冬，以转震；咸居秋，以接遁；损居春，以接临。此与观、壮、蒙、革，交倚者也。《方图》[③]：损、益、恒、咸，以济、泰、否，为寅申之线道，与正八卦为亥巳之线道，交倚者也。冬春，先夏秋。益中、损外，交寅为‘人用’之始。故损益者，天人之微几也。律历，用以征几；学问治法，与天道盈虚，此真‘知消息’者。”

䷨山泽损

《备考》曰：“贠，古‘运’字。凡财贝、珠玉、布帛，从手运之；或持不定，即有所失，象‘损’。”《说文》：“减也，从手员声。”智按：“员，何声乎？因口贝，而为圆。圆，古作○，加贝为圆，以取茂美。古元、云同声。圆者，善坠。故加阝别之，为陨，因陨通声也。今定为齿收声。”

损：有孚，元吉，无咎，可贞，利有攸往。曷之用？二簋可用享（蜀才，作“二轨可用亨”。《说文》，作“皀”。戴侗，作“皀”）。

《一一集》曰：“《解》‘缓’，则骄惰生，而《损》‘失’因之。失复求得，故《损》《益》为大权，而减损、伤损之义分焉。能‘寡欲清心’之减损，自不至‘毁廉丧节’之伤损，故卦以‘损下益上’为《损》，‘损上益下’为《益》。物先不足而后有余，事先简而后繁，故先《损》也。民用尽然，国用最大。彼悦非强，此止非贪，自然‘有孚’。求少易足，‘元吉无咎’。守正，‘利往’。凡不可损者，为欲用之耳。‘二簋’虽薄，可荐鬼神、羞王公，所贵在‘孚’，奚以多为？在象，兑‘口’、震‘足’；互坤，为腹。顶踵实而腹虚，有‘簋’象。簋，外员、内方之器，合规矩以为声，从竹震也。震四、兑二；下，用半也。门阙帝出，二奇下实，为‘二簋用享’之象。”《野同录》曰：“《泰》易三上，为《损》。故孔子以人道化生，表‘致一’焉。男损其精以为人，损、益之在阳也。人为欲根，生贪不止，此最伤损人者也。能止损之，则

① 《损》《益》一组，为第 24 贞悔卦。若六贞悔，为一组，则为《下经》首轮六贞悔卦之末。

② 卦变，三阴三阳卦，由《泰》《否》而来。

③ 原为“方圆”。

‘致一’矣；勿为‘不肖’，则圣贤矣；勿伤生，即善养矣。此‘惩窒’之达道，所以‘可贞’也。御世不讳‘理财’，什一原非得已。此心信于天下，贵著‘可贞’之经法焉。亦有自损太甚者，‘不可贞’之损，不可继也。故圣人‘偕时’，以勤俭为治教之本。”

《彖》曰：**损，损下益上，其道上行。损而有孚，元吉、无咎、可贞、利有攸往。曷之用？二簋可用享。二簋应有时，损刚益柔有时：损益盈虚，与时偕行。**

诚斋曰：“‘国奢示俭，国俭示礼’，故曰‘簋应有时’。‘强弗友，刚克；燮友，柔克’，故曰‘损刚、益柔有时’。不然，‘凶年不祭肺’，施之丰岁则隘；‘平国用中典’，施之乱国则弛。”《宜》曰：“损，‘道上行’。‘道’，即所谓‘时’也。”《筌》曰：“文王示人，损所当损，故举‘二簋用享’以见例，言‘不可概损也’。子复三称‘时’焉，见‘非定如此也’。‘曷之用’，见损益之为大用，而合乎时之为中也。盈所以致损，虚所以致益；损益盛衰，不能平等，乃其所以太平也。卦皆乾、坤来，而《损》《益》中互纯《坤》，故曰‘损刚、益柔有时’。可信，乾在坤中，体在用中；‘无损益’者，在损益中。知‘偕行’者，天道、人事、国法、心学，用其‘可贞’而已矣。圣人因损而知‘盈之必虚’，不能圉其时之去，能为不盈；因益而知‘虚之必盈’，不患其时之不来，患其欲速。”

《象》曰：**山下有泽，损；君子以惩忿窒欲**（“惩”，郑、陆，作“徵”；蜀本，作“证”。“窒”，郑、刘，作“质”；孟，作“恎”；陆，作“懫”。“欲”，孟，作“浴”；一，作“慾”）。

《遡》曰：“‘山下有泽’，则气泄，故‘损’。然亦有以流恶而疏秽，故法以‘惩窒’。”《正》曰：“损人，以与天；损己，以与礼。”《野同录》曰：“‘忿’，为烈火，故言‘惩’；‘欲’为‘漏卮’，故言‘窒’。苟如程子之‘观理思义，即自忘矣’，何碍于陆子之所谓‘知学’乎？不知损益、张弛之‘时行’，而苛浚‘惩窒’之酷令者，固也。一味放言，听其自然，畏说修省，最为祸世。盖上根以‘浩渊’之言消之，正所以巧于‘惩窒’也。‘苟志于仁矣，无恶也。’[①]是‘担当，即解脱也’。缘生偕来者，不可绝，而可节也。言‘惩’、言‘窒’，则固已节之矣。‘常人，就事就末’，安可不讲？”

初九，已事遄往（“已”，一，作“以”；虞，作“祀事”。荀，作“颛往”），**无咎；酌损之**。变坎，为《蒙》。

① 《论语·里仁》。

《遡》曰:“《损》，以三名，其损在下。究损于下，初实先之。初应四,四德上，故已其奉公之事。初德悦，故上不能止，而‘遄往’以赴公家之急。此时君仁、臣义，且然‘酌损’。悦动，‘遄’象；变坎，‘酌’象。”《意》曰:“‘遄往’，血性，原不能忍。量己度人，全交免辱，在此‘二簋用享’之一‘酌’矣。‘指囷’‘麦舟’，有以‘合志’行者。范舟还六斛麦，则未可为‘酌’也。上三爻，受人益，不欲其受‘不正之益’；下三爻，损己益人，不欲为‘不正之损’。”

《象》曰:**“已事遄往”，尚合志也**（马，作“上合”）。

四“遄有喜”，与“遄往”合。士，以“合志”为“尚”，乃可斟酌。郝《解》曰:“《谦》后，爻吉，未有如《损》者。处‘盈’，莫如《谦》；多难之后，莫如《损》；皆以止为本。故《大学》‘知止’，养心、养生，不违此。”

九二，利贞，征凶；弗损益之。变震，为《颐》。积，《剥》。

《筌》曰:“二‘弗损’、初‘酌损’者，初，刚居刚；二，刚居柔也。”玄子曰:“贞者，守其正额；往者，佐其急需。如后世进羡、搜括，故‘凶’。‘无政事，则财用不足。’[①]‘以义为利’[②]，故有‘弗损’之‘益’。”《意》曰:“卜式输财，自陈‘不欲官’，巧于投武帝矣。其后欲烹弘羊，则其欲已遂，而巧以为地步者也。士子修身，即益国，故贵‘中以为志’。”

《象》曰:**九二利贞，中以为志也**。

《正》曰:“《损》之《颐》，贵得其所养耳。故以‘言语’‘饮食’，为足以害人，而损之；与以‘言语’‘饮食’，为足以利人，而益之；皆未得其正者也。‘中以为志’，自节慎矣。”潜老夫曰:“弃家、损身，以为‘惩忿窒欲’；毁法、废学，以为‘损之又损’者，岂九二之‘中志’乎？”

六三，三人行，则损一人；一人行，则得其友。变乾，为《大畜》。积，《艮》。

《一一》曰:“此‘三即一、一即三’之表法也。三，主损，故爻极赞损之精义。上，受损，故爻极论损之成功。乾坤，各三。《损》，一合二，而乃以‘致一’。男与女也，君与民也，道与法也，浑然与森然也，皆此‘举一明三’，而究‘止有一实’之道也。在象则《需》乾，为‘三客’；此乾，为‘三人’。三，人位也。自三往上，曰‘行’。”《正》

①《孟子·尽心下》:“不信仁贤，则国空虚；无礼义，则上下乱；无政事，则财用不足。”

②《礼记·大学》:“国不以利为利，以义为利也。”

曰:“定大疑，济大险，莫不由此‘精一’。”

《象》曰：**一人行，三则疑也**。

《绎》曰:“目两以视一，而明；足两以布一，而行。两以‘致一’，天下毕繇。《礼》:‘户外二屦，言闻乃入’‘毋往参马，离坐离立’，孰非天哉？”潜老夫曰:“参两相用，不得不三以明之。执‘三’，则‘疑’矣。世或造疑，以损益夺人者；明此，何疑乎？”

六四，损其疾，使遄有喜，无咎。变离，为《睽》。积，《旅》。

《遡》曰:“初‘已事’，而四‘损疾’，止皆在君；初‘遄往’，而四‘遄喜’，悦皆在民。因其好勇、好色，而‘遄’有‘发政、施仁’之‘喜’矣。变坎，‘疾’；互兑，‘喜’。”《正》曰:“忿疾当身，毫末皆大；忿疾去身，天下皆小。元公曰：虚则补，实则泻，此良方也。”《揆》曰:“损初之‘疾’，即以益四。”郝《解》曰:“四，本止体得正，故自‘损其疾’，不受初‘酌’。”潜老夫曰:“‘洞酌彼行潦，挹彼注兹。’谏象床而得宝，孟尝犹知标之；属餍以腹比心，献子能辞梗阳。四知有‘疾’，初固已‘酌’之矣。”

《象》曰：**“损其疾”，亦可喜也**。

朱子曰:“‘过，不喜规，讳疾忌医。’[①]子路，可谓‘百世之师’。子产容国人‘以议’，亦可谓难。”智曰:“东坡初作书曰：‘上之人，务为高深不测之度，所以损其疾也。’神童见张曲江，不召严挺之，曰：‘亦喜软美者乎？’是所以‘损其疾’也。大臣，而赖下友之切磋，不‘可喜’乎？‘有喜’，状其心；‘可喜’，揆其事。”

六五，或益之十朋之龟，弗克违，元吉。变巽，为《中孚》。积，《否》。

侯果曰:“‘朋’，类也。神、灵、摄、宝、文、筮、山、泽、水、火，凡十类。”子瞻曰:“龟之益人，非有以予人，亦‘效其智’而已。”《集》曰:“肖《离》，为‘龟’。互《坤》，数‘十’。以阴用阳，故有‘朋’象。”《意》曰:“‘四臣’，足‘照千里’[②]。九龄尝献《金镜》，‘以善为宝’。有‘元吉’于‘神明藏密’者乎？治则‘垂衣’，学则‘坐照’；一多相摄，博约同时，‘君臣道合’者也。”《宜》曰:“《损》之二，《益》之五，皆以无损于己者，益人；而受其益者，皆获‘朋龟’之锡。‘法施’之为最上，明矣。”

《象》曰：**六五元吉，自上佑也**（徐，作“佑”）。

① 周敦颐著《周子通书》:“仲由喜闻过，令名无穷焉。今人有过，不喜人规，如护疾而忌医。宁灭其身而无悟也。”

②《资治通鉴·周纪》:“此四臣者，将照千里，岂特十二乘哉？”

《一一》曰:“《损》,损三益上,而五受其益,故曰‘自上佑’。《益》,损四益初,而二受其益,故曰‘自外来’。言‘或’者,非实语也。艮止于上,反中顺受,宝镜湛然,无所不照,非有所增加也。”

上九,弗损益之;无咎,贞吉,利有攸往,得臣无家。变坤,为《临》。

《宜》曰:“上,盖所行之‘一人’,主阳言也。止体上成,自无容损。艮‘家’,变坤‘臣’,为‘得主无家’之象。‘曷之用’乎?用,莫大于得人也。”

《象》曰:“弗损益之”,大得志也。

黄《疏》曰:“上与二同德,并以‘志’称,皆‘弗损’以益人[①]。而二‘贞凶’、上‘利往’者,二,制于三阴之下;上,乘三阴之上也。以应言之,三‘得友’,三‘得臣’[②]。同行,以成‘致一’之交,‘无家’之象也。”智曰:“君道无为,能容天下;臣道有为,为天下用。‘得友’‘得臣’,则洋溢于用中,此损、益‘时行’之中转也。徒尊君道,乃‘缀旒’耳。”通曰:“皇甫谧云:‘居不薄之真,而立乎损益之外,不亦全乎?’此正以其博综百家者,为‘无所损益’也。”

《时论》曰:损“泽”之阳,益“山”之阴,变其《泰》矣。西《兑》,底东北《艮》[③],金凋寒冱,岁限转焉,此“盈虚”之门也。自赋、贡、式、功,而损下之道行,虽曰“什一”,犹异“恺悌”之“信而后劳”。“二簋用享”,则溪涧羞荐,无“謟、渎”矣[④],使以时而孚矣。《传》曰:“备有未至而设者,有至而救者。可先而不备,谓之怠;可后而先之,谓之召灾。”可先,则“贞”也;未至而设,则“酌”也;“已至而救”,则“喜”也。即以理财之职占之,二非“大府”乎?邦中、四郊、家削、邦甸、邦县、邦督,是“山泽”之义于焉中也。赋均式节,以“弗损”为益者也。初,则关市未征。“币余”“帑余”,王之“羞服”“赐予”取之,所益“理纪其事”,斟酌者也。四,则“内府”“外郊”,“亟缭棼丝,重伤宿痏。”《管子》云:“天生财有时,民用力有倦,君有欲无穷。度量不立,将无以给,而上下相疾。”“税亩”讥宣,“丘甲”讥成,“田赋”讥哀,“疾”亦甚哉。法裕于财,毋宁裕于人。以下“遄往”,而上“遄喜”耶?上与三,则大小司徒,均地、协征之数也。“三十年之通制用”者,上之事也。“家七人而可用者三人,若五用其二

① “并”字,原文不清,依文镜本补。
② “三‘得臣’”,应为“上‘得臣’”。
③ 《损》卦,为上艮下兑。
④ 《系辞下》:“君子上交不謟,下交不渎。”

人”者，三之事也。“用二，父子离；用三，民有殍。”[①]故“大事治民，大故致余子。”[②]“致一”，人而羡，则“守望，友助”也[③]。上“弗损为益”者，不“料民”而“料臣”也。蒙宰，以岁抄入谷，致用“司会、司书、职内、职币、职岁”“廪人、仓人、均人、族师、司市”。主无滥费，民无滥供，“得臣”岂有“家”耶？五也者，“龟其钱市金刀，惟王不会”之极也。“禹以历山金铸币，瞻民厄；汤以庄山金铸币，赎民之无礼卖子者”“太公立九府圜法”权轻重，通有无，其“奉时、弗违”者乎[④]？法在用人，“取人以身”[⑤]。徒讳言“利”，而不知“时道”，皆未悟“惩窒”之先几，而志尚疑也。五《孚》、二《颐》，互易为《益》，养贤“孪如”，“日进无疆”。《大畜》，无“得友”之“疑”；“敦临”，保“得臣”之“志”；《蒙》可“发”，而“酌往”；《睽》“相遇”，而“遄喜”，皆于其志论用而已。“忿欲”，真奢虐之门。“惩”若驰山，“窒”若塞泽，不悟“时道”，岂能“得志”？人亦曾疑象山之言乎？然君为天下“善俗理财”，师为万世“教学理财”，其道必以此铎。非可听“本无损益”之曼词，恃之、任之，暴弃天下之才也。

智曰：“《泰》三‘天地之际’，交上成《损》，人道之始也。故系‘情’表化焉。‘何思何虑’，不嫌‘往来’。此‘三一、一三’之可疑者，疑而悱之。‘举一反三’，必‘喜’而‘得志’矣。”象山曰：“惩窒全无，犹未是学。学者，须明理，后知‘惩窒’，与常人惩窒不同。”杨氏曰：“虽已得道，而不‘惩忿窒欲’，是谓‘知及之，仁不能守’也。”入道溯源，必先淡泊，漆园一澄一流，其知“日益日损”之橐钥乎？“饮水”忘食，而视“浮云”[⑥]。“登泰山而小天下”，是神于摧山乾海者也，并浮云其淡泊矣。

䷩风雷益

益，从水在器皿而益，后加作“溢”耳。凡物可积累，虽增不知；惟水稍增，必流于外。在圆则圆，在方则方，因应之一，莫过于此。故

①《孟子·尽心下》：“君子用其一，缓其二。用其二而民有殍，用其三而父子离。”
②《周礼·地官·小司徒》。
③《孟子·滕文公上》：“死徙无出乡，乡田同井。出入相友，守望相助，疾病相扶持，则百姓亲睦。”
④《乾卦·文言传》：“先天而天弗违，后天而奉天时。天且弗违，而况于人乎？况于鬼神乎？”
⑤《礼记·中庸》：“为政在人，取人以身，修身以道，修道以仁。”
⑥《论语·述而》：“饭疏食饮水，曲肱而枕之，乐亦在其中矣。不义而富且贵，于我如浮云。”

益、以、一、易，同深宫之声。

益：利有攸往，利涉大川。

损、益，从否、泰之乾、坤变，而名自下分。向秀所谓："明王之道，志在惠下。"故取下，谓之"损"；与下，谓之"益"；而上之损益，不与焉。元公曰："损内益外，曰'损'；损外益内，曰'益'，体用之分也。故圣学贵存心，'以万物为一体'[①]。益下，所以补元也。《宜》曰：上既益下，而上下均益矣。上施，而巽；下益，而动。上下乐利，故'利往'；生理各通，故'利涉'。"《引》曰[②]："涉济，皆言同也。三互乾坤、二济。故三阳、阴卦，皆可二济也。泰，三上换，为损；否，初四换，为益；损，初四换，为未济；益，三上换，为既济；一也。三阳，推二十卦，《益》居其中。益，为习坎之器，全体中虚'为舟'，'长裕不设'，故有'利涉'象。"《意》曰："先损自益。损，为'磋磨'；而益，乃'受用'也。损，以克'矜上之已'；而益，以复'下学之礼'。'利用厚生'，即以劳而教之。'帝出'而'王享'，合卦而'中行'。震、巽木道，肖《离》明，而行坤'顺'。风雷'迁改'，寓《观》'省'，而成《颐》'养'，故文王著二'利'焉。"

《彖》曰：**"益"，损上益下，民说无疆；自上下下，其道大光。"利有攸往"，中正有庆；"利涉大川"，木道乃行。益动而巽，日进无疆；天施地生，其益无方。凡益之道与时偕行。**

曰："损下，民亦悦从；不若'益下'之说。'无疆'上行，固以其道；不若'下下'之'道大光'。本《坤》为'民'，《乾》济'大明'。此正赞其'帝出施生、入民善动'之'时行'也。四既益出，'大作'于下；二五之中，正受庆矣。震、巽皆木，'帝出'而'齐'矣。动至巽时，'学之日益'可知矣。震巽初气，长物'益莫大焉'。乾下施，坤上生，盖无处非'施生之洋溢'也，皆时为之。君子顺时观省，'惠心''周流'；讲学立法，'善世''归仁'。岂徒以'分财为益'乎？"子瞻曰："'木道'者，雷厉风行。"郝《解》曰："卦'自上下下'，爻自下能上。自震往巽，亦顺也。故自初而上，有王者'顺时省行'之象，互《观》也。'惠心'在五，为'君'。而震主来自初，进而上行于坤'顺'。故三、四称'中行'，所谓：'木道日进往涉也'。"画子曰：《易》"言'木道'者三，皆取诸巽，以其才'能行权'也。肝，主谋虑；胆，主勇略。木之才，能该仁勇，弘济博施之具。"《正》曰："学有损益，共相起也。损，静而师天；益，动而师人。师天者，退；师人者，进。"

①《孟子•梁惠王》："仁者，以天地万物为一体。"

②蔡清著《易经蒙引》。

《意》曰："舍日无岁，知岁用时。德性之施生，总此学问为耒耜。日顺、日益，要谓之'日进'而已。"

《象》曰：风雷，益；君子以见善则迁，有过则改。

《订》曰："六子皆益。水火山泽，惟能结聚。散之动之，然后能增长，故'益'归'风雷'。风入最微，故片善不遗，纤过必别；雷发必速，故迁无留念，改无停机。震巽，阴阳之始，则初几也。"汝中曰："恒、益，相取。不能体常，不可'与适变'；不能尽变，不可以'处常'，'君子自立以达权'之谓也。"郝《解》曰："《损》如颜子之'四勿'，《益》如曾子之'三省'。"《野同录》曰："圣人正防'充类已甚'之巧于文过，故惟以'民视民听之善用'告之。生此'有君、有父'之时，'厚事'即'惠心'也，'生理'即'天德'也。禹以'不自满假'，为'神迁、神改'之帝则；即以'克勤克俭'，为'不自满假'之善经。'生寄、死归'，泯于勤俭，此迂阔语，是真风雷。高夸'本无善之可迁，本无过之可改'，而尽扫'勤学、节俭'之法以荒逞者，是帝王之所首用风雷者也。"智曰："观《损》《益》之'盈虚'而心平矣。心平，始能全见；全见，始能善用。若决江河，岂有阻滞哉？人为'忿欲'钩锁，谁能虚公？故《方图》以动之、散之，从中说起[①]。"

初九，利用为大作，元吉，无咎。变坤，为《观》。

《遡》曰："《益》，下四爻，为四事。初，'佚道使民'；二，善道教民；所以益之于'安平'。三，恤荒告赈；四，迁国图存；所以益之于'患难'。五，则原本君心之'惠德'。而上，以'恒'益箴之也。"冯奇之云："'用享帝'，'用凶事'，'用迁国'，皆'大作'之事，故'《益》以兴利'。《益》从《否》来。乾交坤，为震'动'，自当'大有作为'。损，杀其盈，故损三；益，培其本，故益初。"郝《解》曰："《震》为'帝出'，《益》下之主。初，当'省方休助'之象。"

《象》曰："元吉无咎"，下不厚事也。

《一一》曰："下民愚贱，彼不能'自厚于所事'。非阳刚自上来，'大作'而为之所；则下，何赖焉？故必'元吉'，而后'无咎'。《宜》则曰'民，不可轻使也'。子瞻则以'《损》上爻，较之'。上有为也，易；下有为也，难。功，则归上；罪，则受责。故'元吉'，乃可'无咎'；以所居者，非'厚事'之地也。"

六二，或益之十朋之龟，弗克违；永贞吉；王用享于帝，吉。变兑，为《中孚》。积，《涣》。

《一一》曰："善道教，而不迷。'吉凶''向威'，以善为主；此，

① 《震》《巽》《恒》《益》，为《方图》之中心。

永为‘万世之贞鉴’者也。”《遡》曰:“古人祭天,‘扫地行事’。二爻,当‘地上之位’。见‘出震、齐巽’之帝,即‘《损》五’之象也。人道立下,‘以承天休’。故于《益》二中正爻,著‘享帝’之盛事焉。”《意》曰:“《损》《益》,肖《离》‘为龟’。以‘北方之灵’,灼‘南方之火’,‘以死知生’之道也。《损》用艮兑,《益》用巽震;而二五,实坎离也。中皆互《颐》。《颐》之‘龟’,‘以静养动’之道也。《易》,用‘蓍’;而王者,‘举大事、动大众’,巡守祭告,必用‘龟卜’。亦以‘蓍龟’,用损益也。”

《象》曰:“或益之”,自外来也。

“自外来”,谓“自外卦,益初”。而二,从中受其益也。潜老夫曰:“‘合外内’者,外,皆是内;天下之‘善归之’矣。非,执‘本无可益’,而固陋、横傲也。” 曰“‘或益’‘或击’,视为‘外来’;则可以随时应用,而不惑。凶事,视为固有;则可以,安分顺受,而不惊。君子,永龟享帝;惟此,斋戒灵承,而已矣。”

六三,益之用凶事,无咎;有孚中行,告公用圭(王肃,作“用桓圭”)。变离,为《家人》。积,《巽》。

《遡》曰:“《益》,既象‘耒耜’,而为震‘反生之稼’。三变而《坎》,济‘《离》旱之灾’。见为‘凶事’,犹言‘凶饥之事’也。大司徒,以‘荒政十二聚万民’;遗人,‘县鄙之委积以待凶饥’;镇圭,‘以恤凶荒’。是知,有储,即发;无储,则出镇圭,以请援于邻国。‘固有之’者,天灾流行,国家常有;凶事之备,不可缓也。‘孚’,即五之‘孚惠’。震,诸侯。故三、四,皆曰‘公’。圭,震‘玉’象。肖《离》,‘口’象。”郝京山,亦以“帝巡东出南行,赈济建国”,为“大作’。”

《象》曰:“益用凶事”,固有之也。

《筌》曰:“二,有‘外来’之益,曰‘或益之’。三,守‘固有’之益,曰‘益之’。”令升曰:“矫命济世,‘桓、文’之流。”子瞻曰:“《损》四爻于初,‘损其疾’,以益之。《益》三爻于上,‘用凶事’,以益之。君子之遇凶也,恶衣粝食,致觳以自贬。使上自损,彼不乐也。故六三,致觳以自贬,然后能固而有之。圭,所以致信也。”诚斋曰:“位刚动极,见‘有益天下’者,决然自吾为之。圣人,故以五语戒之。曰‘惟危难’,不得已而用之。曰‘惟诚则可’,不则,行诈以益乱矣。曰‘中行’,勿过甚也。曰‘必告之君也’、曰‘用圭’,动以礼也。《象》复严其一,曰‘惟凶事则固有’是举耳。”《正》曰:“孝子、贞妇,至性所命。或以为‘偏至一往’者，圣人以为‘中行’，谓：‘中理而行之，无所复损，则皆可益矣。’桐宫《金縢》，或以是‘讳谭’，而圣人若‘家人之嗃嗃’，不为诞也。”淇澳曰：“人，定不能无凶；即凶，定自有益。知‘凶之益’，乃可与言《益》。”智曰：“《益》，以此爻持世。世，多凶事；人生，所‘固有’也。能以此为‘风雷’，则‘增益其所不能也’，多矣。”

六四，中行告公从，利用为依迁国。变乾，为《无妄》。积，《姤》。

《遡》曰：“《恒》以震巽，‘立不易方’。自此，叠转为‘迁善改过’；爻著‘迁国’，亦其象也。且移初于四，去坤得坤，去土得土，亦‘迁国’象也。《损》《益》之‘疑’信‘喜’‘告’，正于人爻惕之。震四、巽五[①]，居八卦之中。六三、六四，顺于一卦之中。《益》从中起，故曰‘中行’[②]。‘告’者，臣；‘从’而‘依’者，君。迁，以‘为民’，岂‘强民’耶？”郝曰：“以‘益民’之志，告之先公，神谋协从也。”《订》曰：“太王迁岐，曰‘不以养人者，害人’；盘庚迁殷，曰‘视民利用迁’；皆为‘益下’之志。”《正》曰：“‘依迁’者，亦古人所谓‘凶事’也。《春秋》，迁国有九；圣人，无一取焉。无‘公刘、太公’之智，而依‘盘洛’之事；亦宝龟，所不告矣。” 曰：“为国厚民，始不是‘陈氏厚施’。故，智亦可免相国，为民请囿之祸。[③]”

《象》曰：“告公从”，以益志也。

有“告”者，有“从”者；志，已益矣。《潜录》曰：“东周之迁，《黍离》以《诗》告之，而谁从乎？娄敬，脱辂；子房一告，而‘益志’矣。桓温，议移钟簴；张浚，议迁建康；知‘益志’否？”

九五，有孚惠心，勿问元吉；有孚惠我德。变艮，为《颐》。积，《鼎》。

郝《解》曰：“至五，而益道备矣。合‘复、观’，以取象，自初以来；无一，非‘惠民’之‘实心’。心，为政本。有是心，即‘勿问’其事，可也。‘大作’‘厚下’，总此诚心，故，初与五，皆为‘元吉’。君有‘惠心’，民自信孚。谓：‘惠我以德，非‘分财之惠耳。’”

《象》曰：“有孚惠心”，勿问之矣；惠我德，大得志也。

《订》曰：“五四三相联，从其告，而不必请；五，亦不必‘问’。汲黯，矫诏发仓；武帝，复何言哉？”画子曰：“‘惠心’‘惠德’，神感、神应也。其所以‘得志’处，正在‘勿问’。问，则有‘期必之意’

①先天八卦之数。

②《六十四卦方图》，《益》位于中心。

③由此可得，“曰”前无署名之引用，可以看作方以智作。

在。”智曰：“‘不大声以色，不长夏以革；不识不知，顺帝之则。’[①]是以‘耕凿’，惠天下者也。列子，故作‘尧游康衢’，以闻此谣。将写‘化身’乎哉？不则，尧多一问矣。”

上九，莫益之，或击之；立心勿恒，凶。变坎，为《屯》。

《集》曰：“风雷《恒》；而上反之，为‘不恒’。《恒》之‘不恒’，在三；《益》之‘不恒’，在上；巽之‘究躁’也。巽，为‘长’‘高’‘利市’。求益无厌，故爻警之。”《正》曰：“申叔豫引观起，以损‘蘧子冯之八人’。晏子曰：‘益邶殿，足欲故亡。’子产，以礼辞韩宣子之求环，可谓‘恒心莫益者’矣。君子，观《损》之上九，而知‘益之将退’也。范武子将老，召文子曰：‘喜怒以已，乱也；弗已者，必益之。’武子请老，以位益郤献子；献子，以是击齐，亦以是‘自击’也。”

《象》曰：“莫益之”，偏辞也；“或击之”，自外来也。

《一一》曰：“‘益之’‘击之’，皆‘自外来’；见，人皆得‘益之’‘击之’也。执一‘穷上’之偏心，则必为偏词，以夺下；而不知，终以‘自击’耳。”履曰：“向平，读《损》《益》而大悟曰：‘乃知富不如贫，贵不如贱。’但未知死，何如生耳？嗟乎！死生一如，何有‘富贵’‘贫贱’之偏词，自问乎？嗟乎！又孰知今之‘立心勿恒’者，冒言‘死生一如’，以‘拒善、讳过’乎？是不如‘向平之偏词’，百倍矣。故，君子随时‘寡民之过’，恒用偏词，以为‘风雷’。”

《时论》曰：盛衰之始，谁几乎？“出震”“齐巽”，春夏长益。《方图》，《益》在中寅，以应《泰》寅，“与时偕行”者也。“耒耜”之取《益》也，表法也。孟春“农祥晨正，瞽告协风”至，行“祈谷籍田”之礼。太师吹律，“廪于籍东南。稷乃协功，曰：“阴阳分布，震雷出滞。土不备垦，辟在司冦。””农夫“大作”，司救所以“凶事”。时也，天之“施”、地之“生”也。其“任土、任民”之“大经”乎？井田有“川”，以达于“渎”，皆“耒耜”之用；尽力“沟洫”，皆“木道、利涉”之本也。“民悦、大光”[②]，禹稷之“中正”乎？禹“涉大川”，为“艰食”也。“庶土交正，慎赋则壤”“纳锡大龟”“玄圭”“告功”，其“益之十朋，王用享帝”者乎？成周，则“郊祀后稷，以配天也。”子曰：“后稷之祀易富也。其辞恭，其欲俭，其禄及子孙”，“立我蒸民”之极也。其“惠心”“惠德”，“中正”“有庆”者乎？五与初，俱称“元吉”，何也？土田为天，“元德”为民“元命”，而初乃经野之始也。司稼“东作”，可

①《诗经·国风·召南》。

②《益》卦，《象》曰：“益，损上益下，民说无疆。自上下下，其道大光。”

不“厚其事”乎？“农师一之”，至于“宗伯九之，王大狥耜，民用震动。”初之所有事，“大作”也。三与四，则“暮春社卜”之候也，“中行、告公”之交也。夫《益》道之“大作”者，无如“凶事”与“迁国”矣。“凶事”者，“丧、荒、弔、桧、恤”所饰哀也。“中行”，则“旱干、水溢，民无菜色”。“用圭”示信，“劳而不怨”矣。《洛诰》曰：“卜惟洛食”“予其明农。”《盘庚》曰：“惰农自安，不服田畝，越其罔有黍稷。”“中行”“告公”，从则各设中于乃心也。周公曰“作周恭先，自时中乂”是也。成周惠德，“勿问而卜其元吉”者，“以千八百国之君，养九州之民，上有余财，下有余力，而颂声作焉”。秦田租二十倍于古，人役三十倍于古，举千八百国之民自养，而土木神仙，声色狗马，閰左长城，“立心勿恒”之状，不能当涉、广之一击矣。夫同心也，无恒者“击”，“有孚”者“惠”。同此“外来”，上则来“凶”，二则来“吉”；岂待“十朋之龟”，分灵摄宝而筮之乎？《意》曰：“《益》大于惠，惠深于心，心惠万世矣。”其“之”也，初即《观》“光”，二《孚》“和”矣。“大作”，一神道也；龟享，一“鹤縻”也。三《家人》，四《无妄》，孚其“言行”，而“对时”矣。五《颐》“拂经”，仍可居也。上《屯》“泣涟”，其知“迁改”耶？自非以“迁改”轰此万世，乌能惠万世哉？孔子读至此而喟然曰：“自损者益，自益者缺。学弥益，身弥损。”商避席而迁改乎？风力雷声，岂有息乎？张子曰：“风雷有象，不速于心。”时益为损，时损为益，“日进”其“当损、当益”，而“无损无益”者，孚利其中矣。故“天道、人事”之几，交重于损、益；律数叶化，总此心征。损益不精，何由“知物则，而时宜”乎？非“豺横”，则“蜗高”耳。

仲虎云：“《泰》《否》言‘消长’，《损》《益》言‘盈虚’。”智谓：“‘盈虚’者，定‘消长之几’也。”即以盈虚，定天，而天莫能违；以黄钟损益，定气，而气莫能违；以卦爻盈虚，定世，而万世莫能违。即费是隐，故“即象数而知无象数”者，不差也。性命，何“盈虚”耶？圣人，以伦物分艺，定之；而“性命”，乃能“各正”。将颟顸道听委之乎？“无疆”“无方”之“开物成务”者，自以表法损益，而“时措之”已矣。“圣人无大过”，尚有过乎？竟无过乎？不见“日月之迁改”乎？盈虚，而不变者也。薄蚀，有迹；风雷，无迹。“时行物生”，是“圣人”之“风雷”也。“不睹不闻”，是“子思”之“风雷”也。《益》之“蓍龟”，是“万世奏鼓驰走”之“风雷”也。

景元云："《下经》，兑巽之体，十二；犹上之'乾坤'也。自夬至鼎，四对[①]；皆兑巽，包'乾坤坎离'也。故为《下经》之'中节'。"《正》曰："三才之等，六尺四寸；自四尺二寸，入于下际。乾、坤至剥、复，人身之'上际'；剥、复至损、益，腑脏之'中际'。夬、姤而下，股膝屈向，交于北政；两济、乾坤，顶踝始终。"按："六尺四，即六十四也。"《绎》曰："夬，危之微；姤，微之危。《上经》天道，剥、复见'天地之心'；《下经》人道，夬、姤严'天人之介'，故危其词焉。《下经》，主震艮巽兑。遁、壮，乾合震艮也；夬、姤，乾合巽兑也。四卦合，而乾不复见《经》。'吁戏'，达天难。而五运之胜复正反，凛其亟矣。"《易简录》曰："夬，果之也，危词以虑终；姤，骇之也，危词以谨始。潜老夫曰：六六分之，则夬姤为《下经》中轮之首；以三周分十二，则夬姤为末周之首[②]。曰'遇'、曰'决'，犹之'不食'，刚反为阳幸也。"智曰："《先天》，巽兑辅乾，兑同乾居太阳；而巽乃少阳之首，故《下经》主之，而中段专事焉。名为阳幸，而实望阳之制阴、用阴也。南方转午，天地正用，责在君子，明君师之道法，以泽之、风之。特爻，天地之位，其用更切。书契决事，诰命成章，中古以后，阳杂阴文，必然者矣。豕鱼牵羊，'施'之、'包'之，即所以'遇'之而'决'之也。"

䷪泽天夬

《说文》："夬，从工，丨又手决之。"《尔雅》："肉胜好，曰壁；好胜肉，曰环；肉好一，曰玦。"《左传》："赐环则还，赐玦则决。"是，"夬"即"玦"也。邝氏曰：夬、决、卦、快、规、矩，同为謣声相转。孔子训"决"，则古"分决"之义甚明。

夬：扬于王庭，孚号有厉；告自邑，不利即戎；利有攸往。

《一一集》曰："未有'增益盈满，而不溃决者'。夬继益，即消息

① 《夬》《姤》，《萃》《升》，《困》《井》，《革》《鼎》，四对。

② 《夬》《姤》，为第25贞悔卦。若六卦，为一轮，则为《下经》中轮之首；若12卦，为一轮，则为末轮之首。

也。三月姑洗，万物决辨于辰方，角声‘扬’‘号’矣。以君子、小人论，剥、复即决矣。非私智、权力决胜也，故《大壮》戒‘用壮’，《夬》戒‘用决’。天泽交而将复，阴自无违矣。《夬》‘利攸往’，欲其为纯乾；《剥》‘不利往’，不欲其为纯坤。”《遡》曰：“因《大壮》‘宫室’，变五为‘王庭’。‘扬’‘号’‘告’，皆兑象。阴倚君上，从来危厉。‘不利即戎’，修文‘告邑’，但能自儆，时往有利。”《一》曰：“小人‘扬于王庭’，‘孚’五、‘号’三。九二，志在急君，‘告自邑’中，使戒备也。伏坤，‘邑’象。”《揆》曰：“‘扬’，为小人；‘孚号’，君子。”《见》曰：“以五阳夬一阴而难者，以众‘孚号’，反为人主所疑；而一‘无号’者，仍为人主所信也。”六初马氏曰：“德宗有李泌、陆贽，而终思卢杞；宪宗有裴度诸贤，而终任鏄、异，真可痛惜。”《意》曰：“狐鼠据难去之势，虽众阳同志，不胜危惧，所谓‘先自治，而治人’者。仲举与训注不同，败事一也。势不制，而为袁绍、崔胤，岂不痛哉？”潜老夫曰：“使张玄、孙坚之策得行，为人臣子，亦终无安身处，安得不‘危乃光’？”

《象》曰：**“夬”，决也，刚决柔也；健而说，决而和。“扬于王庭”，柔乘五刚也。“孚号有厉”，其危乃光也；“告自邑”，不利即戎，所尚乃穷也；“利有攸往”，刚长乃终也。**

朱子曰：“世皆以‘君子不能无，小人不可尽去’，观‘刚长乃终’之言。圣人，岂不欲‘小人之尽去’耶？但，决之有道耳。”敬仲曰：“‘刚柔决’，未尝怒也，未尝私也。覆载一体，小人不可居上，天道也。决而去之，何私怒之有？”《宜》曰：“决，如决泽，因势利导，‘健悦’则不忿激，‘决和’则往中节。三曰‘乃’者，儆君子也。《易》于‘刚乘柔’不书，‘柔乘刚’则书，志变也。《复》曰‘刚长’；《夬》曰‘刚长乃终’，爻曰‘终有凶’。孔《易》终决君子、小人。以象数证之：天圆决于地方，用半即以围全。因二贞一，以正化邪，正是‘绝待’。不必讳‘邪、正’之名字，以言‘绝待’也。‘时中’圣人，正名决教，表《圆图》正午之‘政府’。此，天地之所以一切生成也。‘扶阳之义’凛凛，岂丝毫强设哉？自有‘破名象’者，‘已甚、总杀’之毒权，不惜夺压天地之正经，偏高利于巧伸其宗，而实非‘帝王圣人’之所利也。充类、扫二，以见一；则扫‘天地’，以显‘於穆’。究竟时乎‘开辟’；则‘开辟’，即‘於穆’也。‘毁开辟，以窃混沌’者，诐词骇人，以激夺藏身耳。执名象之病，拘；破名象之病，荡。双扫，而栖心无寄；其病，非死则荒。圣人反复至此，所以宜时中节，与民前用；必

‘制度数以议德行’，决于‘各安生理’。易简适当，伦常分艺，即泯性命，是所谓‘森穆同时’者也。决人生所当决，而不可言者，‘有余不敢尽’；此，大决也。别传权立顿宗，归实于治世资生，一乘不悖，由中道行。今参悟者，未开全眼，尚迷黄叶，以讹传讹。况于午会周孔，为天地正宰；诵法者，反欲‘撤王庭、号兽窟’乎？邪见之小人，扬之；偏见之君子格致未精，动为所惑，何怪无见之庸人乎？但得两‘不可决’，乱民耳目；借口疑人，则彼已得计矣。所以，后世忌理，若犯家讳，遂尔纵盗冤贤，榜禁道学，至谓‘宋儒祸宋，比于清谈亡晋’，而士林犹乐道之。偏赞小人之‘无号’，苛罪君子之‘孚号’，人尽可赦；独于理学有余嫌焉，以不便于己也。其根起于不明《易》道，不证表法；至使假偏上之玄胜，升跖呵夷，作‘善恶不分’之言，滑稽不决。而君子徒‘壮頄趾’，竟为所满，乌能决之？悲夫！顾、高二先生，决合朱陆，有功姚江乎？吾乡鲁岳、观我两先生，决合于鹿湖环中堂。学者，何其幸耶？”

《象》曰：**泽上于天，夬；君子以施禄及下，居德则忌。**

《宜》曰：“‘云上天’，则《需》；‘泽上天’，则《夬》，‘不居’也。其解阴荡浊，则有决小人之意，而天下乃被其泽。雨已成而必泽，造化不以为功；禄既聚而必施，王者不以见德。见德之谓‘居’，非所以惠下，故忌之。《管子》曰：‘见有之德，几于不报。’‘四方之归’，阴行者也，故‘上德不德’。”《正》曰：“爵禄之在‘王庭’，予之不敢思，夺之不敢怨。去，小人而有怒气；畀，君子而有德色，是君子所甚忌也。羽南曰：此所谓‘下’，与《剥》之‘下’相应。”潜老夫曰：“君子每自相忌，而小人乘之，由于德不凝道；而往往自居，由于不知‘危乃光’也。肯以忌人之心，而自以‘居德’为‘忌’，亦可谓‘善用忌’矣。”通曰：“陈实于县吏，韩安国于田甲，华恒于任让，吕蒙于蔡遗，可谓‘施及下’矣。然‘居德’，未易忘；不居德以为德，更未易忘也。”

初九，壮于前趾（荀，作“止”），**往不胜为咎**。变巽，为《大过》。

宜曰：“《夬》，由《大壮》变，且肖之。故初、三言‘壮’。初，为‘趾’。‘前’者，往决意。变巽，蹲象。毛伯玉云：胜在往前者，兵法也，必往之道也。‘往不胜为咎’者，远虑也，所以戒其善往也。徐子舆曰：虞去四凶，周诛三监。蔼蔼贤才，贞胜何忧决矣？”

《象》曰：**不胜而往，咎也。**

潜老夫曰：“胡允‘以京房、刘蕡，为不胜而往之咎’。嗟乎！天子不能夬履，而为所势挟。萧望之以帝师，尚为所毙，况京房乎？刘蕡愤而于封策言之，令裴度无以藏用而‘次且’焉。然而止于不用，未为咎也。裴度直言鏄异，尚不能胜；此时旌蕡，亦宋申锡耳。”

九二，惕号（翟玄、荀爽，作“锡号”），**莫夜有戎，勿恤**。变离，为《革》。积，《咸》。

《宜》曰：“爻主夬阴，然以不夬为善夬。二之‘惕号’，自治也。但小人自知恶大罪积，不可久居其上，而甘心退屈，故‘莫夜有戎，勿恤’。周亚夫军中夜惊，亚夫坚卧；鱼朝恩害子仪，至掘其墓，而子仪借事自责，皆是道也。变《离》，‘惕’‘恤’象。《彖》‘号厉’‘不利即戎’，合五阳言。此指，二阴。‘戎’，谓上坤三。阴，皆象‘夜’。初，早夜；中，中夜；上，暮夜。兑阴在上，故曰‘暮’。”《正》曰：“‘熠耀宵行’，‘蜉蝣初阴’，朝宁小人，不保其无，但曰‘夜行而已’。君子不能使小人绝类，能使小人信志。‘莫夜’之‘惕号’，非曰‘怨憎’，亦以自警也。”周农父曰：“关子明为王彦布卦，得夬之革，知百年之故；二纪女祸，为其变《离》也。朱子载王子献占此爻，后有兵权。唐明宗时，路晏见厕盗匣剑去，董贺为筮此爻，曰：‘但守中正，请释忧心。’可信：阴阳，总以理决。”

《象》曰：“有戎勿恤”，得中道也。

《一一》曰：“谁不言中乎？不恃刚而能惕，即《大壮》之‘以中而得之’矣。”《一》曰：“韩魏公、张魏公遇刺客，皆曰‘取吾首去’，客皆不忍。蔡元定窜道州，犹聚徒讲学，曰‘祸非墐户可免也’。欧阳歙乱，萧引曰‘管宁袁涣，但安坐耳。’皆‘有戎勿恤’之道。”

九三壮于頄（郑，作“頯”。蜀才，作“仇”），**有凶；君子夬夬独行，遇雨若濡，有愠，无咎**。变重《兑》。积，《萃》。

《宜》曰：“乾，‘为首’。‘頄’者，颧类间骨也，阳居乾上象。《复》‘独复’，此‘独行’，处阴阳之中而应，‘违众独立’之象。上，成兑之主。‘雨’者，‘和于兑’之象。‘遇’，言其适然，爻位所值。遇雨，疑于濡，故曰‘若濡’。‘若濡’，则必有愠之者矣。‘愠’，离象。王允之于董卓，温峤之于王敦，颜杲卿之于安禄山，皆似之。此与《壮》三，皆有‘不中’之‘失’，又有‘得正’之美，故兼二义。”玄同曰：“乾乾、坎坎，象重卦。此无二夬而云‘夬夬’，迟留、不决之意。由阴在上自消，三五悯其消而不夬，却而计之，曰‘是可夬耶’？否耶。夬、不夬之间，故‘夬夬’也。三以应上行之，濡不恤，愠不辞，超然自信，不徇俗而饰非，曰‘独行’。五以比上行之，近承其敝，功可坐收，犹且容之天地之仁也，是谓‘未光’之‘中行’。”

《象》曰：**“君子夬夬”，终无咎也**。

潜老夫曰：“志夬之而‘濡’‘愠’，终决于理而已矣。白乐天于元稹，韩退之于子厚，亦其道也。然贡禹、杨时，亦将以其荐用者而愠之；况张镐受众中之辱，马融受朱穆之斥乎？”

九四，臀无肤，其行次且（古，一作“趑趄”；马、郑，同。古，又作“恣睢”，或作“欧跙”）；**牵羊悔亡，闻言不信**。变坎，为《需》。积，《比》。

《宜》曰：“变《坎》，象豕。‘臀无肤’，羸豕也。‘行次且’，踯躅也，状‘四之蹙而欲夬上也’。然越五而夬上，五必不从。不若与五，同其栽植，教之‘牵羊’随五，而又逆知其‘不信’。盖《夬》至四，而阴将夬，功名之念，容有排五，而欲自为功者。挑衅在此，浑浚可鉴也。于象，兑‘为羊’。羊之性，护前。牵羊者，让而先之，而牵制其后。欲逸，则绳约在手；欲止，则鞭策在手。阳顺之，而阴实制之；不激不随，牵羊正驾驭之法。坎‘耳’，病塞，故‘不信’。”《全》曰：“四，因五以‘牵’上六；上六闻四言，而‘不信’也。”《正》曰：“周公出师于毕，龟焦而不进；陈师于牧，两至而决战，周公之‘独行’也。文王伐密，密下；伐崇，崇降；然七年大勋未集，是文王之‘次且’也。时而已，虽不用聪明可也。”

《象》曰：**“其行次且”，位不当也；“闻言不信”，聪不明也**。

元公曰：“‘闻言’，聪也。而终于‘不信’，则心地未明也。《意》曰：时当‘次且’，亦可忍辱。圣人恐后世托此暗聋，不当其位，故与《噬嗑》之上爻，同戒词焉。四与说同体，故疑不决。”傅灿曰：“桓范劝犹獠，‘不信’宜矣。敬晖劝桓张，亦‘不信’耶。”

九五，苋陆（古，一作“莞”。陆、项，作“苋”）**夬夬，中行无咎**。变震，为《大壮》。积，《坤》。坤世。

《集》曰：“‘苋’，黎也。古曰‘苋陆’，今曰‘灰苋’。贵者所不食，故以为‘不夬’之象。《埤雅》云：‘苋，茎叶皆高大而见，故字从见。’《夬》三月卦，苋始生，取‘苋’；犹《姤》五月卦，瓜始生，取‘瓜’也。谓‘地之高平，非所生而生’，喻‘易夬而可夬也’。项平甫云：‘苋’，山羊也。‘陆’，其群行之路，犹‘鸿渐’之‘陆’。”《说文》：“‘苋，山羊细角者，从兔足。’首，象形，从羊之角也；‘目’，羊之目也。‘苋’，音丸，故古本一作‘莞’。”按：“见与官同母，古时粗细不分，则相转耳。《说文》中部有‘苋’。孟喜注：‘苋，胡见切，汉人久作草’

矣。”

《象》曰：**“中行无咎”，中未光也**。

九五，时位所属，恐其私昵于近比，又恐其已甚于芟除，故戒之以“中行”，而赞之以“夬夬”。《象》复尽其义云“中未光也”。朱子曰：“微茫之间，意有未断。”可见去小人非难，难于“去君心之小人”。

上六，无号，终有凶。变重《乾》。

《宜》曰：“‘无号’，阴自丧也。或云‘应三号三，比五号五’。《象》所谓‘孚号’者，今皆夬夬无所号矣。‘终有凶’，幸之之辞，辟之垓下，非无胜也，而终已矣。仲虎云：辞于《剥》，则易；于《夬》则难者，君子难进易退，小人易进难退故也。安可以易心处之？”玄同曰：“世有温泉，阴受阳施也，无寒。火阳，无所受于阴也。阴有所受于阳，故剥阳；阳无所受于阴，故阳不剥阴，自决而已。”

《象》曰：**“无号之凶”，终不可长也**。

《一一》曰：“时至数穷，阴虽欲长号据上，自不可得；九五虽欲悦上，不决，亦不可得。所贵圣人者，处此消息中，而决定‘以正胜邪’之理，断其可、不可耳。以势决之，君子少、小人多，阳一、阴二，邪若巧胜；而以理决之，则邪终不胜正也。使万世之民，皆叹君子少、小人多，则固已胜之矣。”

《时论》曰：大《圆》正午，以之辅乾。《过》“遇”、《济》“决”，以之终《杂》，其义精矣。象于四气，金之决而断也；象于丑行，水之决而流也。《小正》曰：“时雨将降，下水上腾，修利堤防，道达沟渎，开通道路，毋有障塞。”达天泽之亹亹，故水不灾。夫兑与乾，处西北之地，而月气应东南之天。以“悦”“战”之神，行“齐”“见”之用，“刚长乃终”，岂待问耶？圣人斤斤虑“尚穷”而危之，正以“柔乘五刚”，柄恶遇众，未易除也。一《姤》，二《同》，四《畜》，五《有》，皆收阴之义也。惟三《履》与上《夬》，敢言去之。然上天下泽，艮宫少阳有权，“履“之甚易；泽上于天，坤宫老阴不动，“夬”之实难。六龙之位，无如此“怙终”之一物，扼吾“亢”而伺吾“战”，其敢“闭门独处，不告而兴戎”耶？《正义》曰：非和小人也，吾党自为和也。《意》曰：“‘决断’也，不徒‘决去’也。天下之能‘决和’，必其能‘危光’者也。”“危”，则不轻“尚”；“光”，则不趍“穷”矣。“王庭”者，“城狐社鼠”之窟。“自邑”者，“门户畛域”之奥。“呼号”则同仇，众弃之难齐。“即戎”，则“执讯获丑”之难服[1]。《书》曰：“問尔四国”，

① 《诗经·小雅·出车》：“执讯获丑，薄言还归。”

"扬"也；"屑有辞"，"号"也；"尔惟和哉，尔邑克明"，"告"也；"尔尚不忌于凶德"，"不即"也。《诗》云："用戒不虞，慎尔出话"，"惕号"也；"但闻其声，不见其人"，"莫夜有戎"也；"既克有定，靡人弗胜"，"勿恤"也。初，天之风，恐其"本弱"[①]。二，天之火，明于《革》变矣。三，天之泽，"来兑"于上；有不并者，能无"夬夬"乎？我将刚呼，彼且柔"濡"。五阳虽众，我则"独行"。丽泽娱偷，非其本怀也。五近孤阴，我固《大壮》，彼"未丧"也。启宠之人，伏夫肘腋，"夷怿如酬"，"夬夬无咎"，非"中行"孰胜之？"苋陆"，生于三月，治眩治翳，助光象也。初《过》、四《需》，相应而相"咎""悔"者，"壮趾"，且以为锐身；"牵羊"，抑知随其后乎？求胜者，躁；自居者，姤。吾党吹疵，先多龃龉，甚矣。"决和"之难也。"趾""頄""臀肤"，皆不免矣。惟惕得"危光"之道焉。"中行"岂易光耶？上而复《乾》，其天道乎？危之，所以幸之；施之，所以安之也。《大象》曰："天必施泽，泽不居天，天施则普，泽居必涸。""施禄"，并可及于小人；"居德"，必投忌于君子。"及下"者，犹是《剥》之"厚下"也，将决而急为下之地者，所以全上之天也。知此，则"书契"与"结绳"同孚矣。

智曰："明察取《夬》，即天泽之'辨'；而泽天，为更'决'焉。扶阳用阴，可禄、可德，小人岂可尽去而快哉？惟以《春秋》决之，则万世小人自'无号'矣。独惧邪僻者，专藉圆变冥应，以乱其号，所谓'别墨倍谲，至今不决者也'。知几者，忧午会之女祸、邪教。而决理者，以午会之文法，决夫妇之魂魄而治之。'民志'决'辨'，'王庭'决'扬'。伦常之号，决然相信；'莫夜之惕'，决不至死；则'不知父'之麀场、'女传家'之狸俗，万无忧矣。孔子故于《杂卦》末后表之，而终以《夬》曰：'刚决柔也，君子道长，小人道忧也'。正恐后世爱不决之新奇，而断断决之，始能令万世'无大过'耳。"

䷫天风姤

《全》曰："姤，古篆作[illegible]，从[illegible]，[illegible]在前，[illegible]在后也。"《说文》："偶也，从女后声。"按："后，象屋后，故为反'司'，以勾喉叩口而声也。遇，亦从'偶'得声。偶，从禺；犹句之勾，古通转也。故相沿以偶然邂逅、遇之，为义。"

姤（古，作"遘"；郑玄，同。冯椅云："王洙，改作'姤'。"）：**女壮，勿用取女**（《释文》，作"娶"，无"女"字。《象》，同）。

---

① "天之风"，即内卦乾变巽，《夬》变《大过》。"大过，本末弱也。"天之火，天之泽，同。

《一一集》曰："'决''遇'，反《夬》。圣人不能绝阴，而不能不爱阳。幸其去，曰'夬'；而惊其来，曰'姤'。剥、复，夹坤于北；夬、姤，夹乾于南。《易》贵用者，用以'勿用'为深几，故《姤》著'女壮，勿用取女'之象。"《遡》曰："邵子'"履霜"之慎'在此。知慎者，知'月窟'矣。《复》'见天地之心'，《姤》亦'见天地之心'。所叹者，理难持，而欲易恣也。相遇之时，有义焉。姤，不期遇而遇，为适然；复，止还其本然者而已。然阳虽本有，积中乃能发外；阴虽适然，一动于念，骎乎难遏；此'阳至四乃壮，阴初即壮'之旨。阴渐长，故'壮'；一阴遇五阳，尤'壮'。'勿以恶小而为之'，'勿用取女'之义也。"《筌》云："齐桓公七年始伯，十四年陈完奔齐，亡齐者已至矣。汉宣帝甘露改元，而王政君已在太子宫。唐太宗即位，而武氏已生于前二年。宋艺祖受命之二年，女贞来贡，而宣和之祸已伏。林甫相而唐祸，丁谓进而宋危。'极深研几'，故谨于微。"《隅通》曰："'壮'者，长也。六子莫长于震、巽，乃雷必壮于'天上'，风必壮于'天下'。盖雷愈高愈威，凡夏雷必高；风愈低则愈猛，凡冬风必低。"龙溪曰："姤，乃'日月合壁'之象。姤虽暗，如复交姤而始遇复，则姤全体光明矣。如月虽阴暗，日交月而月遇日，则月全体光明矣。"《正》曰："是蕤宾之卦也。从律，谓之阳律；从卦，谓之阴令。君子肃于阴令，以察夏至，谨其起居，无有不恪；节嗜欲，尚淡泊，屏息敛身，以待阴阳之自定于是。而有佚志怠色，则其蕃育不备，赋命苟薄，神人所酬献不从焉。君子治其房闼，以栖神明，早服夜息，如御宾客，谨《姤》'命'也。"《揆》曰："此'女后'之象。"

《彖》曰：姤，遇也，柔遇刚也。"勿用取女"（郭京，作"女壮勿用取"），**不可与长也。天地相遇，品物咸章也；刚遇中正，天下大行也。姤之时义大矣哉。**

《宜》曰："卦本以'刚遇柔'得名，而曰'柔遇刚'，则柔之敢于遇之，正见其为'女壮'，是'可与'之长乎？姤，建午月。蕤宾，则阳固为之宾矣。《小畜》，乾内，故巽女可妻、可妇；《姤》，巽内，女为主，故'勿取'。爻'包鱼'，正不欲'诸阳之见而娶之'也。凡以人世之用，为情累耳。适得其所当用，何用不善？何时不相遇耶？'咸章''大行'，此天地万物之本然也。执定'勿用'，岂能'断情而求性'哉？咸、恒、壮、萃之'情'，于夬而姤后聚之矣。以'用'善用，以'遇'善遇，'时义'岂不大哉？朱子云：是好时节，而不好之渐，已生于微。"子瞻曰："姤者，乾之末，坤之始也。自九二之亡，而后为

《遁》则无臣；自九五之亡，而后为《剥》，则无君。姤时，上有君，下有臣，君子欲有所为，无所不可，故曰‘天下大行’。”《遡》曰：“一、五，皆九，惟乾、夬、姤三卦。‘勿取’与‘相遇’之义并行，此‘时义’不可一端尽，故曰‘大’。”

《象》曰：天下有风，姤；后以施命诰四方（“命”，《鲁恭传》作“令”。“诰”，郑、王作“诘”[①]）。

神曰：“天无气，以风为气；天无动，以风为动。但于空处，即气即动，此金木相交于无形之处。得此理，可以乘风登天矣。”《宜》曰：“《观》，为地上之风，旁行通历；《姤》，为太虚之风，自上而下。风行天下，无物不遇者也。《白虎通》曰：‘风者，天之号令。风为教主，熏于南方。’‘施’，乾象；‘命’，巽象。”《野同录》曰：“《夬》，著‘明察书契’之象；《姤》，当‘文章命令’之时。夏至之养，与冬至同谨。而‘施命诰四方’者，以夬、姤辅乾，南方‘向明’，当正告也。‘四方’，示‘用中’也；惟《离》与《姤》著之。”冯元成云：“‘施命’，岂得已哉？上世，言‘德’，不言‘化’；言‘化’，不言‘命’。以‘命诰四方’，不能无虞也。‘勿用取女’，‘命诰’之谓也。”淇澳曰：“阃门，风教之原。《象》以天风，而‘后施’‘命诰’。《内则》曰：‘后王命冢宰，降德于众兆民。’《易》之‘诰命’，不一而足。故曰‘《易》以道阴阳’，非为‘幽远不可见’之阴阳，乃‘切近显设、不可渝’之阴阳。‘志不舍命’，则‘切近’即‘幽远’也。”羽南曰：“《屯》《蒙》，已著‘贞’‘字’‘包’‘纳’[②]。咸、恒、家人，以渐终之。姤，则骇其乍遇矣。人心之妄欲，即女也；不可任，不可绝也。遇，有当、不当焉，‘时义’决此而已。君子观于《姤》，而顿知渐教之善也。”姚康伯曰：“必有贤智绝欲之过，而后愚不肖之‘羸豕’‘无肤’，少免耻焉。孔门单传一嗣，即自脱然。连从路女，安得不辨以为诰也？”潜老夫曰：“天地相遇，不能不用。夜必用于日中，一元用于午会，曾知上古之洪荒，更乱于中古有诰命之日哉？决其‘时义’，与愚夫、愚妇明而安之，是景风也。”

初六，系于金柅（子夏，作“鑈”。苍颉，作“柅”。晁以道曰：“苍颉作‘柎’。”王肃，作“柅”。蜀才，作“尼”。），**贞吉；有攸往，见凶，羸豕孚蹢躅**（古，作“蹢躅”。一，作“擲躅”，一作“躅”。变重《乾》。乾世。

①应为“告”字。

②《屯》卦：“六二，女子贞不字，十年乃字。”《蒙》卦：“九二，包蒙，吉。纳妇，吉；子克家。”

六曰“金柅”，谓二《乾》金也。《说文》：“柅，篗柄。”篗，即络丝篗；柅，其柄也。《子夏传》作“鑈”，云“络丝趺”是也，通作“称”。巽，“为绳”，故取“柅”象。马季长以为，“柅者，在车之下，所以止轮，令不动者”。先儒多从之。一阴始上，势必尽姤诸阳，圣人忧之。词具两义：“系于金柅”，则从一而终之，为吉；苟不能系，必往而他姤之，为凶。巽体本伏，往则著见，“往见”象。又巽“进退”而蹻，故且“系”、且“往”。坎，为“豕”。巽，半坎体。无肉有骨，为“羸豕”、牝豕也。阴质而恣欲，牝豕特甚。“蹢躅”，不静也。李茂钦作“彳亍”，言“一步一往也”。玄同曰：“《姤》，凡数、象，体阴为‘鱼’‘瓜’[①]。二对‘豕’为‘柅’，对‘瓜’为‘杞’；二、四，对‘鱼’，皆为‘包’。‘豕’‘柅’，喻姤，‘包鱼’喻争，‘杞’‘瓜’喻断。譬群淫争，而五断之，还其始姤之二而已。还初于二，是初安于二，不炫耀以他适耳。终于二，成果实而自落。‘自天’云者，姤不及五，其‘陨’高也。”

《象》曰：**“系于金柅”，柔道牵也**。

“牵”，连也。初与二连，二得而“系”之。

九二，包有鱼（“包”，古，作“庖”；荀，作“胞”；虞，作“苞”）**无咎；不利宾**。变艮，为《遁》。积，《同》。

《宜》曰：“包容于内，使不得逸于外。‘不利宾’，正所以包之。故‘义不及宾’，专其责于二也。初应四，本四‘包’中‘鱼’。二‘有’，则四‘无’。‘有’者，主；则无者，宾。‘包鱼’‘包瓜’‘系豕’，同义。自古小人乱天下，往往君子激之也。‘包有鱼’，则彼私有地步，独得先容，知有‘为善远罪’之乐矣。不激不弛，正《象》‘勿取’之作用也。五之以‘杞’，用二包初。使李愬牵李佑，使田弘正制刘悟；武乡使蒋、董，制黄皓，皆可此象占之。”《正》曰：“女子尸祭，不及宾客；爵弁在门，不顾内厨。《记》曰：‘彼妇之口，可以出走。’见‘女壮’而思遁者，夫亦伊微之心乎？”

《象》曰：**“包有鱼”，义不及宾也**。

《一》曰：“二，最近民，遇即包之；待其及宾，则已迟矣。物之始遇，必专其恩乃笃，是亦义也。”《潜草》曰：“四阴，‘利用宾’，巽《观》、艮‘止’也；一阴，‘不利宾’，巽独近也。”

九三，臀无肤，其行次且；厉，无大咎。变坎，为《讼》。积，《无妄》。

① 原为“爪”字，根据《姤》卦“九五，以杞包瓜，含章有陨自天”而改正。下“瓜”字，原亦为“爪”字。

《夬》四，“和”而不肯“决”;《姤》三，“牵”而不能上，故同此象。《筌》云:“坐则臀在下，故《困》系初；行则臀在中，故《夬》《姤》系三、四。坎‘豕’，巽‘股’。取柔爻；为‘肤’；刚爻，为‘无肤’，‘柔道牵’也。”诚斋曰:“二，最近初，而先遇；三争之，则伤。故欲进不进，虽不得鱼，无后灾。‘行未牵’者，幸其不牵于‘鱼’，而必进也。孔明言中原为操得，‘吴不可图，而可与为援’。此，‘次且’而‘无大咎’也。”淇澳曰:“‘无肤’，男之耻。‘羸豕’，女之耻，实男之耻。知耻，即能‘行未牵’。”

《象》曰:**“其行次且”，行未牵也**。

郝《解》曰:“《夬》四悦上，牵羊而前。此三入下，行未有牵，而上老系恋丑矣。”《订》曰:“三，却步不前，犹未与柔相牵连。故‘无大咎’，能以重刚自惕也。”潜老夫曰:“贾充必生‘娄猪’，张华不知此命；而董养、韦忠，早叹其‘无肤’矣。李绩不知田翁之命，而许敬宗早‘无肤’矣。嗣宗卧侧，不能扼仲容之累骑，而韩熙载辈‘无肤’矣。故惟厉乃无大咎；不则，‘行未牵’，而志已牵矣。自矜得髓，而不顾皮面；与止让一皮，而中委土木者，非‘无肤’之俑耶？”

九四，包无鱼（郭京，作“失鱼”），**起凶**。变重《巽》。积，《益》。

《遡》曰:“‘臀无肤’者，‘娄猪’未定，正以‘蹢躅’之孚，必及三，不以姤二已也。四之‘无鱼’，非不姤也；已姤、再姤，贱而可弃，龙阳之‘前鱼’耳。四，故疾之甚，而‘无’之。‘起凶’者，事在今，灾在后。正病其疾之‘已甚’，必至于‘远民’也。”左三山曰:“策士以狗骨相牙，料战国士。君子不明‘勿用取女’之义，其免于‘起凶’，难矣。李晟、张延赏为一营妓，卒且偾事。况功名富贵，何者非‘鱼’乎？”子瞻曰:“姤者，主求民，非‘民求主’之时。既已失民，争之何益？”

《象》曰：**无鱼之凶，远民也**。

《订》曰:“初，为‘民’，二近。四远，故‘无鱼’；而起争心，则凶矣。初非顺民，使其得志上进，四宁有幸乎？”

九五，以杞包瓜（子夏，作“匏瓜”[①]），**含章；有陨自天**。变离，为《鼎》。积，《颐》。

《集》曰:“五，本‘飞龙’之主；而初‘潜’，变为‘羸豕’。五，自无所不‘包’‘含’，而又能用人以包之。以合象言：瓜生于阴月，巽木用事，一阴丽于阳，而含其章美。方《夬》于上，忽《姤》于下，若

①原文作“匏爪”。

陨之‘自天’然。是九五之文命，风行下国，无远弗讫也。‘杞’，美材，指九二。‘瓜’，指初六。初承二，似艮为瓜。‘以’，五以也。巽木高长，故自初上达于五。五，为姤主。‘一民，莫非其臣’，非如四之‘远民’者比也。后不必亲与，‘海隅苍生’。遇而以其志，寓诸文章，播扬下国；穷陬僻壤，‘罔不率俾’。光武‘一札十行’，第五伦曰：‘此圣主也，一见决矣。’以其德言，‘恭己无为’，勋、华之包朱、均，‘棠棣’之包‘懿亲’，含之又含，人无得而名焉。”《宜》曰：“瓜不得附，则攀援而求；幸遇乔木，则虽抑之，不可得。五知柔道所牵，尽姤乃止。故援以九二，‘含章’不露，‘杞’可大用，‘瓜’则岁蔓，言‘以道德包才能’也。”

《象》曰：**九五含章，中正也；有陨自天，志不舍命也**。

子瞻曰：“阴长消阳，天之命也；有以胜之，人之志也。君子不以命废志。”诚斋曰：“君臣相遇之盛如此，一小人虽壮，何足虑乎？尧先下舜之侧陋，‘以杞包瓜’也；舜遇尧为天人之合，‘有陨自天’也。何忧驩兜？何畏孔壬？”君禹曰：“不有天根，孰为之显？不有月窟，孰为之藏？阳阴相遇之时，义不可不抑也，不可终绝也。故‘凛凛’冰霜之防，而‘休休’藏纳之量[①]。毖于式训者，不必‘引绳批根’也。于七十二君，未尝‘已甚’而绝之也。”《意》曰：“圣人以‘善世’为志，即天命也。‘勿用取’，而又‘包’之，即‘无适无莫’之‘时义’也。”《见》曰：“留平、勃者，其将有以包之乎？武帝，则‘夬履’矣。”

上九，姤其角；吝，无咎。变兑，为《大过》。

孔《疏》曰：“‘角’，上象。角非所安，与‘无遇’等，故‘吝’。然不与物争，其道不害。”敬仲曰：“‘穷吝’，言‘穷而少通也’。‘泄柳闭门，干木逾垣’，是谓‘姤其角’。见南子，从佛肸，变通之道也。”诚斋曰：“‘晋其角’，角在己；‘姤其角’，角在彼。”《正》曰：“鹿之感阳，麋之感阴；时至而角解，解而不交。君子遇‘穷’而‘颠’[②]，‘颠’而不复‘遇’，吝则吝矣。夫亦其时也，何吝之有？《大过》之‘灭顶’，《姤》之‘姤角’，义不相远。”

《象》曰：**“姤其角”，上穷吝也**。

《一一》曰：“角，则触矣；上，则穷矣。小人虽不能合，君子亦‘无自入’焉。《夬》之‘趾’‘角’，兑羊之象也；《姤》之‘臀肤’‘角’，皆自《夬》来。”

《**时论**》**曰**：异哉！六龙之世，牵于一“豕”，而起于双“鱼”也。

① 《尚书·秦誓》：“其心休休焉，其如有容。”

② 《杂卦传》：“《大过》颠也。”

"龙""潜"此地,"豕"亦"孚"此地;"龙""见"此地,"鱼"亦"包"此地,可不畏乎?《象传》嘉美"柔刚之遇",岂非"书契决事、命诰转风,为阳用阴之时义"哉?阳必至四,乃《壮》;阴始生,一即"壮"。蕤宾之风,吹于无射之天,是谓"夏行秋令,果实早成,乃多女灾。""女壮勿用",圣人警微也。几,深乎?《月令》以夏至施命令,与冬至"闭关"相应,而藏冬于夏,全章全暗。故又曰:"是月也,君子斋戒,掩身毋躁,正声色,毋或进,薄滋味,无致和,百官静事无刑,以待晏阴之所成。"何其遇险至斯耶?"遇"而"章"也,所贵"刚中正,以遇柔也"。董子曰:"天常置阴空处,稍取以为助",而非所用也。"天之成功,少阴与,太阴不与",故阳为经,阴为权也。羊之羸者,其角空触而无力,故四阳易之;豕之羸者,其"蹢躅"善走而莫御,故五阳亦难之。一阴负五阳,"刚鬣"也。"系于金柅",初亦自以为乾也。君子以龙包鱼,其将以类亲之乎?二,近而"有鱼";四,应而"远"矣。近者,曾知"不恶而严"乎?物有维,时而包之。《淮南》曰:"善为鱼者,不求己上。"故不及待宾耳,得无私之耶?《意》曰:"小人害国家,必先比一君子,阶之进身,如丁谓于寇公,蔡京于温公,秦桧于张魏公。并为所'牵',而使'及宾',遂受其祸;君子知其所'遁'[1],是其'义'也。"三之《讼》,则"从王事",而"无成"也。《夬》四、《姤》三,其臀惟肖,一宜决而"次且",一宜遇而"次且"。则弗遇者胜,故曰"行未牵"也。初,无所不牵;而三"不牵"。初虽"无肤",而"食旧"矣[2]。四"远民",而起争心乎?抑恶其群姤,而起远心乎?为其见凶,而甘"起凶"乎?将待《剥》而"鱼贯"乎?四当重《巽》,不能"申命",而五则《鼎》烹"凝命"者也。《诗》以"瓜瓞"喻民生,瓜初小而莫大,以"杞"阳包阴"瓜",至蕃衍也。《象》"咸章",爻"含章",阳感阴含,为我之用。"昊天上帝,则不我遗",夫物亦自包、自章而自陨耳?君子于小人,善安顿之,即以化之。君相造命,岂"以命废志"哉?"志不舍命",所行皆"天行"也。龙神"无首",何至相遇而角触乎?"上穷",则《大过》矣。观象曰:"乾巽司天门地户,风转阴阳之交。景门熏风,万物顺伏;乾能遇巽,阳施阴从。'后诰四方',正告此'阳统阴'之命也。"

智曰:"知'阳统阴阳'者,全阴全阳矣。'决''遇''施''闭',可同时矣。《贲》文起寅,《畜》文在巳。《姤》'章'当午,转此风力,

① 《姤》卦,九二独变,为《遁》卦。

② 《姤》卦,九三独变,为《讼》卦。《讼》卦:"六三,食旧德,贞厉,终吉;或从王事,无成。"

播告以入人心。《易》表三‘后’,《复》《泰》‘遇’时,‘施命’于南方，以‘书契’之告，彰显其仁，其‘君臣道合’之时义乎？文章即性道，而文章之弊生矣。文章虽弊，而载道之语言，传道之讲习，象魏之县命，乡里之读法，必不能一日‘不相遇’也。一堂八荒，羹墙千古，皆‘相遇’也。‘勿用’之龙，惕于‘潜’‘飞’，而‘豕’‘鱼’自包、‘臀’‘角’无吝矣。”

萃

升

玄子曰：“《萃》以五为‘大人’,《升》以二为‘大人’，圣人重阳也。《下经》，坤首合离为晋、明夷；此合巽兑，而坤不复见《经》。故以断夬、姤之后。”《易简录》曰：“《上经》交泰后，莫盛于同、有，天道光焉；《下经》损、益后，莫美于萃、升，地德章焉。”潜老夫曰：“‘施禄’‘施命’，为南方之政。而用‘戒不虞’，克勤小物，乃为政之要也。”智曰：“南方‘决’‘遇’，而物自萃、升，地势也。《圆图》,《升》在未方，而《萃》交戌。《方图》正属坤藏,《升》在卯，而《萃》正在未。此一对以《坤》统之，四情终焉，二用著焉，正表‘致役’‘成物’之教养也。健于‘决’‘遇’，顺于‘聚’‘高’，是剥、复、大畜、无妄相伏之学问也，故以患难、艰劳历之。”

䷬泽地萃

《全》曰：“萃，古作‘𠬸’。米，古‘卒’字，本‘乂、十’两字会意，小篆改‘米’作‘萃’。”《说文》:“从艸，卒声。”“卒”，衣之成也。《子虚赋》“翕呷萃蔡”,《吴都赋》“橚矗森萃”。皆取齐齿之声，因为聚会之义。左忠毅曰：“萃，义为祭、为聚。‘从艸、从卒’：人命如‘艸’，有始有‘卒’。散而不聚，魂魄渐耗；死而不祭，精气无凭，故曰‘假庙孝享’。”

萃：亨（马、郑、陆，无“亨”字），**王假有庙；利见大人，亨利贞；用大牲吉，利有攸往**。

《集》曰：“‘遇’‘聚’顺悦，而礼乐之化成矣。本孝相亲，戒备不乱；诚悦而后可治，‘咨’‘嗟’而后可保。此《乾》《坤》‘各正性命’，溥《咸》《恒》之情；《大壮》履礼，表‘正大之情’；而终于《萃》天下之情也。‘致役乎坤’‘说言乎兑’。夏秋之候，万宝告成。‘决’‘遇’本天，萃、升用地，此其序，此其象也。人本乎祖，庙貌孝亨，所以一‘微显’、合‘洋洋’也。萃、涣立‘庙’，‘聚’‘散’同时矣。《孝经》曰：‘聚万国之欢心，以事先王。’圣人以为：‘全《易》，莫非孝也。’于《萃》表之，以精神遇睹闻，而后聚也。五，刚中正。‘大人’，为王。合观、临、比，其道益备。”子瞻曰：“《易》言‘荐盥’‘禴祭’，皆有寄焉。‘用大牲吉’，犹言‘用大利禄’云尔。”邓绮曰：“《祭义》：‘春禘有乐，秋尝无乐。’因雷声之收发也，故《豫》‘奋作乐’，而《萃》收止‘用大牲’。”元公曰：“鬼神以阴为身，巽兑阴卦。且《巽》有‘用史巫纷若’之象；而兑，又‘为巫’。故随、益、升、困、鼎系‘祭享’，从所主也。肖《坎》，‘隐伏’，象鬼，故《既济》有‘禴祭’之文。”《遡》曰：“五，‘王’。艮，‘庙’。坤牛，为‘大牲’。或谓：‘古王者立庙，必于国东南之奥，巽之方。’故《萃》《涣》二‘庙’，皆有巽象。‘用大牲’者，王以格庙者格天下，‘使民如承祭’也。天下即以格庙者格王，凛元后于神明，往何不利？”

《象》曰：**“萃”，聚也；顺以说，刚中而应，故聚也**（古，作“故亨也”）。**“王假有庙”，致孝享也；“利见大人亨”**（郭京，有“利贞”），**聚以正也**（荀，“聚”作“取”）；**“用大牲吉，利有攸往”，顺天命也。观其所聚，而天地万物之情可见矣。**

辅嗣曰：“但悦而顺，则邪佞也[1]。刚而违于中应，则强亢也，何由得聚。顺悦而以刚为主，刚而履中，中以应，故得聚也。”“致孝”，尽志；“致亨”，尽物。下三阴，随九四以“利见大人”，聚得其正矣。“圣人作而万物睹”，人之“天命”之“有归”矣。王者应天，“时中”即命。礼以时丰，功以时建。“天子假庙”，而《损》用“二簋”，是“数米而飧三军也”。大人“利见”，而“俭德避难”，是“当暑，而服裘褐也”。造化之理，不外人情；人情，即“天地万物之情”。惟“刚中”而应之“顺悦”，合“天下以孝治”。知说指掌，“行在《孝经》”，是学、觉之“归诸实事”者也。通言之：溯而上，至于命；沿而下，至于情。“情之真处即命”，苏语然矣。徐子舆曰：“天地万物，高下散殊。咸，则见其情之通；恒，则见其情之‘久’；壮，则见其情之正；萃，则见其情之同。不于‘所聚’，观之‘情之一者’，岂可得而见乎？”《揆》

①“佞”字，原为“妄”字。根据王弼《周易注》改。

曰："事亲事君，皆受命于天，不可得逆者也。事亲如事天，是为顺以'假庙'；事君如事天，是为顺以'攸往'。《庄子》曰：'子于亲，命也；臣于君，义也。无所逃于天地之间者也。'命，即'天命之性'；情，即'中节之和'。"

《象》曰：**泽上于地，萃；君子以除戎器，戒不虞**（"除"，一作"错"，又作"治"，荀作"虑"）。

《集》曰："不言'泽在地上'，而云'泽上于地'，水方聚也。水聚则决，必有以防之，水乃潴。"辅嗣曰："聚而无防，则众生心。"子瞻曰："'类聚、群分'。聚必有党，党必有争。萃者，争之大也。大人因其所萃，而安暇聚之。"神曰："'国之大事，在祀与戎。'其实，一理一气。兑金，象'戎'；坤土，象'祀'。故曰：'战则克，祭则受祠。'器久，则敝。'除'者，'去旧取新'之谓。非右武也，特'不虞'耳。"丘行可云："秦销锋镝铸金人，唐议销兵则非。然汉武好大喜功，可谓'戒'乎？"《正》曰："大众所聚，不得礼乐，必有戈矛。曰'羽龠''干戚'，两者相为救也。《诗》曰'君子至止，鞞琫有珌'，犹之盛明也。而'韎韐''珌琫'，及于君子。故知俎豆、军旅，互为用矣。"

初六，有孚不终，乃乱乃萃；若号，一握（傅民，作"渥"。郑、陆、蜀本，作"屋"）**为笑；勿恤，往无咎**。变震，为《随》。

《遡》曰："《萃》卦吉；而爻，以名教儆焉。八卦，乾坤，至尊；兑，至卑。《夬》，以兑承乾，《象》系'孚号有厉'，名分犹存。《萃》，以兑乘坤，《象》无险辞，名分斁矣，于是翻为不吉。若四进逼五耦，至争民者然。爻中号'嗟''咨''洟'，不一而足。初曰'号'，三曰'嗟'，明《萃》四之'非'也。二曰'引禴'，明《萃》五之'是'也。乃四亦云'大吉无咎'者，代君萃民；'粹然'出于'至正'，可也。四以近臣之位萃民，而五复以大君之位萃四，'永贞''元德'以临之。四我萃，而所萃之民又焉往哉？上在卦外，旁观萃聚之几，而忧'好上之必乱'，故以'赍咨涕洟'终焉。《比》《萃》，初皆'孚'五。《萃》有分权之四，不得终萃。五，兑反艮，'终'象。'乱'，坤'迷'象。'号'，兑'口'象。'握'者，四手援初而接之，艮'手'象。'笑'，兑'悦'象。'恤'，肖《坎》，'忧'象。"潜老夫曰："'笑'，则为'同升之僎'，为马周召见。'乱'，则为班固、谷永之依权臣矣。"

《象》曰：**"乃乱乃萃"，其志乱也**。

《一一》曰："不知天命，则志先乱矣。吾愿天下士之明理，而不望其感恩也。"

六二，引吉，无咎；孚乃利用禴（蜀才，作“跃”。刘瓛，作“爚”）。变坎，为《困》。积，《兑》。兑世。

子瞻曰：“六二，不急于上进；五‘引’之，而后从。”元公曰：“《兑》宫世爻。‘引’者，‘自靖’，以引君于道也。”来矣鲜曰：“‘引’者，坎‘弓’、离‘矢’象。中正应五，犹射者之专心鹄，乃中也。”《揆》曰：“牵引上下，以萃于五。《易》中下卦二爻，多引其类，如《泰》《小畜》之二是也。四时，‘祠、礿、尝、烝’。《周礼》‘以禴夏享先王’，从龠‘乐之竹管三孔，以和众声也’。变坎，‘律’象。”《一》曰：“‘禴’者，夏之薄祭，瀹菜而无牲。兑，为巫，享神象。”

《象》曰：“引吉无咎”，中未变也。

郝《解》曰：“初与三，皆不中，而有异志。二中正，不与初、三变也。”

六三，萃如嗟如，无攸利；往无咎，小吝。变艮为《咸》。积《夬》。

集曰：“三为间，而应‘赍咨’之口。倒兑向内，发而为‘嗟’。比四，而四自有应，故‘无攸利’。然既与四聚，‘往’亦‘无咎’。非应而往，小有羞吝耳。”《正》曰：“阴合敌应，告难兴[1]，嗟。《诗》曰‘众稚且狂’。溴梁、虎牢、翟泉之会是也。”

《象》曰：“往无咎”，上巽也。

《全》曰：“‘往’，则‘上’连四五，成《巽》。”　曰：“《萃》之《咸》。情，聚感同然，有頍宴乐，辄歌死丧。‘轮奂聚族，祝哭于斯’，以哀儆乐，亦巽道也。”

九四，大吉无咎。变坎，为《比》。积，《需》。

《集》曰：“此与‘元吉无咎’，‘吉无咎’，俱危辞。阳据坤上，‘得众’之象。”《正》曰：“大臣比附，以成威福。得众致疑，震主致嫌矣。”《潜草》曰：“为君萃人，非私人以‘自封殖’也。李绛用同年，崔佑甫用多士，大臣论其心，岂徒‘不荐一士’为得计哉？有事，而开阁广益，吐哺可也；无事，而阖门授经，亦所以风士也。”

《象》曰：大吉无咎，位不当也。

《一》曰：“必‘大吉’，乃‘无咎’；以其非君位，而萃天下也。《彖》著‘利见大人’，欲众知有五耳。”

九五，萃有位，无咎；匪孚，元永贞，悔亡。变震，为《豫》。积，《泰》。

① 黄道周《易象正》：“告之祸难，则相视兴叹，以是为吉凶同患者，是龟蓍所不与也。”

《集》曰："四，收人而'孚'五，余非尽孚也。惟以'比德'显之，则并四之'有位'者而萃之，悔自亡矣。"

《象》曰："萃有位"，志未光也。

《一》曰："《萃》有分权之四，不如《比》一阳之无猜矣。天王驾驭桓、文，岂云'光'乎？贯珠者曰：'王赏田单，则单之惠，皆王之惠也。'"

上六，齎咨涕洟（虞、李，作"齎资"），**无咎**。变乾，为《否》。

《揆》曰："居外萃穷，不安于乘五，此羁臣'靡室''靡家'者也。"《宜》曰："自鼻出，曰'涕'；自目出，曰'洟'。兑，泽象。互艮，'鼻'象。古本作'齎资'，因财物而致孝享也。《礼》曰：'祭之日，乐与哀半，飨之必乐，已至必哀。''事死者如事生，思死如不欲生。'故有凄怆之象。"《一》曰："有客至，止助祭，其悲凉乎？"《正》曰："《萃》而得《否》[①]。上下动色，大众赍嗟，将与谋矣。"

《象》曰："齎咨涕洟"，未安上也。

《订》曰："富有四海，而祖考已亡；虽用牲祭，常若'未安'。"《全》曰："'未安'于上，欲群阴之萃五也。"智曰："虞廷'吁咈'，汤'凛朽索'。'蜡宾生叹'，怀《礼运》也；《大风歌》泣，思守四方；'禁中拊髀'，遗诏有余思焉。《孝经》曰：'在上不骄，高而不危；无忝所生，守其祭祀。'此，'未安上'之心法也。"

《时论》曰：此，后悦之候也。万物养实，翕性会萃之方也。王者，以孝聚庙，以正聚人，以天命聚物。盖萃万世，于"追远""反始"[②]。而后世犹有不"视朔"、不"告庙""鼷鼠食郊牛"者，犹有面牺者，犹有人牺者，皆"志乱"也。《意》曰："《比》义，自下辅上；《萃》义，自上聚下。明有君父，幽有祖宗，从其本以召之，则联结而难解。神明之聚，一聚而不复散者也。然非制以礼仪，必乱、必嗟，其神弗格矣。"天子、诸侯、大夫、士，各有分焉，"聚以正也"。"灌迎牵丽，荐俎合莫"，敬也；"禄爵庆赏，成诸宗庙"，顺也。贵贱、轻重，王者示其所用，即以萃之。发抒忠孝，是天命也。岂为是萧膏柴腥，定羹正熟，以饰说也哉？"资敬在中"，下不敢变；"严父配天"，当"殷荐"之位矣。请以祭象言之：五"用大牲"，二臣"用禴"，顺之至也。四，则宗伯也。吉礼十二，"事神、鬼、祇"，"大吉"而无砥伏也。初则太乙蓬莱，碧鸡金马，封禅天书之象也。"非鬼谄祭"，不享其祀；祝"执明水

① 《萃》卦，上六独变，为《否》卦。

② "追远"，出自《论语·学而》："慎终追远，民德归厚矣。""反始"，出自《礼记·郊特牲》："唯社，丘乘共粢盛，所以报本反始也。"

火而号之”，乱庶遄止耳。三之“嗟”，所谓“父不祭于支庶之宅，君不祭于臣仆之家，王不祭于下土诸侯。”往，而吝矣。“郊祀后稷”，商周之“假庙”也；“宗祀文王”，我周之“有位”也。“灌往不观”，其“未光”乎？神禹郊鲧，则“赍”“嗟”涕洟而“未安”者也。子曰：“孝无终始”。彻知生死之前后，而合事人、事鬼之诚，萃“与知”“不知”之志，惟尽礼而已矣。生事而死葬祭，生一而死二也，葬短而祭长也。故萃道始终于祭祀。“昭明焄蒿凄怆”，结于“赍咨涕洟”。洞洞漆漆，两间塞焉。初《随》“号”“笑”，志不可乱也。“孚禴”引君，《困》自通诚。“咸股，执随”，“嗟”亦能谨身矣。“夫孝，终立身。通于神明，而中于事君。”谁不萃此《豫》君乎？《比》无四间，《萃》以权分。虽“贞疾”者“未光”，而四能《比》贤顺上，自“大吉无咎”矣。大臣有此“不敢当之心”，乃天下聚散之根也。《萃》极“倾否”，上其以非恶自居，为“俭德”乎？贾谊痛哭，袁安流涕，未为过矣。荀爽曰：“夏后封东楼公于杞，殷得封微子于宋，臣服异姓，以延其孝。”此亦一萃道也。“国之大事，惟祀与戎。”萃时，始“乱”，中“嗟”，终而“涕洟”。不以物力聚集，而弛其备，乃保萃也。受脤、献馘、饮至、策勋，必造于祖奠，岂无谓哉？

智曰：“李季辨云：‘宗庙，人心所系。武王伐商，载主而行。高帝初兴，立汉社稷。’程子云：‘《萃》《涣》皆立庙。因其精神之萃而形于此，为其涣散，故立此收之。’玄子，以‘《涣》初“立庙”，而《萃》则“假庙”也。’”智谓：“‘假’者，至也，格也，大也，嘏也。神与人皆‘来格’‘骏奔’矣。”萃、临、升、观，皆互明“教思”。此，坤藏所以“转风润泽”者也。见象生心，神于观感，《雅》《颂》诗歌，各称“神格”；《盘庚》《洛诰》，呼其祖父。此知“咨”“嗟”“号”“笑”之中，皆“孝享”矣。子曰：“战则克，祭则受福。”其所以萃人心而临之者，见情顺命，殆未可测度也。

䷭地风升

《全》曰：“[illegible]，古气字；[illegible]，古柔字；合为[illegible]，后用升。”《说文》：“龠也。”智按：“合十为升，即以十转声，而以鼻音申之。十者，坤土成数也。木状寓之生气，总表东方之木，畅于南方，以收于申方也。凡物全，则用十。十加丁耳。因为长进、上升之义。”

升（郑玄，作“径昇”）：**元亨，用见大人**（古，或作“利见”），**勿恤，南征吉。**

子瞻曰："巽之为物，非能破坚达强者，幸而遇坤，故能升。仲虎云：晋、升，皆取'进'义。'明出地上'，故不假言'亨'；升，则木方生于地中，故'元亨'。"《揆》曰："由根，而干而华，升进之象。无妄，对升。阳生之气，自北而东；阴成之气，自南向西，故升。《彖》前曰'元亨'，爻后曰'利贞'。"元公曰："《震》宫后半之卦。帝，'齐乎巽'，'致役乎坤'；木气盛行，而土气胎于此矣。"《遡》曰："《后天》，巽、离、坤，为南三位。万木夏荣，《升》之巽坤拱离，故'南征吉'。以《萃》五之'大人'，而庆九二之'南征'也。试以《升》'勿恤'，《丰》'勿忧'论之。六十四卦，世应包坎象者，独升、丰二卦。君道贵明，忧恤坎离之暗。破暗用离，此《升》以'南征'，为'吉'；而《丰》以'日中'，为'宜'也。"《野同录》曰："聚上为升，《孟》言'拔萃'。道在用人，故反萃为升，意不相反，以顺积也。文王于屯、姤著'勿用'，《损》著'曷用'。《噬》'用狱'，《晋》'用锡'，《萃》'用大牲'。而《升》独改'利见大人'，为'用见'焉。天地人物，显南藏北，即以'良能'冥'良知'者，'聚'、升之用也。乾、艮、巽、坤，谓之'四维'。泰、否、二畜，姤、遁、蛊、渐，谦、剥、观、升属之。而自巽转坤，用南三位，故'南征吉'。用，不能全无弊。圣人贵'前民用'，但言'积渐不息'；则余'勿恤'矣。此巽坤之包离，为'大冥'也。"

《彖》曰：柔以时升，巽而顺，刚中而应，是以大亨。"用见大人，勿恤"，有庆也；"南征吉"，志行也。

《宜》曰："柔巽'为高'，故'以时升'。'巽而顺，刚中而应'，则得其可升之时，故'大亨'。"《筌》曰："《萃》，'刚中'在上，其众必萃；《升》，'刚中'在下，其势必升。故《萃》以五为'大人'，《升》以二为'大人'。'用见'者，六五也。下见上，则快睹，曰'利见'；上见下，非虚心下士不能，故曰'用见'。'勿恤''南征'，主九二言。君臣一德，相得益章，故'有庆'而'志行'也。九二，历三以入于坤，则经过南离，'南征'象。"《揆》曰："'勿恤'者，虑巽柔'不果'，故掖而进之；即九三《象》词'无疑'之意。'庆'，即二之'喜'。'志行'，即五之'大得志'也。不实，不能升，故初'允'、二'升'。不虚，不能升，故三'虚'、四'享'。循序即冥，故五'升阶'，而上'不息'矣。"郝《解》曰："获上治民，必从巽。夫子论'在下位'，本于'信友''顺亲'。"《蠡》曰："圣人'冥升不息'，此'志学'也。巽从乾心，不逾坤矩，则'志行'矣。此无非'时中而各素其时'之道也。”

《象》曰：地中生木，升；君子以顺德，积小以高大（王肃，作“慎德”。姚作“得”。徐，作“以成高大”）。

《订》曰：“风行地上，不入地中，于水泽亦然。故大过、升、中孚，以‘木’象。不曰‘木生地中’，而曰‘地中生木’者，坤顺能遂其长也。卦象小，谓‘初’；高大，谓‘二三’。”《荀子》曰：“积微者，岁不胜时。”敬仲曰：“‘据于德’者，实得于道而可据。顺是养正，自渐至于‘高大’。循名失实，是章句儒；而揠苗，则试‘无妄之药’矣。朱子曰：‘因其固有之理，而无容私者，顺也。’‘积’，则‘进德’也。‘孰御？’[①]”《洹词》曰：“‘暴行凌节，则未能‘升’，而‘困’随之矣。’《正》曰：树艺‘拱把’，不见其益，有时而长。故考德论业，稽古达务，君子所为高大也。”神曰：“风从地起，上升于天。天无气，以地为气，故借木气以为生。”淇澳曰：“‘地中生木’，升之不可见。君子‘顺德’亦然。王文成曰：但有下学，即是上达。”《意》曰：“切而辨之，有‘详举治教实用’之下学，有‘偏言上达’之下学，究止有‘即下是上’之学。顿扫积渐，流为荒高夸大，则坏教、害政之尤矣。”　曰：“种核，而生木；则仁烂，而枝叶皆仁矣。然而除蠹也，护伐也，灌根也，时不可废者也。”

初六，允升（《说文》，作“粇升”），**大吉**。变乾，为《泰》。

《揆》曰：“巽初信二，而从之‘南以征’；是以‘大’者，而得‘吉’也。”《订》曰：“信其必能升也。梁栋始基，起版筑而霖雨矣。”

《象》曰：“允升大吉”，上合志也。

“上合志”，合五也。或主二，或主四。《筌》云：“下三爻，同于求升；上三爻，同于容其升。‘允’，谓二。初得二之信，从而升于五，所谓‘上合志’也。五，‘大得志’。五，以应刚为志，应二之‘禴孚’也。初之‘允升’，信于二也。”《意》曰：“《毕命》‘克勤小物’，《君陈》特言‘三细’。‘允升’于‘大猷’，‘顺积’，自初之乾始矣。”智曰：“卦表坤养，土德主信。初成巽入，变乾应坤，是以向上‘合志’而‘不息’也。志学入门，惟重一‘信’。”

九二，孚乃利用禴，**无咎**。变艮，为《谦》。积，《夷》。

《筌》云：“主升之君弱，当升之臣刚，天下之所疑也。‘孚而用禴’，鬼神质疑。凡升在下，未有不自‘获上’始，‘南征’所以‘吉’也。”《正》曰：“虽无‘旨酒嘉肴’，晏婴、范燮，皆用之矣。禴，通神明。

①《孟子·梁惠王》：“其如是，孰能御之？”

众志已格，三让而升堂，百拜而受享。《升》《谦》[①]，岂以为福？免咎，而已。”

《象》曰：九二之孚，有喜也。

《一》曰：“殷高于说[②]，以梦相感；周于吕望，以卜著神。岂必曰‘臧丈人’耶？”移孝曰：“孔戣以谏淡菜升，白居易以乐府升，亦其类也。”

九三，升虚邑。变坎，为《师》。积，《复》。

《订》云：“下卦，渐至三，将入坤矣。三之阳刚，其才也；正而巽者，其德也；进临坤者，其时也。”黄葵轩云：“‘虚邑’，非‘空虚无人’之谓。礼让之国，推贤让能，而无‘嫉妒倾陷’之风，九三值之矣。”《遡》曰：“巿邑之罣，为‘虚’。‘虚邑’，山阶，坤象。晁以道曰：四丘为邑，四邑为虚。虚，大邑也。玩象无谓。”《正》曰：“升虚而望，群动了然。以观众，得其辨；以用众，则得其利。伊尹之‘升陑’，韦侯之望楚也。”

《象》曰：“升虚邑”，无所疑也。

《智》曰：“升之二阳，二实、三虚。刚合见惕，而顺入无人之境；步步实地，而绝迹无尘矣。更何疑乎？”

六四，王用亨于岐山（“亨”，即“享”字），**吉，无咎**。变震，为《恒》。积，《震》。

《订》曰：“四，势已近君，而柔正小心。象文‘三分有二’，侯度益谨，惟祭境内之山川止耳。故赞曰‘顺事’。《震》宫二变，四爻持世[③]，‘柔以时升’者也。变《震》，有‘百里主鬯’象。互《兑》，为‘西’。二达，曰‘岐’，偶象。”神曰：“风后，以木德帝于东。文从羑里演《易》，地天交泰，转向西方。周公系爻，《益》曰‘享帝’，《随》曰‘享于西山’，《升》曰‘享于岐山’，皆西方神也。得其阴之灵者，为神；得其阳之灵者，为帝。帝入而为神，神出而为帝，在气化转变间耳。《易》以象寓理，何不可说？”

《象》曰：“王用亨于岐山”，顺事也。

《揆》曰：“《随》，太王之始；《升》，文王之终。”《意》曰：“尼山称周之‘至德’，即此‘顺事’，以言心法。《诗》赞先登‘顺帝之则’，又何事而不顺耶？”

---

①《升》之《谦》。《升》卦，九二独变，为《谦》卦。

②“说”，即傅说。

③《升》卦，为震宫四世卦。四爻，为《升》卦之世爻。“二变”，是否应为“四变”？何楷《古周易订诂》，无此句。

六五，贞吉，升阶。变坎，为《井》。积，《随》。

《遡》曰："古'土阶三等'，坤二当中。'中天下而立'，象'升阶'，即'建极''正位''凝命'之升也。"《订》曰："二之升至五，人君升进贤人，与共天位之象。非六五之贞信于二，何以至此？'大得志'，大指九二，《象》所谓'有庆''志行'者也。"元公曰："'我无为而自化'者，升天下于'泰阶'也。"

《象》曰："贞吉升阶"，大得志也。

《潜草》曰："'都俞一堂'之'南熏'，'辟雍''明堂'之'桢幹'。《升》之《井》。而'大得志'，是以井井阶级，养万世之生理者也。"

上六，冥升，利于不息之贞。变艮，为《蛊》。

慈湖曰："发愤不息，而曰'无知'。'蒙以养正'，'悠久无疆'[①]。"《订》曰："处世，戒'冥升'；而学道，利'不息'。道味愈深，世味愈浅，不惊愚而为怪；起居无异，异即息矣。盖自天下有好进者，而后'知足''知止'称焉；有轻生者，而后'养生'称焉；有重生者，而后'无生'称焉。圣人则'大常'而已。"《正》曰："上为《升》之《蛊》。日夜消息，而后'不息'者见焉。圣人以其'有极'，引于'无极'，亦曰'干蛊''贞甲'而已。"《揆》曰："九三，自巳而申，盈变为'虚'；上六，从申入亥，虚变为'冥'。此乾居西北之时也。消息对待，本'不富'也。贞复起元，坤'终'，即乾'始'。乾坤，至《萃》《升》而终；后此，乾坤不复见矣[②]。南征盛夏，久则木雕。然土木之气自升，人不见耳，所为'冥'也。冬'贞'，而春复'元亨'；故《象》不言'利贞'，而于此著之，许其'不息'。"铁庵文氏曰："顺积森然，本自如此，所谓'大冥'也。恐人'以息灭，为冥'，故又曰'利于不息之贞'。"

《象》曰：冥升在上，消不富也。

《心易》曰："冥其积累，淡然若虚，此'不富'也。自恃为无事人，而压侮'禴享''升阶'之志专，则非贞矣。'富有''日新'，皆'冥升'也。消其'不富'之执，犹云无亦无也。"宗一曰："'江汉以濯之，而秋阳以暴之。'所以'去濯'也，并'四毋'而绝之矣。"《野外录》曰："以'不厌''不倦'为'茂对'，养'与知''不知'之大本，'不息'悠久，'冥升'神化。非'袭柱漆、守半橛'者，徒以偏空但中，而独尊者也。'利于不息之贞'，岂委之草木乎？"智曰："无妄与升，当立

① 《礼记·中庸》："博厚配地，高明配天，悠久无疆。"

② 乾坤，是之八经卦之乾坤。自《萃》《升》以后，内卦、外卦，皆无八经卦之乾、坤出现。

春、立秋；犹泰、否之立夏、立冬也。邵子玩图，不过‘于一消一息中，知其不息’耳。药树‘硕果’，所以积升为‘时育’者，生生本不觉也。恐混此‘贞’，则平地上死人无数矣。故又继以困、井、革、鼎，为《下经》人事之中。”

《时论》曰：升者，“下向上达”之象，“成材造士”之典也。积小高大，顿在渐中。先令其无凌猎；而萃，乃不乱矣。下自塾、庠，“九年大成”，大乐正简，而进之王，升诸司马，然后“论官辨材”焉。治道也，即表法也。《易意》曰：“物之升也，‘齐、见、致役’，各有其时；不疾不徐，顺其自然。”“柔以时升”，而见安坤之“大人”，非“善藏顿渐”者乎？“南征”者，繇巽而离“相见”。“亨”，“嘉之会”也。木自下而上，初天为根，四当甲坼；内水容之，外水养之。山内，卑而上行；山外，振落，而大地皆全本矣。其干霄也，本于柔条；及至高大，而消息分焉。君子观于木，而得学矣。全仁、全树，而不出乎“滋根、护干”者也。肇自象、勺、洒、扫，暨乎“博学无方”，通明强立，居高大之业，宗庙美也，百官富也。尼山辙环，道升世降，故伐木削坛。不睹“泽宫、辟雍”之盛，歌“青衿”，刺“城阙”，何日而想见其“南征”耶？周家之自西而南也，大学兼用夏、殷。升士之礼，咸备明堂左个，大人作之君也；米廪庶老，东胶国老，瞽宗乐祖，大人作之师也。“镐京辟雍”，四方皆来；礼乐“髦蒸”，可观而升，是“坤土成南，巽风熏动”之嘉会乎？升，所以善萃，而藏困、井之教学也。初之“允升”也，声气之合，出于天性。《泰》之“茅茹”，皆“菁莪”也。古人往往多游学者，“志可合”矣。二之“孚禴”也，《谦》“光”积实者乎？《萃》“禴”上聚，《升》“禴”上格。“裸瓒亚璋”，可以“芃芃朴棫”为兴矣。初，柔木；而二、三，刚木也。三“虚邑”，坤《师》也[①]，知“险”而集“虚”者也。“无以天下为者”，于天下又何疑焉？非桢幹乎？四能《恒》“立”，故“享岐山”“南征”之始阶也。“其香始升，上帝居歆。”是木升“绳直”，土载“缩版”，而“作庙之翼翼”也。《随》以“维”享，《升》以“顺”享矣。五“升阶”，是登“岐山”之阶，享“虚邑”之奉也，收“漆沮”之美，而合“荸萋”之蔼，“得志”莫大焉。《震》宫，四变得《升》，在《恒》《井》之间，上出而不穷矣。上“冥升”，则“峻极”，有不可见者。如木已出地上升，则其滋息反本，冥冥在下，而无上下矣。岂徒《蛊》之“高尚”乎？“允”也，“禴”也，“虚”也，“享”也，“阶”也，“冥”也，“元亨”在乎“无疑”，“利

① 《升》卦，九三独变，变巽为坤，而成《师》卦。

贞”在乎“不息”。知“时升”者，萃志而已矣。

智曰:“升，在《方图》之东，而转于《圆图》之西南，正坤‘役养’之地。黄《图》言‘明堂在西南，与灵台、辟雝，为三雝’，亦表法也。用北于南，故象‘南征’。智以‘礼崇’[①]，故曰‘用见’。治恶越分，教恶猎等，‘勤小’所以大也，故曰‘顺积’。‘好扫积渐，以言冥’者，‘荒冥’也。‘允’‘孚’‘虚’‘享’‘升阶’之‘不息’也，乃‘大冥’也。圣人自叙六语，《孟子》由‘善’至‘神’，非‘不息之贞’乎？造士也，造心也；其升，一也。以《坤》之‘安贞’，载《乾》之‘不息’，而乾坤用悦入之学毕矣。”

困

井

《遡》曰:“换爻卦，《困》二上互换，《井》五六互换。”《订》曰:“《杂传》以‘通’与‘遇’对举。则‘遇’，为相抵之象。凿井深后，夏则冽寒，人入股慄；冬乃暖气迸出，虽冱冻而不冰，‘通’也。人之与人心，或隔于九嶷；远之犹可，遇之必否。其为‘葛藟’‘蒺藜’，不可一二名状。然则气类相应，浚井可通；苟非其类，同堂胡越。伍员流，苌弘碧，孝已逐，匡章悲，存乎遭而已。陈侯说敦洽、雠麋，使楚，而见代君子曰:‘不宜遇而遇者，必废’。此，《困》‘相遇’之说也。”潜老夫曰:“《绎》云‘《下经》，坎始合震艮为蹇、解，此合兑巽为困、井’，而谓‘蹇、解之德，不如困、井’，则不必也。蹇、解，为九限第三之中际；此之一对，则限之终也[②]。《蹇》先‘难’，而《困》则‘穷通’;《解》言‘宥’，而《井》贵通变。故继之以革、鼎。”谢君直曰:“《困》有《未济》,《井》有《既济》。三十六卦为终，四分用三，则二十七贞悔；以困、井，为二济矣。”智曰:“困井、革鼎，为《下经》之中，而《井》为通变之候。故曰:‘《井》，德之地也。’又曰:‘《井》以辨义。’则《困》之‘穷通’，所以为《井》之用，而井已兼困德矣。《方图》，全用地道，画为《洛书》九方，则坎离双纵双横，正如井法。‘建国’‘师律’之象，皆从此出。井田，行道，一义也。五祭，‘祭井’者，祭行也。沟浍之上，人所通行之道也，故以‘德之地’称

① 《系辞传》:“知崇礼卑。”方以智，藏高于卑，藏顿于渐，故曰“礼崇”。

② 《蹇》《解》一组，为第23贞悔卦。若9贞悔为一组，则为此组中间一贞悔卦。《困》《井》一组，为第27贞悔卦，即此组三贞悔卦之末。

之。震巽纵横，亦在中交；艮兑纵横，则近外廉；乾坤‘君’‘藏’，则在周围，皆有至当、对峙、通变之妙。别详《图说》。约言井地之象，取其纵横相交；以画通之，均平三三之方分，为一切通用者也。困，取围困，闭塞之，使发生焉。古‘綑’字也，方圆围中。‘往来井井’，非所以‘困人’‘辨义’者乎？《序卦》至此，取乾坤周悦入之后，以坎用悦入，尽‘穷通’之变也。‘《困》安命，《井》尽性。’仲虎，二语尽矣。《井》，亦所以‘安命’；《困》，亦所以‘尽性’。”

䷮泽水困

困，古作“朱”。小篆，围木作“困”，盖“綑”也。因为困穷、抑郁之义。《说文》“故庐”，非本义也。“升而不已，必困。”升、井，俱以木取。人用生气，首仁先木；故木囚，为困象。角送气声。

困：亨；贞，大人吉，无咎；有言不信。

《一一集》曰：“由升得困，塞乃能通，此物理也。先言‘亨’，后言‘贞’，困贵心亨，乃能正耳。自兑适坎为《节》，自坎适兑为《困》；犹《蹇》自艮适坎，逆行不顺也。《屯》《蹇》，险犹在外。困，荡讼与未济之中①。内坎，上见兑‘毁’；非犹解、涣，得雷风；蒙、师，得山地也。兑‘缺’、坎‘陷’之世，不容不困，不容不‘以道亨困’。”子瞻曰：“不见‘侵’，而见‘揜’；阴有以消阳，阳无以制阴，其害深矣。”“习坎”为说，内明外晦，慈明所谓‘从容乎羊肠，而应变不失其正’者也。学问之门，‘困衡’得力②。即此‘困衡’，出天下于困矣。‘大人’，二五象之。《正》曰：“君子畜义扬声，无所利于身，而天下疑之。故‘言不见信’，君子之所谓‘困’也。”郝《解》曰：“阳困，为‘酒食’‘金车’‘朱绂’；阴困，为‘木石’‘蒺藜’‘葛藟’，皆天所以‘玉成’君子也。”

《彖》曰：**困，刚揜也**（“揜”，马作“掩”，虞作“弇”）。**险以说，困而不失其所亨**（《郎顗传》引此，无“亨”字），**其唯君子乎！“贞，大人吉”，以刚中也。“有言不信”，尚口乃穷也。**

《意》曰：“叹‘刚揜’者，自砺其志，自‘不失其所亨’矣。凡言‘大人’，为其尽变化之用也。重叹‘君子’，称其‘大人’之贞体耳，故释之曰：‘“贞，大人吉”，以刚中也。’‘刚’则不挠，‘中’则不躁，‘穷’然后见君子，故曰：‘《困》，德之辨也。’德辨、心亨，岂用言免

① 《六十四卦方图》，《困》卦，位于《讼》卦和《未济》卦之间。

② 《孟子·告子下》：“人恒过，然后能改。困于心，衡于虑，而后作；征于色，发于声，而后喻。”

困乎？”

《象》**曰：泽无水，困；君子以致命遂志。**

子瞻曰：“水在泽上，则居；在泽下，则逝。君子不得其时，犹泽之无水也。”元公曰：“人所以处困而徘徊者，总是命根不断耳。‘致命’直行，生死无碍，何逆境之可忧哉？”淇澳曰：“穷尽天命，方不失己之命。求自‘遂志’，则命无不合矣。”《正》曰：“‘泽无水’，漏泽也。盛水，则无泽；盛泽，则无水。遂命，则不见志；遂志，则不见命。”郝《解》曰：“士平居，孰不言命？至于困穷，极致其命，不负生平，虽危必济，虽死得所；一毫未尽，犹匪正命。其不遂志，将谁尤也？或谓‘致’者，‘委而弃之’则是告子之‘不动心’矣。”《野同录》曰：“死生祸福，何待营为？不以命贰志，即能以志立命，此‘正委顺’也。一委之命，而遂谓‘无不可为’，此‘邪委顺’也。一委之命，而遗落其当为，此‘荒委顺’也。视死如鼻端，则告子亦麻沸也。君子‘穷理致命’，即是‘遂志’。”

初六，臀困于株木（陆德明，作“朱木”），**入于幽谷，三岁不觌**。变重《兑》。兑世。

《宜》曰：“《象》曰‘刚掩’，爻则刚柔互掩。”《订》曰：“柔掩刚，非正；柔，亦自此困矣。木入土，曰根；土上，曰株。一在木上，为‘末’；下，为‘本’；在中，为‘朱’。含阳于内，南火所自藏，故借为‘丹朱’。株木，身也，‘无枝叶’之谓也。初欲困二，铲落其枝叶，故象‘株木’。而不知其臀，即伤于株木。人行，则趾在下；坐，则臀在下。水注，曰‘谷’。北坎阴‘幽’，互见巽‘入’、离‘觌’。应四，而隔于二；凡历三爻，为‘三岁不觌’象。”郝《解》曰：“小人不险，则不能陷人；陷人，必先自险。受陷者，刚贞以为进德之资。彼机械陷阱，反以自惫耳。”

《象》**曰：“入于幽谷”，幽不明也**（郭京，作“不明也”）。

《浮山闻语》曰：“初，为卦变之主。有自爱其幽深者，坐而不行，此暗痴耳。《列子》曰：‘吾处也，若橛株驹。’李熙曰：‘橛，竖也；株驹，树木也。’吴王曰：‘今日吾讥晏子，犹倮而訾高橛者。’古人皆以‘拘执’，为‘橛株’之称，可参取象。死水顽石，皆心不明理。不信中节之言，而为‘无实法之充类’所困，以此遂志，夸其尻轮，盲误盲矣。退之曰：‘胸厗豁，劚株橛。’可谓‘明’者。”

九二，困于酒食，朱绂方来（郑，作“朱韨”），**利用享祀；征凶，无咎**。变坤，为《萃》。积，《随》。

《宜》曰：“坎，‘酒’；兑，‘食’。故《未济》与《坎》皆言‘酒’。《需》互兑，兼言‘酒食’。”《筌》云：“二五，刚中之君臣，困于险厄，未可处动，止可需酒食、供祭祀而已。”“朱绂”“赤绂”，皆祭服。《左传》云：“政由宁氏，祭则寡人。”言“政不在己”之意。以其刚中有为，终能济困。得中相应，君臣同德，曰“有庆”，曰“受福”。朱子云：“以一身之劳瘁，贻天下之福庆，正所云‘贞大人吉，以刚中也。’《诗》：“朱绂斯皇”，君芾也，指五言；“赤绂三百”，臣芾也，指二言。《白虎通》曰：“天子朱芾，诸侯赤芾。”绂，韠也。蔽膝之服，“以韦为之”。古作“市”，通作“芾”，亦作“韨”。郑玄云：“冕服，谓之‘芾’；他服，谓之‘韠’。”《尔雅》：“一染缐，再染赤。”《论语疏》：“纁入赤汁，则为朱。”郑云：“朱则四入。”幼清曰：“朱者，赤黄之色。红，则艳也。然古亦通称。”《遡》曰：“葵灵侯之见执，系之以朱丝；秦王子婴之降轵道，自系以赤组；是则侯王之系用朱、赤，不与庶人之黑系同也。此‘困于富贵’之象。三互《离》。离，‘朱雀’，则曰‘朱’。五体乾，‘大赤’，则曰赤。《周礼》妣祖曰享，地祇曰祭。妣祖在天，仰而享五，臣自靖也；地神在下，俯而祭祀，君求贤也。”《正》曰：“樊丰败，而后祀杨震；宦者败，而后祭陈窦；辽水败，而祀魏征；禄山反，而后祀九龄。思之晚矣，然亦‘未为晚’也。”

《象》曰：“困于酒食”，中有庆也。

郝《解》曰：“甘之伤人，毒于苦；痒之难持，楚于痛。文王不难于羑囚，而难于‘三分有二’之日。‘瓢饮’‘蕴袍’，知‘酒食’‘朱绂’之‘中庆’者也。”

六三，困于石，据于蒺藜；入于其宫，不见其妻，凶。变巽，为《大过》。积，《革》。

《宜》曰：“进则戴食，退则坐刺。有伤而进，‘无交而求’；刚位之‘柔揜刚’者，凶矣。兑为‘刚卤’，又伏艮‘石’，指四。坎为‘丛棘’，为‘蒺藜’，指二。巽入坎宫，离见兑‘妻’。坎男成而在宫，兑女往而上出，不相应。坎为‘宫’者，古人‘陶复陶穴’，坎有‘穴’也。《系传》言死亡者，三变《大过》，棺具焉。”《遡》曰：“中爻，互家人。《家人》之二，为‘妻’象。言‘乘刚’、言‘掩’，二‘不见妻’矣。” 曰：“讳言偏无，则亲者背之，自以为扫待丧偶。据此困人，而不知‘奇行偶中’之道，此君子所谓‘不祥’也。”

《象》曰：“据于蒺藜”，乘刚也；“入于其宫，不见其妻”，不祥也。

《一一》曰：“圣人最恶‘不祥’之流，故《系词》以名教申之。陈文子，为崔杼娶棠，而断曰：‘风陨’，变巽也。”

九四，来徐徐（子夏，作“荼荼”。翟子、玄同、王肃，作“余余”），**困于金车**（古，作“舆”），**吝，有终**。变重《坎》。积，《既》。

《笺》曰：“四初正应，特以在困，不能即来，故称‘徐徐’；然其志，未尝不‘在下’。居大臣之位，不能援贤拔滞，徒为富贵所困，岂不为吝？此‘不当位’所致也。志既有在，卒能脱下之困，故称‘有终’，称‘有与’。若世之窃位者，又于此霄壤矣。”程子曰：“寒士之妻，弱国之臣，各安而已。择势而从，则恶之大者。”瞻曰：“配之所怨，刚之所与也。‘徐徐’，巽‘进退不果’象。‘金车’，坎得乾金，为‘舆’象。‘终’，变艮象。”《揆》曰：“待二五相通，则四可拯初矣。”《遡》云：“困于‘金车’，才弱任重，故求‘与’助。”伯略瞿氏曰：“‘来’，非‘孟浪’。以逸待劳，则困我者自绌。‘徐徐’，正其不遽不乱，以量相胜也。”

《象》曰：“来徐徐”，志在下也；虽不当位，有与也。

《订》曰：“志在初应，而比五可与也。”《浮山闻语》曰：“戴凭拯蒋遵之困，杨政救范升之困，朱家免季布于广柳，王裒免门人役安丘者，亦各有其‘志’‘与’焉。”

九五，劓刖（荀、王、陆，作“臲卼”。郑玄云：“当作‘倪仉’。”《说文》，“刖”作“刽”。晁氏，作“梲杌”。《考异》曰[①]：“旧作‘臲鼿’），**困于赤绂；乃徐有说，利用祭祀**（一，作“享祀”）。变震，为《解》。积，《夷》。

程子曰：“‘享祀’，‘人臣竭诚事主’之象；‘祭祀’，‘人主致敬御下’之象。”子瞻曰：“见捽而争以力，则刀锯有不足；将怀之也，则酒食有余矣。‘困于酒食’，怀小人也。九五‘劓刖’，轻用其威；威穷而物不服，故求助于二。盖说于未困，则说小；说于已用，则说重。‘祭祀’者，人之求神；而享之者，神也。”《遡》曰：“‘劓刖’‘徐说’，困然后解。‘处仁迁义’，犹斋心祓志，以承大祭也。爻见饮食，巫祝故象。”郝《解》曰：“缺上为‘劓’，缺下为‘刖’，谓上与三也。‘赤绂’指四。四将往初，而阻于二；五欲得二，而隔于四。然中直之主，将上平六、下除三，变《困》成《姤》，以二‘包’初，皆‘遇’矣。故曰‘《困》，相遇也’。”导曰：“《周礼》‘招梗禬禳，以除疾殃’，盖‘修省’之象。”《订》曰：“‘劓刖’，在初、三。艮，为‘鼻’。九二，下连初六，少艮一画，是‘劓’初之‘鼻’也。震，为‘足’。九二，上连六三，少震

① 后又有“陈氏《考异》云”。

上一画，是‘刖’三之‘足’也。‘赤绂’，指二。《礼》：‘再命赤服黝珩，三命赤服葱珩。’‘困于赤绂’者，言‘五为九二而困’，勤于拯二如此。‘徐’，即四之‘徐徐’。既不疾初，徐来悦五，三阳同心，所以亨困。”《正》曰：“‘赤绂’，之与‘劓刖’，互相掣也。《诗》言：‘神听正直，介而景福。’非‘用祭祀’者乎？”

《象》曰：“劓刖”，志未得也；“乃徐有说”，以中直也；“利用祭祀”，受福也。

淇澳曰：“直中为心，而吾之志，与天之命，毫发不违矣。君子所谓‘精意以享之，徐说以通之’者也。”

上六，困于葛藟（古，作“虆”），**于臲卼**（《说文》，作“劓𣩓”）；**曰：动悔有悔，征吉。乾变《讼》。**[①]

子瞻曰：“‘葛藟’，柔牵己之三也；‘臲卼’，刚难乘之五也。上六，谋全之过也。”郝《解》曰：“五，巽木。而上居木末，惟藤蔓能困之。兑秋居高，而柔有‘臲卼’，‘动摇不安’之象。自言曰‘勿动，动则悔’，是终于困耳。‘自言’，兑口象，所谓‘尚口穷也’。下与三应，藤蔓、蒺藜，交相系累，不欲变。然处‘臲卼’，而求不动，得乎？所以必‘有悔’也。困极自通，一变而《姤》体见，困斯遇矣。”《正》曰：“未有‘困而不讼，讼而不悔’者也。”

《象》曰：“困于葛藟”，未当也；“动悔有悔”，吉行也。

《宜》曰：“安之以悔，乃‘变小人为君子’之道。二‘征凶’，贞困也；上‘征吉’，改行也。” 曰：“古人之不遂志，即曰‘穷愁’，非必贫贱。虞卿著书，遂其捐相之志；子长忍死，以《史》遂父志，亦‘吉行’也。”

《时论》曰：困、井，“塞”“通”之心法也。子不曰“塞”，而曰“困相遇也”。微哉！《姤》之“遇”，阳为政，故“勿用女”。《困》之“遇”，阴为政，而阳亦自为政，故“大人吉”。身虽困，心则“亨”也。细人之困“幽谷”“臲卼”，原其自取。松柏豫章，霜雪可得而雕耶？“险以说”，自不失矣。《意》曰：“困多路矣：困于疆臣者，鲁季、田陈也；困于妇寺者，妹妲、姜风也；困于与国者，晋惠、楚怀也；困于戎者，骊山、陆浑也；困于暴横者，晋栾、宋鱼也；困于学术者，杨墨、骈慎也。”“非据而据”之卦爻，后世皆一辙也。大人以斯世为炉冶，则“穷通”犹寒暑矣。孔子陈蔡语弟子曰：“三折肱成良医。汤困夏台，文王困羑里。困之为道，从寒之及暖，暖之及寒也。惟贤者独知，而难言

① 《困》卦，上六独变，外卦由兑变为乾，全卦变为《讼》卦。

也。"《易》曰:"困:亨贞,有言不信。"人不信大人,且信细人矣。《兑》宫一变,为《困》;复之,重《兑》。泽漏、木槁,"高岸"为"幽谷"矣[①]。三,"栋"且"桡","石""蔾"塞"宫"矣。"不觌""不见""不明""不详",将以幽暗揜光明,柔暗揜刚直,为得计哉?上亦欲揜五,而悦体自《讼》,或"锡"、或"褫","葛藟"蔓之,"臲卼"宜矣。"株木""蒺蔾"、蒙"谷""缘石",谓:"揜三阳,而卒不能揜也。"细人见大人之处困,盖亦翻然"动悔"矣。二《萃》而"孚禴"之时也。《书》云:"饮惟祀,德将无醉。"流言之不信也,岂"崇饮""荒腆"之云乎?二"用享",上飨君父乎?五"用祭",下祭地坎乎?二承五,则天子之"朱绂"来;五乘二,则大夫之"赤绂"困。温饱、薰灼之陷人,甚于穷厄。君子自遂其所学,一念集,木"无忝",则"富贵即清凉"矣。岂必绝荣逃俗,而后免于困耶?前"劓"乎"葛藟",而后"刖"乎"金车",五"维有解"耳。《书》曰:"朕之愆,不啻不敢含怒",乃"徐悦"矣。太甲"惠于阿衡","上下祗肃",利"祭祀"矣。四变重《坎》,有"约牖"之通焉。初"觌"四,四"来"初,初之"酒簋"何与乎?"朱绂"日来,"金车"自终,志之所与,不限下为不中也。四"徐"妙于援人,五"徐"妙于自振矣。《书》云:"慎厥初,惟厥终,终以不困。"韩子曰:"惟乘于时,乃通于天。"惟其贞也。《大象》表泽水之相无也。曰"致命",则造化不能违,曰"遂志",则鬼神不能夺。岂犹长生者之"葛藟"于炼形,而超生者之"臲卼"于福果乎?成仁取义,死生不困于其心。"无入不得",终古此"素"也[②]。宁待"造次,颠沛",而后知耶?《孟子》"生于忧患"一语,诚万世"中直亨贞"之神丹也。

智曰:"世本困场,'车''绂''酒食'之羶热,陷人极矣。逃之穷谷,而或雄壁枯,绝待丧偶,而自甘其毒药,皆'蒺''葛''株木'也。'困上反下'者[③],志在我,命亦在我。伏《困》者《贲》,叠《困》者《节》。'白贲''安节',自致、自遂,以德性为'饮食',以'刚中'为'享祀'。独来独往,非'尚口'以望知也;两'徐'、两'用',非徒'塞口'以苟避也。'削迹''伐木',惧邪转风,皆困中'弦歌',成万世之'福庆'焉。'相遇''穷通',有冥权矣。知命者,勿以困井、革鼎二视也。"

①《诗经·小雅·十月之交》:"高岸为谷,深谷为陵。"

②《礼记·中庸》:"君子素其位而行,不愿乎其外。素富贵,行乎富贵;素贫贱,行乎贫贱;素夷狄,行乎夷狄;素患难,行乎患难。君子无入而不自得焉。"

③《序卦传》:"困乎上者,必反于下,故受之以《井》。"

䷯水风井

古作**丼**。《说文》云："八家一井。"象耩韩形，中乃瓮罋也。伯益，始作"井"。智按："双交为四十，《河图》外围也。《方图》三三而分九区，区藏各四，共三十六。故画野径路，井田营兵，皆具此象中。而木水取井，乃民用最切者也。水为天一之精，故精、井同为齿声。《说文》之'韩'，为井幹也，或疑瓶汲；康成以为'桔槔'。升菴云：'北方井制如此。'郝京山见古井皆以木交午，如井字层累而上。汉武立井幹楼，以其积木若井韩也。桔槔县瓶，止在井上耳。通论其理，得水之精，尽水之情，莫如木。"朱子曰："木根下著土膏，饮水精液，以上行于枝叶。所谓'巽上水'者，天一升降之本旨也。"

井：改邑不改井，无丧无得，往来井井。汔至亦未繘井，羸其瓶（郑玄，作"藟"。蜀，作"累"），**凶**。

《野同录》曰："贞悔义，皆反因。而《井》'通'、《困》'相遇'，则义甚顺也。人用以就下为安。'困上反下'，此其所以'通''遇'也。卦象'往来'顺逆，莫备于《困》《井》。《序卦》至'大衍之数'，三九贞悔，遇《革》而通，故《井》为'德地'，表民用之大经焉。五行起北水，用木气，而帝'齐乎巽'。下卦乾变，上卦坤变，《泰》初易五为《井》，是一阳升此坎水也。坎诸体，惟《井》六爻无险象，至上愈吉，以水上出能养人也。水出下流而泛滥，故以险喻。元阳在内，井气冬温，得水之真性。而全收中和之用者，其惟井乎？**丼**文，画方藏圆，荆挒从之。'黄帝创百物，始作井。'立邑相泉，市井、乡井，皆取象焉。田，取'四分'之象；而井，取'八一'之象。'四井为邑'，仍以九宫藏于八卦，而八藏于四焉。井，四交；而八支，所以为方也。此'混混源泉'①，全在'井井条理'之用中也。故玄'以井为法'。"《遡》曰："'改邑不改井'，乃以刚中也。刚，指五。由全《震》，四变得《升》，五变得《井》。《升》之坤爻，之所谓'虚邑'也。《升》变《井》，而坤'邑'改，曰'改邑'。此后《大过》《随》再变，而《井》之中阳不变；中阳为井泉，故曰'不改'。地气废兴，有旧、有修；而所以为泉者，原不移也。希夷曰：'坎水，乾水也，气也，井是也。'坎，从坤索；变坤，为坎。'得丧'无与于己，'往来'一任之物，故曰'井居其所而迁'。《困》之刚柔，'往来'成《井》，是'往来'象。'汔'，几也，近也。'繘'，汲绠也，巽'绳'象。瓶，离'大腹'象。羸，兑'毁'象。井道，以上出为功。'汔至'者，水几至上，而未出井，井未尝有

① 《孟子·离娄下》："源泉混混，不舍昼夜。"

‘得’‘丧’。‘繘井’之为功，‘羸瓶’之为凶，在汲者耳。通而论之：源泉时出，本无得丧，而必讲‘慎得戒丧’之善用焉。‘井养不穷’，一任‘往来’；若徒知而任之，必‘羸瓶’矣[①]。”陆斗南曰：“事有变，而理不改。本体自如，应用不竭，此井道也。‘《井》，德之地’，‘礼卑’法之。‘羸瓶’之凶，不敬之故。”《筌》曰：“初、二，巢、许；三、四，孔、孟；五、六，尧舜、伊周。”潜老夫曰：“初，乃以蒙自委者也。二，乃在下旁通，而藏身散人者也。三，具时措之宜，待用者也。四，全修不舍者也。五，持法善世者也。六，大成并包者也。包，则包‘泥’，敝矣。而‘《井》以辨义’，必贵‘汲’‘甃’，而‘食’‘收’焉。恶人‘执瓶而羸之’，反诟‘戒人羸者’，岂不‘凶’哉？”

《彖》曰：**巽乎水而上水，井；井养而不能穷也。“改邑不改井”，乃以刚中也**（《古文》作：“巽乎水而上水，井；‘改邑不改井’，乃以刚中也；‘无丧无得，往来井井’，井养而不穷也。”郭京，“改邑不改井”下，有“无丧无得，往来井井”八字）；**“汔至亦未繘井”，未有功也；“羸其瓶”，是以凶也**。

《一一集》曰：“非‘木巽水下’，则水不上出；非‘木巽火中’，则火不能自传。《井》《鼎》，水火之大用也。困而井，革而鼎，兑巽之合坎离也。《下经》重兑，与乾同太阳；故兑同乾金，而象秋之泛泽。困而通之，革而鼎之，皆所以养也。泛水有盈、有涸。即江河之泛不盈涸矣，而有利、有害。独井能‘困’其水势，‘通’其泉源，‘革’其浊滓，以‘新’其可继之泽。静深不险，斟酌何穷？五伯有及物之泽，而不可语井者，泉不洁也。‘乃以刚中’，乾交坤中，为坎也。《先天》巽，即后天坤方；《后天》坎，即先天坤方；环为四时，‘劳’‘齐’‘役’三合也。穿土中，而得水上木，皆天一阳之用也。以‘功’明‘凶’，正善用井之道。岂徒恃‘无得无丧’之井体哉？”

《象》曰：**木上有水，井；君子以劳民劝相**[②]。

《集》曰：“巽木穿土，坎水上出也。丁易东、杨止菴曰：‘安知古不以木为瓶乎？’北斗象‘杓’，瓢饮久矣。《坎》为‘劳卦’，《巽》以‘申命’。‘田里树畜’，教艺安生，使之各劳其力，自相为劝，而‘养不穷’矣。岂‘人人而济之’耶[③]？”元公曰：“‘风行水上’，为《涣》；风行水下，为《井》。则井泉之逆上，亦地风所吹乎？五德用事，水木相通。故当闭藏之时，则木气入于水下，而井为温；及发生，木气出于

①“羸”字，原为“赢”字，下同。
②原文，缺一“子”字。
③《孟子·离娄下》：“君子平其政，行辟人可也，焉得人人而济之？”

井上，而井为溢。木气之出入，惟井可见。而坎之为卦，自巽而成；故曰‘巽五、坎六’，此‘木上有水’也。”《正》曰：“井阅瓶多矣。然而‘繘’者不疑，‘羸’者无怨，谓：‘瓶可改，而井不可改也’。君子为宪，‘布于象魏’，时事或违，而更令易人，不为怪者，亦主于‘诱掖劝助’而已矣。故谨于用人，慎于用法，君子之志也。用人而不终，用法而致更，君子之‘不获已’也。君子之敬慎，不敬慎于瓶，而敬慎于‘繘之者’。井不废爨，情不废法，其究为‘敕法’。”《隅通》曰：“水风，名《井》；火风，名《鼎》，皆取乎风也。闻凿井于近海有山之地，其及泉之日，必视风之所在：西风，则为山泉，久之味淡；是日东风，则为海泉，久之味咸。若鼎以烹饪，置火其中，‘匪风’不‘发’；或为之橐籥以鼓之，则‘火风之说’乎？”羽南曰：“水在下者，为泉。《蒙》坎之泉，在山下也；《井》之坎，在巽上也。泉者，水之体；而上出为用，泉已化为水矣。岂复有‘泉体’哉？不知泉虽下，而其精英实聚于上。《本草》以‘平旦第一汲，为井华水’，可以愈疾[①]。终日役役不休，则众体隐焉；平旦息而复生，则泉体现焉。必取‘第一汲’者，非‘精英之聚在上’哉？”

初六，井泥不食，旧井无禽。变乾，为《需》。

辅嗣曰：“最下井底，上又无应。沈滞滓秽，久井不见渫治者也。《宜》曰：井虚，而泉实。故爻于三阳为‘泉’，三阴为‘井’。”子瞻曰：“泉者，所以为井也，动也，实也；井者，泉之所寄也，静也，虚也。《易》以所居为邪正，在洁则清，处秽则浊。君子受于天者，养之，则‘日新’；‘泥’而‘不食’，则废矣。其始无人，其终‘无禽’。”《淮南子》：“八方风至，浚井取新泉，四时皆服之。”《管子》：“‘钻燧改火，抒井易水。’古人盖以未浚、未易水之井，皆称‘旧’矣。”杨升菴曰：“方言，井之‘幹’，为‘禽’。”《订》曰：“《杜诗》‘鸬鹚窥浅井’。此言‘井废，禽亦不饮其水’耳。《易》言‘禽’，皆坎。《师》《比》皆坎，《恒》肖坎。此上坎、下体巽深，鸟自高飞，故‘无禽’。在互《兑》外，‘不食’之象。”《正》曰：“‘瓶’者，井之‘禽’也。不‘甃’、不‘渫’，州里弃之。‘羸瓶’，亦不集矣。以养民之时，而需‘弃井之功’乎？《皋陶》曰：‘率作兴事，慎乃宪。’”

《象》曰：“井泥不食”，下也；“旧井无禽”，时舍也。

《意》曰：“困上反初，高人遁下；亦有知时自舍，而托于‘泥’者矣。然有好言‘井无清浊’，而偏诟‘渫’‘甃’，则‘诃学教荒’者

① 《本草纲目》。

也。”

九二，井谷射鲋（荀，作“耶鲋”），**甕敝漏**（郑，“甕敝”）。变艮，为《蹇》。积，《既》。

《宜》曰：“二实，为泉。然‘刚中’‘无与’，则‘汲引无人’象。以井言，则‘谷射鲋’；以汲升言，则‘甕敝漏’。谷水，从上注下；井水，以下给上。上无应与，反下与初，犹‘井谷’也。缺‘甃’之崖，仅容小鱼而已。‘射’，注也。巽，为‘鱼’。‘鲋’，潜泥中鲫也。坎下，变《艮》‘小石’，为‘谷’。互《离》‘太腹’，为‘瓮’。互《兑》，‘敝’也。下坼，‘漏’也。”

《象》曰：“井谷射鲋”，无与也（《释文》，作“无与之也”。徐，作“则莫之与也”）。

《正》曰：“《井》之《蹇》。必有旁漏四射，不任其事者矣。”《宜》曰：“人皆可与为善。但无‘诱掖、汲引’者，则下达矣。二，高士也，时则人‘无与’者。”

九三，井渫不食（《史记》，“渫”作“泄”。《今石经》，作“渫”），**为我心恻；可用汲，王明并受其福**。变重《坎》。积，《屯》。

《宜》曰：“淘而清之，曰‘渫’。巽，洁象，未离下体。则‘不食’，《兑》伏《艮》象。‘恻’，变《坎》。‘明’，互《离》。‘王’，则五也。孔子曰：‘明王不兴，天下其孰能宗予？’非‘明王’，能知贤才而恻之乎？”

《象》曰：“井渫不食”，行恻也；“求王明”，受福也。

子瞻曰：“明‘人之恻’，而非‘我之自恻’也。”《揆》曰：“行道之人恻，此可用汲而不用也，岂三有所求哉？”《正》曰：“‘渫’者，井也；‘汲’者，繘也。繘腐、井深，‘谷射’‘甕敝’，虽有行人，‘洞酌’莫从。故上不求贤，下不贡士。王者，所致辟也。舜举十六族，而升于大位；行父逐一莒仆，而五世食福。‘王明’并受，何疑之乎？”

六四，井甃，无咎。变兑，为《大过》。积，《随》。

《集》曰：“‘甃’，砖垒井也。马融曰：‘为瓦裹下达上也。’象，离火烧坤土，为瓦甓。居得其位，四旁皆修，井‘无泥’‘无漏’矣。盖四，井地也。”诚斋曰：“‘日新’之功也。泉至于四，溢而欲出，所患‘修有不至’耳。”

《象》曰：“井甃无咎”，修井也。

丘行可曰：“三，‘渫’井内，以致其洁；四，‘甃’井外，以御其污。‘渫’‘甃’皆人事，故于人位见之。内外交修，‘渊泉时出’矣[1]。”《正》曰：“先王之法，一敝不修；必以所养者，害人矣。”

九五，井洌，寒泉食。变坤，为《升》。积，《震》。震世。

《一》曰：“乾，为‘寒’。坎，得乾中，‘洌’从冰清而冷也。《月令》：‘仲冬，水泉动。’其本体之象乎？居兑‘口’上，‘食’象。圣学尽人、尽物，惟尽此性；功利，不足言也。”敬仲云：“‘寒泉’，‘洌’。然‘无丧无得’，寂然不动也。‘中正’之道，自不动，自有及物之功。”《意》曰：“淡泊为本，足为‘中衢之尊’，此洋洋‘酙酌饱满’也。”

《象》曰：“寒泉之食”，中正也。

“正”，与九三同。所以食者，“中”也。《正》曰：“五，为《井》之《升》。贤人得时，‘汔’‘繘’有功。夫当‘冰坚’之候，涸谷冱阴，水泉不鸣；而《井》独以是荐其‘寒泉’。使‘丧’者有所‘得’，‘恻’者可以‘食’，非‘汲’‘繘’之能而谁乎？齐得夷吾，于叔牙；秦得由余，于蹇叔；楚得叔敖，于子文；皆非‘井’之能，而‘繘’之能也。”

上六，井收（荀，作“井甃”。俞琰，作“汲”），**勿幕**（干宝，作“罔幕”）；**有孚，元吉**。变重《巽》。

《集》曰：“上，为井口。水至口，在瓶之水，所当‘收’也。偶画在上，有‘鹿轳双柱对立’之象。旋坎轮，以收巽绳，谓之‘收’。《说文》：‘幕在上，曰幕’‘覆食案，亦曰幕’。‘勿幕’，‘偶画开而不掩’之象。上出为功，故‘井收’以送往；坎口不掩，故‘勿幕’以待来。‘无丧无得，往来井井’，‘有孚’者如是。《井》《鼎》，四以下不言‘吉’，五、上‘吉’。《易》，贵用也。他卦上为穷极，惟井、鼎‘大成’，故‘元吉在上’。此‘大成’‘师保’之地，耕耨收于田野，佃鱼收于山泽，是‘弗损益之’之惠也。‘勿幕’刁圭于圜府，‘勿幕’金粟于帑庾，是‘上下之光’也。”《订》曰：“《巽》为‘行权’，德孚天下，而可与权，故能‘养而不穷’。”此《井》《巽》相继，所以居九卦之终乎？

《象》曰：“元吉”在上，大成也。

仲虎曰：“六爻始末，揭‘上’‘下’。见井之用，在上也。”《正》曰：“下民，难与虑始，可与乐成。彼‘羸’者，‘不巽’之故也。”《意》曰：“巽风在上，即继《革》《鼎》以‘中正’之食，收‘渫’‘甃’之才德，而‘泥’‘漏’又安往乎？‘勿幕’者，即‘无不覆帱’之谓也。此‘井井条理’之‘大成’也，‘收’即‘集’矣。”

《时论》曰：“天一生水”“穴地出泉”，上应西北之宿，下充民用。

① 《礼记·中庸》：“溥博渊泉，而时出之。溥博如天，渊泉如渊。”

《传》曰:“井衍沃,牧隰皋。”因有“九夫为井”,而为“邑、丘、甸、都”;因有“耜、耦、甽、遂”,而为“成、洫、同、浍”。井法本《方图》,而营国、治兵,皆从此出。故曰:“井者,养也,通也,辨也。”水从风而结,亦从风而融;故可《涣》、可《井》,木道行也。《后天》坎来代坤,巽往而坤代之于不用之地。土中得泉,有“改”坤之“邑”,“往来井井”之象。坤有“得”“丧”,二子代坤,“齐”而“劳”也。五行之用,金木火土,皆有“得”“丧”。而井泉,则“源源混混,不舍昼夜”,无“泛滥之害”,亦无“川泽之饶”。代坤而脱“泥”“谷”,遇巽而听“繘”“瓶”;故“无得丧”者也,此亦表法也。必“辨”而“通”,必通而养,《困》后自知之,自安其所养矣。人事之得丧,安得而不分乎?井,天也;井之,人也。圣人知“人即天”,而不任“天之天”。故“食”之用,贵;而“用汲者”之用,尤贵。制器以善用汲,劝其“渫”“甃”,以善待用,此圣人之“收”,功不穷也。岂以地自泉,而不巽木?岂料繘“羸瓶”,而遂废繘、瓶,曰“无得无丧”哉?坎“食”者,三代以上之“则壤经邦”也。巽“不食”者,亡秦以后之阡陌也。“旧井”废,而“蒐苗之制”衰,则“田禽”遂失。“井谷”穷,而“并吞之风”棘,则“涸鲋”嗟生。“里选”荒,而“登明之典”昏,则“奥渫”无汲。太史公曰:“王之不明,岂足福哉?”贤人在下,行道心恻;至有自废弃者,反骄而劝人矣。谁食“寒泉”,而扫“蔽贤之幕”乎?惟“大成”者,则无所不收其“劳劝”也。“寒”“冽”庆“中正之渊泉”,而“渫”“甃”兼“内外之清洁”。殚极绠縻,无虞朽索;桔槔之用,不怨陶工。小“鲋”,不厌于“沫呴”[①];时“禽”,相忘于步饮。“泥”荡、“谷”开,国器维幹;“幕”宏、“邑”集,巨细兼收;非“元吉”在上,曷以与此?其辨于时位之变也。“泥”,则《需》之“天”也;“敝”,则《蹇》之“反”也;“渫”,则水之“习”也;“甃”,泽上之“栋”也;“寒泉”出地之“阶”也;“勿幕”随风之“散”也。合辨《困》《井》之义,“困”正所以“养”之,“养”正所以“困”之。能致遂者,无待“劳劝”矣。然“劳劝”之功,“勿幕”者广。“劳民”者,勤劳之,而即以慰劳之。“劝相”者,劝其相资为理,不待逼,而自风行者也。

智曰:“苏君禹痛‘欲窦世味’之失其渊源也,然矣。‘九仞及泉’[②],志在见本。‘渫’自内浚,‘甃’无外淆。‘冽’而‘食’,性不加盈;恻‘不食’,性不加损。禹稷、颜子,同此源流者也。上世,与民为生;

① 《庄子·大宗师》:“相呴以湿,相濡以沫。”

② 《孟子·尽心上》:“有为者,譬若掘井。掘井九仞,而不及泉,犹为弃井也。”

中世，听民自为生。末世，‘民无以为生’，致有‘夺民之生，以为大幕’者矣。夫‘寒泉之食’，所以对治‘温饱之疢’也。曳‘泥’者，抱‘瓮’者，皆所‘收’也。至言‘泉本自养’，而笑掘者为‘望洋’，诋‘渫甃’为‘沽市’，非‘恶桔槔而羸其瓶’乎？群饮狂泉，窘逃‘智絰’[①]，皆不知‘劳民劝相’耳。‘溥博渊泉，而时出之。’子思开‘大成之幕’，以收‘往来之汲’矣。犹欲‘抔饮’，岂不固哉？”

周易时论合编卷之六终

①《左传·宣公十二年》：“目于眢井而拯之，若为茅絰，哭井则已。”

周易时论合编卷之七

皖桐方孔炤潜夫论述
孙中德、中履、中通、中泰编录

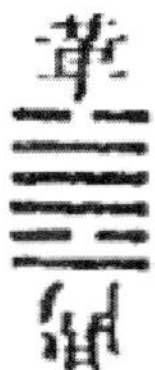

《全书》曰："《革》，火金相革，为'去故'；《鼎》，木火相生，为'取新'；乃朱子之意也。"郑合沙谓："离火铸兑金，从火《革》也。《鼎》，则金铸成器。"《订》曰："《下经》，离始合巽兑为家人、睽，易置之为革、鼎。火遇泽，而《革》，其性异耶？火巽木而《鼎》，其性同耶？性同，故家人与鼎，皆以著其'合'；性异，故睽与革，皆以表其'违'。"潜老夫曰："四分用三，余一；即以一用三。此四九贞悔，而末一轮之首也[①]。前三九，为二十七贞悔卦。四十九卦，为藏一之《衍》。此一九，为十六卦[②]，乃'四方之四'损一，则《河》《洛》之十、五也。损益用数，其几在《革》。"智曰："'通变，成天地之文'，而'象事知器'；'极数，定天下之象'，而'占事知来'，于革、鼎得其端矣。《革》以'数'，故'治历'；《鼎》成'象'，故'正位'；此'改命''凝命'之几。"

䷰泽火革

《全》作"更"。智按："更、革同声。更之入即革，古不分四声也。

①《革》《鼎》一对贞悔卦，为第28贞悔卦。若9对为一组，《革》《鼎》一对，为最后9贞悔卦之首。

②《革》卦，为第49卦。自《革》卦，至《未济》卦，共16卦。从贞悔卦而言，则为9对贞悔卦。

《管子·山权》篇：‘丁氏归，革筑室。赋籍，藏龟。’[1]《注》：‘革，更也。’《吕览》曰：‘子肉也，我肉也，尚胡革求肉而为。’《魏策》曰：‘吾已许秦，不可革矣。’俱与‘更’同。更，从丙而攴革之。十干，半于己；而‘庚’，亦‘更革’之声义也。《说文》：‘革，治皮去毛，革更之。’从三十，言‘一世而道更也’。臀角发声。‘井道不可革’，则水必火革物之义也。”

革：已日乃孚，元亨，利贞，悔亡。

《京传》曰[2]：“《革》，上金、下火。金积水，而为器；火变生，而为熟。禀气于阴阳，革之于物，物亦化焉。”《后汉志》曰：“金火相革之卦，曰“顺天应人”。”离夏、兑秋，戊、己为土，所以调“金、火”之交，故曰“四时成”。十干后五属阴日者，谓“甲与己合”，正以“甲、己相对”者也。郑合沙、苏子瞻、朱子发皆取之。后儒畅之，曰“金”、曰“从革”，兑秋庚革之时。《后天》，离兑之间，乃坤土也。“先庚一日”，为己。或曰“《离》纳己”，取纳甲。《彖》以离兑皆阴，故举“己”之阴土。郝《解》曰：“革物莫如火，革火利用因，革水利用革；革水火，惟土与金。水在金，隔火，则成味。兑者，金水之会，而为土于泽者也。泽，为水上之合。而土冲和之气，能燥湿润枯，含藏金气，快利为悦者也。故金水‘从革’，土之力也。卦，以兑，互乾，皆金也；兑伏艮，乾伏坤，皆土也。水得金助，而火不能焦；离互巽木，火得木助，而水不能湿；革道所以成也。‘日’者，离象。土位居中，季夏物各成己，己为心，心为《离》；故道家以己土为意。五常，‘信’为土，即‘己’也。土合水火，信孚上下。火之革水，得土，而内外相息；圣主革道，得信，而上下相安。”或曰：“‘己日’，浃日也。”昙莹谓[3]：“十二辰，至已，阳极当变。”又一说也。或曰：“器成而知火之利，故信于已革之日。”农父曰：“道家言‘因戊就己，而去戊、留己’，皆此‘变革用鼎’之象也。”《订》曰：“‘井道不可不革。’[4]古《礼》‘立秋，浚井，改水也，革其‘坏常’者也”。潜老夫曰：“有执‘兑为泽’，而讹诸儒之‘金’者，‘执一’矣。《洪范》‘初一’，即著‘五行’。《礼运》‘播五于四’。《易》藏五于八卦、九宫，而旋四为十二，用半为六，

①“归”字，原为“妇”。

②（汉）京房著《京氏易传》。

③释昙莹（生卒不详），宋僧，号萝月，嘉兴人。工于诗，以谈《易》名，时称易僧。

④《序卦传》：“井道不可不革，故受之以《革》。”原文为“井道不可革”，于上下文不通，根据《序卦传》改。何楷《古周易订诂》，有“不”字。

以明之。兑，正秋也。安得不为‘金’乎？乾‘为金’，何故多称‘天’乎？邵子‘一切四之’，故不列金，以‘土石之坚气，即金也’。秋为泛泽，土以金气坚润，载而不漏；冬则金气敛；而收水矣。孔子因《井》受《革》，以火革木，故以兑泽称‘水’，又岂拘‘坎水’乎？四时序土，以生金水木火。而位夏季者，中也。金木，即水火也。《易》在阴阳中，一有俱有，一符永符；惟以象数征理，而后举近民之大义以告之。岂废诸家‘言阴阳、五行’之至理者乎？既已征象明理矣，然后《系词》曰‘天命已至’。大事既已之日，乃孚于天下，是具四德、备四时者也。信在其中，顺应适当，悔乃可亡耳，是大义藏微言也。革乃大权，自‘决’‘遇’‘聚’‘升’，必赖明治。有《困》‘辨’、《井》‘养’之德，乃可以《革》‘故’、《鼎》‘新’，‘出’《震》、‘敦艮’。譬取井水，温以火，而升之鼎耳。卦互同人、大过、姤‘命’，而明说以奉中乾，乃可孚于上下。”

《彖》曰：**革，水火相息**（《说文》，作“熄”）；**二女同居，其志不相得，曰革**。

《蠡》曰：“继《井》，而以火革水，故以兑冒坎耳。二女无生息之理，而朱子合‘灭息’‘生息’言之。微矣哉，合！”《解》曰：“井水流泽，泽土盛水。火蒸其下，水火相生，燥湿往来，如人之息。卦位，由离之兑，坤藏其间，乾隔伏坤，故曰‘革’。”

已日乃孚，革而信之；文明以说，大亨以正，革而当，其悔乃亡。天地革而四时成；汤武革命，顺乎天而应乎人（《白虎通》，作“民”）：**革之时大矣哉**。

《宜》曰：“不合，然后变生。故《传》取‘不合’之象，释《革》。‘革而信之’，谓‘至是然后人信之’。革自非常，贵乎征信。《离》则明：理，非妄；合，宜非强矣。‘大亨以正’，屯、随、临、无妄，同藏‘元、利’；而《革》则总决之以‘当’，此所以‘文明以说’也。信虽强致，时非幸邀；革者什九，‘当’者什一。一事干革，便身入悔中。‘亡’，甚不易；‘乃’者，难词也。以‘天地’‘四时’，明汤武之志，见时之所极也。四时代错，皆‘革’、皆‘成’。而春夏为阳，至离交兑，而秋冬阴矣；此一岁中间大变革之象也。天人之几，何以自信、信人耶？‘时大矣哉’。后世有言‘食肉不食马肝’者，岂知《孟子》发‘独夫’之义，以革万世之昏暴乎？”蔡子木曰：“不可以‘徇心’随；不可以‘妄心’革。”

《象》曰：**泽中有火，革；君子以治历明时**。

程子曰："'泽中有火'，非有形之火。泽津润之气，中含温暖；升已复降，略无停机，随造化以更革。"幼清云："'泽中有火'，消乾其水；如海尾闾，名为'焦釜之谷'，水入其中，如沃焦釜，消乾无余。水能息火，反为泽火所息，非事理之常，乃名为《革》。"《洹词》曰[①]："彭蠡云梦，北方大陆，岁久暑不雨，外水不至，下为火气所蒸，白地出焉。"《丹铅录》云："《素问》'泽中有阳焰'，如火烟腾起水面者。《海赋》：'阴火潜然。'山林薮泽之间，野火生焉。此一端也。"《易简录》曰："天时推迁，无不以火为候。火出于震，藏于兑。夏秋之交，阴阳之大分也。"《隅通》曰："四时相代，若父子。独秋革夏代，即所仇，则号令大变矣。"《正》曰："甲己乃合，其用十五。宵旦之中星，四十五日，而更次可别矣。五运之革，金为其始，四九三百六十年。九六七八，互相为合，各百三十五[②]；九乘十五，亦百三十五；参之，四百有五。火灼其中，二十有七[③]。水火木土，各以'从革'为'师始'也。"又曰："尧舜不可遇，汤武不可事。当其中持，扶危扶倾，则贤者之务也。不幸而值末际，云泉岩石矣。"鹿湖《潜草》曰："火入兑泽，时当仲秋。'大火西流'，星度应之。乾合秋之金，藏于水土之泽。金石同体，而黄者尝在沙石中，石故生水，此以'质'征之也。天地为金轮，以其'坚象'言之也；'播五行于四时'，兑为秋金，此以'气运'言之也。日者，火之真精；星者，金之散气。月与潮息相应，细细差移，以因为革，以革为因。圣人法之，故以'治历明时'为首政焉。日莫威于'离火'之时，月莫朗于'潮泛'之候。候日短者，历明于'日永'，万物皆作也；候日中者，历明于'宵中'；'月为量，星为纪'也。历，以所历度数，而知其时。年月日时，时最易更，而当明者。一岁，则为四时；大之，则为章、蔀、纪、元之时。知革乃能历物，则元会之寥廓、呼吸之微隐，皆历历也。天道人事，尽于四时表法。法莫明于历，故尧以'历'数传舜，子以夏'时'语渊，岂曰'度数为末'哉？于《革》，而益知历法之时革矣。考岁之差，始明古今，一行本《大衍》《洪》《史》示革数，尚未有明其故者，乌能以理定数，而合此时之日月星辰乎？《先天》，兑二、离三，为'参两'之五。《后天》兑七、离九，为十六。十六者，八八之'四分一'也。七七四十九，《衍》减一也。九九，八十一，律本也。金火相易，《河图》变《书》。时变、时革，法

① （明）崔铣撰《洹词》。以铣家安阳，境有洹水故，题曰《洹词》。又著《读易馀言》。

② 9×7=63。9×8=72。63+72=135。

③ 405÷15=27。

不执二，而必无逃于参两、七九，以用损益四分之一，其概征也。圣人之'引触'，精矣。有神明者，终必以《易》正历法。《容斋》、史绳祖，皆发明'乾至革，为四十九卦'。一行以之候月，而命《大衍历》。"

初九，巩用黄牛之革。变艮，为《咸》。

《宜》曰："'黄牛'，离象。初刚在外，'革'。未剥者，为皮；已剥者，为革，亦'变易'之义也。'黄牛之革'，属二。舍二系初，辨在'巩用'。'巩'，外束内也。初，用六二之中，顺自束也。《离》明于几；变《艮》，为'止'象。《遁》在二，故曰'执'。爻殆'三分服事'之时乎[1]？"

《象》曰："巩用黄牛"，不可以有为也。

革，非得已也。初不可妄动，故"巩"守二之中，未可先时自用也。初至五，互《同人》，天人交孚。《离》为革主，"文明"中正。二，为离"宗"[2]。处革之时，初可不包二乎？

六二，己日乃革之，征吉，无咎。变乾为《夬》。积《大过》。

《一集》曰："离火正位，故蒙《彖》词。夏秋之交，己中和之；己阴入离，亦其证象也。举大事，以时为本。初不及时。二中得应，当有为之时，其尹就汤、望归周乎？内三爻，所以为革；外三爻，或称'改'，或称'变'，则已受离之革矣。"

《象》曰："己日革之"，行有嘉也。

《一一》曰："'己'，为人；'日'，为天。天人交会，乾道下济。自二至上，互《大过》[3]；自二至五，互《姤》。《大过》之才，'遇'不得已之行，牛可为虎，何为不嘉？"《正》曰："文王无'革命'之事，而有'受命'之功，不必孟津也。"《意》曰："温公变法，亦用柔'嘉'。"《揆》曰："二，乃议革之臣，必待于征者。出命，在五；布命，在四也。《易》以阴阳相合，为'嘉'。"

九三，征凶，贞厉；革言三就，有孚。变震，为《随》。积，《困》。

仲翔曰："将革而谋，谓之'言'；革而行之，谓'命'。命议革而后'孚'。四既'孚'，而后革，深浅之序也。"《宜》曰："三，介上下，每具二义。故言'征凶'，又言'有孚'。《离》成刚过，'征'者自恃其贞，自有其'孚'，故'厉'而'凶'。兑，'言'象。离，'三'象[4]。

① 《论语·泰伯》："三分天下有其二，以服事殷。"

② 《同人》卦："六二，同人于宗，吝。"

③ "二"字，原文空白；"上""大"，原文缺损。根据下文"自二至五，互《姤》"，补上。下又出现"大过之才"，可证。

④ 先天八卦之数：乾一、兑二、离三、震四。

王者诰誓，晓令当世，‘至再，至三’，斯《革》言‘三就’之当乎？”

《象》曰："革言三就"，又何之矣？

《筌》曰："蹯动，固‘凶’；守贞，亦‘厉’。又当进革，无所可避；虽‘凶’且‘厉’，有不暇顾。‘又何之矣’，决之词也。"郝曰："《革》至三，既成就矣。更何所求？圣人去其太甚。‘遏刘，定功’，《诗》所歌矣。"《正》曰："《革》《随》[1]。火而益以木，其势必革矣。革、鼎，相为用也。"

九四，悔亡有孚，改命吉。变坎，为《既济》。积，《坎》。

《宜》曰："正当‘革夏为秋’之时，革之盛也，故以《彖》词‘悔亡’予之。汤曰‘惭德’、武曰‘无良’，天下信之矣，故‘悔亡’。互《巽》，为‘命’。"

《象》曰："改命之吉"，信志也。

《潜草》曰："《孟子》言汤非富天下，‘天下信之’。即此‘信志’之义。"

九五，大人虎变，未占有孚。变震，为《丰》。积，《师》。

左忠毅曰："兑、离，西南卦也。此‘虎变’与《乾》‘飞龙’、《坤》‘利西南’，一也。子曰：‘云从龙，风从虎’，已合言矣。"《遡》曰："《乾》五之‘大人’，曰‘飞龙’；《革》五之‘大人’，曰‘虎变’。尧舜、汤武，时此‘孚’而已矣。兑，为西方，‘白虎’象。‘山国虎节’‘琥礼西方’，古取非无谓也。天下集命，动成变化，焕乎有竟。不疑何卜？岂待占决而后信从哉？凡兽在夏，其毛希革；仲秋，毛落更新。‘其文炳’者，二五相应，文明之气，由内达外也。《革》伏《蒙》。《蒙》‘初筮’，《革》‘未占’，‘人情贤梦卜’之意。"玄子曰："史讽穆姜之‘拯随’，子服策南蒯之将败。二人者，得凶固凶，得吉亦凶；则无定之易，皆一定之理矣。‘未占有孚’，圣人为世之‘口实汤武者’防，《易》之通例也。"

《象》曰："大人虎变"，其文炳也。

"虎"文，疏"炳"而明；"豹"文，密"蔚"而理。

上六，君子豹变，小人革面；征凶，居贞吉。变乾，为《同人》。

陆公理曰："《兑》之阳爻称‘虎’，阴爻称‘豹’。"杨子云曰："狸变则豹，豹变则虎，善言《革》之物情矣。"《宜》曰："虎有文而神，豹有文而不能神。豹文，具五行八卦，泽雾七日而变，未为不神也。‘文炳’‘文蔚’，皆应《离》。然三，乃离之外画，与中爻不同也。‘豹变’，

---

①应为"《革》之《随》"。即《革》卦，上六独变，而成《随》卦。

非徒‘安国承家，列爵分土’之谓。君之神理，寄于经纶；臣之道术，布乎法令。当‘革之三就’之时，已‘有孚’矣，此小人所以‘革面’也。兑反艮‘背’，为‘革面’。斯时复何求哉？功成则事损，损则无为。若复有所往，则躁扰而凶矣。”《意》曰：“‘居贞吉’，其陆贾之《十二篇》，邓禹之教子习经乎？”君禹曰：“《革》难言已，虑不顾后，则为‘鸟喙’；计不便民，则为‘丝棼’。圣人惧，而‘明’以审之，‘说’以顺之，‘亨贞’以成之。时当持久，则‘巩’不嫌固；时当变通，则‘改’不惮烦。‘三就’不厌详，‘己日’不求速；然后制作‘炳’‘蔚’，观其成焉。盘庚之迁，顽民之告，示以祖父，要以神明，惧以‘要囚’，引以‘迪简’，汲汲乎以言柔之；至于‘保厘’既成，有改置之实，而天下不知其变。后世商君、安石之革，令行于‘弃灰’，利竭于‘手实’，轻变速祸，可胜悔哉？”

《象》曰：“君子豹变”，其文蔚也；“小人革面”，顺以从君也。

《正》曰：“震、雷，皆火；乾、兑，皆金。《革》三，以震火革兑金，‘三就乃孚’；《革》上，以离火革乾金，‘革面’而已。甚矣，革之难也。以‘鸣条之勋’，而退‘有惭德’；以妹土之监，而屡迪不靖，周公其犹‘豹变’欤？《多士》则犹之商金也。”《潜草》曰：“中古以后，非《诗》《书》《礼》《乐》，不足以柔天下。‘象魏’‘读法’，所以重其信也。又采诗《陈风》，以畅悦之。自汉表章《六经》，教化实行；唐宋既定之后，且令天下士大夫，编书博学，既以润色鸿业，即以收拾聪明，消‘悍梗之风草’。诚恐设科不足尽人才，惟有斯文变化气质，蔚然足相鼓舞，为汲泽薪火之《鼎》‘养’也。既革其面，即革其心。‘己日乃孚’，因火热金声之会，而用中土‘睿思’，以时风之。即因为革，其大顺乎？《兑》为‘讲习’，善继《离》‘明’。天子重经筵，士夫皆讲学，是‘文明以悦’之实事也。”

《时论》曰：新故之交，“天下”，莫大于“治历明时”；“皇极”，莫大于“正位凝命”。夫子述“尧历数”，致叹“夏时”；表“革命”，叹《革》“时”。讵以余分闰位，当在齐之天乎？四时交，皆相生；惟夏克秋。得土，所谓“二明、两和”者也。十干，戊己至尊。纳己，隔八而生兑丁，是克中有生，生中有克。故取兑离相合之卦，“水火相息”，必灭熄，乃生息也。泽本无水，故遇坎即“涸”《困》，遇离即“铄”《革》。《书》曰：“金作革。”此五行之新故也。《刘子》曰：“《易》《春秋》者，天时也。”《春秋》，始于平王己未[①]，与《易·革》之“己日”合。《象

①“始”字，北大本缺，根据文镜本补。

正》曰：“己未为历元，以洪武改命在戊申、己酉。”[①]此一端也，占象详之。自《乾》至《革》四十九，《大衍》法也。吾以三十除之，则十九章闰也；以《洛书》除之，则三统也；以《河图》商之，则余六为盈虚也。革后至未济、乾，为十五，则《河》《洛》之中用数也；连《革》为十六，则具爻减通期方圆相倚，十六分损一之用数也。除《革》本卦，为四十八；四阳爻、二阴爻，阳九、阴六，亦四十八，与此数符，则置扐之策也。贞悔以九周之，用三周余一周，则固秋冬之交也。《革》乃太阳、少阴之交，在阳仪之中，兑二、离三，表“参两”“参伍”之端。《睽》亦离兑，而《革》则顺数，从右而左，从上而下，故独当“治历明时”之象焉。一行曰：“《易》始三微，而生一象。”《离》，阳包阴，南正主之；“文明”于八月，《离》运终焉。仲秋，阴形于《兑》，始循万物之末，群阳降而承之，极于北正，天泽之施穷，《兑》宫究焉。故阴八之静，始于离；阴六之动，始于兑。京房：“公《革》，候在谷雨。”亦甲己相对之宫也。初“黄牛”者，考晷立表地也[②]，尧时“南至在牵牛”也；二之“已日”，中央黄道也；三之“三就”，岁差三统之交也；皆“治历”之政也。四之“改命”，“易正朔，复纪元”也。如尧冬至虚一度，及明冬至箕四度，圣人起而正之矣。“文炳”“文蔚”，明时之政，表法之学，人有知其当者乎？朱子曰：“《革》莫大于四时之变。”先卿曰：“莫信于四时之变。”“元亨利贞”者，春夏秋冬之“时若”也。“悔亡”，亡其“恒若”也[③]。《坎》宫五变，“乾道乃革”。《礼》曰：“放伐，时也。”圣人舍身救民水火，时不敢先、后也。《彖传》著之曰“时”，又著之曰“当”，凛凛哉！“顺天应人”，必以明道、说道行之。行《乾》四德者，乃“无咎”，乃“悔亡”也。初《咸》当固，二当“决”矣，三当《随》时，四当《济》矣。“终日戒”孚，“悔亡”符《彖》，天人信之矣。五《丰》“来章”，上《同》“文”矣。三、上，“征凶”者，内外极地，当审转也。二，“征吉”者，已值夏秋，当勿恤也。上，革常定，而复往，则躁扰矣。爻有三“孚”，明于“已日”，则惟当修文而已矣。龙马乎？虎豹乎？一也。以文藏质，以历藏数，午会之“革而当”者也。嗟乎！牝鸡封豕，能免横窃耶？圣人以麒麟之文，革万世之面，斯则龙马虎豹，所共托命于蓍龟者乎？

---

①“洪武”二字，北大本缺，根据文镜本补。

②“晷”字，原为“咎”。日晷，即通过测日影定时间的仪器。

③“时若”“恒若”，即《尚书·洪范》：“曰休征：曰肃，时雨若；曰乂，时旸若；曰晰，时燠若；曰谋，时寒若；曰圣，时风若。曰咎征：曰狂，恒雨若；曰僭，恒旸若；曰豫，恒燠若；曰急，恒寒若；曰蒙，恒风若。”

智曰:“天以日月星之变，成时。《历》者，历也。天日月星，互相差以成历，故《历》以正差。岁差，其最微者也。‘於穆之天’何差?而‘於穆之天’，在‘表法之天’中，不得不差，不得不历。历亦不得不差，差则不得不治，治必‘明时’。若荒忽之，则神尧‘首钦历象，敬授民时’为外道矣。心何差?而人用不得不差，因以法治人之所历。历差，而法亦差，因而明之，此所贵《大衍》之‘明时’者。亦将荒忽不治，而守虎豹之鞹耶?故全有、全无之大冒，原不忧其缺少。民用，正在差别;后天，即先天也。《革》《鼎》‘新’‘故’，贵前民用;‘明时’治心，当历历矣[①]。”

䷱火风鼎

柴氏作“[illegible]”。魏、吴以为“丙”。卦取鼎象。丙、鼎，同韵。古作“[illegible]”。《说文》:“鼎，三足两耳，和五味之宝器。”《易》象，析木以炊也。籀文以“鼎”为“贞”字。《序卦》至困、井、革、鼎，极五气升降之变。时当秋成，以器享道，故《井》《鼎》“举”象。《困》始，而《革》居中;《井》生，而《鼎》熟矣。初偶下峙，为“足”;五偶中虚，为“耳”;二三四奇，为“腹”;上，为“铉”。足以承，腹以实，耳以行，铉以举。

鼎:元吉，亨。

胡《经》曰:“伏羲氏兴神鼎一，象‘一统’;黄帝作宝鼎三，象‘三才’;禹铸九鼎，象‘九州’。武王命南宫括、史佚，展九鼎，奠于洛邑。故人君抚大宝位，以此象之。‘在德不在鼎’，有凝鼎之命者也。”《意》曰:“钻燧教烹生民，以此成器利用。二卦互《乾》在中，‘天命’凝焉。主此器者，‘调元赞化’之道也。在人身，以木气、意土，用水火。修私命者，因为‘丹鼎烹炼’之说焉。士君子，养生养德，济人利物，皆此《井》《鼎》之道。必《困》‘遇’而《井》‘通’，必《革》‘故’而《鼎》‘新’也。圣人画卦设象，通其故而已矣。”

《彖》曰:鼎，象也;以木巽火，烹饪也(《说文》，作“孰饪”。马，作“亯饪”)。**圣人亨以享上帝，而大亨以养圣贤**(郭京，无“而大亨”三字)。**巽而耳目聪明，柔进而上行，得中而应乎刚，是以元亨。**

《集》曰:“凡卦皆象，惟《鼎》象器。‘器莫重于鼎’，‘制器尚象’，故《鼎》独以‘象’释。《白虎通》曰:‘南者，任也。’亨、享，古通。由东南巽，目而用南方之《离》，则范金、合土、汲水，归于钻火熟食，

①“当历”二字，北大本缺，根据文镜本补。

故曰‘饪’也。午会圣人，制度礼乐，以烹养万世之聪明，是天地之鼎饪也。祭祀烹犊以格天，宾客荐体以敬人，此鼎用也。以‘巽’言‘火’，犹言‘文武火也’。巽‘隐’、离‘虚’，而‘耳目聪明’。官止、神行，内外一矣。巽来上进，与贞悔同。五下应二，是木气上蒸，火气下济也。明达《巽》‘称’，协于上下，合天下以为聪明，自无刚扃、炀灶之虞。调燮大化，斟酌元气，为‘正位凝命’之主，是以‘元亨’。”关键曰：“‘巽而耳目聪明’，以见《兑》之反，而《离》如故也。二进于五，可见‘主革者，即其主鼎者也’。初至五叠《坎》[①]，为重耳。”《意》曰：“凝目于耳，凝耳目于中虚之实；凝《乾》于木火之中，藏‘决’于大有、大过之中，总收以在上之‘刚柔节’而已矣。”

《象》曰：木上有火，鼎；君子以正位凝命。

《野同录》曰：“《离》得《坤》之‘正位居体’，虚中以凝《乾》之‘命’。君位，即心位。‘木巽火’，鼎熟物，《离》明出治，以养天下；道在安重凝承，即心是鼎，天人命享矣。《井》《鼎》皆以生气为命：《井》，‘木上有水’，津液自木出；《鼎》，‘木上有火’，英华自木生。无生气，则水、火无根。观《井》《鼎》，而尽‘养民自养、各正性命’之道矣。”《正》曰：“鬼神正向，在乎东南。人生之资用，木处其七。《井》《鼎》前民用，《鼎》则贵，《家人》灶也。《鼎》之托《家人》，犹子之托于妾也。《震》亦称木，而雷火宅焉。圣人治家国，经纶在鼎矣。”《揆》曰：“离属神，巽属气。宁神以息气，人所以‘凝寿命’也；中心无为，以守至正，君所以‘凝天命’也。火光在木上，而命藏于木；木尽则火亡，火不调则炎燥而急焚。故‘正心’‘尽性’，所以‘至命’也。”《浮山语》曰：“因风发火，火发风生，可不知续火乎？”孙登曰：“用光，在乎得薪。恶煤棘爆，使人癫惑。君子居正，‘思不出位’，其以学问为‘桑薪’乎？不则，又以‘鬼窟’为‘凝命’，误此《鼎》矣。”

初六，鼎颠趾，利出否；得妾以其子，无咎。变乾，为《大有》。

《一》曰：“《鼎》‘取新’。初，‘颠趾’于无实时，‘去故’乃能‘纳新’，故‘利’。初弱，《巽》跛，‘颠趾’象。初应鼎口，‘出否’象。互《大过》，为‘颠’象。《颐》之‘颠’，与《大过》反对也。”《订》曰：“礼祭先夕，溉鼎涤濯。沈存中云：古鼎中，三足空，所以容物者，所谓‘鬲’也。煎和之法，常欲清在下，体在上，则易熟而不偏烂；及升鼎，则浊滓皆归足中。‘颠趾’‘出否’，谓‘否浊在下，须先

①应为“肖《坎》”。

泻而虚之。’九二阳爻始，为鼎有实。今京师大庖煮，其遗也。”白沙曰：“《鼎》次《革》，习染除已，犹著‘出否’之戒，所谓‘夙生晕血未除’。云‘得妾’者，附与之象。爻见二阴，五贵；初贱，‘妾’象。与《归妹》同体，《巽》反《震》‘主器’者，伏‘子’象。生子为后，母以子贵，故待之以母道；犹‘鼎足在下，而颠上’者，为泻恶纳新也。”子瞻曰：“择之太详，求之太备，天下必无完人。从其子之为贵，则其出于妾者，可忘也。”慈湖曰：“老氏云：‘既知其母，复知其子；既知其子，复守其母。’可谓《易》外别《传》。”元公曰：“‘真人之息以踵’。初之‘颠趾’，鼎始基也。”《正》曰：“未有生而贵者，‘颠趾’以去。故‘得妾以其子’，言‘舍其旧饪，荐其新烹，则圣贤乐从矣’。”

《象》曰：“鼎颠趾”，未悖也；“利出否”，以从贵也。

《一一》曰：“转习为善，倒《革》成《鼎》，故曰‘未悖’。”《一》曰：“‘颠趾’，较‘折足’，为‘未悖’也。”曰：“胡纂、管邈，其父皆出‘革命’之《鼎》‘否’矣。‘从贵’，何悖焉？亦别象也。”

九二，鼎有实；我仇有疾，不我能即，吉。变艮，为《旅》。积，《离》。

《宜》曰：“二，甫受‘实’。‘实’在未熟，以‘不食’为吉，‘有疾不食’之喻。阳，曰‘实’。‘仇’即逑。二五正应，为好逑也。相隔，故‘不即’。五以下，肖《坎》，肖《大过》，于卦不吉。故诸爻有‘颠趾’，‘有疾’，‘行塞’，‘覆餗’象。”《订》曰：“‘仇’，指初。嘉偶，曰‘妃’；怨耦，曰‘仇’。近比，非正应也。‘疾’，即否。盖鼎烹，以亨以养，苟有不善者存，则善与不善皆烹而并熟，而善者弃矣。及‘未有实’，而颠之以出其不善，则善者可全。此慎所往之道也，‘终无尤’以此。”

《象》曰：“鼎有实”慎所之也；“我仇有疾”，终无尤也。

《见》曰：“‘仇’，五也。自三至五，互兑金，为木之仇。克我，为夫也。”《意》曰：“医有相反者，‘我仇有疾’，所以儆二之慎也。”《潜草》曰：“王孙满一对楚子寝谋，臧孙伯一谏，纳郜补过，听其藏疾，亦何害焉？”

九三，鼎耳革，其行塞，雉膏不食；方雨亏悔，终吉。变坎，为《未济》。积，《噬》。《离》世。

《宜》曰：“三，则食熟，可食。时应上，而上见铉、不见耳；有铉无耳，同乎‘革’‘塞’。‘失其义’者，举鼎在耳，行道在君；三越五应上，是失其事君之义矣。然此时‘雉膏’已熟，方将合其五味，期无憾而食之。”《订》曰：“九三，木之盛也；上九，火之盛也。木火迅烈，鼎沸耳热，则‘革’而‘行塞’矣。三重刚，而承乘皆刚；此人臣有才德，过于激烈以自塞者也。阳阴和，为雨。火须水济，炎势息、鼎沸平，则失其悔而吉；既不患失应，又不至病五矣。鼎耳，安鼎腹上。《鼎》上三，当安耳处。不与五应，‘耳革’象。自《革》来，故言‘革’。变离‘雉’，坎‘膏’，居兑‘口’下，‘雉膏不食’象。变坎，互兑，‘雨’象。”《筌》云：“下体，有足而无耳，故‘耳革’。上体，有耳而无足，故‘折足’。”元公曰：“乾金离火，相守则流，故以‘雨’润之。”《正》曰：“重耳之食五鹿，困于卫曹郑，去齐楚，乃入秦。秦者，晋之‘雉膏’也。”

《象》曰：**“鼎耳革”，失其义也**。

《一一》曰：“《井》《鼎》上下，本一而二。此处不明，则‘失其义’矣。凡物行以足，鼎行以耳，‘耳革’矣。不失鼎之义乎？子曰：‘不仕无义。’重内太过，则‘洗耳’不知‘比义’矣。‘耳革’，病在上；‘折足’，病在下。”

九四，鼎折足，覆公餗（马，作“粥”），**其形渥**（郑、虞，作“刑剭”。《元载传》，引之），**凶**。变艮，为《蛊》。积，《颐》。

《一集》曰：“‘足’，应初也。‘餗’，糁也，八珍之膳，鼎之实也。三为公位，故曰‘公餗’。‘覆’，则其形‘沾濡’，辅嗣说也。受实必有余量，加之不辞，必溢而‘覆’矣。”郝《解》曰：“郑玄误解《周礼》‘屋，诛矣’。盖同姓不即市，而戮于甸师隐处也。古刖、兀、剭通用。”《意》曰：“讥其‘容禄养交’，不知耻也。程子以为‘赧汗’。”《正》曰：“《鼎》‘新’、《蛊》‘坏’。世有乐用新器，而败者矣。以新人而操新法，其不‘覆餗’者几乎？主‘鼎足’者，之咎也。”

《象》曰：**“覆公餗”，信如何也！**

《揆》曰：“素餐，且覆矣。六五聪明，如何而信之？”《订》曰：“向决‘必覆’之理，而人不信，今如何耶？”潜老夫曰：“以‘信’诘之，愈加‘赧汗’，食万钱乎？恋栈豆乎？蝇集乎？拂须乎？独叹匡衡闻王尊，张禹闻朱云，‘其形之渥’如何耶？观《系传》之引此，而不愧‘其形’，更难言矣。”

六五，鼎黄耳金铉，利贞。变乾，为《姤》。积，《益》。

《宜》曰：“《鼎》之五、上，见食而吉，犹《井》也。五耳、上铉，并于五言之者，铉举耳。耳非虚，无以受铉，耳虚而铉实。铉之实，耳之虚，中受之。‘黄中’者，德。变乾，伏坤。‘金铉’指上九，旧谓九二。《彖传》所谓‘应刚’也。一谓五之铉，两耳之铉；上，则金鼎之铉。铉上为玉，中则为金，金、玉皆乾象。自巽入微，目化成耳。圣学‘耳顺’，言‘中旁之通’也。”

《象》曰：**“鼎黄耳”，中以为实也**。

《正》曰：“世为烹饪来者，不皆圣贤也。精质以坚举物，不失其任；变物不失其节。无畔援，无歆羡，是不骄、不谄之实也。”郝《解》曰：“‘黄耳’贯铉，实乃可荐；享帝养贤，明德之馨。岂‘和羹’之虚文耶？”

上九，鼎玉铉，大吉，无不利。变震，为《恒》。

《宜》曰：“‘玉铉’，有举鼎之义，而非用之以举鼎者。孔子言：‘奂若，瑟若；理胜，孚胜。’此所以贵玉也，乾、震取之。”子瞻曰：“在炎不灼者，玉也。”《遡》曰：“‘金铉’，则羞王公；玉铉，则荐鬼神。五，正位；上，宗庙位也。或曰：金，刚物；玉坚刚，而有润。金畏火，玉不畏火，在离上象。体刚履柔，能举其任；应不在一，则靡所不举。故‘大吉无不利’。”

《象》曰：**玉铉在上，刚柔节也**。

《订》曰：“水火、冬夏、寒暖，皆刚柔也。《周礼》‘食、羹、酱、饮之齐’，即节也。”冯元成曰：“井、鼎，水火之用也。水贵通，火贵节。‘收’，以上水通之；‘玉’，以镇火节之；二卦之上，所以言‘元吉’‘大吉’也。”《正》曰：“‘金铉’，质也；‘玉铉’，文也。天道之革，一文一质，质济以文，‘虎’‘豹’‘金’‘玉’，递为令也。”《揆》曰：“《井》欲其盈，《鼎》概其满。而皆以上贵者，水火致养，上出为用也。关键曰：嫡，《革》于三；嫡子，举《鼎》于上。妾，‘颠趾’于初；妾子，‘覆餗’于四。《鼎》乃天命，继之以《震》，贵‘恐惧修省’，乃能‘凝命’耳。”《野同录》曰：“自《损》《益》，以兑巽历艮震；而《夬》《姤》《萃》《升》，历乾坤；《困》《井》《鼎》《革》，历坎离；每对，必先兑而巽者。兑与乾同太阳，而西收交乾以‘讲习’之悦，乃教化之汲烹也。故举六十卦通期合历之《节》，而和此《井》《鼎》之‘刚柔’，反收二《济》之‘濡首’焉。《中庸》圣教，所以不容异外假窃者，以‘中节’正‘时中’之命也。”德曰：“孙思邈云：‘心为君，欲小；胆为将，欲大。行者地象，故欲方；智者天象，故欲圆。’圣人既言‘不惧’，又言‘冰渊’；既言‘有物则’，又言‘无声臭’；‘不夷不惠’，又闻‘二风’。正以‘刚、柔’二‘克’，中‘平康’之节耳。”

《时论》曰：“象事知器”者，知道矣。备五行，而因风革物，莫此具焉。小之百姓饮食，大之上帝圣贤，自生火、生薪，有口、有腹以来，皆“烹饪”之义也。水火寄木，天自生风。“木巽水”而上出，“木巽火”而上进；木用究上，火用究终。乾金鼎腹，兑泽气蒸，而为“膏”、为“雨”，或“颠”、或“渥”，归实“黄中”，刚柔适节，随其烹矣。享国者，国为鼎；养生者，身为鼎；养心者，心为鼎，谁不在此“天地之鼎”中？当何以节之乎？《革》“明时”，节，《鼎》“养”，亦贵“节”也。柔进“咸章”，遇《恒》在上，是“黄流、玉瓒”之命也。上柔，密巽已行，“施命”既中节矣；下柔巽变，《大有》“顺命”，“艰”亦节也。《鼎》既有“实”，人世自应“仇”之，二“慎”之如处《旅》，已中“即次”之节。资灌、鄠阳者，岂为寒害？负鼎俎者，何妨接履？“终无尤”焉。《鼎》三、《革》四，新故之交，去故，则“否可出”也；取新，则“行不可塞”也。四《蛊》已“覆”，三安得不戒《未济》乎？妻弃玉璜，先同买臣[①]；“五鹿乞食”[②]，何异濑上？其“耳革”矣。“膏”泽霖“雨”，塞自终合节也。乃有薄夫，谋大任重，借口以蛊“干蛊”[③]，逞其罔两，起秽沾“渥”，为“公餗”中一戮人。岂可仍说“公容”[④]，而不“一明节之”耶？大养圣贤，即享上帝。而五、上，藏目于耳，炊“金”、荐“玉”，有自然之节序焉。《离》宫之《鼎》，正应前位之《旅》，养贤燕宾，下资《旅》实，中相节也；在上合互《大有》。《圆图》，《鼎》《有》正峙[⑤]，“不易”之《恒》也。反“严君”之身，济“云雷”之膏，“洁齐”“相见”，“南面”行乾，“向明”制礼，以隆“不显”之光，是真“吐哺好士，圭璧格天”者之中节乎？柄用有铉，通材有耳；奠基有趾，《鼎》道乃全。而初应四《蛊》，故“覆”而“颠”。《蛊》初“有子”，《鼎》初“以子”，子道不同。一变承乾，则上之“刚柔节”者，不第“节”三，且“节”初矣。《意》曰：“鼎以虚为体，以实为用；木功善继，火候已熟。惟在‘正位凝命’者，运此‘金’‘玉’之礼器，节天下耳。”

智曰：“命，不论改、不改，皆贵‘有以凝之’。《圆图》，《鼎》与《大有》峙，‘顺命’即‘凝此命’也。《方图》，《鼎》与《井》峙[⑥]，《井》‘养’亦此《鼎》‘养’也。南方，《先》《后》为乾离之位，巽先后辅之。

①《汉书·朱买臣传》。
②《左传·僖公二十三年》：“出于五鹿，乞食于野人，野人与之块。”
③《鼎》卦，九四独变，为《蛊》卦。
④《老子》：“不知常，妄作凶。知常容，容乃公，公乃全，全乃天。”
⑤《六十四卦圆图》，《鼎》卦、《大有》卦，列于正南。
⑥峙，是分列左右。

此‘虎’‘豹’之‘革’，有文；必重‘金’‘玉’之‘铉’，在耳也。《离》虚，而曰‘中实’，正以‘刚柔之节’，节此虚实，因革以为养也。为金、为玉，乾之德也。天地之器，乾离主用，可以凝震艮矣。元公‘以损益至此十卦，为节。’与景元‘兑巽包乾坤坎离之节’相合。下此起《震》《艮》为领十四卦，智以《鼎》为十五。而贞悔此对，又统末轮，正表其‘损益盈虚’之节也。”

震

䷲

艮

景元以此后为“阴中之阴”，震艮巽兑四卦始具焉。震、艮阳出，故先。阴由此入，故巽、兑居此中；而二《济》乃交收，与《震》《艮》遥映，是六子之区分也。《绎》曰：“‘戒惧’，《震》也，于其所‘不睹’者；而《艮》视于无形。‘恐惧’，《震》也，于其所‘不闻’；而《艮》听于无声。动无动，止非止；敬德，以为经学达天之‘省括’也。”潜老夫曰：“《先天》震艮辅坤，而《后天》乾统三男。父与中男，皆以艮震为用，而‘帝出’焉；自春卒岁，而帝入艮矣。《震》在初，故初‘吉’；《艮》贵终，故上‘吉’。”又曰：“‘凝命’者，必震艮凝之。此后不见乾坤，而此即‘潜’‘飞’之龙、‘无疆’之马也。”　曰：“雷声甚闻，而内乃摄也；因耳，故以‘洊心’。山色甚见，而内乃驰也；因目，故以‘兼心’。故曰：‘闻闻者，不闻；见见者，不见。’知此者，可言‘无为，无无为；无我，无无我。’”

䷲上下皆震

回，即雷也。震，取其声，从辰。角、亢，东方之次，为天行起处。《乐府》：“‘冬雷震震’。以平声读。”柴氏曰：“㞬，从正，以东南之半围示之。”止菴曰：“震以声，就耳闻，故取雷本象；艮以见，就目见，故取《艮》为象；亦取耳目对待也。”《归藏》以“震”作“釐”，乃雷之细声。古，皆随声填字耳。

震（《归藏》，作“釐”）**亨：震来**虩虩（音“臬”，荀作“愬愬”），**笑言哑哑**（音“厄”,以恶、亚、厄、噩，古同转也。《全书》，从《古文》，无此二句）；**震惊百里，不丧匕鬯**。

《一一集》曰："'主器，受《震》。'[①]在继体为长子，在万物为生命。'帝出乎震'，生气以宣，威惠相成。春秋交轮，天道功用，皆在西南；逾兑至乾，休息于东北而复出。故震兑，东西相对，中分南北。南则，巽离坤动而'悦'；北则，乾坎艮战而'止'。故木气之行，成于兑；金气之凝，止于艮。'笑言哑哑'，震道乃成。'笑言'者，兑象也。"孔《疏》曰："阳气迸开，万蛰俱动，为'震'。"程《传》曰："震阴而达阳，即辅嗣所谓'威骇懈怠，肃整堕慢也。'""震来"者，未来，常若震之来也。朱子曰："人常'震来虩虩'，便能'笑言哑哑'；即'震惊百里'时，亦'不丧匕鬯'矣。此《震》之所以'亨'也。"吴因之云："《震》为'惧'，犹《乾》之为'惕'也。"郦炎曰："阳九,三十六；阴八,三十二。《震》，一阳二阴，故曰'百里'。"《遡》曰："雷闻百里，侯封亦百里。乾为君，坤为土。分乾之一，以主坤土，'诸侯'象。伏巽'庙'，而见坤土；艮'手'，知其谨侯度，以'永孝思'，肃然凝命也。'虩'，犹虩，以虎声取，'虩'谐韵耳。或云'蝇虎'，取其跳梁类惊。故'惊'曰'虩虩'。两'善鸣'者，相见。《后天》，向西望兑，曰'笑言哑哑'，时然后'言'，乐然后'笑'也。多阴爻者，言'祭'，'祭求诸阴'之义也。祭祀之礼，先烹牢于镬，既纳诸鼎，而加幕焉。《震》承《鼎》，见坤'牛'象，将荐乃举幕以匕出之，升于俎上。匕用棘木，取'赤心'义。'长三尺，利柄于末。'《诗》云'有救棘匕'是也，坎为'棘'，坤为'柄'，小而'直方'象。匕、鬯，皆有柄，故象坤。'鬯'者，香酒。《说苑》：'鬯，百草之本也。'畅天畅地，故天子以畅为贽。震，'蕃鲜'；坎，'酒醴'象。艮'手'执之，故'不丧'。祭礼，陈荐甚多，然'匕牲体、荐鬯酒，人君所自亲也'。此之谓'主器'。"《意》曰："'不动心'为主，'时中'为用，是为'动而无动'。'虩虩'者，精神常新也；'哑哑'者，中节之和也。'震惊百里'，'天下归仁'矣。'无入不自得'，始是'不丧匕鬯'耳。"智曰："天心之《复》，在乎初几。圣人'戒惧'，即'无为'也；生机，即'神武'也。曰'动定'，曰'撄宁'，皆本诸此。"

《象》曰：**震，亨。"震来虩虩"，恐致福也；"笑言哑哑"，后有则也**（《全书》亦略此四句）。**"震惊百里"，惊远而惧迩也**（《举正》，有"不丧匕鬯"）；**出**（《古文》，无此字）**可以守宗庙社稷，以为祭主也**。

《集》曰："震醒人情，因其所喜。《内经》'以恐胜喜'，《易》以恐即喜也。放行一笑，尝致荒荡。曰'后有则'，而'乾乾''素位'，中

① 《序卦传》曰："主器者，莫若长子，故受之以《震》。"

‘刚柔之节’矣。‘惊远惧迩’，通天下于一室也。‘帝出乎震’，‘不睹不闻’，‘质鬼神、俟百世’之中和主也。”《揆》曰：“知此真主，守一身，守一家，守天下；一也。”

《象》曰：**洊雷，震；君子以恐惧修省**。

《隅通》曰：“雷，动物也。《随》之‘宴息’，《复》之‘闭关’，不法其动，而法其息。雷，怒物也。《屯》之‘经纶’，《豫》之‘作乐’，不法其怒，而法其喜。《恒》之‘立不易方’，《大壮》‘非礼勿履’，不法其躁，而法其慎。《无妄》‘茂对时育’，《解》之‘赦过宥罪’，不法其杀，而法其生。惟重《震》象‘恐’。”柴氏曰：“洊，古‘溅’字。犹雨点也，潮滚也。”《意》曰：“以北方之‘恐’，制‘喜’；以中央之‘思’，胜‘恐’。震，本坤静，而乾索以出；则以东方之怒，使其‘省’矣。《圆图》，震合北坤，而兼《后天》之坎。‘帝’出东方，而居《先天》之离。雷、雨、电，相随而‘洊’；犹恐、怒、思相随，而‘惧’以‘修’也。”郝《解》曰：“人心溺于晏安，昏迷不省，何以‘进德修业’？‘震无咎者，存乎悔。’震动之道，用之‘修省’最宜。动不极，则悔不深；悔而能复，则顺理心安，不失于和，。若以震动之心，应天下事，不胜丧失之咎矣。若以‘动心’为咎，并废‘修省’，则告子之‘不得勿求’矣。”德曰：“夏侯玄，霹柱不变，而不得其死。刘曜，震树不变，为暴逆魁。故正铎在乎‘戒惧’‘修省’，而不在‘炼狠’为作主也。”孙思邈曰：“慎，以畏为本。故重‘三畏’。”

初九，震来虩虩，后笑言哑哑（古，作“笑语”），**吉**。变坤，为《豫》。

子瞻曰：“震，以威达德，可试而不可遂。初九，‘试而不遂’者也。惟其威不常用，故知其震非害之，欲其‘恐而致福’也。”《意》曰：“所以为震者，初也。故蒙《彖词》加云‘后’者，《彖》言‘震’‘兑’，春秋之象。惧喜同时之体，此言先难后获之功，痛自猛省之始也。《震》峙《豫》，而初爻变《豫》。此张、邓所言‘虚北方八卦而环转’者。”

《象》曰：**“震来虩虩”，恐致福也；“笑言哑哑”，后有则也**。

通曰：“以‘福’导人者，因情还性也。晏然之后，正合帝则，以时中节，岂纵脱耶？”

六二，震来，厉；亿丧贝（古，“亿”作“噫”），**跻于九陵**（古，“跻”作“隮”），**勿逐，七日得**。变兑，为《归妹》。积，《解》。

《集》曰：“爻，二阳：初，始雷；四，洊雷。诸阴变‘震’同，而远近异，二、五近。一变‘始来’之震，一变‘往来’之震，情复异焉。神者，人之大宝，故象‘贝’。二，猝惊而神丧，‘九陵’‘七日’，去‘百里’矣，其去远也。惊定神复，非从外得，故‘勿逐’。二之中正，正于‘勿逐’见之。十万，曰‘亿’；犹云‘万分，丧也’。五爻，《传》曰‘大无丧’，犹云‘万分，无丧也’。”幼清云：“既有‘堕甑弗顾’之达[①]，则当有‘去珠复还’之喜矣。‘贝’，介虫，古者以为货宝从此，亦其声也。肖《离》，‘龟’‘蚌’象；震，‘足’‘跻’象；艮，‘山’‘陵’象。阳，‘九’象；离，‘日’象。卦位有六，‘七’乃更始。事既终，时既易矣，‘勿逐’得矣。变兑，悦象。”《正》曰：“佐饔者，尝；佐斗者，伤。‘九陵’‘七日’，未为迟也。”郝《解》曰：“初，‘帝出’也。二至巽，则春夏交，雷怒之时也。三至离，四至坤，五至兑。上至乾，木气藏；而帝出，岁且终矣。七，反下复初，为坎；八，复至二为艮[②]；故曰‘七日’，又曰‘九陵’。二至四，为九，互《艮》也。大抵八卦尽周天之运，至兑，则震功毕；至乾，则长子遇父；至坎艮，还而归北，天运自然也。”《野同录》曰：“‘恐惧修省’，为《困》《井》《革》《鼎》‘凝命’之实事；‘丧贝’，又‘恐惧修省’之实事。所最珍惜恋护者，一震而嗒然丧矣。此后善用家珍，是‘后则’之‘笑’也。”

《象》曰：**“震来厉”，乘刚也**。

初刚为主，雷始大作，故曰“来厉”。五时震既来，而将往，故曰“往来厉”。“厉”者，震本体也。二五，虚中柔济，故动而不括；不则有所“恐惧”，有所“忿懥”，反不得其正矣。

六三，震苏苏，震行无眚。变离，为《丰》。积，《恒》。

《宜》曰：“‘苏’，即甦。甦，则神生而定。‘位不当’者，谓‘去初远，不当震惧之位也。’故‘无眚’。”李子思云：“阴爻被震，必须逃避，故二‘跻’、三‘行’。‘跻’‘行’，亦只‘迁善改过’之意。变《离》，故能明于避如此。”《正》曰：“有道，刑戮不及君子。《震》之《丰》，‘勿忧’之矣[③]。天地之尊，雷霆不时。天地自为不祥之令，而况于王者乎？”

《象》曰：**“震苏苏”，位不当也**。

介于上下震之间，故宜行而避之。

九四，震遂泥（荀，作“隊泥”）。变坤，为《复》。积，《升》。

《宜》曰：“一，阳直动；四，则陷坎。坤土、坎水，‘泥’象。初，自艮出，其力全；再动，其气亏；是以君子贵初几也。初怒，中节；四

① “顾”字，原文缺。

② 六爻，结合《后天八卦》方位，而言。

③ 《震》卦，六三独变，为《丰》卦。《丰》卦：“亨，王假之；勿忧，宜日中。”

迁怒，则‘泥’矣。”元公曰：“第一念，真；第二念，则杂。”《正》曰：“柔主强相，威戮屡试，霖雨不作，‘震遂泥’亦福也[①]。”潜老夫曰：“太宗于高丽，岂如平王、窦[②]？宪宗于庭凑，岂如平淮蔡？田单横带，岂如出莒？冦准再相，岂如澶渊？则陷阴之‘未光’也。”

《象》曰：“震遂泥”，未光也。

《三一斋》曰：“以震喝电拂，而遂生波尝试，‘遂泥’必矣。以静止自塞，而灭裂不通，‘厉熏’必矣。《震》四，犹《艮》三也。上下之几，道在光明，不在‘动静相夺’也。”

六五，震往来，厉；亿无丧，有事。变兑，为《随》。积，《井》。

《一一》曰：“初，‘震往’，‘洊雷’来。五，当‘震往来’之时，故‘厉’。然柔中有主，万分‘不丧匕鬯’矣。常以‘有事’之心临事，则《随》‘嘉’兑和，乃香鬯福酒也。”慈湖谓：“‘恐惧修省’，即‘何思何虑’。”吾以为：“‘有事’，‘在中’。”

《象》曰：“震往来厉”，危行也；其事在中，大无丧也。

“危”与“行”合，“虩虩”亦“哑哑”矣。“其事在中”，震所不能震矣。此“致福”之“后则”也，岂堕“无事之悦”乎？郝《解》曰：“人主如天，威如雷霆，能‘肃肃雍雍’，不失‘执匕’之义；则虽生杀独运，终不伤天地之和。士君子危言行，而不失‘温恭之节’，则‘与天地相似’矣。岂在‘以严厉为方正’之泥乎？”

上六，震索索，视矍矍，征凶；震不于其躬，于其邻，无咎；婚媾有言。变离，为《噬嗑》。世。

《集》曰：“‘索索’，犹‘缩缩’也。上变《离》，为电。视而目‘矍矍’，雷电俱也。上，远四隔五，故‘震不于躬，于邻’。既去四远，犹然‘震索、视矍’，中自乱也。上，复何往？‘征’，自‘凶’矣。能畏祸之及邻，而先自戒躬，则‘无咎’之道也。震至此而终，故为‘婚媾有言’。”《揆》曰：“上与初，虽非正应；而阴阳相与，‘有言’正与‘笑言’相应。乾‘索’、坤‘矍’，刚柔始交，皆‘婚媾’也。‘征凶’者，之其所畏敬而僻也。”

《象》曰：“震索索”，中未得也；虽凶无咎，畏邻戒也。

《一一》曰：“神气消索，瞻视周章，由其中无主[③]，未得五之在中者耳。《老子》曰‘为之于未有’，犹若‘畏四邻’。六爻皆‘恐惧修省’，故无凶词。”《意》曰：“‘主器’救‘颠’，‘怀刑’‘反躬’，即‘动’而

①“震遂泥”三字缺，根据文镜本补。

②王世充、窦建德。

③“主”字，原文不清。

‘知止’矣。”

《时论》曰：人随天动，而有“不动之天”存焉。圣人命之曰“主器，长子”，尊之曰“帝出”。此《彖》于其出，而尊为“宗庙社稷，祭主”也。《先天》之雷，居于山位，蛰土、邻春，而冬已复矣；《后天》之雷，居于离位，接火、邻夏，而时出焉。初雷阳来，再雷“往来”；其“洊”，皆大地之声也；其“厉”，皆天地之心也。冒言之，则程子云：“雷从起处起耳”。“虩”“哑”同初，而初言“后”者，即初而知“后之则”也。“得”“丧”同时，丧然后得。二“丧”、五“无丧”者，“有事”之力大也。君子知“先、后之一则”，超“得”“丧”而“有事”，“恐惧修省”，自凝“主器”之命；非徒以“恐惧”为“修省”，且以“笑言”为“修省”矣。“烈风雷，雨弗迷。”其虞帝之“有事”于“大麓”乎？“大雷电风，禾偃木拔。”其周王之“有事”于《鸱鸮》乎？福不可侥，惟“恐，致福”[①]。天人相与之际，非徒“口理貌恭”而已也。手持足行，必有所根，谁作主而“不丧匕鬯”乎？以二阳言之：初《豫》乃为“福”先，四《复》乃为“泥”滞。激于事势，迫于中途而动者，岂若初之“光”耶？以四阴言之：二、五，危行在中，雷所《归》者，虽“丧”而“得”；雷所《随》者，“无丧”而“有事”也。“来”固“亿”，“往而来”亦“亿”。天之降也，方多、方大；大人之敬也，“乘”亦安，“行”亦安矣。《意》曰：“‘丧贝’者，‘修省’实政也；‘无丧’‘有事’者，‘修省’实心也。君子‘厉’之，‘丧贝’即心法也，‘有事’乃政府也。”雷之泽，虽“厉”而安；雷之火，虽“行”亦极。“苏苏”者，《丰》所以“折肱”；“矍矍”者，《噬》所以“灭耳”，戒之哉？自谓“折肱”“聋耳”“我躬不阅”，可以遗落世事乎？“日中”，尚忧其“眚”，“电合”自尔“征凶”，主器讵能保哉？平日荒于讲学，而俨然最上，一旦《震》来，束手无策，“求免不得”之状，莫《艮》于眸矣。幸而变还明体，震邻知几，所亲或非笑其过计。然惟如此，乃可鞠躬于此世耳。

智曰：“人，动物也，动于至静之天，而人不知也。天不落动静，而时此动几。非以动动之，则罕有‘知至静之几’者矣。《先天》艮，居《后天》之乾；而《后天》艮，居《先天》之震。文王《序卦》，又以震统《下经》之末十四卦，明‘人道奉天之终’也，明‘后之用先’也。‘丧’也，‘往’也，‘来’也，‘言’也，‘事’也，‘躬’也，‘邻’也，皆有先几焉。能不失先天之‘匕鬯’者，谁乎？中衍曰：‘敦而虩

① 《震》卦：“‘震来虩虩’，恐致福也。”

之。人惟因循于‘齐、见、役、说’之后耳。试一观天门‘战’‘劳’以‘成’此帝之一‘出’，非文王之霹历乎？有‘倚柱作书如故’者，吾犹未许‘动上不动’之旨也。与其强颜‘哑哑’，不若直立‘苏苏’！”

䷳上下皆艮

卦象人身，取名曰《艮》。《说文》作：“𥃩，狠也，上目相匕，不相下也。”合溪从“反见为𥆞”，止菴从“目下九”。《精蕴》曰：“目，乃漏泄之总。人心缘感出入，非目则感不成。”注云：“敛目无所见，即‘反见’之义。”艮、见，同声。古限、恨，从艮。天门人门，天根岁限之故。古人声义，可以推矣。

艮其背，不获其身。行其庭，不见其人，无咎。

程子曰：“性定者，静亦定，动亦定；无将迎，无内外。”朱子曰：“止于其所当止，是‘不有其身’矣。虽行于有人之地，而‘不见其人’矣。”象山曰：“‘不获其身’，无我；‘不见其人’，无物。”子瞻曰：“圣人非贵其静，而不交于物。贵，与物皆入于吉凶之域，而不乱也。止菴曰：北堂为背，对庭更明。天之北辰，不动之所。”玄子曰：“五藏系背。背，乃身心总会处。”《揆》曰：“‘不获其身’，非无身也；‘不见其人’，非无人也。‘静无静，动无动’，在吉凶悔吝之外，故‘无咎’。”《三一斋》曰：“人心一动，意见徽纆，而身与人角立矣。退藏而忘，止其本然，则何处为‘无见之见’？而况见乎？因而巧其语曰‘吾丧我’①。因而曰：‘见见非见，见犹离见，见不能及。’②因而曰三‘心不可得’、四‘无相’③，尚是乍见惊喜之急口耳。‘敦艮’者，不作如此语也。”《野同录》曰：“邓绮谓：‘《先天》艮在西北，《后天》艮在东北。四方之北，四时之冬，人之背；一也。’此邵子之指也：‘四分，用三余一；以一藏三，而共为无体之一也。’二人相背为‘北’，后加‘月’以别之。天地不二，无北、无南，而即此‘北藏南、以南用北’者也。圣人于无动静中，指其乾索坤之静极，而‘出震’者，因指其‘反《震》而为《艮》’者。先天，艮坤交震；后天，震历一周而反艮。冬春藏限，艮居震位，可知贞悔之《震》《艮》矣，此根极退藏之门。文王恐人堕于‘主仆无别’之影事，故正之以‘无咎’。尼山以‘时’合‘行、

① 《庄子·齐物论》：“今者吾丧我，汝知之乎？”
② 《楞严经》曰：“见见之时，见非是见，见犹离见，见不能及。”
③ “三‘心不可得’”，即《金刚经》：“过去心不可得，现在心不可得，未来心不可得”。“四无”，即《金刚经》：“无我相，无人相，无众生相，无寿者相。”

止’[1]，正所以‘免人之咎’也。”

《彖》曰：**艮，止也。时止则止，时行则行；动静不失其时，其道光明。艮其止**（古，作“艮其背”），**止其所也。上下敌应，不相与也，是以“不获其身，行其庭，不见其人，无咎”也。**

周子终《四十章》曰：“其惟时中乎！”[2]艮道深矣。程子曰：“各‘止其所’，‘父子止于恩，君臣止于义’之谓。‘艮其背’，止其所不见也。”慈湖曰：“面之所向如背，则应用交错，未始不寂然也。‘知止，而不知行’者，实不知止；‘知行，而不知止’者，实不知行。知‘行止之非二’，而未能‘一一皆当其时’，未为‘光明’。‘代明错行’，后为易得。‘止其所’，止无所也。无所，则无止、无止止，真止矣。”《易蔡》曰[3]：“有心以止，‘艮其心’也；无心以止，‘艮其背’也。若曰‘必艮其背’，则已见背矣，且得言‘不获’乎？故《传》不曰‘背’，而曰‘止’。不在心，不在背；节节皆心，节节皆背。”阳明曰：“恶动之心，非静。求静之心，亦动。”《筌》曰：“‘无方所’之所，‘思不出位’之位，岂有定体之可言哉？”仲舆曰：“位无定，而位位自定；所无方，而所所有方。《大学》惟能‘知止’。未有不明善，而能诚身者。定慧袭此。”《揆》曰：“动失时者，扰乱之‘惺惺’也；静失时者，无记之‘寂寂’也[4]。‘敌应’者，相与于‘无相与’也。”元公曰：“敌应，其‘无相相’乎？”潜老夫曰：“卦不得不以动静示人。人生皆动，故教之‘止’，乃对治也。恐人‘以沉窒守寂，为止’，故曰‘不失其时’；又恐人‘以总杀、总赦，为荒止’，故曰‘所’、曰‘位’。程子曰：‘动静合理，不失其时，乃“其道之光明”也。’正恐离二途，而三不得，栖心无寄，或睩无事；而以皆是、皆不是，为脂韦遮夺之黄叶，不惜误人；况迅陗争高，而教成阴贼谲智者乎？反不如《老子》之‘不见可欲，使心不乱’，为切己也。圣人曰‘时’，所以中刚柔之节；曰‘理’，所以明适当之则，何其上下光明哉？是以直贯‘无咎’。所重者，‘无咎也’。”　曰：“秋冬剥落，而后春夏长养。不得执‘天之所以为天’，而混言‘无冬夏’也。教人观‘未发’，岂以静坐为道乎？暂息焉耳。五官各止其所，即感是寂矣。‘知止’，即‘光明’矣。‘素位’即‘时’，时即顿矣。然非‘恐惧’‘丧贝’之霹历，谁肯迸破而‘知止’乎？《大

① 《艮》卦：“时止则止，时行则行，动静不失其时，其道光明。”

② 《通书·蒙艮第四十》。

③ 蔡鼎（1588—1655），晋江金井塘东人，明代易学家，著有《易蔡集解》。文中亦有“集解曰”，不知是否引其著作。

④ 《禅宗永嘉录》：“惺惺寂寂是，无记寂寂非；寂寂惺惺是，妄想惺惺非。”

学》艮震，《中庸》震艮，谁不背负‘庭趋’？其如当面蹉过，何耶？”

《象》曰：**兼山，艮；君子以思不出其位**。

玄同曰：“变《连山》为‘兼山’，明内外、前后之皆止也。《彖》言‘时’，《象》言‘位’，时位即道也。‘时’敦于用中，中敦于‘兼’；‘兼’则两忘矣。”龙溪曰：“著于‘有思’，为逐物；著于‘无思’，为空寂；此兼扫也。”吾谓：“‘何思何虑’之天下，与‘思无邪’之一言，兼即一矣。”《隅通》曰：“《洪范》思属土，《易》以思属艮土。‘不出位’者，‘睿作圣’也。”《订》曰：“知止，无定位。位一止也，‘素’即‘不出’矣。心、迹，非判为二事，应而不留，圣人之学也。‘视思明，听思聪’[①]，是为‘不出位’之思。行，非对待；思与无思，岂属对待？”

初六，艮其趾（荀，作“止”），**无咎，利永贞**。变离，为《贲》。

《宜》曰：“趾，动之先也。‘艮其趾’，‘可与立’矣。《咸》，上仰下仆，以感取。《艮》六爻，俱从背后视之。在下视足，踵趾皆见。踵趾，总谓之‘止’。止，即古‘趾’字。元公曰：举足，即道场也。‘按指，海印发光。’[②]曾知之乎？”《正》曰：“世有不‘行其庭’，尝‘见其人’者矣。噬、贲、咸、壮、夬，‘趾’，凡五申之。以趾命趾，不如‘以趾命身’之为止也。”

《象》曰：**“艮其趾”，未失正也**.

《一一》曰：“世之高狂，好訿‘步趋’之学。故圣人决之曰：‘未失正也’。”

九二，艮其腓（古，一作“肥”），**不拯其随**（《释文》，作“不承”。一行，作“不抍”），**其心不快**。变巽，为《蛊》。积，《大畜》。

《宜》曰：“‘随’，指二阴随阳，犹腓随股动也。二不能‘拯’而‘随’之，由三主卦，未肯退听于二，故‘心不快’。”《订》曰：“心欲止，乃犹随而动者，所谓‘气一，则动志’也。”泗山曰：“欲以柔中，‘拯’三之过刚而‘随’之，乃权也。庄生曰：‘彼且为婴儿，亦与之为婴儿。’此随之说也，‘达之入于无疵’，然后快。”

《象》曰：**“不拯其随”，未退听也**。

《一一》曰：“学术一误，终身不反。三，岂‘退听’于二之柔中乎？元公曰：家贼，未肯‘退听’。”《意》曰：“告子、牟，以重伤，是‘未退听’也。”

九三，艮其限，列其夤（郑，作“膑”。《说文》，作“胂”。荀，作“肾”。孟喜，“列”作“裂”），**厉**（韩婴，作“危”）**薰心**（《公羊》，及

① 《论语·季氏》。

② 《楞严经》。

虞氏，作“阍心”）。变坤，作《剥》。积，《损》。

《遡》曰：“‘限’‘夤’者，人身上阳、下阴，腰当阴阳界限中，谓之‘限’。‘夤’，缘也，‘夹脊肉也’。缘以俯仰，缘以转侧，皆腰之用，不可艮也。艮，则机关废而不用，同乎决裂。心且为之薰灼，此强制之酷法。”又借口曰：“‘何妨以告子逼人，而后归之中和耶？’实则，贪奇骇迅以捷，轰其隐怪耳。肖《离》，象‘薰’。”

《象》曰：“艮其限”，危薰心也。

光令曰：“强矫过当，刻厉焚和；本欲无心，而危乃如此。故申其词，而曰‘危’。”

六四，艮其身，无咎。变离，为《旅》。积，《睽》。

《揆》曰：“爻，各指身之一处。四，心位。无所不统，而心不可见。身为心之区宇，以 心治身，即以身治心，故曰‘艮其身’。‘心结，仪一’，‘温恭、定命’者乎？”淇澳曰：“颜子是《复》，曾子是《艮》。”《正》曰：“心被于天下，天下皆主也；游于天下，天下皆旅也。七尺之骸，万里之舍，神明所经，客于昼夜。知主人者，‘艮其身’矣。”

《象》曰：“艮其身”，止诸躬也。

《宜》曰：“恐人以为‘正面’，故以‘躬’释之。‘躬，从吕，背膂也’。”伯厚曰：“偃身为‘躬’，不见面也。”慈湖曰：“‘身’者，伸也；‘躬’，屈也。”幼清云：“身，谓‘股以下’。前腰股、后腰膂，所在处，乃生身之由始，故以此为身。呼吸之根，气所从生也。止其身，则气住而神亦住。四以柔居柔，盖专气致柔者。”《揆》曰：“二三，身位；而曰‘其心’、曰‘熏心’。四，心位，而曰‘身’。可悟‘身心合一’。”

六五，艮其辅，言有序（虞、李，作“孚”），**悔亡**。变巽，为《渐》。积，《履》。

曰：“在上而偶，曰‘辅’，象颊之两旁也。《咸》言其面，故并见‘颊舌’，《艮》取‘背’象，故独言‘辅’。但见其两辅，则知‘其言之必有序’矣。‘庸言之谨’[①]，‘止至善’者也。艮反，兑‘口’。艮，‘辅’象。《艮》在言行上见，‘趾’‘腓’象其行，‘辅’象其言。”元公曰：“言出于风，最无定性。‘艮辅’‘有序’，则辅得文字矣。”王曰：“登于介丘，必祀其辅。”此《艮》之《渐》，物之序也。《意》曰：“顿知本体，依然在渐序中。君子发言，以止天下之‘非僻’，可废序乎？言而无序，‘悔’安得‘亡’？”

《象》曰：“艮其辅”，以中正也。

①《乾卦·文言传》：“龙德而中正，庸言之信，庸行之谨，闲邪存其诚。”

程子以得中为正，朱子以韵衍正。《揆》曰："初，仅'未失正'；五，以中为正。古'庚'韵，亦与'东'通。"

上九，敦艮，吉。变坤，为《谦》。世。

《集》曰："敦，厚也。《尔雅》：'丘再成为敦'，亦厚意。"羽南曰："爻象人身，上独不言，而曰'敦艮'，所谓'不获其身''不见其人'者欤？大止者，各止其所止，于无所止者也。行止动静之惟时，安于止矣，即敦其辅、躬、限、腓、趾而已矣。艮居上，八体皆'吉'。"

《象》曰："敦艮之吉"，以厚终也。

《揆》曰："《震》《艮》，圣学之始终，造化之起止也。此即《坤》之'厚载''大终'，终《乾》之'知'，而成终、成始也。"潜老夫曰："上当为顶，而不言心，不言身，亦不言顶。盖推倒高峰，而旋视平地，无上无下，而'安土''敦厚'者也。《坤》'含弘光大'，'地'象，曰'大终'。《艮》笃实光辉，'山'象，曰'厚终'。坤、艮二土，节限四时；天人之范围，止于此矣。"

《时论》曰："《艮》，止也。"而《彖》乃训"行"敌"止"，训"动"敌"静"。明乎卦序震、艮，《后图》艮震，"不闻不睹"兼行止、动静矣。人先止于家，而身先止于心。"庭""背"者，身所具之位也；"辅""限""腓""趾"者，心所别之位也。《震》曰"出"，凡"宗庙社稷"，皆"设教施政"之涂也。《艮》曰"不出"，凡"背"与"庭"，皆"塞向墐户"之所也。脏络系背。艮位东北，若堂背然；内艮，若内庭然。君子内省于"不见"，必自"尔室"始矣。其有所愧于"屋漏"者，"大患以有身"也。《明夷》获门庭而出，则"用晦"为贞。《节》"不出门庭"而凶，则失时已极。"时止止，时行行"，何动静而非时哉？"不获"矣。而"艮其背"者谁何？"不见"矣。而"行其庭"者谁何？有背、有庭矣。而"不获""不见"者谁何？其非"块焉枯株、放焉罔食也"，明矣。"北辰居所"，可以"共"也；《井》居所，所以"迁"也。由"出"，而"见"，而"说"，而"劳"，四方之所也。艮于时中，即敦于所中；"时敦"即"不获"矣。纯卦皆敌，而《艮》表之耶。内见我，则敌缘于外；外见物，则与起于内。患在"出位"，不在"敌""与"也。《中孚》"得敌"，而"鼓、罢、泣、歌"，莫能自主者，未"思兼"也。《艮》"敌应"，而庭背两空，身人双遣，"思不出其时位"者也。"心官则思"，相与于"无相与"，"其道光明"，岂"汶暗"之谓哉？匪思也，谓之"土偶"；匪位也，谓之"洸洋"。貌言视听，无非睿圣。知何思乎？知思兼之，即"何思"乎？此"从心所欲不逾矩"者也。圣人以此立人极，而后世犹有迷尊空影，不知“素位”者，其亦未彻“兼山”矣。凡人抱阴负阳，而腰膂限之；伸之为身，屈之为躬，屈伸相感，操履最急。初《贲》于“趾”，非壮“趾”也；“永贞”不失，欲其“慎终如始”也。《谦》亨“有终”，自然“敦厚”矣。山下风生，在乎内中作主，消其阴《蛊》。而敌山《剥》“宅”之地，转际尤为难持。三乃“艮限”，上下列绝，矫制酷塞，“薰心”甚危。今所谓“毒门”，皆“贩告子”者也。二腓，亦“随”三限，而三既不肯“退听”，我何从之？《夷》“拯”贵退，《涣》“拯”贵进，今不拯乎？其随乎？我心所“不快”也。四，免三“危”，而《旅》心亦“未快”也。视身犹旅，盖亦反光近用矣。要吕之间，善自屈伸，全形处世，躬躬如也。《震》，“躬”乎？《蹇》，“躬”乎？“止诸躬”也。五《渐》“有言”矣。“有序”而不“陵”节，罕雅时矣。从背视之，其象如此；合而“敦”之，不知有身，又安知有背乎？口斯“言”，趾斯“行”，言行当时，“不快”犹快也，不获其“不获”也。宁有营步趋、唾修身而号“敦艮”者哉？“时止”之训，“敦”于“序”中。《艮》宫归《渐》[1]，故继以《渐》。《意》曰：“《咸》《艮》皆心学。然不言‘咸其心’、亦不言‘艮其心’者，心本至神，无方、无所，不必单提其名而后显者也。”周子曰：“看一部《藏》，不如看一艮卦。”《华严》之广表其心也，《楞严》之征空其心也，皆“不获”之影也。歇心“止观”，《艮》之“危”“限”半涂也；反一“守黑”，《艮》之偏真孪位也。少室安心，五宗浪翻于大定，苦于执总废别，护毒而不知时；流而诡激，荡而卤莽，愈矫愈支，益坏“无咎之庭”矣。两《艮》夹《坎》成终，限岁矩曲，人生寅方，有知此者乎？不堕洸洋，而后“震，无非艮”。则谓：“六十四，皆艮、震也”，可。

智曰：“生今日，而时其言也。有离名法、事物者哉？以‘忘言’言，则急口空影而已。《彖》爻之象几，何非急影耶？况象外耶？欲研极者，‘悱三’‘竭两’耳。要其序，自历然也。且以动静序之，有显动静焉：夜息，静也；日用，动也。坐，静也；行，动也。默，静也；语，动也。无事，静也；云为，动也。有密动静焉：未生前，静也；生后，动也。动中之静，静中之动，皆是也。有弥动静焉：亘古此一动，即亘古此一静也；亘古此动静之一，即不落动静之一，是也。显、密，皆纶也。知此三动静，弥在纶中，则合时中节，素位光明。而三《易》之指趣，惟吾分举、合举、正举、偏举矣。《归藏》《连山》，二土也。《周易》以乾立天门，而用寅申之二土。《艮》为人，而《震》‘出’开巳者

① 《渐》卦，为艮宫归魂卦。

也。《坤》行‘地’，《艮》行‘庭’，皆健行之不息也。言体者，反小本也。‘《易》无体’，而随处寓体；此天之大用，即大本也。然知大本者，先反小本以固之，而后可达。达此，乃知‘无动无静’，而贯乎动静之中。”

《绎》曰：“咸、恒，首经矣；损、益，权于经矣。而气化错揉，不正、不时者，何多耶？故以《渐》《归妹》‘正’之、‘永’之。”《正》曰：“随、蛊、渐、归妹，《易》之大际也。《随》以教弟，《蛊》以教孝，《渐》以教顺，《归妹》以教慎。四者，仁让所由兴也。”潜老夫曰：“咸恒、损益之道，知乾坤坎离之悦入人情；而《夬》‘遇’、《萃》《升》，历于穷通变正。故可以时《震》时《艮》，而安其《渐》《归》矣。圣人详于‘渐’教，而包容其‘归’。阳一阴二，用必配合，故道之容诸法术也，亦有元配、侧室之分焉。晚路宠夺，亦犹高玄之悦新毕也。守待者之提撕正义，岂可一日少耶？”《易原》云[1]：“渐、归妹，与中孚、小过适对，乃巽艮、震兑之交，与巽兑、震艮之别也。智观《方图》渐、小过、归妹、中孚，居第三围之正南北。《圆图》，则归妹、中孚，居冬至日出之地；渐、小过，居夏至日入之地。仲尼此一对，收入《杂卦》之乱章；游、归，以此对总结八宫之魂变。可不察乎？”

䷴风山渐

《说文》：“渐，水名。渐江即今浙江，借为渐次。”柴氏曰：“渐、洊、浸、渍，声义同转，斩乃谐声。”

渐，女归吉，利贞。

京《传》云：“少男终极阳道，则柔道进。《渐》，为《艮》之归魂，巽不见艮。”《意》曰：“知止则进。循序有节，所以止也；从容渍沁，所以进也。天道人事，藏顿于渐。《艮》之‘敦’不可见，而中五之‘序’可见，故以《渐》受《艮》。山上有木，木高困山。止体顺用，续前升、井、鼎之‘木’象，以木藏风也。动静、‘洊省’‘兼思’之位，

①《周易时论合编》卷十四有“萧景元《易原》”之论述。

莫著于人道之造端。故《咸》《恒》著‘取女’，而明感理；《渐》著‘女归吉’，而明其义焉。正家、正邦、善俗之真实时位也，归贞进正家邦之善‘动不穷’矣。”

《彖》曰：**渐之进也，女归吉也**（王肃，作“利贞也”）。**进得位，往有功也；进以正，可以正邦也。其位，刚得中也；止而巽，动不穷也**。

辅嗣曰：“‘之’，非衍也。”关子明曰：“万物无不渐。渐，其圣人之进乎？”《全》曰：“‘止巽’者，不遽进，与《晋》‘进’不同。”元公曰：“《渐》从《否》变，进三之柔以成巽体，此《渐》所以名也。长女后嫁，‘渐归’之象。渐进之道，造化人事皆然，不止君臣之际已也。”《正》曰：“序贵，序齿，序贤，皆序也，圣人所以教弟也。序贤恐争，故又弟以致其顺。《诗》曰：‘受爵不让，至于已斯亡。’知渐，则可以善俗矣。”《遡》曰：“《渐》《蛊》同体：《蛊》以山风为‘父’‘母’，《渐》以风山为士女。二卦相承，女归待父母之命也。《蛊》子从父，故上艮；《渐》女从母，故上巽。‘六礼’备而后归，可谓‘渐’矣。《咸》‘取女’、取主夫，《渐》‘女归’，《归》主妇；《咸》遥应，《渐》体交，取《归》之辨也。”《订》曰：“‘渐吉’矣，犹‘利贞’者。三四主卦，虽皆当位，然相比而归，非正应也；惟二五相应为正。卦初四、三上无应。初，守正以待时；上，孤贞以著节。二五则‘女归’之经也，三四乃权也；故戒。又曰‘进得位’，指九三。‘往有功’，往与四比，则有配合之功。盖艮男止于内，有‘浩浩乎水’之歌；巽女长于外，有‘其实七兮’之叹。若拘常守故，则将废人之大伦；因比而合，若舜之‘不告而娶’者，权也。‘进以正’，则‘得中’。五与二，中正相应，可以‘正邦’也。《传》因主爻相合之非经，故借二五以明‘利贞’之义，不拘卦之男女也。人能廉静无求，自能相时而动，往不穷矣。”郭青螺曰：“《尸子》曰：‘鸿鹄之彀，羽翼未全，而有四海之心。’《博物志》云：‘鸿鹄千岁，皆胎产。’以配六龙可思。”

《象》曰：**山上有木，渐；君子以居贤德善俗**（郭京，作“善风俗”）。

更生曰：“‘地中生木’，其‘升’以‘冥’；山上有木，其‘居’以‘渐’。自利、利人，皆取于渐，无取于顿。”《野同录》曰：“‘变动不居’之神，神于‘居贤德善俗’而已矣。‘正位居体’，‘所以居业’也。修省思敦，惟在‘善俗’。高言顿超，掠虚易捷，平心自尽者，千不得一；而屑越威仪，鄙唾名义之狂风大发，先受乱俗之祸矣。《震》五‘无丧有事’，所以‘笑言’;《艮》五‘言有序’，所以‘敦厚’。圣人藏罕于雅，《渐》《归》之薰风也。”

初六，鸿渐于干；小子厉，有言，无咎。变离，为《家人》。

《宜》曰："大雁，曰鸿。‘木落南翔，冰泮北徂。’往来有时，先后有序，《渐》之义也。婚礼用雁，取‘不再偶’，故为‘女归’之象。本水鸟，而乘风以飞。下卦艮止，而有坎水。‘干’‘磐’‘陆’，皆鸿渐进，而止于水际者也。上卦巽为风，为高‘木’‘陵’‘逵’，皆鸿渐进，而飞于风中者也。子午以东为阳，西为阴。由艮达巽，阳气之地。故立春以后，鸿雁来，号曰‘阳鸟’，以随阳也。‘干’，水涯，山水之间象。古‘间’‘干’通声。‘言’，离象；‘小子’，艮象。”玄同曰："未有室家，曰‘小子’。惧失时，曰‘厉’。通媒妁，曰‘有言’。未言，则有失时之惧；已言，则饮食以需之。‘衎衎’而乐，何咎之有？”王伯厚曰："清议，所以维风俗也。‘有言’，固义也。"《订》曰："元稹初不苟，特以不堪踬厄，受众多之言，遂改途而妄进。"

《象》曰："小子之厉"，义无咎也。

《潜艸》曰："渐序之初，惟此义以自厉。子产作慧，子国叱之曰[①]：‘童子何知？’范燮三掩人于朝，士会杖之折笄。夫此‘有言’以厉‘小子’，即以厉成人也。"

六二，鸿渐于磐（《汉武纪》，引作“般”。裴龙驹注云："水涯堆也。"杨用修，取之），**饮食衎衎，吉**。变重《巽》。积，《小畜》。

《宜》曰："用修训‘堆’者，是。鸿，固不栖石也。禽俯而啄，仰而四顾，一或惊心，则飞而去之。‘衎衎’和鸣，何其适也？"《筌》云："《观》五之‘三岁不孕’。知二为‘未归而待时’者。中正涵养，岂甘豢养而妄应乎？"

《象》曰："饮食衎衎"，不素饱也。

赤城氏曰："‘饱食终日，无所用心。’鲜有不思东家食而西家宿者。"潜老夫曰："士之可比孟光者，贵在素其井舂耳。居常有‘食无求饱’之《畜》，自然有‘委蛇退食’之《巽》。礼耕学耨，哜茹道真，三旬不火，而声满天地。以‘浮云’为‘润胖’[②]，岂‘谋稻粱’者乎？"

九三，鸿渐于陆，夫征不复，妇孕不育（荀，作“妇乘”；一，作“娠”），**凶；利御寇**。变坤，为《观》。积，《中孚》。艮归。世。

《宜》曰："‘高平，曰陆。’艮变坤象。《诗》言：‘鸿飞遵陆。’毛《传》亦谓：‘陆，非鸿所宜遵也。’"《遡》曰："三夫、四妇。三，互

①原为“国子”。

②《礼记·大学》:“富润屋，德润身，心广体胖。”

离、见坎，火上炎则‘征’，见水则‘不复’。四，互坎、见离，坎血则‘孕’，离虚则‘不育’。‘不复’者，不能娶；‘不育’者，不敢嫁；不嫁，则不育。以礼自守，犹五之‘三岁不孕’也。坎，为‘寇’。而下止、上陨，为‘寇奔’象。刚止于外，下蔽三阴，同舟遇风，仇如两手，‘相保’则已顺矣。”

《象》曰：**“夫征不复”，离群丑也；“妇孕不育”，失其道也；“利用御寇”，顺相保也**。

三四，论卦主，则正；比，则不正。故夫“丑”其妇，往“不复”返。妇亦抱践蔡之惧，孕不欲育，是以凶。丁易东云：“此爻本以三四得位，两无应与，有‘夫’‘妇’象。‘不复’‘不育’，反言之也。”《订》曰：“无以‘非应相合’为嫌也。怨女旷夫，不为夫妇，无以‘相保’，谁与‘御寇’者乎？”《正》曰：“《观》而不归，强敌在外，而悉索从之，是《于役》《阳阳》所由作也。”《浮山闻语》曰：“麒麟画而生妻去帷，青盲洗而瀹者下地，‘利御之顺’矣。黄昌、徐孝克之伉俪，皆去而复还，亦‘相保’乎？”

六四，鸿渐于木，或得其桷，无咎。变乾，为《遁》。积，《履》。

《宜》曰：“四入于巽，故象‘渐木’。飞过其上也。《淮南子》云：‘曲木不可以为桷。’木中桷之用者，曰‘桷木’；中梁之用者，曰‘梁木’。谓‘鸿得平柯，皆息也’。女子过时不嫁，不得已而托一夫之庇以终身，得于或然，非常然也。‘桷’者，屋椽。坎，‘宫’象。”《筌》云：“‘顺以巽也’，全是许之之词，非‘乘刚不安’之说。”

《象》曰：**“或得其桷”，顺以巽也**。

《一一》曰：“罗隐依钱镠，龚壮于成李，亦‘桷’也。”

九五，鸿渐于陵，妇三岁不孕；终莫之胜，吉。变，重《艮》。积，《睽》。

《宜》曰：“变艮，为‘陵’。‘妇’，指二。坎，为‘孕’。二四所阻，历三位而后至，曰‘三岁’。未偕，故‘不孕’。五之‘渐陵’，非不安也，不苟安也。二之‘衎衎’，非不孕也，不苟配也。中正相应，惟二五堪胜此也。”《正》曰：“陵，不若泽之乐也，然网罟相谢矣。君子无所胜于人，而人乐于胜君子。故有远人之志者，无近人之祸。宋公子臧，吴公子札，卫公子鲜，行或优劣，而远祸于‘莫之胜’，则一也。安心止居，饥渴不阻。瑗、惠[1]之行也，虽有‘磐食’，不谋之矣。”

《象》曰：**“终莫之胜吉”，得所愿也**。

---

①蘧瑗、柳下惠。

《一一》曰：“人有中正之本愿，谁能胜之？”

上九，鸿渐于陆（胡、程，皆云“作‘逵’”），**其羽可用为仪，吉**。变坎，为《蹇》。

《集》曰：“上，则于归后，宜室、宜家。‘羽可用仪’，《诗》所谓‘刑，御家邦’者耶。‘羽’，特就‘鸿’言之耳。一谓此‘贞不字’，有‘汉广，江永’之风者[1]。”敬仲云：“人心为进退得失所乱，则贪进不克退。巽能退，必其心‘不为进退得失所乱’者也。”淇澳曰：“九三南陆，入于人中，故多‘凶’。上九北陆，为冰泮北归之陆，超于天外，故无患。鸿若失偶，至死孤飞，戛然长鸣，志‘不可乱’。”玄子云：“‘鹰扬’之烈，不伟于二饿夫；徂击之功，不加于四老人；麟阁之勋，不宏于一客星。”《心易》曰：“渐极，多趋事功。故表北远俗高翔，而‘不可乱’者。浔阳、卧龙，襄阳双鹿，‘可为仪’矣。”

《象》曰：**“其羽可用为仪，吉”，不可乱也**。

郝《解》曰：“《中孚》‘翰音’之凶，以知上、不知下也。《渐》，则‘吉’矣。君子观鸿象，有伦有序，顺礼审时，何往不吉？故夫‘躐等欲速’者也，士林之祥桑；剽悍急疾者，人类之鹰隼。此《渐》所以‘居贤善俗’也。”《野同录》曰：“以学言：初为疑殆讨论，二为日用饮食之好学者，三四为亢激从权，五为先难后获，上则云路高标。朱子谓：‘不为无用，岂可得而乱哉？’圣人贵于切用，高不离卑。岂如后世之，以‘无别’乱《中庸》，以‘冥应’乱‘无首’耶？顿，不过顿知耳。顿知此‘顿在渐中，不渐则乱’，依然岌岌乎讲渐教而已矣。”　　曰：“鹍鹏之南北乎？鸿雁之春秋乎？伦序往来，固渐也；冥化培飞，亦渐也。‘入鸟不乱群。’正其神于‘善俗’也。岂‘以海凫主惑乱’者乎？”

《时论》曰：《渐》取妻，而《归妹》买妾也，人道通常尽之矣。教学必“藏顿于渐”，而以动悦鼓舞为大归，心法通常尽之矣。心法归人道，人道归造端，故就夫妇而象之、义之。不渐则为《否》，所以《渐》者“吉”；不归则为《泰》，所以《归》者“凶”也。女“巽”于归，而少男先下焉；妹“悦”于归，而少女先下焉。圣人善《渐》，故以士女同箴；《归妹》“知敝”，故专著少女之戒也。孔子曰：“艮渐正月，巽渐三月。”此知阳一、阴二之用隅，巽艮为岁限、转风之会矣。《后天》，自艮向巽，其风上行；自巽转艮，其风下降。山归风，则风气疾，而山坏其高，故为《蛊》。风归山，则山体厚，而风纾其势，故为《渐》。

① 《诗经·周南》：“汉之广兮不可以泳思；江之永兮，不可方思。”

乾居艮、坤居巽，而出长女、少男以宣化也。《渐》“女归吉”，士亦犹是矣。《巽》之变《艮》，则“纷若”之忱[①]，止于“食衎”；《艮》之交《巽》，则“辅序”之猷[②]，入于“终胜”。盖《艮》宫之卦，成言乎此。艮，固止；巽，亦止也。三《观》、四《遁》，终渐归于“顺巽”。初之《家人》“言有物”矣。上而远《蹇》其“来顾”矣[③]。女“正家”，士“正邦”，岂有二焉？归功于夫，归功于君，所以中也。六鸿进翮，而《关雎》之化显；“六鷁退飞”，而《麟趾》之义衰，圣人惑矣。“冰泮北徂”，鸿向艮地；霜降南翔，集于巽天。水族之孕，眸子不运，视风而化也。阳鸟攸居，随阳而已。“居贤善俗”，孰有神于“阳统阴之礼教”者乎？“女归”本指二，则“吉”矣。有以三四为琰、为卓者[④]，不可以怜才而乱贞俗也。无网，鸿“离”，三何以《观》于“群丑”乎？三变而《坤》，与四其两“顺”矣。《意》曰：“六礼奠嘉，‘磐石’象乎？鸿进于‘磐’，而饮啄得时也，非犹‘鹈梁’之诮也。‘君子不求安、饱’，可以歌河‘干’矣。”五，立求贤抚民之“愿”，而为三四所间，“劳来安集”，能不以渐“胜”之？“肃肃其羽，劬劳于野；爰及矜人，哀此鳏寡。”鸿，其“离”群而“陵”乎？正应合群，终“得所愿”。举案齐眉，三顾鱼水，此可以相比矣。夫士君子进正，而奉其贽；得位，而列其序。可以丈夫之出处，而不女子若乎？嗟乎！君道奏于臣道，圣人范以贤人。末流夸顿，鄙唾渐教，使人藏匿于圆通悍泼，以缘饰其灭理任情。顿悟“周姥不为此礼”，犹可言也；闾巷顿悟圣曌之宗，不可言也。其不敝中和之俗者，几矣。

智曰：“《震》《艮》之后，以《渐》为道法之常，统理其人情。巽入于止，即能止万世于大止，而动悦皆得所《归》焉。是《震》‘省’、《艮》‘思’，《渐》‘善’、《归》‘义’，乃所以终《咸》《恒》天地万物之情者也。欲感贪进，果于为乱；且得不果，亦可渐止。故近尝不能正之，而远则可以仪之。内逼其利，则反穷；而外观其仪，则善感。道在法中，内外交化，渐浸风俗，必以礼乐为‘羽仪’。因顿知‘本无内外’者，止归于‘进退得失当位’之用而已。夫之化妻妾也，妻即助夫安室家矣；君之化臣民也，臣民即代君安职分矣；心之化事物也，事物即养心以安生理矣。一也，皆以‘刚得中’而正之者也。《阴符》以阴

①《巽》卦，变《艮》卦。《巽》卦：“九二，巽在床下，用史巫纷若吉，无咎。”

②《艮》卦，变《巽》卦。《艮》卦：“六五，艮其辅，言有序，悔亡。”

③“顾”字，应改为“硕”字。《渐》卦，上九独变，为《蹇》卦。《蹇》卦：“上六，往蹇来硕；吉，利见大人。”

④北大本，缺“为卓”二字。根据文镜本补。

浸胜其阳，大《易》以阳渐用其阴。究也，不知其然而然，是‘渐功实顿功’也。世言顿者，皆助长耳。故知藏顿于渐，即藏其‘本无顿渐’者；而天道人事，同此大止，同此大归矣。”

䷵雷泽归妹

《全》曰：“歸，从止从㚑；谓‘㚑而得所止也’。妹者，取‘少女未通期’之意。许叔重云：‘歸，从婦省’。谓‘嫁曰归’。𠂤，从土也，是‘阴归阳’之义也，与圭、鬼同角发声。”京《传》曰：“《渐》为《艮》归魂，《乾》终也；《归妹》为《兑》归魂，《坤》终也，故曰‘天地大义，人之终始’。八卦之变，《归妹》为终，故曰‘大归’。”邓绮曰：“万物‘出乎震’‘说乎兑’。故坎离南北，阴阳之消长也；震兑东西，万物之生成也。阳终乎震，阳之始也；阴尽于兑，阴之终也；从此‘代终’于乾矣[①]。《杂卦》曰：‘《归妹》，女之终也。’《后天》乾兑相次，《先天》乾夬相次，自然之道也，故曰‘震兄生物，归于兑妹，而后成’。谓：‘乾坤六子之变，自长男至少女，六子之功尽矣。’”

归妹：征凶，无攸利。

《宜》曰：“妹，以兑取；‘娣’象，亦然。聘则为妻，奔则为妾。此以三为女，自内而外，象‘夫家未定，一朝自内而外适’。《渐》以为四女，自外而内，象‘夫家久定，徐自父母家而归也’。《彖》惟《临》《井》言‘凶’，《否》《剥》言‘不利’。《归妹》兼之者，妇居阳位，夫居阴位也。”元公曰：“《归妹》自《泰》变，三刚往四，四柔来三，不得其正位也。《泰》五‘帝乙归妹’，此五亦曰‘帝乙归妹’。二卦皆‘天地之交’，但交有当、有不当耳。震‘眚’、兑‘毁’，皆‘凶’象。”郝《解》曰：“妹者，昧也。少女无知，故称妹。见欲而昏，越礼乱序，谁不知此敝耶？周公作《酒诰》，谓‘纣邦’为‘妹邦’；以此女而归妹，幼无知也。士而归妹，将若何？”《订》曰：“随、蛊、渐、归，少长不敌，与咸、恒异。皆夫妇之变，然长女‘惑’少男为《蛊》，少女‘说’长男为《归妹》。女下于男，女为主，故‘凶’。长男先少女为《随》，长女适少男为《渐》。男先女，男为主，故‘吉’。”

《彖》曰：**归妹，天地之大义也。天地不交，而万物不兴；归妹，人之终始也。说以动，所归妹也**（马，作“所以归妹”）；**“征凶”，位不当也；“无攸利”，柔乘刚也。**

---

① 《坤卦·文言传》：“地道无成而代有终。”

《纂言》曰[①]："'父亡，长兄嫁少女。'此一义也。《五行书》曰：'甲木以乙木，嫁庚金。'此一义也。"神曰："妹，女弟也。生男，不生女，则阳亢矣；生女，不生女弟，则阴孤矣。一阳二阴，配以嫡庶。泛泽之气，郁雷、虹蜺杂射，雨则济矣。杨赐引《中孚经》曰：'蜺之比无德，以色亲'。'虹贯牛山'，管仲谏桓公'无近妃宫'，可不慎哉？"《遡》曰："天地大义，不发于《咸》《渐》，而著于《归妹》者，《后天》东震、西兑，为春秋终始。又或壮女不孕，而少女续嗣，亦大义也。《孔易》[②]：'《归妹》女之终'，则谓'女虽妾媵，终于从一、无二归'之义也。"《意》曰："震木、兑金，顺首相伏，平位春秋之分。金母、木公，阴阳交合，圣人知'欲根不可断、不可任'，因出震之生机，归西成之喜悦。故名其伦理，而节以通之，以权归阳，此'天地之大义'也。'慕少艾'，人情也。西之阴金，反克东之阳木。'百炼化为绕指'，情迷其性，随动而悦。《归妹》'悦以动'。上下悬殊，《归妹》于是病矣。'位不当'者，《兑》主居三，性极媚而成躁；《震》主居四，情因动而易溺。近而相得，三求四，而四为所惑，故'征凶'。爻于三，训其'须'，于四勉其'迟'，亦戒'征'也。'柔乘刚'，以三乘初、二言，此其归，可知矣。以悦动阳，而阳溺于爱色，升亡血。五伦秽祸，谁是'好德如好色'者乎？顺人之大宝，而正始维终，莫如礼。无礼而任情，则人岂得如禽乎？故以《兑》之'朋友讲习'，永'恐惧修省'之终。此名教所以为乐地，安其所《渐》《归》，则《咸》《恒》矣。"

《象》曰：泽上有雷，归妹；君子以永终知敝。

《宜》曰："泛泽易荡，而'虺虺阴雷'。君子观《象》曰：'世未有合《易》，而能永终者。'《否》然后《同人》，'将恐将惧，置予于怀'也；且然'大师克'而后'遇'。《渐》至五始合。《归妹》，初即归矣；终之不利，固宜。"《筌》云："物生必终，有以永之则不终；事久必敝，有以知之则不敝。《咸》必《恒》，而《渐》乃《归》，以《震》之'修省'，防《兑》之'毁折'，乃不昧耳。而犹许薄礼义、窃混沌者之'刲羊'踞上哉？"淇澳曰："'向晦宴息'，修之身者，当有'不愧屋漏'之思。'永终知敝'，防之人者，当有'愠于群小'之惧。"

初九，归妹以娣，跛能履，征吉。变坎，为《解》。

《筌》曰："娣，之为言'第'也，言'以次第进御于君'。古天子一娶九女，诸侯一娶三女，同姓媵之。《谷梁传》云'一人有子，三

① 吴澄（1249—1333），字幼清，晚字伯清，元代杰出的理学家、经学家、教育家，著《易纂言》十卷、《易纂言外翼》八卷。"纂言曰""幼清曰"，皆引其著作。

② 即《杂卦传》。

人缓带’是也。初居下，无正应，‘娣’象也。阳刚非跛，自嫌并嫡。‘能履’而托之乎‘跛’，故《象》‘征凶’，而此‘征吉’。”《遡》曰：“娣、姪之从嫡也，皆妾也。商人亲亲重娣，周人尊尊重姪。《易》仍商法，故舍‘姪’言‘娣’，且两有‘帝乙’之系。‘跛’‘眇’，与‘履’同；而能履、能视异。谓‘姪娣虽贱，事夫育子则一’。履视，不以‘跛’‘眇’废也。初在外，不嫌耦嫡，故‘征吉’。二应五，嫌于耦嫡，故有‘幽人’之戒云。”

《象》曰：**“归妹以娣”，以恒也；“跛能履”，吉相承也。**

郝曰：“以少媵长，是以常礼行也。娣承正室，如有所仗而行也。”《正》曰：“君子而随人，亦媵也。归妹者，随人而贵者也。始仕无位，或进或退，洁身而下不疑，引过而上不罪，是伊尹、胶鬲氏之行也。”

九二，眇能视，利幽人之贞。变重《震》。积，《豫》。

《一集》曰：“下《兑》，以三为主，而初与二皆‘娣’。上《震》，以五为主，而四‘娣’也。二不言‘娣’，自不欲受其宠也。行不逾域，窥不出户，亦‘跛眇’义。‘幽人’，犹静女。《诗》故称‘士女’。”《正》曰：“君子不见色于人，不见声于人；人知之不扬，不知之不怼。故‘窈窕’者，‘钟鼓’之所为‘乐’也。卫将军文子三仕矣，而犹为下卿。展季，公族也，老于卑位。‘仲氏任只，其心塞渊’，是‘幽人’也。”

《象》曰：**“利幽人之贞”，未变常也。**

德曰：“不以‘幽贞’为利，保不变乎？陶、翟、梁、孟即谓‘钓名’，圣人许之。楚江渔父，仍是‘眇’者。阮孝绪之上传，为中篇画法身耳。”

六三，归妹以须（幼清云：“荀、陆，作‘嬬’”。《考异》云：“作‘孺’”），**反归以娣。**变乾，为《大壮》。积，《小过》。《兑》归。世。

《筌》云：“贱妾为‘须’，指三不中正，居初、二上，妾之佞媚而上僭者也。归妹而用须以从，岂所宜哉？不若反而归之，惟用初、二之娣。‘未当也’，言从嫁当以‘娣’，不当以‘须’。天官‘须女四星’，贱妾之称，又亚于娣者。”

《象》曰：**“归妹以须”，未当也。**

娣，即初二道也。三四，比悦一动，圣人故引礼以节之。《遡》曰：“古诸侯之媵，幼而未即行者，待年父母之国，俟及笄而主国迎之。‘须’，待也。待年反归，五下有需之象。若三即所归之妹，则反归为黜矣。妹在五,三亦娣，故五单系‘归妹’。”还璞曰：“退之《送董邵南序》，时游燕，不欲其事诸镇也。”

九四，归妹愆期，迟归有时。变坤，为《临》。积，《谦》。

《遡》曰：“过时未归，曰‘愆期’。则年已及，而所归之国阻他，故而失将近也。然归终‘有时’矣。三四主卦，而情悦动，其归宜急。一‘反’、一‘迟’，则二爻之阴阳戾、内外睽，情夺于势，象则然也。《家语》：‘霜降多婚，冰泮杀止。’故《诗》云：‘士如归妻，迨冰未泮。’《震》则冰泮，而犹未归，故曰‘愆期’。四变而坎日、离月，皆变象。震东、兑西，相隔甚远，四时循环，自相遇矣。故曰‘有待’。”

《象》曰：**愆期之志，有待而行也**。

“有待”，皆礼所许。无待，则荒。《正》曰：“仕必黄虞，归必京师，则三代无浚明，姜子多不嫁矣。夫‘以学为不足，不敢言仕’者，漆雕开、公明宜之行也；‘以仕为无益，不复言学’者，申徒狄、介子推之行也。”

六五，帝乙归妹，其君之袂，不如其娣之袂良；月几望（荀，作“既望”），**吉**。变重《兑》。积，《蹇》。

《一》曰：“六五，有柔中之德，贵而贤矣；下应九二，象帝女之‘釐降’。然三近得二于下，有‘绿衣黄裳’之嬖，‘彤管有炜’，人情数然。故视‘君之袂’不良，视‘娣之袂’良。然正嫡、小君，终为敌体；如月之望，得日之光。‘其位在中’，降屈以从礼。‘尚德、不尚饰’，正以贵德行耳。《礼》‘夫人’称‘小君’。尧降二女，后世一称‘湘君’，一称‘湘夫人’。‘其君’，即‘帝乙之妹’。五、三皆阴，‘君’‘娣’之别。袂，袖也，‘所举斂以为礼’者。乾象，共三爻，而‘君’得一，‘娣’得二，良、不良分焉。”诚斋曰：“假衣以明其人。身贵志谦，文帝自谓：‘不如贾生也。’”《正》曰：“君自谓‘不如臣者’，少矣。管仲之娣，亦未有良于管仲者。故楚令尹之贤，樊姬之所窃笑也。”玄子，以六五为“帝乙”，三为“妹”，谓“帝乙为其妹制‘尚德不尚饰’。妹归而容其娣之饰袂胜于己，德之盛也。”“几望”，言其“谦而不盈”也。元公云：“中德在心，自然富贵，自生王子，此爻象之。”

《象》曰：**“帝乙归妹，不如其娣之袂良也”，其位在中，以贵行也**（《举正》，上句无“也”字）。

《一一》曰：“自尊大者，内不足也。所贵者，‘在中’。安见外物之良乎？故曰‘以贵行’。”

上六，女承筐，无实（郑，作“匡”）；**士刲羊，无血。无攸利**。变离，为《睽》。

《筌》曰："兑女、震男，不应不成夫妇，故言'士''女'。上六阴虚，约婚而无'纳币'之实，故三'承其虚筐'。三，亦阴虚，徒承上之虚约而不来。'式食庶几'，故士刲其死羊。震，为'筐'；筐上无物，则'无实'。兑，为'羊'；羊上无物，则'无血'。始合不正，后无终矣。《彖》'凶，无利'，原指六三。然三以与上无应，故从四悦以动。是自上六贻之，上六乃敝之所终也。晋献筮嫁伯姬于秦，史苏所占。"虞稷曰："闻许负言，纳薄姬；刘焉以相者言，求吴壹妹；'筐有实'乎？"

《象》曰：上六无实，承虚筐也。

《意》曰："礼教，所以实之也。生三代后，而偏上轻礼，则是恨已治之《关雎》而麀之也。披发祭野，圣人早忧。耿天台叹'大寂乐'，然哉。故渐、归继之以丰，贵明也。"淇澳曰："爻中'娣''须'，俱不曰'妇'。不以妇道混言，正为'色升'之戒。"《揆》曰："妾媵之微，谆谆示戒。齐桓公凶终内宠，赵主父胎祸吴娃。故曰：'美女破舌，哲妇倾城'，可不畏哉？"晟曰："魏齐牝晨，皆饰塔庙；金轮圣母，颁《大云经》，皆'虚筐'也。"

《时论》曰："悦动"与"止巽"别矣[①]。巽在外而"归"内，兑从内而"征"外。其始未正，其终安永？岂待其终而"知敝"哉？《后天》震东、兑西，以雷归泽，则顺序而"宴息"；以泽归雷，则倒行而"敝终"。故《随》开"丈夫""小子"之端，而《妹》究嫡、庶、娣、嫎之礼也。咸、恒、家人、姤、渐、蒙、畜，偶举"女"义，惟《归妹》专发之大义也，"终始也"，是少女之归魂也[②]。绝之不可，节之尚难，任之则不堪；且有赏任为得天，而恶礼教之分别者。则"演揲"之"大寂乐"，其闻道乎？鸿雁之禽，且不若矣。圣人忧之，故"永"之、"常"之，而"终"之。卦以四归三妹，爻以五统众妹，而刚德、柔德之分。互见贵贱，分部常变，中断承乘，平酌虚实焉。《意》曰："五，君、夫人，余为媵妾。'相承'则'恒'，独'征'则'变'。"自初至四，皆处五下，不变"相承"之体；惟上居五上，自蹈"独征"之凶。夫"悦"者阴所忌也，"动"者阳之常也；然兑初多吉，震上多凶。箕帚未必戾始，琴瑟每有躁终，试观二五震兑重交之象乎？《江汉》《汝坟》，归化之道，岂不始于宫帷耶？京房引"帝乙归妹"之辞曰："无以天子之贵，乘诸侯；无以天子之富，骄诸侯。"是其谦让淳朴为何如者？袂让娣良，

① 悦动：《归妹》卦，《彖》曰："说以动，所归妹也。"止巽：《渐》卦，《彖》曰："止而巽，动不穷也。"

② 《归妹》卦，为兑宫归魂卦。

《樛木》之“逮下”也。“娣”则君夫人所进，诸姬所同推，而初亦夙往“相承”者也。五悦，而众娣亦不自居其“良”；二动，而“幽人”亦不悲其“变”矣。“眇”“跛”勿为“武人”，当为“幽人”，合此象也。欲其履礼，乃适得其“恒”“常”之义耳。三之《大壮》，妹胡可“用壮”也？“须”，则贱而需于人；“反”则卑而还其类，不敢自“当”也。兑秋至于震春，大会姅合之期，其时未临也。四之《临》，可待年矣。礼宗庙，“君亲割牲”，夫人亲“承筐”，非妾媵所得干也。“考宫献羽”之僭承，而“葛履墙茨之祸”作。“筐之无实”，女则先之；“羊之无血”，士“负涂”矣。渎而辱者，穷上变《睽》，意掠虚、篾礼而荡义也。龙漦童孕，檿弧𥎵；裂缯一笑，宝火燔；禖莒谯祝，彭生车；祭肉食犬，新城雉[①]；“新台，㳽㳽”，伋、寿奔[②]。圣人“知敝”，还以《诗》《书》救之。俗不尚贤，女祸“承筐”；人心忌理，士竞“无血”，《丰》《旅》“怀刑”，“申命”“讲习”，庶几揜著“日中”，护其血色耳。

智曰：“‘造端’之天地，即‘欲窦’之天地也，不可断，而可节。留‘焦茅’之断者，亦所以风其节也。‘跛’‘眇’之义也，‘酷不容针，私通车马。’旁睨者，达恶而荒芜之，是‘虚筐’‘无血’者也。尼山始得一嗣，而脱然此累，三世‘相承’得母；故略其刑于之化，而砥扶刚之义耶。康节、漳浦，推午会之《姤》，极叹女祸，岂不辟辟然羞男子哉？人之缘心，亦姹女也，亦泛泽也。知此《渐》《归》之义，半消淫泆。譬之河流，不知所以永之，即能总塞，所谓‘大决所犯，伤必多矣’。此，有别之大义，统之于阳，所以终始‘财成天地’也。”

《遡》曰：“《泰》二四换，为《丰》；《否》三五换，为《旅》。”《订》曰：“《噬嗑》‘明罚’，《贲》‘无敢折狱’，尽‘明慎’之虑于先。《丰》‘折狱’，《旅》‘不留狱’，极‘明慎’之用于后。《易》凡言‘刑狱’，皆取《离》，‘惟明克允’也。”潜老夫曰：“此六贞悔之末轮首，而三周之末

①骊姬把毒药放到祭肉中，让犬食而亡，谮杀太子申生，申生雉经新城之庙。

②《诗经·国风·新台》：“新台有泚，河水㳽㳽。燕婉之求，蘧篨不鲜。”

中也。[①]《丰》叠《噬嗑》而伏《涣》,《旅》叠《贲》而伏《节》，皆言‘明慎’；而《涣》《节》，正所以‘明慎’，可通观也。”智曰：“《易原》谓：‘兑、巽居下经后一段之中，而丰旅、涣节在其左右。’智以六贞悔收场。而九贞悔，亦以兑巽为中；以参言之，亦以巽兑为中[②]。而先倡之以丰、旅，后辅以涣、节也。《下经》末六之一丰、一旅，犹《上经》末六之一剥、一复也。以《旅》处《丰》，而《涣》其‘入’物、‘悦’物之‘蔀’‘沬’，即安其‘行事’‘讲习’之通节矣。”

☳☲雷火丰

《全》曰：“半中盛而豆从之。山大亦名豊，文王所居也。”智按：“𡴀，从二丰，豆上豐满，禮器之大者。禮，古作‘礼’，从一直屈书之。以器作禮，非豊、豐有二字也。”郝《解》曰：“六画象豐字。《乡射礼》‘设豐’，置罚爵也。豐形似豆，取满饮。《尚书·顾命》有‘丰席’，蒲艸也。艸茂，曰‘丰’；年谷登，亦曰‘丰’。丰大之时，奸宄潜伏，乱艸害谷，不可不除。《离》为‘兵戈’，有‘刑狱’之象，即‘勿忧宜日中’之义。昧其归而遇明，礼法贵明也。”

丰：亨，王假之，勿忧，宜日中。

《宜》曰：“雷电交作，万物发生，盈满天地之间，鼓畅幽结，宣通蕃庶，此丰之自亨也。《晋》以述职曰‘康侯’,《丰》以巡狩曰‘王假’。《丰》无‘王’，援《革》五之阳为‘王’，王不言所假，而言‘假之’，知其向明于动，视朝于外廷也。古天子未明求衣，设廷燎以待诸侯。于时，日尚未出于东方，故卦体离日在震下。《易》之即《噬嗑》,《噬嗑》在‘日中’。常明常照，‘丰亨’之景运也。‘勿忧’，见升。”《遡》曰：“北斗为天纲、为帝车，斟酌元化，以建四时，犹王者执八柄以御区宇。四仲斗杓指处，即古天子巡狩处。《丰》，上震象斗，下离象午。斗贞午，于时雷电行天，王者南巡。‘日’，喻其照临也；‘斗’，喻其握柄也。‘蔀’，喻覆帱；‘沬’，喻恩施也。而雷电之威隐然，寓而不露矣。”《订》曰：“天地既平，势必极盛。不忧其不至，而忧其已至也。”导曰：“当《丰》能忧，已无好大喜功之见。此曰‘勿忧’，更进一步。‘鲁阳挥戈’，‘羲和弥节’，曾知此‘人定胜天’之妙用乎？”澹庵曰：“以‘日中’为尚，即以‘日中’为戒，中即昃矣。宜照天下，宜用其中之照耳，非

① 《丰》《旅》一组，为第 31 贞悔卦。若 6 贞悔卦为一组，则为第 6 组之首。若 12 贞悔卦为一组，则为第 3 组之中。

② 《兑》《巽》一组，为第 32 贞悔卦。若 9 贞悔卦为一组，则为第 4 组之中。若 3 贞悔卦为一组，则为第 11 组之中。

日之必于中也。”

《彖》曰：**丰，大也；明以动，故丰。“王假之”，尚大也；“勿忧，宜日中”，宜照天下也。日中则昃**（孟，作“稷”），**月盈则食**（一，作“蚀”）；**天地盈虚，与时消息，而况于人乎？况于鬼神乎？**

崔景曰：“‘明’，则见微；‘动’，则成务，故能‘大’。‘大’，正以其‘明’也。‘尚’之言‘犹’也。大而未过，尚犹为盛大也。能常如‘日中’之时乎？日方进于中，则谓之‘宜’；若进于中则‘昃’，不谓之‘宜’矣。故宜乘其未消、未虚而图之，若委于气化无为贵王者。”子瞻曰：“‘丰’者，至足之词也。足则余，余则溢，圣人处之以不足，而安所求余。离‘日’，见兑西，‘昃’象。坎‘月’，见兑‘毁’，‘食’象。重以造化乘除，一番惋惜，以此思忧，忧可知矣。勿徒忧也。未昃、未盈，宜争先著‘时措之宜’。惟此上下‘信志’，安名教之‘庆誉’，是宜‘日中’之‘照天下’也。‘日中’则明，雷电则暗。‘王之假’，朝万国而向明；‘蔀之丰’，息群动而处暗。爻具二义，分解始明。”辅嗣谓：‘“大暗曰蔀，小暗曰沛。”沬，即昧。暗甚，则明尽而见斗；未甚，则明微而见昧。来梁山谓：“沛，则雨作而沛然；沬，则雨集而流沫也。雷电，故雨。”诸爻二体暗，而四蔽于重阴，虽阳亦暗，故“见斗”之系同。三重阳、比阳，则不暗，第曰“沛”、曰“沬”。初、上，在外：初向晨，尚昧爽，暗不在翳，故一以“蔀”“沬”系；上当暮夜时，“屋”即是“丰”，“家”即是“蔀”。雷电愈高翔，而屋愈暗，向晦故耳；与“日中”之暗异，故无“见斗”之文。五当阳之主，故不言暗。《遡》曰：“王向明，而五等各以章服至，曰‘来章’。《裳华》《蓼萧》之《诗》，所以歌‘庆誉’也。下爻，二四比应，为‘诸侯’；初远在下，为‘附庸’。附庸藉大国，以终岁事，与‘以身受命、毕事旬日间’者异，是以‘虽旬而无咎’，配数也。同类而亦主，二四是也。二犹在道，自其‘摧如’‘愁如’，谓之‘疑’，精诚格主谓之‘孚’，终蒙庆赏之‘发’。四，则在王朝，而与‘夷主’遇。‘夷主’，指五，为众所共戴之主。‘孚’之、‘遇’之，是皆有事于朝宗者。三居间位，无当于二主，即无与朝宗之事；非侯、非附庸，同‘发’‘疾’之不用矣。侯非其罪，何咎？上居局外，于位则民，同《大有》之‘匪交’，于时则天旋将毕，在补助休豫后乎？”

《象》曰：**雷电皆至，丰；君子以折狱致刑。**

“雷电皆至”，威焰盛大，丰象。《筌》云：“《噬嗑》动先于明，犹虑未尚，故曰‘明敕’。《丰》明而后动，刑可施矣，故曰‘折致’。《真西山读书记》曰：'理明矣，虽申、韩书，亦有得。'"蔡介夫云："'明敕'以立法，曰'先王'；'折致'以用法，曰'君子'。'折'，象电照；'致'，象雷威。惟世道大亨之时，正百弊丛生之会。故《孟子》曰：'国家闲暇，及是时，明其政刑。'所以去'因循苟且'之习也。"《正》曰："盛阳喷薄，则山川从之。故盛明之时多疑情，盛文之时多疑词。"

初九，遇其配主（郑，作"妃主"），**虽旬**（荀、虞，作"均"。刘昞，作"钧"）**无咎，往有尚**。变艮，为《小过》。

旧谓："初四，明动相资，曰'配主'，卦主也。"言："初所配，乃外卦之主也。"十日，为"旬"。康成云："朝聘之礼，留十日为限，旬之外为稍久。"或援"震纳庚"，"离纳己"，自"己"逆数至"庚"，凡十日，往而与合则可。因四以遇五，明良会而功业成，故"有尚"。"过旬"不遇，则"灾"。郝曰："由初至四，大衍其数为十也。二合五，为'配'。二，为《离》宗，故称'主'。"《正》曰："《易》之贵用，未有'过旬'也。己六日，庚七日也，丁辛癸三日也。"

《象》曰："虽旬无咎"，过旬灾也。

《揆》曰："卦以三十日配六爻，一爻为五日，二爻为十日。谓'由此至二爻，与四共尚于五，则明动相合，而成中天之章。'越此，则'昃'矣。四视初为'夷'，降上就下也。'夷'即《左传》'夷于九县'之'夷'。"

六二，丰其蔀（郑、薛，作"菩"，云"小席"），**日中见斗**（孟喜，作"主"），**往得疑疾；有孚发若，吉**。变乾，为《大壮》。积，《恒》。

《宜》曰："《丰》，值大夏。'见'，巽象。五，天位。日丽中天，故二三四皆言'日中'。'斗'，为帝车，运乎中天，指五也。《震》仰虚，象'斗'。阴画魁，一阳柄也。震数七，亦合。'疑疾'，坎象。'孚'，言应也。初阳'往'，则'有尚'；二阴，'往得疑疾'。"

《象》曰："有孚发若"，信以发志也。

《一一》曰："因疑发信，总此'志'耳。"《正》曰："二为《丰》之《大壮》。'丰蔀'者，蔽府也。夫其君有逸志，臣有厉心，而年谷丰熟，鲜可五稔。'日中见斗'，何往乎？炀灶之言兴，而雷电之用至矣。然是盛时也，阳德未衰，群阴不凝，冰霜雨雪，则犹未至也。夫其庙社有灵，锺簴多福，则左右蒙蔀[①]，或撤而去之矣。"

九三，丰其沛（古，或作"沛"。子夏，作"芾"），**日中见**沬（子夏、郑、马，皆作"昧"）；**折其右肱**（姚，作"股"），**无咎**。变重

①原文为"蔽"，句意不通，据黄道周《易象正》改。

《震》。积，《解》。

《字林》云："沬，斗柄后星。"《子夏传》云："星之小者。"薛云："辅星。"服虔云："日中而昏。"《公羊传》"草棘，曰沛。"应劭云："沛草木之蔽茂，禽兽所蔽匿。"《孟子》"沛泽多"，亦"蔀"义也。《宜》曰："斗指五，辅星指上，此权臣之在君侧，炀灶蔽明者。肱，变艮象。'右'，阳位。'折'，兑象。重刚而与五，互《兑》。自以阳横于六二'孚发'之前，如折右手，何可用乎？然以所应之柔上，而不足为援也。能明于'不可大事'之心，而安处动下，以'勿用'为用，亦'无咎'也。"

《象》曰："丰其沛"，不可大事也；"折其右肱"，终不可用也。

苏《传》曰："'沛'，旆也，蔽之不全也。'沬'，小明也，明暗杂也。君子不畏其蔽，而畏明暗之杂，以为无时而发也。为之用乎，则'不可'；不为之用乎，则'不敢'。故'折其右肱'，以示必'不可用'而后免也。言外之旨也。"《正》曰："三，为《丰》之《震》。冦贼奸宄，何代无之？耳目未坠，心膂未失，即'股肱损折，犹之震惊'云耳。不言'悔'，何也？是亦方中之日也。逸豫则多祸，震戒则多福。'震惊''折肱'，夫亦有'荓蜂'之心乎？"《野同录》曰："《先天》，震居离右，曰'折其右肱'；'用明'，不用动也。《后天》，坤居离左，曰'入于左腹'；'用晦'，不用明也。"郝《解》曰："'沛'，雨也；'沬'，泡也；互兑似坎之象。九三过刚恃明，遇震主而昏，茫昧之见，岂可为'尚大'之事乎？所应柔上，毁重《离》以为《震》[①]，终不可用为应援也。'大知闲闲，小知间间。''膏粱之子'，居丰则明，虑患则昏。处多故之时，与'肉食者'谋，宜其'折肱'矣。"《浮山闻语》曰："《泰》二四换，为《丰》。故二系'配主'[②]，四系'夷主'。三处其间，似以梗阻，为'折右肱'象。《易》善因时，故'无咎'也。相如善病，而爱闲居；史迁受刑，而遂父志；陈汤不诎申，而能料万里；羊祜折臂，而能安角巾。不见'支离'之'针綁'，讵非'善用其不可用者'乎哉？"

九四，丰其蔀，日中见斗；遇其夷主，吉。变坤；《明夷》。积，《师》。

《宜》曰："夷，常也。与《涣》'匪夷'同，或作'夷伤'。主，指二《离》主。或'指初'，皆非。四比五，二应五，故同'见斗'。以五为暗主，'幽不明也'。"《解》曰："成震之主，乘《离》日，动极伤明，与初敌应，所谓'旬灾'。《老子》曰：'视之不见，曰夷。'五为《丰》主，动欲资明，蔽于三四，不见其配，犹《明夷》之主也。《离》之八

① 《离》卦，上九独变，为《丰》卦。"毁重离"，即上卦变震。

② 应为"初系配主"。《丰》卦："初九，遇配主，虽旬无咎，往有尚。"

荡,《明夷》与《丰》，各主半也[1]。以位不当，一动即蔽。然二来升日，而震上行，则就明而吉。”

《象》曰：**“丰其蔀”，位不当也；“日中见斗”，幽不明也；“遇其夷主”，吉行也**（郭京，作“志行也”）。

《正》曰：“四为《丰》之《明夷》。‘夷主’，伤我者也。而曰‘吉’，何也？月之食日，则未有所损也；经纬相值，而辉仪掩焉。去数千里望之，安知非晋也？且是‘日中’也[2]，昧而‘见斗’，亦不移时则已矣。疑行危行，何伤乎？‘配主’，日月之合也。一旬之日，各有所合；合之不必咎，伤之不必凶。忧盛者不危，明危者不穷，夫亦各当其时也。‘夷’‘配’皆何‘主’欤？曰：‘日中为主，雷电为客。’当其时，则皆为主；不当其时，则皆为客。”导曰：“少‘纳牖’‘遇巷’之用耳。然能来初，以人事君，故曰‘吉行’。”智曰：“金商慺慺，《洪范》猥猥，皆‘吉行’也。”

六五，来章，有庆誉，吉。变兑，为《革》。积，《坎》。《坎》世。

《一集》曰：“人君，以天下常丰为庆；庆以天下，故吉。以‘庆’藏‘誉’，故独赞‘庆’。阴之美，曰‘章’；臣有其美，曰‘含’；王受其美，曰‘来’。五以柔中暗藏其明，即天下之人明以为明，此太平声教之‘名即无名’也。”《揆》曰：“以《震》之中，来《离》之中，明动相资，君臣道合，犹谓为‘暗主’乎？”

《象》曰：**六五之吉，有庆也**。

“丰亨”中道，惟此名教；“有誉”之吉，焕乎“来章”。潜老夫曰：“人主之尊，何所不可？故必以禄、位、名、寿，为天命、人心之符，乃能使其纳谏而‘来章’焉。后世动以沽名，阻忠直之臣；而‘反颂圣’为‘庆誉’，口口尧舜，‘丰蔀’丧亡而已矣。”

上六，丰其屋（《说文》，作“豐”），**蔀其家，闚其户**（《说文》，作“窥”），**阒其无人**（孟、关，作“室”。姚，作“阅”），**三岁不觌，凶**。变重《离》。

《订》云：“深居简出，距人千里，‘因鬼见帝’；有三岁不得一觌者，天际自尊，适自绝于人耳。子云曰：‘炎炎者，灭；隆隆者，绝。观雷观火，为盈为实，天收其声，地藏其热，高明之家，鬼瞰其室。’‘凶’，可言乎？《左传》郑公子曼满，与王子伯廖语，欲为卿。伯廖告人曰：‘无德而贪。其在《周易》《丰》之《离》弗遇之矣。间一年，郑人杀之。’岂独富贵为然？人以见地自高，而大其障蔽者。初之自视，亦足

①《六十四卦方图》,《离》,《明夷》,《丰》，同在一行。

②“日中”二字，北大本缺，根据文镜本补。

翱翔天表，终至人莫敢亲，而犹自以为人莫及者，何以异此？”深居少人，草生覆暖，“丰屋蔀家”象。徐锴云：“按《易》‘窥其户，阒其无人。’窥，小视也；狊，大张目也。言始小视之，虽大张目，亦不见人也。窥、狊、覸，皆《离》象。”

《象》曰：“丰其屋”，天际翔也；“窥其户，阒其无人”，自藏也。

《浮山语》曰：“《丰》极，为《旅》，亦消息也。翱翔天表之见，究以高荡藏身。胡蝶金翅之毒，为破鸡鹜之家耳。若安享鸢鱼，定须矐却顶门眼，时宜之乡约。曰：‘非屋，奚居？非户，奚由？非人，奚与？’白日中天，何有此等见乎？”

《时论》曰：丰、旅，乃人生世故，一大消息也。《系词》之圣，当三周之，末中[①]。能无重叹乎？丰者，西周定鼎之极盛，而东周多故之将衰也。三王虚消，而五霸盈息也。《礼》天子巡狩，视斗柄所指。自震至离，巡狩述职为《丰》“大”[②]；自离至艮，迁国寄生为羁《旅》。反《旅》而《丰》，政自诸侯出；反《丰》而《旅》，政自大夫出。长子加于日，“方伯”之象也；少男加于日，“陪臣”之象也。圣人系“王”于《丰》以尊天，系“日”于“王”以照地，系“勿忧”于“日中”以儆人，此盈虚消息之门也。《横》同少阴，而先天加于后天，起于东方，是日初雷电，而望日午耳。《意》曰：“至盛伏衰，至明伏暗。雷电皆至，天地晦明，故戒。”《丰》曰“亨”，以尚之而“大”耶？大，可忧矣。“丰亨”，以日而中，忧之而中，照之而中也。照一日不在天下，而“《丰》多故”矣。五之《革》，则盛满而更变之朝也。二《壮》，“不可用”也。五二柔比，而两刚间之。惟此名教宪章，足以维天下也。暗，则天下得以因疑、相疑矣。初阳，之《过》也；三阳，之《震》也；四阳，之《夷》也。“狎主齐盟”，则有“夷”；胥命附庸，则有“配”，交恶质诅，则有“折”。而二阴之《壮》也，怙终“厚崩”，则有“疑”；却“夷”归田，寝禭征茅，则有“发”。夫惟二之“日中”，有以合五之照于天下也.岂惟二“日中”乎？三四皆“日中”，而明暗分焉；暗同也，而甚、不甚分焉。三，下明之尽；四，上动之端也。“斗”者，御阴之柄；而“沬”“沛”者，霆虺之乡也。三，负《震》上之威，矫命雄行，燃上郁下，缊为“沬”“沛”，不亦伤乎？四，有晦明之宜，平交等夷之国也。初，离之《过》[③]，配于四之大国，覲修岁事者，礼朝宗之

① 《丰》《旅》一组，为第31贞悔卦。若12卦为一周，则《丰》《旅》一组为第三周之中，即“末中”。

② “巡狩述职”四字，北大本不清，根据文镜本。

③ 《丰》卦，初九独变，为《小过》卦。下卦离，变为艮。

典无“过旬”期。初，《离》“遇”而未《过》，“往尚”何灾矣？不期而见，曰“遇”；不期而暗，曰“蔀”。诸侯夹辅王室，权势太隆，渐成淹蔽，是赖二之“信志”积发群蔀，而彰“王者无外”之大明乎？上，《震》之《离》，明动已极，“家”“蔀”“户”“阒”，适得不明，日且夕矣，斗纲倒矣。“三岁不觌”，忽“翔”忽“藏”，可曰“消息盈虚”云尔乎？赞《易》至《丰》《旅》，而《象》言“刑狱”者，忧矣。“弑君三十六，灭国五十二”，所宜“服上刑”者。然日明在下，火照不远，丽辟冏中，天柄旁落，讨罪之悲，一沐浴其能雪乎？触象于“日昃”“月食”，而郑重乎“天地”“鬼神”。盖广其悲也，使万世“怀刑”焉。是吾之“勿忧”也。

智曰：“一部《易》，惟泰、否，言‘消长’；损、益，言‘盈虚’。而深叹‘盈虚消息’者，惟《剥》与《丰》也；深叹‘天地’‘鬼神’者，惟《乾》《谦》与《丰》也。《上经》赞《乾》语中曰：‘盈不可久也。’下经《咸象》曰：‘以虚受人。’盈虚并举，正在‘以虚用盈’。观《丰》象之‘皆至’，而‘盈虚’之‘消息’，更危、微矣。知消息而休息，生息皆不息矣。曰‘勿忧’者，‘休息’之‘不息’也；曰‘宜照’者，‘生息’之‘不息’也。”

䷷火山旅

《全》曰：“篆，旅作‘𠂉’，从人行而止也。旧以军旅，从众人在旗下。”智按：“古文作仚，亾即庑字，人在其下也，因为‘羁旅’之义，从离而撮口呼之。此卦外离内止，离其故土，而丽于别山也。”

旅：小亨，旅贞吉。

《野同录》曰：“‘穷大失居，故受之以《旅》’。男子事四方，王者事四裔，大道用才艺，皆《丰》《旅》聚散之义。沙丘幸蜀，‘失居’者也。故忧勤惕厉，所以保《丰》；而《旅》，正所以忧勤惕厉之。卦，从《丰》反，二五皆阴小，故曰‘小亨’。若通论之，大道寓于日用，能为‘小亨’。文明柔顺，以止于下，则小而大矣。素位而行，惟贞是吉，故曰‘旅，小亨’，即曰‘旅贞吉’。”

《象》曰：“旅，小亨”，柔得中乎外而顺乎刚，止而丽乎明，是以“小亨，旅贞吉”也。旅之时义大矣哉！

《集》曰：“‘顺’释‘亨’，‘止’‘丽’释‘贞’。《离》，从《乾》变。《坤》之一柔，得上卦之中，而顺乎《乾》之二刚。‘色举，翔集’，‘盛德若愚’，处《旅》之道也。历外而丽柔中，即叠《贲》而伏《节》，贵乎知止之明。行藏皆旅，审时合义而已。桓宽引孔子曰：‘诗人疾之不能默，丘疾之不能伏。’东西南北，七十二说而不用，退修王道，天下折中焉。”玄同曰：“‘人生天地间，忽如远行客。’诚知，性命为天地之‘委和’，则性命旅也；子孙为天地之‘委蜕’，则子孙旅也。尧舜知其旅，是以轻禅受；孔颜知其旅，是以安贫贱；昙柱知其旅，是以外身世。大旅用‘小亨’，其‘贞吉’者，‘时义’也。不知‘时义’，则‘沤生’‘电拂’，又为荒逞之资。”

《象》曰：**山下有火，旅；君子以明慎用刑而不留狱**。

《集》曰：“火在山上，逐草而行，势不久留，旅象。《王制》曰：‘刑者，刑也，成也。一成而不可变，故君子尽心焉。’狱，非可久留之地。‘明’，如火；‘慎’，如山；‘不留狱’，如山不留火。盖恃明，则不能慎；知慎，则迟疑而易留。慎在明先，所以善用其明；明在慎先，所以精其慎。古今是非，皆狱也。岂待酷杀，而后免于沾滞耶？故贵中节之‘时义’。”淇澳曰：“鲁昭之亡，季孙束身归罪，竟徘徊不决，陨于乾侯，是‘留狱’为患也。”

初六，旅琐琐，斯其所取灾（“斯”，郭京作“斯”）。变重《离》

《订》曰：“《风俗通·怪神篇》云：‘凡变怪，皆妇人下贱。何者？小人愚而善畏，欲信其说，类复裨增。’[①]文人亦不证察，与俱悼慑，邪气乘虚，故速咎证。《易》曰‘其亡’，斯‘自取灾。’今又无此语，未知即引此否。”《筌》云：“‘斯’，分析也。即《诗》‘斧以斯之’之‘斯’。《离》为分析，又为火灾。郭京，作‘廝’。《汉书》：‘位斯禄薄。’‘斯’，贱也。‘琐琐’，艮小石象。”《遡》曰：“少男无位而食于外，为旅。《旅》从《否》来。三五宾主相易，二，犹仍贯；三，始与人；四，甫得而未安；五，安居而席祉。初、上，则旅人之失，偏柔偏刚也。”

《象》曰：**“旅琐琐”，志穷灾也**。

流离之中，“志穷”即“灾”。《旅》初，即《丰》上“天际翔”，而反为“琐琐”，则又穷矣。《揆》曰：“《丰》上，远二，明穷于外动矣。其居《旅》初，远五，明穷于内止，而为自取之灾。” 曰：“延笃贻刘佑以‘如愚’，士安以‘喑聋’为《玄守》。‘理遣情恕’，皆感于‘旅琐琐’之取灾耳。以天地为‘县寓’，用‘浮云’为‘洒扫’，是固廓志之‘资斧’‘一矢’也。”

六二，旅即次，怀其资（古，一作“资斧”），**得童仆，贞**（《九

① “类”字，原为“数”。

家》，童作“僮”）。变巽，为《鼎》。积，《离》。《离》世。

《宜》曰：“野宿，为‘次’，约《坤》。客土，为‘即次’，或取在《艮》门内象。互、变，皆《巽》。《鼎》实‘慎’之，虽旅犹无旅也。‘资’，赍也。‘聘礼问几月之赍，行用也。’巽，市利象。”《遡》曰：“‘资’，即‘资斧’。巽木上见离，‘戈’象。巽伏在中间，坎实，‘怀资’象。《艮》，小子，曰‘童’；阍寺，曰‘仆’。用中依止，何者不得？此处旅之正道。初不正，故‘灾’；二正，故‘无尤’。”《订》曰：“外卦旅人，内卦旅主。重耳出奔，楚与齐秦，或享妻之资之以适他国，‘即次，怀资’也；腹心，有子犯、子余；股肱，有魏犨、贾佗；秦以纪纲三千，‘得童仆’也。孔子主颜雠繇，及司城贞子，‘贞’也；使主痈疽弥子，‘尤’矣。乐克餔啜，能免麾乎？”

《象》曰：“得童仆贞”，终无尤也。

《一一》曰：“‘即次’‘怀资’‘得仆’三者，《旅》善‘贞’矣。故‘丧’‘焚‘不及，而终以‘誉命’。‘温良恭俭让’以得之，‘终无尤’而已矣。”

九三，旅焚其次，丧其童仆，贞厉。变坤，为《晋》。积，《睽》。

《宜》曰：“‘丧’‘失’，取换爻。《艮》门，近火，知其‘焚’。变《坤》，则无《艮》之‘童仆’。《易》知其‘丧’，未尝不当位，故‘贞’与二同；过在则不中，故‘厉’此爻也。”《订》曰：“‘削迹，伐木’似之。三，‘以旅与下’；上，‘以旅在上’，皆以‘过刚’病之。故《传》言‘柔止’之义，‘亲寡《旅》也’。”东野曰：“‘童仆手中病’‘徒为虫鸟音’。谁为李元之李善，祖逖之王安乎？‘壮哉雀鼠！’而望其爱博奥耶。”

《象》曰：“旅焚其次”，亦以伤矣；以旅与下，其义丧也。

《一一》曰：“安’其义’者，即安‘其丧’矣。人世安得无与？与正，时义所在。”履曰：“褚彦回，遭焚不避，亦‘安丧’矣。而后，‘腰肩’受讥，是‘不知义’者也。”

九四，旅于处，得其资斧（子夏、诸家，作“齐斧”。虞喜《志林》曰：“齐当作齋。”后，遂讹定为“齋戒受黄钺”之典故），**我心不快。**变重《艮》。积，《损》。

《宜》曰：“‘于时处处，于时庐旅。’则‘旅’与‘处’不同。‘处’对‘出’言。盖‘旅’将有为也，得所为则‘快’矣。于处‘未得位’，此‘季孟之待’，孔子行；‘中国授室’，孟子去也。”《遡》曰：“五，始得中主旅。四，在旅经始时，百堵劬劳，所以‘不快’。《坎》，心忧也。

《订》谓："'四，旅于初之"处"；初，得四之"资斧"。'弥子将以卖重，岂但'资斧'已哉？"

《象》曰："旅于处"，未得位也；"得其资斧"，心未快也。

画子曰："四，为心位，在三五之间，故'不快'。犹以'资'为累耳。《旅》反《丰》，而易《贲》。今离上艮下，以刚居三，而失初之应，是为'以旅与下，其义丧也。'以离居上，而成《旅》，上不当位，故曰'以旅与上，其义焚也。'"《正》曰："《旅》之《艮》。犹寓臣也。'书社七百'，又何快焉？"

六五，射雉，一矢亡；终以誉命。变乾，为《遁》。积，《孚》。

赵汴水曰："'王者无外'，不可言旅。猎者，一出即返，非离其家室者也。故象《离》为雉、为矢；有《坎》弓，'射'象。《离》炎上，'出亡'象。一矢不亡，则不烦二矣。'誉'，兑象；'命'，巽象。王者，居文明之位，'射'求贤人旅进于朝，以成文明之治，故曰'旅之时义大也'。'一矢亡'，求无不获也。或谓'旅，则失位'。'天王出居'，《春秋》传之。此爻不取君象，然少康逃虞思之国，宣公匿召公之家，是一旅也。《谦》柔'自牧'，得位顺刚之象，或以真宗澶渊似之。"《易简录》曰："《解》二，坎中一阳，故云'得矢'。《旅》五，离中虚，故云'亡矢'，皆实象。"

《象》曰："终以誉命"，上逮也。

《订》曰："以臣言，则'誉命'者，君所予；以君言，则'誉命'者，天所予。皆从上而及者也。"《揆》曰："《丰》之'庆誉'，由二著之于五，故曰'来章'。《旅》之'誉命'，在二，亦系之五，故曰'上逮'。二曰'终无尤'，五曰'终以誉命'，两'终'字应。"《野同录》曰："惟'心主喜'。天地生机，教必'正名'，辨当'前用'，正所以忘诸邪见，而治教画一也，非独卢子家之说也。名，不可得而好，亦不可得而避。'君子去仁，恶乎成名'，贵自尽其实耳。庞士元曰：'不美其谭，即不足慕企，而为善者少矣。拔十得五，而可以崇迈世教，使有志者自励，不亦可乎？'故知读法教学，月旦清议，诚转俗之'斧''矢'。不得以'总杀''总赦'，使人先苦其不堪，而后流于荒诞也。彼专以好名排突贤者，乃好名之甚而巧耳。甚言欲求人谤，犯公非而悍然不顾；此则徒为无忌惮者，敢于藐帝王之法耳。故知'终以誉命'，即谁毁、谁誉之直道也。圣人终六贞悔于《丰》《旅》之中五表之[①]。'命'者，天也。'誉命'，人而天也。於穆之命，在名教中。下学

①《丰》《旅》一组，为第31贞悔卦。《丰》卦："六五，来章，有庆誉，吉。"《旅》卦："六五，射雉，一矢亡；终以誉命。"所以，"中五"，指二卦六五爻。

上达，安得不‘申命’‘讲习’，而《涣》之、《节》之乎？”

上九，鸟焚其巢，旅人先笑，后号咷；**丧牛于易凶**（《释文》，作“丧牛之凶”），**凶**。变震，为《小过》。

《宜》曰：“《离》，为朱雀，变《小过》‘飞鸟’也。‘科上槁’，为‘巢’。不在人位，曰‘旅人’。《同人》亲，故‘先号咷而后笑’。‘亲寡《旅》’，故‘先笑后号’，象见前。贞悔转，而前之《坤》牛《震》场，皆不见，谓之‘丧牛’。牛，所以驾车行道者，故《旅》取之。鸟高飞而不知息，人荡游而不知归。上尼焚车、啖牛，刚上悖‘柔止’之义矣。牵大车裂，不足言‘丧’。汉成帝引此言：‘君不恤民，如鸟自焚。’”《揆》曰：“《大壮》四五易，五失其刚曰‘丧羊’；《旅》五上易，上失其柔曰‘丧牛’。羊狠可丧，牛顺不可丧也。”

《象》曰：以旅与上，其义焚也（一，作“宜其焚也”）；**“丧牛于易”，终莫之闻也**。

《意》曰：“穷上必焚，故曰‘义焚’。蓬转、浪迹，不反故乡田地。好上自放，‘终莫之闻’道矣。”《订》曰：“既穷大，而失居，为旅矣。‘谑浪笑傲’，骄倨轻脱，为‘穷大’以益之。‘行尽如驰’，莫知所止。”哀乎？尼父周流列国，晚赋“归欤”；孟氏，“所如不合”，退而著书，盖明此矣。《蠡》曰：“《丰》明外蔽，而上以暗‘翔’，所以‘蔀家’也。《旅》明外炫，而处‘上’不反，所以‘焚巢’也。”《全》曰：“上九，独言‘旅人’，则在高位之时，已有‘终身为旅’之理矣。卫庄公示戎州以璧而不受，胡亥请为‘黔首’而不得，《旅》何可得欤？”《一》曰：“陆士衡不听顾、戴之劝，还；卒为孟玖所焚。颜鲁公耄年不归临沂，卒为卢杞所丧。此旅上与三‘敌应’之祸机也，谁闻之乎？犹望因‘焚’‘丧’而闻之，‘反闻’即此义矣。”

《时论》曰：上古旅事，不知矣。少康逃窦，而以二斟兴，旅也。平王东迁，犹之旅也。《春秋》，失国之寓公，更数数矣。自文王旅于荡阴，周公旅于飘摇。“孔席不暖”，东西南北之人也。商瞿卜之，叹以为命，乃曰“旅之时义大矣哉”。大而曰“小亨”者，文王“留狱”之时，深痛用刑之不“明慎”也。观山上野烧之象，明于南者，夷于西南之土，而即留于东北之土矣。“止而丽明”，其明何寓？盖寓火于天地、山水之间乎？其藏大于小乎？《意》曰：“《旅》次《丰》，昃亏之消息也。得少丧多，婚友是违，而童仆是迩。位宜同上，义防与下。”太察，失于“琐”；亟进，失于“焚”；暂止，失于“不快”；过极，失于“号咷”。《传》曰：“亲不在外，羁不在内。”身虽外，而心常中也。“明慎”

而“不留”，此“怀刑”“无讼”者之因应历然也。“柔克”丽中，而上中亦克；外顺刚，而内亦顺焉。山变为地，火化于天，忧与快、笑与咷、厉与誉、得与丧，皆“不留”者，“顺”矣，“贞”矣。初、四相综，离离、艮艮，非“取灾”则“不快”。以在下者明，不必留；在外者止，不必留也。尾琐流离，得失分焉。初，其黎臣居卫、纪逢戍郑时乎？裴潜免为刘望之，犹许邵免为寓士也。潜龙不可见能，明矣。四，其叔婼之别馆，子产之坏垣乎？伍员之旅，“不快”矣；太伯之旅，未为快也。季札以旅避骨肉之难，亦未快也。荆台为土室，凿坯者封还，何如赠策实褚之“快”乎？然苏、张、范、蔡之“快”[①]，正徐庶、韦曼之所“不快”也。况太伯、季札耶？太公逆旅夜衣，黎明至国；重耳纪纲归晋，犯、偃同艰；其二之《鼎》乎？五之“嘉遁”，其“重泉释后”“赐鈇专征”时乎？其狩河阳、降泛居彘者，成“葵丘践土”之“上逮”也。《车攻》《彤弓》，是“射雉”“誉命”矣。后世《扬马赋》“羽猎”，魏舒因射棚，亦占此乎？“桑弧蓬矢”，载文明之贽，贵知命耳。岂避“存亡”“毁誉”哉？三《晋》，而上《小过》，或“丧”或“焚”，乾候、沙随，夷仪、居郫乎？庾衮、桓晔，王尼、刘炫，“丧”亦“义”也。旅极者，栾盈既奔，复入曲沃，而晋杀之；庆封亡命，复富朱方，而吴杀之；楚怀不返，而汨罗掩涕。“松耶？柏耶？住建共者客耶？”五国自送，辱于纥干青衣；孙皓、钱俶，何优于刘禅“闭目”耶？皆“焚巢”“丧易”之“笑”“咷”也。后士至于区脱漂洋，犹欲饮牛扣角，其终与“牵犬自弊”何殊乎？“终莫之闻”矣。嗟乎！此不可以“人生一旅”，聊自慰解而已也。善旅者，惟“贞”。

智曰：“天地旅于‘大一’中，日月旅于‘於穆’中，《易》旅于‘贞悔’中，心旅于‘消息’中。孔子筮《贲》、筮《旅》，一命也。‘丧家之狗’，掩泣麏身，能免‘焚’乎？损益百王，裁成后世之狂简，犹‘童仆’也。‘天时’‘水土’，《诗》《书》《礼》《乐》，其‘资斧’也。尽大地，是‘次’也，‘巢’也；尽大地，是山也、火也，安所逃耶？‘明慎’乎‘义’大、‘亨’小之时，而不留‘得丧之狱’，则‘生死之矢’亡，即素王之‘誉命’矣。又岂株守漆园之‘蘧庐’，而枉撤‘安宅’之祖庙哉？”

周易时论合编卷之七终

① 苏张：苏秦、张仪。范蔡：范睢、蔡泽。

周易时论合编卷之八

皖桐方孔炤潜夫论述

孙中德、中履、中通、中泰编录

巽兑

朱子“外见内伏”，尽矣。元公曰：“《洛书》卦位，震对兑，而飞巽；兑对震，而飞艮，四卦互为伏、现也。”《揆》曰：“思虑必伏于内，而谋幹之力在阳，特借柔以善藏。喜悦必见于外，而舒散之实在阳，特因柔而溢发。”《筌》曰：“二阴一阳，阳为主。二阳一阴，则阴非为主，但为阳之用耳。”潜老夫曰：“旧谓：‘震艮，让咸恒而退，首末十四卦[①]，若为父母‘继志述事’者然。’吾亦曰：‘巽兑让震艮，而自首末八卦，正所以“成事悦志”也。’‘巽语’以行‘法语’[②]，故人易入。‘习悦’以成‘不愠’，故‘时’冠《论语》[③]。二老、六子之具体皆见；而神化者，皆阴而皆阳矣。”智曰：“兑与乾同太阳，巽亦少阳。二《彖》曰‘顺刚’，曰‘刚中’，贵‘阳之用阴阳’也。《先天》，巽兑辅乾。《后天》，巽艮辅震，而乾坤夹兑。盖艮震自岁限，而合用；巽兑，分用也。巽接艮震之春，而申之至兑成秋也。《易》妙‘以乾坤之纯，用六子之杂’；又妙‘以坎离之中，用震艮巽兑之偏’。不偏，则用不神。震巽，初用也；艮兑，究用也。入，乃为真动；悦，乃为真止。随地倒、随地起，

① 六十四卦顺序中，《震》为第 51 卦，《艮》为第 52 卦。《震》《艮》，为末 14 卦之为首贞悔卦。

②《论语·子罕》：“法语之言，能无从乎？改之为贵。巽与之言，能无说乎？绎之为贵。”

③《论语·学而》：“学而时习之，不亦说乎？”“人不知而不愠，不亦君子乎？”

即随天伏、随天见也。以刚自处，以柔化物；故震艮入巽兑，而茹吐皆化；坎离中济，乾坤纯于杂中矣。‘行事’‘讲习’之象，著于八卦之成。因人而天，学从悦入。彼谓‘死心’者，即以悦道死之。‘知’而‘好’，‘好’而‘乐’[①]，非‘死心’乎？孔子‘愤’，颜子‘竭’，孟子‘塞’，是巽兑于震艮者，离用坎，而乾藏坤中矣。其‘死灰’者，艮限之‘暗痴’也。”

☴上下皆巽

《说文》：“巽具也，从二弜、从丌。㔾，”即節也。古文作“𢁉”，徐铉云“亦選具也”。智按：“巽、選、撰、算，同为齿收，孙之去声，故为‘巽顺’‘巽入’之义。因二节之，以用处下之基也。”

巽（古文，作“𢁉”）：**小亨，利有攸往，利见大人**。

《筌》云：“卦以柔为主，然阴生而阳巽之；故小者，能亨。所宜往、宜见者，可知矣。”《遡》曰：“巽，以言其‘相入’，则虚以受；言其‘伏’，则安为人下，而‘沉潜’之意多。‘沉潜，刚克’，是以‘利有攸往，利见大人’。二五，以阳刚居人位，曰‘大人’。有《离》，曰‘见’。惟二五下比二阴，居中得正，据用事之地。故初、四，‘利见’；若三上，则远矣。”朱子发云：“若徒以一阴潜伏为《巽》，而不究乎阳在二五之位，有顺乎中正之德；阴在二阳之下，有顺乎阳刚之象。则所以‘致亨’者，不可见矣。”仲虎曰：“《上经》，乾坤坎震艮用事，后巽兑始见。《小畜》者，小《巽》之一阴也。《下经》，震艮重后，巽兑始重。《巽》繇‘小亨’，亦小《巽》之一阴也。《巽》继《旅》，《旅》曰‘小亨’，小《离》之一阴也。一阴之萌，圣人每抑之。如此，从阳则利，不从阳则不利，有繇然矣。”《意》曰：“‘君子德风’，所及者远。忧患九德，终之《巽》‘制’。《巽》者，士人之‘资斧’。‘《旅》无所容’，而‘受之’。初，用‘武人’，所以资庚金之斧断也。《巽》‘制’，‘行权’，岂虚怯者哉？”

《彖》曰：**重巽以申命**（《举正》，下有“命乃行也”）。**刚巽乎中正而志行，柔皆顺乎刚，是以“小亨，利有攸往，利见大人。”**

《宜》曰：“巽顺而入，必究乎下。阴皆承阳，有‘命令下入’之象。‘申命’，‘重巽’也。子发云：若刚不顺乎‘中正’，则将褊隘而为邪；若柔不顺乎阳刚，则将柔媚而为谄矣。‘柔顺刚’，正刚‘志行’处。”《筌》云：“人有思虑，必敛而向内；盖阳之有谋，假阴之潜隐以

① 《论语·雍也》：“知之者不如好之者，好之者不如乐之者。”

为用。思虑，非出于阴也。别有喜悦，必见而在外；盖阳之舒散，假阴之和柔以为用。喜悦，非由于阴也。”

《象》曰：随风，巽；君子以申命行事。

邓绮曰：“天地生成，万物皆随风顺入之。生物者，震；成物者，巽。巽，乃申震之命，以行其事者也。”元公曰：“风之行也，无形；非若天地水火之有象。其相续不见先后之迹，而未尝无先后。‘随风’之形容化气也，神哉。”《隅通》曰：“惊蛰之节，以雷得名，‘出乎震’也；清明之节，以风得名，‘齐乎巽’也。‘随’，言‘委曲入物，无所不顺’。”《意》曰：“‘天下有风’，‘后’所以‘施命’；‘随风’则‘申命’，不一之象。‘行事’，即行其所命。盖圣人非徒空言性道，不见‘行事’也。卦爻陈列，而‘扬遏’知儆；典谟屡诰，而帝化‘率俾’；明五伦、修六艺，而后万世安分乐生、各事事焉。《坎》《巽》，皆以‘命’‘教’，以水与风皆渐而善‘入’、善‘习’者也。风雨雷电，皆‘命’也，《巽》特申之耳。”

初六，进退，利武人之贞。变乾，为《小畜》。

《宜》曰：“六子重卦，无正应。初承二，而应四，‘进退’不能自决。‘进退’，故疑；‘究躁’，故武。必以刚照其巽，懦然后得正；而向之志疑者，可治矣。”李泰伯曰：“初未能服令，则宜威武以整齐之，乃能成命。《周官》凡出教令，必徇以木铎，曰‘不用法者，国有常刑’，乃其事也。军法三令五申，鼓之进则进，鼓之退则退，怯可使勇，弱可使强。不疑则治，治则果于从阳，而无‘进退之惑’矣。”元公曰：“世有治乱，心有治乱。心主得位，万国晏然。”淇澳曰：“惟疑，方能反复穷究，得人隐情。《乾》‘跃’，所以得力也。”《正》曰：“‘武人’者，‘重巽’之工绳也。”《意》曰：“震兑，立东西。而巽为‘齐’帝，与兑相望，取金制木。庚，故属金。《履》之‘武人’，取兑金；《巽》之武人，取伏《震》之庚金。乌附足以杀人，而收参苓之效，用之妙也。有引‘韩说救倪宽，辛庆忌救朱’云者，亦一象耳。”

《象》曰：“进退”，志疑也；“利武人之贞”，志治也。

《一一》曰：“成巽在此。‘武人之贞’，所以断‘进退’，而刚柔节于权中矣。通天下，成天下，惟此‘志’耳。千圣立法设教，皆‘志治也’。善疑、善断，乃能善更。学问讲习，岂外此哉？”

九二，巽在床下，用史、巫纷若吉，无咎。变艮，为《渐》。积，《家》。

《宜》曰：“《巽》之‘亨’，在小；所以亨，则二五。五，君；二，臣。古，尊者坐床，卑者拜于床下。史巫，以歌舞悦神；臣，以讽谏爱君。‘巷遇’‘牖纳’，贵乎巽以用之。床，《巽》画象。互《睽》，鬼象。见《兑》，为‘史巫’；见三女为‘纷若’。女，曰巫；男，曰觋。《周官》史掌卜筮，巫掌祈祷；史主记事，巫主祝礼。此系‘纷若’，如《楚辞》之媚神，盖‘通达诚意’之象。”淇澳曰：“用‘史’，以是非、得失道君子；用巫，以利害、祸福防小人。”《揆》曰：“《兑》，‘巫’；如祭有祝，以孝上告。《离》，‘史’；如祭有嘏，以慈下告。‘二四同功’，传上意以告初，达下情以告三也。”

九三，频巽，吝。变坎，为《涣》。积，《益》。

敬仲曰：“巽不出于本心，勉强而行之，故曰‘频’。夫至不得已而后巽，是‘吝’也。”王伯厚曰：“柔而刚，则能迁善；刚而柔，则能顺理。《复》三，柔不中，勉为初之刚，而屡失，故‘频复’；《巽》三，刚而不中，勉为初之柔而屡失，故‘频巽’。”《遡》曰：“三上，既为顺阳之阴，又非为阴所顺之阳，‘巽’以之成。三失之‘频’，上失之‘丧’，终于‘巽’而已。一巽，再巽，‘频’象。”《订诂》取“频水涯，涉水者，频蹙不前而止。”《正》曰：“‘三而渎’，五而玩矣。周以叔带子颓之乱，告以诸侯；诸侯又以天子之号，告于天下；汜与翟泉之役，是也。”

《象》曰：**“频巽之吝”，志穷也**。

《一一》曰：“唯诺卑顺，而无学识，其‘志穷也’。忍辱以炼心，岂以纵情乎？巽道在下，阳刚‘虚憍’过中，故与上同‘穷’。”

六四，悔亡，田获三品。变乾，为《姤》。积，《无妄》。

《宜》曰：“初、四，巽主。初‘进退’，四‘究躁’。躁，能有为，故四、五吉。‘获三品’，‘利三倍’象。互《离》，为‘田’。‘田有三品，上杀中心，供乾豆；中杀中髀胳，供宾；下杀中腹，供君庖。’”《笙》云：“大臣谦恭下士，以人事君如此。三，刚居刚，‘乾豆’象。初四应，‘宾客’象。三应五，‘充君庖’象。”《易简录》曰：“《坤》‘西南朋’，统三女也。”《蠡》曰：“巽离坤兑，此《巽》之能用三阴也。”

《象》曰：**“田获三品”，有功也**。

初，有摧陷廓清之功。所以，四有烹饪孚鼎之功。重《震》，初“吉”，四“泥”；重《巽》，初“疑”、四“功”；以阴再入，则谋审也。　　曰：“郄鉴‘三反’，李峤‘三戾’。惟《巽》‘获’之，则‘悔亡’矣。”

九五，贞吉，悔亡，无不利；无初有终；先庚三日，后庚三日，

吉。变艮，为《蛊》。积，《嗑》。

《筌》云："《巽》，为疑卦。九二中矣，犹以不正自疑，纷纷不决；九五中正，巽之疑悔，至是尽亡。'无不利'者，决之也。全卦，惟此爻为美。其多疑犹若此，《巽》所以'小亨'乎？凡事之变，必其初不善，故'无初'；变而归善，故'有终'。既欲变更，必告人以欲变之意。先后反复，不一而足，所谓：'重巽"申命"也。''先、后庚'，详见《蛊》矣。"京《传》曰："震巽之象配庚辛。"程《传》、苏《传》"六甲、六庚，六爻周旋"，此当理也。"玄子曰："《蛊》以事坏造事，故言'申'；《巽》以事权更事，故言'庚'。"《正》曰："'六甲'，仁也。物将坏而幹之以仁，犹厦将颠而幹之以木。取材于木，至'六甲'而尽矣。木已坏，而治之以金。'六庚'，义也。救仁，用义。仁之于巽，同幹；义之于巽，不同幹也。治其已坏，以成其不坏者，取材于金，至'六庚'而尽矣。故'六甲'之有孝子，先天之事，仁人任之；'六庚'之有忠臣，后天之事，义士任之。仁人所任，至于中田号泣而已矣。义士所任，盖破斧缺斨、剖肝沥血，而犹未已也。"又曰："钟者，'六甲'之所取衷也；吕者，'六庚'之所由举也。三钟之无'六甲'，三吕之无'六庚'，是仁人孝子所号籲于天地者也。主甲者，宾已；主庚者，宾乙。宾主合，而君臣、父子、夫妇、兄弟各有所措；故阴阳宾主，交相为取。钟吕之取于乙已，犹其取于丁癸也。《易》言'庚''甲'，不言'丁''癸'，何也？曰：'以其义，则亦兼取之矣。'钟吕之合言'六间'，不言'六正'，何也？曰：'六甲、六庚，则皆正也。'黄钟之为主，蕤宾之为宾。主钟者，宾义；主吕者，宾仁。主仁者，取于智；主义者，取于礼。三钟之取于三主，犹三吕之取于三宾也。故'六甲''六庚'，全《易》之大义也。水火动，继之以木；木动，嗣之以金；六府之要归也。"

《象》曰：**九五之吉，位正中也**。

《一一》曰："《巽》《蛊》之变，在此一位；大用变更，在乎'正中'。"

上九，巽在床下，丧其资斧；贞凶。变坎，为《井》。世。

曰："《汉书》王莽遣王寻屯洛阳，将发，亡其黄钺。其士房杨曰：'《经》所谓"丧其资斧"者也。'古以资、齊、齋通转耳。阳本能断。二，位不正，'巽在床下'，犹赖其中；上，不中正，故'巽在床下'，而有失断之象。"京《传》曰："上，为宗庙，居世。则是鬼神为政，而斧断之义，乖矣。'武人'之贞，为'利'；'丧斧'之贞，为'凶'。四，阴起巽，终兑金；《巽》伏《震》之‘庚’金，贯木为‘斧’也。”

《象》曰：“巽在床下”，上穷也；“丧其资斧”，正乎凶也。

《一一》曰：“巽本善行，《象》故疑之。曰：‘得为正乎？’随断之曰：‘乃凶也’。”《订》曰：“资，以施德；斧，以操权。兼德与权，而后可以入人。”《见》曰：“二、上，同‘巽床’而异者：二，臣也；上本无位，物外之人。徐文远不拜李密，而拜王世充，此二之‘无咎’也。韦祖思不礼姚苌，而礼勃勃，以致陨身，此上之‘贞凶’也。”郝《解》曰：“‘诡随’者，常虚张为刚。‘顺理’者，‘不欲多上人’，则其为‘资斧’，可知也。”《揆》曰：“鲁归政于三家，齐授政于田氏，皆‘丧其资斧’者。”

《时论》曰：卦名“小”者，凡二。卦辞“小”者，凡十：泰、否、贲、遁、睽、旅、巽、小过、既、未济。而《泰》之“小往”，则贬小也；九卦之“小”，则励小也。惟《巽》之“小亨”，三致意焉：曰“利有攸往”，又曰“利见大人”，小大并见，奋阴作阳，归于“申命行事”。先天，巽起西南。自《姤》一阴，“施命诰”矣；荡至五而为《巽》[①]。《大圆》之位居申，故“申其命”焉。《后天》，巽居东南，又次震，而申其长养之命，是顺刚而行也。柔之不足，其命申贼；刚之有余，其命申坚，则小大之分也。《象》“随风”者，巽居辰巳，领此八风。拔木偃禾乎？吹棘漂箨乎？生杀之权，盖随入而起，止不可得见者也。体阴用阳，扶摇上下，运“皇极”曰“风教”，变“黎民”曰“风动”，熏“邦家”曰“风俗”，叶“律吕”曰“风雅”，树“威仪”曰“风裁”。君子法之，莫非命也。《意》曰：“‘申命’者，大君事也；为大君申命者，相臣事也；为君相申命者，立教之君子事也。”五与《蛊》易，而“庚”与“甲”相申焉。《蛊》者，“有事”也。“终则有始”，故属之天。《巽》者，“行事”也。“无初有终”，故属之人。庚所以治辛，震巽所并纳也。庚即加申，即以治甲；巽今化艮，即以终坤也。南北水火之用庚申，犹冬夏寒暑之用春秋也。历律支干，《易》《范》之表。大人“建、考、质、俟，征诸庶民”，“象魏”挟日，“申命”更端，“先庚”“后庚”，岂漫然而习文告哉？今读《伊训》三篇、《盘庚》三篇，《大诰》《召诰》《洛诰》，《多士》《无逸》《多方》，愈重而愈申之，以入天下之肺附，是“日日，又日”之新命也。初，阴，而勇于人；二，阳，而格于神。以事神之道事人，二“不素饱”，五其更化“用誉”乎？《金縢》“元龟”“纷若”之吉也。车千秋以白翁感湖宫，刘向以《洪范》叹精忠。若后之以

①六十四卦方图，《巽》卦，位《姤》卦后第5卦。

"封禅天书"，自为"资斧"者，殆巫风乎？又不如万宝常、敬新磨之"史巫"辈矣。"进退"者，《观》信而《巽》疑。"武人"者，《履》"乱"而《巽》"治"，志不同也。初之《畜》德变刚，"保受威命"矣。张说以宋璟决疑，吾爱郭子仪、张万福，"武人"之"志治"也。四《姤》，其"顺刚"乎？"包无鱼"，变柔之非命也；"田有获"，变刚之行命也。公仲连进牛畜、苟欣[1]、徐悦，而"歌者之田且止"。李泌宛陈府兵，而欲结回纥、党项、大食，"志"与"功"俱矣。三，不"《涣》躬"，应、乘非志。新旧变法，惠卿最先，调停蜀洛，说似可信，奈"频频之吝"何？夫刚，取其"巽乎中正"也。《井》而《巽》，则上出"不穷"；《巽》而《井》，则"床"掩其"幕"。以初为"床"乎？二，处之安；上，处之危矣。以五为"资斧"乎？五，用其断；上，则短绠矣。"今命汝一，无起秽以自臭。"上以苟全为正乎？是灵寿杖、痴顽老子之"穷凶"也。"斧"者，鄙夫所钝，而大人所硎。"床"者，小人所蔑，而大人所厚也。"田"者，畸人所荒，而大人所播也。"武人""史巫"者，高士之所不屑，而大人所以阳治阴治也。权哉！权哉！

智曰："《乾》，'斡事'；'终日乾乾'，'行事'也。《坤》'发事业'，《坎》'习教事'，《震》'有事'，《巽》'申命行事'，行何事乎？巽五、首坎，同居少阳；而与《震》'介'，为《横图》之中。《方图》，中惟恒、益、震、巽四卦；而《巽》应《坤》巳，即《后天》也。《大圆》，巽去乾，五；而恒巽与益震，分处丑、未，即《小先天》之申也。巽数，得中五。而自巽、坎、艮、坤言之，巽且首帅坎艮向坤矣。《洛书》，巽四、坤二为肩，以用中五；于数四五六，巳巽至亥乾为独顺，故曰'巽领八风'。长柔顺刚，而申乾坤之命，行坎震之事，此其徵也。乾统三阳，由西北至东震；而巽帅三阴，由东南至兑西。以刚内治，以柔外化。乾命震以刚克柔，而成于兑；坤命巽以柔克刚，而归于乾。文王观柔道之深几，莫深于后天之位巽矣。九卦'制''权'，以此终之。权者，无我，而'随事命则'者也。权命于衡，衡命于平，平命于直。乾坤之'直'，惟巽称之；乾坤之气，惟风知之。胜牡之几，偏深于柔；陷虎之几，偏深炼刚。故见诸行事，不免偏激矣。《彖》曰'刚巽乎中正'，是谓'制巽'；故曰'利有攸往，利见大人'。"

䷹上下皆兑

《全》曰："篆，兑为㕣，'从儿、从人行'，是分别人行为悦也。言

①应为"荀"。

达之，而心悦矣。”《说文》“从儿㕣声”。儿，人也。徐铉云：“㕣，即兖，当从口八，气分散也。”舌头声，以对转待；是对待，而后发舒以悦也。兑为锐本，故悦从锐转声。先儒取“无言之说”与“无心之感”，故卦词与《咸》同。言即无言，则“绝待在对待中”，明矣。

兑：亨，利贞。

《一一集》曰：“‘入而后悦’，言造化、言心学，莫不由此。盖震兑为春秋之平分，自巽至兑，‘别阳用阴’之明用也。西成，辅交乾坤；秋收，合其义利；‘亨’，可知矣。柔在外，为‘利’；刚在内，为‘贞’。”《订》曰：“《咸》以艮阳，下兑阴，相‘感’则亨；而感，易失于不正。《兑》以二阳，下一阴，相悦则‘亨’；而悦，亦易流于不正。故同以‘亨利贞’，藏其‘元’焉。《巽》内柔外刚，其质柔也，故止‘小亨’。《兑》，内刚外柔，其用柔也，故‘亨’。曰‘利贞’，犹以内之刚为主也。”《遡》曰：“仲尼愤以乐，颜子苦以卓，尧舜病以治，贞、不贞之介，可无自考欤？三男卦，不言‘利贞’；刚，故‘贞’也。”

《彖》曰：**兑，说也。刚中而柔外，说以利贞。是以顺乎天而应乎人。说以先民，民忘其劳；说以犯难，民忘其死：说之大，民劝矣哉！**

程《传》曰：“阴悦于阳，而为阳所说。”“柔外”，而悦亨者也。外虽柔悦，中实刚介。“说以利贞”，岂徒甘言悦人、巧纵自媚乎？“顺天应人”，一正尽之矣。上悦下，为“顺应”；下悦上，为“劳死”。天道好生，而秋杀所以济春生之穷；王道主仁，而义正所以济仁育之穷。“不劳无以逸，不死无以生”，此之谓也。诚斋曰：“汤之‘宽仁兆民’，自‘不迩声色’始。天人胥悦，至使人不自知其‘劳且死’。‘民劝’，与‘劝民’远矣，是以大之。”元公曰：“兑德‘说’，而象羊。羊，物之好笑者也。故美、善、养、義等字，从羊。”《荀子》云：“美意延年。”近溪云：“好人多笑”。《庄子》所谓“使之和豫通，而不失乎兑”是也。而爻每善夫刚。西昌郭氏曰：“‘说’者，天地万物之生机，而乾之性情也。‘回非助我’‘不违如愚’，颜子以‘坐忘’兑矣。‘天何言哉？时行、物生’仲尼以‘默识’兑矣。”《揆》曰：“‘皞皞’‘驩虞’，此‘以上说下’之贞、淫也。容说者，与安社稷为说者，此‘以下说上’之贞、淫也。出见纷华美丽而说，入闻夫子之道而说，此学问之贞、淫也。‘讲习’为此，故曰‘利贞’。”

《象》曰：**丽泽，兑**（郑，作“離泽”）；**君子以朋友讲习。**

《集》曰：“同门，曰‘朋’；同志，曰‘友’。《兑》，两口相对，讲明义理，而习之不辍，如泽斯丽，交相浸润也。”淇澳曰：“‘习’义见

《坎》。‘洊至’，则水之‘一生万’也；‘丽泽’，则水之‘万归一’也。故‘朋友讲习’，独取于《兑》，《兑》‘习’以完《坎》‘习’也。”左忠毅曰：“羲，以木主起东向西，至周而成。故孔《彖》‘顺天应人’、《象》曰‘朋友讲习’，以君道归周，以师道自任也。”《蠡》曰：“五伦，藏师、弟于朋友。五伦，皆朋友之交也。乾坤统六子，实如朋友耳。”《正》曰：“《乾》之‘惕’‘健’也，《震》以‘恐省’，《坎》以‘常习’，《艮》以‘位思’，《坤》之‘厚’‘顺’也，《巽》以‘申命’，《离》以‘继照’，《兑》以‘讲习’；八卦皆学也。归以‘讲习’，而六十四事递起矣。”《意》曰：“发愤忘忧，而又以‘学不讲’为吾忧，此即‘时习、朋来’之至悦也。士生礼乐大成之秋，何地非浴风？而乃坐负圣恩，逃之鬼窟兽场，以藏荒陋，可不谓‘大哀’乎？”智曰：“柴氏谓：‘泽之止水为㴋。’㴋声转悦也。《坎》《兑》，皆以渐、沁取‘习’。惟《离》言‘丽’，此言‘丽泽’，合‘止水’于‘流水’，藏‘火丽’于‘水丽’，转风力木气为金声。金石同体，金水相生。《河图》四九，西金数足。义利成《坤》，而归于《乾》刚。圣人之始终条理，振‘时习’之铎，此其象哉。《否》《泰》交换，故以《巽》《兑》合‘坎’‘习’焉。《涣》，明人伦本天之‘号’，是讲习所以‘发其汗’也；《节》，通‘度数’‘德行’之时，是讲习所以‘甘其苦’也。发散以和之，而《节》《孚》寡‘过’，《济》《乾》《坤》矣。此八卦终兑，夹乾坤，而旋乾之象也。”履曰：“伯敬谓‘好学，多良师友’，是第一福。邴原曰：‘一则羡其不孤，二则羡其得学。’又况‘得诀归来’，不为‘涓叔梁’与‘匿扫除’者所惑，非更一福耶？所悲，抱经桴鼓，漆书推车。包咸、张融，讽诵自若，为难耳。”

初九，和兑，吉。变坎，为《坤》。

《宜》曰：“《兑》主‘说’，而爻以阳君子、阴小人论之。‘和’以德聚，六爻惟初不系‘柔’。初心未渝，廓然大公，发即中节，和而不和。”子瞻曰：“初远于三，而无嫌；至九二，则疑之矣。必以自信于初九者，而悔亡。”元公曰：“天地有太和，为乐气。十二月辰，应于律吕，故先王借乐器以写之，正以畅吾心和气也。‘塞兑’，矫治也；太矫，亦失和。”

《象》曰：**和兑之吉，行未疑也**。

《一一》曰：“人心最初，自不知疑。”

九二，孚兑，吉，悔亡。变震，为《随》。积，《萃》。

《宜》曰：“‘孚’，取中实，三则其所孚也。二承比三，宜有‘悔’

矣。悦而不失‘刚中’，故‘吉’而‘悔亡’。‘信志’也，行不免于可疑矣。”

《象》曰：**“孚兑之吉”，信志也**。

《订》曰：“初易，二难。初，远于阴，不待志，可信；而行亦未涉于可疑。二近三，则不免于疑，而志则可信。” 曰：“大疑，乃能大信。《荀子》云：‘信信，信也；疑疑，亦信也。’若恃初而竟无所疑，则亦终不‘信志’矣。故知‘愤悱’，正所以为悦乐。”

六三，来兑，凶。变乾，为《夬》。积，《咸》。

旧说：“阴性下就初、二，曰来。”《揆》曰：“一《兑》既终，上《兑》又来；同类招来，以兑口甘之。八纯卦，第三爻，皆取重卦为义。‘引兑’，媚君；‘来兑’，媚人。”《订》曰：“弘霸尝元忠之粪，彭孙濯李宪之足，丁谓拂莱公之须，至今遗羞，顾不凶耶？”《遡》曰：“三，以内为‘来’，无术而以我悦人；上，以在外为‘引’，有术而令人悦我。‘悦人’者浅，而在下位之君子‘孚’之、‘和’之。未有变其悦者，是以小人凶，而君子吉。四、五，则在上矣。在上者，容悦多，而复值‘引兑’之深奸。于是，四眩其‘引’，而疑是、疑非，费商较而不定；五高其‘引’，而相信、相孚，堕术中而不悟。爻，于四曰‘疾’，于五曰‘剥’，不言‘凶’，能无凶乎？”《正》曰：“《兑》之《夬》。悦，不可决也。白圭献规，则亦谓此。”

《象》曰：**“来兑之凶”，位不当也**。

不能素位，安能得当？

九四，商兑未宁，介疾有喜（“介”，徐作“戒”）。变坎，为《节》。积，《蹇》。

康成云：“‘商’，隐度也。”当两《兑》“讲习”中，互《巽》不果，“商”象。变《坎》，加忧，而互《艮》止。“介”，阳象，或曰：“分限”。季常云：“隔也”。《坎》“疾”，《兑》“喜”；“疾”“喜”相反。《无妄》之“疾”“损其疾”[①]，皆以“有喜”言之。可悟，“疾”“喜”同时。王《注》曰：“三为佞悦，四裁而抑之。”元公曰：“当国大臣，致君泽民，为己任者，故踌躇商度。踟蹰不定，盖迫惧也；故圣人鼓之速决，以慰其喜心。云‘介疾’，速也。”本清云：“四值正秋，律中夷则，商音用事，商本金气，坚介劲疾，万宝告成。‘有喜’者，‘悦言乎兑’也。‘喜’而由于‘介疾’，乃兑悦于正也。”《正》曰：“君子取刚气，以治口舌，犹为之商度，使万物受节焉耳。节之‘介疾’，万物之所悦也。” 曰：

①《损》卦：“六四，损其疾，使遄有喜，无咎。”

"汲黯曰：'臣虽不能以言屈陛下，然臣心犹以为非。'郅郓曰：'夫妇之间，父不能得之子，况臣能得之君乎？然从来多以嫡庶祸乱，愿陛下慎之。'可谓'善商'。唐太宗曰：'卿等，欲人受谏；卿等，亦受人谏否耶？'可谓'善商'。"

《象》曰：**九四之喜，有庆也。**

杨廷秀曰："三，君心之膏肓也；四，针艾也。三不喜，四'有喜'；非私喜也，天下国家之庆也。"

九五，孚于剥，有厉。变震，为《归妹》。积，《谦》。

《宜》曰："上六，兑秋之终。九月为《剥》，又中阴变《夬》，亦伏《剥》。不曰'孚险'，而曰'孚剥'，著害也。《剥》，以五阴消一阳；此，指上六一阴。亦谓之'剥'者：君心一摇，则众正皆败耳。"

《象》曰：**孚于剥，位正当也。**

《订》曰："与《履》同意。'正'，则才足胜小人之奸；'当'，则势足制小人之命。两有所恃，以为自我用之，而不觉其'孚于剥'也。明皇孚林甫，高宗孚秦桧，非以恃耶？"《正》曰："《兑》之《归妹》也。'信盗，用暴；孔甘，用餤。'君子受说己之言，则盈庭皆婢妇人矣。"

上六，引兑。变乾，为《履》。世。

《集》曰："'引兑'机深，巧托无心，而人自说之。以位外为'引重'者，子瞻谓：'六超然于外，不累于物，此小人之托于无求，以为兑者。'"玄子曰："子瞻，刺王介甫耳。"刘荐叔曰："时乘圣人，又何尝不收'来''引'之二法？无此二法，不成《兑》之用矣。勿执定'阴为小人'。"

《象》曰：**上六"引兑"，未光也。**

旧说以为"共、驩巧容"，故曰"未光"。《揆》曰："'未光'，正发前'有厉'之意，与《夬》《萃》九五同义。"《正》曰："君子之说人若秋，使物成实，各得所欲而已。齐桓为游士玩好周于天下，以观其俯仰，而时其喜怒。则是'引兑'之饵也，君子不为。"智曰："孙弘言非黯贤，布被何以得闻？姚崇于魏知古，林甫阻严挺之，皆'引兑'之术恶。"

《时论》曰：子夏曰："《兑》，刚内柔外，见其情以悦人也；《巽》，刚外柔内，隐其情以巽物也。"《坤》申转秋，《巽》风交《兑》。西金肃杀，德以悦和，是以悦制义、以义全仁，行南礼而藏智信，转乾坤之风轮者也。《大学》之"以义为利"，《文言》之"利物和义"，有二乎？"各正"于《论语》之首章，"保合"于"金声玉振"矣。"和"不疑行，

"孚"乃"信志"；疑而信之，其悦始丽。不丽"朋友"，则土块矣；不泽"讲习"，犹死水也。孔之"愤乐"，颜之"苦卓"，"时习"之悦。我无所往，彼无所来；无所为《复》，亦无所为《剥》，是《先天》之悦体"惟微"也。至于"商"，如五音之未调，虑其章而陂也。"疾""喜"同藏者，"存乎介"。而内"来"、外"引"，如持满之未发。或"罄控"而内故，或"纵逆"而外驰。我善用其孚，则"悔可亡"；误用其孚，则"贞必厉"，是《后天》之悦体"惟危"也。世运开平，即以"讲习"藏天下矣。"《巽》伏也"，贵其"申"；"《兑》见也"，贵其"劝"。"多士奔走，臣我多逊"，"忘劳"矣；"三千一心"，"忘死"矣。曾知"删述""讲习"之后，能使万世"忘劳""忘死"乎哉？然犹恐其驱于鬼敝，流于任侠，故以"利贞"劝之。《意》曰："'和'，不贵从曳，而贵相济；'孚'，不虞外合，而虞中睽。故以此之介，成彼之和；以阳之孚，防阴之剥。"始与《困》变，此最可疑人者也。初体，行其赤子之心，和则"太和"也，直未疑世人之所疑耳。"《咸》有一德"，天佑民归，此九二之"孚"也。惟其《随》时之义，而亡其"系""失"也，此大疑、大信者也。"进厥良，以率其或不良。"九四有之，是其习"介"于两阴之际，讲"喜"于五二之交，惟其之《节》而"议德行"也。针艾其膏肓，而苦可甘也；此非四之私喜，而天下之庆矣。丽兑秋成，悦中用义，"来"者一变，则伏《剥》矣。五之《归妹》，当"永终而知敝"矣。入朝、入宫之嫉，自古而然。五，勿自恃其位而刚愎，待直心商酌之贤；则小人容悦之术，不为所中矣。然"贯宠"惑人，巧施两舌；"正当之位"，才智自负，而谀根难除；一受其悦，必且护前，能不厉乎？之《履》，则悦主也，"考祥"也。引君当道，惟上；引君雄当位之督责以为容悦，亦惟上。其牵也，习五；其不牵也，习三矣。三，为兑疾，果能决乎？昵上下之际，而欲"来"其党类，饰宾媚人之容，腾中行氏之舌，其所习者，"凶"也。"庸违，象恭"，儆于"喜起"，此非唐虞讲学之初政乎？朋友佞悦，愈"引"愈"来"。"来"者，腼颜不惜；"引"者，暗发其机。杀人、媚人，以悦为罔，明君、直臣，皆受其"剥"，此则君臣不"丽泽"讲学之过也。德宗"不觉奸邪"，曲江犹喜"软美"，疑信之间，必"商"乃决。后世以经筵为容悦之阶，而以诵读为容悦之资，于以劝民之"忘劳""忘死"，岂不泛滥胥溺哉？

智曰："'利物和义'之旨，《兑》居西成。天道，义利本一也。人道，以义为利，因事制之，而实以和之。还男女之'利'，而即以制男女之习；还禄养衣食之利，而即以制其衣食之习。义其习，而民愈和；

讲其习，而习皆泽矣；此正所以养其义利为一之天也。《先天》，兑与乾，同太阳之体。《后天》乾自亥始，而于兑为终。兑成、坤养，而还乾体、旋巽体；倒错震体，正错艮体者也；是始终父母之事者也。‘忘劳’‘忘死’，岂‘烦苦’逼哉？《诗》《书》《礼》《乐》，即收魂夺命之利器也。自问‘所读何书？’即已蹈汤火矣。投分一言‘有幽明’，候素车者矣。‘孚’生死，‘商’劳逸，虚空一画，蓍龟证之，不可思议矣。圣人于末贞悔之参中，著‘朋友’之‘讲习’，赞其‘大劝’，岂无谓哉？彼专讲‘超出义利之外’者，曾悟‘即在义利之中’乎？刻执‘断利标义’之讲，人不承睫、即掉臂矣。旁听‘无义无利’之讲，则习蒙‘冥应’之皮矣。五伦终之以交，无非‘丽泽’也。‘包蒙’‘克家’，师弟亦似续也。当知圆神悦决，两层是一。水火、龙虎，深山、野人，‘伐木许许’，声气自劝。无言之孚，无心之悦，泯于弦歌谈笑中矣。”

涣

节

《订》曰：“《涣》之使‘离’，兑有所宣，以无底滞；《节》之使‘止’，气有所聚，以不散越。”项平甫曰：“涣、节伏，叠井、困。以木出水，《井》塞能‘通’；以水浮木，《涣》通而散也。泽上之水，居通能塞；泽下之水，塞极至《困》。《揆》曰：《涣》‘散’，互《艮》，曰‘王居’。《节》‘止’，互《震》曰‘通’、曰‘往’。可见，《涣》《节》互根之意。”潜老夫曰：“内先天，外后天，而因重之，则《困》《井》居西；外先天，内后天，而因重之，则《涣》《节》居西。坤让位与坎，而兑居坎位；左右二老，以主万物之成，故《困》《井》收四分用三之终[1]，《涣》《节》收通期之《节》[2]。邵子所云：‘六十四卦，藏四者也。’《圆图》，涣、坎与丰、离望，节、中孚与旅、小过望，居日月出入地。《方图》二十卦之层，节贲辅损济；十二卦之层，涣、解当午，此旁通可玩者。《后天》，自坎而巽，为发散长养之时，名《涣》；自坎而兑，为敛省止限之时，名《节》。此本义也。”智曰：“此以《涣》《节》收巽兑，而终六十卦也。《涣》如麻黄汤，《节》如枳术丸。言‘怒飞’言‘空劫’，皆寥阔以发汗者也。言‘守黑’，言‘死心’，皆暂歇以息喘者也。

①《困》《井》一组，为第27贞悔卦。若9贞悔卦为一轮，则为第三轮之末。

②六十四卦卦序，《节》卦为第60卦。通期，即60。

总在《易》《范》，用药制药，变化无方，而汗下归于调理。‘知调理’者，可以‘勿药’，即病亦自愈也。‘买奇方’者，巧求所以汗下迅捷者耳。”

䷺风水涣

涣，《说文》：“流散也，奂声。”奂，从敻省声。按：“敻，声从烱来。冋，为宪之烱烱；敻，远视而求也。《礼记》‘轮奂’，赞屋。奂，从㒰𠂇𠂇。乃上有飞甍，下有拱斗也。故辉焕、更换、涣散从之，具‘发表’‘散越’之义。与豁、化同为外喉声。”

涣：亨，王假有庙，利涉大川，利贞。

郝《解》曰：“‘说散，受《涣》’。人情有郁结，能悦则散。《诗》云‘泮涣尔游’矣。人身血气不调，则疾作；愤懑不舒，则争成。涣，所以调适舒愤也。人心不涣，则有‘固、我’；朝廷不涣，则有朋党；故销天地之乱，莫如涣。小罅可塞，大惑难解，圣人以不解解之。‘行无事’，则纷结自开。藏天下于天下，而不得所遁，正善言‘无适、无莫’之妙义者也。”《遡》曰：“凡水涸于秋，冰于冬。中春，东南风至，冰始解而流，故风水谓之《涣》。风过不留，水浮不溺；水遇风木，而忘其险矣。故《涣》有二义：有民涣散，而萃之义，‘假庙’是也；有‘涣天下患难’之义，‘涉川’是也。‘假庙’正‘涉川’之实，‘涉’即‘奔’‘拯’之谓。《筌》云：‘立庙于国东南，祭享必以血。’《易》凡庙、祭，取《巽》《坎》，或取《艮》‘庙’。《坎》《巽》，隐、伏象，祭求诸阴，必于阴卦取之。”《野同录》曰：“‘朋友讲习’，正所以发通其郁结也。‘大号’一涣，人人利此尊天敬祖、涉川济世之贞，有不‘时成中节’者乎？”

《彖》曰：“涣，亨”，刚来而不穷，柔得位乎外而上同。“王假有庙”，王乃在中也；利涉大川（《举正》，此下有“利贞”），**乘木有功也。**

《宜》曰：“‘涣亨’，在‘二四同功’。二，以‘刚来’在中，力能济险；四‘得位’‘上同’，中正之五。以巽风解之，何险不济哉？‘王乃在中’，即‘不荐之孚’‘无言之奏’。五爻所谓，‘王居正位’也。《易》以《巽》言‘涉川’者三：《益》‘木道乃行’，《中孚》‘乘木舟虚’，此‘乘木有功’。”画子曰：“乾坤交，而风水生；风水生，而大号作。五，居中出命，以树风声；而所以‘涣大号’者，皆四为之也。有此臣，而始得‘恭己无为’耳。‘王乃在中’，‘辰居星拱’，号令所在，民皆顺之。涉川舟楫，皆四《巽》以通天下之功也。”淇澳曰：“‘在中’，非收摄精神，乃处处散遍也。”

《象》曰：风行水上，涣；先王以享于帝立庙。

《宜》曰：“水之遇风，涣然相变，阴阳相通，有合无间；先王法之，以交鬼神。天至大无涯，神气无不在；人死而魂降，魂气无不亡，‘涣’也。”汝中曰：“‘万物本天，人本祖。’知祖，则人思亲；思亲，则不忍倍死而忘生。知天，则人思尊；思尊，则不敢以下而犯上。故‘舜受终于文祖’，即类上帝而禋六宗。武王‘大告武成’，即举‘柴望’而祀‘清庙’。惟礼可以一天下之心，心一而后天下之事可从而理。’平甫曰：享帝于郊，象《巽》之‘高’，立庙于宫，象《坎》之‘隐’。”李子思云：“《萃》因民之聚，‘立庙’以坚其‘归向之心’，所以为‘怀保’之道。《涣》忧民之散，‘立庙’以收拾其‘荡析之心’，所以为‘招携’之术。”《意》曰：“此尊天报本，知主宰之表法，散之天下之‘屋漏’者也。”《正》曰：“涣者，文事所由兴也。‘七世之庙，可以观德’‘奏格无言，时靡有争’。‘风行水上’，‘声容静’，而感被远矣。君子观严于庙，观敬于庙；观人心于聚散，阴阳之交会，鬼神之趋舍焉。精诚相通，以为礼乐；交动甚微，文义备至，非圣人孰知之？”《潜录》曰：“《萃》以祀先，《涣》事上帝。儒者尊‘大原、於穆之天’，不得已而以人间之尊称表之曰‘上帝’耳。谓‘天处色界’者，指苍苍之天；而‘所以为天’者，高一等焉。表法也，犹‘礼本大一分为天地’也。盲信者，遂小视天，岂不诬哉？祭祀之礼，天子、诸侯、大夫、士庶各有其分，謟渎有戒，精气乃一。自礼废，而‘越望’‘移禜’，贪福矫诬，反薄尊亲，僭乱之端起矣。故先王立此义于《涣》。”

初六，用拯马壮（子夏，作“抍马”。唐《杨於陵传》“抍赡贫民”），**吉**。变兑，为《中孚》。

《宜》曰：“初独不言‘涣’，二始见端也。‘马壮’，坎象，指二也。赞出初六，见其才弱，顺二以‘拯’，则‘吉’。功何必自己出哉？”《诂》曰：“《明夷》之二，已受伤；所用以拯之者，必得马壮如九三者乃吉。此乃陷九二者，故教之转‘陷阳之念’，以‘拯乎马之壮’者，则吉。初与四应，正四涣小人，以出君子于险处。”

《象》曰：初六之吉，顺也。

《正》曰：“《中孚》所为‘顺’也，风水相遇，敏于奔马。《诗》曰：‘淠彼泾舟，烝徒楫之。周王于迈，六师及之。’同舟合体之信顺也。‘八虞二虢’之载文王，亦仅‘六师’之力乎？”

九二，涣本其机，悔亡。变坤，为《观》。积，《益》。

程《传》曰："杌者，凭以为安者也。"《遡》曰："救涣在人心。甫涣时，曰'奔'。'壮'，其救之急也。若涣于国势，救已无及杌。'杌'，桯也。二'悔亡'、初'吉'者，辨之早耳。'奔'，震象。又《坎》'马亟心'象。'杌'，坎象。"《订》曰："九二，阳居阴位，陷于险中；若无变计，如人据杌而坐，自以为安，悔其免乎？兹欲涣散险难，必自其杌奔去之，然后吝悔可亡。昔重耳安于齐，有终焉之志。从者谋之姜，醉而行之，后伯晋国，皆子犯与姜氏之力。"潜老夫曰："重耳自以安齐，藏其用，勿为所蔽。"

《象》曰："涣奔其杌"，得愿也。

《全》作"机"，音几。《揆》曰："巽木乘二偶，君尊凭几之象。二五同中，乘《震》力奔赴之，出危就安，岂不'得愿'？入险之悔，所以亡也，'刚来不穷'以此。旧'以二就初，为奔杌。''奔'者，向前，无'奔初'义。"《正》曰："马，非舟也，而壮于舟；杌，非车也，而壮于车。精诚所动，众力附之。'涉川''假庙'，同用此义。"

六三，涣其躬，无悔。变重《巽》。积，《颐》。

《宜》曰："六三，不言'奔''拯'、言'涣躬'者，夫民之离心，皆自上'各私其身'始。《老子》所云：'大患也'。三，居险上，《艮》以反躬。憬然破其形骸，有何险乎？"陆子曰："家天下，人中国，岂是'身外'？对'私己'者言，则是身外耳。"诚斋曰："君子当平世，为雾中豹、渊中龙，酣寝不闻，非'杨'也；当乱世，为决川之禹，为救焚之侨，焚溺不避，非'墨'也。'吉凶同患'，惟时而已。"《正》曰："木者，水之魂；风者，木之魂，何巽木为风，坎水不得为木耶？魂魄之交，或离或合。木生于水，而载于水；长于风，而扬于风。魄有形而魂无形，无形者易合；有形者易离。故《涣》之为巽，水之为风，犹魄于魂而魂合体也。木载于水，而行以风；天子载于百姓，而行以良臣。臣载于天子，犹天子载于百姓也。魂之、魄之，一身而已。水涣风行，风涣而木行焉，'涣躬'之谓也。"

《象》曰："涣其躬"，志在外也。

《意》曰："志在外卦，志在君国。合外内者，正谓'外即是内'。非如偏重内，而流于'为我'；偏舍身，而流于'空寂'也。《内经》曰'身与志不相有，曰死'。可执偏枯、已甚之词乎？"履曰："尝论战国，'涣躬''以死遂志'者，王蠋也。'涣躬'，而躬存者，蔺相如、乐毅也。'涣躬'，以事外行其志者，鲁连也。'涣躬'而'汗号天下后世'者，孟子也。"

六四，涣其群，元吉；涣有丘（姚信，作“近”），**匪夷所思**（荀，作“匪弟”）。变乾，为《讼》。积，《无妄》。

《宜》曰：“坤众，为‘群’。去坤就乾，‘涣群’象，所谓‘柔得位乎外’。离去二阴之类[1]，而上与九五同，故又为‘涣有丘’之象。小群去，而大群来也。”《订》曰：“‘元’者，阳德也。‘涣群’，所以上同，与阳同德矣。‘丘’，艮象。四，人位，又心位。从人取，曰‘夷’；从心取，曰‘思’。人知群，不知涣；人知涣，不知涣之为聚，故曰‘匪夷所思’。”元公曰：“‘涣其群’，不见人也；‘涣有丘’，不见境也。”

《象》曰：“涣其群元吉”，光大也。

《野同录》曰：“‘涣其群’，群而不党也。人岂无党类？谓‘无偏党’耳。古云‘党理不党亲’。大臣既能‘涣躬’，休休无娟，则‘自光大’矣。‘光大’，则‘涣其群’，而‘有丘’矣。牛李、蜀洛，纷纷起于偏见。后世恨背公死党，而遂不辨臧谷。此小人所以反借‘涣群’，索疵君子。君子反避‘吐哺’之嫌，甘荒厩馆，私第谢客。因有恶人谈经济，而独令师表。自不学问，而托言‘无技’者，可谓‘光大’乎？欧阳《朋党论》，景逸《朋党说》，正为此耳。祁奚、谢安举亲，裴垍赏谏官，果其‘光大’，又何避焉？圣人本天制礼，济事辨才，使之讲习所学，行其所命，即各群其群；而实则，以正群化邪群，而忘之。职业才能，泯于道德，谁不出一身白汗耶？六四，以乾体，用柔正，居心位，而平其胜心。上济五德，下化隐阴，巽顺刚来，大同内外，故以‘元’。合《彖》之‘亨利贞’焉。”

九五，涣汗其大号，涣王居，无咎。变艮，为《蒙》。积，《离》。《离》世。

《揆》曰：“所谓‘王’，乃在中也。坎，‘汗’。巽，‘号’。五，阳，为‘大’。散人之疾者，汗也；解天下而安者，号令也。汗由中出，浃于四体。王者，以天下为一身。涣周身之汗，必有‘大号’。与天下浃，而所涣之汗，必出‘王居’。‘王居’，《艮》止。若‘北辰’，中心无为,以守至止，而居本不动，号自风驰。《书》云‘大哉王言，一哉王心’是矣。‘四方风动’，虞之涣也；‘恭已无为’，帝之居也。王居安然，过咎所不及也。《象》曰‘正位’，‘王位在德元’也。”《宜》曰：“旧解《涣》‘散’、《畜》‘积’。《遡》以为‘建国迁都’。彼以事取象，《易》自该之，但不必执。人，五液皆不反，惟‘汗为心液’。互《艮》为身，《坎》心，水‘汗’。以心王正位言之，是元公所谓‘尊贵’也。”

---

① “去”字，北大本空缺，根据文镜本。

《象》曰："王居无咎"，正位也。

郝《解》曰："居天位，以'涣大号'。合则一体，散则万方。故'位'者，'圣人之大宝也'。"《野同录》曰："王者，以天所畀之位公其恩，以与天下共之，皆本其中心之正，以申天命也。五教六经，时'汗大号'，人人享帝；素其正位，君师转风，惟不息于'正位居体'之'通理'而已。"

上九，涣其血去逖出，无咎。变重《坎》。

《一一集》曰："变《坎》为'血卦'，而上九以刚涣之。'逖'，远也。超出生死，而又远出于无生死之外也。巽风高举，出'不内顾'。'远害'亨心之方便，虽过中穷上，而《涣》之可也，然终以中五为'正位'。"

《象》曰：涣其血，远害也。

郝《解》曰："世路，无往非险；达人，无地非涣。君子素位知命，'无入不得'。初，见险能'拯'，则顺而吉。二，避危就安，则'悔亡'。三，患身，而忘其身。四，为臣不私。五，为君至公，涉世异趣，其为涣同。若夫僻隐者，荒唐者，毁灭者，任放者，厌人世为樊笼，毁衣冠为牵缨，叛散礼乐，灭裂风雅，亦'涣血逖出'以远害，而于圣人之教悖矣。《易》道，所以包而化之也。"《野同录》曰："圣人使人各安生理，自然无害，而不专以'远害'甚其词也。偏以'远害'甚其词，则《老》《庄》也，流至'灭裂帝王'矣。别传加以炼狠，使其甘害不顾；其流荒于伦常，而误任刚戾。确知'已甚'不可为训，故受之以《节》。节之以'制度'，'制度'使之安。"

《时论》曰：旨哉！孔子之以"离"说《涣》也[①]。离，言"行散"，则天人发越，上下相畅也；离，言"附丽"，则幽明相依，内外相流也。盖《离》宫之《涣》，往《蒙》来《讼》而归于《同人》。《离》乃所以《同》之，《涣》乃所以《萃》之，宜其同心、同力矣。同心，莫如"假庙"；同力，莫如"涉川"。险初不避，皆先鞭杖策，破釜沉舟者矣。群而不党，则誓天歃血，虽立留台可也。有"刳木"者，即有"乘木"者，故"拯"也、"奔"也，可以同舟。"志在外"者，即在中者，故"思"也"逖"也，可以击楫。涣，亦在君相之"风行水上"耳。主涣者，养正乎？王以天下为居，定鼎、辐凑，其一端也；散财、发粟，其一端也。出纶敷教，是王"中心之汗"也。一涣，再涣；是"都俞"之心学，即"大号"也。汉轮台之悔诏，唐奉天之罪己，使人感泣，即

① 《杂卦传》："《涣》离也。"

是“精一”。彼新莽、宇文之诰，拟《汤誓》《武成》乎？丑矣。相涣者，思无讼乎？解其群阴，附其阳“丘”，同寅“吁咈”，“四方风动”。武乡曰：“集众思，广忠益，何虑牛李绍圣耶？”圣教居业，四民百家，各游各沫，则涣万古之群，而听其观水学山矣。初《孚》“涉川”，二犹“窥观”乎？“顺故壮”者，贺循、祖逖、李纲、张浚之赴义也。有“机”可安，“愿”且犹豫；“涣奔其机”，则动矣。随何坐叱羽使，昆阳一笑合营，虽欲不动也，得乎？三上，巽坎、坎巽。执变，则华歆、元稹之“频吝”，陆机、崔逞之“纆棘”；善变，则戴渊、周处之“申命”，左原、贾淑之“习亨”。人果“匪躬”，血化为汗。赵孝、姜肱，能脱贼锋；张纲、韩愈，直驰虎穴，皆“涣躬”“血去”之道也。身心不二，穷上处中，合外以为内顺，身乃天下之身也；并“逖”亦“出”之，则利害皆付之东流矣。由此论之，涣散其我执，此六爻所以皆美也。涣发其欢心，正《大象》所以端本也。渊哉！《涣》之“亨帝立庙”乎？肸飨县诚，而旅助分辨矣；萧光报彻，而神人合漠矣。先王之享天下，熏散之天下，使各享其本心者也；先王之济天下，吹散之天下，使各济其舞蹈者也；此即所以“汗号涣王居”也。称“庙”者，言乎“国之主”也；称“帝”者，言乎“天之主”也；此朱子之确于表法也。

智曰：“少阳巽坎之《涣》，与太阳乾兑之《履》相应；故言‘亨帝立庙’，礼之最大者也。礼所以化险，使人翕然而从风；礼亦所以设险，使人凛然而不犯。故曰‘雷雨沛洒’，《解》，以散天下之危，则贵‘无事’；风水扬波，《涣》，以生人心之险，则反木为先也。蒸民立极，‘奏假无争’，则以萃之者布濩之，而各享其帝矣。风水《涣》，舟象也。民为水，国为舟，尊天重本，先王之使风也。人心为水，礼法为舟，沥诚正告，使人之使风也。观古《誓》《诰》，皆推此赤心之汗，浸人肺附。称天称祖，天祖亦出汗；过告山川，山川亦出汗；柴望、偃武，重《食》《丧》《祭》，则天下人出汗矣。岂虚号文饰耶？汉高一为义帝发丧，而天下‘奔机’‘拯马’矣。以大牢祀孔子，此深于享帝者，而天下皆‘涣’战国之‘躬’，‘出’秦坑之‘血’矣。然则‘配天’‘严父’之《孝经》，《清庙》《楚茨》之《雅颂》，‘卜郊’‘庙灾’之《春秋》，熏沐读之，涣然流离。此圣人之‘汗号’，与万世出汗而假天者乎？”

䷻水泽节

《全》曰：“仒，禹碑‘节’字。小篆从卪，从丂加竹。丂，谓‘曲中合节也’。人持之节，象之。”《说文》：“节，竹约也。”玄子以“竹�

之匀有分限”言之。《遡》以“虚中节均，东气生枝”言之。肢节、时节、音节，皆此义也。与精、尽，同为齐齿之声。

节：亨；苦节不可，贞。

郝《解》曰：“郁结，不可不散；散，则不可不节。《涣》自《否》来，涣则否消；《节》自《泰》来，节则泰定。盈进坎止，水之节也；平受满溢，泽之节水也。叠《困》、伏《旅》，互《震》与《艮》，行止有节也。中互《颐》，以‘节饮食’，养生之节也。金水相资，西北所以节东南也。卦数六十，周甲之节数也。子思合‘中’‘和’而言‘中节’，正以‘发’之‘未发’为节，还以‘过、不及’之节征之。‘和贵礼节’，内外通塞。‘有物有则’，‘则’即节也；‘从心而矩’，‘矩’即节也。《孟子》推‘时中’为大成，‘隘伯夷’‘蚓陈仲子’，有以夫？”观我公曰：“先时、后时，俱不名节；奏歌者，太疾太徐，俱不名节。此言‘适当’也。”《遡》曰：“节，无不苦，无不贞。圣人犹委曲焉，使君父之失不彰；如泰伯三让，忠厚之至。则‘不可贞’，是穷中之道也。”《野同录》曰：“强塞过当，则苦；拂人之情，不可以贞。宋钘、尹文，‘五升之饭’，‘强聒不堪’，其能行乎？水不澄之，不能清；郁闭不流，亦不能清。秦和曰：‘节之而已，伦艺制度，皆本然之品节也。’节之，即通之矣。甘苦之间，有适当于圣人之‘中正时宜’者乎？”

《彖》曰：**“节，亨”刚柔分而刚得中。“苦节不可，贞”，其道穷也。说以行险，当位以节，中正以通**（《举正》，下有“然后乃亨也”）。**天地节而四时成，节以制度，不伤财不害民。**

《一一集》曰：“《节》从《泰》变，亦从《涣》反。在《涣》不得不同，在《节》不得不分。不分，不可以为节也；分而‘刚得中’，‘中’即节也。心纵难节，必和说以行之；说过则流，险则思止。”左忠毅曰：“‘礼，和为贵’，而节在其中矣。凡人过心、过形，皆苦；去其太甚，则‘甘’。知穷而通，惟此‘中正’。故举‘当位’之五，以明‘中正’之义。爻亦以当、不当明之。上，则‘穷’耳。圣人曰：‘中正无形，节以制度，上下有分，名器有当，民自不识、不知而由之，节何等甘耶？’天地之数，六十通期，爻日‘适符’。天以五运，地以六制。五日为候，三候一气；气六节，而时成；节二十有四，而四时成。冬后有春，刚节柔也；夏后有秋，柔节刚也。不然则大冬、大夏而已，安能成四时乎？‘制度’者，制为长短、大小之度。‘不伤财’，量入为出也；‘不害民’，时使、薄敛也。”

《象》曰：**泽上有水**（“上”，一作“中”），**节；君子以制数度，议**

德行。

侯果曰："泽，以堤防节水。"平则钟，盈则溢，是通中有节，节中有通，不令泛滥，亦不苦遏抑也。君子观六十卦通期之象，而知"大一之即在万中"也。一必用二，旋四藏五；而八维、十二宫，周天俱环矣。五行、五常，莫不于此表法焉。因数起度以节之，由德为行而倡之；约之于制，以为节也。法不立不定，故贵"制"；学不讲不明，故贵"议"。坎輮、兑和，行止合颐，总归"中正以通"而已。事之穷，自不节始；节之穷，自过于节始。节而信之，符节从此生焉。非节，不相信也。元公曰："兑坎之交，秋冬之候。'归根''复命'，万物于是正性命焉。度数，始黄钟，终应钟。正秋冬之会，火金相克为《革》，则'治历'以明之；金水相应为《节》，则制律以成之。"《正》曰："'风行于水'，而天下称文。水量于泽，而天下归质焉。以满则溢，以困则涸，谁知之乎？不在九德，而备九德之义者，《节》是也。"赓之氏曰："品节、节文，合外内之道也。《颐》《鼎》《济》终，皆著'节'焉。《颐》为三九，《鼎》为五十。《革》当四十九，故曰'天地革而四时成'。《节》当六十，故曰'天地节而四时成'。圣人之节中'甘''苦'，犹之冬饮汤、夏饮水而已。"

初九，不出户庭，无咎。变重《坎》。《坎》世。

《宜》曰："《节》之异于'习坎'者，惟下爻塞乎《兑》底，所以节《坎》之流；则初二两爻，实为水之门户。单者、旁者，为门，犹水之窦下流宜塞；两者、中者为门，犹水之道中流宜通；故曰'通''塞'。知'通塞'者，知'通中之有塞'。初则得正，所谓'当其位以节者'也。苟执禹稷之任，而究颜子之隐；操之奇之谏，而咎百里之默，则固矣。门内、户外，曰'庭'。艮门在三，故初、二不出，同然。初比奇，而二比偶，'门户'象。户贱，而门贵，以仕、不仕别，而占辞辨焉。"《遡》曰："士守道，臣守官。圭筚有不宾之士，可；宫府有不宾之臣，则不可。云峰谓：初爻兑始，兑时酉将阖户；二爻震始，震时卯将辟户。以此辨'不出'之吉凶。"《正》曰："有位守官，无位守道。陋巷啜蔬，援琴而歌之。"高忠宪曰："吾最取，退之'一室之中，有以自娱'一语。"

《象》曰："不出户庭"，知通塞也。

《一一》曰："二刚，塞初之前，此其象也。'知通塞'之'知'，即'通昼夜之道'而'知'矣。一部《易》之'时宜中节'，具此初几。故《系传》以'慎密'指之。"

九二，不出门庭，凶。变震，为《屯》。积，《比》。

《宜》曰："天下有同事而异情者，惟'时'为之节。"子瞻曰："《东方未明》，刺无节也。'不能晨夜，不夙则莫。'节初则早，节三则暮；二当节会，'不出'，'失时'。"汝光曰："躬补缀奏牍之任，而托'括囊'以固位，佞也。据开阁延贤之地，而托'寡交'以逃訾，陋也。操决疑定难之权，而托'逊让'以避怨，奸也。变《屯》以'经纶'，可勿出乎？"《正》曰："季札，聘鲁，历齐晋，祸平而后反。宗祐有主，则吾君也。获节之心，于'出门庭'乎？"

《象》曰："不出门庭凶"，失时极也。

或曰："'极'者，时之中，而'通塞之几'也。"通曰："伯喈欲逃不免，卢植诡道而出，士孙瑞先脱后陷，杨彪幸而老许，要贵乎'知时'耳。"

六三，不节若，则嗟若，无咎。变乾，为《需》。积，《蹇》。

子瞻曰："二，节于未满，节之者乐；三，节于既溢，节之者'嗟'。内泽，节人者也；外泽，节于人者也。"《宜》曰："三五互换，而主五，故五'吉'。三以后言节，即不虚立，迫险始见。以泽节水，成卦在三，本悦以立节者。然水出泽泛，变为《需》'泥'。兑口向险，有自嗟、自问之象。'嗟'，正其锐于节也。'病病者，不病。'震恐，坎忧，所以'善补过'也。"《遡》曰："不节，则嗟；节，则不嗟；'求仁得仁'之无怨也。《象传》反言，以致美耳。"《正》曰："韩宣子忧贫，叔向贺之。贺，亦'嗟'也。"存宗曰："刘伯龙营计为鬼揶揄。《大宗师》终以倚门之'若歌若哭'，皆此爻之真声乎？知其无可奈何，而安之若命，可不谓'善嗟'耶？"

《象》曰："不节之嗟"，又谁咎也！

《订》曰："同人、解、节，皆曰'又何咎'。程可久、王介甫皆云：'此与《同人》同'。"《见》曰："初，'作法于凉'也；二，犹足也。规模固陋，物极必反，反而太甚，以成六三'不节之嗟'。隋文之后，继以炀帝，又何怪焉？二，其公孙弘、卢怀慎乎？徐邈之'通介'，'知时'者也。五，则文帝乎？此以'节用'言。"《浮山闻语》曰："袁闳土室，范粲一车，此'不出户庭'之甚者也。张洊、司空图，吾许之矣。恭世子、王裒之凶，是'不出门庭'者也。张俭、嵇含之'出门庭'，岂得已乎？顾荣恐题其首，仲理'埋忧地下'，是'不节之嗟'也。陈蔡弹琴，而扢干者舞，是'甘''安'者也。此以'节难'言。"

六四，安节，亨。变重《兑》。积，《咸》。

《宜》曰："水泽之交，就下应初。入《坎》而静，当《艮》止中，'安'象。下流有归，乃有以承上流，故曰'承上道'。"怀曰："伏湛谓妻子曰：'今民皆饥，奈何独饱？'乃共粗粝，'不苟为俭'者也。鲁肃，富而给客；张俭，温而赡人；此'不苟为奢'者也。"

《象》曰："安节之亨"，承上道也。

承五"中正以通"之道。

九五，甘节，吉，往有尚。变坤，为《临》。积，《小过》。

慈湖曰："莫险于'嗜欲'，'五味令人口爽'。甘，与淡近，'甘受和'也。"《遡》曰："是'淡而不厌'者，甘天下，使知味也。上卦，皆在险：四，入险而安；五，则通于险矣。从来无'身、名俱泰'之节义。言'通'，即丧守矣；言'甘'，即计私矣。五之'甘'，则委曲旁行，不见节而节，此精忠大孝之极思，非万世嘉尚耶？爻曰'甘节'，'中节之和'也；《象》曰'居位中'，'节未发之中'也。以君论，五主节，天下甘之，化行俗美，故'往有功'。四，近臣'安以承其道'。变《坤》为土，稼穑作'甘'。虞翻，为权筮取荆州事，得此爻，曰'不出二日'。"

《象》曰：'甘节之吉'，居位中也。

《意》曰："'克勤克俭''禹菲饮食'，甘之至矣。'日昃不遑食'、《无逸》'知艰难'，'执中'即'居中'之道也。节文、节序、节制、节操，皆以中为时，以时为位。故承《涣》三'王居正位'而表之。"

上六，苦节；贞凶，悔亡。变巽，为《中孚》。

《遡》曰："《坎》至上而'通'，'通'则用'甘'；爻至上而'穷'，'穷'则用'苦'。要以甘者百一，苦者十九；捐躯涉血，士所甘耳。荀氏曰：'道，曷有穷？《节》之苦者穷之。'永叔曰：'异众以取名、贵难而自刻者，鲍焦、申徒狄之流也。'炎上则苦，肖《离》，变复《离》象。苦则入心，甘则归脾。《坎》'加忧'，思则合矣。变《巽》终之，其忧患之道乎？"《正》曰："君子不求信乎人，求信乎己；不求信己，求信乎理。道可该节，节不可该道。首阳、荆蛮，已进乎道矣。抱石陨渊，是'豚鱼之信'，君子不为也。"玄子曰："水已溢泽而节之，如人放肆之后，骤绳束之，手足拘挛，见为苦矣。苦不可久，故'贞凶'。"

《象》曰："苦节贞凶"，其道穷也。

《野同录》曰："世味之甘苦，与学道之甘苦，岂同味乎？'如人饮水，冷暖自知'。知甘苦之剂者，甘亦苦，苦亦甘矣。知'极上之道穷'，即知'穷通'矣。变为《中孚》，节而信之，亦可以过物而济矣。

《易》贵变通，故曰‘中正以通’。” 曰：“方虑人之不节，何暇虑其过节。事苦，则矜怜之情薄；生厚，故安全之虑深。《象》苦之而乃甘，穷之而乃通。‘缓死’[①]、三‘过’[②]，交济‘防’‘慎’[③]，圣人之心苦矣。”

《时论》曰：《涣》以能同为功；《节》以能通为位。故曰“《涣》，离也。”已离者，“同”之。“《节》，止也。”当止者，“通”之。止而不通，行险而节“苦”；即通即止，说险而节“甘”。《意》曰：“‘通’‘塞’者，‘甘’‘苦’之繇也。能塞而通，通不变塞，乃忘通塞。不则，塞苦，而通亦苦矣。当塞则塞，当通则通，此‘中正以通’者也。”财界民而悦生，民敝财而险行。“数度”，不“制”；“德行”，必不能“议”；议，必不能行也。曾知九命、五礼、六端六贽之末节，皆《河》《洛》乎？曾知中五、四破、九宫、十二律之度数，皆“於穆”乎？《大传》曰：“尊亲有别，万世不变。”时中之节，乃至“甘”“安”者也。“德行”，何可“议”乎？议之者，为天地四时表之也。君子于泽水、水泽之交，知“以《困》亨《节》”矣。立《节》“习坎”，“辞富居贫”，“难进易退”，明哲之道。处塞之通，“十畝闲闲”，收天地焉。“不出户庭”，盖半开也。行节之中，通悦之用，“先民”“犯难”，乃其时也。闭户逾垣，何自《屯》乎？君子将以和行世，期共出乎险，节者也。三阳悦动，上比险情，跳于“制度”之外，“需泥”“有冠”，能“节”又何“嗟”乎？君子出门近君，而中节也。不充诎，不陨获，无以荡陵，无以敝化。“相三君”者，掩豆豜肩；“相鲁”者，不俎重肉。道，岂在此乎？人臣患不节险，“生生自庸”；“安”，则悦其“节”矣。王制中正，当位以《临》，“菲饮食”“恶衣服”“卑宫室”。寄归之学，勤为俭德；“不自满假”，且忘其“勤”“俭”矣。“文王受命惟中身”，“甘节”之谓也。“风雨如晦，鸡鸣不已。”《中孚》遘险，罪罟漫天；肥如之豕，“贞凶”亦吉；荆蛮之往，虽悔亦亡。《书》云：“节性，惟日其迈。”苦，何苦乎？苏祭酒曰：“自分已死久矣。”来氏曰：“学为，不陵节；礼，为节文；财，宜樽节；信，有符节；在臣，为名节；在君师，为节制。”潜老夫曰：“‘中即节’矣，‘节即中’矣。‘制议’‘裁成’，存乎圣人。”

智曰：“圣人，非不谓‘一太极而已’矣。为‘前民用’，故‘制数度以议德行’。‘使由之’，而中节。节自本然，而指之乃实征焉。‘度数’即‘德行’，而‘日用不知’，则‘徒法’也。遂胶度数，而逐物迷

---

① 《中孚》卦，《象》曰：“君子以议狱缓死。”

② 《小过》卦，《象》曰：“君子以行过乎恭，丧过乎哀，用过乎俭。”

③ 《既济》卦，《象》曰：“君子以思患而豫防之。”《未济》卦，《象》曰：“君子以慎辨物居方。”

本矣。《郊特牲》所云‘祝史陈数’，其义难知者也。”贵与曰：“流传既久，训诂袭义，而其数则湮；制氏之锵，徐生之容，京费之占，无能言者。于是，反恨‘义理之说，太胜矣’。”智谓：“义，何伤？伤其义，非义也。畏数逃玄，守残专己；呲所不知，而托言浑沦；皆不知‘费隐无间、一多相贯’之故也。窥见者，又贪委化，而全废差别矣。学安得而不荒乎？天地《易》准，《河》《洛》弥纶，亦曰‘注我’。以洸洋自遁，方且象数降康节，台官鄙一行。况知圣人言先，以卦策礼乐表道，即以此藏道，即以此薪天下，即以此泯天下乎？《礼运》曰：‘本于大一，协于分艺。’所谓‘协’者，阴阳五行，自然皆协者也。人人安分食艺，即人人‘无声无臭’矣。是因天地自然之理，以补救天地者也。‘发而中节’，如‘四时行焉’，如音乐焉。气本具五音六律，而人不知也。圣人弦之，而藏闰之徵，与通期之数符焉。丈之，尺之，皆然，岂人力哉？然后节见，而人始知所以中之；其不中者，亦知之矣。时，何必分七十二耶？卦，何必应六十甲子耶？适如此而日夜，适如此而周天，其节自符。圣人因以节之，万物皆渐熏于节中，且治天焉。性之品节，乃太极本有之律历，而人不知也；圣人于事物节之而表矣。表即民公视听，而治教得施矣。左右逢源，则急口曰‘节本自中’，可也。窃此，而以溟涬废法耶；学荒，则教荒。彼不烧‘羶淫’之薪，则烧‘狐鬼’之薪，不则‘人牛’而已；‘甘’‘苦’，皆无当也。考亭于历律名数，无不研极；安定以实济分科，皆以通节后世者也。谓‘不作偏上’之隐语，而以陆扫朱耶。朱、陆何分乎？人畏难，而自昵所便耳。圣人终二篇曰：‘亦不知节也’。人苦逐末，则以本节之；人苦小本，则‘冒本末’以节之；人又执冒，则言‘细本末’以当之。因便节其便，因难节其难，谁能灭吾四时之度数哉？”

兑巽、艮震合，括二《经》，收坎离，用六子。萧说详前。《绎》曰：“上下之收，先之以二《过》，欲人‘损过就中’也。”《订》曰：“‘《小过》过也，《中孚》信也。’盖谓：‘大过小，常也；小者过，斯乃谓

过。外相孚，貌也；中心孚，斯乃谓信。”东坡曰：“阴在外，据用事之地，为《小过》；阴在内，不据用事之地，为《中孚》。”周省贞云：“文《序》，二十五至《无妄》，以应河图天数。《恒》为，中半。六十至《中孚》，以居干支会合之全数。‘物与无妄’，天命也；‘久于其道’，人心也；‘中孚’，物理也。合一，‘诚’也。”又云：“《中孚》象鸟未离壳，天真未散；《小过》反之，则孚亡矣。”《遡》曰：“二阴二阳互换，辨在三四，重在二五。《中孚》肖《离》，内阴外阳，象‘中柔外刚之卵’，时则‘卵孚而雏始出’。《小过》象《坎》。二阳体，而四阴翼，时则‘雏出而飞’矣。”元公曰：“颐、大过，二阴二阳在外，气分也；中孚、小过，二阴二阳在内，气合也。以应乾、坤、坎、离、之分，咸、恒、既、未之合。”郝《解》曰：“肖《离》者伏，则成《中孚》，是离来归坎也；肖《坎》者飞，则成《小过》，是坎往化离也。”全昌曰：“归魂六变，而偏者正无可综矣；四偏之《游》是也。颐、大过，为坎离之似；中孚、小过，为坎离之复也。”潜老夫曰：“《上》以颐、大过、坎、离终，每卦合七卦，少阳数也；《下》以中孚、小过、既、未终，每合八卦，少阴数也。”智曰：“《大圆》中孚、小过终二分，八卦之限；而颐、大过终二至，中四卦之限。《方图》，中孚、小过，居三层之子午；而十字双纵横，则颐、大过居东西。《横图》，中孚去乾十二，颐去乾三十；小过去坤十二，大过去坤三十。与关、邵之‘用十二与三十’者符。宜其游归反复，贞悔迤互，皆此四卦不变也。”

䷼风泽中孚

《全》曰：“〇丨，为中。丨，乃所以然之理。[illegible]者，鸟孚卵也，诚之至矣。”古孚、包相通，脬即胞，枹即桴。故柴氏“以“泡”字当之”。“中”，为舌上穿齿声；“孚”，为缝唇声。《易》之为《易》也，“中”而已矣。六十卦著《节》之后，以复离著《中孚》焉；示“大中，即在中节之中”也。言卦气者，起《中孚》，岂偶然哉？

中孚：豚鱼吉（黄，作“遁鱼”），**利涉大川，利贞**。

《宜》曰：“卦象，三四中虚，二五中实。虚则无意，实则有主。虚实相贯，《中孚》之道。”老子曰：“窈兮冥兮，其中有信。”程子曰：“中虚，信之本；中实，信之质。存于中为孚，见于事为信。”朱子曰：“一念之间，中无私主，便谓之‘虚’；事皆不妄，便谓之‘实’。”郝《解》曰：“域外之郭，曰‘郛’；五谷果实，甲内之膜，亦曰‘孚’。故‘郛’内必虚，往来所以通也；‘孚’内亦虚，生气所以运也。实生于虚，虚以孕实。《中庸》‘诚明’。‘诚’，实；‘明’，虚也。鸟卵中黄为阴，外白为阳，魂魄相待，故曰‘中孚’。昔谓天形如‘鸡卵’。太虚之中，莫非信也。人体中孚，本与天一。”《订诂》执“《坎》‘有孚’，凡卦爻称‘孚’，或以半体取”，泥矣。《遡》曰：“《中孚》之信，信在言前；待言而信，其信已晚。‘豚鱼’，江豚也。风将南北，先湧不爽，民之‘不知而信’者似之。《兑》泽、《巽》鱼象。谓‘二物者’，非。木在泽上，外实内贞，舟‘涉川’象。贞，本不在孚外；然任孚，而不正者多矣。盗贼相群，挑达相私，士夫相党，小人出肝胆相示。孚，则孚也。不分邪正，便祸斯世。巧其说，则曰‘不正者，不可谓之孚’。圣人质论，乃可教人。”《潜艸》[1]曰：“后天，自巽以‘孳尾’，及离坤兑而‘希毨’也；‘鸣鹤’翰音’著矣。长统少阴，全体中女，藏坤母之‘抱伏’焉。徐锴曰：‘雌伏子，如期不失信’。豚鱼知风，燕知春秋，鹤知夜半，鸡知旦，皆信物；故取以为象。”

《彖》曰：“中孚”，柔在内而刚得中；说而巽，孚乃化邦也（古，无“乃化邦也”）。**“豚鱼吉”，信及豚鱼也**（《举正》，作“信及也”）；**“利涉大川”，乘木舟虚也；中孚以利贞，乃应乎天也。**

京《传》曰：“九五履信，九二反应；气候相合，内外相敌。”子瞻曰：“羽虫之孚，有诸内，而后能化也。”张子厚曰：“上巽施之，下悦承之，其中必有感化而出焉者。盖‘孚’者，覆乳之象。有必生之理，故曰‘化邦’。”诚斋曰：“海人未知客心，而鸥先知之。可参‘信及豚鱼’矣。秦人未觉客心，而白虹先觉。《中孚》之‘利贞’，所以‘应天’也。”幼清云：“二五中实，能孚三四；而三能悦，四能巽，以孚于二五。‘邦’，指三、四之二民言。孚至‘化邦’，方毕《中孚》。‘豚鱼’‘涉川’，形容‘孚化’之实也。河上丈人，‘措身于波流，而吾不敢私’。‘节而信之’，本于《中孚》而已矣。”省贞云：“‘豚鱼’之象，贵信于己，非信于人。君仁臣敬，父慈子孝，天性中自有定则。当信及此，若‘豚鱼’之于风，有不容爽，且不自知也。‘豚鱼’‘鸢鱼’，有二乎哉？‘乘木’者，实才之应节也；‘舟虚’者，无心而任运也。”伯淳云：“才不诚，犹不才也；才诚本一，天道自不容伪。故必‘中孚以利贞’，乃应之‘天机之动’，如豚鱼、虚舟之于风泽矣。兑巽皆从乾变，‘天’象。”郝《解》曰：“自兑入乾，化机敛藏，贞固而成孚甲。渐至东南生气，春夏之交，鸟鹊新成，黄口习飞。所以兑巽合，而成《中孚》也。”

[1] 方孔炤著《潜草》。“《潜艸》曰”，“《潜草》曰”，皆引其著作。

《象》曰：泽上有风，中孚；君子以议狱缓死。

元公曰："风感水受，疏义甚精；风气所蒸，水力俱变。如冬水之酒，则味厚而清；春水之酒，则味薄而酸；故酿家最忌东风。"《周礼》："王听之，司冦听之，三公听之"，"议狱"也，务求其入中之出；"旬而职听，二旬而职听，三月而上之"，"缓死"也，且求其死中之生。兑"议"，巽"缓"。金杀、风养，甘苦生死，节信之道，尽于巽兑之合矣。《易》惟《噬嗑》象"狱"，《大象》兼孚、丰、贲、旅，以尽其义，而主离。徐子舆云："《离》'明'照得情实，则刑不滥。《噬嗑》去间，《丰》当'多故'，非动无以致其决，故兼取《震》。《贲》过于义，《旅》'不留狱'，非《艮》以止之，或轻于用刑矣，故取《艮》。《中孚》肖《离》，而互《震》《艮》。《兑》'议'，《巽》'缓'象，教深矣。"《见》曰："善疑以成其信，正是《系传》'善慎'之意。"

初九，虞吉，有他（陆、苏，作"它"）**不燕**。变坎，为《涣》。

《遡》曰："两《兑》颠倒，商确为'虞'，犹重《兑》曰'商'也。君子自信，乃能信人。度于理，之谓'虞'；杂以私，之谓'他'。虞而有他，已且'不燕'，又何信人之有？'不燕'者，反《兑》'悦'之象。"慈湖曰："《中孚》之心，人皆有之；而失在'有他'。《老子》曰'我则泊兮其未兆'。'未兆'者，意未作，未有他之时也。"诚斋曰："及初志之未变，而'闲其邪'。"《揆》曰："燕、晏通。燕，春去秋来，兑、巽之象；巢于堂宇，忘机安寝。《诗》曰'孔燕'，又曰'燕誉'。《需》卦'燕乐'，皆安义也。闲象、闲心，皆在乎初。或取'虞官在泽'者，非。"

《象》曰：初九"虞吉"，志未变也。

《一一》曰："圣人立教，从'志未变'而'虞'之。故曰'利贞应天'，乃免《无妄》之'眚'。"

九二，鸣鹤在阴（古，"鹤"作"寉"），**其子和之；我有好爵，吾与尔靡之**（子夏，作"摩之"。京房，作"劘"。陆绩，作"縻"。一曰，古作"摩"；一曰"卜"。陆，作"糜"。古，皆通也）。变震，为《益》。积，《观》。

《一》曰："用修曰：靡，音磨。相观而善，谓之摩。鹤鸣，以相和成音，子夏说也。《禽经》'鹤，为露禽。'秋露惊，而'鹤鸣在阴'也。《王会篇》'阴羽'，注：'阴，鹤也'。《震》为鹄，即鹤也。鹤为风鸟，以泽为家。《相鹤经》曰'鞋颊鸵耳'，确然高举之象。'千六百年饮而不食'，故古人贵之，以比德焉。《兑》口相向，母子'和''鸣'之象。

‘爵’，鸟雏也，其鸣节节足足，故象其形为酌器。‘大夫以上与燕享，然后赐爵’，因谓‘命秩为爵’。《震》官象，以德言曰‘好爵’。‘我有好爵’，犹《诗》言‘我有嘉宾’。旧作‘縻系’，巽象。‘我’者，二自谓。‘子’‘尔’，指五。凡爻应多有间，惟此同德相孚，中虚无阻，‘中心愿’象。”《订》曰：“‘子’，谓三四，故《系词》曰‘迩’。由二积其诚，信孚三四，以上应乎五，而与之相缱绻。”

《象》曰：**“其子和之”，中心愿也**。

《一一》曰：“《系传》以‘善’指‘枢机’，正表‘中心之愿’。”

六三得敌，或鼓或罢（升菴，音“鼙”，与歌叶。《易林》，“罢”叶“他”，为证），**或泣或歌**。变乾，为《小畜》。积，《渐》。《艮》游。世。

《宜》曰：“三、四主卦，而志不相得。”王《注》曰：“三四同阴，金木异性，敌之谓也。三以《震》‘鼓’，四以《艮》‘罢’，《巽》入而伏者‘泣’，《兑》见而悦者‘歌’。或俱指三，谓‘四，得正而上孚于五；二，欲进而隔于四。故三之情状，无常如此’。又，三泽面与风交象。‘得敌’者，外无赖而冥行不当，中无主而妄动也。亲则‘子’之，嫌则‘敌’之。心本如风，虚则藏疑。”

《象》曰：**“或鼓或罢”，位不当也**。

《揆》曰：“三、上应，而云‘得敌’。惟‘位不当’，故虚者失其为虚。上九穷高虚声，实者失其为实；何以为孚？” 曰：“《观》四，《象》曰‘绝类上’。可知，三、四为兑、巽之‘敌’。”智曰：“此《艮》之游持世，而积变为《渐》归也[①]，其有欲语乎？其真不可测乎？术似穷而心良苦，参挝渔阳，熟读《九歌》。许伯、唐衢，何用更驱车耶？”

六四，月几望（京，作“近望”。荀，作“既望”），**马匹亡，无咎**。变乾，为《履》。积，《遁》。

虞《传》以“纳甲取《巽》辛之月”。四乃巽画，上承九五；故不敢居于“既望”，而曰“几望”。《遡》曰：“月望，亦敌意，从震东、兑西取。互震象。古驾四马，不备纯色，则两服、两骖各一色。三、四《震》之。四阴本四马，变《离》去二，故‘马匹亡’。” 曰：“独立驰駈，一身上报，何谓‘非善处功名’者耶？”

《象》曰：**“马匹亡”，绝类上也**。

揭暄曰[②]：“‘类’，三也。惟绝去同类，而后能上孚中实之君，故‘无咎’。《中孚》以‘柔内’‘刚中’取象。《彖传》尤贵‘柔内’，故曰‘乘木舟虚’。而爻若不足焉。盖惟虚则信，亦惟虚则不信。合一卦，则

①归，归魂卦。《渐》卦，为艮宫归魂卦。

②揭暄，字子宣，著《璇玑遗述》。文中“揭暄曰”，即引其著作。

无实无虚；而偏举二、四两爻[①]，则倚虚为病矣。故三与四敌，四亦与三抗。不信之合，不如离。故解匹马而亡之，使其从阳之实，则虚实合用而补过矣。观二、五之‘和’‘孪’，则孚贵中，中则孚。卦自统言，爻乃差别。”诚斋曰：“盈自裕，而盈即自仆；党自助，而党即自蠹。子房师黄石，晚师赤松，‘月几望’也；退之前不污伾、文，后不污牛、李，‘马匹亡’也。”

九五，有孚挛如，无咎。变艮，为《损》。积，《旅》。

《集》曰：“‘孚’虽应二，然合九二为一体，正包二阴成《中孚》，正所谓‘刚中悦而巽’者。五既得四,四亦以初适五。如鸟外孚中化，至五，期满子成；故爻独于五称‘孚’也。二在内，象人性；三四中虚，象心。五在外，得中象情，四德之端也，故为‘有孚’。手相绾，曰‘挛’。互《艮》，有手象。‘孚’本无心，‘挛如’有意；然善用情，自‘无咎’也。匡章不欺死父，齐王必其不欺生君；诸葛瑾不强亮背蜀，大帝知其不背吴。”

《象》曰：“有孚挛如”，位正当也。

《旧义》曰：“五为《中孚》主，四比之，二应之。四、五虚实得位，而皆有补过之辞。三四用虚，而三有‘不当之位’，必曰‘闲邪乃存其诚’，正恐人满口‘本然’，而诃学、诃修也。”《正》曰：“五,《孚》之《损》也。秦穆损其骏马，赵孟畀其壶飧，涓埃之惠，犹或信之，况以爵禄而縻贤士乎？”《潜艸》曰：“‘金声玉振’，亦所以挛万世，而容其‘鸣皋’‘潜渊’者也[②]。”

上九，翰音登于天，贞凶。变坎，为《节》。

《集》曰：“鸡鸣必先振其羽，故曰‘翰音’。古诗云：‘腷腷膊膊，鸡初鸣。’王《注》曰[③]：‘音飞，而实不从之谓。’侯果云：中实内丧，虚声不继也。巽高上极，风体飞扬，‘登天’象。”玄同曰：“震阴为‘翰’，震声为‘音’。虽《系词》‘巽为鸡’[④]。《礼记》以鸡为‘翰音’。盖飞、伏合取也。”

《象》曰：“翰音登于天”，何可长也？

《一一》曰：“高自标榜，与空俱销，以孚天下难矣。”《隅通》曰：“人之能信我者，以我之高而能自卑也。其不为人信者，以我之卑而妄自高也。‘鹤鸣于九皋，声闻于天’，最高之物也；而今为‘在阴’之

①“二”，应为“三”。因《中孚》卦，三四两爻，为阴爻。

②《诗经·小雅·鸣鹤》：“鹤鸣于九皋，声闻于野。鱼潜在渊，或在于渚。”

③（魏）王弼著《周易注》。

④应为《说卦传》。

‘鸣’，得无‘和’乎？‘日之夕矣，鸡栖于埘’，最卑之物也；而今为‘登天’之‘音’，能无‘凶’乎？”《正》曰：“贞矣，而有利、不利。夫其时物也，‘豚鱼’之信，及于渊；而‘翰音’之信，不及于天。世固有不恃其节，而恃其才如此者乎？君子凉身而恕物，信己而及人，苟不拂于礼义、远于经幅，则亦已矣。必自以为‘独往’，抗驾于圣贤之前，亦圣贤之所畏也。雄雉能飞，不能晨夜；晨鸡司夜，不能朝飞。使节必兼才，则世无完物。使有才之士，必皆厉节，则洁身惊露，共栖于桀也。故《节》之上九[①]，自信其节，虽贞而无悔；《中孚》之上九，欲用其才，虽不悔而终凶。”《筌》云：“儒者率以实训诫，独《中庸》以‘天道’训诫，以‘不思不勉’为天道，则虚之至也。”《野同录》曰：“虚正是实。儒者，贵以质论铎民，故止训实耳。至体‘不落虚实’，而用则‘虚贯实中’。卦体自象全孚，而爻则分别善用。君子惟信‘素位’，以‘中节’为‘应天’，故《系传》‘枢机’特著‘善言’‘善行’焉。上九，《中孚》之《节》。故受以《小过》，谓其‘不宜上，宜下’也。”

《时论》曰：《月令》以物为候，羽虫居其大半，草木次之，阴阳又次之。如是者，为“孚”；不如是者，谓“过”。是以《孚》《过》反对[②]，取象“鸟”焉。其为“鹤”也，“翰音”也，“豚鱼”也，“马”也，飞走虽殊，总皆从类；不以寒暑霜露，或爽其质。夫人也，首出三才，乃恢诡谲诈，斗捷万端，罔与穷诘乎？人之“入于匪人”，何若物之“格乎天”乎？《意》曰：“实者孚，虚者亦孚；此无心之至，所以‘应天’也。惟五系‘孚’，‘刚得中’而孚上下者也。”心即中也，位类亦别。上孚五外，音“宜下”矣。有天道焉，为月、为阴。《兑》生明，《巽》生魂，自弦徂望，将《小畜》疑阳之几乎？抑《归妹》应阳之几乎？勿盈焉，可孚也。二五者，阳风之遇阳泽；而三四者，化育之阴地也。月之所以敌日，而万物之所鼓和也。月生于初，“阴”于二，“登”于上则食矣。有人道焉，可“虞”，而不可“登”也；可“挛”，而不可“他”也；可“和”，而不可“敌”也；可“亡”，而不可“望”也。“罢”非，“鼓”亦非也；“泣”非，“歌”亦非也。“孚”之、“天”之，曾知其变态耶？必曰：“变态不可谓天”耶？将曰：“变态不碍天”耶？似是而非耶。“《无妄》，灾耶。”何故曰：“利贞乃应”耶？自问中心，“信及豚鱼”耶。“鹤鸣”“子和”，二何心耶？五呼二，而尔、我之“好爵”之，又何心耶？损虚益实，损实益虚。悦斯“鸣”，入斯“和”，“中心

①《节》卦，上爻为“上六”，非“上九”。《节》卦：“上六，苦节；贞凶，悔亡。”

②内外卦，互换。风泽《中孚》，变为泽风《大过》。

之愿”，何计天、不天耶？三期“孚”五，为上《畜》，而四“敌”焉；四期“孚”五，为下《履》，而三“亡”焉。“鼓歌”则乐，“罢泣”则悲，何如亡其《震》马，勿服两骖，亏其《巽》月，而见颜色乎？“或之”者，疑之也；“几之”者，绝之也。“匹”“敌”并消，天官见焉，而犹“虞”初之“他”“燕”耶。初志谓之“虞”，苟安谓之“燕”？《涣》惟“拯”焉。知一，莫知“他”矣。“鹤声闻天”，孚所通也；“翰音登天”，孚所“苦”乎？执极为孚，驫人应节；振羽击节，夜鸣不长。嗟乎！谓“鸡斯飞”，高士作《操》，人不如鸟。《大学》哀鸣，衣食之地，皆时也；声名之场，皆狱也。《大象》“议、缓”，狱成乃孚，《易》中五见，终此。死死者，不死矣。夫子于“室中”，得天地之“枢机”焉。信此甲子卦外之人天乎？虽闻荒鸡，吾放吾鹤。

智曰：“‘日中’之旅，《巽》‘行’、《兑》‘言’，《涣》而《节》之，则‘室中’‘千里’之‘枢机’，‘发即未发’矣。惟其‘死’中得‘缓’，适还其为天地卵而已耳。圣人犹虞之曰：‘中孚以利贞，乃应乎天也。’不从涣、节之始终，知畜、履、损、益‘当、不当’之类变，而曰‘本无待议’；则不分‘九皋’，自谓‘登天’，诃其‘挛’‘靡’，破此‘好爵’，‘豚鱼’且吹浪焉。‘虚舟’，免汩没乎？故特举之曰‘善应，远迩，荣辱之主’也[①]。嗟乎！凌霄之姿，为人所玩。竖子请雁，‘杀不能鸣’。‘哑羊’也，剪鸠也；介距也，骏骨也，皆敌生死之‘歌’‘泣’也。二执、二愚，挛死且不免。知不免，而有免免者。随此山川，刳其舟楫，节而信之，善相和焉；则‘鸡’‘鹤’‘豚鱼’，皆飞跃也。”

䷽雷山小过

字义，见前。“养动，受《大过》”“信行，受《小过》”。“过”者，行历之迹，禀于中也。圣人信中而“存神”，行应而“过化”，藏大于小，寓理于事。世大执小，故为过差；而穷大，更成过差，故二《过》收上下《经》。而《过》继《中孚》，文王著之曰“宜”，尤竞竞焉。

小过：亨，利贞；可小事，不可大事；飞鸟遗之音，不宜上，宜下，大吉。

《一一集》曰：“有‘过胜’之义焉，有‘过失’之义焉，有‘过

①《周易·系辞上》：“子曰：君子居其室，出其言善，则千里之外应之，况其迩者乎？居其室，出其言不善，则千里之外违之，况其迩者乎？言出乎身，加乎民，行发乎迩，见乎远。言行，君子之枢机。枢机，制动之主。枢机之发，荣辱之主也。”

往’之义焉。四阴过于二阳，而阴居用事地，此‘小者过胜’以名卦也。《颐》贪口养，而不慎节，则有《大过》之死丧。《中孚》恃天，而忽下学，则有《小过》之‘灾眚’。两《过》，肖《坎》，而复者尤险。《小过》之内，互为《大过》，不中、不信，动而不止，同抵灭亡，非谓‘过不可大，而但可小也’。人宜收敛改悔，则自然亨通。气质偏驳，不知学问，动而自恃，以希‘独立不惧’之勇，其咎反甚于《大过》矣。《大过》有阳刚之才，而《小过》阴柔，飞扬操扰，尤所深忌。由《中孚》来，有‘鸟’象，中身而四阴为翼；有‘飞’象，近下艮止，近上震动。‘可小，不可大’，亦以人事贵于分别合宜。教主中下，善止于贞，则‘大吉’矣。鸟既横飞，身听于翼；音之所遗，过而不留。”费文伟曰：“势盛，而其心小，乃‘大吉’。”《遡》曰：“隐过可宽也，而不可不救也。能过而不留，如飞鸟之‘遗音’乎？可矣。此‘过失宜补’之义也。至于过时不遇，虽圣人不免焉。当《小过》之时，即以柔中藏刚为‘平康’矣。此爻中‘过往’之义也。”

《彖》曰：**小过，小者过而亨也；过以利贞，与时行也。柔得中，是以小事吉也；刚失位而不中，是以不可大事也。有飞鸟之象焉**（一，无此句）；**“飞鸟遗之音，不宜上，宜下，大吉”，上逆而下顺也。**

程子曰：“矫枉而过正，过所以就中也。‘过以利贞’，正过之时当行之理。”郝《解》曰：“《小过》柔胜也，故柔道亨。事有待过而得正者，时也。”《揆》曰：“《小过》之时，不容不‘小过’。二阳为阴所包，宜主顺主静，为阴柔之事，所谓‘与时行也’。三五‘得中’[①]，故可为柔小之事；三四不中，故不可为刚大之事。因孚雏成翰，而象‘飞鸟’。兑口、震鸣。‘遗音’，顺风而下，不能逆风而上。《艮》之二阴，下止而‘顺’；《震》之二阴，上动而‘逆’。能下而顺，则‘不可大事’，而实‘大吉’矣。宜、不宜，所以辨中节应天之时中也。”淇澳曰：“‘大者过’，曰‘刚过而中’；‘小者过’，曰‘柔得中’，皆有余之词。君子以天下万世论，须是《大过》；以身与家论，须是《小过》。大过，以刚大有余，为用‘刚中’之能事；小过，以柔小有余，为用‘柔中’之能事。”尔公曰：“身，当用《大过》之法，以发愤独立；天下万世，当酌《小过》之法，以寡过宜民。夫《小过》者，大人之‘藏诸用’也。‘不宜上，宜下’，言其‘与民同患，善止于动中也’。”《隅通》曰：“《易》，以坎离二《济》为‘中行’，以《大过》为‘狂’，《小过》为‘狷’。故‘独立不惧’‘遁世无闷’，狂者之事也；‘过恭、过哀、过俭’，狷者

① “三”，应为“二”字。因为下文有“三四不中”之论述。《彖》有“柔得中”之论述，六二、六五为阴爻，所以应为“二”。

之事也。”《野同录》曰：“狷，可以砺风俗；而狂，易荡于规矩。故治教‘宜下，不宜上’，宜以小藏大，宜即事以明理。使民可由，‘观过知仁’[①]，小心乃‘大吉’也。穷翻乾坤以先，总握六子在手；依然惟有‘申命’‘讲学’，乃能交济耳。”

《象》曰：山上有雷，小过；君子以行过乎恭，丧过乎，哀用过乎俭。

侯果曰：“山大而雷小。山上有雷，小过于大，故曰《小过》。世治，则‘反一无迹’，以道为功；世否，则‘因二以济’，以过为功。‘行’‘丧’‘用’，皆见于动，象《震》。‘恭’‘哀’‘俭’，皆止于节，象《艮》。”关子明云：“小过，一时之用也；大过，一世之用也。”《潜草》曰：“悟尽万世之用，总归一时之用。《闲居》语‘礼乐’终于‘无服之丧’。此以‘哀’贯‘恭’‘俭’之中，何耶？哀以送死，即是生理。‘孝无终始’，而‘慎终’为重。故曾子临终，振‘鸣哀、言善’之铎。《中孚》‘缓死’，《大过》‘不惧’，岂有异哉？凡人之哀，未有不善者也。哀则反本，万念俱平，人诚知‘无服之丧’乎？岂患不恭、不俭耶？”

初六，飞鸟以凶。变离，为《丰》。

子瞻曰：“《大过》‘栋’，《小过》‘鸟’，皆一卦象。而寄之初、上者，‘本末’地也。《宜》曰：二《过》，俱肖《坎》，为乱世。大过，阳得位，权在君；小过，阴得位，权在初。在《艮》下宜止，应《震》故‘飞’。‘飞’，喻小人得志。‘以凶’者，以‘飞’凶。卦，与《中孚》贞悔[②]。初，则雏出而飞矣。四阴，据用事之地，为翼；二阳，囚于内，为腹背。飞鸟之制在翼，腹背‘不可如何’？独于初、上言之者，鸟飞不在翼，而在翰。翰，翼之锐也，初、上之象也。又变成《离》鸟，故两爻象‘飞’。”元公曰：“鸟以翼飞，而意南至南，意北至北，皆首尾为之应。世谓：‘公输制舵，观鸟之飞而有悟’。故初、上寄象，以明其义。”

《象》曰：“飞鸟以凶”，不可如何也。

《野同录》曰：“‘飞鸟’之‘凶’，凶有以也。人知章、蔡，以安石凶耳。彼敢以之凶者，‘天下非而不顾’之一语也。人知胡紘、王、沈劾赵、朱，‘禁伪学’，以侂胄耳。彼敢以之凶者，‘夷跖同尽’之见地也。‘翰音登天’，‘鸡’‘鹤’无别，反而拚飞，‘桃虫’亦鹯枭矣。‘不可如何’，岂不哀哉？”

六二，过其祖，遇其妣；不及其君，遇其臣，无咎。变巽，为

① 《论语·里仁》：“人之过也，各于其党。观过，斯知仁矣。”

② “贞悔”，即卦阴变阳，阳变阴之意。方孔炤之“贞悔”即颠倒卦，与此不同。

《恒》。积,《壮》。

郝，取辅嗣说。“妣”者,“居内履正”之象[1]。“臣”者,“以卑承尊”之象。六二，互《巽》；主在下“得中”，处《小过》之道也。《全》曰：“三，象‘祖’。四，象‘妣’。五，象‘君’。二，象‘臣’。”《订》曰：“《小过》，阴过阳也。故三、四称‘弗过’，而二与上称‘过’。阳在上者，‘父’象。尊于父者，‘祖’象。三父、四祖。五，阴而尊者，‘妣’也。妣在祖上，如周祖后稷，而以其母姜源为妣。故《斯干》云‘似续妣祖’。《春秋传》‘我所欲，曰及’，‘不期而会，曰遇’。二五，非正应，而同类相求；越三而四，以应于五，是‘过其祖’而‘遇妣’也。然五虽德为‘妣’，而位则君；三四居近君之位，则皆‘臣’。二未应五，而先与近比之三、四‘遇’。故又有‘不及其君，遇其臣’之象。卦初、上，陷阳之甚者。二五柔中。二，与阳遇，虽未能用阳，然犹知敬阳，而身为之下。若上六，则弗肯与二阳遇，而直过之矣。二，惟承阳，故‘无咎’。臣不可过，盖劝之引三四，而与之共事，则福且及于君。惜乎其仅一‘遇’而已，若季桓子之于夫子是也。”《遡》曰：“爻象，以世人笼君子言之：自其笼之以恩，曰‘遇’。‘遇’之，逮下也；便有如当前取忌，或改遇而相戕。自其笼之以威，曰‘过’。‘过’之，姤上者多；有如处后不疑，或霁威而用遇。二戕三，而三之‘防’必周；五遇四，而四之‘往’‘必戒’。‘《易》之为君子谋’者，至已。初、上，喻小人之祸机：初，则权奸始焰，隙或起于智昏；上，则积久贯盈，灾难弭于恶稔矣。”

《象》曰：“不及其君”，臣不可过也。

《见》曰：“世有严父，而无严祖；祖虽严，仅可以比严母耳。故祖可过，君不可过。‘过其祖’，则以为妣也；‘过其君’，则失所为臣也。故‘不及’之，而后‘遇’之。”《隅通》曰：“在《大过》则曰‘老夫女妻，过以相与也’。夫之过妻，虽大过而无妨；臣之过君，虽小过而不可；阴阳之分，严哉。”《潜草》曰：“《易》随人取，期于合义。据爻刻画，则阴阳时位，交网而已。故尼山断大义曰：‘臣无过君之理，过君则逆。’士夫立训持世，大端言臣道为时宜。‘过，皆见；而更，皆仰’，‘过而遇’之谓也。”

九三，弗过防之，从或戕之，凶。变坤，为《豫》[2]。积,《归》《兑》游。世。

《一一集》曰：“阳亘阴前，《艮》门，‘止’‘防’之象。《巽》入，

① 王弼《周易注》:“妣者，居内履中而正者。”

② “豫”字，原文缺。《小过》卦，九三独变，为《豫》卦。

‘从’象。《兑》毁，‘戕’象。”元公曰：“二阳，居四阴间，皆‘弗过’也。然四于阴‘遇’，而三于阴‘防’。盖三为《艮》主，欲止二阴；而防之不深，反为所害。古人之蹈此，多矣。”《正》曰：“以为《小过》之《豫》，而不防，则‘戕’我者至矣。日月之行，或‘遇’、或‘过’，人犹知之。况于人事，成败得失，魄兆先见者乎？《书》曰：‘怨岂在明，不见是图’。非防人也，防过而已。”

《象》曰：**“从或戕之”，凶如何也！**

智曰：“此《兑》游持世，而积变《归妹》者也。心世复险，才德皆为妒怨之府。徒《艮》峻其‘门庭’，而可《豫》处乎？二变《巽》‘隐’，初变《离》‘戈’，是‘同体之戕’也。四则‘动’矣，五以说‘感’，上以《旅》‘焚’，此‘外体之戕’也。一念从之以飞，支离飘散，可不自防也耶？”　　曰：“蜀洛相戕，朱陆之门亦相戕，何谓‘夷惠有门人’？不相戕乎？杨畏、李定、陈贾、林栗之流，踵接今日，‘凶眚’不必论矣。犹是‘门庭’之‘未知时中’也。”

九四，无咎，弗过遇之；往厉必戒，勿用，永贞。变坤，为《谦》。积，《临》。

《一一集》曰：“三‘凶’，而四‘无咎’，以刚居柔也。然《震》性动，下应‘飞翰’，上方‘弋取’，‘往’则‘厉’矣，必当‘时时自戒’者。‘勿用，永贞’，将以‘往遇之道’为可‘永贞’乎？不贞恶其好上，自恃无过，则又恐其不知变。变而《谦》，则可耳。三变‘由豫’，而反疑其动，以‘上’则‘逆’也。四变《谦》，而暗得艮主，以‘下’则‘顺’也。‘弗过遇之’，与‘弗遇过之’相反，俱对六五言。盖四与五相遇，上与五则已过而不遇。同为震体，而‘凶’与‘无咎’，天壤矣。”

《象》曰：“弗过遇之”，位不当也；“往厉必戒”，终不可长也。

《订》曰：“孔子读《正月》之六章，愳然曰：‘不逢时之君子，岂不殆哉？从上依世，则废道；远上离俗，则危身。世不与善，而己独行之。’故曰：‘非其时，恐不得终焉。’此《小过》三、四之当‘防’‘戒’也。位既‘不当’，暂过难免。‘终不可长’，甚言‘往厉’之不如止耳。”

六五，密云不雨，自我西郊；公弋取彼在穴。变兑，为《咸》。积，《节》。

《宜》曰：“卦上见重阴，为‘密云’。五变乾，而天体全现，为‘不雨’。兑，为‘西郊’。‘弋取’‘穴’，皆坎象。生丝系矢，曰‘弋’，见《巽》也。‘取’‘穴’，指二，其应也。卦惟小畜、小过，以阴取，故五通《小畜》之《象》。”《遡》曰：“位卑则市恩，位尊则怙势。二主‘遇’，上主‘过’；五两操之而‘弋’，则恩少、威多矣。本以弋飞，顾取‘在穴’；‘昏椓’之世，所可得而生，即其可得而杀者也。果冥冥乎？缯缴安施耶？‘已上’，即所谓‘上逆’也。‘公’，指五。卦名小过，不可以‘小’斥君，故隐而称之。”

《象》曰：**“密云不雨”，已上也**（《举正》，作“已止也”。郑，作“已尚”）。

《一一》曰：“《小畜》之‘既雨’者，以有二阳畜之于上，故畜极成雨。今六五之上，又有上六，阴太盛、阳不交，岂成雨乎？《象》曰‘终不雨也’，归咎上六也。《兼明书》曰[①]：‘天气下降，则雨、风、雷皆欲低。’管公明占‘枝有少女风，当雨’，风低也。《小畜》‘风行天上’，高可知矣。‘殷其雷，在南山之下’，雷低也。《小过》‘雷在山上’，高可知矣。”

上六，弗过遇之[②]**；飞鸟离之，凶，是谓灾眚**。变雷，为《旅》。

《一一集》曰：“六五已过，曰‘已上’；上六又过，曰‘已亢’。《离》者，离网罗也。外‘灾’、内‘眚’，天人交厌，欲避无从；不期离，而自离也。卦肖颠倒两《巽》，结网之象。”《筌》曰：“四阴皆过，独上曰‘过之’。‘过’者，势也；‘过之’者，心也。”《解》曰：“虽应三，而阳已失位；《艮》不能止，恣其躁动而过之。阴翰急隼，穷高瞰鸷，灭人亦自灭矣。”

《象》曰：**“弗遇过之”，已亢也**。

《正》曰：“位也时也，或‘遇’、或‘过’，皆命也。命之所值，君子引为‘已过’；上不怼天，下以儆众。《诗》曰：‘天命不彻，我不敢效，我友自逸。’是犹过之而不敢避也。”《潜草》曰：“‘已上’，又曰‘已亢’，咎之矣。或曰‘鱼网，鸿离’，客离于旅。虽然嵇康倨锻，王澄探鷇，岂不自谓‘高亢出格’乎？外虽散朗，内实动狭；才多识寡，苦不得薪。正惟薄弃礼法，为不学之眚也。‘宁与燕雀翔，不随黄鹄飞’，仅幸免耳。后世误读‘鹏怒劈翅’，而‘亢用之凶眚一世’者，岂少哉？是以君子‘讲学’‘旋履’，但言‘戒惧’‘恭俭’‘恻怛’，所以济也。”

《时论》曰：“大而过”者，“桡”；《小》而“遗音”，反“吉”。“独立不惧”之词，壮；“宜下”“可小”之词，哀。盖寡民之过，惟慎小者；

---

①（五代）丘光庭撰《兼明书》五卷。

②应为“弗遇过之”。《小过》卦，上六“《象》曰：‘弗遇过之’，已亢也”。可作为根据。

非常之事，功大过大。惟其时，惟其人，故“与民宜之”而已。《意》曰：“弗可以‘过之’‘从之’之道施之，而可以‘防之’‘遇之’之道制之。”无父君之世，有“往”，必“厉”；“勿用”，则“贞”可“永”也。然且存其空名，曰“君”、曰“祖妣”、曰“公”、曰“臣”，大小各恪其事，上下交辨其宜，庶几“小过”而犹“亨”也。《诗》云：“肇允彼桃虫，拚飞维鸟。”物莫小于鸟，莫过于飞。“飞”者，动；“不飞”者，止。《诗》云：“雄雉于飞，下上其音。”言其舍逆，而取顺也。雷藏而先时闻者，莫鸟若；“止于丘隅”，莫鸟若。鹰化眼存，枭徙声在；鸟且降凶，何况于人？《春秋传》曰：““志内之遇”者四，而皆书及，若曰“以此及彼”然也；“志外之遇”者三，而皆以爵，若曰“以尊及卑”然也。”内曰“不及其君”，外曰“公弋”，公乎？君乎？君何在？祖何在乎？幸二“得中”，犹肯奉空名于“遇”内也。不幸，而五“公”也；幸阴已过，若妣然也。二《恒》、五《咸》，互见巽兑，有家门、宗祧之规焉。家门、宗祧，则小人恒守，而易为感动者也。“过”乎三四之“祖”，“遇”乎五之“妣”，是强宗之小事也。五虽君位，为“公”所据，有“宝玉大弓”之窃焉。臣强君弱，既无及矣。故不及其三四浸上之阳君，而犹“遇”乎阳臣，是“禄去公室”之大事也。鲁季、田陈，曷尝不曰“吾尊君”耶？而幸门私植，家有凶臣矣。圣人救之曰：“臣不可过”。“堕三都”，无咎也。是时天王若缀旒，公亦出逊于郊；取郓、取郈终斗穴中，踣于陪臣而已。子孙既微，祖妣不祀，故斥之曰“已上也”。三四，互为《大过》，则三“桡”而四“隆”也。《豫》则“怠”于“防”，而“盱”于“从”。《谦》则“施”于“遇”，而“撝”于“戒”。夫阴，自下而上也，乃必过之物。三苟上乎其间。《诗》云曰：“予不戕，礼则然矣。”迨其戕之，则大事已去矣。阴已上而不下也，有既过之势，四动起乎其间。《诗》云：“纵我不往，子宁不嗣音。”迨其“遗音”而“勿用”，则“大事”或犹可为也。初《丰》、上《旅》，变《离》为网，过旬之灾，初瞻鸟翼，“焚巢”厉吻，多参自坠。从古小人叛君灭祖，自快其鸷迅之毒；如鸟飞去，无不终凶者。《大象》申言三“过”。其曰“行过乎恭，用过乎俭”，则夫人知之矣；“丧过乎哀”，有余泣焉。丧礼废久矣：天王崩，诸侯不奔赴，则无君臣；桓公死，五公子争立，则无祖妣。及夫义渠柴烟，荼毗同炽，佞者藉遁，高言大事，死生可齐；实则荒其生事、死事之礼节，以自逃耳。“通丧”弃为“土苴”，哭泣比为“浊识”，宅兆烬于猛火，过乎忍矣。是亦“大事”之痛乎？“彼其”，设此权也。盖曰“人世皆过也，皆可哀也。”故用《大过》“灭顶”之法，充类惧人，而不暇为人世、君臣、祖妣、生事、死事，折中其节，徒以“小事”忽之耳？岂悟“不宜上，宜下”？止当明此《小过》之法，以养斯民之孚乎？

智曰：“《艮》宫游魂为《中孚》，《兑》宫游魂为《小过》。孚游曰‘死’，过游曰‘哀’；‘哀’‘过’皆言生死也。孔子告子夏以‘五至’，而终之以‘哀’；举‘三无’而终之以‘丧’。《孝经》曰：‘孝无终始’。有在发肤之先，祭葬之后者矣。‘戒惧’，是终身之丧也。机心、械事，罘罟弥天；无穴可居，疑之则举，而犹侈然傲色乎？过而不留，可矣。惟死‘养生’，危辞怵戒，无非‘绝后’。可怨乃兴，雨雪之操，曾子所以感《鸱枭》也。荒垄遗音，一夜五起，将以‘荆蛮’为‘不见冥山’耶。诵《鸣鸠》之章，能不一恸？兆涒九月二十日，合明山孤哀子吕智，泣血识于栾庐。”

既濟䷾未濟

《易原》论始终，前图详矣。《乾凿度》曰：“二《济》者，所以明‘戒慎’，而全王道也。”李子思曰：“坎离以阴阳之中，救大过；二济以交中，救小过。”《绎》曰：“水易流而难固，火好炎而难静。交胜交病，惜危守中；知终惟终，为性命宗。”章本清云：“乾坤用坎，而此终坎。卦名二《济》，亦因坎取义。盖两间险多，惟刚中济；一念圣狂，在几微矣。”《遡》曰：“以置换论：水火相为用，曰既济；不相为用，曰未济。六位皆当，故曰：‘《既济》，定也’。九五换阴，六二换阳；中女在外，中男在内，失妇茀之位。故曰‘《未济》，男之穷也’。伊川遇成都桶匠，言‘三阳失位’。”朱子曰：“《火珠林》已有，夫非‘三女失位’乎？”《隅通》曰：“《上经》纯坎离，日月满也，望象；《下经》既、未济，日月合也，朔象。始乾、坤，天地开也；终既、未，日月合也。‘望’为月之半，经亦半也；‘朔’为月之全，经始全也。故曰‘日穷于纪，月穷于次，星回于天，岁将更始’，而贞下起元矣。以一月言之，坎、离为望，既、未为朔；以一岁言之，坎、离为夏，既、未为冬。当夏之时，井泉冷，而日光烈；是水甚寒、火甚热也，岂非坎离之两分乎？两分之，非纯坎、纯离之卦乎？冬之时，日可爱，而井泉温；是火反不热、水反不寒也，岂非坎离之相合乎？相合之，非既济、未济之卦乎？”《野同录》曰：“分《坎》《离》，为南北二至。交二《济》，为东西春、秋分，取其和平也。《既济》中互《未济》，《未济》中互《既济》。三、四主卦。既，上四换，为益；未，初四换，为损。又，二卦乃参错之泰、否也。《泰》《否》‘消长’，《损》《益》‘盈虚’；《易》之大用，尽于二《济》矣。”潜老夫曰：“《圆图》《三互》，得乾、坤居四正，既济、未济居四隅。此八卦缩象，即《周易》首终自然之序也。既济，居立春后三卦；未济，居立秋后三卦。《方图》居寅申之线际，咸、恒、损、益之中，乃十二卦之层也。春后三，秋后三，用十二之半也。十二者，时法也。终此以起《乾》‘元’，有以夫？”智曰：“‘因二以济民行，以明失得之报。’盖非二不济，不执两端，不能用中。彻源彻流，惟曰‘不二不一’，实则‘二即是一’。君子曰：‘二即一，犹颟顸也，不可济天下也；必著其交济之首尾，“思防”“慎辨”，而二中贞一矣。’不轮《既》《未》，分而合之，合而分之，岂知‘其消息而中节适当’者乎？”

䷾水火既济

《全》曰：“既，食熟气也；借为‘已尽’之词。济，从[illegible]，象禾黍之不齐，而熟则齐熟也。加‘二’作‘[illegible]’，象地上也。从水，为‘济渡’之义，楷、隶作‘济’。”既，为见转腭声；济，为精转齿声，谓为“熟物”“齐物”，可也。二卦皆以《坎》水言，既济、未济，有过物者必济，涉险如“过渡”也。天一泄水，元气化湿，人物受形，含虚生明。坎离交，而“因二以济”，始终“济此大一之用”而已。

既济：亨小，利贞；初吉终乱。

《一一集》曰：“《易》以二用一，坎离而已矣。二篇之中，示坎离之分体；二篇之终，示坎离之合体而已矣。《既》中互《未》，《未》中互《既》，又际换之《损》《益》，而参错之《泰》《否》也。泰否、损益，交轮分合，而一在其中。苟欲相离，不能济也。阴奉阳而化精，阳用阴而化神。火丽于空，水行于土；水火之用，相胜相资；心肾之交，以水降火。《易》之为《易》，‘交济’而已矣。三才本交，而人不明理；涉世成险，任心焚和。圣人以‘睿思’和之，中虚外朗，即以润生，即以济世；明其初终，素其时位，因天下而转之。水在火上，火怒阳奋，险难必通，是为《既济》。济用柔中，故曰‘亨小’。位虽各正，犹曰‘利贞’。《既济》，即存已济之心，故‘初吉’而‘终乱’。虽曰‘天行’，消息乎？文王于此儆之以‘乱’，人可不戒慎？而反以知委之故，巧于自委，是趣乱也。”

《彖》曰：**“既济，亨”，小者亨也**（郭京，作“亨小，小者亨也”）。**“利贞”，刚柔正而位当也。“初吉”，柔得中也；“终止则乱”，其道穷也。**

《一一集》曰：“阴得位，而阳能下之；小者在上，得遂而亨也。刚柔均正，二五位当，六十四卦之所少者，犹曰‘利贞’，何耶？谓：‘不可恃《既济》之时，恃《既济》之位，而肆《既济》之心也。’二，‘柔得中’，乘初刚而自吉。穷上执柔，以为济定，终止于此，不复‘思患’而乱矣。通而论之，‘润生’涉险，明理‘济世’，必以柔小用其刚大。‘平康正直’，妙在二‘克’，此乾之所以济也。民用之溥，莫如水火；而滔天燎原者，即水火。可知，治乱倚伏，偏正互变，穷通环应，得丧同门。惟在知其几，而善济之。‘思防’‘慎辨’，乌可不议？”《订》曰：“未济，险在上九一阳之内，有‘渡水未济’之象。既济，险在初九一阳之外，有‘渡水已竟’之象。以‘小利贞’为句。阴，利贞也。”《全》曰：“二《济》，权在二、五。”郝《解》曰：“济《坎》莫如《离》明，《既》二、《未》五为要。”《意》曰：“三四持世，克乃能生，故两著‘伐鬼’之象。以教言之，三代以后，在乎熄邪；以学言之，在乎‘克己复礼’。”

《象》曰：**水在火上，既济；君子以思患而豫防之。**

《宜》曰：“‘水在火上’，各得其用。时无患，乃生患。患生于无常，隐不及觉，故贵‘思’；尝猝不及持，故贵‘防’。”廷秀云：“泰，天地之明交也；既济，水火之明交，而天地之互交也。故泰者，既济之纯；既济者，泰之杂。天地气通，水火济任，此为《既济》。‘水在火上’，气交济也。”神曰：“水升火降。养生家法此，以固脐。”《易简录》曰：“亨水火之利，岂能不‘思水火之患，而豫其防’？”《意》曰：“惟‘豫则立’，惟豫知戒。‘心官则思’，土之济水火也。察伦明物之思，即‘无思之思’也。《易》，《豫》知有‘混一冥应’之患，故分别日月水火之理，使人惕而安之。人自以为无患，而患生。所立之礼法，皆天地之本然。因本然以为防，故百家不得而坏之。”

初九，曳其轮，濡其尾，无咎。变艮，为《蹇》。

《宜》曰：“二《济》，初‘尾’、上‘首’之‘濡’，因济而取象也。《既》初之‘濡’，濡而济者也。‘曳轮’，喻任事之郑重；‘濡尾’，喻忧思之周密。《老子》曰：‘与兮，若涉冬川。’[①]涉则必涉，然畏寒耳。《坎》，为‘轮’。为‘曳’，指二应五。初以明体重刚，锐于同济，虽掇足沾尾之不恤，于‘人臣尽瘁’之义，何咎乎？初，尾水下。初应四，‘濡’象。”《易简录》曰：“《既》初‘曳轮’，当极治、极安，而故退、故却。《未》二‘曳轮’，当未治、未安，而持重填静。《既》初‘濡尾’，入世，本以经世。《未》初‘濡尾’，‘枉尺’不可以‘直寻’。”《正》曰：“尹铎增晋阳之垒培，赵简欲杀，而卒以‘免难之赏’赏之。是《济》之《蹇》，‘济难不忘’者也。”

《象》曰：“曳其轮”，义无咎也。

《一》曰：“行藏之‘无适、莫’，以其‘义’也。魏相以丙吉之书，为霁威严；九龄与张说谱系，而夺哀相；田畴因曹军制乌桓，而辞侯受郎；张翰遇贺循同载，而《首丘》‘忆蒪’；皆‘曳轮，濡尾’之近义者也。”

六二，妇丧其茀（子夏，作“髴”。荀爽，作“绂”。董遇，作“笄”），**勿逐，七日得**。变乾，为《需》。积，《井》。

《宜》曰：“《离》女应五，‘妇’象。乘车以‘茀’。”《尔雅》：“舆革前谓之‘鞎’，后谓之‘茀’；竹前谓之‘御’，后谓之‘蔽’。《诗》‘翟茀’‘簟茀’是也。画雉其上，《离》象也。变《乾》，‘丧茀’象。五上、二下，男不下女，不以茀来迎，二不可行矣；然正应终合。六爻再轮，为‘七日’。周旋终始，以日统夜之表法也。”子瞻作“窃茀”解，谓：“人之窃茀，将以间我。”我疑而穷其事，则间行，而堕小人之术中。“勿逐”，则小人之术穷，“茀”可还矣。《正》曰：“《既济》之《需》。《需》以‘宴乐’。乐而‘丧茀’，左右之借，房闼之蔽，是可以‘勿逐’也。君子济难，去其琐节，以惟大政，慎默以居之，宽绰以舒之；喜怒笑詈，不滥于仆御。如是，则可谓‘知治’者矣。晋文见勃鞮，与里凫须，获免于吕、冀之难。故需而‘丧茀’，丧又‘逐’之，祸乱未平，而怨恶沓至，非内顺之道也。《君陈》曰：‘宽而有制，从容以和。’是《既济》之《需》也。”

《象》曰：“七日得”，以中道也。

潜老夫曰：“君臣朋友，交感以济，故取‘妇’象。行车善藏，自重之道也；安心天运，‘用舍’‘随时’之道也。心主思官，亦君臣也；北肾南心，亦伉俪也。君子惟‘素其中道’之思，即‘不思而中’矣。”

九三，高宗伐鬼方，三年克之；小人勿用。变震，为《屯》。积，

① 应为“豫兮若涉冬川。”

《坎》。《坎》世。

《筌》云：“上三爻，犹泰有向衰之渐，故‘高宗’不系五，而系三。”“唐虞以上，曰‘熏鬻’”。夏曰“淳离”、殷曰“鬼方”、周曰“玁狁”。《世本·黄帝》：“娶于鬼方氏。”匡衡《疏》云：“成汤化异俗，而怀鬼方。”《西羌传》曰：“殷室中衰，高宗征西戎鬼方，三年乃克。”《潜艸》曰：“《竹书纪年》：‘武丁三十五年，周王季伐西落鬼戎。’《皇极经世》：‘高宗戊子己丑[1]，《既济》值运，预司契耶。’九三，《离》日将昃，刚得中而位不中；应居卦外，九五所不臣，故取‘高宗伐鬼方’为象。《易》于用兵，戒小人求功于外，不如弥隙于内。蔡邕以李牧‘严尤’，为守边之要，正惜‘惫’也。鬼居幽地，《坎》象。《离》明破暗，见《离》‘戈’，变《坤》‘众’，《震》动在‘大涂’，‘伐’象。至上三位，‘三年’象。比人位之阴，为‘小人’象。变《艮》，‘勿用’象。”《遡》曰：“《既》三、《未》四，爻同系同。《未》四，自内而外，奉君命以出征，则曰‘伐’。‘三年之赏’，要《既济》之‘终’也。《既》三，自外而入，报成功以振旅，则曰‘克’。‘三年之惫’，原《未济》之‘始’也。相因而见，学者言之‘以中天之明，破暗；以终日之戒，济时’而已矣。”

《象》曰：“三年克之”，惫也。

郝《解》曰：“《既》变风雷，《未》变山泽，‘迁改’‘惩窒’，正‘水升火降’之理也。独言‘惫’者，坎水在上，‘防患’制胜难；离明在上，‘居方’‘辨物’易。《既济》即安，而求《益》难；《未济》履险，而思《损》易。其以‘高宗’‘武丁’取象，不必也。”《正》曰：“屡称‘帝乙’‘高宗’，何也？曰‘君也、师也。成汤之‘永终知敝’，武丁之‘思乱豫防’，先王所贵也。然何以有小人？曰：‘帝乙之时，而有女谒、谗夫，况其中叶乎？’君子以礼制其内，以义制其外。故为《归妹》以治女，为《既济》以治戎。女谒与戎，两者相为倚伏，否泰、治乱之所终始也。”淇澳曰：“一‘伐鬼方’也，在《未济》之四，方厉精有为，三年不厌其久。在《既济》之三，欲安静无为，即三年已觉其惫，故一宣王之身。而玁狁之伐‘六月栖栖’；徐方之定，‘王曰来归’。始终之义，各有攸当也。”《野同录》曰：“水火之世，救民水火；兵威杀运，危位当之，无所避也。轮台悔惫，而至今慑称汉人，讵可责其喜功乎？最可叹者，鬼在人心，贼藏城社。洛闽之惧，上续邹县。而蔡、韩禁学，乱法诬天；今日之言‘互济’者，何其‘惫’耶？”

---

① “己丑”二字，原文缺，根据文镜本。

六四，繻有衣袽（子夏，作“襦有衣茹”。《说文》，作“需有衣絮”。《周礼注》，作“襦有衣絮”。京，作“繻有衣絮”），**终日戒**。变兑，为《萃》。积变，《困》。

虞仲翔曰：“繻者，帛之末。事之末路，不可知。”繻，有幸而补缀为衣，有不幸而拭器为袽。处多凶之地，贵贱无恒，不可以不戒也。絮、袽，古皆撮口声，相通也。变互《乾》，“衣”象；《兑》毁，“袽”象。在《离》日后，为“终”。介两《坎》“隐”“盗”之间，安得不戒？《离》，“惕”象；“疑”，坎象。郝《解》曰：“将涉揭裳，为见其袽，犹褛也。外‘繻’、内‘袽’，乱伏于治，《坎》隐之象。”

《象》曰：“终日戒”，有所疑也。

《一一》曰：“阴柔不中，处多惧也。承、乘皆刚，互《坎》杂《离》，一以为水，一以为火；一以为生我，一以为杀我，故‘疑’而‘戒’耳。阴善疑阳，而阳乃用阴，因疑得戒，因戒乃孚，正是因革交济之法。非曰‘衣袽’，苴漏已也。”

九五，东邻杀牛，不如西邻之禴祭（汉《郊祀志》，作“瀹”。王充《论衡》，作“礿”），**实受其福**（《礼记》，作“實”）。变坤，为《明夷》。积，《屯》。

《遡》曰：“五与四邻。五，阳为东；四，阴为西。又五互《离》为‘东邻’，四互《坎》为‘西邻’。以日卯、月西取，或以二、五言。”子瞻谓：“‘东’‘西’犹言‘彼’‘此’。”明“初吉终乱”意。此通论也。五，《坤》牛断于《乾》金，为“杀”。四，《坤》帛断于《乾》金，为“繻”。《未济》，以坤土裂于乾阳，为“赏国”象，取裁剪同。凡祭必杀牛，此为持，“杀”故云。或取《既济》坎刑、坤牛，《未济》离属夏祭。“春祠、夏禴、秋尝、冬蒸。”禴，用声也；蒸，则百物皆备；《离》南、《坎》北象。“福”，指大夏时盛也。“杀牛”者，修禳致祷。然虽禳无益，不如时祭之“安常处顺”，虽薄而实受福也。时安不如危，时丰不如俭；“人生于忧患”，其象如此。于《既济》之坎中，君位言“东西”，不言“南北”，重春秋二分之和平，以藏寒暑。年日并举，切用在时，此象外之象。

《象》曰：“东邻杀牛”，不如西邻之时也；“实受其福”，吉大来也。

《一一》曰：“《传》言：‘天之所福，不于其物，于其诚也。’‘吉大来’，以时戒也。福不可求，亦不可遣；止有一实，在人自受。崔憬曰：‘《坎》月出西方，《离》日出东方。’《尚书》克殷之岁，‘厥四月，哉生明，王来自赏，至于丰。’‘丁未，祀于周庙。’明‘西邻之禴祭’，得

‘时’受福也。”《正》曰：“《小过》之‘西郊’，《既济》之‘西邻’，文王用以自与也。”淇澳曰：“‘丧茀’，如玉门之闭，故示怯懦；‘禴祭’如纤红之世，力行节俭；皆所以善处《既济》也。”

上六，濡其首，厉。变巽，为《家人》。

《宜》曰：“上在《济》终，已出《坎》外。然终乱时一变，则首反向下，贞悔消息也。”《正》曰：“四方有败，‘濡首’以救之，未为失也。然濡其身，而有益于人，则为之；‘濡其首’，而‘厉’于人，则亦不为也。”

《象》曰：“濡其首，厉”，何可久也！

《野同录》曰：“不必有‘常治不乱’之运，而惟患此‘宴安鸩毒’之心。因有‘苟偷听乱’之心，因有‘荼毒贪乱’之心；一有此心，冠履倒置，五方尽狐鬼矣。‘何可久’乎？是圣人所防也。”智曰：“初言‘濡尾’，上言‘濡首’。可信，首尾环应，龙狐在握。但知惕厉其‘何久’者[1]，即常享其‘悠久无疆’之水火矣。‘精一’洋溢，至今膏人之首尾。岂治乱之所可变乎？桓宽曰：‘孔子灼头濡足，庶几世主之悟？’‘知周，道济，而不过’者，非可执一论也。”

《时论》曰：一于二中者，交则济也。四时冬水，熟于夏火；心与脤交，人身无病；世道之泰，君臣志通。治心之法，内外、上下交格而已。子曰：“其或继周者，百世可知也。”秦水之灭周火也，刘、石辈之扰华也，元之一统也，女主之临朝也。“无善无恶”之宗，以“总杀总赦”之利器，纵诡随也；是水运于北政也。皇帝王霸之轮也，吴楚入主会盟也，江淮被于海大川也；北辐日蹙，南服日广也；文明之光不可濡也，是火运于南政也。故两《济》并见“鬼方”，同言用“伐”。圣人知之，“继周”以后，“伐鬼”岌岌矣。道在“防患”“辨方”而已矣。刚柔正而位当，六十四卦惟《既济》。而初“吉”、终“乱”者，三阴乘三阳也。世以日行初终，有昏明、寒暑，人明其中，则济昼夜矣。故日阳，水阴；而济之者，阳也。卦重三阳，而柔中济二，著“七日”之象焉。爻半，次舍，七周天行。四，处两戒，故曰“终日”。此前则旦午，此后则晡矣。《既》《未》之间，四“濡”浃于“首”“尾”，而两“伐”贯其中流。则以火为水郁，必达于上，而水为沸，故上“濡”也。水为火蒸，必注于下，而火为之熄，故初“濡”也。干戈之事，多起方中；鬼蜮之毒，不在边鄙；故征伐大权，在两《济》之交焉。周公所引，其象其义，不在故事也。三之《屯》，内“难”虽平，外“难”复起。天

①“何”字，原文缺。

下所以治而伏乱者，小人以武功眩朝柄，连帅以师老启戎心。“小人勿用”，与《师》戒同。裴度出淮，而退逢吉；寇准澶渊，必退丁谓；然终不保矣，如“惫”民、“惫”国何？初《蹇》未深，不以骤进为“义”。二《需》，自有“丧”“得”，而虚中必受实福也。四《革》，则“疑”终乱之际也，戒能“终日”，自不颠倒“衣袽”矣。五之《明夷》，则济后“艰贞”，“用晦”久祷者也。“东”者，离之邻；“西”者，坎之邻。火牢在下，众心易奢；“明水”夏禴，躬示节俭。“丧茀”者来，此明诚之吉几也。上之《家人》，“孚”咸宜著；而弱终险止，“濡”上之“首”，其被发陆浑舞者乎？观者，更触“知来”之逸象焉。上象髠，四象败缁。五象戒杀崇幽，为西方福甲者。惑权乘而离伦之患尚小；倚寂乐而逞锋之患，滔天矣。用夏因时之道，能不自其教而思之乎？西乾之旨，本归中道。而濡首乱尾，斗已甚之迅，必有已甚之患，防之未尝不早也。转其轮而著其义，是在主帱者之济水火矣。

智曰：“圣人尊日统月，故《离》曰‘明’，而《坎》仍言‘洊’；二《济》则止著水火。而《既济》两表‘日’象，《未济》则表‘光晖’；所同者，‘三年’也。夫《易》以日为法，以年经世。十二时法，即月法也，故无月象。《中孚》藏月，以末四卦为闰，而闰以月纪也。藏南北于春秋二分，故既五示‘东西’焉。春仁秋义。两‘伐’，义以为仁者也。《易》象著分，而藏合。《易》用自分体用，以明交用，皆象则皆义也。故曰：‘以壬肾济丁心，以《书》克《济》图生，以北游济南冥，道家取坎填离，非表法乎？君臣也，’文武也，心迹也，有无也，皆交济也。以疑济信，以戒济福，以惫济安，以丧济得，皆‘濡首尾’者也。君子忧患中，‘思兼’而豫知之，即豫济之矣。”

䷿火水未济

《全》曰：“未、朩，声形相转。生气寓木，木生未央，而味出焉；故为微唇声。子午对冲；而未，则为‘未来’‘未然’之义。”“物不可穷也，以《未济》终。”至哉言乎！子思表“未发”于“发”先，而“未发即在发中”。文王表《未济》于《既济》后，而《未济》即济《乾》《坤》矣。玄以将拟之。

未济：亨；小狐汔济，濡其尾，无攸利。

《一一集》曰：“坎险在内，故为《未济》。‘火在水上，不成烹功。’其一端也。中女在外，中男在内，故曰‘男穷’，此质象也。‘天地无全能，圣人无全功。’以未济之心处之，则无不亨，此本义也。《坎》‘为隐伏’、为‘狐’‘为多心’，‘疑’象。卦终，‘尾’象。阴内三爻属坎，而初六、二三为《坎》中之阴[①]。坎之阴，为‘小狐’象。‘汔’，几也。程《传》曰：狐能疑。老狐履冰而听，惧其陷也；小者，未能。《史记》春申君说秦昭王，引《易》狐涉水，‘濡其尾’，言‘始之易，终之难也’。韩婴曰：‘官怠于宦成，病加于小愈，祸生于懈惰，孝衰于妻子。察此四者，慎终于始。’”《易》曰：“‘小狐汔济，濡其尾。’此济世之正义也。”《隅通》曰：“六十四卦，皆以尽变；至变莫如龙，故以‘龙’始。三百八十四爻，皆以决疑；善疑莫如狐，故以‘狐’终。然龙首不用其‘亢’，‘善始’之始乎？狐济莫‘濡其尾’，‘善终’之终乎？”那谷曰：“《阴符》云：‘天有五贼，见之者昌。’坎一之中，有龙、有狐；离二之中，亦有龙、有狐。善疑乃信，无所利而为之；志切济世，龙狐自并用矣。”郝《解》曰：“《既济》交致其用，《未济》各安其宅；而待用无方，所以生不息也。坎精、离神，坎形、离心。坎‘隐’在内，离‘明’在外；日丽天，水行地，法象之‘居方’也。”玄同曰：“《中庸》‘无声无臭’，《未济》为变化之本。惟‘无所利’，乃能利物。龙‘无首’，狐‘濡尾’，非观玩言先者，能疑之乎？此《未济》济之通义也。”潜老夫曰：“善通未来、未然，以‘续中’‘慎辨’，则处乎利害之先，以应无穷矣。‘未济’之‘济’，犹‘无首’之‘首出’也。”

《彖》曰：**“未济，亨”，柔得中也。“小狐汔济”，未出中也；“濡其尾，无攸利”，不续中也。虽不当位，刚柔应也。**

《宜》曰：“‘柔得中’，六五也。‘未出’之中，即‘柔得’之中。缘有上九横亘于上，不能成出险之功，故卦名《未济》。未济而得济，谓之‘中未出’，故‘不续终’。惟失位，为《未济》；然皆相应，而得阳助，终必济也。《既》《未》之‘亨’，皆以‘柔得中’。故刚柔之应，亦惟‘柔中’者，能知己不足，资人之有余耳。”《意》曰：“‘无利’者，畏险；‘能亨’者，离明。几济未济，未出险中，若能续此‘回首惕厉’之心，岂无终乎？不当之位，即具因应，亦在乎‘知极知节，光行其志’而已。”

《象》曰：**火在水上，未济；君子以慎辨物居方。**

郝《解》曰：“《既济》，交错以致其用，而物类有方，不可移易。君子观象于《未济》，审慎以辨物之性，使各居其所，而不相杂揉；则群分类聚，无侵陵、剥蚀之患矣。”《正》曰：“‘辨物居方’，《易》之‘知终’义也。星丽河汉，两《济》‘首’‘尾’；入历稽运，地道由之；

①“二”字，应为六。言初六，六三之两阴爻。

以司八方；五纬递变，形象类居。圣人随处尚象而制，别其刚柔，相其方位，以生万物，而命六十四事。如星之在于天，而水之在于地也。慎之如何？曰：‘察其义类，而正之以礼。’体刚而用柔，贱疑而贵断。狐者，物之善疑者也；龙者，物之善断者也。屈伸进退，断之以道；得失忧虞，断之以命。故曰‘乐天知命故不忧’，‘安土敦仁故能爱’，‘穷理尽性故不惑’，‘独立遂志不不惧’。是四者，则可去小狐之耻，进于乾龙之用矣。‘慎’者，《易》之大用也。《易》以诚始，诚故无息；以慎终，‘慎’故无患。惟其无患，故能‘与民同患’。吾道最忌笼统，交盘不得。‘思防’‘慎辨’两者，‘坚冰’‘龙战’之所不至也。”《心易》曰：“水下火上，方也；火下水上，‘居其方’也。孰知水润下，反以上为方耶？‘辨物’，测其微；‘居方’，妙其用。君子知‘无方之方’，而必慎之于‘有方之方’。《同》《睽》，是‘类’之、‘异’之，而本合也。《未济》，是‘辨’之、‘居’之，而自一也。”《野同录》曰：“水火，共一太极之公性，而炎、润各一其性。体其同别，而用中更具同别焉。‘方以类聚’，圆在其中。若忌讳分辨，以图浑噩，谓‘闻道’乎？暗险极矣。五伦曰民，各安职业，以为生理；犹百工之居肆，以成其事也。岂患其缺少‘於穆’哉？《易》始‘统天’，终于‘防’‘辨’；所贵差别，乃能享其大本。可信，格物如用水火，刻不可离。”

初六，濡其尾，吝。变兑，为《睽》。

《订》曰[①]：“甫问津，而即‘濡尾’者。谓之曰‘初’，则非‘汔济’之时，可知。”《遡》曰：“《既》初合‘曳轮’‘濡尾’，为妙用。《未济》分之，二行中‘轮’，而初有‘吝尾’。”郝《解》曰：“《既》初，离下，‘牛尾’之象，已济而登陆也。《未》初，坎下，‘狐尾’之象，不济而回首也。初，思济。二，能济，不欲济。三，必欲济，而‘征’则‘凶’，犹之未尝涉也。既济，明而诚；未济，诚而明。爻辞于初曰‘不知极’，愚者不及也；于上曰‘不知节’，智者过之也。二五，为中行致知明德之要。”

《象》曰：“濡其尾”，亦不知极也。

潜老夫曰：“‘君子无所不用其极’，不知此，岂可言济？非徒谓：‘其柔在下，而轻进也’。以人事征之，或谓‘蔡泽，较李斯为“知极”；贾诩，较潘岳为“知极”。’此濡其骨矣，岂‘尾吝’耶？崔篆到大尹而称疾，朱穆受冀辟而发疽，皆‘濡尾’者也。果其‘知极’，太丘吊张让丧，龟山为蔡京引，何疑焉？平子、子固、康节，皆叹服子云。温公

① 何楷著《古周易订诂》。见《四库全书·经部·易类》第112卷，上海：上海古籍出版社。

谓:‘苟有二仁,吝又非所论矣。’‘极’者,进退之定则也。中节时行,又非执一。故合二知,总是一知。”

九二,曳其轮,贞吉。变坤,为《晋》。积,《噬》。

《筌》云:“初之‘濡尾’,欲进不能;二之‘曳轮’,能进不欲。”郝《解》曰:“坎,为中轮。《既济》‘曳轮’,将登岸也;《未》‘曳轮’,止不行也。”存宗曰:“变则互《艮》。知止不济,郑重其载,可免‘渐帷濡轨’之患。王良闻车声曰:‘何仆仆,不惮烦也?’华歆观车幰过,管宁与割席;行之正、不正,辨其中耳。”《正》曰:“赵简子将出,召董安于,三趋之乃至;至而后,简子有求于执事,三往三反,而安于皆备之。故安于之‘皆备’,安于之所以后至也。‘人涉卬否,卬须我友。’有是友也,以‘曳其轮’,何迟之有?”

《象》曰:九二贞吉,中以行正也。

《野同录》曰:“以九居二,非正矣。惟其时中,所以行《未济》之正也。卓子康、杜伯山,或乞骸归,或推鹿车;而后应建武,人知其善‘曳轮’矣。申公蒲轮,止有‘力行’一语;石建数‘马’,亦以醇谨化俗,是非‘善曳轮’者乎?”

六三,未济,征凶,利涉大川(《正疏》,作“不利涉大川”)。**积巽,为《鼎》。积,《离》。《离》世**。

《宜》曰:“独表‘未济’者,三将出险,而前犹有互《坎》在也。”《筌》云:“《既济》登岸,乃可征行;《未济》而行,有没身而已,故凶。然必‘涉大川’,身在险中,即出险也。‘征’者,自征;‘涉’者,乘物;‘用人则裕’之喻。”

《象》曰:“未济征凶”,位不当也。

《一一》曰:“诸爻,位皆不当位,在‘习坎’之间。《离》之三变[①],此爻持世,正值二卦生克、颠倒之地也。”智曰:“以‘征凶’,则刘琨、殷浩矣。若知以‘利涉大川’之心,应此‘未济’‘不当’之位,则闻鸣犊、舜华之凶而返,闻公山佛肸之召而跃,皆‘未济’之‘亨’也。”

九四,贞吉,悔亡;震用伐鬼方,三年有赏于大国。变艮,为《家》。积,《贲》。

《筌》云:“《未济》为卦,以水火不交,是以居中者贵重。三,出《坎》而求《离》,故以涉为利。四,居《离》而履《坎》,故以‘伐国’为功。三以位,四以才,拔难树功,上下所倚藉也。以阳居阴,恐其

① 《未济》卦,为《离》宫三世卦。

不任；变则为‘震伐’者，初也。”画子曰：“‘震’，乃挚伯名；对‘高宗’而言也。”《易简录》曰：“两‘伐鬼方’，是‘原始要终’，直穷险陷之窟穴，而为之扫荡廓清。”

《象》曰：“贞吉悔亡”，志行也。

《一一》曰：“以《未济》为志，何行而悔不亡耶？”《潜艸》曰：“光武自云‘柔能制刚’，故终世北庭自服。裴度知蔡必平，决于君心耳。三苏之策，不讲于帷幄；宥密之志，复何行乎？《上经》终于‘折首’，《下经》[1]终于‘伐鬼’。‘玄黄’‘龙战’，兵革不免；午运之忧，圣人知之；责在光孚上下之志，而已。”

六五，贞吉，无悔；君子之光，有孚吉。变乾，为《讼》。积，《家》。

《一集》曰：“五，‘柔得中’，而与刚应。贞所固有，悔其本无，使武以文，御刚以柔；‘君子之光’，孚于四表、上下矣。重言一‘吉’，斯何时耶？干令升以为‘周公摄位’之爻。”

《象》曰：“君子之光”，其晖吉也。

公明曰：“日中，为‘光’；朝日，则‘晖’。天中，则日在上；朝，则日在下。在上之‘光’，以在下之‘晖’，而获‘吉’也。”郝《解》曰：“此诸卦五位之终，《乾》‘飞’，为五位之首。《乾》为‘大人’之‘见’，此为‘君子之光’。《离》‘明’，即《乾》‘知’，所虑上‘饮’‘濡首’，人心陷溺耳。”潜老夫曰：“礼乐干羽之时，明赫照临，登车辉如，重轮歌日。《桑扈》《鸳鸯》之诗，天子诸侯，互相称为‘君子’。谓：是‘继明’‘讲学’，可也。”

上九，有孚于饮酒，无咎；濡其首，有孚失是。变震，为《解》。

《一集》曰：“‘孚’同‘饮酒’，以能信于物，而不忧事之废也。然高上则泰心易生，恃‘孚’则不顾公是；‘濡首’之失，更何如《既济》‘濡首之厉’乎？”《正》曰：“《既济》殉物，‘濡首’则已急；《未济》殉身，‘濡首’则已缓。深厉浅揭，各有节也。”苏颢滨谓：“《既醉》之《诗》，备‘五福’焉。心和神安也。”《筌》曰：“‘有孚’，指三。三，以《坎》从《离》，酒自下升而入于上，则‘饮食’之象也；上，自《离》入《坎》，首反向下而入于酒，则‘濡首’之象也。我‘饮食’彼，则彼可出险，而成既济之功；彼‘濡’我，则并我而入于险矣。举动失节，天下从之，故君子谨于‘辨物居方’之事。”

《象》曰：“饮酒濡首”，亦不知节也。

---

① “经”字，原为“征”字。

郝《解》曰:“莫灵于知，莫迷于酒。坎水险暗，故以象之。物欲迷心，莫非酒也。人能不为酒困，则神明常主。故‘禹恶旨酒’，公作《酒诰》。嗜欲溺心，甚于洚水。‘养心莫善于寡欲’，‘知节’之谓也。口腹丧志，无‘是非之心’，非人矣。圣人岂责人绝饮食乎?”《野同录》曰:“圣人之裁成天地，‘知节’而已矣。《鲁论》终‘知’，所贵确知其真是也。日之所之，曰‘時’;日之正中，曰‘是’;是，即时也。时，有大节、细节。各当其极;极，即节也。当者曰‘是’;节，即是也。韩修武曰:尧舜以‘是’，传之孔孟者也。自流连于偏上冥荡之‘酒’，专高‘狗窦盗酿’之荒淫，姗‘温克’‘揖让’为黥劓，于是巧为之词曰‘必失是，而后可为孚’。聪明快口，醐全毒矣。圣人思而患之。饮人狂药，何以责人正礼乎?故以‘知节’正之，首何以不尻?溲何以不酿?既已不能，何如享《中庸》之正味哉?可信，‘辨物居方’，即是神化;水火至足，苦不自知。” 曰:“‘齐圣、温克’。‘千钟、百榼’，贵知所以‘温克’者耳。不则，朱博之三杯，周泽之斋戒，岂‘知节’乎?淡而不厌，是太和汤。《未济》爻终，表此‘知节’，谁知之耶?‘望道未见’，是文王之‘温克’也。‘我未能一’，是孔子之‘温克’也。”德曰:“戴逵尝云:‘用誉，以兴贤也;失，则色取，容貌相欺。去名，欲笃实也;失，则越检，情礼俱亏。此弊者，托二本以自纵也。道有常经，弊无常情。’过当吹索，适以藏不情之弊。故政教不言名实，而张弛因其时宜，防之辨之，且使无逃焉尔。‘适得而几’，是‘知节’也。‘濡首失是’者，专好冤贤，以荒、混为高玄，非教逃乎?”

《时论》曰:太极之变，龙首而化狐尾也。龙阳而狐阴，龙大而狐小，龙“御”而狐“疑”。龙得天一之水，为“潜”、为“跃”;狐得地六之水，为“濡”、为“汔”。龙以“无首”，而用神;狐以“濡首”，而失节也。圣人类物之情，滔滔皆是矣。城社间，尽狐属也。西伯《序卦》于“龙”“狐”，尼山阁笔于“麟狩”，患而慎之极矣。“物不可，而受之《未》”，曰“男之穷也”。穷与不穷，皆未也。考诸象纬，日月出之冲;分至启闭之界，存乎两《济》。律中林钟未地;则阳之所究，而阴之所接也。交食曰“既”，食前曰“未”。“日穷于次，月穷于纪”，穷变则通。《既济》之日在下，故九五尚神;《未济》之日在上，故六五尚人。推广其义，天人相与，在交济乎?《意》曰:“水火之用，互为上下，治乱亦然。君子见其远者、大者，小人见其近者、小者。”举世“汔济”，而“不知极”“不知节”，将以“续终”责小狐乎?龙且化狐矣，鬼且名君子矣。予以三“贞吉”之路，示以两“悔亡”之门，终以“无咎”之是，而交以“征凶”之用。庶几有“曳”、有“涉”，是“光”、是“孚”，尽振两“濡”之颓风，而克举“三年之大赏”。狐耶？鬼耶？明此一蔽，而《震》“志行”焉。“震用”与“克、赏”，则人位交济之势，世转征诛之运乎？安石曰：“商“荒湛于酒”，周“载锡之光”。”《既济》“惫”商，《未济》“赏”周，亦其象也。自此以降，首尾之“濡”，日有甚焉。刚尾柔首，则“首厉”；刚首柔尾，则“尾吝”。初“曳”，则刚在轮表，济有深涉之“无咎”也。二“曳”，则刚在轮中，济盈不濡轨之“贞吉”也。“鬼方”在《既》三，则内宁必有外忧；“鬼方”在《未》四，则攘外所以安内。犹《夬》《姤》之“臀肤”，《损》《益》之“朋龟”，交相济也。《未济》之中，锐身求济，三《鼎》且“行塞”矣。“志”以未济，《震》用“恐惧”。四，《蒙》则“亨行”矣。出险入明，乘川近日；一怒而飞，“莫不震叠”。“包荒”所以“冯河”，“养正”所以“御冠”也。五时一涉、一代，天日自明；推毂任能，武以文御，治教光被，自“无讼”矣。谁其终曳现在之轮也？二《晋》虽“愁”，而炼成济险之刚臣矣。初，狐疑于首、尾之“极”，而藏首、不顾其尾，宜“丧逐”之《睽》也。上，则《解》矣。将以“濡首”失是，为大孚乎？圣人曰：“亦不知极也，亦不知节也。”知极，则知节；知节，则知极矣。不“慎辨”，而谓知乎？“思患”“慎辨”，“无所不用其极”，如寒暑之应皆焉。此健息之交轮续也。人人在消息中，自忘其是。然岂可以“舍是与非”之说，藏酩酊之乾坤，而遂失其“慎辨”之公是哉？方安其方，方外无圆。通类之道，全在分别；而法自相济，中自相续矣，故曰：“《坎》‘居’、《离》‘辨’，而天行地势之道，终于‘继明、济险’之大人焉。”

智曰：“《既济》，而以《未济》济之，此所以交济也。夫子两称‘柔中’，而归于‘续’，岂‘执一’哉？两‘轮’、两‘首尾’，‘地两’也。《未济》之《象》为三‘尾’，续‘天三’也。周子知‘因二以济’之故，从刚柔分善恶，从此穷其交网。首、尾皆‘濡’，‘天三’在‘地两’中。生克同时，全存全泯，‘冒天下之道’矣。治统、心学，皆以‘伐鬼’，为人爻之‘惕’‘跃’。《既济》之‘克’居‘惕’，‘大师’一用，而不可黩也。小人不惜悖乱天下，以自雄其济，民岂堪之？《未济》之‘克’居‘跃’，以上赏下，其‘志’易‘行’。行正者，‘光’也。正教贵光，鬼语贵暗。光统明暗之方圆，而以辨为用；暗则偏，以无辨为圆。故终之曰‘慎辨物’、曰‘居方’，所以伐万世之鬼也。‘见’‘飞’交济，‘潜’‘亢’交济，亢龙两圣人，自交济也。终以‘不失正之圣人’

正告者，劝天下饮‘知节’之酒乎？圉噩冬除，浮山之孤，智记。”

周易时论合编卷之八终

系辞提纲

潜老夫曰："'易简理得'①，观玩'三极'②,《易》道毕矣。开口举'当前之天地'，以定之，而不赘以'天地未分'之语。此，弥纶变化，'一在二中'之准也。道，在'善成民用''存存智礼'之'门'③，'会通'其'宜'④。'参伍'大衍⑤，'通变''极数'⑥，约分'辞、变、象、占'之四道；而'通乎昼夜'，为'格两致知'之端。器即道也，蕴此中而已矣；乃表'太极'，用于'三极'。'生生''不测'⑦，'无方''无体'⑧；知变化者，知之。天下者，乃'即感是寂'之天下也，'冒如斯'⑨'密如斯'者也。'惟深''惟几'，乃能明其'惟神'⑩。故末章，'立象、尽意'，归'神明、默成'焉⑪。《下篇》，言'卦爻变动'之'辞、象'，见诸'事占'⑫。人生，不能不动；标'贞一'，以善'天下之

① 《系辞上》："易简而天之理得矣，天下之理得，而成为乎其中。"

② 《系辞上》："六爻之动，三极之道也。是故君子所居而安者，《易》之序也；所乐而玩者，爻之辞也。"

③ 《系辞上》："夫《易》，圣人所以崇德而广业也！知崇礼卑，崇效天，卑法地。天地设位，而易行乎其中矣！成性存存，道义之门。"

④ 《系辞上》："圣人有以见天下之赜，而拟诸其形容，象其物宜，是故谓之象。圣人有以见天下之动，而观其会通，以行其典礼，系辞焉以断其吉凶，是故谓之爻。"

⑤ 《系辞上》："参伍以变，错综其数。通其变，遂成天下之文；极其数，遂定天下之象。"

⑥ 《系辞上》："极数知来之谓占，通变之谓事。"

⑦ 《系辞上》："生生之谓易，成象之谓乾，效法之谓坤，极数知来之谓占，通变之谓事，阴阳不测之谓神。"

⑧ 《系辞上》："范围天地之化而不过，曲成万物而不遗，通乎昼夜之道而知。故神无方，而易无体。"

⑨ 《系辞上》："夫《易》开物成务，冒天下之道，如斯而已者也。"

⑩ 《系辞上》："唯深也，故能通天下之志；唯几也，故能成天下之务；唯神也，故不疾而速，不行而至。"

⑪ 《系辞上》："神而明之，存乎其人，默而成之，不言而行，存乎德行。"

⑫ 《系辞下》："《易》有圣人之道四焉：以言者尚其辞，以动者尚其变，以制器者尚其象，以卜筮者尚其占。"

动'[①]。四'在其中'[②]，非'成位其中'乎[③]？圣人，安'民之生'，而理之；利'民之用'，而节之。思兼、虑得，即所以泯'何思何虑之天下'也[④]。征引身心，皆以申明'寂感'[⑤]'精入''致一'。'因二以济'，而阴之一，即阳之一，即'贞一'矣。三才，杂而成文；'不可为典要'，而既'有典常者'也。故开'乾坤之门'，以化裁其'乾坤之蕴'。'生于忧患'，'惧以终始'。末章情辞尽变，归于'易、简，知险、阻'[⑥]，'要无咎'焉已耳。四'易简'，相应；两'赜动'，相应；'震无咎''要无咎'，相应。三引《大有》之《大壮》，以其'扬遏''履礼'[⑦]'天佑尚贤'，正申开章'以德业托贤人'之意；而'穷变通久'[⑧]之'衣裳'[⑨]，'垂拱'矣[⑩]。舍'善成、道义之门'[⑪]，又安用'乾坤之门'哉？'居而安，乐而玩。'[⑫]两间，为全《易》；全《易》，为我身。神明，变化于其中，岂有'声臭'乎？上，收'忘象'，即'立象'；下，收'得象'，即'忘象'也。象，已言矣；言，亦象也。《论语》尾之'三知'[⑬]，收于'知言'；贵以'善用'，传其心也。言，即'无言'已寓之矣。"

智曰："虚空，不得不卦；卦，不得不辞；犹'大一'之'不得不天地'也，'不得不贵贱、刚柔'，'不得不类聚、群分'；犹'无在无不在'者，不得不'成象、成形而在'也。费象，即隐无象；费形，即隐无形。因知，'不落有无'之太极；而太极，即践'卦爻之形'矣。总总之伦，无非'阴阳之象'；不知不能，蕴于'知能'。以贤治愚，鼓

①《系辞下》："天下之动，贞夫一者也。"

②《系辞下》："八卦成列，象在其中矣。因而重之，爻在其中矣。刚柔相推，变在其中矣。系辞焉而命之，动在其中矣。"

③《系辞上》："易简，而天下之理得矣。天下之理得，而成位乎其中矣。"

④《系辞下》："天下何思何虑，天下同归而殊途，一致而百虑。"

⑤《系辞上》："《易》无思也，无为也，寂然不动，感而遂通天下之故。"

⑥《系辞下》："夫乾，天下之至健也；德行恒易，以知险。夫坤，天下之至顺也；德行恒简，以知阻。"

⑦《大有》卦，《象》曰："君子以遏恶扬善，顺天休命。"《大壮》卦，《象》曰："君子以非礼弗履。"

⑧《系辞下》："《易》穷则变，变则通，通则久。"

⑨《系辞下》："黄帝、尧舜，垂衣裳而天下治，盖取诸《乾》《坤》。"

⑩《尚书·武成》："惇信明义，崇德报功，垂拱而天下治。"

⑪《系辞上》："成性存存，道义之门。""一阴一阳之谓道，继之者善也，成之者性也。"

⑫《系辞上》："是故君子所居而安者，易之序也；所乐而玩者，爻之辞也。"

⑬《论语·尧曰》："不知命，无以为君子也；不知礼，无以立也；不知言，无以知人也。"

‘德业’为‘饮食’；‘至动’‘至赜’[①]，两端交网。圣人曰：‘表之以理，而易简如此矣。’知‘易’‘简’，即知‘险’‘阻’；而‘险阻’，皆‘易简’矣。‘穷、尽、以至’[②]，而天下者，‘洗藏之密’也[③]；‘成位乎中’，而泯理矣。”

“老父，晚径一纪；《时论》，三易稿矣。中德持《系传》来，高座关中，拜而读之，诚‘万法之统御、包决也’。午会当明，后世幸甚。甲午中夏，日在参九。不肖男，以智，谨记。”

①《系辞上》：“言天下之至赜，而不可恶；言天下之至动，而不可乱。”
②《说卦传》：“穷理尽性，以至于命。”
③《系辞上》：“圣人以此洗心，退藏于密。”

周易时论合编卷之九

皖桐方孔炤潜夫论述
孙中德、中履、中通、中泰编录
西昌后学郭林再较

系辞上传

上下《彖传》《象传》，为四翼；上《系》，五翼；下《系》，六翼；《文言》，七翼；《说卦》，八翼；《序》九，《杂》十也。田何，所分也。文、周《系词》，孔子《传》之。说爻词，"意内言外"也，"辞不受"也。辞，稽文也。智按："古，以手治丝象形；而治、词之声相通，出于寅方支摄之音，为意思之用。后，乃分别为词、辤、辞也。太史公，受《易》杨何；何，自著《易传》；故称孔子为《大传》。"

天尊地卑（"卑"，一作"埤"），**乾坤定矣。卑高以陈**（"以陈"，郑玄本作"已陈"），**贵贱位矣。动静有常，刚柔断矣。方以类聚，物以群分，吉凶生矣。在天成象，在地成形，变化见矣。**

程子曰："《系词》之文，化工生物。"子瞻曰："天地，一物也；阴阳，一气也。或为象、为形，所'在'不同。'在'者，明其一也。形之精华，发于上，为'象'；象之体质，留于下，为'形'。人见上下，以为两矣。岂知其一耶？"《蒙引》曰："天地间，一部见成《易经》，开眼即见。不徒明《周易》之首乾坤，与夏商较。荀爽指否，尤非。玄同曰：'天地设位，《易》行其中。'[1]一奇，即'乾'；一偶，即'坤'。《系词》之'乾坤'，皆自'奇、偶之一画'言之。"元公曰："《易》，皆对待法门。一形图画，便落两矣。画前之太极，孤而绝对者也。"潜老夫曰："绝待，即在'对待'中。圣人，即'形象之天地'，知'无形

① 《系辞上》："天地设位，而《易》行乎其中矣。"

象之天地’，而以‘在在’者示人[1]。天，统高卑，故曰‘尊’；地，以卑藏高，一切归之天。此，‘乾坤之定位’也。用，则先卑后高；故画，自下而上。‘贵贱’‘动静’‘刚柔’‘方物’[2]‘吉凶’，就卦爻言。而天道、物理、人事，皆然；心量，即然。可悟：无体之体，分立各体，而‘大用’之变化见焉。‘位’‘断’‘聚’‘分’，历然、寂然，天秩、天叙，皆一切生成者也。”智曰：“妙以‘卑高’，为‘旋转天地’之宰；妙以‘有常’，断‘分别伦序’之纲。康成谓：‘渐改，曰“变”；忽改，曰“化”。’圣人本赞《易》之变化，而从‘方’‘物’指之；盖即‘象’‘形’，是‘变化’者也。可信，直下乾坤在手，广也包畛，纤也入岁，随指画出，不差案黍。”

是故刚柔相摩，八卦相盪。（“摩”，一作“磨”。“盪”，众家作“荡”）

《全》曰：“中有‘太极’为主，乃能‘相摩’。不，即如空磨，停住不行；天地，亦相轧矣。此，自一，而‘刚、柔’之二；二而八，而六十四；本而末也。‘鼓之’三节，自六十四，皆受于八；八，受于一；末而本也。”《见》曰：“相倚而生，曰‘摩’，羲《易》也；往返循环，曰‘推’，文《易》也。”藏一曰：“阴阳相生，摩荡其籥也。假手圣人，自非‘镜中死影’，又非‘摇目空华’，历历当前，提扑不破。”

鼓之以雷霆，润之以风雨（《乐记》，作“奋之以风雨”）。**日月运行，一寒一暑**。（姚信本，“运”作“违”）

丘行可曰：“‘刚柔’，是‘对待’之阴阳，‘交易’之体也；‘摩’‘荡’‘鼓’‘润’，是‘流行’之阴阳，‘变易’之用也。”幼清曰：“《先天》，左起震，而次以离，‘鼓以雷霆’也。‘霆’，即电。《谷梁》，称‘电’作‘霆’，是也。右起巽，而次以坎，‘润以风雨’也。艮，在西北，为‘寒’；兑，在东南，为‘暑’。左‘离次以兑’者，日之运行，为‘暑’。右‘坎次以艮’者，月之运行，为‘寒’也。”姜如须曰[3]：“‘寒’‘暑’，神于错行；齐，则俱无力矣。程本曰：一开一敛，万形相禅。”《全》曰：“《先天》，乾、坤，‘寒、暑’；坎、离，‘日、月’。巽‘风’、兑‘雨’，泽气所升也。震‘雷’、艮‘霆’，山石结聚，阳气蕴积，触即上升，升则止也，故为‘霆’。此，虞翻说。” 曰：“巽、兑辅乾，在南为‘暑’；艮、震辅坤，在北为‘寒’。‘寒’，则日南陆，而月北陆；‘暑’，则日北陆，而月南陆；交运而行也。刚，盛于南，而自

①《系辞上》：“在天成象，在地成形，变化见矣。”

②《系辞上》：“方以类聚，物以群分。”

③姜垓（1614—1653），字如须，号伫石山人，给事中姜采之弟，山东莱阳人，著《篔筜集》《伫石山人稿》皆佚，仅存《流览堂诗稿残编》六卷。

北中摩荡出；柔，盛于北，而自南中摩荡出；亦交运而行也。就此作解，见‘《易》无所不合’耳。语收‘一寒一暑’，犹言‘五行归二行，万法归一，而一用二也。’”

乾道成男，坤道成女

《全》曰：“‘成男’‘成女’，谓‘六子也’，分言之也。‘知始’，‘作成’[①]，谓‘生物也’，合言之也。元公曰：‘乾道’‘坤道’，俱就《易》言。三节，皆提‘乾’‘坤’；但说‘易简’，切奴作郎。”潜老夫曰：“教，须‘辨名当物’。如未生前，曰‘阴阳’；既生后，曰‘男女’；男女合，曰‘夫妇’；生子，则曰‘父母’。均名之，曰‘乾坤’‘阴阳’。导曰：物之有是道者，各自成形，而归之乾坤也。”移孝曰：“道一，而用于二。有、无者，‘费隐相摄’之二也；阴阳，‘一气分转’之二也；刚柔，‘立体相交’之二也；扬善化恶，则‘宰物统对’之二也。‘有无’‘阴阳’之名实，不能不二；而善，自贞一也。仁义，则‘宰中互用’之二也。穷之，皆理也；用之，皆象数、事物也。虽泯忘之，而理在‘象数’‘事物’中，常自森森、历历也。必执一语以曼之，岂不自误？”

乾知大始（“大”，王肃作“泰”），**坤作成物**。（“作”，虞、姚，作“化”）

《全》曰：“上，言六子，皆乾坤所为。此，言坤之所为，主乎乾也？”《订》曰：“万物始于坤，又始于乾，曰‘大始’。”潜老夫曰：“‘无终无始’者，‘大始’也。无象可见，知之而已；坤任‘成物’之责，必有作为。以‘成’代终，则即‘坤之作’，皆‘乾之知’也。”

乾以易知，坤以简能（姚云：“‘能’，当作‘从’。”）；**易则易知，简则易从；易知则有亲，易从则有功；有亲则可久，有功则可大；可久则贤人之德，可大则贤人之业**。

辅嗣曰：“天地，易简；万物，各载其形。圣人，不为；群方，各遂其业。德业既成，则入于形器；故以贤人，目其‘德’‘业’。”苏《传》曰：“‘德’‘业’之名，圣人所不免，特无心耳。”《心易》曰：“圣贤，一也。具体立法，曰‘贤’；神明变化，曰‘圣’；而圣人祇言‘贤人之言’。其‘放曼愤激’者，或其时地不同，然圣人终不以训也。”元公曰：“‘易简’，是心心无心，事事无事，天下玄同。‘有亲’者，性命相连；‘有功’者，精神相应。”

易简而天下之理得矣。天下之理得，而成位乎其中矣。

---

① 《系辞上》：“乾知大始，坤作成物。”

韩康伯曰："'成位'，况'立象'也？"杨诚斋曰："'易简'，无它；因'天地万物'之理，顺之耳。"《易意》曰："不知'易简'，智巧徒劳。然，非'苟荒为易简'也，故曰'天下之理得'。"潜老夫曰："首接'天下之理'，《说卦》'穷尽至顺'，即此'理'也。后世，粥高流遁，偏爱扫理诃贤，荒我乾坤，能不防辨？故圣人，以'德业'托'贤人'，后称'天佑以尚之'。此，明堂之'正铎'，天地之'生机'也。统而言之，天地所以为天地，人之所以为人，即《易》之所以为《易》也。而《易》，即以治天地。其'智力不及'之'寂然'，即在'以贤化愚'之'历然'中；舍历，无寂，是谓'寂历同时'。岂容'逃范、蒙围，屑越《易》准'？"

右第一章

举天地生成表法；而易简之理，在其中矣。用《易》，在人。故次章，举"三极"藏"太极"，归于"君子观玩"[①]。

圣人设卦观象，系辞焉，而明吉凶。

邵子曰："《易》有'意象'，立意，皆所以'明象'。有'言象'，不拟物，而直言以'明事'。有'像象'，拟一物以'明意'。有'数象'，'七日''八月''三年''十年'之类是也。有'内象'，理致是也。有'外象'，指定一物是也。"朱隐老曰[②]："一卦，有一卦之'理致'；一卦，有一卦之'物宜'。合通内外；则吾心即《易》，《易》即心也。"元公曰："卦象，象'德'；卦德，象'性'；卦体，象'位'；卦变，象'机'；卦气，象'时'；卦名，象'事'；皆象也。'观'者，圣人之'道眼'，观之也。"《全》曰："贞悔、序置之，曰'设卦'。"《见》曰："前，赞'卦在象中'；此章，'象在卦中'。"潜老夫曰："此章，何不言'太极'，而言'三极'乎？盖知'太极'之'不可执以示人'；故，以'三极'用'太极'，而以'吉凶'用'三极'；使人明'吉凶，有二；而先见，止有一吉'。此，用《易》之机也。"

刚柔相推，而生变化。（虞本，"变化"下，"有悔吝"三字。）

《京传》曰："天地，若不变易，不能通气。阴阳升降，相克、相生，反为游魂，复归本位。其，言'推生'之理，精矣。"《揆》曰："如手之推，柔推去刚，刚变而化柔；刚推去柔，柔变而化刚。"潜老夫曰："六种卦变，皆生于'推'，而不出于'贞悔之互相推'也。朱子之变六十四，亦可曰'贞，推六十四变；悔，推六十四变'。京氏七变，亦

① 《系辞上》："君子所居而安者，《易》之序也。所乐而玩者，爻之辞也。是故君子居则观其象而玩其辞，动则观其变而玩其占。"

② 朱隐老（生卒不详），字子方，号濡峯，丰城人，著《皇极经世书说》。

可曰‘贞，推七变；悔，推七变’也。”

是故吉凶者，失得之象也；悔吝者，忧虞之象也。

《订》曰：“‘吉’‘凶’，相对；而‘悔吝’，居其中间。”《儿易》曰：“‘悔’，刚反也。‘吝’，柔牵也。‘涕沱若’‘戚嗟若’，‘悔’也；‘不能遂’，‘不能退’，‘吝’也。‘我心不快’，‘悔’也；‘其行次且’，‘吝’也。‘归而逋’，‘悔’也；‘屯其膏’，‘吝’也。汉高，刻印销印；悔，概于此矣。项羽，印刓不予；吝，概于此矣。”《心易》曰：“得失未决，则为‘忧虞’；及其已决，则为‘吉凶’。”

变化者，进退之象也。刚柔者，昼夜之象也。六爻之动，三极之道也。（虞本，作“昼夜者，刚柔之象。”）

文中曰：“《易》，圣人之动也，用以‘乘时’矣。卦者，智之乡也，动之序也。”子瞻曰：“刚柔之变，本出于一，而‘摩荡’无穷，人以为有‘无穷之异’也。圣人观之，‘进退’‘昼夜’之间耳。今‘进’，非‘向之退’乎？今‘明’，非‘向之晦’乎？二‘观’立，则‘无往不一’也。”《见》曰：“立，则成‘三才’；动，则为‘三极’。此，‘生生’‘不息’之几。一吸三呼；其吸，亦动向于内，非有息时也。古人，观化推数，俱从动处得之。”《蒙引》曰：“太极，推原于‘卦爻未立之先’。三极，推原于‘卦爻已动之后’，分天、地、人。详《下系》十章。”潜老夫曰：“未生之先，‘三极’具矣；已动之后，依然一‘太极’也。四语指象，而约之‘三极’，归之‘一道’。何二而非一乎？后曰‘通昼夜而知’，正应此‘昼夜’也。吾无已，而图‘三极’，以‘有、无’二极，而‘太极’弥之。人，弥‘天地’乎？道，弥‘昼夜’乎？但请观玩。”

是故君子所居而安者，易之序也。所乐而玩者，爻之辞也。（虞本，“序”，作“象”；“乐”，作“变”）

《一一》曰：“‘居而安’‘乐而玩’，善《易》者，可以制礼乐矣。始信，《韶舞》[①]《禹贡》，‘吐哺’、编韦，总是‘浴沂风雩’[②]。”

是故君子居则观其象，而玩其辞（郑玄，作“说”）。**动则观其变，而玩其占，是以“自天佑之，吉无不利。”**

《订》曰：“动静，无非《易》，则无非天，天自佑矣。”《全》曰：“静中无事，则枯寂，故曰‘观象玩词’；有动必差，故‘观变玩占’。”程《传》曰：“不向动时勤猛省，更于何处觅真腴？”邵子云“物从动

①《论语·卫灵公》：“行夏之时，乘殷之辂，服周之冕，乐则《韶舞》。”

②《论语·先进》：“暮春者，春服既成，冠者五六人，童子六七人，浴乎沂，风乎舞雩，咏而归。”

起数，是也。”潜老夫曰：“此，据‘可见之动静’言。若大动静，则动中皆静也。”《全》曰：“前言‘序’，亦兼‘爻’；后言‘爻’，亦兼‘卦’。此言‘居’，亦兼‘动’；动，亦兼居。上，示‘吉凶悔吝’；此，独言‘吉一’者；欲学《易》者，学此一也。动，岂专玩蓍耶？占者，明此理数而已。”《蒙引》曰：“卦图反对，羲‘占’也；贞悔反卦，文‘占’也。进退消长，原无一息停。”崑铜曰：“论事之变，吉一、凶三。彻乎几先，惟有一‘吉’。”

右第二章

藏一曰：“刚柔两者，如此‘通灵一归’之道，而心通‘三极’矣。学《易》，得纲领，方能‘居安、玩乐’。”潜老夫曰：“君子，以‘观玩’为‘蔬水’[①]，‘先几’‘时措’[②]，谓之‘昼曝夜瞑，不知而然矣’。但曰‘心即太极’，并‘三极’亦扫之，不许推明，止堕‘莽荡之凶’。故下章，专提‘无咎’；而‘几希’，在‘悔’。‘无咎’者，吉凶之所‘不敢与’也。”

彖者，言乎象者也。爻者，言乎变者也。

导曰：“‘言乎’者，因有系而后著。‘存乎’者，即有画而已形。‘贵贱’句，明爻；‘小大’句，明《彖》；俱是‘言之所存’，‘后天’之学也。”《全》曰：“上章，明羲《易》；此章，明《周易》。”元公曰：“‘无言’者，卦也；‘有言’者，词也。词，因卦系；故‘有言’不出‘无言’之中。”

吉凶者，言乎其失得也。悔吝者，言乎其小疵也。无咎者，善补过也。

《订》曰：“尽善，则得；不善，则失；小不善之谓‘疵’。觉其不善，而有悔；觉而不改，则吝。此，皆指‘卦爻词’之通例。自此以下，则教人‘玩词’之法。”《全》曰：“疵，犹病也；始则小，久之则大。”《儿易》曰：“有‘吉无咎’，有‘凶无咎’。‘咎’之难居，甚于凶；‘无咎’之可安，甚于吉。夫咎，非‘人之尤’，而其神自责之也。”潜老夫曰：“《下篇》曰：‘其要无咎。’此，曰：‘震无咎者，存乎悔。’‘吝’者，各人‘自私’，而‘自口’也。公，则‘无咎’矣。‘无咎者’，安‘万世人心’之‘公符’也。”智曰：“‘善补过’，盖补过，而亦有‘不善者’矣。告子，亦自谓‘如此则无过’。岂知，其病正大乎？故，贵

①《论语·述而》：“饭蔬食，饮水，曲肱而枕之，乐亦在其中矣。不义而富且贵，于我如浮云。”

②《礼记·中庸》：“成己，仁也；成物，知也；性之德也，合内外之道。故时措之宜也。”

‘明善’。”

是故，列贵贱者，存乎位。齐小大者，存乎卦。辨吉凶者，存乎辞。

《订》曰：“阳贵，阴贱，亦有‘阳失位，而反贱’者，存乎‘所列之位’也。”项氏曰：“《彖》取主爻，有不论‘阴小阳大’者，故谓之‘齐’。”潜老夫曰：“此，知一爻，即具四千九十六爻，而不碍其为此一爻也。其卦与爻位，则有‘时宜中节’之‘素’，可以占矣。”

忧悔吝者，存乎介（陈，云：“‘介’，徐作‘芥’”）。**震无咎者，存乎悔。**

朱子曰：“吉凶悔吝，‘震无咎’，循环无端；而其‘要’，在‘无咎’。‘无咎’，又在震；震，‘存乎悔’。”畊岩曰：“《洪范》言‘贞悔’。‘贞’，即‘正终’之谓；‘悔’，即‘迁改’之谓。《易》道正，则一；不能正，则迁也。”《全》曰：“三、四，曰‘介’；亦以‘所应’，为‘介’。”潜老夫曰：“《豫》二，亦曰‘介’。介，在初与三之间也。介之中，即有‘节’焉。‘肺忧胜怒’，‘肾恐胜喜’；此，可征‘贞悔之几’。”智曰：“‘帝出’之雷，与人‘无妄’；此，第一‘复命之几’也。止菴，以‘存乎悔’，为‘贞悔’之‘悔’。此，不必也。天下，非得即失；‘吉凶’，相对；而‘悔吝’，在其中间。间，即‘介’也。按：古，介、个、间，通声。‘左个’，即‘左间’；‘一个行李’，即‘一介行李’。‘考盘在干’，即间。”

是故卦有小大，辞有险易。辞也者，各指其所之。

朱汉上曰：“‘之’，指‘动爻之变卦’也。”苏《传》曰：“爻无常词，随其‘所适’之险易，故曰：‘爻者，言乎变。’同是人，而‘贤于此、愚于彼’者，‘所适’之不同也。”

右第三章

因词发例，依然奇偶二画，而“推生之变”如此[①]。

易与天地准，故能弥纶天地之道。

姜居之曰：“太史公叙孔子，谓之‘赞《易》’。圣人身，即‘《易》准’；一生言行，皆‘赞《易》’也。”元公曰：“万物，在‘天地之包’；天地，在‘《易》之包’；《易》，在‘神之包’。故，结以‘神无方，而易无体。’”《诂》曰：“‘弥’，言‘万合为一’；‘纶’，言‘一实万分’。”潜老夫曰：“训诂，胶泥，高者厌之；故偏急口，以言一。实则，分即合也。必以‘质论’正名，乃‘前民用’；而‘通’，自寓之。杨敬仲谓：‘《易》，即天地；何容曰与、曰准？此，伪书也。’固哉！人多‘执

---

①《系辞上》：“圣人设卦观象，系辞焉而明吉凶，刚柔相推而生变化。”

器而昧道’，或‘见道而废器’。圣人，即器是道；故‘以道制器’，而即‘以器制道’。早知，后世必遁‘洸洋’；然，奈此‘准’何？”智曰：“弥其纶，纶其弥；范其围，围其范；以明准幽，以幽准明，即无幽明。神哉！神哉！贯‘有无、方圆、体用’，而‘即弥、即纶，分合同时’者也。”

仰以观于天文，俯以察于地理（“察”，古作“观”），**是故知幽明之故。原始反终，故知死生之说。精气为物，游魂为变，是故知鬼神之情状。**（“反”，虞作“及”）

孔子谓宰我曰：“气者，神之盛也，魄者，鬼之盛也。众生必有死，死必归土，是之谓‘鬼’。骨肉毙于下阴，为野土；其气发扬于上，为昭明。焄蒿凄怆，此百物之精也，神之著也。”[①]《大戴》曰：“‘明’，孟也；‘幽’，幼也。‘明幽’，雌雄也。”关尹曰：“升魂，为贵；降魄，为贱；灵魂，为贤；钝魄，为愚。”慈明曰：“阴阳交合，物之始也；阴阳分离，物之终也。合，则生；离，则死。”张子曰：“圣人，言‘幽明’，不言‘有无’。散入‘无形’，适得‘吾体’；聚为‘有象’，不失‘吾常’。精气，自无而有，神之情也；游魂，自有而无，鬼之情也。’”又曰：“海水，凝则冰，浮则沤。然冰之才，沤之性，其存其亡，海不得而与焉。此，足以究‘生死之说’。”[②]子瞻曰：“体魄则降，知气在上。盖精气为魄，即鬼；志气为魂，即神。众人之志，不出‘饮食男女’之间；故气胜志，而为‘魄’。圣贤，‘清明在躬，志气如神’[③]，禄以天下，穷至匹夫，无所损益也；故志胜气，而为‘魂’。众人，死为鬼；而圣贤，为神；非有‘二知’也，‘志之所在者’异也。”邵子曰：“以‘形神、体用’言之：明，则有日月；幽，则有鬼神。魂，随气而变；魄，随形而生。阴者，阳之影；鬼者，人之影；情者，性之影也。阳性，而阴情；性神，而情鬼。‘天地之心’，生万物之本也。‘天地之情’者，情状也；与‘鬼神之情状’，同也。人之‘耳目鼻口手足’，草木之‘枝叶华实颜色’，皆‘鬼神之所为’也。‘福善祸淫’[④]，主之者，谁耶？‘聪明正直’[⑤]，有之者，谁耶？‘不疾而速，不行而至’[⑥]，任之者，谁耶？皆‘鬼神之情状’也。”邓绮引邵子曰：“物之生也，阳必托阴。水气生

①《礼记·祭义》。

②张载《张载集·正蒙》。

③《礼记·孔子闲居》：“清明在躬，气志如神，嗜欲将至，有开必先。天降时雨，山川出云。”

④《尚书·汤诰》：“天道福善祸淫，降灾于夏，以彰厥罪。”

⑤《左传·庄公三十二年》：“神，聪明正直而壹者也。”

⑥《系辞上》。

阳，则为火；黑气生阳，则为白；犹魄气生阳，则为魂也。黑者，无也。‘无之变白’者，‘天一之水’也。火生于‘无’，神也，是‘小一’也；水生于‘有’，精也，是‘小二’也。先天，以神生精；后天，以精集精。‘精二，而神一’者，谓‘火，托于木而生于水；神，秉于气而气生于精’也。精，出于虚；虚，生于诚。诚，则心御气，而精神一矣。智按：此，谓‘太极’，为‘大一’；而用时，又分‘小一’‘小二’也。精神，魂魄，皆‘二而一’也。不知‘一原一反’[①]，而随时宜之，则悖此‘太极’，亦‘暴弃’也。有‘体物之鬼神’，即有‘成能之鬼神’，即有‘作怪之鬼神’。愚人，但骇‘作怪之鬼神’；故魔外，以此‘弹骨’[②]‘然犀’耳[③]。一切鬼神，皆如‘形影’，而权在自己。一‘通昼夜而知’；鬼神，如我何哉？且能号令‘万古之鬼神’矣。”朱子曰：“‘阴阳之‘成象、成形’者，‘明’也；其象、其形之‘不可测度’者，‘幽’也；有‘所以为象、为形’者，‘故’也。程子，所谓‘体用一原、显微无间’处，是‘故’也。”朱子此语，最确。何玄子谓：“诸家，失《易》之旨；是拘卦爻，言‘魂魄’也。曾知，两间尽卦爻乎？”上蔡曰[④]：“鬼神，是天地间妙用。祖考精神，便是自家精神。”玄同曰：“两间，皆鬼神。七曜、五行，是‘精气’所为物；圣贤‘如在之声’，是‘游魂’所为变。‘精气’之感，有象；象故曰‘状’。‘游魂’之昐向，有灵；灵故曰‘情’。‘幽明’之‘文’‘理’，远；而《易》以‘日月、风雷、山泽’寓之。‘生死’之‘终’‘始’，微；而《易》以‘初终’概之。‘鬼神’之‘物’‘变’，隐；而《易》以‘揲扐’行之。”苍兴氏曰：“无神，则无人；无鬼，则无神矣。鬼神为德，未尝‘离鬼言神’；其‘不离人言神’，可知矣。儒者，恐人‘惑世矫诬’，而忽于伦常，故略言之。今，不明言其故；则良民，信邪反深。盖鬼神，即夫妇。但尽伦常，则鬼神不能违，何必讳耶？”

与天地相似，故不违。知周乎万物，而道济天下，故不过。旁行而不流（“流”，京作“留”），**乐天知命，故不忧**（虞本，“乐”作“变”）。**安土敦乎仁，故能爱。**

①《系辞上》：“原始反终，故知死生之说。”

②《淮南子·齐俗训》：“故胡人弹骨、越人契臂、中国歃血也，所由各异，其于信一也。”

③（南朝宋）刘敬叔《异苑》卷七：“晋温峤，至牛渚矶，闻水底有音乐之声，水深不可测。传言下多怪物。乃燃犀角而照之。须臾，水族覆火，奇形异状。”

④谢良佐（1050—1103），字显道，人称“上蔡先生”或“谢上蔡”，蔡州上蔡人，著《论语说》，其思想被门人曾恬、胡安国整理为《上蔡先生语录》，后经朱熹编辑为《上蔡语录》三卷。

导曰：“首句，冒也。‘知周’，而‘道济’；知，不落‘玄疑’。‘旁行’，而‘知命’；行，不堕‘冥趋’。交养互发，‘安土敦仁’，而天地之能事毕矣。”上蔡曰：“我自有命；若信不及，风吹草动，便生‘恐惧忧喜’。”安石曰：“‘不违’者，天地，不能违也。‘知周’‘道济’，是‘藏身于道法，而不委之天地’者；故过，而无过。‘旁行不流’，即边皆中，全眼用偏，通变而不变塞者也。‘不忧’之‘委化’，即‘以忧天下为乐’者也。‘安土敦仁’，乾在坤中矣。” 曰：“‘与天地相似’，盖谓‘《易》，胜过天地’。而胜，则似有‘过’矣；故，又两言‘不过’。”

范围天地之化而不过（马融、王肃，作“犯违”），**曲成万物而不遗，通乎昼夜之道而知，故神无方而《易》无体**。

邵子曰：“滞于一方，不能‘变化’，非神也；有定体，不能‘变通’，非《易》也。《易》，假象以见体，而本无体也。太极，不动性也。发则神，神则数，数则象，象则器，器则变，复归于神也。则数、象、器，即是神矣。天，以气为质，而以神为神；地，以质为质，而以气为神；惟人兼之。气者，神之宅；体，则气之宅。神，无在，无所不在，曰：‘道与一，神之强名也’。‘以神为神’者，至言也。”幼清曰：“日上为昼，凡明生神，皆是也；月上为夜，凡幽死鬼，皆是也；寒暑、古今，亦是也。”《濯旧》曰[1]：“动静合一，存乎神。‘两’，可言；‘一’，不可言也。”《儿易》曰：“天地有过，圣人所必救也；圣人‘范’之、‘围’之，而已。赢缩，不能以欺；阴阳，岂有奔逸乎？”远公曰：“《易》，以感为体[2]。可知，‘缘生无性’，即‘《易》无体’之旨。”《见》曰：“上文三‘知’，贯于此‘知‘。自无趋有，曰《易》；自有趋无，曰‘神’。”潜老夫曰：“神，‘通有无’者也；《易》，亦‘通有无’者也。圣人，以‘亥巳’明‘子午之昼夜’，而与百姓用‘卯酉之昼夜’。知‘无昼夜’之即在‘昼夜’，则惟有善其‘昼行、夜卧’之《易》，而已。此，至神者也。”智曰：“表法，言之：人在地上，故有昼夜；而天，无昼夜也。神，贯‘费’‘隐’；《易》，贯‘寂’‘感’。曰‘无方’‘无体’者，‘无奈何’之形容耳。执无，则远之远矣。其几，惟在‘损益盈虚，与时偕行’。[3]”

右第四章

导曰：“圣人，以‘神’用《易》。上下法界，皆是‘《易》理’，皆

①（明）王俊撰《濯旧稿》。

②《世说新语·文学》：“殷荆州曾问远公：‘《易》以何为体？’答曰：‘《易》以感为体’。”晋高僧，慧远，居庐山东林寺，世人称为“远公”。

③《损》卦，《象》曰。

是‘圣人之神’。两‘《易》’字呼应，一‘神’字点睛。”

一阴一阳之谓道

辅嗣曰：“‘寂然’‘无体’，不可为象；必‘有’之用极，而‘无’之功显；至乎‘神无方、易无体’，而道可见矣。故穷变，以尽神；因神，以明道。阴阳虽神，无一以待之不神。在阴为无阴，阴以之生；在阳为无阳，阳以之成。故曰‘一阴一阳’也。”张子曰：“一故神，两故化。两不立，则一不可见；一不可见，则两之用息。‘两’者，虚实也，动静也，聚散也，清浊也，究一而已。”程子曰：“道，非阴阳；离阴阳，便无道。‘所以阴阳’者，是道，截上下最分明。”《全》曰：“道，一也；中，不可言。即此‘一’者，静生，谓‘一阴’；动生，谓‘一阳’，可言也。”郝《解》曰：“一，非‘空虚’也。元阳，用偶；偶，不离一；故曰‘一阴一阳’。变，不失初；两，不离一；故‘谓之道’。‘三才’之变，莫非阳也。未动，不得谓之阴；动，则依然谓之阳。‘乾元’，‘统乎阴阳，而为之主宰’者也。”潜老夫曰：“隐者注邵子曰‘亘古此一静，亘古此一动，盖亘古此‘不落动静之一’，即亘古‘此动静之一’也。”《见》曰：“‘阴阳’以上，不容说。‘一阴一阳’，即用也。”

继之者，善也；成之者，性也。

朱子曰：“‘继善’，是公共者；‘成性’，是自家者。‘继’，即‘不已、不坏’意；‘成’，即‘各正’意。具乎阴，而行乎阳；‘继’阳，而‘成’阴也。”张子曰：“语‘推行’，曰‘道’；语‘不测’，曰‘神’；语‘生生’，曰《易》；实一，而指事异名耳。”《蒙引》曰：“语‘道体’，谓之‘太极’；语‘太极流行’，则谓之‘道’；‘道之妙’，则谓之‘神’。”元公曰：“凡言‘道’，皆从其‘已发’言之也。‘一阴一阳’，循环迭运；而‘天下之变势’，全矣。‘继’者，阴根阳，阳根阴；一屈一伸，联续不已，所谓‘生生’也。‘成’，则各成其性，如‘阳之性健、阴之性顺’是也。”东坡曰：“阴阳未交，廓然无物；此，真道之似矣。交，而道与物接，而生善；物生，而阴阳隐；善立，而道不见矣。仁智，善也。《孟子》于‘性’，盖见其‘继’者，而已。”郝《解》曰：“三句虽序，实一也。”高忠宪曰：“或以气为性，或以空为性；或以善为念，或以善为事。岂知《孟子》‘性善’之旨？”潜老夫曰：“东坡，自‘有’而推之于‘无’；遂，惊‘绝顶’为奇。岂知‘顶，不住顶’乎？夫道，即在‘继善、成性’中矣。且以‘不可名’之先天，欲称其德，而不以‘人间之善名’名之，将锢天乎？‘继善’，以明‘主宰’；正所以传‘万古之心’，以凝德。就‘成性’，以明‘各正’，乃所以‘化万古之才’，以载道。此圣人作《易》体天，以‘宰天’之权也，即‘我固有之，非由外铄者也’。孟于《易》深；苏公爱深，而反浅。盖‘充类尽尽’之后[①]，必须推倒‘虚空’，还处‘适可’；以‘扬遏’，‘正辞’‘前用’也。偏者，匿‘掩二’之一，以自‘鱼、鸟’耳[②]。”智曰：“急口，乌能尽乎？必三句乃圆耳。‘唯深’‘唯几’‘唯神’，与《中庸》首之三‘谓’[③]、《孟子》之‘备、乐、近’[④]，皆是也。此三句，所谓‘无上下者也’。格践，则‘善生’，即‘善死’。不知，则偏见一边，或偏于‘不落之半橛’，而已。”先外祖曰：“道之‘生物’，非若‘祖父、子孙也’；生之，而‘与之同时’者也；道之‘成物’，非若‘工于器也’；成之，而‘与之同体’者也；道之‘函物’，非若‘筐于实也’；函之，而‘与之同处’者也。无‘先后、能所、内外’，而一者也。先祖曰：‘同时、同体、同处’，则‘可名’之善，即‘不可名’之善，明矣。道，盖‘无先后、无能所、无内外’，而又不妨‘历历，可分合指数也’。异端，偏雄其宗，而不惜坏教。吾儒，‘默成’，即教是宗，深造自得，不揠奇苗，故曰‘非闻之以心，而闻之以气’。气者，阴阳也。一‘善继道，而性之’者，得乎心，忘乎气矣。是心，而不必言‘心’；是气，而不必言‘气’，各践其‘亲亲长长、诵读耕凿’之形，而舞蹈其‘阴阳’矣。”智，又以“火”喻之：称灯之体，曰“火”；而称火之德，曰“光”；虽三而一，而不坏三也。倚自然者，委之于“造化之质”，而已。圣人，因“造化之薪”，传“造化之火”，热“造化之水”，制“造化之器”，以熟“造化之物”。善成其“燂物、照物”之性用，而教人勿受其“燔暴之害”。此，盖表“造化之所以然”，即以造“造化之质”，而造化不敢违；节其“盈虚”，妙其“损益”，转之续之，而“本无增减”者，即在此中。不必单举，以忽“五常”、荒“三才”也。故曰：“政府立，而统君民矣；圣人作《易》，而圣人主天地矣。”《易》，用“反对之二”；而“贞一”，愈神矣。必欲“一其称”，则理之皆理也，事之皆事也，心之皆心也。随此时“已辨”之名、“已当”之物，而名字之，岂不“大泯”乎？揜名字，以化胶见者耳。执“揜”，则见更“胶”。

仁者见之谓之仁，知者见之谓之知（陈云：“‘知’，徐作‘智’”），

① 《孟子·万章下》：“夫谓非其有而取之者，盗也，充类至义之尽也。”

② 《庄子·大宗师》：“梦为鸟而厉乎天，梦为鱼而没于渊。”

③ 《礼记·中庸》：“天命之谓性，率性之谓道，修道之谓教。”

④ 《孟子·尽心上》：“万物皆备于我矣。反身而诚，乐莫大焉。强恕而行，求仁莫近焉。”

百姓日用而不知，故君子之道鲜矣。（郑玄，作“尠”）

《全》曰：“‘仁’‘智’，多一‘见’；‘百姓’，少一‘知’。然，总在道中。”潜老夫曰：“意见，最易偏。而执定‘无意、无见’者，即偏见也。以‘曲谨’者①、‘泛爱’者②，为‘仁’；偏见矣。专言‘堕肢、黜聪’③，以为‘反朴守诚’之至道；此，正非‘君子之仁’也。以‘小察’者④、‘钩玄’者，为‘智’，偏见矣。单握‘总杀’‘总赦’，以为‘绝待独尊’之‘见地’；此，正非‘君子之智’也。君子，与百姓同德。然有‘藏垢苟免’，以‘委化’，为‘媚世之方’者，正非‘君子之与知、不知’，而安‘万世之百姓‘也。太极，以政托君子。故以天地表法，立纲著目，示民中节，而公容之。以‘知见’，化‘知见’，归于‘时中’；则‘仁’‘知’‘百姓’，本一矣。”智曰：“不善，起于偏执；偏执，起于昏蔽；必，不免于‘妙门’‘祸门’。而《乾·彖》，‘智’‘信’同用，即合‘诚’‘明’；此，‘致知’‘贞一’之道路也。下文，申言‘道妙’，而神于《易》中。望君子悟‘无知之知’，故略‘智’，而表‘仁’。望君子悟‘不住之一’；故舍‘体’，而言‘用’。自有《易》，而万世之‘善’‘性’‘道’，泯于‘卦爻’之‘时位’‘蓍龟’之‘信智’矣。”

显诸仁，藏诸用，鼓万物而不与圣人同忧。盛德大业，至矣哉。（“藏”，郑作“臧”）

元公曰：“仁，蕴于中，而曰‘显’；用，章于外，而曰‘藏’；正见，阴阳互根。”此，赞阴阳也。《蒙引》曰：“所‘藏’，乃‘有用’者。”《见》曰：“前，曰‘易无体’；此，曰‘藏诸用’。‘日用’‘藏用’，有二用乎？”智曰：“‘继善成性’之道，于此参前；则‘知’‘见’，冰消矣。”

富有之谓大业，日新之谓盛德。

苏《传》曰：“‘富有’，未尝有；‘日新’，未尝新。‘新’者，物耳。”《纂言》曰：“春，生物之仁；及夏，曰‘日新’；自秋至冬，而包括，曰‘富有’。” 曰：“此，正见‘即有藏无’，为天地之‘德业’。舍‘天地’，别无‘混沌’；亦别无‘无混沌、无开辟’之‘於穆’也。”

生生之谓《易》。

潜老夫曰：“东坡，以‘不生’，谓‘道’；‘生生’，谓《易》。夫

① 朱熹《答或人》：“乡原是一种小廉曲谨、阿世徇俗之人。”
②《论语·学而》：“弟子入则孝，出则弟，谨而信；泛爱众，而亲仁；行有余力，则以学文。”
③《庄子·大宗师》：“堕肢体，黜聪明，离形去知，同于大通，此谓坐忘。”
④《管子·七臣七主》：“从狙而好小察，事无常而法令申曳。”

‘生生‘者，即本‘不生’。犹《列子》云：‘声声者，未始声；色色者，未始色也’。圣人，盖曰：‘一有《易》，而道，全在《易》中矣。’”憨山曰：“儒者，但知‘生生’，不知‘灭灭’。夫岂知：但显‘生生’；而‘灭灭’与‘不生灭’者，即藏其中乎？但显‘善’；而‘无善可名’与‘善即未始名’者，即藏其中乎？宜显者，显；而藏者，寓焉；所以，‘前民用’也。告子，一标‘无善、无不善’，而‘无忌惮’者，藏身矣。近日，死标‘四无’者，执‘统’、坏‘辨’，非《无妄》之‘眚’乎？《易》，统而辨；即辨是统，‘无体藏用’者也。儒，为‘黄叶’所詑，而仿作‘死语’耶。标‘性善’者，‘生机’也，标‘四无’者，‘死语’也。‘下学’，藏上；则‘死语’，即是‘生机’。”

成象之谓乾，效法之谓坤。（“成”，蜀本，作“盛”。“效”，蜀本，作“効”；黄氏《韵会》[1]，作“爻”。）

潜老夫曰：“即一乾、一坤，而‘贞夫乾坤之一’者，是‘生其生者’也。”智曰：“法，生于道；而法，能生道。《淮南》曰：‘是皆生一父母，而阅一和也。’仁，破核；而上生枝，下即生根，可悟，圣人‘造造化’之故。辅嗣曰：‘资道，而周乎道。’亦，此旨也。”

极数知来之谓占，通变之谓事。

罗正芳曰：“造化，‘消息’‘盈虚’；其‘流行’之渐，便是数。‘极’者，推极‘其数之根原’。”邵子云：“一，非数也；而数，以之成。正是，吾心彻处。乃造化‘可见之迹’，只于此‘一念发动处’占。”辅嗣曰：“仪运物动，孰使之哉？造之非我，理自玄应；化之无主，数自冥运。故不知所以然，而况之神。”朱子曰：“数者，气之‘分限节度处’。凡物皆然，图书特巧著耳。画卦，势不容已，不待安排也。阴阳，交错其间；长者，为主；消者，便为客。事遂当否，便为善恶；即其变，而吉凶见矣。”《全》曰：“九，阳极；六，阴极；自其‘尽处’言也。理数一原，‘极数知来’，即是‘占’；‘通变’，即是‘事’。邵子，思虑未起，其‘知来之先几’乎？”元公曰：“十、百、千、万，皆一之积极而成也。无一，则无数矣。” 曰：“曾知，‘舍数，别无一’乎？”

阴阳不测之谓神。

丘氏曰：“‘生生’者，‘无体’；‘不测’者，‘无方’。”潜老夫曰：“凡可测知者，非至也。容人测测，皆以神其‘不测’；此，所谓：‘神，冥于神也’。”

---

①黄公绍（生卒不详），字直翁，撰《古今韵会》。

右第五章

潜老夫曰："以'阴阳'二字，形容一字。上章，'神'与'《易》'对言；此，言'《易》即神'也。"智曰："'德业''生生'，粉碎'虚空'；总以，神其首三句之为一句也。'《易》、乾、坤'之三，'神、占、事'之三，犹之'道、性、善'之三也。发挥万象，而无一象。三一、一三，神之至矣。"

夫《易》广矣大矣！以言乎远，则不御；以言乎迩，则静而正；以言乎天地之间，则备矣。

韩康伯曰："《乾》，'统天'首物，为'变化之元'，通乎形外者也。《坤》，则顺以承阳，功尽于已，用止乎形者也。"元公曰："乾坤，就《易》说，'生生之谓《易》'。'大生''广生'，正是'《易》之神化'。"

夫乾，其静也专（"专"，陆作"颛"），**其动也直，是以大生焉。夫坤，其静也翕，其动也辟，是以广生焉。**

苏《传》曰："'至刚'之德，果；'至柔'之德，深。'果'，则其静也，绝意乎动；而其动也，不可复回。'深'，则其静也，敛之无余；而其动也，发之必尽。"潜老夫曰："古圣人之动静，实此道也。仁、知偏见，而不善用之，遂成'悍决流通'之病。故圣人切切，欲有以善之。上章，标'继善'；此章，复标'阴阳之义''易简之善'。夫从'本无名处'，而特标之。即此一标，便已扶'万古之人心'，参'天地之德业'。"智曰："《乐记》云：'一动一静者，天地之间也。'百原山顶，吞吐熟矣。首章，言'动静有常'，至此发之；'大生''广生'，'易简之善'，即其所以'有常'也。于'全动、全静'之'大冒'中，细征其'先静、后动'之几，而始言'迩之静正'。周子'主静'，本此哉。"

广大配天地，变通配四时，阴阳之义配日月，易简之善配至德。

苏《传》曰："此，明乾、坤也。"《儿易》曰："一连二段。人，见为'卦爻'者；仲尼，见为天地'乾元''坤元'。人，见为'天地'者；仲尼，见为'卦爻'。见'天地'，即见'广大'；见'卦爻'，即见'易简'。"潜老夫曰："'天地''四时'，总此乾坤；乾坤，总此'阴阳之义'也。阴阳互用，莫'著明乎日月'矣。收，以'至德'一句；《大学》知'止于至善'，《中庸》'至德凝道'，毕矣。上、下《系传》，四举'易简'。此，以'至德'表善；下篇，有以贞示；正谓'理得，而恒知也'。"

右第六章

从上章'生生"三句，发出"广大备"三字；而指出"阴阳之义"，以表“易简之善”。所以，呼醒“善成之道”；而《下章》，广“成性道之门”[1]。

周易时论合编卷之九终

① 《系辞上》:“成性存存，道义之门。”

周易时论合编卷之十

皖桐方孔炤潜夫论述
孙中德、中履、中通、中泰编录

系辞上传

子曰："《易》其至矣乎。夫《易》，圣人所以崇德而广业也。知崇礼卑。崇效天，卑法地。"（"礼"，蜀本，作"体"。"卑"，徐本，作"埤"）

潜老夫曰："天地与人本一，而为形岐；得《易》为之'鼓铸、橐钥'，而两相合矣。首言'贤人之德业'，又赞'天地之德业'；乃明'圣人以《易》，崇广其德业'。'效''法'，即其行；行，即其成；成，即其至也。吾故曰：'合《易》《礼》，而南北崇卑，化矣。'"农父曰："'德业'，圣人所自有，而归功于《易》。总见，此理，流行天地中；取之在人耳。"智曰："仁、义、信、智，皆不可见。惟礼，合通内外；故位南，以'显仁'。《凿度》，以'信'位北，而智统之；与文王合。《大学》，析心而三之，胡为乎物？盖三者，皆虚；而物，通'虚实'也。《礼运》曰：'礼本于大一，而降命官天，列事从时。'[①]是'复礼为仁'，'信'，申于'智'；而'道'，以'义'用矣。非所谓'用北于南，而济坎离、交天地'者乎？上章，言'大生''广生'之备'至善'，明'动静之有常'也。此，言'智崇礼卑'，因'卑高以陈'之位也。'崇'，所以'大'；'卑'，所以'广'。单言'效''法'，藏'崇'于'卑'；'洋洋''优优'[②]，泯'见闻'于'日用'；'峻极''敦厚'[③]，'温知'同

① 《礼记·礼运》："是故夫礼，必本于大一，分而为天地，转而为阴阳，变而为四时，列而为鬼神。其降曰命，其官于天也。夫礼必本于天，动而之地，列而之事，变而从时，协于分艺。"

② 《礼记·中庸》："大哉圣人之道，洋洋乎发育万物，峻极于天！优优大哉，礼仪三百，威仪三千。待其人而后行。"

③ 《礼记·经解》："其为人也，温柔敦厚，《诗》教也。"

乎‘与知’。君子之道，合‘仁、智、百姓’之道也。天地，‘皆备于我矣’[①]；成乎性矣，善之至矣。”

天地设位，而《易》行乎其中矣，成性存存，道义之门。

元公曰：“众人，是‘生性’；圣人，始是‘成性’。君子之性，可谓之‘存’；圣人之性，可谓之‘存存’。”《见》曰：“道者，义之体；义者，道之用。圣人，体天而用地。”潜老夫曰：“知‘设位而行中’者之‘存其存’乎？统存亡、行止矣。道由出户，义比时宜；体天而用地，体地而用天，皆其‘大用’也。‘浩气，配义与道’，而后但言‘集义’者[②]，用此‘门’也。玄者，好离‘道义’，以言‘德业’；离‘道义’‘德业’，以言性；盖急于搜剔‘灯光之火’。而听者，遂成‘虚荡郛廓’之恣矣。故弥其‘神’，以‘纶准’；继其善，以‘成性’；而开‘道义之门’，随‘万古之出入’。《易》也者，‘征合天地’之‘关钥’也。”

右第七章

潜老夫曰：“天地也，《易》也，人也，一矣。要归于‘用易之人’，故颜‘道义’二字[③]，于‘乾坤之门’。真‘继善’之孝子；岂得不‘为天地，理家事乎’？下章，言‘人在动赜中’，贵得‘变化枢机’，正示‘道义门中之事’。”

圣人有以见天下之赜（九家，作“册”；京，作“啧”），**而拟诸其形容，象其物宜，是故谓之象。**

《诂》曰：“‘赜’，颐中深处。或曰‘与啧通’，然义则与也。”元公曰：“百家之言，各随其‘心地之光’，为分量。圣人，心光遍照，法位全彰，见‘天下之赜动’，非‘卦爻之赜动’也。”潜老夫曰：“人方为赜所苦，或迷之，或避之。而圣人于‘杂乱深隐中’，灼然‘宜统、宜分’，如手之指；故曰‘有以见’。”

圣人有以见天下之动，而观其会通，以行其典礼（“典”，京作“算”，姚作“曲”）。**系辞焉，以断其吉凶，是故为之爻。**

《儿易》曰：“学《易》，必知‘会通’；‘会通’，归诸‘典礼’。《礼》曰‘道德仁义，非礼不成’[④]，此言‘会’也；‘顺人情之大宝’[⑤]，此言

①《孟子·尽心上》：“万物皆备于我矣。反身而诚，乐莫大焉；强恕而行，求仁莫近焉。”

②《孟子·公孙丑上》：“吾善养吾浩然之气，其为气也，至大至刚，以直养而无害，则塞于天地之间。其为气也，配义与道；无是，馁也。是集义所生者，非义袭而取之也。”

③“颜”字，应为“言”字。

④《礼记·曲礼》。

⑤《礼记·礼运》：“故礼义也者，所以达天道，顺人情之大宝也。”

‘通’也。圣人，以‘元’锡《易》，即以‘亨’锡《礼》；以《易》侑天，即以《礼》侑地。《易》，以‘立我’，为‘会’；以‘交物’，为‘通’。《礼》，以‘主义’，为‘会’；以‘极情’，为‘通’。”导曰：“象，如水月镜花；爻，如提灯取形。”潜老夫曰：“上章，藏‘智崇’，于‘礼卑’；藏‘成象’，于‘效法’。此，以‘会通’，行其‘物宜’；正以《乾》之‘嘉会’，而通用其‘元善’‘和义’‘贞干’也[①]。此门一开，即用见体，‘易简’极矣。朱子举‘庖丁解牛’，‘会’则其‘族’；而‘通’则其‘虚’。此曝肰处，总为‘会通’；所以见天下之‘至赜’‘至动’，皆‘至易简’而‘一贯’也。”

言天下之赜，而不可恶也。（荀爽本，“恶”，作“亚”。智按：“家、麻、鱼、模，古通。‘亚夫’，即作‘恶’，可证。”）**言天下之至动，而不可乱也**。（郑玄，“动”作“颐”；九家，作“册”；讹也）

导曰：“两‘见’字、两‘言’字，呼应。所谓‘其中有物，其中有精’[②]，是圣人见得到、言得透。”黎美周曰[③]：“言‘扫除’者，大是‘拙工’。”《三一斋》曰[④]：“人，非‘迷“赜动”而徇之’，即是‘恶“赜动”而避之’；不堕‘解脱深坑’，即逞‘颟顸废物’。”

拟之，而后言；议之，而后动（诸家，及郑本，“议”作“仪”）。**拟议，以成其变化**。

潜老夫曰：“天地，至‘广’‘大’，莫‘易简’于‘道义之门’矣；即用是体，莫‘易简’于‘物宜’‘典礼’矣。‘精入’[⑤]‘研极’[⑥]，乃能‘存存’；‘戒慎’[⑦]，即‘飞跃’也[⑧]。‘枢机之发’[⑨]，惟礼可以已之。谦慎同心，则内外中节，而解宥矣。机，妙于‘悔’，而忌‘亢’。圣人，时乎‘亢’，而‘不失其正’。岂以‘户责’，而废‘谦慎之象魏’乎？七

①《乾卦·文言传》：“元者，善之长也，亨者，嘉之会也。利者，义之和也。贞者，事之干也。君子体人足从长人，嘉会足以合礼，利物足以和义，贞固足以干事。”

②《老子》。

③黎遂球（1602—1646），明代诗人，字美周，著《莲须阁诗文集》《周易爻物当名》。

④吴应宾著《三一斋稿》。

⑤《系辞下》：“精义入神，以致用也。利用安身，以崇德也。”

⑥《系辞上》：“夫《易》，圣人之所以极深而研几也。”

⑦《礼记·中庸》：“是故君子戒慎乎其所不睹，恐惧乎其所不闻。莫见乎隐，莫显乎微，故君子慎其独也。”

⑧《礼记·中庸》：“《诗》云：‘鸢飞戾天；鱼跃于渊。’言其上下察也。”

⑨《系辞上》：“言行君子之枢机，枢机之发，荣辱之主也。言行，君子之所以动天地也，可不慎乎？”

爻谆谆，在‘会通行典礼’，乃所以溥亨其‘大一’也。人情，惊奇而昵庸，好捷而苟偷；何怪乎一闻‘沤泡’，即以‘不容拟议’，压理学、侮圣贤耶？知其起处，即与俦侣。而铎理者，亦执仿‘酷杀荒世’之‘空拳’，尽粪‘参省’[①]‘博约’[②]之‘四科’[③]‘四道’乎？是求火，于‘不钻之木’；禁乳褓，而望‘赤子’之成人也。‘阶乱’[④]‘诲盗’[⑤]，亢于此矣。‘拟议，以成变化。’变化，总此慎谦。‘充类’‘已甚’之语，究成‘巧簧’；不决，而先坏正法，误良薮奸。故，终叹曰‘作易者，其知盗乎’？”智曰：“‘变化’，是‘学《易》之枢机’；‘会通’，是‘变化之枢机’。‘拟议’，正以‘会通’；‘悱竭’，所以‘拟议’。其曰‘不容拟议’者，乃巧逼其‘拟议’‘会通’者也。‘乘物游心’[⑥]，即多是一，则任天下之‘动赜’‘拟议’；而‘不容拟议’者，正‘存存’于其中。”

鸣鹤在阴，其子和之；我有好爵，吾与尔靡之（古本，又作“縻”；京房本，作“劘”）。**子曰：“君子居其室，出其言善，则千里之外应之，况其迩者乎？居其室，出其言不善，则千里之外违之，况其迩者乎？言出乎身，加乎民；行**（下孟反，下同）**发乎迩，见乎远**（贤遍反）；**言行，君子之枢机。枢机之发，荣辱之主也。言行，君子所以动天地也，可不慎乎？”**

《易意》曰：“人身、天地，互体交动；所贵，知‘枢机’也。知则慎，慎则知；不，则混混不分，正堕苟道。故提一‘善’，以表‘发中之‘未发’。”《象正》曰：“圣人，‘拟议变化’，皆指所之，而不著其迹；理象浑涵，非儒者所窥。此《中孚》之《益》，‘迁善改过’。‘言行’，君子之‘风雷’也。”《儿易》曰：“君子，以‘天地’，制其‘言行’；故贵‘慎’也。‘子之所慎：斋、战、疾。’[⑦]而‘祭福、战克’，‘疾病不祷’，其征也。” 曰：“‘斋’，则‘洋洋格神’[⑧]，而心空矣；然犹有懈者。‘战’，则轮刀上阵矣；犹有免者。‘疾’，则生死无回避处，百虑空矣。

---

①《荀子·劝学》：“君子博学而日参省乎己，则知明而学无过矣。”

②《论语·雍也》：“君子博学于文，约之以礼，亦可以弗畔矣夫！”

③《论语·先进》：“德行：颜渊、闵子骞、冉伯牛、仲弓。言语：宰我、子贡。政事：冉有、季路。文学：子游、子夏。”邢昺疏：“夫子门徒三千，达者七十有二，而此四科惟举十人者，但言其翘楚者耳。”

④《系辞上》：“子曰：‘乱之所生也，则言语以为阶。’”

⑤《系辞上》：“慢藏诲盗，冶容诲淫。”

⑥《庄子·人间世》。

⑦《论语·述而》。

⑧《礼记·中庸》：“洋洋乎如在其上，如在其左右。《诗》曰：‘神之格思，不可度思，矧可射思。’”

此，门人所记，三形容其‘慎独空空’之心法也。圣人，将以‘劳谦’，免‘亢’‘悔’；而节解之，先就‘荣辱’‘咷笑’，指其‘发机’。此，亦教天下之‘斋战疾’也。”

同人先号咷（石羔反），**而后笑。子曰：“君子之道，或出或处、或默或语**（古本，‘或’作‘嘿’）。**二人同心，其利断金；同心之言，其臭如兰。”**

《象正》曰：“《同人》之《离》。离之而同，其道益光；同之而离，不失其时。苟明在中；百世，可以相谅。”宗一公曰：“出世、入世，异迹同心。顾泾阳，正欲分之，而自合也。”《儿易》曰：“以‘朋党’诛君子；君子，亦何能‘朋党’乎？乔固入狱，声气满朝；而救，惟弟子与其‘故椽’。膺、滂[1]‘骈首’，‘度辽’激侃[2]；亦徒‘自讼’，不敢明言。唐介出贬，诗送倾都；上章争者，蔡襄而已。膺固乔密，并师朗陵，不言朗陵；房、杜、王、魏，俱学‘河汾’[3]，不表‘河汾’。由此观之，苟使君子能朋有党，天下必定；惜乎，其不然尔。”潜老夫曰：“禹稷、史蘧，皆同此金兰也。若执‘形迹’，以言同，岂是心同？故曰：‘同，不易识。君子，亦岂易同？’彼‘荡不好学’者，执‘论心略迹’之便；则，以‘夷跖’为‘臧谷’之同矣。故先卿断之曰：‘圣教讲贞一，不讲混一。’”

“**初六，藉用白茅，无咎。”子曰：“苟错诸地而可矣**（古本，亦作‘措’）。**藉之用茅，何咎之有？慎之至也。夫茅之为物薄，而用可重也。慎斯术也以往**（古，一作‘顺’；马，作‘慎斯道也’），**其无所失矣。”**

杨诚斋曰：“非币，不亲；非贽，不见；非百拜，不行酒；皆‘藉’也，‘慎之至’也。”元公曰：“‘藉茅’者，洁清诚敬也；正消一世之苟可。”导曰：“善制用，‘人、物，无陋者’。”《诂》曰：“《大过》《谦》，皆取‘卑下’。若‘亢’，则两爻之反也。”潜老夫曰：“《大过》之《夬》也。人情火炎，决以‘卑下’为基；乃能言、行‘同心’。‘藉茅’者，‘慎独’之至也。一‘苟’，则‘茅’塞天下矣。”

“**劳谦，君子有终吉。”子曰：“劳而不伐**（《说苑》，作‘不怨’），**有功而不德**（郑、蜀本，作‘置’，云‘当作“志”’），**厚之至也。语以其功下人者也。德言盛，礼言恭；谦也者，致恭以存其位者也。”**

《儿易》曰：“以李渊之英武，犹欲使李密喜之，曰‘唐公见推’，

① 东汉李膺、范滂。

② “度辽”，即“度辽将军”之职。汉昭帝元凤三年，任命中郎将范明友为度辽将军，因度辽水而得名。

③ 隋代大儒王通，设教河汾之间，受业者达千余人。

卒降李密。以元载之庸，尚犹能使朝恩虑之，曰‘笑者难测’，卒诛朝恩。‘知终终之’，圣人所以‘吉《谦》、悔亢’也[1]。”潜老夫曰：“‘厚’者，‘德礼’之所以为‘德礼’也[2]；不，则‘声音笑貌’[3]，而已。然近信、远鄙，正是‘厚载’。此《谦》之《坤》，‘不伐’‘不德’，‘无成有终’之‘至顺’也[4]。”

亢龙有悔。子曰：“贵而无位，高而无民，贤人在下位而无辅，是以动而有悔也。”

《象正》曰：“是《乾》之《夬》。禄不施，而德居已；行有‘夬夬之事’，动有‘夬夬之言’；是君子之所畏也。”黄《疏》曰：“前四段，俱赞词。此后，言‘悔’、言‘乱’、言‘盗’；反词，以见意也。”

“不出户庭，无咎。”子曰：“乱之所生也，则言语以为阶（姚信本，作‘机’）**。君不密则失臣，臣不密则失身，几事不密则害成。是以君子慎密，而不出也。”**

邵子曰：“晋，狐射姑杀阳处父，《春秋》书‘晋杀其大夫阳处父’，上漏言也。‘君不密则失臣’，故书‘国杀’。”《儿易》曰：“‘鄙夫、妇，会于廧阴，密矣。明日，或扬其言矣。’[5]苻坚议赦，猛融供侍，民间宣传，诿诸‘苍蝇’。以‘易市之美’，当‘众著之归’，虽微‘青蝇’，保‘勿漏’乎？原夫，兑‘口’，‘介疾’[6]；坎‘耳’，‘丛棘’[7]。金针不深，唾入必出；是则雍纠之‘所以尸’，宋锡‘由兹而黜’者耳。”《订》曰：“唐高宗告武后，以‘上官仪，教我废汝’。此，‘君不密则失臣’也。陈蕃，乞宣臣草示宦者；此，‘臣不密失身’也。寇准，欲去丁谓，被酒漏言；此，‘不密害成’也。圣人，虽甚易简，亦甚谨密；第与‘阴谋秘计’，殊耳。”《象正》曰：“是《节》之《坎》。以心为行，以‘节言语’，何‘不密’之有？”

子曰：“作《易》者其知盗乎？（《释文》，作‘为《易》者’）**《易》曰：“负且乘，致寇至。”**（寇，徐作“戎”）**负也者，小人之事也；乘也者，君子之器也。小人而乘君子之器，盗思夺之矣；上慢下暴，盗思**

① 《乾》卦：“上九，亢龙有悔。”

② 《论语·为政》：“道之以德，齐之以礼。”

③ 《孟子·离娄上》：“恭俭，岂可以声音笑貌为哉？”

④ 《谦》卦九三独变，为坤。《坤》卦六三：“六三：含章可贞。或从王事，无成有终。”

⑤ “会”字，原作“念”字。《大戴礼记·曾子制言》：“鄙夫、鄙妇，相会于廧阴，可谓‘密矣’。明日，则或扬其言矣。”

⑥ 《兑》卦：“九四，尚兑未宁，介疾，有喜。”

⑦ 《坎》卦：“上六，系用徽纆，寘于丛疾，凶三岁也。”

伐之矣。慢藏诲盗（虞，作“悔”），**冶容诲淫**（郑玄，及诸家木，作“野”；《太平广记》，作“蛊”）**《易》曰：“负且乘，致冦至”，盗之招也。”**

黄《疏》曰：“俱先引《易》，而以‘子曰’解之。末，先以‘子曰’开言，而以‘《易》词’作结。”《象正》曰：“圣人严，《解》之《恒》也。雷恒风，则万物毁败。故‘赦’者，君子所不乐数试也。以为‘解而可恒试’，则贪暴者，多‘上慢、下玩’，盗心乃生。”杨氏曰：“‘知盗’，知‘盗，所由招也’。司马，安能盗魏？操，教之也。萧衍，安能盗齐？道成，教之也。”《儿易》曰：“‘负而且乘’，则匹夫曰‘吾，何为不神器？’[①]。裔夷曰：‘吾，何为不洛阳？’担夫一高车；而‘神器’‘中华’，混矣。冦，不由‘致’；何能‘至’哉？鸺，以召鬼；伥，以导虎。审欲禁鬼，何不杀‘鸺’？审欲杜虎，何不灭‘伥’？”《野同录》曰：“温陵之夺伐，标‘四无’者，招之也。”潜老夫曰：“七爻[②]，虽偶举，非无谓也。始以‘言行、枢机’，表《中孚》。而《同人》用物，合内外；以‘会通’，行‘典礼’矣。礼，所以示中也。过中，则亢；故穷上，必反下学，以立中道。‘有余不敢尽’[③]，盖知‘尽而又尽’者也。谁，于此中‘会通’乎？谁，以‘拟议’，成‘变化’乎？‘阶乱’‘诲盗’，悔亦无及；且以谲佷‘负乘’，欢门造毒。有一‘居室善言’，‘千里’下拜矣[④]。履《谦》、复《礼》；此，圣人所以反复也。”

右第八章

《全》曰：“《系词》举卦爻，或十三卦、九卦，或七爻，或十一爻，其数皆奇，‘尊阳’之义也。”或曰：“七者，用余之六也；九者，十二之‘四分用三’也；十三者，藏闰也；十一者，五六之合，而‘十二之藏于一’者也。”此章，大旨在约言“动赜中”之“会通”“易简”。

天一、地二、天三、地四、天五、地六、天七、地八、天九、地十。（古本，在十一章首。班固、卫元嵩，引合“天数五”之上。程子，并以此二节，移在“大衍”一节之前。）

潜老夫曰：“圣人，举十字示人，‘易简’极矣。吾十五年，而乃豁然于‘象数之塞虚空’也，必以‘睹闻’表‘不睹闻’。而象之分合，即数也；‘动赜’，至于‘京垓秭沟’，而不出此‘十’也。十，止是

①《老子》：“欲取天下而为之，吾见其不得已。天下神器，不可为。”

②此，“子曰”后，所引七爻。

③《礼记·中庸》：“庸德之行，庸言之谨。有所不足，不敢不勉，有余不敢尽。言顾行，行顾言，君子胡不慥慥尔。”

④《系辞上》：“君子居其室，出其言善，则千里之外应之，况其迩者乎？”

五；五，藏四中；四用半，为二；二，即藏三；三，即一也。十不用，而‘金、火’易，为《洛书》。故，但言‘五之圆’，而‘八方在矣’。”朱子曰：“一气，分为二；而阴阳，两其五行也。五，则万理、万事备矣。”

天数五，地数五。五位相得，而各有合。天数二十有五，地数三十（《今石经》，作“卅”），**凡天地之数五十有五。此所以成变化，而行鬼神也**。

朱子《启蒙》解之，已详《图说》矣。此，言“卦蓍之所本”，而天人、万理、万事备焉。导曰：“‘相得’，则不害；‘有合’，则不背。气化主张，物生消息，总不出此。作《易》，‘顺性命之理’；成物，‘通昼夜而知’。即此数，而变化从心，鬼神效灵矣。”元公曰：“天地间，皆‘鬼神’；鬼神，亦不能逃数。故曰‘成变化，而行鬼神’。一，即是五；千变万化，皆‘五’数所成。故言‘造化之枢要’者，必本五行。此章，有图数，有蓍数：图数，先天也；蓍数，后天也。‘显道’，以此；‘神德行’，以此；‘成变化行鬼神’，以此。”陈文庄曰：“《图》顺，《书》逆。‘顺行’者，人与物之所同；‘逆行’者，圣人之所独。”《全》曰：“‘相’者，以‘两’而言；‘得’者，‘有与’而言；犹‘彼得此，此得彼’之谓。”左忠毅曰：“外‘十’，括于‘中五’；五，括于‘中一’；先天也。然落此一点，如人‘结胎之初’，已是后天，岂待阞地哉？”又曰：“内数，五；外数，十。五，阳；十，阴；阳一，阴二。五属土，生于天，成于地；犹人‘生于父，成于母也’。中五，合四行，而结土；无土，则无四行矣。四行，或有‘相离之时’，绝无‘离土之时’。可见，地外，更无天也。故禽兽、蛮貘，但知有母，而不知有父；混沌，亦然。圣人，‘参天两地’，尊父次母，贵君统臣，重‘人’、轻‘禽’，内‘中’、外‘狄’；同‘信’，而分为‘仁义礼智’，以‘范围’‘曲成’斯‘开辟’矣。久之，‘信’失；而‘仁义礼智’，皆是假设，犹土溃川决，而金、木、水、火，各各汩陈。欲还‘混沌’，非其时；欲从‘开辟’，非其人。所以，五阴六阳，七差八错，为此‘十五点’耳。”农父曰：“岂能，抹杀此‘十五点’乎？惟在因其差错中，以正治仆而已矣。”《乾惕集》曰：“圣人，‘财成’之功，全在‘分别’；而‘於穆’者，自‘不已’矣。不待夸护‘於穆’，而痛扫‘圣人分别、范围之纲纪’也。故，以此点画，为‘幽明、费隐’之公证。”徐文长曰：“‘天一生水，地六成之’，犹言‘天，以阳生；地，以阴成’。一二，非有‘多寡’；生成，非有‘先后’也。如盂泥焉：澄滓，为天之地；其清，为地之天。又如人焉：郛廓，为‘卫气所充周’者，即天；五藏，为‘营脉之所藏络’者，即地；本一身也。海际天，而成地之大；不则，地块，如豆耳。四行，各得其‘中五’；天地，适得其半。虽谓‘地二，成火’；天一，生火可也。生、成，一时皆具；莫测，何始何终。如分摘一行而言，单谓‘生’，可也；单谓‘成’，可也。若木生火等，但‘据形质而言’耳。错文，‘自一至十’，语似有漏。”潜老夫曰：“文长所见，一端耳。‘一时皆具’者，然也。‘如海际天’，则陋甚矣。黄勉斋，曾作‘生行，无次序’语；而李希廉，辨之。至理，皆无‘次第序列’；而就中之次第序列，原自森然，‘辨名当物’，贵‘因其端，而核其几’。不分析之，则人不能晓。故圣人明见，以《易》立准，如数一二；无处，非表法也。道在法中，以费知隐。序列其‘初分’之‘定盘’‘交轮’之‘概属’，而‘变在其中’矣。今人，空疏躁陋，稍稍观见‘全费全隐’之通解，则爱匿‘漫汗’；而《礼运》之‘五、六、十二’，俱不必问;《易》之‘五、六、七、八、九’，俱等粪土。此，‘无所得’之执一流弊也。五音，全是宫商；商，全是宫；固矣。然则，位子之宫，变调之宫，当在何律？可不察乎？世间实学，何怪晨星？”

智曰：“当分‘统本末’与‘细本末’，以阐之。有质者，皆地；而所以然者，皆天。同时皆备，同时浑沦。此，‘统本末’也，‘幽明、大小，皆交汁为一’者也。五行、七曜，五方、六矩，两端交摄,相制相生，定盘、推盘，有几可研；此，‘细本末’也。统，在细中；有‘统统’，有‘细统’；有‘统细’，有‘细细’。差别不明，则无以‘开物成务’。而释疑辨惑者，无从征焉；亦终归于‘疑惑不尽，以坚僻强护之’，而已矣。然，又非‘拘执名字’者，所能‘会通’也。冒言‘天地’，犹‘阴阳’也；言‘一二’，犹‘奇偶、体用’也；言‘参两’，言‘五六’，言‘五十’，犹言‘一二’也；言‘中五’，犹言‘天，在地中也’；言‘土’，犹言‘中和也、冲气也’。要之《河》《洛》象数，原自‘确然不易’，原自‘变化不测’。”

大衍之数五十，其用四十有九。分而为二以象两，挂一以象三，揲之以四以象四时，归奇于扐以象闰，五岁再闰，故再扐，而后挂。（京，作“卦”）

辅嗣曰：“一，不用；而用以之通；非数，而数以之成，斯‘太极’也。无，不可以明‘无’；故常于‘有物之极’，而明其‘所由之宗’。”邵子曰：“五，为《小衍》；五十，为《大衍》；盘中、球中，皆表之矣。以数倚之，‘参两’为五；而五为之纪，十统于五；故曰‘五十，以学《易》’。理，寓于纵衡之数；而数，足于‘生成之终’也。‘数度议德’，会通‘盈虚’，悉以此征‘消息’焉。”《全》曰：“象五者，谓‘参两’中‘二阴、二阳’；而五，为‘阴阳’之中，所以‘主乎阴阳’者也。虚一、卦一，与伏羲‘八卦之画’适符；四十八，不惟‘得圆’，且‘得方’也。”又曰：“大衍五十，不言‘虚一’，即言‘其用，四十有九’；则并‘虚一’，藏之矣。‘虚一’，为太极，以‘统体’言；‘挂一’，为太极，以‘各具’言。故于‘分二’后，言‘挂一’，以别于‘虚一’也。‘挂一’者，欲人于‘阴阳既分’之后，求太极；知‘各具’者如此。又于‘各具’中，知‘虚一’，为‘统体’者如此。”幼光曰：“执一，以名‘太极’，便非‘太极’矣。此，圣人‘立言之圆’。既‘虚一’，便不成十；不惟‘无首’，且‘无尾’矣。‘环中’者，圆也。《衍》，体数，视《河图》损其五；用数，视《洛书》益以四[①]。揲，不用五，而用‘四’；四，即用五也。‘四方’旋，而‘中央’建；‘四时’分，而‘五行’成矣。故五十，‘虚一’；不惟‘虚十’，且‘虚五’也。‘归奇’与‘策数’，不用‘五’与‘十’。”《揆》曰：“以‘虚一不用’之母，衍为‘十百千万’之子，有‘蕃衍之象’焉。‘衍’，水行也；以‘天一’起，而衍溢也。”《隅通》曰：“乾‘四德’，坤‘四维’，皆用方也。大匠之‘规矩’‘准绳’，以为‘方圆’‘平直’。圆，一而已；平与直，皆方也。五行，火有魂而无魄；其体用，不可端倪。水之‘洒点成珠’，圆也；而泻之于地，则平；平，乃方矣。木之‘敷辨结核’，其体圆也；而发干抽条，则直；直，乃方矣。金之‘杂于砂、融于火’，其体圆；而用以刚，而方。土之‘柔为泥、坚为石’，其体圆；而用以大，而方。由是观之，凡物之用，未有‘不方’也。‘揲’之，安得，不以‘四’乎？”智谓：“凡言‘方’、言‘圆’，皆所谓‘方’也；而圆，皆寓焉。故曰：‘方，即是圆；用方，乃所以圆。’此，‘神在智贡中’之神‘方、圆’也。凡‘天下之数’，既生，而复灭去之；以为用也，方圆、乘除、损益也。此，临用时之‘方圆，相求也’；而‘不可见之方圆’，亦可知矣。”羽南氏曰：“天数，至九而全；阳‘用全’，故‘用九’。阴数，二、四、六、八、十，至六而半；阴‘用半’，则‘用六’矣。‘用全’，以‘阳策’之九，为极；‘用半’，以‘阴策’之六，为极。要本于《河》圆中之‘十、五’，为‘阳九’‘阴六’也。”邵子曰：“阴阳，各六；而阳，又侵阴之半。凡用使地，故卦六爻；而蓍策，以‘老阳之九’统之。”李存我曰[②]：“《洛书》用九；此，明‘天分地，

①体数，五十。用数，四十九。河图，55；洛书，45。

②李待问（？—1645），字存我，南直隶松江华亭人，著《玉裕堂存稿》。

为十成之体，而天自为之用也’。”左忠毅曰：“孔，不言‘数’；孟，不言‘《易》’。数之所在，《易》之所在也。孟曰：‘以其数，则过矣。’[①]孔，不言数；而称‘尧曰：天之历数’[②]。历，以万归一；犹之‘《易》，以一贯万也’。在帝，曰‘历’；在师，曰‘《易》’；总，不外数耳。”夏子曰：“‘时行物生’，莫非象，即莫非数也。即此‘象数之数’，而‘气数之数’，自不能逃；因而，谓之曰‘理’。”玄同曰：“一切世道，升降变迁，皆生于‘积闰’，为天地‘不齐之气’。阳九百六所起，子以‘归奇之扐’，当之。‘奇’，奇零也；‘挂象三’者，人也；‘取右策’者，人用右也。”潜老夫曰：“蓍法，详前图矣；以邵、朱，为主。盖‘不可数之天地’，尽于‘可数之天地’。而数,尽于五；阳一五，阴二五，则‘三五’矣；五与十相乘，则五十矣。楚望，取丁易东‘九十九，而去五十’之说。然，犹不知为‘十一其九，以应《河图》十一其五也’。今推并倚至百；亦万，而缩一也。卦，以‘八八’为体；方，围八而藏九也。蓍，以‘七七’为用；圆，围六而实七也。方八，用半为四；犹四用半，为两也。总起于‘一役二’，为三；而两其三，为六。又两其六，而三其四，则‘播五行于四时’；为‘十二宫’，盘一周矣。两其十二，为二十四；参其十二，为三十六，即‘老阴阳策’也。四其十二，为四十八。五其十二，则六十周甲也。《大衍》，除‘虚一’与‘挂一’；则，止用四十八。盖六十四之‘四分裁一’也；又八卦，各‘六爻之数’也。所谓‘藏五于四’，即‘藏一于四’也。以‘四会而十二’堆之[③]：用其‘三会’共十二策，为老阳；则余‘九堆’，三十六策矣。用‘四会’十六策，为少阴；则余‘八堆’，三十二策矣。用‘五会’二十策，为少阳；则余‘七堆’，二十八策矣。用‘六会’二十四策，为老阴；则余‘六堆’，二十四策矣。邵子，去其‘三会’‘四会’‘五会’‘六会’之数，而用‘九堆’‘八堆’‘七堆’‘六堆’之策，‘用余’也。朱子，用‘挂扐之会数’，曰：‘以寡御众；然于坤，则不合矣’。盖适用与用余者，相为盈虚，本互用也。详见卷首。”《全书》曰：“‘再扐、后挂’者，言第一变‘再扐’毕，则第二变又‘挂一’；第二变‘再扐’毕，则第三变又‘挂一’也。”玄子讥“小指挂一”，此不必辨者也。“五岁再闰”，亦其概耳；实则十九年七

①《孟子·公孙丑下》：“以其数，则过矣；以其时考之，则可矣。夫天，未欲平治天下也；如欲平治天下，当今之世，舍我其谁也？”

②《论语·尧曰》：“尧曰：‘咨！尔舜！天之历数在尔躬，允执其中。’”

③48=4×12。一会，为4；一堆，为9。四会，为16；三会，为12；六会，为24；五会，为20。九堆，为36；八堆，为32；七堆，为28；六堆，为24。

闰为一章。其曰“无余分”者，亦朱子用《四分历》，而洒派七闰月也。日法九百四十者，周日之朔分，周岁之闰分，与一章之弦，一蔀之月皆合焉，盖取诸中率也。朱子《约抄》曰：“天，有三百六十五度四分度之一；岁之日，亦如之。度，为九百四十分；一日如之。‘四分度之一’，则二百三十五分也。天，一日一周，而过一度。日，一日一周天，而不及天一度；积三百六十五日二百三十五分，而与天会。月行，每日不及日十二度三百四十六分半；积至二十九日四百九十九分，其不及日者三百六十五度二百三十五分。则，日所‘进过之度’，适周本数；而月所‘不及之度’，亦退尽本数，适与日会而成‘一月’。合十二回二十九日四百九十九分，通该三百五十四日三百四十八分；是于三百六十日内，少‘五日五百九十二分’也。故日与天会，而多‘五日二百三十五分’者，为‘气盈’；月与日会，而少‘五日五百九十二分’者，为‘朔虚’。合‘气盈’‘朔虚’，而闰生焉。十九岁，七闰，为‘一章’[①]。盖一岁积‘气朔之数’，计十日八百二十七分；积十九年，得一百九十日零一万五千七百一十三分。以日法‘九百四十分’除之，通计全日之数，共二百零六日六百七十三分。于‘十九年’内，分作‘七闰’，当得二百一十日，内少三日二百六十七分。此，闰月中三月‘小尽’，为适合矣；故气、朔分齐。冬至，定在十一月朔；是为‘至朔同日’，称‘一章’也。”智按：“三‘小月’，月止得二十八日八百七十一分；又岁为三百八十五日，不合‘具爻’。与权度法之公证，不如‘三大、四小’；则每月得二十九日一百四十八分二厘五毫，其分尽一也。汉《三统历》，以八十一分，为日法；京房，八十分。唐《大衍历》，以三千四十，为日法；邵子，用三百六十分；《授时历》，用万分；《九执历》《回回历》《泰西历》，皆用六十分。此，随人定；而今用万者，以万易算耳。《授时》之算‘章闰’，仍有余积矣；皆因求岁差，而变其法也。虞喜，以五十年差一度；何承天，倍之。刘焯，作七十五年；一行，定八十三年。郭守敬，以百年差度半；泰西，以六十年八闰月而差一度。此，屡改者也。《易》，惟著其恒法，而‘盈虚’在其中。邵子，据年、月、日、时，定‘元会’，以十二与三十相乘，亦恒法也。《三统》《大衍》，无不符《易》；即其细差、细积，亦可以《易》之‘交侵’‘交追’之数，求之。岁差，一分五十秒[②]；则黄道‘内口’‘外口’，俱移；十二次四正，皆移。李淳风，守汉历，以驳仁均；而一行笑之。近日，袭守敬之捷法；台司，仅增‘闰应’‘交应’各二刻、减‘转应’十六

①《周髀算经》：“阴阳之数，日月之法，十九岁为一章。”

②“秒”字，原为“抄”字。

刻，而已。安得不舛耶？时无神明，未易语此。”

乾之策（马，作“筴”），**二百一十有六；坤之策，百四十有四。凡三百有六十当期之日**。（徐，作“朞”）

陆希声曰：“《易》，以年统月，以岁统旬，以日统时。凡言‘月’者，以一策，当一月。一九之策，三十有六，是为三年；故日，皆‘一九之策’。一九之策，三十六；二六之策，四十八；共八十有四，是为‘七日’之八十四时。故‘七日’者，‘一九’‘二六’之策也。言‘旬’者，合‘七八之策’，而半之，以象‘一朔，三十日也’。再闰，六十日；合‘九六’而全之，凡六十策；故曰‘言岁者全之，以象再闰之日’。月，有朔虚，故半之；岁，有中盈，故全之。一月，三旬；八月，二十四旬。而‘老阴之策’，二十四；故曰‘八月之旬，当极阴二十四也’。乾坤之策，当期之日，而少六日，故‘虚分包焉’。二篇之爻，三百八十四爻，多二十四日，故曰‘盈分萃焉’。”《启蒙》曰：“举‘气盈’‘朔虚’之中数，而言也。”藏一曰：“‘象’者，意与之准；‘当’者，数与之符。”粱父曰：“上，为‘有用之用’；此，若为‘无用之用’，而一切之‘至理’‘至用’出焉。”智曰：“‘三微’[①]‘三著’，六会‘参两’，十八会‘九六’。两其六，而两之为‘老阴’，参之为‘老阳’。两其三十六，参其二十四，即七十二也。参之，为‘乾策’；两之为‘坤策’。九之、六之，合千八十；即，三其‘通期’也[②]。京、邵，去四卦；为爻，合‘通期’也[③]。依老父之法，曰‘具爻’、曰‘通爻’、曰‘贞悔爻’、曰‘五十’，曰‘四十九’、曰‘四十八’、曰‘三十六’、曰‘二十四’、曰‘三十’，皆并与‘甲子’同历；而闰积合差，在其中矣。”

二篇之策，万有一千五百二十，当万物之数也。

朱子曰：“阳爻，百九十二，得六千九百十二策；阴爻，百九十二，得四千六百八策。二老，合之，固然；二少之策，合之，亦然。”潜老夫曰：“二少，盈虚未极；故，止举二老；盖三十二其六十四也。二老，通为六十策；二少，亦通为六十策；故言‘策分’者，每策三十分也。天文微星，万有一千五百二十；权之一斤，亦万一千五百二十铢，莫非然也。吕氏所云‘三千八百四十’者：六十四自乘，为四千九十六；而去‘乾、坤、坎、离’四卦，则此数也[④]。三其三千八百四十，则

①《汉书·律历志上》：“三微之统既著，而五行自青始。”

② 1080=360×3。“通期”之数，即 360。

③ 384-（4×6）=360。

④ 64×64=4096。4096-64×4=3840。

‘具策’之数，合矣[①]。是知：蓍策，总归阳用。《三统》言‘五星会终’之数[②]，《元包》言‘先天生物’之数；则十二此策也[③]。易轨，用四万六千八十；则四此策也；会息，八十六万四千；则七十五此策也[④]；‘具爻’‘通期’‘甲子’之会；则半此策也[⑤]。”

是故四营而成易，十有八变而成卦

潜老夫曰：“朱子，祖陆绩以‘分二、挂一、揲四、归奇’，为‘四营’。玄子谓：‘揲四，而老少之过策，必以四求[⑥]；全策，亦以四求。’乾，以六九，为五十四；而四求之，为二百十六；坤，以六六，为三十六；而四求之，为百四十四[⑦]。合五十四，与三十六，为九十；而四求之，为‘通期’。阳九、阴六，总计一爻之九六，为二千八百八十；而四求之，为‘全策’[⑧]。可知，《易》用，不出于‘四营’也。天地，藏五于四，即藏一于四，即藏六于四，即藏十二于四矣。引申触类：天‘奇’，以地‘偶’，为体用；无所不藏矣。言四，而五具；四用半，为两；言两，而参具矣。”智曰：“三变，成爻；是一爻中，即‘一卦’也。石斋公，极‘十八变’，以当‘六十年之历’；而四分之一，即‘律两’之六万五千五百三十六也。《三统历》，起七十二，是四其十八也；《大衍历》，起千二百，是四其三百也；一揲之分‘七十六’，而蔀法生，四其十九也；益证‘四营’矣。盖‘四营’，‘两地’法也[⑨]；四用三，犹之‘两中三’也。‘十八’者，九六、参两‘交会之母’也[⑩]。一年，十八候；每二十日为一转，则五其‘四营’也。一用四，四藏一，犹之‘一因二，而二即一也’。五其三之‘十五’，而伸为六其三之‘十八’，犹之‘五音而六律’‘六爻而五合’也。数，从二起，连太极，为十九，而与‘章’合；犹六爻，连太极，为七也。缩二，为十六；犹六爻，用四爻也。初、上，不历事；而事备于中爻也。详见《蓍衍》。”

---

①“具策”之数，即 11520。3×3840=11520。

②《汉书·律历志》：“五星会终，触类而长之，以乘章岁，为二百六十二万六千五百六十，而与日月会。”

③2626560÷19=138240。138240=12×11520。

④46080=4×11520。864000=75×11520。

⑤具爻之数，即 384；通期之数，即 360；甲子之数，即 60。384、360、60 的最小公倍数，为 5760。11520÷2=5750。

⑥四求，即“以四相乘”。

⑦6×9=54。54×4=216。6×6=36。36×4=144。

⑧2840×4=11520。

⑨《说卦传》：“昔者圣人之作《易》也，幽赞于神明而生蓍，参天两地而倚数。”

⑩交会，即最小公倍数。2、3、6、9，的最小公倍数，为 18。

八卦而小成

潜老夫曰:“明一卦之成，各藏六十四卦，为‘大成’也。”朱子曰:“从蓍言，故谓‘内三画成也’。”其云:“一爻成，止有三十二卦；二爻成，止有十六卦；三爻成，止有八卦；四爻成，止有四卦；五爻成，止有二卦。”此，就《大横图》指之也。

引而伸之（古，作“信”），**触类而长之，天下之能事毕矣**。（“长”，上声）

潜老夫曰:“明谓‘天地间之万理、万事，毕于象数’。‘睹闻’，即‘不睹闻’；诚一‘极深研几’[①]，而造化在手矣。苟且废学，逃于‘无理、无事’之‘黄叶’，以‘荒忽’给人；而人甘为所绐，坐负天地，浪死人牛，岂不哀哉？”

显道神德行（去声），**是故可以酬酢**（京，作“醋”;《说文》，作“醻醋”。按:“《国策》，作‘雠柞’;《周礼注》，作‘詶’；借声也”），**可与佑神矣**。（荀爽，“佑”作“侑”。）

朱子曰:“‘德行’，是人自成者。因数推出，方知不是人所强为，而神所为也。‘幽’‘明’相应，如‘宾’‘主’相交。方揲，则人主而蓍宾；既揲，则蓍主而人宾。”又曰:“神不能自说吉凶与人，必待蓍而后见；故蓍，所以助神也。”汤惕庵曰[②]:“以德而见诸事，为‘德行’，皆指《易》言。然万理散殊，何者非《易》？”潜老夫曰:“道前用，而自显；德以行，而自神。言示乃显，而象数乃深于言者。卦，自相酬酢；蓍，自相酬酢。人物与卦蓍，相酬酢；精神与造化，相酬酢。总此，显与密相酬酢，寂与感相酬酢。心与法、知与行、理与事相酬酢；则用与不用，亦相酬酢。一，神于二，而已。护高、执一，以矜‘不落’，而‘离屑事物象数’者，岂知‘佑神’之道？”

子曰:（吴幼清以后，人分此节，属下章，而增也。程、朱，俱属上章。）**“知变化之道者，其知神之所为乎？”**（《举正》，作“不为”）

《困知记》曰[③]:“‘化’，乃阴阳之所为；而阴阳，非‘化’也。‘为之’之言，‘莫之为而为’也[④]。”导曰:“道，在天；德行，在人。非

①《系辞上》:“夫《易》，圣人之所以极深而研几也。”

②汤来贺（1607—1688），原名汤来肇，字佐平，改字念平，号惕庵，别号“主一山人”，世称“南斗先生”，著有《居恒语录》20卷、《内省斋文集》32卷、《广陵敬慎录》12卷、《广陵钦恤录》12卷等。

③罗钦顺（1465—1547），字允升，号整庵，泰和人，著有《困知记》《整庵存稿》《整庵续稿》。

④《孟子·万章上》:“莫之为而为者，天也；莫之致而至者，命也。”

‘显’，不能得‘天下之理’；非‘神’[1]，不能‘成位乎其中’[2]。‘神之所为’，在‘趋避之外’；四字，甚可畏。知此，始‘不为数所拘’。”《心易》曰：“无非‘奇偶生成’，无非‘进退往来’，皆‘变化之道’‘神之所为’也。‘变化’，出于自然，即神；非‘变化之外’，又有神也。”　　曰：“无之非《易》，而不碍其‘就《易》，言《易》也’；无之非蓍策，而不碍其‘就蓍策，言蓍策也’。此，圣人之‘变变’‘化化’而‘神神’也。”

右第九章

数，以立体；法，以制用。神，行乎“法数之间”。圣人，主天地，而示人“‘研极’即‘知’，‘知’即‘唯神’矣”。章末，呼出“道”字；故下章，继言“圣人之道”。

《易》有圣人之道四焉：（明僧绍[3]，作“君子之道”）**以言者尚其辞，以动者尚其变**（古本，此下三句，或无一字），**以制器者尚其象，以卜筮者尚其占**。

苏《传》曰：“‘圣人之道’，求之，而莫不皆有；取之，而莫不皆养也。以四者之‘各有养’于《易》也，故曰‘有圣人之道’。而昧者，指此为道，则过矣。”《心易》曰：“必扫此，而单守一‘暗痴影事’，为道；其昧，更甚矣。‘穷理尽至’者[4]，日在此四者中，随用而皆道也。日在此四者中，而即谓之‘忘’，可也。”玄子曰：“四者并言，而推本于神；见圣道，非‘谶纬、术数’者比。”《纂言》曰：“凡‘言性与天道’[5]，‘谋谟’‘诲问’，皆‘言’也。”《蒙引》曰：“‘动’是几处，有‘善恶两端’之分；‘变’，即卦爻中往来之变。”《书》曰“‘虑善以动，动惟厥时’，是也。‘制器尚象’，天地，亦器也。浑、仪，以至礼乐、日用什物；何处，非‘表法’耶？《易》，可‘筮’，亦可‘卜’，‘雨、霁、蒙、驿、驲、克’[6]。五行，不出‘四象’，即《易》道也。”《全》曰：“用《易》者，用之临时。故曰尚学《易》者，学之平时，故曰‘观玩’。”潜老夫曰：“何‘言’，非《易》之‘辞’？何‘动’，非

---

①《系辞上》：“显道神德行，是故可以酬酢，可以祐神矣。”

②《系辞上》：“易简而天下之理得矣。天下之理得，而成位乎其中矣。”

③明僧绍（？—483），字承烈，平原郡鬲县人。南朝隐士，著名经学家，著《正二教论》。

④《说卦传》：“穷理、尽性，以至于命。”

⑤《论语·公冶长》：“夫子之文章，可得而闻也；夫子之言性与天道，不可得而闻也。”

⑥《尚书·洪范》：“择建立卜筮人，乃命卜筮。曰雨，曰霁，曰蒙，曰驿，曰克，曰贞，曰悔，凡七。卜五，占用二，衍忒。”

《易》之‘变’？何‘器’，非《易》之‘象’？何‘占’，非《易》之‘卜筮’耶？”智曰：“皆‘几’也，皆‘深’也，即皆‘神’也[①]。与万世‘研几’，而即‘泯万世’者，神所为也。”

是以君子将有为也，将有行也，问焉而以言，其受命也如向（古，作“响”），**无有远近幽深，遂知来物。非天下之至精，其孰能与于此？**（“与”，去声）

程子曰：“所以为卦，卦有吉凶，莫非此理。惟其有此理也；故‘问’，而应‘向’矣。”玄子曰：“‘精’，谓‘卦象、系辞之精’。”潜老夫曰：“道，无所不在；命，亦无所不在。此，不碍其‘就占言占’也。”智曰：“筮之‘告香’，三古俱断。至诚，塞乎天地，固所谓‘不以知知，而无所不知’者也。”

参伍以变，错综其数。通其变，遂成天地之文（古，一作“天下”；虞翻、陆绩，“文”，作“爻”）；**极其数，遂定天下之象。非天下之至变，其孰能与于此？**

潜老夫曰：“‘至精’‘至神’，妙于‘至变’；问应‘寂’‘感’，妙于‘参伍’‘错综’。人多疑此，岂能‘会通’？请列‘诸家之说’。”《汉书》引《易》“参伍”，而合“三统、五行，三德、五事”言之。“极数”入历，以“参”御“两”。仲翔曰：“通数，‘再扐’卦，为‘三’；以‘五岁再闰’，为‘五’。”幼清曰：“初揲，左四、右四；再揲、三揲，左四、右三，左三、右四；‘合卦而为耦’者，‘参以变也’。初揲，左二、右二，左一、右三，左三、右一；再揲、三揲，左二、右一，左一、右二；‘合卦而为奇’者，‘伍以变也’。”《遡》曰：“‘三变’，得一爻；此，‘三’之谓‘参’也。‘反一’也，‘分二’也，‘卦一’也，‘揲四’也，‘归奇’也，‘五’之谓‘伍’也。”玄子，以“分、挂、揲、归、再扐”，为“五”。王宾明曰：“蓍，‘除一’，又除‘挂一’；总，以‘四’而已。四之损益，即‘三五’也。老阳，用三其四；少阳，用五其四；举阳而统阴矣。”《见》曰：“初变，通‘挂一’之策，不五，则九。而去挂数之，则五变，为四；五变，则九亦变矣。二变、三变，去挂，不三，则七。而合挂数之，则三变，为四；三变，则七亦变矣。于是或‘三奇’，或‘三偶’，或‘两奇错一偶’，或‘两偶错一奇’，‘错法’也。于是，综‘三奇之数’，而得九，综‘三偶之数’，而得六；综‘二奇一偶’，而得八；综‘二偶一奇’，而得七；皆‘综法’也。”玄子，又引“参伍错综”，皆古语。《史记》，引《周书》曰：“必参而伍

① 《系辞上》：“夫《易》，圣人之所以极深研几也。惟深也，故能通天下之志；惟几也，故能成天下之务；惟神也，故不疾而速，不行而至。”

之。”《全》曰：“卦，以两而相对，曰‘参伍’；爻，以两而相互，曰‘错综’。‘成象谓乾，效法谓坤’，‘象’也；‘极数知来’，‘数’也；‘通变’，‘变’也；以‘象而见数，数而见变’者，言之。此节，以‘变而后数，数而后象’者，言之。以羲《易》言：太极，‘理’也；画之、图之，‘象’也；有一斯二，以至于十，‘数’也；阴阳相交，自一变至六十四，‘变’也；此，‘羲《易》之变’也。文本《羲》理，而往来交错，更变之。两卦为变，曰‘参伍’，‘变’也；十二位为数，曰‘错综’，‘数’也；‘通变’成文，‘极数’而‘一卦二体成卦之象’立焉，‘象’也；此，‘《周易》之变’也。”元公曰：“‘三五’，数之宗；内三、外三，天五、地五。故道包‘三极’，变主‘五行’。‘通变成文’，成‘天地之文’也；‘极数定象’，定‘天下之象’也。不专以‘揲蓍’言，三变为‘爻’，三画为‘卦’，‘蓍数’也；‘五生’为德，‘五克’为刑，‘龟数’也。京房占卦，以上爻，为‘不变之世’。爻变者，五；不变者，一。而以一画，为游魂；三画，为归魂；亦‘参伍之旁义’也。三画之卦，亦有‘参伍’义焉：如《乾》之初变为《巽》，再变为《艮》，三变为《坤》，游魂为《离》，归魂为《乾》是也[①]。”陈、高，亦近此说。张文饶曰：“小八卦，‘三画之变’，天也；其变，上而下。重‘六画之变’，人也；其变，下而上。”《儿易》曰：“羲之制画也，益奇以偶，以一参二，以偶五奇。一奇，错二偶；二偶，综一奇。‘爻象’乃立，‘变化’乃出，‘鬼神’乃通，圣人之‘议道’也。‘两端’之陈，必介以‘一’，所以‘明参’也；‘四方’之列，必谋其‘中’，所以‘示伍’也。虽甚‘贵独’，必不‘离众’，所以致‘错’也；虽甚‘贵兼’，必不‘弛独’，所以建‘综’也。‘制世’之权，信必‘参’疑，喜必‘伍’怒；赏必‘错’罚，动必‘综’静。”又曰：“‘聚数’注‘三’，鼎而不可得孤也；‘完数’注‘五’，环而不可得破也。舜廷，必有‘两端’，贵‘错’也；舜心，必有‘一是’，贵‘综’也。孔子游景山，子路赋‘勇’，子贡赋‘辨’，颜回赋‘德’。三子言异者，‘错’也；孔子赏颜者，‘综’也。扁鹊起虢世子，砥箴砺石，子阳同药，子明炙阳，子游按磨，子仪反形，子越扶神。五子，‘错’也；扁鹊，‘综’也。”潜老夫曰：“不碍‘就蓍言蓍’，亦不碍‘通语’也。抑知，‘参伍错综’之古语，所自乎？‘天地之节’，不得不‘中于数’；而圣人，即以数中‘天地之节’。即明摄幽，养人‘寂感’于‘研极’；此，卦蓍所从起也。凡‘天地之道’，皆‘一在二中’之‘参伍错综’也。圣人，借卦

①乾、艮、坤、离，皆就八经卦言，三画之卦也。

蓍，以明其端耳。”智曰：“凡‘不可见之理’，寓‘可见之象’者，皆‘数’也；以数极数，而知之，皆‘蓍’也。言一，必有二；此，‘两’也。言二，必有三；此，‘参’也。两，必有四；四，必藏‘中五’；而合‘参两’，即为五；此，‘伍’也。数，必以二为法，而以三圆之；以四为法，而以五圆之。既以‘参两’，为‘追差损益之法’，而以‘五、十’纪之；十，乃五之节也。言‘一、二、三、四、五’，而‘六、七、八、九、十’，具矣。五加一，即六；五加二，即七；五加三，即八；五加四，即九；五加五，即十。满十，即成一；而一，则无非一也。倚而积之，从此亿万‘损益’，皆‘奇偶’‘参伍’也。数，虽至多，无非一也。而一，不独用；故惟二三四五，为纲。而阳，主变化之权；故法用二四，而冒言‘参伍’耳。‘两中’之一，即‘参’；‘四中’之一，即‘五’；‘参、伍’，所以‘用一’也。就以蓍言：‘分’，象‘两’；而‘挂’以示用，此‘参’也；合象两参三，即‘五’也；‘四揲’营之，而四即藏一，此‘伍’也。爻变、蓍揲，总以‘四布’，而‘三五’藏其间。阳用九，‘参’也；阴六，亦‘二参’也。天数，二十伍，‘伍’也；地数三十，亦‘六伍’也。《圆图》，除十六卦，用四十八；此，‘用参’也。除四卦，而六十卦，为六其五[①]，此‘用伍’也。《方图》中四，震巽主之；震巽各除本卦，‘参’也；四而有中，‘五’也。第二层，十二卦，为四其三；此，‘参’也。第三层，二十卦，为四其五；此，‘伍’也。君藏，各十五；此，‘参伍’也。无往，非此，举大略耳。邵子，一切‘举四寓五，而四分用三’。岂无故而破天荒哉？此，其所以‘极数定象’，而‘动、赜’皆‘易简’也。”

《易》无思也，无为也，寂然不动，感而遂通天下之故。非天下之至神，其就能与于此？（“故”，戴侗作“**[illegible]**”，以“从久古，为“故”也”。《孟》曰：“言性则故，而已矣。”谓其所以也。所以者，“本来久古而不变”者也。曰“幽明之故”、曰“天下之故”、曰“明于忧患与故”，俱当参。）

韩康伯曰：“‘忘象’，以‘制象’；遗数，以‘极数’。‘至精’者，无筹策，而不可乱；‘至变’者，体一，而无不周；‘至神’者，寂然，而无不应。斯‘功用之母’，象数所由立也。”程子曰：“《老》曰‘无为’，又曰‘无为、无不为’。当‘有为’而以‘无为’为之，是乃‘有为’也。圣人于‘动静之理’，未尝为一偏之说。”曾子固《梁书序》曰：“无思无为，循理应物，而已。合内外，是其‘至神’。”朱子曰：

① “六其五”，应为“十二其五”。

"'寂然'者，'感'之体；'感通'者，'寂'之用。触手，手知痛；触足，足知痛；便是神应。"邹忠介曰[①]："'体用一源'，体，在用中；感之中，自寂也。廓然至公，物来顺应；此，真学《易》者。"郝京山曰："此，子思之所谓'中'也。"《困知记》曰："'至精'者，性；'至变'者，神；'至神'者，心。心，统性情；神，合精变。其名，别；其实，一也。神明湛寂，应变无方，心《易》衷订。"《诂》曰："'无思无为'者，愈索而不可得，不索而还自得者也，故名之曰'神'。彼一于'无'、一于'有'，或执'一有一无'，或执'非有非无'，或执'不落有无'，皆非'至神'也。"或问："人不能如蓍之'无思无为'，则'感通'奈何？"曰："'权无我，而物有则，莫'无思无为'于'规矩'矣。"君子，通"天下之故"，即理"天下之故"；此，所以"继善成性"也。任其无定，而与一世同波；因执"忘心即忘境"之说，便曰"忘恶，不妨作恶"。此，"洸洋"，所以"邪淫害政"也。朱子，但以《易》言《易》，而分"体用"以指之。其本来之"寂然"，宁待"哓哓"乎？刘炫，问"无为"；邵子，举"时然后言"一节，以答之。妙哉！周子曰："诚无为；几善恶。诚则无事矣。'寂然不动'者，诚也；'感而遂通'者，神也；'动而未形，有无之间'者，几也。"杨氏曰："如言'玉莹'，又言'白'，又言'润'，非三也。"周子，又曰"动而无动，静而无静者，神也"。又曰："《洪范》'思曰睿'。无思，本也；思通，用也。无思而无不通，为圣人。不思，则不能通微；不睿，则不能无不通。思者，圣功之本，而吉凶之机也。"周海门曰[②]："此言'无思'，而未尝不思，皆密旨也。"

张子曰："知'太虚即气'，则无'无'。故圣人之言'性与天道'，止此'参伍'之'神''变''易'，而已。言'有无'者，诸子之陋也。"芝岳氏曰："言'有'，则'非有''非非有'不必言，而藏之；此，所以神也。"徐仲光曰[③]："所以然者，不得已而曰'神'、曰'天'、曰'性'、曰'理'。其曰'无'者，谓其'化'也，犹言'至也、太也'。"祁世培曰："'塞乎天地之间'，谓之'无天无地'，可也；是'塞'，即

① 邹元标（1551—1624），字尔瞻，号南皋，谥号"忠介"，江西吉水人，著《愿学集》8卷、《太平山居疏稿》4卷、《日新篇》2卷、《仁文会语》4卷、《礼记正议》6卷、《四书讲义》2卷、《工书选要》11卷、《邹南皋语义合编》4卷。

② 周汝登（1547—1629），字继元，别号海门，嵊县人，著《海门先生集》十二卷，《东越证学录》十六卷，《圣学宗传》等。

③ 徐谦（生卒不详），字仲光，号澄观，檇李人，著《仁端录》。

‘无’也。”陶石篑曰[1]：“心无体，而靡事不心；事何依，而无心不事。树头运臂，辄造精微，加帚投箕，直通神化。今则，有‘畏溺’而并‘畏江河’，‘逃影’而兼‘逃日月’者矣。”潜老夫曰：“此，是大本、大用，物物皆然；圣人，因赞《易》，以示之。人间，徇感者，偏寂者，皆病也。但作‘感即寂’之急口，亦不可以立训。故，后提‘研极’，以用‘四道’；而开成治教，不外乎此。所谓：‘就造化之薪，烧造化之火也。’”《一一》曰：“神，贯‘寂、感’者也。不与圣人同忧，立于‘无’而妙于‘有’，可谓之‘神’，而不谓之‘至神’。‘至神’者，不无者也。圣人，‘范围’‘曲成’；则迹，无非神，乃为‘至神’。”

夫《易》，圣人所以极深而研几也。（蜀才，作“擘”；郑玄，作“机”）

导曰：“与‘深’偕至，谓之‘极’；得‘几’先见，谓之‘研’；‘神’，正在此。下节，赞‘深’‘几’，径以‘神’终之。”潜老夫曰：“更端，而曰‘夫《易》’；盖重在圣人用《易》也。即‘辞、变、象、占’，而‘深’‘几’之‘神’，常明矣。”

唯深也，故能通天下之志；唯几也，故能成天下之务；唯神也，故不疾而速，不行而至。

苏《传》曰：“‘深’者，其理；‘几’者，其用也。‘至精’‘至变’者，以数用之也；‘极深研几’，以道用之也。止于积与变也；则数，有时而差。止于‘几’‘深’也；则道，有时而变。使‘数不差、道不变’者，其‘唯神’乎？”潜老夫曰：“神，非‘思为’所及；而‘神’，即在‘几’‘深’中。人习于‘见成教养’，便执浅见，而不肯深入，何能‘通志’？因循事例，而不知其‘几’，何能‘成务’？所以‘深、几’者，‘神’也；能‘深’、能‘几’者，‘神’也；‘深’而泯之乎浅，‘几’而泯之乎事者，‘神’也。贵在尽心。”智曰：“精变神，皆以‘天下’言之；此，言‘天下之志’‘天下之务’。可知，《易》之‘所以为《易》也’，圣人之‘所以用《易》也’，藏‘天下’于‘天下’，而已矣。一切‘人情、物变’，一切‘教养、礼乐’，俱是‘天下之故’。‘通志’‘成务’，无非‘寂然’者也。理，泯于事；谓之‘无理、无事’，可也。因天下‘通志’‘成务’之故，以泯‘天下之故’；谓之‘超越世、出世间’，可也。”

子曰：“《易》有圣人之道四焉”者，此之谓也。

《一一》曰：“归于‘通志’‘成务’；则神，随‘词、变、象、占’

[1] 陶望龄（1562—1609），字周望，号石篑，用“歇庵”名其居室，又称“歇庵先生”，明会稽人，著《制草》《歇庵集》《解庄》《天水阁集》等。

而在也。有执此‘四道’，而不知其‘所以神者’矣。‘天下之故’，即此四者而藏之，又岂可轻视乎？”

右第十章

道，无不在；神，无不在；惟在所以用之。“辞、变、象、占”，足尽“天下之务”，而实惟此“易简之理”。故此章，结以“研极”，乃知其神。而下章，继言“开成”，妙于“洗心”；乃知神明，“咸用”；“《易》无体”，而“贵用”也。

子曰：“夫《易》何为者也？”（“夫易”，古一本，无此二字）**开物成务**（王肃本，作“阖物”），**冒天下之道，如斯而已者也。是故圣人以通天下之志，以定天下之业，以断天下之疑。**

导曰：“‘通志’三句，不必顶。章中，频呼‘圣人’处，宜玩。”潜老夫曰：“‘极深研几’，贵知其‘冒’。而后知‘一在二中’；方生于圆，方即是圆，乃可明也。‘浑’，不碍‘伦’；‘伦’，不碍‘浑’；‘全有’，即‘全无’，乃‘大冒’也。标一‘太极’，实不可以‘有、无’言；而直下之用，止有‘卦爻之大业’；惟在‘善示’‘善告’‘善断’，而已。即从‘蓍卦’言；而天下‘费隐之道’，具焉。”

是故蓍之德圆而神，卦之德方以知（去声）。**六爻之义易以贡**（京房、陆绩、虞翻本，作“工”；荀爽本，作“功”），**圣人以此洗心**（石经、京、荀、虞、董、张、蜀，作“先心”），**退藏于密，吉凶与民同患；神以知来，知以藏往**（刘瓛本，作“感往”）。**其孰能与于此哉？古之聪明睿知，神武而不杀者夫。**

朱子曰：“心中浑然此理，‘吉凶’感于前，而趋避‘民之患也’。圣人，亦人也；人，则有心矣；有心，则亦好吉、恶凶：是为‘与民同患’。”孔颖达曰：“凶，虽‘民之所患’；吉，亦‘民所患者’也。”《心易》曰：“以‘神’行‘智’；则心，不为事物所扰，使物自运，而已不与。”导曰：“圣人看《易》，性情毕具，‘伐毛洗髓’；我与《易》，何分乎？‘退藏’‘同患’，‘知来’‘藏往’，不分两侯。‘神’，如‘火之光’；‘知’，如‘火之魄’。来事纷纭，即从光中，照出往事罗列；光虽未炎，照体具足。”元公曰：“‘密’者，人心秘藏也。诸念不起，应用自圆。神，应于耳目，曰‘聪明’；宅于心胸，曰‘睿智’。‘不杀’者，‘神’能成物，而又善用其威也。”玄子曰：“即以‘吉凶’威服天下，而‘不用刑杀’者，其羲皇乎？”潜老夫曰：“朱升作《七七八八图》；盖六进而围七，九方而用八也。‘八八’，开方也。‘七七’，虽圆；而开方，亦方也。邵子，以‘天为用，地为体’；则‘大体’，自分卦，以立体。而以蓍为用；爻，其应用者也。凡用，皆‘方’‘圆’互用。以方藏圆；此，所以为‘大圆’也。石斋，作《方圆相倚图》，真表法之‘玄要’者乎？”《见》云：“‘方’字，叠见；‘圆’字，惟此章特见。‘藏密’之体，圆于‘同患’之用。‘神武不杀’，与‘酷铲断灭’者，殊矣。”智曰：“‘洗心’‘退密’，而忽言‘神武’，非‘倚天之长剑’乎？《乾》，居天门，为‘大始’，所以用‘专直之大勇’也。‘神武不杀’，明察斋戒，所以统‘仁知之三达’也。”古云：“放之，则弥六合；卷之，则‘退藏于密’。”今曰：“放之，则‘退藏于密’；卷之，则弥六合。”

是以明于天之道，而察于民之故，是兴神物以前民用。圣人以此斋戒，以神明其德夫。（古一本，无“夫”字。）

导曰：“‘而’字，分明指‘天道’，不出‘民故’中。朱子，以‘湛然、肃然’，训‘斋戒’，则‘慎独’心法也。”玄子曰：“古之成‘亹亹’者，必‘寄诸无心’者，而后神。故蓍卦既设，而圣人冥诸‘洗心’；使民用可前，而圣人还以‘斋戒’；此，所以通‘神明之德’也。”《揆》曰：“‘无思’，曰‘斋’；‘无为’，曰‘戒’。”

是故阖户谓之坤，辟户谓之乾，一阖一辟谓之变，往来不穷谓之通，见乃谓之象（见，音“现”；下“见吉凶”，同），**形乃谓之器，制而用之谓之法，利用出入，民咸用之，谓之神。**

苏《传》曰：“变者，两之；通者，一之。”仲虎，以“筮”言。《全》曰：“‘阖辟’者，羲之‘平变’也。‘往来’者，文之‘贞悔’也。”玄子曰：“此一节，就‘户’以喻之。”虚舟说，亦然。程子谓：“见兔，可以作《易》”。张乖崖[1]，断“公事、阴阳”之说，皆当前引触也。潜老夫曰：“此，重在‘制用’‘咸用’，无非‘至体’也。故下文，耸一‘绝待之体’，而要归于‘大业之用’。曰‘象’，谓‘可见者’；曰‘形’，谓‘可见，又可执者’；曰‘器’，则用也。见器，即见形；见形，即见象；见象，即见理。”

是故《易》有太极，是生两仪，两仪生四象，四象生八卦。

潜老夫曰：“《礼运》曰：‘礼本于太一，分而为天地。’与此一语，皆‘破天荒’。邵子曰：‘一，无体也，有无之极也。’《汉制》曰：‘函三为一。’总以‘两仪而下’，一有俱有，谓之‘有极’；即，隐出一画前之‘无极’；双推‘不落有无’，则强名曰‘太极’。其实，‘有极’即‘无极’。直下，舍‘开辟’之‘卦爻’，岂复有‘不落有无’之‘太极’耶？则谓：卦爻，为‘不落有无’之卦爻，无不可者。鸿宝，谓：‘虽

①张咏（946—1015），字复之，号乖崖，濮州鄄城人，著《张乖崖集》。

有太极，苟无其动，不能成用’。吾，故曰：‘不可以“有、无”言，而究用其“有极”者也。’自仪、象、八卦，以至四千九十六，皆‘大二’也。‘大二’，即‘大一’也。历‘吉凶之寂场’，安‘无咎之大业’，则明其‘有极’，而玩占其‘当有者’已矣。言‘无’者，言‘不落’者，非‘缀旒’乎？止菴，以‘丨’指之，正谓‘太极，有所以然之理。’明其‘主统、仆用’，而不使‘窃混沌’者坏教也。”智曰：“两间，皆气也；而‘所以为气’者，在其中。即万物，共一‘太极’；而物物，各一‘太极’也。儒者，不得已，而以理呼之；所谓‘至理，统一切事理’者也。有精言其‘理御气’者，有冒言其‘统理气’者；故老父，分宰理、物理、至理，以醒之。而‘宰’，即宰其‘物理’，即以宰‘至理’矣；此，所以为‘继善、成性’之大业主也。”

八卦生吉凶，吉凶生大业。

潜老夫曰：“太极，生‘两’，以至‘大业’；‘同时即具’者也。‘生大业’，而‘太极’在人日用矣。彼‘踞高’者，执一‘死太极’耳；‘苟偷’者，护一‘荒太极’耳。旧云：‘志者，业之主；疑者，业之贼。’业生；则‘利、害’兼资，‘志、疑’咸定。即斗衡，以藏平称；即规矩，以藏方圆；‘藏天下于天下’之道也。生两、生四、生八，而不言‘生十六、生三十二、生六十四’者，省文也。京山，遂疑《大横图》，为‘希夷伪作’，岂不蔽哉？‘加一倍法’，乃象数之‘立方’也；‘参、圆’，即藏之矣；方圆、参两，并倚、追倚，损益、乘除，皆藏之矣。”智曰：“卦爻，‘大业’全备；而乃以用其‘太极’，乃以理其‘太极’。卦卦、爻爻，时义各中其节，‘各指所之’[①]；‘相推’，即通其‘常’。此，知‘咸用’之赖于‘制用’也；此，知‘制用’之赖于‘研极辨当’也。然不知有‘太极’，不以‘函三’明‘太极’，不以‘二虚一实’核‘太极’，不以‘举一明三’用‘太极’，不要归于‘旋四藏一、四用其三’；则太极，不可得而知。知之，犹‘无知’也。”度氏曰：“太极者，所以发明‘此心之妙用’也。当其适用，自然忘言。”

是故法象莫大乎天地；变通莫大乎四时；县象著明莫大乎日月；崇高莫大乎富贵；备物致用，立成器，以为天下利（荀悦《汉纪》，作“立象成器”），**莫大乎圣人；探赜索隐**（九家，作“探册”），**钩深致远，以定天下之吉凶，成天下之亹亹者，莫大乎蓍龟。**

《易全》曰：“《系词》指‘八卦’，即六十四卦也。万物，皆具‘奇偶’之‘法象’；而‘天地’，其至大也。万物，皆由‘县象’之‘著

① 《系辞上》：“是故，卦有小大，辞有险易。辞也者，各指其所之。”

明’；‘日月’其至大也。万物，皆具‘九六’之‘变通’；‘四时’，其至大也。三者具，而‘《易》道备矣’。乡国，各有占；惟崇高之天子，可以作《易》。巫祝，皆能占；而具神明者，惟‘圣人’。筳篿，皆可占；而‘探索钩致’，待圣用者，惟‘蓍龟’。三者具，而‘《易》职行矣’。”《白虎通》曰：“‘龟’，寿考物也；‘蓍’，言‘长久’。”仲任，引孔子曰：“‘蓍’，旧也。”明善公曰：“‘蓍’，取‘东方之生’；‘龟’，取‘北方之灵’。”刘存宗曰：“以‘天道’归‘君师’，以‘向威’明‘继善’。‘本于大一，而协于分艺。’则夫‘遁上、遁下’之流，唾扫实业，欲逞虚谈；而以神诬世者，自不得，无故生端矣。”潜老夫曰：“‘睹闻’，即‘不睹闻’；‘大业’，贵其可征；则‘造化之三大’，如此矣。秉继者，贵；故统治之‘大宝’，曰‘位’。圣人为立政府，成‘养之、教之’之器；则‘宰民’并‘宰君’矣，‘利人’即‘制人’矣。既以‘扬遏顺天之休命’，而即泯‘神圣’于‘草骨’，泯‘鬼神’于‘夫妇’。故，以《易》托之‘蓍龟’焉。此，‘人道之三’者，所以‘因天、法天而理天’也。”智曰：“圣人，以‘万世之心’作《易》；即以《易》转‘万世之心’，成其‘亹亹’，而心心无心，则‘寂感同时’‘至诚无息’矣[①]。‘一在二中’之天地，惟此‘日月’‘四时’，处处表法；惟圣人，乃能表之。以贵治贱，以德重位，以圣养凡，以器载道，以‘无私之象数’主‘无咎之吉凶’。‘大业’，至神；宁可离乎？可知，应对《诗》《书》，皆‘揲灼’也；‘玉帛’‘钟鼓’[②]，皆‘蓍龟’也。‘有开必先’，圣人因时宜之，而已。”

是故天生神物，圣人则之；天地变化，圣人效之；天垂象，见吉凶，圣人象之；河出图，洛出书（王肃，作“雒”），**圣人则之。**

朱子曰：“四‘圣人’，承上‘圣人’说；‘则之’，承上‘蓍龟’说。”“图”“书”，详前。《见》曰：“‘见吉凶’，非人见；顺度‘见吉’，逆度‘见凶’也。”

《易》有四象，所以示也；系词焉，所以告也；定之以吉凶，所以断也。

《蒙引》曰：“‘四象’，重就‘古《易》之阴阳、老少’言。文、周，辞以告之，断则无疑，诏世详矣。”导曰：“‘四象’生，而‘《易》理’呈。‘太极’之精，‘大业’之用；昭然，若指诸掌。下四语，明‘前民’之功。”

---

①《礼记·中庸》：“故至诚无息，不息则久，久则徵，徵则悠远，悠远则博厚，博厚则高明。”

②《论语·阳货》：“礼云礼云，玉帛云哉？乐云乐云，钟鼓云哉乎？”

右第十一章

潜老夫曰：“三才，以用为时；圣人，以明用神。知‘天道之表法’，因‘民之故’，以‘前民之用’，即‘理民之用’；而‘正辞、禁非’[1]，‘通、断，以定业’焉[2]。理民，即理天矣。‘卦蓍’，以显‘藏密’[3]，乃表法之‘约感通几’也；故收之曰‘天生神物’‘圣人则之’‘所以则之’者，全在‘洗心’‘斋戒’，神理通彻；斯能以自然而制用，使人中节，享‘大业之亹亹’。故曰：‘因二贞一，是其所以神。’”

《易》曰：“自天佑之，吉无不利。”子曰：“佑者，助也。天之所助者，顺也；人之所助者，信也。履信思乎顺，又以尚贤也，（又，郑玄作‘有’）**是以‘自天佑之，吉无不利’。”**

《象正》曰：“《大有》之《大壮》也。‘扬恶顺天’[4]，《大有》‘元亨’之‘顺’也；‘非礼弗履’，《大壮》‘利贞’之‘信’也。有‘顺、信之休’，无‘用壮之失’，合于乾者也。”姜如须曰[5]：“前说‘系词，明吉凶’[6]，结以‘天祐之吉’；此说‘八卦，定吉凶’，亦结以‘天祐之吉’。可知，吉，统‘吉凶’；神明，所以妙于‘几先’也。”徐乾若曰：“‘信’，虚也，而曰‘履’；‘顺’，实也，而曰‘思’。虚实，一贯也。此，已‘立志不惑’，知顺从心矣。惟其不‘高言神圣’，而舍身‘善世前民’，高而旋卑，故曰‘又以尚贤也’。”潜老夫曰：“《大有》，为‘天地交’后‘日明中天’之卦，故有‘遏恶扬善，顺天休命’之象。再举此爻，与‘君子之观玩’，遥应；即与开章‘久、大，托贤人’，遥应。前言四‘尚’，则‘信顺’‘继善’，‘宰世之几’也，‘天人之合符’也。君师，转风；其几，见于所‘尚’。千万里相同，千百世相传，动为法则，必资象教。岂容‘快口雄高，排突贤者之事业’，而坏‘天人之公顺、公信’哉？凡，以‘立法’言，则曰‘贤’；以‘神化’言，则曰‘圣’；非有二也。真神化者，平，不住平；收，又以‘尚贤’之言，乃所以圣也。‘顺’，真顺矣。故下文，以‘象’‘意’‘书’‘辞’，反复表

①《系辞下》：“理财、正辞、禁民为非，曰义。”

②《系辞上》：“通天下之志，断天下之疑，定天下之业。”

③《系辞上》：“是故蓍之德圆而神，卦之德方以知，六爻之义易以贡。圣人以此洗心，退藏于密，吉凶与民同患。”

④“恶”字，应为“遏”字。此处于句意突兀。《大有》卦，《象》曰：“君子以遏恶扬善，顺天休命。”

⑤自此“须曰：前说系词明吉凶”开始，至“圣人立象以尽情伪，系词言以尽其言，变而通之以尽利”，北大本缺失，根据文镜本。

⑥《系辞上》：“圣人设卦观象，系辞焉而明吉凶。”

圣人‘信顺万世之心’。《下系》，首言‘正辞、禁非’，而收以‘知险阻’。知众言，则《鲁论》收‘三知’之意也。我故曰：‘象，已言矣；言，亦象也。’言，为心苗；所以‘格天、格人、格古今、格人物’之几也。圣人主天地之‘善用’，在此。‘神明、默成’，因之以传，能不珍重耶？‘言’，即‘无言’，不必言矣。”

子曰：“书不尽言，言不尽意”。然则圣人之意，其不可见乎？子曰：“圣人立象以尽情伪，系词言以尽其言，变而通之以尽利，鼓之舞之以尽神。”

慈明曰：“人心无疑，行事不倦。如以鼓声，作舞容；鼓声愈疾，舞容亦愈疾。不知孰使者，神也。”渔仲曰：“卦象言辞，皆形也，即皆神也。”《儿易》曰：“圣人之御物，居理立教，皆有‘不尽’者；以有不尽，故求尽之。故可以极‘千世之才’，皆求尽之；而皆无以‘尽其不尽者’。”《见》曰：“既谓‘不尽言’，又谓‘尽其言’，何也？其‘尽’也，本‘不尽’也；‘不尽’也，不妨尽也。”朗三曰：“本为著书、传心发旨，而人情、物理俱尽。”潜老夫曰：“‘言’与‘无言’之二，犹‘形’与‘无形’之二也。‘言即无言’之一，犹‘形即无形’之一也。此‘常一’‘常二’之中，有‘雅言’其‘常言’者，有‘罕言’其所‘难言’者；‘有余不敢尽’，而以‘象’尽之。一切表法，天地之‘无隐’也。乾坤不毁，是《易》之‘无隐’也。民事、民业，即‘天视’‘天听’也[①]。日用、饮食；‘雅’，皆‘罕’矣。浅者，不知圣人之‘神明、默成’[②]；深者，自以为知圣人之‘神明默成’。然终不知，‘日用饮食’之无非‘事业’也、无非‘象’也、无非‘乾坤’也、无非‘道器’也、无非‘赜动’也、无非‘通变’也，即无非‘神明默成’也。岂独‘卦爻立象’，为‘不言之言’哉？子贡：‘不可得闻’。其，初悟乎？岂执‘文章’，非‘性道’乎？欲人‘极深’而‘神明’耳。”智曰：“训诂、杜撰，非‘文章’；黑山影事，非‘默成’；无论矣。其，固守制表而执以为一；破象倘徉而不详其二者，皆非‘真知之鼓舞’者也。返闻自性，然后见其‘不见’，仍与民忘其‘见不见’，乃为‘真见’。果是‘探骊得珠’[③]，自能‘指月并忘’矣。此章，更端问答，而以‘尽’‘不尽’呼之，以‘见’‘不见’呼之，又以其‘谓’呼之，又

①《尚书·泰誓》：“天视自我民视，天听自我民听。”

②《系辞上》：“神而明之，存乎其人；默而成之，不言而行，存乎德行。”

③《庄子·列御寇》：“取石来锻之。夫千金之珠，必在九重之渊，而骊龙颔下，子能得珠者，必遭其睡也。使骊龙而寤，子尚奚微之有哉？”

以其‘存’呼之。‘天何言哉？时行物生。’[①]‘圣人之情，见乎辞’。[②]同乎别乎？语乎默乎？象乎意乎？传神写照，总在里许。”

乾坤，其《易》之缊耶。乾坤成列，而《易》立乎其中矣。乾坤毁，则无以见《易》;《易》不可见，则乾坤或几乎息矣。

导曰：“‘乾坤’，即象。‘成’与‘毁’对，皆从‘立’字生。此，明‘意与象，非判然两物也’。”潜老夫曰：“凡举‘阴阳’，举‘九六’，举‘奇偶’，举‘天地’，皆‘乾坤’也。不二，不一，而必‘用一于二’者也。前曰‘门’，此曰‘缊’；‘弥纶’‘费隐’，中旁森罗矣。本‘无息’也，恐民不‘鼓舞’，而事业不能‘信顺’；故必指其形，而寓之。玩一‘立’字，立‘三才之道’。‘建极、会、归’[③]，岂‘泛然之谓’乎？”

是故形而上者谓之道，形而下者谓之器，化而裁之谓之变，推而行之谓之通，举而错之（古，作“措”）天下之民谓之事业。

《或问》朱子曰：“上下，何以‘形’言？曰：‘此言，最当。’若以‘有形’‘无形’言之；则物与理，相间断矣。器亦道，道亦器，有分别而不相离也。”张献翼曰[④]：“孔子之为人也，周；故示人以‘器’，而晦其‘道’。使‘达’者，可见；而‘未达’者，不眩也。老子之自为也，深；故示人以‘道’，而略其‘器’。使‘达’者，易入；而不惜其‘未达’也。”《见》曰：“‘形上’二节，明‘《易》，无可谓’；从而谓之‘皆《易》也’。‘极赜’二节，明‘《易》，无所存；随其所存，皆易也’。”导曰：“开钟扪籥，误以为日，非‘泥器之过’也，‘求道之过’也。故，下复以‘是故夫象’提宗[⑤]，遂证‘神明’。”玄子曰：“‘形而上’者，不容说。轮扁，所谓‘若有数存于其间，而不可传于人’者，亦自得于象问，可耳。”潜老夫曰：“藏‘道’于‘器’，则乾坤‘道义之门’，公之‘民视、民听’矣[⑥]。偏宕者，不得‘粪治教、坏事业’，以骇民矣。而‘格物’‘践形’，‘神化’[⑦]‘参赞’，要不出此。彼自快其‘一往不反’，欲雄孤宗，则有‘不顾虐民、诒民’者矣。起于‘毁器见道’，又‘毁道以任器’；又‘两夺’，以显‘迅胜’；于是，中间颠倒，言行矛盾。

---

①《论语·阳货》：“天何言哉？四时行焉，百物生焉，天何言哉？”

②《系辞下》。

③《尚书·洪范》“皇极：皇建其有极。”“会其有极，归其有极。”

④张献翼（1534—1604），字幼于，后更名敉，长洲人，著《文起堂集》十卷，《纨绮集》一卷及《读易纪闻》《读易韵考》等。

⑤“宗”字，北大本不清，根据文镜本。

⑥《尚书·泰誓》：“天视自我民视，天听自我民听。”

⑦《系辞下》：“神而化之，使民宜之。”

主‘尚贤之信顺’者[①]，能不受其‘凿喉剥痕’之冤乎？故，重举‘物宜’‘典礼’，见‘赜动’之‘易简’，归‘鼓舞’之‘事业’。而‘至德凝道’[②]，其人、其行，‘悱三’[③]‘竭两’[④]，在自得之。非可强许河沙，适成‘暴弃’也。”智曰：“森森者，形乎？无形，寓矣。‘不落二者’之形无形，亦寓矣。象、数、言、辞，犹是也；知之，但践其‘森森’而已矣。故曰：‘太极，践卦爻之形；於穆，践礼乐之形。’‘化裁’‘推行’，即所以‘格致研极’也；而蓍变、卦变，具其几焉。”移孝曰：“民事、民业，即‘时行物生’也，即‘卦爻、时位’也。回示搜索虚无，不已赘乎？故合‘事业’‘德行’，以归实；而以‘象’寓‘微言’。何必，雕镂‘黄叶’，以疑贩世，而曰‘我不存轨则也’，乃名‘神畸鼓舞’耶？”

是故夫象，圣人有以见天下之赜，而拟诸其形容，象其物宜，是故谓之象。圣人有以见天下之动，而观其会通，以行其典礼，系辞焉以断其吉凶，是故谓之爻。

导曰：“加四字于首，以见‘象能尽意’。迥别前文；此，点化之妙。”

极天下之赜者，存乎卦；鼓天下之动者，存乎辞。

胡云峰曰：“穷‘天下万物之理’，而画诸‘卦’，曰‘极’；发‘天下万物之理’，而见乎‘辞’，曰‘鼓’。‘鼓’者，‘发扬之意’也。”潜老夫曰：“‘谓之’者，析微辨当，所以‘告民’也。‘存乎’者，表法之会通，所以‘入神’也。”

化而裁之存乎变，推而行之存乎通，神而明之存乎其人，默而成之，不言而信，存乎德行。（裁，古一作“财”；“行”，去声。）

仲虎曰：“自‘形上’，而‘措诸事业’，由微达著也；自极‘赜’，而极于‘德行’，由著归微也。”杨诚斋曰：“有天《易》，有竹《易》，有人《易》。‘神明’‘默成’，则《易》不在天，不在竹，而在人矣。”姚康伯曰：“真默、真神，又何碍‘天《易》、竹《易》、人《易》’之共‘象其象’乎？”藏一曰：“莫‘默’于象，莫‘信’于象。”潜老夫曰：“‘存乎其人’，岂书言，所能尽乎？有‘其人’，则书其书，言其言，犹

① 《系辞上》：“履信思乎顺，又以尚贤也。是以自天祐之，吉，无不利也。”

② 《礼记·中庸》：“苟不至德，至道不凝焉。故君子尊德性而道问学，致广大而尽精微，极高明而道中庸。”

③ 《论语·述而》：“不愤不启，不悱不发。举一隅，不以三隅反，则不复也。”

④ 《论语·子罕》：“子曰：‘吾有知乎哉？无知也。有鄙夫问于我，空空如也。我叩其两端而竭焉。’”

之‘象其象，而形神自双宜’矣。无‘其人’，则各书其书，各言其言，各象其象；道，原不息于‘两间’也。阳明曰：‘默，有四伪。’‘神明’者，象、意、书、辞，皆‘默成’也。近有尸祝‘无意’者，睹‘尽意’，而亦欲攒眉；有尸祝‘四无’者，览一‘善’字，而若犯其讳；非误坑乎？”智曰：“‘标季’之语，‘佣语’也。默，亦‘伪默’也。默伪虽疵，语伪毕露，见闻陋习，汩没久矣。明佣伪语，默亦剂之。然，道不载于‘语’‘默’；而‘两间’，无非‘象缊’。‘语’之于‘默’，犹‘感’之即‘寂’也。‘存乎其人’一语，其‘信顺凝道’之符乎？‘正人说邪法，亦正。’[①]况‘正人，说正法’乎？《易》，是‘一’音。随类通解，爻策森罗，原超象始，莫非‘性命之飞跃’也？经典如向，本自忘言，莫非‘传《易》之亹亹’也？鼓‘德业’，为‘节奏之器’；舞‘神明’，于‘赜动之场’；篚香不息，一际洋溢，何容复作‘形神覼缕’乎？象，而已矣。”

右第十二章

《心易》曰：“十二章，‘赞《易》之道’，即‘赞《易》之用’。造化即心，而不妨分析。就民质言，正其视听也；理自会通，‘百物不废’。岂矜‘电拂’之偏词乎[②]？此章，总归‘象数’，而要重‘传《易》在人’。”

周易时论合编卷之十终

① 《赵州禅师语录》：“正人说邪法，邪法亦随正；邪人说正法，正法亦随邪。”
② 《永嘉禅师证道歌》：“大千沙界海中沤。一切圣贤如电拂。”

周易时论合编卷之十一

皖桐方孔炤潜夫论述
孙中德、中履、中通、中泰编录

系辞下传

八卦成列，象在其中矣。因而重之（“重”，平声），**爻在其中矣。**

玄子曰：“上篇，言‘圣人作《易》之理’，备矣。此，下篇之首，专以‘动’言；盖《易》书之作，教人慎动。慎动，莫若正；故独提‘贞’。”潜老夫曰：“冬炼三时；‘贞’，所以为‘元、亨、利’也。正、贞，同声；信、智，同位。以‘贞’宰物，以‘信’用智，必别、必序；而后，天下可得而理矣。故历历指之，不碍其‘同时皆备’之‘寂然’，正不碍其‘渐序统列’之‘历然’也。象与像，此‘象’字应；爻与效，此‘爻’字应。”智曰：“《易》，贵‘前用’。故指其中，而贞其动。此，《下系》之首旨，所以‘易简’其‘险阻’，而消‘天下之情’，相忘于‘天下之理’也。《淮南子》、王弼、虞翻、孔颖达、陆震、陆德明，以为伏羲重卦。郑玄、淳于俊，以为神农。孙盛，以为夏禹。马迁、扬雄、皇甫谧，以为文王。盖羲所‘重’也，诸家纷纷耳。诸家，又‘以十六、三十二，疑邵子之《大横图》’者，是‘井蛙’也。至理一合，无所不合；万事、万理，以数为征。从此千万，皆‘两倍’中‘用参’，而乃信不及乎？朱子尊邵子，是真卓见。”

刚柔相推，变在其中矣。系辞焉而命之，动在其中矣。

《全》曰：“上四句，明羲画；下四句，明《周易》。下言，‘生乎动’。动，以‘用’言，即‘变’之、‘所’之。而变之位，有当否；故其词，有‘吉’‘凶’‘悔’‘吝’。人不动，何尝差乎？一吉，而已。”导曰：“四‘在其中’，皆推出一步。‘变在其中’，未即变也；‘动在其中’，未即动也。然，物理㯼括，实尽。”

吉凶悔吝者，生乎动者也。

导曰：“遂承‘动’字，急下转语。‘圣人藏密’‘与民同患’，皆为此字作计。周子，言‘慎动’，所以‘慎独’也。”潜老夫曰：“‘功业见乎变’者，用也。而有‘不变之常’，则虽在动中；而‘常’不动，‘元善’[①]‘易简’之理，是也。在子，曰‘孝’；在臣，曰‘忠’；遇事物，则理义始显。而‘矫枉之流’，不言‘善动’，遂欲‘禁动’；荡翻，而言‘动本不动’者，则扫理横行矣。”

刚柔者，立本者也；变通者，趋时者也。

“立本”，申“象爻”节；“变通”，申“变动”节。《全》曰：“《羲易》错对，《周易》贞悔。天下‘赜动’，一正一反，尽之。”

吉凶者，贞胜者也。（姚信本，“胜”作“称”）

《儿易》曰：“贞祸，亦吉；邪福，亦凶。‘贞、邪’者，《易》之所以‘告确也’；‘吉凶’者，《易》之所以‘示疑也’。确，故愈神；疑，故愈贞。”潜老夫曰：“圣人之‘情缊’，岂得已耶？人人‘趋时’矣。假托‘变通’，以为‘时中’。而玄士，又藉‘四无’，以诟‘分别’，则磨‘掊克’圣贤[②]、‘纵舍盗贼’之锋传[③]，舍‘是与非’。苟可以免之秘，尚曰‘非狂泉乎？’此一‘贞’字，真‘大霹雳’。”

天地之道，贞观者也（“观”，去声）；**日月之道，贞明者也；天下之动，贞夫一者也**。

《儿易》曰：“莫贞于一，莫神于二。镜镜相照，百千无穷，以为‘生生’摩荡。乌知‘立本’‘贞明’，惟此‘两镜’而已乎？”潜老夫曰：“神二，即以‘贞一’。非执‘於穆’，为‘常不变’者也。‘贞观’‘贞明’，以可见藏不见者。常，不变也，此曰‘贞夫一’。岂‘颟顸不分之一’耶？盈两间，皆气；气凝诸形，而‘所以者’，亦弥之。遇事物，而‘当然之节’著焉，犹之‘卦爻之时位’也。洞彻所以之用于当节，而直于‘时位’也。则，福，不必幸；祸，不必辞。岂非‘常操其胜’乎？”

夫乾，确然示人易矣（“确”，《说文》作“隺”）；**夫坤，隤然示人简矣**。（“隤”，孟作“退”；陆、董、姚，作“妥”）

潜老夫曰：“此，亦从动处，见其‘确然’‘隤然’示人也。‘易简’之善，贞，即一矣；一，即贞矣。”

---

① 《乾卦·文言传》：“元者，善之长也。”

② 《孟子·告子下》：“遗老失贤，剖克在位。”

③ 《庄子·胠箧》：“纵舍盗贼，而天下始治矣！”

爻也者，效此者也；象也者，像此者也。

潜老夫曰："'效此''象此'，明其'至一而不纷'者也。"智曰："于此悟得，始能自知本领，不负乾坤；天下火坑，动如平地。然圣人告人，直是'爻爻，冰渊'。"

爻象动乎内，吉凶见乎外，功业见乎变，圣人之情见乎辞。

玄子曰："'爻象'，动乎占；'吉凶'，即见其际。故，以'爻象'在书者，为'内'；'吉凶'在事者，为'外'。理有同然，触之自应，'功业'立见，所谓'变通，尽利也'。惟恐'不与吉会'者，圣人之仁；而惟恐'不与正合'者，尤'圣人之义'也。不论'吉凶'，惟以'贞胜'，而归于一者；则《系辞》，'觉民之本指'也。故曰'情见乎辞'。不则，'瞽史'耳。"导曰："圣人善世本愿，凄恻不禁。'情动于中，而形于言；言之不足，故嗟叹之'[①]。乃知'太上忘情'，非'笃论'也。'象''爻''变''辞''吉凶'字，逐一结之。"潜老夫曰："不能不动，即不能不'功业'。'功业见乎变'，能不叹巢牧乎？圣人之情，苦矣。故著'大德'之'生''守位'之'仁'，而详'理财禁非'之'正辞'，为万世'贞动'之'政府'。"

天地之大德曰生，圣人之大宝曰位（孟喜，"宝"作"保"）。**何以守位？曰仁**（朱子曰：今本，作"仁"。吕氏从古，作"人"。今按陆德明，作"人"。王肃、王伯、王桓玄、明僧绍本，皆作"仁"）。**何以聚人？曰财**（湛甘泉，以"财"，为"彖材"之"材"；亦不必）。**理财正辞、禁民为非，曰义**。

董子曰："天使阳布施于上，以生岁功；使阴伏于下，积于不用之处，而时佐阳。王者，承天意以从事，故任德教也。"韩康伯曰："'无用'而'常足'者，莫妙乎'道'；'有用'而'弘道'者，莫大乎'位'。'正辞'者，'正名'也。"元公曰："乾坤，示人以'象'；圣人，示人以'辞'。然圣人'觉世之情'，正体天地'好生之德'也。盖斯民以财为命，随财习非，以贼其生。圣人，以义制利，而'正辞'禁之；然后，民明于'趋避'，而免于'不教而杀之虐'矣[②]。《春秋》，为刑书；《大易》，亦禁书也。'好生之德'，得'宝位'，而大行。'包牺'诸帝，皆'得位圣人'也；'网''耒'等事，皆圣人'理财'也。"玄子曰："天地，惟以生物，为事；而又生'合德之圣'，居'君师之位'；而后，天地所生，得以'各遂其生'。"陆绩曰："人，非财，不聚。故

① 《毛诗序》。

②《论语·尧曰》："不教而杀谓之虐，不戒视成谓之暴，慢令致期谓之贼，犹之与人也。"

圣人‘备物’‘尽利’[1]，以业万民，而聚之也。‘理财’者，‘备物致用，立成器’也。‘以乾坤为本，以阴阳为端，以四时为序，以日星为纪，月以为量。’[2]而五行，皆可得而财也。既‘理其财’，又为之‘立名定分’，以‘正其辞’；而敕法，以‘禁其为非’。此，义，所以仁之。‘仁义’，即以‘利之’；‘利之’，即以‘理之’者也。”潜老夫曰：“《大学》‘格致’，不过‘还民之好恶’；而归于‘理天下之财’，以义利之。此章，揭明‘贞一’，以善‘天下之动’，已括尽矣。吾尝曰‘各安生理’之‘圣谕’，是‘真闻道’之归实语。一部全《易》，万世‘蓍龟’，奉此‘圣谕’，而已。止有，在世言世。‘出世’，原以‘经世’；以‘敝屣’，而神其‘垂衣’耳。彼‘希慕仙定，以言性命’者；不近人情，而高‘自错’者，‘放言土木，以委化’者；大乘久呵，何况《易》准？然‘百物不废’，奚碍其一物耶？独是不安于‘四民之列’[3]，而遁上、遁下，势必‘灭理逞兽，而树幢阻教’。是《易》之‘流涕防辨’者；几，则在乎‘浚振’‘执随’‘危熏’‘迷复’之际矣。”

右第一章

导曰：“在天下，曰‘一’；在圣人，曰‘情’。‘一’，主‘贞’；‘易简’兼成。‘情’，主‘辞’；‘吉凶同患’。”潜老夫曰：“此，承上篇‘富贵’‘圣人’‘蓍龟’三段；而勉‘万世之君师’，不必舍‘易简’，而别求‘奇方’也。‘善动’，以‘贞’；‘贞胜’，以‘一’；善‘一天下’，以‘易简’；善‘易简天下’，以‘情’。善‘以情，贞天下之性命’者，‘理财’，而已。极后世之‘高谈大道、出格双超’者，无非‘取食’也。‘任德不任刑’[4]，而即‘禁天下’者，‘正辞’而已。极后世之‘纵脱无惮’，必‘巧为说，以自解’；固，无奈‘圣人之辞’，何也？辞之神也，在‘以卦爻，示人’，又在‘以蓍龟，护贞胜之典谟’；而‘辞、象’，双泯于‘万世之魂梦’矣。”

古者包牺氏之王天下也（古，作“包牺”；孟喜、京房，作“伏戏”。马，作“虙羲”；或云“庖牺”，以“网兽为食”名。智按：“古，四声通转。”“包”与“孚”，通。胞，作脬；捊，作抱；莩，即苞；浮，通泡。“隐公九年，盟于浮来，公穀作包来”。可证，“包羲”，即“伏羲”。孚、俯、付、伏，盖古呼。包，如孚也。“王”，去声），**仰则观象于天，俯则观法于地**（《汉书》，作“察法，睹鸟兽之文”），**观鸟兽**

①《系辞上》：“备物致用，立成器以为天下利，莫大乎圣人。”
②《礼记·礼运》。
③《谷梁传·成公元年》：“古者有四民：有士民，有商民，有农民，有工民。”
④《春秋繁露·基义》：“承天意以从事，任德教而不任刑。”

之文，与地之宜（《乾凿度》引："孔子曰：'中观万物之宜'"。王昭素谓"是与天地之宜"。司马贞《史记补》引此，无"天"字），**近取诸身，远取诸物，于是始作八卦，以通神明之德，以类万物之情**。

朱子曰："所取不一，不过以验'阴阳消息两端'，而已。"此，承上言"理财""备物致用成器"之事。导曰："'观'者，往别其伦；'取'者，来比其类。圣心，全体太极，犹然不废'观取'；自古，无'师心圣人'。"《易简录》曰："世人，但以'块然之形'，为'一身'。'俯仰'，不知所以'观'；'远近'，不知所以'取'。'作《易》者'之'忧患'，何时而已哉？"《儿易》曰："圣人，穷观极察，忽形一画；一画，即包诸画。后圣辨之，明其物始。儿初堕，得其气，能回殊死。匠之魅者，木斧初谋，传以'符禁'，则能祸福。蚖，出蛰下噬，寄物为毒。元鷤瑦乘春相目，不能先声；声者，气决立绝。凡物之怪，皆聚于始。理之始者，岂得不著异乎？"《集成》曰："伏羲，'开天'之圣，一曰'食，顺其自然'。神农，'辟地'之圣，二曰'货，顺其自然'。黄帝、尧舜，'理人'之圣，通变宜民，乃作政事，云为'养生''厚终'等事。"潜老夫曰："家羽南氏，作《十三卦应十二官图》，而始子。吾，抚楚时，见李愚公说'始帝出之卯，而乾坤合卦'，则俨然于午矣。'十三'者，'藏闰'之表法也。絃徽，其确征也；乾合挂之用策也。朱子谓：'龟文十五，而两边挿八，外围二十四。'今按中层，乃五八相并，为十三也。月与天交，十三。漳浦'三乘八八，以合甲历，而立十三交'，皆有至理。谓'为观取通类之一端'，何如？人不察，遂不信，反詤漳浦，是可叹也。既已格破'全费、全隐'之物，'神奇''臭腐'，何精？何粗？何内？何外？则在世言世，'备物致用'，以此征质物理，'穷年'可也，'薪火'可也，'等之博奕'可也。刻意鉏抑，'穷理格物'之'质实饮食'，以雄逞其'虚滉诒人'之'炙影奇方'耶。甘心'狎侮'，遂其'固陋'，哀哉！"衍曰："未有天地前，先有《图》《书》矣。圣人者，'昆仑天地'之'佣书客'也。"智每叹"虚空，无非'卦爻''象数'。圣人格通，处处表法。后人，好径'苟偷'，觊得'电拂'，非以'空拳裨贩'，即踞荒高独尊。况'胶训诂''膏词章'乎？况'世味'乎？以故'天地生成'之实法差别，'开物成务'，深几神明；少有'抉微示后'者。此，老父所以，晚年摹据不休也。"

作结绳而为网罟（《今石经》，作"罔古"），**以佃**（古，作"田"）**以渔**（古，作鱼、觑）**盖取诸《离》**。

胡云峰曰："民，以食为先。自古，未有耕种；'鲜食'，乃其先也。"

南轩曰[1]：“古，兽多民少；此，非徒‘鲜食’，所以‘防害安居’。”元公曰：“‘制器尚象’，始于《离》，终于《夬》，明‘决之为用，大矣哉’。前言‘作结绳，为网罟’，后言‘易结绳，而为书契’，首尾呼应。画卦之初，已开‘万古文字之祖’矣。谁言‘书契，不包于《易》哉’？离火，克物之尤也。内明炳炤，遂发杀机；‘甲胄’‘戈兵’，皆从此起。所以，除害，而护生也。”《儿易》曰：“天予‘龟’‘马’，以《图》《书》；即予‘禽兽’，以‘爪角’。欲以‘卦画’，事‘龟马’；不得不以‘网罟’，治‘禽兽’。故曰：‘太昊之世，鸟兽虫蛇，怀其所毒者，畏网罟也。’”潜老夫曰：“鸿宝之痛，深哉。如‘率兽、焚网’者何？”《遡》曰：“二巽颠倒，为‘结绳’；两目相丽，为‘网罟’。兑‘兔’，巽‘鱼’；为‘网罟’，中‘佃、渔’。”

包牺氏没，神农氏作，斲木为耜，揉木为耒（揉，《食货志》作“煣”），**耒耨之利，以教天下，盖取诸《益》**。

《遡》曰：“《益》之坤[2]，为‘田’。巽，长木；震，刚木。‘长木’，‘进退’于‘坤田’之上；知，为‘耜’。耜，则柄而乾金剡之。‘刚木’，‘震动’于‘坤田’之上下；知，为‘耒’。耒，则‘贯铁’之曲木。艮‘手’，揉之，曲也；揆涣之剡，同。”导曰：“此，‘粒食’也。立教之大，无若‘耒耜’；故申之曰‘教’。”考曰：“遂皇氏，教人渔；东户氏，耕者余饩，宿之陇首；大巢，佚衣、挛领；皆在羲前。”

日中为市，致天下之民，聚天下之货，交易而退，各得其所，盖取诸《噬嗑》。

郑合沙曰：“十三卦，始《离》、次《益》、次《嗑》，所取‘食货’，生民之本也。”玄子曰：“《周官》三‘市’[3]，或初创‘日中’耳。五十里市，‘各致其民’，是也。离，‘日’象；震‘足’，涉大涂；互艮，‘径路’，‘致民’象。坎‘水’、艮‘山’，‘百货所出’象。以有易无，犹‘物间之啮合’也。古说，取音。”《隅通》曰：“《复》之雷，在‘子半’，则‘商旅不行’；《噬嗑》之雷，在‘日中’，则‘交易而退’。然则‘锱铢之算’，通于天乎？故‘市之道’，不可论交；‘市之门’，不可论心也。济民之用，无若‘交易’，故曰‘得所’。”潜老夫曰：“凡物理、人事；用，即是二。二，无不以‘交易得所’者，其几可惕；故贵‘日

①南轩（1518—1602），字叔后，陕西渭南人，人称“渭上先生”，著《渭上稿》《渭上续稿》等。

②《益》卦，二三四爻互坤。

③《周礼·周官·司市》：“大市，日昃而市，百族为主。朝市，朝时而市，商贾为主。夕市，夕时而市，贩夫贩妇为主。”

中'以照之。"

神农氏没，黄帝、尧、舜氏作，通其变，使民不倦；神而化之，使民宜之。《易》，**穷则变，变则通**（古一本，无此三字），**通则久，是以"自天祐之**（古，作'佑'），**吉无不利"。黄帝、尧、舜垂衣裳，而天下治，盖取诸**《乾》《坤》。

孔仲达曰："黄帝，即云'尧舜'；略举'五帝'之'终始'。"朱子发曰："二老合者，'无为'也；六子，'自用'也。十三卦，独乾坤，合为一卦。上古，衣裳相连，乾坤相依，君臣一体也。秦始离之，此服妖也。象，则乾衣六幅，坤裳十二幅；义则'尊卑'，《周易》所首也。"玄子曰："神农，与民并耕，草衣，无'辨贵贱之等'；八代，而始有'典礼文物'。礼达，而分定；所以'通变'，而'神化'也。'尚贤''扬善'，不言而化，'自天佑'矣。"导曰："两'使民'字，灵光剡剡。乾坤交泰，黄帝、尧舜，适乘斯运。合两卦，为一义；合三圣，为一代；与他卦'一时、一事'，不同。"《全》曰："以下九事，皆'黄帝'始。并言'尧舜'者，肇始于'黄帝'，而备极于'尧舜'也。淇澳曰：圣人，不待其穷而变，则为'神化'。五伯，出于'力之一途'，不免'颠倒衣裳'。"《易简录》曰："尧学，历象，日月星辰，天学也；舜学，封山、肇州、浚川，地学也。盖取乾坤，以此。文王时，将乾坤，重一整顿。"

刳木为舟（陆德明，作"挎"），**剡木为楫**（陆，作"掞"。古，"楫"作"檝"），**舟楫之利以济不通，致远以利天下**（古一本，无此一句），**盖取诸**《涣》。

《诂》曰："巽'木'，在坎'水'上；又上五画，中虚，'舟'象。初偶，'楫'象。川涂一通，则万国通矣。"

服牛乘马（《说文》作犕牛），**引重致远，以利天下**（古一本，无此四字），**盖取诸**《随》。

《遡》曰："《随》，以巽'绳'，御坤'牛'，曰'服'。坎'臀'，加乾'马'，曰'乘'。牛后见乾，马前见兑；乾重而兑开道，'引重致远'也。凡阳阴，即乾坤也；以变言之，亦可。谓'震，本坤来；兑，本乾来'，亦可。下动、上说；轮辔，从此驭矣。"《隅通》曰："牛生望前，则子行母前；牛生望后，则子行母后，'随其天'也。马劣喜前，驽者喜后，'随其性'也。圣人，'络马口，穿牛鼻'[①]，'随其性'而已。"

重门击柝[②]（《说文》作"梼"，又作"榐"），**以待暴客**（郑本，作

①《庄子·秋水》。

②原为"析"字。

“报”），**盖取诸《豫》**。

《豫》，一阳，界于“五阴之间”，“关”象也。坤，为“阖”。互体[1]，为艮；艮，有“阙义”焉。柝[2]，以威耳，象“雷震、善鸣”也。中爻，坎“盗”。《诂》曰：“川涂，通；而暴客，至矣。故言‘御警’。”

断木为杵，掘地为臼，臼杵之利，万民以济，盖取诸《小过》。

《诂》曰[3]：“粒而不‘脱粟’，故使精之。震‘木’、艮‘土’，上‘动’、下‘止’；互兑，‘毁折’。肖坎，陷‘臼’；艮‘手’，‘舂’之。此，亦‘小事之过精’者。”

弦木为弧，剡木为矢，弧矢之利，以威天下，盖取诸《睽》。

黄《疏》曰：“兑金、离火，相克；杀几也。《兑》‘金’，射《离》‘甲’，而穿其中心；故，《睽》有‘张弧’象。‘后世圣人’，犹是‘圣人’也；而世，已后矣。圣，无‘污隆’；世，有‘升降’矣。”马六初曰：“物，皆自具‘爪牙之利’；人，安得无‘弧矢之备’？上古，人为兽食；人去兽，亦不远。自‘圣人出’；而人，异兽矣。然而，世降、化衰，人心奸险，则‘甚兽’也；况，有教‘率兽’者乎？故圣人，终以‘明辨’，为‘威’，行其恩。”

上古穴居而野处，后世圣人易之以宫室世（《说文》，作“后代”），**上栋下宇，以待风雨，盖取诸《大壮》。**

潜老夫曰：“‘营窟橧巢’之为‘四阿、两下’也；法象，备于居矣。《考工》谓：‘栋尊宇卑，则吐水疾而溜远。’以‘隤下’，为‘宇’也；四刚，而上‘二柔’，象之。‘风雨，动于上；栋宇，健于下’[4]，《大壮》也。此一宇内也，故并《大过》之‘死事’，与‘书契’之《夬》‘决’，同收焉。”

古之葬者，厚衣之以薪（“衣”，去声），**葬之中野**（《汉书》，作“藏之”），**不封不树，丧期无数，后世圣人易之以棺椁，盖取诸《大过》。**

淇澳曰：“石椁者，愚；裸葬，亦矫。延陵之葬其子，高致也。”《诂》曰：“有虞瓦棺，夏堲周；殷人，以‘棺椁’。盖古有木制，而历代杂用也。事，莫大于‘送死’，故取《大过》。”《遡》曰：“兑‘毁’、

①“互”字，原为“五”字。豫卦，二三四，互艮。

②原为“析”字。

③何楷著《古周易订诂》。

④司马光著《温公易说》。

巽‘木’，中坚外方，纳‘枯老’于中[①]。二巽，‘长木’，颠倒，为‘棺椁’云。”

上古结绳而治，后世圣人易之以书契，百官以治（《白虎通》，作“理”），**万民以察，盖取诸《夬》**。

《遡》曰：“‘书契’，所以决‘小人之奸’。乾、兑，为‘金’，能断，亦‘决’义也。下长刚，而上柔，亦‘笔’象。”《全》曰：“‘书’，古以‘刀笔竹简’。契，以木刻‘一二三四五六之数’，而中分之，各执其一；合，以为‘信’也。自一画至五，则为‘乂’；至五，而变。《夬》有五奇，而变上画，故象之。”淇澳曰：“自乾坤，至夬；又，一乾坤也。”《易简录》曰：“天王，书‘即位’‘崩’，垂‘治统’也。兹叙通统，非‘伏羲、神农、黄帝、尧舜’不书。作与殁，若‘汤武’竟入‘革命’，亦严矣哉。”黄《疏》曰：“‘盖’者，非先有《易》书，而必取此也。《易》，为‘物理尽变之书’；万世，莫有外者耳。《阴符》曰：‘食其时，百骸理；动其机，万化安。’其《易》之谓乎？十三卦，中《乾》《坤》，而终《夬》；《杂卦》，始《乾》《坤》，而终《夬》；寓意，深矣。‘网罟’，‘耒耜’，‘衣裳’，‘舟车’，‘杵臼’，‘弧矢’，‘宫室’，‘棺椁’，皆‘木之功用’也。故震、巽，先乎六子；而春木，王于四时。”潜老夫曰：“《十二环图》，始卯，而乾坤居午。终以‘书契’，决于寅方，为‘人事之权’，信有寓旨。”

右第二章

是故《易》者，象也；象也者，像也。（孟、京、虞、董、姚，“像”亦作“象”。）

邵子曰：“假‘象’，以见‘体’，而本‘无体’也。”郭子和曰：“‘《易》’，指‘理’言；‘象’，指‘画’言；‘像’，指‘天地人物’言。”苏《传》曰：“‘像’，之言‘似’也。其实，有‘不容言’者，故以其‘似者’告也。达者，因似，以识真；不达，则又其‘似似者’，而日远矣。”朱子曰：“三百八十四，皆‘自然之象’。如镜相似，物来能照，即如‘潜龙’，亦一象也。自天子至庶人，随来皆得。”元公曰：“前章，皆‘尚象制器’之事；故，此章直以‘象’明之。六经，皆‘象数’也。”潜老夫曰：“《南华》‘寓言’，窥《易》之似，而‘骀荡之者’也[②]。‘榆欓’海函[③]，文加廓焉。因而为‘謳语电激’，因而‘竞新逃玄’

①《大过》卦：“九二，枯杨生稊，老夫得其女妻；无不利。”“九五，枯杨生华，老妇得其士夫；无咎无誉。”

②《庄子·天下》：“惜乎惠施之才，骀荡而不得，逐万物而不反。”

③方以智《通雅·器用》：“榆欓，以榆木为经函也。”

之流，专护之，而唾‘正告’、贱‘征质’，则失‘圣人之旨’，远之远矣。玄子，忧人以‘得象忘言’之解，遂并‘伦常纲纪’，指为‘鱼兔、筌蹄’。此，与子舆，同惧乎？”智曰：“‘象’也，‘如’也，‘寓’也；皆明其‘二而一’也。又能明此表法，则上下、贵贱，一切历然，皆是‘冒象’，皆是‘实象’。岂容执‘全有、全无’之‘大冒’，而荒‘人伦事物’之‘贞邪、主仆’耶？文周、孔子，以辞正之，赖此公证。”

象者，材也。

导曰：“似以‘立体’，真待‘自得’。‘象’，譬则木，花实殊根，故曰‘材’，不同质也；‘爻’，譬则水，方圆肖物，故曰‘效’，无自体也。”

爻也者，效天下之动者也。

胡仲虎曰：“卦者，象之质；动者，象之变。”潜老夫曰：“细分‘材’‘效’，以直‘民用’，原不容人漫汗也。圣人作《易》，不假一毫智力，而即足以穷‘万世之智力’而收之，即足以养‘万世之智力’而泯之。”

是故吉凶生，而悔吝著也。

《全》曰：“‘吉凶’，由此出，曰‘生’。‘悔凶’[1]，本微；于此而显，曰‘著’。”潜老夫曰：“《易》，本生成之道；而‘节民、理民’之法，尽‘易简’极矣。《易》因‘吉、凶’之二，乃贞‘太极’之一；《范》因‘向、威’之二，乃会‘皇极’之一。而一即二，二即一，不待说也。说之，亦以醒‘缀旒求道’之妄耳。” 曰：“‘惧以终始’，全在‘悔吝之著’。拨转其几，便知不离‘吉凶之场’，而即出乎‘吉凶之世’。”

右第三章

潜老夫曰：“县空作《易》，借‘奇偶’，以‘前民’；而‘吉凶’‘是非’，如列眉然。以象数，垂目手；真信，圣人，毫非强设。”

阳卦多阴，阴卦多阳。

《诂》曰：“此，解‘六子之卦’。导曰：从卦画，看出‘无义之义’。”《隅通》曰：“火，不明于日，而明于夜；阴盛，而阳始盛也。泉，不寒于冬，而冽于夏；阳多，而阴乃贵也。”

其故何也？阳卦奇，阴卦耦。

辅嗣曰：“少者，多之所宗；一者，众之所归。朱子谓：阳卦五画，阴卦四画；以偶，作一画也。”《隅通》曰：“月盛，而‘水之势’进；阴，爱其类也。日中，而‘火之光’微；阳，专其权也。其在于天，月

① “凶”字，应为“吝”字。

初起，而星随；日方登，而星退矣。阳，专其权，故‘阳奇’；阴，爱其类，故‘阴耦’。”

其德行何也（去声）？**阳一君而二民**（《仲长统传》，引“民”作“臣”），**君子之道也；阴二君而一民，小人之道也**。

邵子曰：“万物，皆以阳来则生，阳去则死；故，阳为贵。”《诂》曰：“阴阳虽相胜，而无两大。阳，为‘君道’；阴，为‘民道’；不可易也。人尽民也，君一而已。主，必‘致一’；民，无二主。《宋史·奸臣传》曰：君子虽多，小人用事，其象为阴。小人虽多，君子用事，其象为阳。”《儿易》曰：“阳阴，亦‘韦弦’也[①]。一王二辅，则辅有功。以其王正而权独，虽辅过之，亦不能奸也。然《易》防‘六子’，而不防‘乾坤’。六子，学乎乾坤者也，不可以恣其情。乾坤者，《易》之所‘不疑’耳。《先天》，六子：三阴者，位皆亲乾；三阳者，位皆亲坤。观‘所亲’，则知‘所救’也。”又曰：“凡卦主独：阳独，则奇为令，偶为气；阴独，反是。冬春、水木，阳生、阴成；故卦阳而气阴，而阳月多寒。《月令》，冬数，六；春数，八；‘从偶’也。夏秋、火金，阴生、阳成；故卦阴而气阳，而阴月多热。《月令》，夏数，七；秋数，九；‘从奇’也。故管‘三男之气’者，皆阴；管‘三女之气’者，皆阳。卦，分二气；爻，分三候；是‘七十二候’之‘岁德’也。”潜老夫曰：“未尝，不互用也。而‘阳明’与‘阴暗’，‘纯德’与‘疵行’，‘中和’与‘畸娇’，‘时乘’与‘谲荡’，‘忠恕’与‘已甚’，王霸正偏，岂可不辨？”

右第四章

朱子曰：“阴阳二气，而圣人扶阳；故概举之。”潜老夫曰：“总为‘贞动’，而著‘德位’‘仁义’之‘政府’。故引圣人之‘成器’‘立法’，皆‘象教’提撕‘万世之几’者也。几，分为‘君子’‘小人’，故自为问答。于此‘无情之象数’中，指明‘至理，即此宰理’，使人不疑。”

《易》曰：“憧憧往来（京，作‘种’。智按：古，重、童，通用），**朋从尔思。”子曰：“天下何思何虑？天下同归而殊途，一致而百虑，天下何思何虑？”**

焦弱侯曰：“《上系》，七爻，起《中孚》；《下系》，十一爻，起《咸》卦。《卦气图》，自复至咸，八十八阳，九十二阴；自姤至中孚，八十八阴，九十二阳。咸至姤，‘六日七分’；中孚至复，亦‘六日七分’；自然之数也。益信‘往来，一切见成矣’。知其‘同’，‘殊途’皆‘同’

① 《韩非子·观行》：“西门豹之性急，故佩韦以自缓；董安于之性缓，故佩弦以自急。故以有余补不足，以长续短之谓明主。”

也；得其‘一’，‘百虑’皆‘一’也。余，驰求多年，而始寤‘本心之自无’，皆谭者误之。”王阳明，答陈九川曰：“实无‘无念’时；念，如何息？只是要正。静亦定，动亦定；定字，主其本体也。”张二无曰：“息念，乃‘夺人之药’，故贵活句。”黄元公曰：“此章，发明心学，以见《下经》‘首咸恒之义’，前后连贯。先说‘何思何虑’，中说‘知几致一’，末说‘立心勿恒’。或正言，以‘明宗’；或反言，以‘尽用’；总是，阐明‘心地法门’。夫‘无心’，非‘一无所用’，特‘无妄心’耳。即此‘知几’，即此‘致一’，即此恒。但下‘已往之工’，自有将来受用，何消筹计乎？‘精义’‘利用’，至于‘穷神知化’，真无心矣。动念，便为‘阴阳’‘吉凶’所拘。学者，未能当下‘无心’，且就‘动念微处’，收摄精神；则‘介石之贞’，‘不俟终日’而可识矣。中间，节节相关，发挥‘精义入神’，‘利用安身’；而首《咸》、结《恒》，其旨明矣。”陈卧子曰：“圣人‘体无’，未尝‘求无’。‘无’者，‘求之而益有’者也。彼渺然静寂，而常苦几之欲发，则危矣。岂若夫子‘本无意之可去’哉？”《易意》曰：“‘思’‘虑’二字，安‘天下’上，便自浑忘。”潜老夫曰：“全《易》，皆心学也；天下，皆心学也。此十一爻，随举‘造化、人事’，莫非‘精义入神’之‘何思何虑’也？开口，两呼‘天下何思何虑’，岂‘离事物而守质影’者耶？绪山曰[①]：‘既曰百虑；则所谓何思何虑，非绝去思虑之谓也。千思万虑，而一顺乎不识不知之则[②]；是千思万虑，谓之何思何虑也。’汝中，偏标‘四无’，则毁‘象魏’，而仿‘电拂’；先岳，深于别传，尚且笑之。圣人曰：‘无非道体也。’何象，非无隐乎？不用标也。生老病死，必不免者；不孝、不弟，乃当免者。‘教、养’互通，‘内、外’交治；故言‘省克’，言‘循序’，言‘职业’，言‘勤俭’，言‘学问’。士倡‘四民’[③]，文传‘四教’[④]，劳之始安；即薪传火，乃以‘备物致用’；就人‘饮食’，任人‘损益’，以为‘往来’，而享此‘本无增减’者也。《孟子》，举‘不学不虑’，而即表‘仁义’，为‘家督’；总以，善‘天下之用’，安‘天下之身’，而‘各正性命’矣。彼借‘鬼窟之碗’，悬‘无上之幢’；其迹，嫌于偏僻，不得不‘隐劣而显胜，以圆语护之’；而‘大成’，为

①钱德洪（1496—1574），名宽，字洪甫，因避先世讳，以字行，号绪山，尝读《易》于灵绪山中，人称“绪山先生”，浙之余姚人，著有《绪山会语》《平濠记》《王阳明先生年谱》等。

②《诗经·大雅·皇矣》：“不识不知，顺帝之则。”

③《谷梁传·成公元年》：“古者有四民：有士民，有商民，有农民，有工民。”

④《论语·述而》：“子以四教：文、行、忠、信。”

‘天日治教’之‘正牙视事’者。偏上，则惑民、藏奸。岂得，专以扫踪灭迹，讳善、讳理，诃抑圣贤，仿‘哮吼’、夸‘总杀’耶？如此章‘善不积，不足以成名’，亦讳之、删之耶？况人世‘卦卦爻爻’之‘踪迹’，本不待扫？扫，即‘灭帝王’矣。‘蟄存’，为‘穷神之入径’，‘室中之煅炼’也。身里出门，亦不守也。圣人，明‘合造化、人事，为《图》《书》’，明示‘辞变象占’之‘研极’，处此‘尊亲有别’之‘爻位’，俱所以‘精入致用’，而‘时措之宜’。如‘丁牛’‘轮扁’，即谓之‘无法可得’，可也。岂以‘充类’，坏‘日星之法’哉？‘充类致尽’[①]，何者非妄？欲逃‘乾坤之外’，其妄更甚。必曰‘舍妄，无真’，不分皂白。此，‘诐邪’之流，所以敢于‘冤贤纵恶之根’也。岂可，训乎？圣人，知‘往来’‘屈伸’藏一之理；故不铎‘悟’字，惟铎‘学’字。各安生理，是‘何思何虑’之天下也。故，首示以‘即感是寂’之《咸》。惟以‘精义’，为‘穷理’之‘饮食’；而‘知化’，还之‘未知’。故曰‘慎思之’、曰‘思无邪’、曰‘研诸虑’。盖谓：‘与知’‘不知’之‘费隐、飞跃场’，正当使之‘由所当由、知所当知’，而‘神化’在中矣。人，为身累，不能穷此‘精入之理’。故示之以《困》，而以‘危’与‘死’□之[②]，又醒其‘非所困而困焉，名必辱’；则丧偶无家，终何益乎？身，以‘动’为‘括’，而道不离器，故示之以《解》。解其‘已甚’者，‘公用射隼于高墉之上’，则‘康庄’平坦矣。物理，以获为用；而利福，祇以获祸。故‘利器’，藏之‘君子’；而小人，不可尽解；于是示之以《噬嗑》。‘耻’‘畏’‘劝’‘惩’，所以为小人造福也。故又示以《噬嗑》，‘罪凶’之法。扬其善名，而起于‘积小’。又有诟名，以捷于取名，大言‘贬孝义为小’者，民为所愚，相习大恶而‘无忌惮’，竟不自知，诚可哀矣。人，何苦‘罪君子、罪仁义、罪名教’，以‘自掩’乎？正其良心，必不能‘自掩’，而姑为此‘洸洋’也。又或无身家，而轻为行险，以惊愚也。嗟乎！名教至安，常使家给人足；而勤生食力，各自冰渊。故即以‘身家之累’，而系之，是《否》所以‘保泰’也。此，帝王以‘戒惧’之《中庸》，为‘比觻菽粟’，而‘行所无事’者也[③]。平居，惰学、掠虚；出，则‘折足’‘覆餗’；皆‘无忌惮’之余风，荒人以洗‘不学之耻’，而‘皃佷’[④]‘贪逞不反’者也。故示之以《鼎》，贵用，又贵慎也。‘困，非所据’，‘不耻、

①《孟子·万章下》:“夫谓非其有而取之者，盗也，充类至义之尽也。”

②原文缺，应为“醒”或“惧”字。

③《孟子·离娄下》:“禹之行水也，行其所无事也。”

④《汉书·王莽传》:“皃佷自臧，持必不移。”

不畏’，纵恶、忌善，强任败鼎，而巧遁交匿，世道交丧，致使名教大贱，阴气夺人。责，在‘知几之君子’矣，故示之以《豫》。‘不谄’‘不渎’，有‘介石之几’焉；‘微’‘彰’‘刚’‘柔’，贵乎‘知’耳。几，微于括；复，以自知；故示之以《复》。能知‘不善’，则得‘一善’矣。‘参两’之中，即以‘致一’；‘损益’之用，妙于‘得友’。此，‘百虑’而‘一致’，之所以‘知化’也，故示之以《损》。‘精入’‘神化’，始终在乎‘立心’。安身、易心、定交；此，天人内外，‘往来’‘屈信’之‘大几括’也。故，终之以《益》；而藏‘恒’，以应《咸》焉。‘穷神知化’，岂外此‘伦类推感’，而别有‘奇异’哉？《损》益，《益》损，适还其‘何思何虑之天下’，而已矣。往来、生死；屈，即是伸。‘徇往来’者，‘憧憧’；‘绝往来’者，又‘憧憧’；始于，不‘精入’，以‘穷理’。而遂有扫理，以为‘直快’者，忌讳‘修省’‘勉强’‘征考’等言；而专以‘通冒’之‘虚语’，号为‘闻道’，奋髯矜诋。岂非‘圣人之所忧’乎？朱子曰：‘时时穷理，之谓居敬。’夫参悟、诵读，操履、事业，皆学也；塞古今‘可言、不可言’者，皆理也。立志好学，切己愤竭；则‘穷理’，乃‘琢磨’也。彻上、彻下，而立于‘下学上达’之‘中道’；则‘穷理’，乃‘茶荈’也。适生于‘知父、事君’之天地，适为‘此土、此时’之士夫，诵法周孔，范俗诲后。乃欲‘混人、禽，为一’，以反戈‘明善之君子’乎？‘散木’[①]‘逸人’[②]，必不‘臧否’。而‘圆成一实’者，正宜听‘金玉、条理’之节奏，所贵‘明善’，则《咸》以‘虚受’；‘立心之恒’，不‘恒于偏僻’矣。是，主教者，所宜知。作《易》之几，在乎转此‘薪火’，使人享其‘何思何虑之天下’也。岂曰‘本自如此，而委之’云乎？不如，不言。”

日往则月来，月往则日来，日月相推而明生焉；寒往则暑来，暑往则寒来，寒暑相推而岁成焉。往者屈也，来者信也（姚，作“伸”。智按：古人，信、伸，同声。同声，即有其义。淇澳公曰：“信者，时至而应也。”竟作“信”字解。朱子，从韦昭读），**屈信相感而利生焉**。

苏《传》曰：“皆二也，而以‘明一’。惟，通二为一；然后，其一可必。故曰‘成象’‘成形’，又曰‘进退’‘昼夜’，又曰‘阖户’‘辟户’，皆所以‘明一’也。”《全》曰：“有‘感之往而屈’者，必有‘应之求而伸’者。伸，复为屈；互相为感，而功用不息，故曰‘利生’。”《正》曰：“此《咸》之《蹇》。人目，多难多思。《蹇》之‘屈、伸’，

①《庄子·人间世》：“散木也，以为舟则沉，以为棺椁则速腐，以为器则速毁，以为门户则液樠，以为柱则蠹。是不材之木也，无所可用，故能若是之寿。”

②《楚辞·远游》：“离人群而遁逸人。”

通于‘龙、蠖’，‘誉’‘反’‘连’‘硕’，五言‘往来’。圣人，不举《蹇》卦，而但言‘往来’之义，使人‘感归于无感’‘思归于无思’，反身体虚，以受天下，是‘神化崇致’之旨也。”《易简录》曰：“孔子，释《咸》四、初，不言‘如何应、感’，但言‘日月’‘寒暑’‘尺蠖’‘龙蛇’，使人自得之。际天蟠地，惟一‘感应’，非‘在外’也。屈之‘尺蠖’，未也；又，蛰之以‘龙蛇’。”　曰：“言‘往来’‘屈伸’；而‘无往来屈伸者’，一其中矣。元会，犹是也；生死，犹是也；鬼神，犹是也。以‘槎桠荆棘’之天下，而举此‘何思何虑’，即‘大地，无寸土矣’[①]。《孟子》曰：‘故者，以利为本。’然，必绝后重苏，乃能‘知几’‘一致’。伸‘卦爻’于‘天下’，屈‘今古’于‘环中’，‘精义’‘研几’，推生而已；是，《易》‘固天地之利器’也。”

尺蠖之屈，以求信也；龙蛇之蛰（陆，作“地”），**以存身也**（陆、董、姚，作“全身”）。**精义入神，以致用也；利用安身，以崇德也。**

苏《传》曰：“‘精义’者，‘穷理’也；‘入神’者，‘尽性、至命’也。辟之于水，知‘所以浮、所以沉’，尽水之变，而有以应之，‘精义者’也；知‘所以浮、沉’，而与之为一，不知‘其为水’，‘入神’者也。自‘善游’矣，况‘操舟’乎？此，谓‘致用’也。心闲体舒，则‘用，利安身也’；物我莫测，而‘德崇’矣[②]。”淇澳曰：“神，无方、无体；义，则有方、有体。故，必‘精义’，而神可入。‘入’，以义合神；‘穷’，以神合化；‘化’，则造化、往来、屈伸，皆由我矣。”导曰：“‘则’者，理所必至，指‘方来之应’；‘以’者，理所自具，指‘见在之感’。”《见》曰：“龙，能为蛇，是其蛰也。”智曰：“非倚‘何思何虑’之天下，而奢谈‘极则’也。‘蛲蟆’之愚乎？‘蝴蝶’之荡乎？蜗升见日，溻且遇寒，能不‘丧身、失命’乎？‘冥谛’‘神我’；彼，亦自有其‘屈伸’也。义，一不精，终身误用矣。邵子曰：‘寒，变物之情。’‘大屈’，即是‘大伸’；必先死心，深参、切己。人，为安乐所理，何能‘自知煅炼’？甚矣。‘困厄、疢疾’之能‘蠖、蛰君子’也。‘蛰’，能‘小大其身’；‘精’，能‘错综其变’。不蛰、不专、不精、不化，‘鹍鹏’之‘错综云海’，犹‘马龟’之‘刻画天地’也。‘幽明’之几，如数一二；何用，不利？阴阳、鬼神，莫能移我；身，安极矣。圣人于一切理，能善用之；是‘琉璃瓶’，贮‘狮子乳’[③]。故讲‘屈伸自由之学’，而以‘天下万世’，为‘一身’，时时安顿‘天下万世之屈

① “土”字，原为“上”字。

② 《系辞下》：“利用安身，以崇德也。”

③ 莲池大师《缁门崇行录》：“狮子之乳，匪琉璃瓶，贮之则裂。”

伸’，而痛痒之；以适用其性命，为‘各正其性命’，无‘天下不堪’之‘已甚’。故不待‘破坏天下’，以自尊。‘蜣愚’‘蝶荡’，‘蜗升’‘寒号’，圣人容之；而必‘精其义’，以《易》‘范围’‘曲成’之；恐‘误天下也’。至于，因病下药，亦不‘执方’。”

过此以往，未之或知也。穷神知化，德之盛也。

潜老夫曰：“径言‘不知’，不得也；径言‘可知’，不得也；径言‘知，即无知’，不得也；故曰‘未之或知’。即曰‘知化’，其教人‘致知之则’，曰‘可知者，知之以可知；不可知者，知之以不知’。善‘会通’者，即‘可知’，知‘不可知’；犹‘形影’也，‘往来’也。岂骤以‘不可知’者，骇夺；而‘建鼓’‘揠苗’乎？化，则化其‘高下’，又化其‘无高下’；而渐序历历，‘甲乙’还其‘甲乙’，仍与百姓同此‘利用安身’之德，而已。此，所以为‘神化’之盛德也，有何‘思虑’？”智曰：“‘知几’‘致一’之知，即‘未之或知’之知。凡‘思虑’中，皆有‘何思何虑’之天下焉。谓‘日月’‘寒暑’，为‘朋从’，可也。”

《易》曰：“困于石，据于蒺藜，入于其宫，不见其妻，凶。”子曰：“非所困而困焉，名必辱；非所据而据焉，身必危。既辱且危，死期将至（陆德明，‘期’作‘其’），**妻其可得见耶？”**

《象正》曰：“《困》之《大过》也。当困，而困；当‘失据’，而失据；圣人，亦不之非也。各非其所则，虽‘不惧’‘无闷’；圣人，亦哀之矣。”《儿易》曰：“万物，皆以刚据柔。‘蒺藜’与‘石’，岂‘柔可得据’者哉？是，小人悍然而思窃据也。辟诸人妻，假夫衣冠，以号于人，曰‘吾，即夫也’。谁，为‘其妻’乎？罂之‘冕郊’，天地之痛。”元公曰：“《困》爻，反明‘利用安身’；《解》爻，正明‘利用安身’。《噬嗑》二爻，反言‘见身之不能安’也。《否》爻，言‘身安，以保国家’。《鼎》‘折’，则‘身不安’之象也。《豫》后，提‘几’，以应‘精入’；‘致一’，应‘一’；致‘恒’，应‘咸’。天下，无深浅，总以明‘心学’耳。”竹西曰：“火性向上，故名为‘万物’之‘喜机’。水，‘恐胜喜’[①]，故死，为‘养生’之‘毒药’。皆‘往来’‘屈伸’之‘至理’；圣人，因以‘拔人生死’者也。心学，全在‘困亨’；而三，为‘惕’位。取此爻者，示‘处困，非其道者，深可悯耳’。”

《易》曰：“公用射隼于高墉之上，获之，无不利。”子曰：“隼者，禽也；弓矢者，器也；射之者，人也。君子藏器于身，待时而动，何不

①《素问·五运行大论》：“其志为喜。喜伤心，恐胜喜。”

利之有？动而不括，是以出而有获，语成器而动者也。”

《象正》曰：“《解》之《未济》也。以‘射隼’者，解‘狐’，可谓‘慎于辨物者’矣。‘利’与‘不利’，‘疑信’之间。”淇澳曰：“‘不器’之器，是以可藏。鬼神莫窥，动则恢恢乎，有余地矣。《儿易》曰：纵隼、养奸；‘不断，反受其乱矣’[①]。邓侯违谏，国移楚甥；守珪失刑，祸延唐祚；五王坠谋，乱生几肉；汝愚遗虑，权归合门。《诗》曰：‘墓门有棘，斧以斯之。’此，‘誉斧’也。‘墓门有梅，有鸮萃止。’此，‘咎梅’也。”《意》曰：“‘政者，圣人所以藏身之固也。’[②]世言‘权谋者’，下矣。”潜老夫曰：“‘何思何虑’者，一也。而‘因二贞一’之权，惟在‘以正宰余’；所谓‘首统足’之‘无首足’也。困、解、二《噬》[③]、否、鼎，伸‘宰理’以彰之，岂可缓哉？《解》象‘赦宥’[④]；而此，独取‘射高’之上爻，何耶？拨乱，射一‘渠隼’；而‘胁从’，尽赦矣[⑤]。《中庸》，射一‘无忌惮之隼’，而‘参赞’矣。‘乡愿’，乃‘拇’也。‘人禽之别’，能不‘悚然’？世，且欲焚‘赤绂之器’，是何心行？危矣哉！主此器者，安可不精‘龙蛇之义’？”

子曰：“小人不耻不仁，不畏不义，不见利不劝（《举正》，作动），**不威不惩**（《说苑》，作‘不威小，不惩大’）。**小惩而大诫，此小人之福也。《易》曰：‘屦校灭趾，无咎。’此之谓也。**”（“趾”，一作“止”）

《象正》曰：“《噬嗑》之《晋》也。德明，则刑息。小人，用其‘畏’；君子，用其‘明’。有‘不用法，而得法之意’者，‘昼日三接’是也。”《儿易》曰：“圣人，为小人‘明疑’，而作《易》；为《易》释‘惧’，而教小人。是故，‘戎’之、‘狐’之、‘牛’之、‘豕’之、‘苋’之、‘瓜’之、‘涂’之、‘臭’之，而‘射’、而‘获’、而‘豮’、而‘牿’、而‘灭’、而‘劓’。圣人以此，为‘正名厉危’‘以毒攻毒’之器；小人知之，必怒《易》。《易》，于是可得而惧小人矣。《易》，惧小人；小人，于是可以学《易》矣。张说‘巽床’[⑥]，几于‘诬善’。宋璟，震

① 司马迁《史记·春申君列传》：“语曰：‘当断不断，反受其乱。’春申君失朱英之谓邪？”

②《礼记·礼运》：“政者，君之所以藏身也。是故夫政必本于天，殽以降命。命降于社之谓殽地，降于祖庙之谓仁义，降于山川之谓兴作，降于五祀之谓制度。此，圣人所以藏身之固也。故圣人参于天地，并于鬼神，以治政也。”

③《系辞下》，所引《噬嗑》卦之两爻。

④《解》卦，《象》曰：“雷雨作，解。君子以赦过宥罪。”

⑤《尚书·胤征》：“歼厥渠魁，胁从罔治。”

⑥《巽》卦：“九二，巽在床下，用史巫纷若吉，无咎。”“上九，巽在床下，丧其资斧；贞凶。”

之曰：‘名义至重，鬼神难欺。’周处‘升陵’[①]，几于‘为冦’。父老夬之曰：‘渊蛟、山虎与子，为三。’‘鬼神’之说，原诸‘享祀’；‘蛟、虎’之义，等于‘豕牛’。二子闻之，卒为君子。此‘惩戒’之福也。韩子曰：‘法行狗信，虎化为人。’圣人，以虎制狗，以狗诫人。惧其心，使‘知悔’；留其身，使‘补过’；‘圣人之仁’也。”

善不积不足以成名，恶不积不足以灭身。小人以小善为无益而弗为也，以小恶为无伤而弗去也，故恶积而不可掩（《今石经》，作“揜”），**罪大而不可解**。**《易》曰：“何校灭耳**（‘何’，上声），**凶。”**

《象正》曰：“《噬嗑》之《震》也[②]。《晋》，用其‘明’。《震》，用其‘威’；君子，‘不获已’也，故又‘以恐惧修省’。”《儿易》曰：“夫小人之‘罪恶’，欲待其‘贯盈’，则惧其以宗社‘盈贯’也[③]。”潜老夫曰：“圣人，以‘系小人之权’，归诸‘国法’；而即以‘国法’藏诸‘天下之耳’。李林甫，震死于‘雷州之冢’，犹之杨钊之‘殪于马嵬’也。秦桧之‘铁耳’，可胜击乎？涑水、考亭[④]，善治‘校’哉？《噬嗑》取初、上；法，明始终也。”

子曰：“危者，安其位者也；亡者，保其存者也；乱者，有其治者也。是故君子安而不忘危，存而不忘亡，治而不忘乱，是以身安而国家可保也。”《易》曰：“其亡其亡，系于苞桑。”

《象正》曰：“《否》而《晋》也。‘危亡’之形，不蔽于上；‘丰豫’之言，不蔽于下，可谓‘大人之智’矣。”《易简录》曰：“凡‘祸福’‘安危’‘利害’，绝不并对。程子，所谓‘天下事物，止有一路’。”导曰：“‘其亡其亡’，心、口相语也。圣人，善于痛发。首三语，造化无权；后三语，天命可畏。见得，‘气数’在‘人事’中。治乱相寻，惜不早见。”潜老夫曰：“养生者，因而‘块其国家’；出世者，因而‘泡其身’，皆‘甚甚之吹毛’耳。善取以‘尽心’者，亦‘安身、保国家’之‘苞桑’也。惑者，便以‘块、泡’视之，而‘灭耳’‘折足’矣。”

子曰：德薄而位尊，知小而谋大（陈，曰“知”；徐，作“智”），**力小而任重，鲜不及矣**（“鲜”，陆作“尠”）。**易曰：“鼎折足，覆公餗，**

①《同人》卦：“九三，伏戎于莽，升其高陵，三岁不兴。”

②北大本“之”字残缺，根据文镜本补。

③“惧”字，原为“忄”，缺后半部分。根据句义补充。《左传·宣公六年》：“使疾其民，以盈其贯，将可殪也。”

④司马光（1019—1086），字君实，号迂叟。汉族。陕州夏县涑水乡人，世称涑水先生。朱熹（1130—1200），字元晦，又字仲晦，号晦庵，晚称晦翁，谥“文”，世称“朱文公”，又称“考亭先生”“沧州病叟”。

（马，作‘粥’）**其形渥，凶。言‘不胜其任’也。**”（“胜”，音“升”）

《象》曰[①]：“《鼎》之《蛊》也。‘人求旧；器，不求旧。’[②]夫亦，‘德、智、力’三足而已矣，缺一不可。” 曰：“世人，不能精此‘利害’‘屈伸’之义，以崇其‘何思何虑’之德。故，往往好居第一，雄其迅机，智力自负，事业兼收；实则，不能淡泊，而色厉怙癚耳。非以‘忠信、笃敬’之鼎，而烹‘州里、蛮貊’之火[③]；其‘不折足、覆餗’者，鲜矣。‘困石’，至此，字字哭世；终日‘憧憧’，‘知几’者谁？”

子曰：“知几其神乎？君子上交不谄，下交不渎，其知几乎！几者，动之微，吉之先见者也。（《汉书》引此，有‘凶’字）**君子见几而作，不俟终日。”易曰：“介于石**（诸家，作‘砎’），**不终日，贞吉。”介如石焉，宁用终日？断可识矣！君子知微知彰，知柔知刚，万夫之望。**

辅嗣曰：“几者，去无入有，不可‘名寻形睹’者也。”伊川曰：“‘先见’，则‘吉’；不见，则凶。众人不识，而君子识之；君子不识，而‘气机’识之。”苏《传》曰[④]：“‘忽’者，失于太早；‘畏’者，失于太后。失，而矫之；终身，不及‘事会’矣。介也如石：‘上交’无畏，‘下交’无忽；事至，则发而已。”杨诚斋曰：“‘知几’最微，而尽于‘不谄、渎’者。欲心一动，‘谄、渎’生焉；此，捷径而祸胎也。李斯，上‘督责之书’；张汤，摩‘谒居之足’，自谓‘深于取容，巧于自托’，而适足‘自祸’耳。动，莫小于‘风雷’；而‘欲心’，为最大。吉，莫重于‘不失其身’；而崇高，为至轻。谁，‘先见’耶？”《易简录》曰：“空洞虚明：‘几’，便是‘我’；我，便是‘几’。”念庵曰：“周子，谓：‘动而未形，有无之间。’若以‘念初动，当之’，远矣。”《正》曰：“《豫》之《解》也。贵夙也，先觉也。”元公曰：“雷地《豫》，地雷《复》。‘坤震’之际，‘动静’之交也，故皆以‘几’言。《豫》二，‘贞吉’，坤道也；《复》初，‘元吉’[⑤]，乾道也。二节，总是‘贞吉，悔亡’；与《咸》四爻词，相应。”潜老夫曰：“坤、震，在《圆图》之下，邵子所谓‘不用之用’也。《豫》二‘贞’，而《复》初‘元’[⑥]；可悟，‘南旋翔易’之几。”智曰：“《老子》云：‘万物并作，吾以观其复。’邵子，知牡丹于‘未蓓蕾之先’，善喻也。冬至，子半，‘一蓓蕾之几’也。当

①黄道周著《易象正》。

②《尚书·盘庚上》：“迟任有言曰：‘人惟求旧；器非求旧，惟新。’”

③《论语·卫灵公》：“言忠信，行笃敬，虽蛮貊之邦，行矣。言不忠信，行不笃敬，虽州里，行乎哉？”

④苏轼著《东坡易传》。

⑤原为“无”字。《复》卦：“初九，不远复，无祇悔，元吉。”

⑥原为“二”字。据《复》卦：“初九，不远复，无祇悔，元吉。”

午，知夜，何俟‘终日’。知‘微、彰、刚、柔’之‘精义一致’者，乌有‘不知几’者乎？‘断可识矣’，言其‘断断然’也。临事揣摩，相去径庭。”

子曰：“颜氏之子，其殆庶几乎？有不善，未尝不知；知之，未尝复行也。”易曰：“不远复，无祇悔。元吉。”

虞仲翔曰：“几者，阳也。阳，在《复》初，称‘几’。”《老子》曰：“自知者明。”辅嗣曰：“在理，则昧；造形，而悟，颜子之分也。”[①]苏《传》曰：“不食‘乌喙’者[②]，‘知之审也’[③]。颜子不及圣人，犹待知也。”玄子曰：“择‘一善’，于‘不善’之中。”《易简录》曰：“言，未必‘不有不善’；但，未尝有不知。百伪千邪，在‘知上’消。”《象正》曰：“《复》之《坤》也。万物之所‘还元’也。”智曰：“原无肯路，故曰‘庶几’。何必‘轩轾’耶[④]？贵自知，而已矣。知，即‘致一’，即‘百虑而一致’之道也。‘知至至之，知终终之’，无非‘不识不知’之‘帝则’也。”

天地絪缊（虞、姚，作“氤氲”。《说文》，作“壹壹”。班固《典引》，引作“烟煴”。戴侗曰：“昷，常从日。”），**万物化醇；男女构精**（郑，作“觏”；徐，作“构”），**万物化生。易曰：“三人行，则损一人；一人行，则得其友。”言致一也。**

王柏曰：“相因，曰‘氤’；相温，曰‘氲’。”《正》曰：“《损》之《大畜》也。三阴，则损；两阴。则畜。‘致一’，以畜两；是万物，所从出也。”元公曰：“泽山、山泽，‘化醇’‘化生’；正与‘知化’之化，相应。损益，盛衰之始也。此段，与‘忧患’章，互举。”潜老夫曰：“矫厉《豫》《复》者，遂有‘冥感却应’之病，故以‘三一一，致一’示之。咸、损，叠转[⑤]；故《咸》曰‘一致’，《损》曰‘致一’，在乎‘损益、益损’。而‘无损、无益’者，不待思议也。泰、损，藏‘寅艮之几’，三与上易；故，圣人精义而研出，以尽‘天人之道’。”智曰：“一，不能‘致一’；惟二，乃神。二与一，为三；‘错综’具矣。‘举一’，而‘反三’；即‘举一’，而‘明三’矣。一，必益一，而二之；二，必益一，而三之。‘损一’，则仍二也；二即一也，三亦一也。三

①应为，韩康伯注。

②“乌喙”二字，原为“乌啄”二字。

③《吕氏春秋·慎行》：“舜为御，尧为左，禹为右，入于泽而问牧童，入于水而问渔师，奚故也？其知之审也。夫孪子之相似者，其母常识之，知之审也。”

④《诗经·小雅·六月》：“戎车既安，如轾如轩。”

⑤叠转，内外卦互换。

因归一，实之表法也；何处不然？‘格物’‘践形’[①]，妙于‘得友’，当其‘致’也。两意未忘，不能‘致’也；即‘一意未忘’，亦不能‘致’也。”

子曰：“君子安其身而后动，易其心而后语（‘易’，去声），**定其交而后求：君子修此三者，故全也。危以动，则民不与也**（‘与’，《举正》作‘辅’）；**惧以语，则民不应也；无交而求，则民不与也：莫之与，则伤之者至矣。”易曰：“莫益之，或击之立，心勿恒。凶。”**

《儿易》曰：“陈仲举曰：‘一庭之臣，如河中木，流泛东西。’此，言‘阴阳多端，心不恒也’。反复之徒，脂丸、蓬轂，物恶而击之。此，其道自贼，而已。”《易简录》曰：“‘勿恒’者，不一也。”《正》曰：“《益》之《屯》也。益者，损己，以益人；屯者，求人，以益身。故《益》，有不可聚；《屯》，有不可益。然，亦不可以‘危、惧’，而轻与民；则险难杂生，伤之者至矣。此，君子所终始‘慎其言行’也。”潜老夫曰：“咸、恒、损、益，为‘人道之交几’。举《益》上，以藏‘恒’。而《损》三、《咸》四之‘人爻交际’，在乎《豫》二、《复》初而已。‘其知弥高，其行弥下’，贵‘旋高于下’也。”智曰：“首三句，是‘涉世’之‘龙蛇’也。生此‘险阻之世’，舍外无内，安往非伤？上穷空悍，诒世托身，人击、鬼击，讵能免耶？‘精入’‘致一’，则天道、人事‘往来之理’，本‘恒而不变’者也。一龙、一蛇，其恒蛰于‘何思何虑之天下’乎？”

右第五章

潜老夫曰：“上篇，引七爻；此篇，引十一爻者；皆所以‘剂量天下’。而以咸、恒、损、益，明《中孚》；精‘豫、复之义’，明《谦》‘礼’也。处处呼应，故后复以‘九卦’明之。圣人苦心，本在言先。”

子曰：“乾坤，其《易》之门耶？”（桓、虞，“门”下，有“户”字）**乾，阳物也；坤，阴物也。阴阳合德而刚柔有体，以体天地之撰，以通神明之德。**

云峰曰：“‘乾坤’，以‘卦’言；‘物’，指‘画’言。”《蒙引》曰：“‘撰’，如‘雷起、风散’之类；‘德’，如‘健顺动止’之类。在天地，为‘撰’；在万物，为‘情’。”赓之氏曰：“‘无形’之《易》，括于‘两画之中’，谓之‘缊’；故兼‘形上’之称。‘有象’之《易》，辟于‘两画之后’，谓之‘门’；故及‘合德’之事。前，以‘神明之德’，先万物，明‘作《易》之兼该’；此，以‘神明之德’，承天地，明‘作

① 《孟子·尽心上》：“形色，天性也。惟圣人，然后可以践形。”

《易》之断报’。”《潜录》曰:“《下系》，言‘贞动理治’，申言‘吉凶’，申示‘君子’‘小人’。因言:‘人心感应，屈伸一致。’故，此章，明‘《易》之体与通’，‘以明失得之报’；二，即一也。‘体撰’，承‘有体’言;‘通德’，承‘合德’言。邵子，以‘百姓为体，圣人为用’。可知，立准，为体，而以道为用。此，体用，皆用也。世衰矣！岂得执‘上古之浑沦’治之耶？”

其称名也，杂而不越（《说文》，作逑），**于稽其类，其衰世之意邪**？

云峰曰:“羲之卦名，自然有序。至文王称卦名而序之，则杂；而，非羲旧矣。然，未尝‘远于羲’也。世之衰也，有‘不得不然’者矣。”《全》曰:“‘类’，有‘义类’‘世类’二意。”

夫《易》，彰往而察来，而微显阐幽。开而当名辨物，正言断词则备矣。

朱子曰:“‘往’，‘已定’之变；‘来’，‘方来’之变。‘变之显’者，‘微’之，推本‘其所从出’也;‘变之幽’者，‘阐’之，究极‘其归处’也。”此，以“二卦之互变”言也。孔颖达，谓“开释也”。“正言”，即同；而断，则就其词断之。法家，所谓“前案，后断也”。此，以“二卦互变之词”言也。苏《传》曰:“‘道之大’者，未始有名；而《易》，实开而赋之以名。以名为不足，而取物以‘寓其意’；以物为不足，而‘正言’；以言为不足，而‘断以辞’，则备矣。‘名’者，‘言之约’者也;‘辞’者，‘言之悉’者也。”玄子曰:“人事显;《易》，则以‘天道’而微妙‘人事之显’。天道幽;《易》，则以‘人事’而阐发‘天道之幽’。” 曰:“总，以明‘合德’‘立体’，而通之也。夫《易》，特立概论。盖，世以‘时开’，易道愈明。皆物也，则皆名也。‘当’之、‘辨’之;‘浑沦’，必用于‘分别’矣。即卦爻，而一切可知矣。”

其称名也小，其取类也大，其旨远，其辞文，其言曲而中，其事肆而隐。因贰以济民行（去声），**以明失得之报**。（郑云:“‘贰’，当作‘式’。”）

苏《传》曰:“道，一而已。《易》，必‘因二’；而内外、好恶，因有‘失得’。‘《易》兴于中古’者，以‘因二’也。一，以‘自用’；二，以‘济民’。”明善公曰:“‘上古’，何得不‘因二’乎？‘自用’，何尝能‘离二’乎？篆，取文茂；故，‘贰’即‘二’。以为‘副贰’，亦‘二意’也。一有‘天地’；一，即在二中矣。以小通大，犹‘以有，知无也’。时至事起，何得不‘名以正之’耶？”《全书》谓:“‘因’，为重卦；‘贰’，为贞悔。就一端，而论也。六十四，始乾、坤，终二济；《易》，以‘济’为‘始终之义’，是也。一有‘天地’，一有‘卦象’；上古，亦必有以呼之。呼，即名矣。玄士讳名，必以‘羲卦，无名’，可发一叹。”夏彝仲曰[1]：“相持、相济，相反、相因；妙于‘执两’，归于‘用中’[2]。”宗一公曰：“造物之‘报人’也，不报‘其人’，而报‘其人之天’。一念，萌；而‘吉凶之报’，伏矣。人不知《易》，故讳言‘报应’。然盛德，不期报；言‘报’，是‘衰世’矣，而不得不言也。”　　曰：“‘济民行，明失得之报’，乃能享其‘何思何虑之天下’。盖，所以‘小德川流’者，即‘大德’之‘敦化’[3]。‘对治’与‘绝待’，本‘合德’也。”

右第六章

“明失得之报”，则凡民皆可“体天地之撰”，“通神明之德”。故，论世“知言”，推明“后天之事”。

周易时论合编卷之十一终

① 夏允彝（1596—1645），字彝仲，号瑗公，松江华亭人，谥“忠节”，著有《夏文忠公集》《私制策》《幸存录》等。

② 《礼记·中庸》：“执其两端，用其中于民，其斯以为舜乎？”

③ 《礼记·中庸》：“万物并育而不相害，道并行而不相悖。小德川流，大德敦化。”

周易时论合编卷之十二

皖桐方孔炤潜夫论述
孙中德、中履、中通、中泰编录

系辞下传

《易》之兴也，其于中古乎？作《易》者，其有忧患乎？

孔颖达曰："上古，质素；'观象'，足以'垂教'。中古，须系文词；如《连山》起'神农'，《归藏》起'黄帝'，乾坤起'文王'。身既'忧患'，须示人以'处忧患之道'。"《蠡》曰："'忧悔吝者，存乎介''吉凶与民同患'。合此，发叹'作《易》深心，情见乎辞'。"《潜录》曰："精'屈伸之义'，而'致一''知几'；济'得失之报'，而'体通''合德'。故复循上下《经》，而三陈'九卦'焉。"

是故：《履》，德之基也。《谦》，德之柄也。《复》，德之本也。《恒》，德之固也。《损》，德之修也（马融，"修"，作"循"）。**《益》，德之裕也。《困》，德之辨也。《井》，德之地也。《巽》，德之制也。**

史绳祖，本"括苍龚氏之旨"曰①："三陈：初，'德'也；次，'体'也；次，'用'也。"胡云峰曰："夫子，偶即九卦言之。然，《上经》，自乾至履，九卦；《下经》，自恒至损，亦九卦。《上经》，履至谦，五卦；《下经》，益至困井，亦五卦。《上经》，谦至复，又九卦；《下经》，井至巽，亦九卦。《上经》，自复而八卦，为《下经》之恒；《下经》，自巽而未济亦八卦，转为《上经》之乾；非'偶然'者。于此，见'文王之心'焉。凡十卦，置《乾》不言；《乾》，'为君'也。无《离》，而互《离》，'用晦而明'也。"朱升曰："前三卦，'危行'也；后六卦，'言孙'也。《上经》，取《履》于乾；先天，'乾父，叙巽、离、兑'者，在《履》矣。取《谦》，于坤；先天，'坤母，叙震、坎、艮'者，在

① 龚原（1043—1110），字深之，一作深父，时称括苍先生。

《谦》矣。《复》卦，乾阳，反动于‘坤之下’；‘复礼’，为‘仁之本’也，而‘三才之道’备矣。《恒》，为《下经》‘巽体之首’。《下经》，十一卦，有巽体；惟《益》反为《损》[1]，《井》反为《困》，名义相形，可以表‘巽道之用’。故并取四卦，以见意。《益》，巽于外，《井》，巽于内；而又以‘重巽’终焉。”冯时可曰[2]：“九卦，所以释‘天下之忧患’也，重在于《复》。而先之以《履》与《谦》，则有意乎言之也？夫‘道器’‘神迹’，不相离也。然‘道自命’者，率‘以器，为拘’；‘以神为玩’者，率‘以迹，为滞’。《易》，‘变动不居’者也。故，‘掠虚、乐肆’者，依焉。此，圣人深忧也，以礼朂之而已。”《儿易》曰：“以《易》，‘王天下’；则《易》，常‘秉阳’而‘尽利’。以《易》，御‘忧患’；则《易》，常‘保阴’而‘退藏’。故，《履》‘亨’，必择‘有功之卦’。此十三者，决骤敢岸；其音‘角徵’，则以奉诸‘上古’‘王天下之圣人’。处《困》，必择‘无过之卦’。此九卦者，刻坚隐循；其音‘羽角’，则以授诸‘中古’‘忧患之圣人’。”潜老夫曰：“《上经》取三，《下经》取六；上奇，下偶也。邵子，‘用十二、用九’者，三也。三，即‘偶错奇’也。非三，不圆；而恒三、恒一，何往不然？《上经》天道，举‘一阴一阳’之用于‘人爻惕位’者。《下经》，皆三阳三阴，而《巽》让一阳；总明‘履谦、复礼，而《恒》用《损》《益》，《巽》于《困》《井》也’。‘《谦》，制礼。’即，与之‘制’也。礼，终于‘称’，即《巽》之‘权’，而《谦》之‘平称’也。盖履、谦，相伏之卦。而《复》则一阳，‘复礼’为仁，‘见天地之心’者也。《上》，三贞悔：《履》，为‘初周之终’；《复》，为‘三周之首’；《谦》，则‘九贞悔之终’也。《下经》人事，以咸恒、损益，为‘首六贞悔之一周’；故《损》《益》，而以《恒》贯之。《下经》，九贞悔之终，为困、井；而以‘末贞悔中’之《巽》，收之；皆‘三其圆三’之旨也。”智曰：“‘精其义’者，入德，先从‘复礼’始。礼者，安上下，合外内，而‘用北于南’者也。肩道多亢，故《履》以‘旋元’，《谦》以‘平施’，而《复》乃‘无悔’矣。《复》得‘本心’，而《恒》以‘固’之。世，盖多以‘我本自恒’，而鄙‘惩窒、迁改’为‘下乘’者；不知《损》‘修’、《益》‘裕’，乃《恒》之‘消息盈虚’。知人‘终日之饭泄’也，自谓‘闻道’矣。历《困》，而后‘辨’焉。金，以‘冶煅’，而益精也。《困》，自能通《井》，为‘用地’。彼徒‘株守而无用’者，岂所贵于‘复礼之仁’哉？故，

①颠卦也，颠倒视之。

②冯时可（约1540—？），字元成，号文所，松江华亭人，著《易说》五卷、《周礼笔记》六卷、《春秋会异》六卷、《冯元成选集》八十三卷等。

《巽》以‘转风之权终’焉。自制、制世，要莫精于‘制礼’之‘称物’矣。文王，‘得’其权柄，于牖里‘序卦’[①]。老子，‘窥’其权柄；故，以谦为主。《大学》，‘格’其权柄；以‘自谦’平天下。嗟乎！人生，即‘忧患之场’也。‘造化’，为炉；‘素履’，自炼。‘吕梁’出入[②]，是我‘舆衡’。‘疾焰过风’[③]，何用‘跃冶’[④]？老父，每以九卦为训；反复一过，痛哭加锥。《易》之言‘险阻’，《诗》之诵‘冰渊’也。空生涕泣，‘桑户’一声[⑤]，不容思虑。”

《履》，和而至。《谦》，尊而光。《复》，小而辨于物。《恒》，杂而不厌。《损》，先难而后易。《益》，长裕而不设。《困》，穷而通。《井》，居其所而迁。《巽》，称而隐。

韩康伯曰：“和而‘不至’，‘从物’者也。和，而‘能致’；故，可‘履’也。‘忧患’之中，何所不有？杂，可至矣。”导曰：“‘而’字，有‘紬绎不尽’意；‘以’字，有‘责成学者’意。‘小而辨于物’，所谓‘万象光中独露’者也[⑥]。”张献翼曰：“‘《损》，先难而后易’，颜子也。”《易简录》曰：“履、谦，乾、坤‘人位’之爻[⑦]。‘人道’之立，一齐至矣。一阴一阳，以正翻动，无有‘不自知’者，无非‘夜半雷声’也。次《恒》《损》六卦，俱‘三阴、三阳’，无用不平。终之，以《巽》完结。《谦》终，以明‘天泽之分’。”蔡虚斋曰：“《井》，居其所而迁’，安然而能‘转物’也。来俊臣，诬构梁公狱，令诬‘引扬执柔’。公曰：‘天乎。’以头触柱，血流被面；彼，惧而谢焉。”范文正曰：“‘陷阱’之中，不义，不为；况在‘庙堂’，岂可谓‘忧患中，无及物之功’？”《儿易》曰：“时，不可设；必，不得设。故羲前，无《易》；周公，后无‘礼乐’。前后，非无圣人；惟‘中裕’，为‘不惭’耳。学，诚颜渊；学，即不在‘仕’。道，诚仲尼；道，即不在‘作’。德，诚文王；德，即不在‘王’。信其‘裕’，不疑其所‘不设’者耳。

①羑里。

②《庄子·达生》：“孔子观于吕梁，县水三十仞，流沫四十里，鼋鼍鱼鳖之所不能游也。”

③《五灯会元》卷二十二：“奔流度刃，疾焰过风，未审姜山门下，还许借借也无？”

④《庄子·大宗师》：“今之大冶铸金，金踊跃曰：‘我且必为镆鎁。’大冶，必以为不祥之金。”

⑤《庄子·大宗师》：“子桑户死，未葬。孔子闻之，使子贡往待事焉。或编曲，或鼓琴，相和而歌曰：‘嗟来桑户乎！嗟来桑户乎！而已返其真，而我犹为人猗。’”

⑥胡寅《题能仁照庵绍亨所建》：“携庵南北东西住，万象光中独露身。”

⑦《履》卦，六三爻为特爻；《谦》卦，九三爻为特爻。一卦六爻，三四爻，为人位。

'潜'，而设'跃'；'潜'，恶其'非龙'也？"

《履》，以和行。《谦》，以制礼。《复》，以自知。《恒》，以一德。《损》，以远害。《益》，以兴利。《困》，以寡怨。《井》，以辨义。《巽》，以行权。

朱子谓："巽入细说，在九卦之后。"弱侯曰："三陈，皆有'辨'：困，辨于己；复，辨于物；井，则人己而极其辨。此，九卦挈要微言，圣人辨之。"《儿易》曰："取十三卦于八宫，惟《坎》不取，明'上古之圣人，不婴忧患也'。此，综九德备七，无《离》。乾坤六子，惟《巽》独出；为'中古以后'言也。文王之'莘女'，周公之'鸿遵'乎？文王曰：'明夷。'周公歌阴雨，苟用乎《巽》？又安得《离》？"潜老夫曰："《后天》，乾起亥，而坎、艮、震，左行以上；巽起巳，而离、坤、兑，右行以下。半刚、半柔，依《洛书》'四五六'之顺线，而司'亥''巳'之'天门''地户'焉。巽，当风起；《方图》坤位，而四月'纯乾之候'也[①]。亥至巳，为'体藏用'，以刚自制；起西北，而至东出帝。巳至亥，为'用藏体'，以柔制物；起东南，而西成夹乾坤焉。刚柔有体，而阴阳合德；则刚柔，即'通体'也。体在用中，无非'权'也。终《巽》者，'贵用'也。"又曰："《履》，不著礼；而《谦》'制'，著礼。《巽》，乃著制；制，可知矣。《谦》能'称物'，而《巽》曰'称隐'；礼终于'称'，可知矣。自制，妙于三'辨'：《困》主忧患，故曰'德辨'；《复》，以小照'万物之大'；《井》，以义显'复礼之仁'。知《损》《益》之利害；而，二恒一矣。知《谦》之'有终'，而《巽》上行矣，卑即尊矣。真'自知'者，'知至、知终'于'和之中'矣。'之'者，体也；'而'者，几也；'以'者，用也。可知，礼即大权，知乃可与。正苦不知，故为之辨'正权''奇权''冥权'焉。不则，借口灭礼，以谈'权变'，而自陷'忧患'矣。下章，遂明'变与常之故'；有度、有方，以行之。" 曰："汉儒，以'反经合道'，为'权'。程子，非之。而邵子曰：'得一端者也。心迹之间，有权存焉。'圣人行权，轻重合宜，而已；盖，'因物中节'者也。羲之'观取'，舜之'明察'，皆'精义、格物，而应事无私者'也。故，以'平直'制权，以权制用；而即以'用'制'权'。知'《易》《礼》之不二'，即知'《谦》《复》之为大权'矣。立'礼'与'权'，何远之有？"

右第七章

潜老夫曰："孔子学瑟，而曰'吾得其人矣'。三陈九卦，写其荧墙，反复读之。方知，'忧患'，全是'德性学问'；方知，'辙环''删

---

① 十二辟卦，《乾》为四月卦。

述’，发愤至老[①]，全感‘忧患之恩’。”

《易》之为书也，不可远。为道也屡迁。变动不居，周流六虚，上下无常，刚柔相易，不可为典要，唯变所适。

苏《传》曰：“其书，指见口授，不可远索也，道则远矣。”《诂》曰：“《易》书，以‘前民用’，岂可远索？”元公曰：“《易》，无定位；定位，皆虚。法界、玄义，惟《易》包之。”《儿易》曰：“‘知至至之’，所谓‘适’也，‘王者有身，适巡狩’是也。有‘以权适’者，‘予欲宣力四方，汝为’是也。有‘神适’者，《淮南》曰‘意有所至，而神渭然在之’是也。乾适坤，曰《否》；坤适乾，曰《泰》；此，‘自适’也。乾授三男，以一阳，而其治皆乾；坤授三女，以一阴；而其治皆坤；此，‘以权适者’也。乾坤，阴阳极而皆变；人见乾，莫知‘其由坤来’；人见坤，莫明‘其自乾至’；此，‘以神适者’也。”《全》曰：“内外二体，为‘上下’；内而往外，外而来内，亦曰‘上下’；内之外而内，外之内而外，亦曰‘上下’；故‘无常’也。‘刚易柔，柔易刚’者，望对也；或‘刚易刚，柔易柔’者，颠对也。”潜老夫曰：“象山，句句翻之，举‘反因’耳。新建，谓是‘良知’，指‘公因’也。此章，承‘行权’而言‘权变莫神于《易》’。然，‘权’，即‘德之制’；‘变’，即‘有其度’；故，首末，以‘道’呼之。道，本至变；道，又有方；不明其故，非滞，则荡。‘道’之于‘方’，‘权’之于‘制’，随在有‘费隐适当，无过、不及之中节’焉。名之，曰‘度’；著其度，曰‘方’；列之辞，曰‘典’；其所以然，曰‘故’；由之，曰‘道’。道，难画；而因‘概其典之所载’，以为‘要’，以为‘常’。‘不足’之宜，随时而遇，如冬则宜寒，夏则宜暑；故，‘要’不可执也。然‘不定之中’，即有‘一定者’藏焉。如此冬，如此夏，是‘大常’也。况‘事事物物’之‘细常变’乎？离方，非也；执方，亦非也；故历之‘神明、德行’之人焉。行道之人，亦非‘求方，于《易》外也’。明其‘故’，明其‘度’，明其‘适’焉；则，变亦常也。人心，即物理也，造化也。圣人，才三而宰之，以心制法，以法制心；‘互相制、互相泯’者，即‘造造化’之‘大物理’也。故，‘度也’者，‘制变宰物’之‘大权’，即‘大经’也。天地、鬼神，不能远；而况人乎？呼‘父母’则适，此‘变不变之度’也；孝父母则适，此‘变不变之度’也；是‘大常’也。《易》，故定‘圣人表理’之度，为‘天人之符’。岂无故，而‘当名辨物’乎？然，且执‘无名之朴’，欲混‘贞邪’，袭变灭度，蚀

① 《论语·述而》：“女奚不曰：‘其为人也，发愤忘食，乐以忘忧，不知老之将至云尔。’”

我伦典。将谓‘商臣、宋邵，亦是太极所包’，而与鲁参、孝已，同一倏乎？一倏‘兽天下’，是万古‘兽天下’也。圣人，不烦多辞，而但曰‘如临父母’，则‘民视、民听’，公为天讨‘无父’之‘猰貐’矣。‘莽荡’之肆，萌于偏托‘虚无’。卦爻森然，惟此‘乘时’‘中节’。故明知‘卦爻，即无卦爻之故’；而圣人，不赘言‘无’也。明知‘卦爻，即心之故’；而圣人，不‘数数言心’也。就‘《易》有四道’，而言‘四道’已耳。惟恐‘百姓之惑乱’，而深望‘师保之精义’，则圣人之情也。仲翔，言‘日度’，谓‘一切阴阳五行，皆有度数。而变，在其中；所以，即在其中’。圣人，‘制度数’以‘议德行’，表于‘甲历’之《节》卦[①]，皆其本然；而圣人表之，即以‘节天地’矣。‘制度’‘通变’，皆不离‘度’。后之‘矜神明’者，全厌‘差别’。曾知，‘别，即是圆’乎？”或曰：“圣人不‘赘言’‘数言’；而今，何以言耶？”曰：“时当诸家纷纭，不得不一‘正告’，以救我子弟耳。”果是“其人”，则飞舞于《易》中，左画圆，右画方，不妨能事。

其出入以度，外内使知惧。

韩康伯曰：“明‘出入之度’，使物知‘内外之戒’。”出者，度其“内之应”；入者，度其“外之应”，非有脱误。朱子发曰：“出，自内卦，而往外；入，自外卦，而来内。”潜老夫曰：“蓍，遇卦爻；犹人，遇事势也。时位，自有‘内外’‘出入’。‘忧悔吝者，存乎介。’而‘吉凶同患’；善、不善，必使知之。变，亦有素；适，亦有素。‘素’之‘中节’，则其度也；知，则素矣。‘惧以终始’，是《中庸》之‘素’也。”

又明于忧患与故，无有师保，如临父母（旧本，无“无”字）。

干宝曰：“《易》道，戒惧为本。虽无‘师保’‘切磨’之训，其心敬戒，常如‘父母之临已’也。”苏《传》曰：“爻，所以有‘出入者’，为之造‘忧患之端’；惧，而后用法也。《易》，明忧患；又明其‘所以致之’之故。不明其故，则‘苟免’矣。”智曰：“《孝经》《春秋》、‘蓍龟’，守之；岂‘兵刑’‘地狱’，所能‘比其迅利’者哉？人痛，则呼父母。可知，‘日诵、夜梦’之‘交相临’也；‘睹闻’与‘不睹闻’，‘交相惧’也。‘率’者、‘揆’者，申其‘适度’，明其‘适常’；则‘鬼味’‘兽逞’之不能胜我‘蓍龟’，明矣。是，为‘贯常变’之‘大要’。”《四十二章经》曰：“人，事天地、鬼神；不如，事其二亲；二亲，最神也。”

① 《节》卦，为第60卦。

初率其辞，而揆其方，既有典常。苟非其人，道不虚行。

文中子曰：“通其变，天下无‘敝法’；执其方，天下无‘善教’；故曰‘存乎其人’。”《招隐》曰：“‘易无方’者也，无方，而有方；不可执，而可‘揆’。故曰：‘先圣，后圣；其揆，一也。’”藏一曰：“味‘虚行’二字，拘方，不可；袭变，又非。福始、祸先，幸获苟免，俱不中用。”潜老夫曰：“言‘变’，而即言‘度’；言‘方’，而即言‘人’。谓‘圣人为随立、随扫，可也。”

右第八章

潜老夫曰：“《上系》，已言‘书不尽言’。此，则三章皆言‘《易》书’、言‘神明之人’，贵行其道。故曰‘变易，从道’。此，是胎骨。”

《易》之为书也，原始要终以为质也。六爻相杂，唯其时物也。

《全》曰：“‘原始要终’，以‘正卦’言；‘原始反终’，以‘反对’言。”然，可通也。“观于‘始终’，而‘卦体’见；观于‘时物’，而‘爻体’见。”先儒谓：“‘六位时成’，人日用间，观自己‘所居之位’何在？”即，以此位处之，所谓“素位而行”。《易意》曰：“承上章，‘道不虚行’；而即‘六位’，以示‘素位’之‘时中’也。”潜老夫曰：“旧言：‘阴阳，为位；刚柔、往来居之，为质。’此，一端也。圣人，因权变、常度之难明；恐‘高者荡之，拘者泥之’。故，前常曰‘通’；此，特言‘质’。吾，故分一切语，皆有‘质论’‘通论’‘隐论’‘费论’。‘时乘’之变，适其度，即此时、此物而宜之矣。合观‘六爻’，于‘相杂’时；其宜，乃辨。辨‘六爻’，而《彖》为统；辨‘六十四’，而‘八卦’为统；辨‘乾坤统六子’，而‘太极’为统。执一‘太极’，为‘执统恶别’之疣矣。一切皆太极；亦‘荒冒’，而义不精也。孔子曰‘不过乎物’，必以‘杂时’而物之。即质、即通，故示以‘居要’；而要，以‘善用’。”

其初难知，其上易知：本末也，初辞拟之，卒成之终。

《纂言》曰：“‘初’，与‘终’对；‘拟之’，与‘卒成’之对；颠倒句也。”《全》曰：“初微，未用。故《乾》初，谓‘潜’。上极，当变；故《乾》上，先位。诸卦，遇初、上，皆无‘当位’‘不当位’之词。初，不言‘一’与‘下’；上，不言‘六’与‘终’。《大过》，‘本末弱也’。《乾》象，阳在下也；则上，为‘末’。可知，互文，以见也。”明善公曰：“本，涵意而未形；末，则见成理事。故‘初难’‘上易’，不指‘《系词》圣人’说。以通论之，则‘初辞’之‘拟’，君子乐玩；‘卒成之终’，‘百姓与能’。”

若夫杂物撰德（郑玄，“德”作“筭”），**辨是与非，则非其中爻不备**。

鲁岳公曰：“汉儒，以‘中爻’，论‘互体’。邵子，亦有‘六爻，用四爻’之论。”在此，本解谓：“六爻备，为‘始终’；析初、上，为‘本、末’；合中爻，曰‘备’。‘物’，指‘阴阳’；‘德’，指‘健、顺’也。”然，王弼辟互，正见其碍。观《三互图》，“易简”精蕴。下文，“二四”相得[①]，正成“下互之功”；“三五”相得，正成“上互之功”。“三、四”，为“一卦全体”之中；“二、五”，为“上下二体”之中。“杂”，言“尽变，原具至理”。吴观我公曰：“圣人，无是非。而因‘天下之是非’，即以转‘天下之是非’，而即以藏‘天下之是非’，皆本然；而使人明其‘时位之当然’也。”往谓：“麟经、象魏，上律‘龟马之时’。”于此，可悟。

噫！亦要存亡吉凶，则居可知矣。知者（徐，作“智”），**观其象辞，则思过半矣**。

潜老夫曰：“圣人，发此一‘噫’。为人，不知‘居要’；而玄者，又执‘不可典要’之‘脂丸’，岂不误乎？故就一卦，以《彖》全之，约‘六爻之义’，而豫定其居也。然离‘六爻之杂’；而《彖》，亦隐矣。故曰：‘度与变，物与时；皆费而隐也。’《易》之为道，不留‘存亡吉凶’，而善示‘存亡吉凶’。窥‘日月’，于‘容光’；测‘天枢’，于‘北极’；则‘其要无咎’，乃‘真典要’哉。用半、围全，‘一在二中’，‘过半’之‘思’[②]，似乎‘有余不敢尽’也[③]。实则，‘尽’而‘又尽’，而祇宜如是耳。”

二与四同功而异位，其善不同；二多誉，四多惧，近也（《举正》，无“近也”二字）。**柔之为道，不利远者；其要无咎，其用柔中也**。

苏《传》曰：“有善之名，而近于君，则惧矣。故二，善，宜著；四，善，宜隐。‘柔’者，有依而立。二远，无依而‘无咎’者，中也。”《全》曰：“五，为一卦之尊；故，远近‘自五’而言。”《见》曰：“‘君臣’之间，近者，狎与畏；非‘比昵’，则‘震主’矣。古人，使其君敬信之，久而思之，‘远’也。五臣，皆随重耳；而赵衰，能善后。张、霍，同辅宣帝；而富民，独自全；善于‘远’也。”

三与五同功而异：位三多凶，五多功，贵贱之等也。其柔危，其刚胜邪？

---

①原为“三四相得”。《系辞下》：“二与四同功而异位，其善不同。”

②《系辞下》：“知者，观其彖辞，则思过半矣。”

③《礼记·中庸》：“庸德之行，庸言之谨。有所不足，不敢不勉，有余不敢尽。言顾行，行顾言，君子胡不慥慥尔？”

侯果曰："'邪'者，'不定'之辞。或柔居而吉，得其时也；刚而凶，和其应也。"韩康伯曰："所'贵刚'者，'闲邪存诚'；动，不违节也。'贵柔'者，'含弘''居中'；顺，不失贞也。刚，以'犯物'；柔，以'卑佞'；岂其善耶？"杨诚斋曰："《易》，有体用。君子，通其变而得常，极其用而得体，是善学《易》。"《纂言》曰："'二多誉'之上，有'其善不同'；此节，无之。盖，'誉''惧'虽不同，皆可谓之'善'；凶，则不可'为善'矣；故，不言也。"明卿曰："学《易》，必'原始要终'，细细研究，明物察伦；非，空口玄妙也。"

右第九章

此，举"居要""善用"，以明其"常变"也。"道不虚行"，即"质"知"通"，亦不离此。

《易》之为书也，广大悉备：有天道焉，有人道焉，有地道焉。兼三才而两之（才，《今石经》作"材"。下，仿此），**故六；六者，非他也**[①]。

邵子曰："一役二，以生三；而一役三，三复役二也。二，以一为本；三，以二为本；四，以三为本；六，以五为本。故一极三；而两其三，为六；又两之，为十二。阳六，而兼阴半，为九，即'四分用三'也。以'二卦'言之：阴阳，各三。以'六爻'言之：天、地、人，各二也。'阴阳'之中，各有'天地人'；'天地人'之中，各有'阴阳'，皆'有无之极'也。"石斋，以"三成十八变"，当"天地人"；合"六爻"，为"二爻"，以"悉而等之"也。《易意》曰："《上系》，'三极'之道，本之动；即卦，以才其'太极'也。此，明'三才之道'，归诸六；即爻才，以显'太极'，'入用示体'之道也。"潜老夫曰："'爻'，古'交'字；从二'中五'，而交之也。一，以二用；道，以用显；用，以交几。序人于'天地之中'，而'三'，俱成才；是'圣人之才'也。圣人，而不著书；则天地，亦不成其才矣。'才'，言'用'也；用，即道也；贵适变，而中'常度之道'也。两爻介之，递分'三才'；此，从上而下数也。内外卦，各'三才'；而上'天'、下'地'，'人'才其中。通而言之：'未成'，天也；'既立'，地也；'变通'，人也。皆地，皆天，则皆人也，'广大备'。《上系》，因'生生'，而三举之。此，复因论'质要'，'悉'之于'书'。书与意，象与神，神与明；犹'费与隐'之'二而一'；故示'兼'焉。犹以为'未悉'也；故因'时物之杂'，而辨'等'焉；因'质'，而'文'著焉。可见之'文、质'，皆实也。兼'文质'，而'费如是、隐亦如是'者，道也；因其'变动'，

①下缺"三才之道也"。

以名‘道’。而凡言‘有，即无’者，未可以‘辨是非’，而‘要无咎’也；故，著其‘当’焉。前，‘开’而‘当名’；此，‘悉’而‘当理’也。‘两’，无不‘兼’矣；‘三’，无不‘才’矣；‘一’，又何待言乎？”

道有变动，故曰爻；爻有等，故曰物；物相杂，故曰文；文不当（去声），**故吉凶生焉。**

朱子曰：“‘文不当’，非‘当，则吉；不当，则凶’。‘不当’内，自有‘吉凶’也。”《纂言》曰：“三画，不谓之‘爻’。惟六，而阴阳往来于其上；此，‘交错而变变’者也。”元公曰：“‘率性之谓，道。’凡道，皆指‘已发’言之；称‘道’，则‘动在中矣’。”潜老夫曰：“‘等’者，‘等而不等’之谓也。万，有‘不齐’；故表道，以齐之。各‘物其物’‘等其等’；则于道似不齐也，而即以齐之矣。明‘不齐齐之’之度，而‘不齐之变’，亦常；则谓之‘听其不齐’，可也。目，以视为道；手，以持为道。其道，不一；即其所以，一也。《中庸》，辨‘等杀’；《易》卦，当‘时物’。始信，‘道不虚行’。我，故曰‘纯，亦不已；杂，亦不已’。”

右第十章

潜老夫曰：“物，以实其虚；文，以形其质。但论‘爻位’，即以弥纶‘虚空’。故惟此一道，而繁称以悉之，正所谓‘动赜，皆易简也。’三言‘《易》之为书’；可知，读书之士，读其‘合外内之书’，即是‘真《易》’矣。寻行习诂，不知‘广大悉备者’，非‘读书者’也；徒为‘固陋，言扫除’者所嘘。”智曰：“善能分别，于‘第一义’而不动。畏落‘阶级’，翻是‘赘语’。”

《易》之兴也，其当殷之末世，周之盛德邪？当文王与纣之事邪？是故其辞危。危者使平，易者使倾；其道甚大，百物不废。惧以终始，其要无咎，此之谓《易》之道也。

子瞻曰：“得其大者，纵横顺逆，无施不可；而天下，无废物也。得其小者，‘惧以终始’，犹可以‘免咎’。”《野同录》曰：“东坡，意在偏爱玄荡，而反高其地步。故取理之近似；而实，诬圣人甚矣。天地，赖圣人为‘政府’；此，天地所以‘享一切现成’也。圣人，赖此‘无咎’为符；此，圣人所以‘享一切现成’也。末流，掠虚诬《易》，藉此‘不废’一语，以藏其‘罔賫’之肆；乃欲以‘罔賫’，废‘扬遏’、废‘道理’耶。既有‘涂毒’之流，容作‘硝黄之药’，而诵法者；乃欲‘废理’‘废经’，以从之。《孟子》曰‘能言距者，圣人之徒’，惧而‘嚼齿’矣。‘惧以终始，其要无咎’，所以能‘百物不废’也。圣人，不住‘至人’；亦不住‘圣人’，而托法‘贤人’。止言‘无咎’；此，圣人所以神。若住‘至人’，实‘废物’耳。”导曰：“‘其衰世之意耶’，‘同患’之情也；‘其有忧患乎’，‘反身’之要也；‘当文王与纣之事耶’，‘主文谲谏之旨’也[1]。于纣，不为‘亲讳’；于文而‘考其王’，即作‘麟经之义’。‘文成数万，其指数千。’[2]此，以数语，上下二代，其‘笔削微权’乎？两‘使’字，有‘从我则治，易我则乱’意。章教于身，垂诫万世，归于‘惧终始，要无咎’而已。”龙惕曰：“在水，不知水；上岸，然后知为水。圣人，终身在‘戒惧’中；故不知有‘不戒惧’处。常人放肆，故觉‘戒惧’，而又畏之。其实，天下，乃‘惕海’也。”潜老夫曰：“上言‘忧悔吝，存乎介；震无咎，存乎悔。’此，正呼应。帝，出东方；‘恐’，居北位。‘贞元’之道，圣人握‘龙之首尾’也；‘惧’，即其‘飞跃’矣。《易》，无非‘费隐弥纶’之‘至理’，即藏于‘动赜屈伸’之‘物理’，要用于‘继善安心’之‘宰理’；三，而一也。‘其道甚大，百物不废’，而存乎‘无咎之人’，‘神明’之，‘时措’之。明示‘洸洋’‘玄解’，不可谓‘道’；故曰：‘此之谓《易》之道也’。”智曰：“‘各安生理’之圣谕，正是‘百物不废’‘其要无咎’。可悟：乾坤，乃‘乡约’之‘都亭’也；喜惧相泯，是‘读法振铎’之‘大权’。”

右第十一章

赓之氏曰：“《诗》教，曰‘思无邪’；《易》道，曰‘要无咎’。无此‘会心’；悟道，正是大病。”潜老夫曰：“‘贞一’善动[3]，至此‘惧终始’‘要无咎’；而‘易简’决矣。然，以死惧人，则‘徇苟避缩’者、‘狼悍不顾’者，不成二‘险阻’乎？故，总提‘健’‘顺’之‘德行’，‘恒易’‘恒简’；以‘悦心、研虑’，为‘何思何虑’之‘成能’，方能情伪尽知。而《系词》即正，乃完‘惧要’之责；而‘险阻’，皆‘易简’矣。”

夫乾，天下之至健也，德行恒易以知险；夫坤，天下之至顺也，德行恒简以知阻。

朱子曰：“自上视下，见‘险’；自下升上，见‘阻’。其后，以象证之；莫险于水，莫阻于山。《后天》，乾顺行，遇坎、艮，故‘知险’；《先天》，坤逆行，见艮、坎，故‘知阻’。”苏《传》曰：“‘处下’，以‘倾高’；则高者，必赴。‘用晦’，以‘求明’；则明者，必见。‘易简’，而观‘险阻’；则‘险阻’，无隐情矣。”张献翼曰：“材之自然，

①《毛诗序》：“主文而谲谏，言之者无罪，闻之者足以戒。”
②《史记·太史公自序》：“文成数万，其指数千。万物之散聚，皆在春秋。”
③《系辞下》：“天下之动，贞夫一者也。”

鸟飞、鱼游也。然，‘飞’，困于‘弋’；‘游’，困于‘网’；‘健’‘顺’，亦不可恃。贵得‘天下之理’，则‘险阻’在前，无不知矣。”潜老夫曰：“二《系》，四举‘易简’。首言，‘易简得天下之理’；次言，‘易简’之善。《下篇》言‘贞动’，而‘乾、坤’以‘确、隤’示人[①]。末章，备言‘德行恒易、简’，以知‘险阻’，而示人‘研悦’[②]‘知言’[③]。则以‘苟且’，为‘易简’者；‘不善’，明矣。要，惟‘天下之理’得；则‘动赜’‘象数’，皆‘易简’也。‘研极’[④]‘精入’[⑤]，正所以‘易简’也。上下《传》，两收‘德行’，贵在‘乾坤之纯’。惟‘至’、惟‘恒’，则用‘六子、六十四’之杂，而皆纯矣。本自‘易知、简能’者[⑥]，先天也；善用其‘知、能’者，后天也。先在后中，止有‘善用’。故，《易》示人‘善用之方’，即是‘贞一’。而《易》之所以为《易》，即在其中，岂忧‘缺少’哉？首节，言‘乾坤’之‘知’，即‘能’也。次节，言体‘乾坤’之‘圣人’。‘说心、研虑’，定‘吉’‘凶’之二端，归‘无咎’之‘一吉’，成‘亹亹’之‘不已’。任‘变化’之‘云为，即‘事用’，知‘成能’‘与能’；是，圣人教人之善用‘知能’也。‘象告’，复以‘情言’；所贵‘纯者，为其知杂；而不为杂所险阻也’。《易》，惟无情，能穷‘天下之情’。法《易》者，公；公，乃‘大集’。圣人忘情，而‘性其情’；故无不近情，而能因‘险阻’，以转‘天下之情’。此，所以‘代天忧患’，而即乐其天；因情知伪，而‘默成德行’[⑦]。‘圣人之情，见乎辞。’天下之情，亦‘见乎辞’。‘修词立诚’，人爻惕业；‘知命’‘知礼’，结以‘知言’[⑧]；鼓舞在辞[⑨]，时有‘罕’‘雅’；道藏‘象教’，举措‘时义’；《孟子》之学，得之于此。总是，用‘天下之知能’，泯‘天下之知能’，贵‘善用’也。‘天下之情’，得；‘天下之理’，得矣。‘先天、后天’之理，得；则‘用先后、无先后’之理，得矣。此，‘易简之善’也，‘立乎其中’，‘行乎其中’，‘成位乎其中’

①《系辞下》：“夫乾，确然示人易矣。夫坤，隤然示人简矣。”

②《系辞下》：“能说诸心，能研诸侯之虑。”

③《孟子·公孙丑上》：“何谓，知言？曰：‘诐辞知其所蔽，淫辞知其所陷，邪辞知其所离，遁辞知其所穷。’”

④《系辞上》：“夫《易》，圣人之所以极深而研几也。”

⑤《系辞下》：“龙蛇之蛰，以存身也。精义入神，以致用也。利用安身，以崇德也。”

⑥《系辞上》：“乾知大始，坤作成物。乾以易知，坤以简能。”

⑦原为“嘿成德行”，据《系辞上》“默而成之，不言而信，存乎其德行”而改。

⑧《论语·尧曰》：“不知命，无以为君子也；不知礼，无以立也；不知信，无以知人也。”

⑨《系辞上》：“鼓天下之动者，存乎辞。”

矣。”　　曰：“《中庸》，以‘费’‘隐’‘素’三字，毕‘时中’之旨。‘造察鸢鱼’[1]，无非‘卦爻’；则‘易简’，得矣。‘素’，贯‘寂、感’；有何‘险阻’？则‘易简’，恒矣。精致、‘研说’，即是‘何思何虑’。必济水火，以善民用；知味、尝毒，乃为‘不负乾坤’。宁可，委‘不知，即与知’之一语，而暴弃‘知能’‘饮食’乎？”

能说诸心，能研诸侯之虑（王《略例》曰[2]“侯之”二字，“衍文”。韩《注》，“不衍”者，非），**定天下之吉凶，成天下之亹亹者**。**是故变化云为，吉事有祥；象事知器，占事知来**。

东坡谓“‘定天下吉凶’二句，为重见之误”，非也。导曰：“‘者’字，急接‘是故’字。‘易简’，与人同；‘研说’，与人异。具此‘能’者，‘吉凶’划然，‘鼓舞’不倦，不问造化人事，‘吉之先见’；经其神眼，‘藏往’‘知来’[3]，判如黑白。盖，极赞‘法乾坤’之功。两节一分，‘者’字，落空；语意，遂晦。”虚舟曰：“高流，爱言‘何思何虑’，便讳言‘精入’‘研说’；不知已属‘两橛’，乃自便其‘肆情、惰陋之意见’耳。圣人，无假于‘蓍龟’，而具足于‘研悦’，‘发愤至老’[4]，‘韦编三绝’[5]，‘知器’‘知来’[6]，差别无逃。彼扫‘器事、云为’[7]，以言‘本体’，乃‘激权’耳。教人，但言‘不失本心’，亦是举因切要，歆人直奋耳；非‘入用、详别’之‘质论’也。”

天地设位，圣人成能；人谋鬼谋，百姓与能。

苏《传》曰：“万物，自生自成，‘天地设位’，而已。圣人，无能；因天下之‘已能’者，而遂成之故。人，为我，谋之‘明’；鬼，为我，谋之‘幽’；百姓之愚，‘可与知焉’[8]。”导曰：“‘天尊地卑，乾坤定矣。’必待圣人，以有功‘成能’；即‘知器’‘知来’，承上两‘能’字来。‘人谋鬼谋’，指‘揲蓍’事。‘百姓与能’，无‘研说’之功，分‘易简’之理。”阮坚之曰[9]：“一切，皆有‘当然之位’；虽虚流变化，而确有节序。直下，惟有天地，则曰‘此，天地之所设也’。《易》，‘准’天

---

①《礼记·中庸》：“《诗》云：‘鸢飞戾天，鱼跃于渊。’言其上下察也。君子之道，造端乎夫妇，及其至也，察乎天地。”

②王弼著《周易略例》。

③《系辞上》：“神以知来，知以藏往，其孰能与此哉！”

④《论语·述而》：“其为人也，发愤忘食，乐以忘忧，不知老之将至云尔。”

⑤《史记·孔子世家》：“读《易》，韦编三绝。”

⑥《系辞下》：“变化云为，吉事有祥，象事知器，占事知来。”

⑦《系辞下》：“变化云为，吉事有祥，象事知器，占事知来。”

⑧《礼记·中庸》：“夫妇之愚，可以与知焉，及其至也，虽圣人亦有所不知焉。”

⑨阮自华（1562—1637），字坚之，号澹宇，著《雾灵诗集》《石室蔓语》一卷。

地；即‘才’天地，即以‘主’天地。天地，不能违；而况‘人鬼’乎？”潜老夫曰：“‘与能’，‘不可能’之语；知之，则高阁耳。当别其‘有能’‘有不能’者，有‘能而自以为不能’者，‘不能，而望人之成能’者。序伦、‘列事’[①]，‘协艺’‘食力’[②]，无非‘悦’也，无非‘洋溢’也。言道德，以化‘天下之能’，使天下自‘成其能’，而即以‘养其道德’。此，所以‘成位其中’，‘鼓舞’不倦也。但曰‘无见，即无险阻’，急口休心耳；其流，必有‘藐废帝王’之患。但曰‘本自无见’，仍是巧言，岂‘与民同患’之告耶？故，下文，又申‘象告’‘情言’；方可以公‘民之视、听’，而转其‘好恶之天’。”

八卦以象告，爻彖以情言；刚柔杂居，而吉凶可见矣。

《诂》曰：“‘八卦’，即六十四，以‘画象’示人也。‘情言’，为‘系词’也。”潜老夫曰：“先天，不能不‘后天’；纯，不能不‘杂居’。此，‘吉凶同患’者，所以神明乎‘天道、民故’也。纯，在杂中。譬之水焉：水之味，甘；水，弥此盂；甘，亦弥此盂也。必知，其甘之所在，而水味得矣。因凝而冰；冰，亦此盂水也。因加温焉；温，亦弥此盂也。因甘之宜人，而洁则宜，秽则不宜；此，不可不知也。少秽，而以矾澄之；味变，而以火洗之；加味，而盐汁之；解毒，而以蜜饮之；皆不可不知也。圣人，‘知器’‘知来’；皆以‘易简’，知‘险阻’之理，而知之也。知‘杂之即纯’，而又知‘杂中之纯’焉，又知‘纯在杂中’之‘善、不善’焉；皆以知‘易简之善’，知之也。《易》，以‘变动’为用；人，以‘变动’分几。悉其‘情伪’，不得不然；《易》，固如镜，‘照用同时’者也。”

变动以利言，吉凶以情迁；是故爱恶相攻而吉凶生，远近相取而悔吝生，情伪相感而利害生。凡《易》之情近，而不相得则凶；或害之，悔且吝。

《略例》曰：“合散屈伸，与体相乖。形躁好静，质柔爱刚。巧历，不能算也。陵三军者，或惧‘朝仪’；暴威武者，困于‘酒色’。近不必比，远不必乖。声应，不均，高下也；气求，不齐，体质也。[③]召云者，龙；命吕者，律。降墀永叹，远壑必盈。投戈散地，则六亲，不能相保；同舟而济，则胡越，何患乎异心？苟识其情，不忧乖远。睽，知

①《礼记·礼运》：“夫礼必本于天，动而之地，列而之事，变而从时，协于分艺，其居人也曰养，其行之以货力、辞让。”

②《礼记·礼器》：“天子一食，诸侯再，大夫士三，食力无数。”

③王弼《周易略例·明爻通变》：“同声相应，高下不必均也；同气相求，体质不必齐也。”

其类；异，知其通；唯‘研说明爻’者乎[①]？故有‘善迩，而远至[②]；命宫，而商应。’修下，而高者降；与彼，而取此者服矣。”“《比》《复》好先，《乾》《壮》恶首，《明夷》务暗，《丰》尚‘光大’。犯时之忌，罪不在大；失其‘所适’，过不在深。动天下，放君主，而不可危也。侮妻子，用颜色，而不可易也。”[③]邢璹曰：“正应相感，是‘实情’；《蹇》之‘二、五’也。不正相感，是‘伪情’；《颐》之‘三、上’也。有应，虽远相追；《睽》之‘三、上’也。无应，近则相取；《贲》之‘二、三’也。”苏《传》曰：“以‘利’言之，则有变动；而道，固自如也。顺‘所爱’，则谓之‘吉’；犯‘所恶’，则谓之‘凶’。我爱，而彼恶；则我谓‘吉’者，彼谓‘凶’矣；故曰‘情迁’。自近观之，则远；自远观之，则近。信其人，则以为‘利己’；不信其人，则以为‘害己’。此，‘情伪’之蔽也。近不相得，非我之罪也；然，亦有以致之矣。”《全》曰：“刚柔，往来乎位，故曰‘杂居’。以变而成卦，则以成卦为利；‘利见’‘利涉’之类，是也。‘相感’者，情之始交；故，以‘利害’言之。‘取’，犹‘求’也、‘资’也。‘相取’，则有事；故，以‘悔吝’言之。‘相攻’，则事极矣；故，以‘吉凶’言之。‘远近’，指爻之‘上下同体’，及‘比应’是也。下‘近’字，专指比爻。又曰：‘情专，曰攻。’有‘相攻而吉’者，专于‘所当爱、当恶’者也；有‘相攻而凶’者，专于‘不当爱、不当恶’者也。‘相取’，如一爻，或为卦主，或为应比；远取之，近亦取之。不能，皆遂其所取，则悔也、吝也。‘爱恶’‘远近’‘情伪’之情，日用常见。随其‘所居之位’，而常‘自考其情’，是‘学易者’也。”《儿易》曰：“疾攻其中，自作之孽，天凶可谢，曰‘非我孽也’。是故，《易》不恶‘凶’，恶‘吝’也。讼惕，于隐；补过，于功。夫吉，不可矜，曰‘我功也’。是故，《易》不喜‘吉’，喜‘悔’也。”潜老夫曰：“《大学》‘格致’，惟此‘民之好恶’。《易》，知‘天地万物之情’；而‘类情’，即以‘通德’。彼‘酷禁无情’之科，与‘灭理纵情’之祸，皆‘相沿、相伏’之攻取也。吹毛索伪；何者，非‘伪’？动诃‘勉强’；则悍恶，为真；故，君子最妨‘不情之伪’。而‘穷理’，能消‘已甚’之情；折中之，曰‘适得而几’矣[④]。然，谁不曰‘自适’哉？此，‘时措宜民’者，必‘表度’以‘适

①王弼《周易略例·明爻通变》，无“研说”二字。

②《系辞上》：“居其室，出其言不善，则千里之外违之，况其迩者乎？言出乎身，加乎民，行发乎迩，见乎远。”

③王弼《周易略例·明适变通爻》。

④《庄子·齐物论》：“庸也者，用也；用也者，通也。通也者，得也，适得而几矣。”

变'；而'立仁与义'，乃能'顺理'也。近而不得，'仇'与'忌'随，危哉！'人我'之间；几，从近始。圣人，以卦爻示人；人，能以卦爻视物。则，邵子所谓'以物观物，安有我于其间哉？''易简'，知'险阻'；而'险阻'，皆'易简'矣。"智曰："'徇'之，是'险阻'也：'逃'之，亦'险阻'也；求'免于徇、逃'，亦'险阻'也。笃士之'坚忍''苦获'，达士之'倏忽''委蛇'；所'逃'，非所'徇'乎？好学、明理，'强恕''反身'，是'皆备'之'饮食'也[1]。正用即得，泯于'时宜'。圣人，因'爱恶'，以转'爱恶'，而即以'藏天下之爱恶'矣；是'恒易简'之'知而无知''能而无能'也。"

将叛者其辞惭，中心疑者其辞枝，吉人之辞寡，躁人之辞多，诬善之人其辞游，失其守者其辞屈。

仲翔曰："'叛'者，'坎人'之辞也；坎，为'隐伏'。'枝'者，'离人'之辞也；火性，炎上。'寡'者，'艮人'之辞也；言，有序。'躁'者，'震人'之辞也；'笑言哑哑'。'游'者，'兑人'之辞也；兑，为'口舌'。'屈'者，'巽人'之辞也；'史巫纷若'。《上传》，终乾坤；《下传》，终六子。"玄子曰："七国，上书斩错，'惭'也。商鞅，说孝公，'枝'也。申公、刘昆之对，'寡'也。淳于髡，见梁惠，连语三日夜，'多'也。公孙弘，赞董汲，'游'也。夷之见孟子，'屈'也。"郝京山曰："《诗》《书》论世，可知其人。圣人，有言；百家，亦有言。若不能知，岂能'教学、善治'？自'荒宕''隐怪'，纵横飞箝；士争诡辩，以相高媚世；而《六经》薄蚀，庞杂啾聒。秦畀之火，有激而然；汉时，粗诵一经，则'安车造门'矣。沿此训诂拘牵，词藻浮靡，矫成枯陋；放，则'洸洋'；割圣道，以奉'二氏'，而又袭'偏上、废事'之谈锋；皆不'尽情伪'，不'知言'也。故《易》终六'辞'；《论语》终'三知'。"陈几亭曰[2]："圣人'删述'，欲学者之'易简''博约'也。故，经秦火，而道法流传；此，'修词立其诚'之'大业'也。观'圣人之情见乎辞'，则知'众辞'之'情伪'矣。"冯恭定曰[3]："'象告''情言'，则微言大义，'罕言''雅言'具矣。既'尽情伪'，自然'知言'。"潜老夫曰："末举，诸'辞'，六；惟一'吉'，应《上传》之

①《孟子·尽心上》："万物皆备于我矣。反身而诚，乐莫大焉。强恕而行，求仁莫近焉。"

②陈龙正（1585—1645），初名龙致，字惕龙，号几亭，嘉善人，师从高攀龙，精研理学，著《政书》7卷、《学言》《文录》各20卷，《朱子经说》14卷等。

③冯从吾（1557—1627），字仲好，号少墟，谥号"恭定"，长安人，创办关中书院，人称"关西夫子"，著《冯少墟集》《元儒考略》《冯子节要》等。

‘默成’‘立象’也。‘时，然后言。’[①]言，即无言。文周，正当午运；《系词》‘知言’，为‘尽情伪’‘表治教’之大‘橐钥’焉。‘述’，传于‘删’；辨，非得已。坐视‘率兽’，而‘畏祸、缩首’耶？此，必无所避者。漆吏，媢‘贪生之情’；毁‘圣人’，为‘大谩’。而又以‘谬悠’，藏其‘狎侮’；使人怜才，以愤激护之，谁得其情乎？《孟子》，功不在禹下；而世之‘訿孟’者，非若荀况也；暗，恶其‘辟’也。六者，恒‘情’；而，首末，有奇情焉。凡欲‘自饰其惭，而以屈人斗胜’者，‘多、寡、枝、游’，皆其术也。深餂设伏，‘诡随’‘钓奇’；或尸‘不言’，以粪‘谟典’；或雄‘白梃’，以鞭‘天地’。先唾‘理障’，以塞正论，酷搜、屠劓，使人自顾不暇，而后乃冥肆。谁能难之？此，其‘诐遁巧伪’，岂不百倍？《孟子》，时乎！《易》合‘理、象、数’，为‘费隐一贯’之书，善全‘民用’，适中于时。神也，准也，变也，度也，皆‘因二贞一’之几，‘随物征验’者也。诸子百家，岂能逃此‘恒易简’知‘险阻’之‘范围’哉？神哉，夫子！盖，以‘知言’微权，望‘不惑’之‘后学’云。”

右第十二章

《诂》曰：“《上篇》，多谈理；《下篇》，多释义；而始终‘易简’。司马谈谓‘儒者，博而寡要’，皆不知‘圣学’之‘易简’也。”藏一曰：“《上系》终篇，以‘立象’，明乾坤；而归诸‘默成’[②]。贵‘忘象’，所以‘立象’也；是‘先天’之学。《下系》此篇，以‘象告’，明乾坤；而终于六‘辞’。贵‘立象’，以尽‘情变’；而‘知言’，为‘命、礼’之符[③]，是‘后天’之学。”潜老夫曰：“‘后天’之学，固‘后天’；‘先天’之学，亦‘后天’也。止尽‘后天’，即是‘先天’。无先、无后，无容辞矣。”又曰：“二《系》，各十二章，‘时’也；二十四章，‘节’也。无非，表法。”

周易时论合编卷之十二终

①《论语·宪问》：“夫子时然后言，人不厌其言；乐然后笑，人不厌其笑；义然后取，人不厌其取。”

②原为“嘿成”，根据《系辞上》“默而成之，不言而信，存乎其德行”而改。

③《论语·尧曰》：“不知命，无以为君子也；不知礼，无以立也；不知言，无以知人也。”

周易时论合编卷之十三

皖桐方孔炤潜夫论述
孙中德、中履、中通、中泰编录

说卦传

《隋志》[①]："秦后，《易》失。《说卦》三篇，宣帝时，河内女子，发老屋得之。"今，《说卦》，止一篇；而别出《序卦》《杂卦》二篇。盖，《隋志》混言之。《潜录》曰："吕东莱，定为十二篇，'时'也。《本义》，分《说卦》，十一章；十一，所以用一也。《序》，一章；一，所以用十一也。《杂》，一章；中藏闰也，奇令挂也，天交月也。研极者，自与数合，无所不寓。然，随人观大略者，置之自可。"

昔者圣人之作易也，幽赞于神明（徐、陆，作"幽讚"），**而生蓍**。

《乾凿度》曰："垂皇策者，羲。"《博物志》："蓍，以老，知吉凶；生千岁，三百茎同本，有黄云覆之。""天子蓍九尺，诸侯七尺，大夫五尺，士三尺。"[②]《龟策传》曰："王道得，而蓍长丈，从生百茎。"荀慈明曰："'神'者，在天；'明'者，在地。神以夜光，明以尽照。'蓍'者，策也，上配列宿，下副物数。'生蓍'者，谓'蓍，从爻中生也'。"干令升曰："圣人，用明于幽，以求'万物之性'，乃得'自然之神物'，能通'天地之精'；始为，天下'用蓍之法'。"龚深甫曰："'宾主之仪'，'赞'者通之；'神明之德'，圣人通之。"潜老夫曰："'帝出乎震'。'蓍'，'苍筤'，'萑苇'之象。春生植本，直而全用；竹，则必折之矣。羲，以木德王；是以，取此。《楚辞》之'筳篿'，蓍之'类变'也。"

参天两地而倚数（两，《说文》作"两倚"；蜀本，作"奇"；《周礼注》，同）。

---

①《隋书·经籍志》。
②许慎著《说文解字》。

《汉志》，具其概矣。关子明言：“一，未可用；而生于二，成于三；蓍策，其征也。”孔仲达曰：“两，偶之始；参，奇之始。不以一，曰‘奇’者；三中含两，天包地也。”苏《传》曰：“以蓍龟，介绍传命，谓之‘赞’。自一至五：天数，三；地数，二。自五以往，非数也，相因而成者也，故曰‘倚数’。”朱子，以“圆，围全；方，用半”，明蓍立法；而又云：“一画中，有三画；参之，则为九。阳道，常饶。地，止于两；而两三，为六。”隐老，注邵子，所谓“偶，缺奇之中叚”者也。潜老夫曰：“一二三，‘阳九’也，‘天三’也。二四，‘阴六’也，‘地二’也。此十五，生数，以起数；二三，为数之本也。《河图》，去十；而‘金火’易位，为《洛书》。阳正、阴隅，则以三倍之，不出于‘一三九七’之‘四正’；以二倍之，不出于‘二四八六’之‘四隅’。此，‘参两’之用始也。邵子，言‘一极三’。而两之为六；两六，为十二；即‘参四’之‘十二’也。自此千万，互用损益，卦蓍、律历，无往不然；此，‘参两’之正用也。”智曰：“总是，一以二用，两即藏参；倍二旋四，而‘中五’弥纶矣。约而言之，交倚而得。邵子，所谓‘倚者，拟也’。令立‘并倚’‘追倚’‘损益倚’‘比推倚’诸法，具详《图说》。冒言之理与数，相倚也；无理数与理数，亦相倚也；犹夫‘一与二’之‘相倚’也。立卦生爻；倚数，而理寓焉。‘尽性至命’，则超于一切，而依然一切也。此，‘节序森列’之理数，分毫不坏也。示人‘研极’，则‘倚数’‘穷理’，即逆是顺。圣人‘开成’，则‘倚数’‘穷理’，是‘饮食’耳。故会通者，以为象数，一切是象数；以为道理，一切是道理。”

观变于阴阳而立卦（马，作“观变化”），**发挥于刚柔而生爻**（《释文》，作“发辉”），**和顺于道德而理于义，穷理尽性以至于命。**

关子明曰：“圣人知命适时，必先天理，故曰‘穷理’；顺天立性，故曰‘尽性’；时止，故曰：‘至命’。”程子曰：“木可为柱，‘理’也；其直，‘性’也；其所以直者，‘命’也；一也。在物，为理；处物，为义。”苏《传》曰：“‘道’者，其所行也；‘德’者，‘行而有成’者也。‘理’者，‘道德’之‘所以然’；而‘义’者，‘所以然之说’也。行道德，而不知‘所以然之说’；则役于其名而为之，岂能‘和顺’？”《全》曰：“未入用，谓‘阴阳’；已入用，谓‘刚柔’。‘和顺’句，从合而分；‘穷理’句，从分而合。朱子云：上一句，离合言之；下一句，浅深言之。‘道’‘德’‘义’‘理’‘性’‘命’，同出而异名也。统言，谓‘道’；得之，谓‘德’；适于事物之宜，则曰‘义’。理者，共一理；而物物，各有一理。性，则理之极处，故曰‘尽’。命，则性之所自来处，故曰‘至’。”《见》曰：“‘观变阴阳’，即立‘天道’也；‘发挥刚柔’，即立‘地道’也；‘和顺’句，立‘人道’也；‘穷理’句，即‘顺性命之理’也。”刘还素曰：“性，宜‘率’矣。而有纯、有偏，执定格限，称‘率性’者，果哉？然纵意、任情，而号曰‘率性’者，多矣。故，君子从‘穷理尽性以至于命’，乃曰‘率性’。”潜老夫曰：“语，必三，而后显。诸家立帜，飞箝纷拿。故析为‘至理、物理、宰理、公性、独性、习性’之说，而后‘和顺’‘时中’之‘正令’始明；实则，一也。平心降气，以‘和顺于道德’，而条理于‘宰制之宜’；一切，皆‘吾性’也。不知其然而然，则‘至命’矣。岂恃‘天无不包’，而发狂哉？故，‘下学而上达’[①]，止言‘穷理’；是以，下章言‘顺性命之理’。”智曰：“‘公容’‘代错’[②]之‘大帱’，本不变也。然不从‘三畏’[③]‘三知’[④]，会‘三谓’[⑤]、‘三唯’之旨[⑥]，岂得漫言‘和顺’？邵子曰：‘命，必“知”而“至”’。‘知’‘至’，则‘践形’而已矣。谓之‘无知，无所不知’，可也。《易》，是‘诚明合一’之‘寂场’。格致开门，随根自入，人非曝地，信必不真；要，当以‘薹香’熏之。”

右第一章

圣人，实诏天下以“道德”“性命”之理；而因“蓍数”“卦爻”，以示之。

昔者圣人之作《易》也，将以顺性命之理。是以立天之道，曰阴与阳；立地之道，曰柔与刚；立人之道曰，仁与义。兼三才而两之，故《易》六画而成卦；分阴分阳，迭用柔刚，故《易》六位而成章（马，作“六画”）。

《凿度》曰：“天，动而施，曰‘仁’，地，静而理，曰‘义’。仁成，而时；义成，而下。上者，专制；下者，顺从。”仲翔曰：“以阳顺‘性’，以阴顺‘命’。”崔憬曰：“天道虽刚，亦有柔德；地道虽柔，亦

① 《论语·宪问》：“不怨天，不尤人，下学而上达，知我者其天乎？”

② 《礼记·中庸》：“譬如四时之错行，如日月之代明。”

③ 《论语·季氏》：“君子有三畏：畏天命、畏大人、畏圣人之言。小人不知天命而不畏也，狎大人，侮圣人之言。”

④ 《论语·尧曰》：“不知命，无以为君子也；不知礼，无以立也；不知言，无以知人也。”

⑤ 《礼记·中庸》：“天命之谓性，率性之谓道，修道之谓教。”

⑥ 《系辞上》：“唯深也，故能通天下之志；唯几也，故能成天下之务；唯神也，故不疾而速，不行而至。”

有刚德。‘沉潜刚克，高明柔克。’[①]人，兼仁义，受‘天地之中’也。”子瞻曰：“‘饥渴’之所从出，不有‘未尝饥渴者’存乎？是，性可见也。有性者，有见者；能一之，则‘至命’矣；此，谓‘逆溯其所以然’。圣人，既得‘性命之理’，则顺而下之，开‘生生之门’。‘五音、六律’之初，‘哮然’而已；‘哮然’之初，‘寂然’而已。作《乐》者，其立于‘寂然之中’乎？”朱子曰：“子云，谓‘仁柔、义刚’。此，不可以一定名之。仁，体刚而用柔；义，体柔而用刚。”幼清曰：“位，无质，故以‘阴阳’名之；画，有质，故以‘刚柔’名之。”元公曰：“《图》有‘天五’，则有‘地五’以配之；律有‘阳六’，则‘阴六’以间之；未有‘孤而无与’者。‘参天两地’，即‘兼两’也。”《象正》曰：“命出于天，为‘阴阳’‘仁义’‘刚柔’之本色；已入于卦，则气质杂焉，不谓之‘命’。然而情，见于爻；才，见于象。才情、气质，存于‘爻象’；则‘天命之理’，亦因之以见。”郑维岳曰[②]：“自一，而至‘纷错杂用’，皆所以‘顺性命之理’也；逆收之，则一而已。圣人必顺之者，明‘性命之理’，非沦于‘无’也。”《易简录》曰：“圣人，将‘三才’为一块，分之、合之，立之、用之，造化在手；正见其‘顺性命之理’，为作《易》之能事，非‘造化’之‘自兼’‘自两’也。”郝京山曰：“三才，同体，而发窍在人。人者，‘天地之心’。显仁和义，所以‘立体’而藏其‘智用’也。达道，即大本，原顺‘性命’之‘天然’。而偏言‘人发杀机，逆流寂灭’，舍‘达道’求‘大本’，遗‘显见’而索‘隐微’，反成‘逆天之命’，岂中和《礼运》之‘大顺’哉？”冯恭定曰：“顺人情，而节适之；逆其几，而反塞之；皆‘大顺中’之用也。此言‘顺理’，乃统体用。和‘顺逆’者，非可雄‘已甚’之‘逆机’，而纵成‘篾伦悖理’之‘叛逆’。混不许择，猥曰‘此，逆数也’，能无惧乎？”鲁岳公曰：“‘破车、折衡’之说，犹棘子成之‘愤激’耳。圣人法度，皆合天地。如罪圣人，当罪天地：天地，从‘混沌’生；混沌，为罪本矣。窃‘仁义’，犹有‘揜著之良’；窃‘混沌’，则公然乱‘尧舜之法’，而‘混人禽’矣。既已开辟；混沌，即化为天地。岂能‘舍天地’，别有‘混沌可守’哉？‘仁义’，则天地，可宰也；圣人于用中，表此名焉。执‘无名’，则废表，而民‘伥伥’矣；罪之，是‘不教而杀’矣。‘窃’者，‘意见’之病也。不能节欲，而立意见，以

①《尚书·洪范》：“沉潜刚克，高明柔克。”

②郑维岳（生卒不详），字申甫，晋江人，著《四书知新日录》三十七卷、《大学存古》《中庸明宗》《论语学脉》《孟子圣谛》《四书正脉》《四书定说》《易经意言》六卷。

纵欲；乃以‘总杀’‘总赦’，冤贤赏奸，为足夺人而自解耶？圣人，知人必不免；故因意见，消意见，使之各安生理，好学食力，乐其天伦，自可不欺。故以‘卦蓍’‘礼乐’，传其薪火，而天下相忘于‘所立之道’矣。‘神而明之，存乎其人。’‘善世’，为愿，究不出此。总之，立法，不能无弊，弊有轻重。惟此罪‘仁义’、罪‘勉强’之高谈，必至‘率兽’，较其分数，相去天渊。《孟子》，提‘不学’‘不虑’之‘良’①，而以‘仁义’实之，存‘异兽’之‘几希’，而曰‘由仁义行’；盖，本诸此。‘浩气配道’，而言‘集义’②，贵用也。用，在‘义精、仁熟’耳。‘集大成’，是‘集义’也；‘始终条理’，是‘集’也。假名以盖身，而不用‘格致之功’，是‘袭’也。圣人，不为‘已甚’；岂刻天下，以‘不堪’？故，以‘易简’断焉。‘毋自欺’，而尊所闻，行所知，则就事遵法，不为‘义袭’也。专取‘洸洋’讻狠，以‘护尊’‘欺世’，是为‘兽袭’，岂特‘义集’云尔哉？‘成章’乃达，以日统夜，光明正大，廓然至公。彼隐居放言，纵才偏宕，曼衍穷年，自谓‘诒人过世焉已矣’，非可训也。”潜老夫曰：“三‘立’，神于三‘与’。董子，谓‘仁，人也；义，我也’。顾端文曰③：‘义，非外；仁，亦非内。’吾，尝观《礼运》之‘转阴阳’，而用‘二之贞一’也。阳本无，而转用有；阴本有，而转用无。故曰：‘阳统阴阳，而止有一用。’用，则必分；分，又用迭。尔卓，所谓‘天用地’。即，邵子之‘以天为用也’。柔，有阴阳；刚，亦有阴阳。仁，有柔刚；义，亦有柔刚。《下传》曰‘天道’‘人道’‘地道’；序，人居中。此，以人终者，以‘仁义’之用，宰其‘阴阳’‘刚柔’也。东坡，以‘未尝饥渴’者，喻‘性’。然岂能‘绝人之饮食’哉？所以，善其‘饮食’，即‘仁义’也；而‘仁义’，即‘饮食’矣。五音、六律，即‘哮’、即‘寂’；惟在明其节奏，使人和平耳。‘感通’，即仁也；‘时宜’，即义也。是‘顺性命之理’，即因其‘阴阳’‘刚柔’；而各顺以逆之，即逆以顺之。宁可破废‘五音’‘六律’，守其‘寂然’，乃为《云门》《韶濩》耶④？圣人，化‘逆顺之因’，归于‘大顺’。故立‘内圣外王、官天继善’之经，使万世‘各正性命’。有异此者，谓之‘邪外’。非若‘充类坏法’者，‘挥

①《孟子·尽心上》：“人之所不学而能者，其良能也；所不虑而知者，其良知也。”

②《孟子·公孙丑上》：“吾善养吾浩然之气，其为气也，至大至刚，以直养而无害，则塞于天地之间。其为气也，配义与道；无是，馁也。是集义所生者，非义袭而取之也。”

③顾宪成（1550—1612），字叔时，号泾阳，又称“东林先生”，谥号“端文”，江苏无锡人著《小心斋札记》《泾皋藏稿》《顾端文遗书》等。

④《左传·襄公二十九年》：“见舞《韶濩》者。”杜预注：“殷汤乐。”

两仪’，为‘异端’也。”智曰：“‘费’天地人，而‘立’一切法，所以‘安之’也。‘隐’天地人，而‘泯’一切法，所以‘深之’也。合‘费、隐’之‘天地人’，而‘统’一切法，所以‘贯之’也。非三，而三，岂得已哉？一，用于二；二，必‘代明错行’，以不息此‘贞观、贞明之一’。故，掩‘立’，见‘泯’；掩‘立与泯’，而见‘统’者，‘权’也。‘统’，在‘泯与立’中；而‘泯’，在‘立’中者，‘实’也。偏‘立’者，拘循；偏‘泯’者，顽石；偏‘统’者，颟顸。圣人，‘前民’；民之‘视听’，即天。故以‘立’‘统’‘泯’，而即为‘善用费隐’之‘统法’矣。午会之时，乘‘一贯’也。人，非深造，镕尽偷心；前圣彻言，总成‘云云’。”

右第二章

《下系》，已言“三才”。此，重人道；以“宰”，为“统”。三“立”、三“与”，“体用同时”者也。“顺理”之中，有“先逆、后顺”。以顺用逆，以逆用顺，即无“顺逆”之理。故，下文就《先天图》，指“造化自然”之“交几”，以示之。

天地定位，山泽通气，雷风相薄，水火不相射（音“石”），**八卦相错**。

朱子曰：“文王八卦，长少，非偶；必《羲图》长合长、少合少，为得其偶。”又答袁枢云：“看图，方知六十四卦，全是天理自然，不用一毫智力。某看康节《易图》，即看别人不上。”龙溪曰：“天地之‘上爻’相错，便是‘山泽通气’；天地之‘下爻’相错，便是‘雷风相薄’；天地之‘中爻’相错，便是‘水火不相射’。即六子，已尽《易》矣。‘天地定位’：天，定于上，而错于‘下交’；地，位于下，而错于‘上交’。‘错’者，未尝不定；‘逆’者，原成其顺。”潜老夫曰：“《后天》八圆[1]，乃痹观之；《先天》八圆，当桥起而立轮观之。不则，乾南，当在下；坤北，当在上矣。此，盖以《乾》午在上，而《坤》子在下，如人之身；故曰‘定尊卑之位’也。艮‘山’，结‘金石之气’于下，而泉脉从此出；兑‘泽’，通‘云雨之气’于上，而土石因此润；是‘通气’之‘至静’也。震‘雷’，从地起，由内，而动于外；巽‘风’，自天行，由外，而入于内；是，气之至动，互相激发者也。水火，本相制；今，一左一右，在于‘天地之间’，其质各处，而其气济用，不相侵克也。日月，亦东西旋转，在‘二极之腰’，光相用也。人身五行，惟水火，时时相交；不交，则害矣。证知，此是桥起，而上下观之。《后

①后天八卦圆图。

天》八卦，则环‘地盘’，为‘罗经’；以‘四时’，加‘四方’者也。两间皆气，散殊适用；‘天地’，但‘定位’耳。其，所以为气者，‘于穆’其中，故曰‘太极’。所以者，即在气中。如一壶水，即一壶润；润与水，不可分。而明理者，必知其润，犹之‘剔心于缘外’也。知其所以，而表之，信此‘入用’；然后，随气，而不为‘气质所转’。今之‘漫然’者，任‘太极’为‘大脬’，而委之，是以荒治废教；而‘治教’之‘大用与本体’，反‘二橛’矣。”智曰：“上四句，表图也。《易》变，神于相错。知‘所以相错’；则八卦，亦‘枯蓍’化身耳。《大圆》纽半，以相错对，犹之‘人身向背，上下相转’。即‘可见’，以穷‘不可见’之理。可知：一神于二；无不如此，‘错行交几’者。”

数往者顺，知来者逆，是故《易》逆数也。

苏《传》曰：“自‘性命’言之，以顺，为‘往’；以逆，为‘来’。三百八十四爻，皆‘逆而返求其本’者也。自此而之彼，谓‘往’；自彼而之此，为‘来’。”朱子，既依“左旋已生之卦，曰‘往’；右行未生之卦，曰‘来’”。又曰：“‘数往’，犹今日，追数昨日也；‘知来’，犹今日逆许来日也。”蔡氏曰：“‘顺’者，驯其‘旧道’；‘逆’者，迎于‘未形’。”《全书》曰：“《坤》《复》之下，为‘数之始’，故曰‘数’。《乾》《姤》之上，为‘数之主’，故曰‘知’。‘知’，主管也。合而观之，阳在阴中，阳逆行；阴在阳中，阴逆行；则‘全顺、全逆’，寓之矣。”念庵曰[①]：“‘《易》有太极’，‘逆’也；‘生两仪’，则‘顺’矣。龙溪曰[②]：日光普照，必得‘月魄’为之‘收摄’；其几，在‘晦明’之变。自朔，至望；性，归于命。自既望，至晦；命，伏于性；深得‘往来’‘顺逆’之旨。”元公曰：“理，主顺；数，主逆。顺，其体也；逆，其用也。顺，则成凡；逆，则成圣。如道家还丹，形家相地；皆以‘逆用’，为奇。”淇澳，亦然。《见》曰：“‘知来’，即在‘数往’内。”潜老夫曰：“诸家，各执一见。盖，依象而得表法，即可知：圣人，还‘天之用’，与‘天人必用’之用矣。天道，自顺；人道，贵逆。然天道，自有‘顺逆、逆顺’之几；人道，亦有‘顺逆、逆顺’之几。两语，序其‘交错之用’。而末语，断之曰‘《易》，逆数也’；贵‘入用’也，贵‘致知’也，贵‘先几’也。至于，‘顺、逆’俱忘，止有一‘顺’；则谓之‘和顺’，而不言‘委顺’。言‘委’，则学无权，不偏

① 罗洪先（1504—1564），字达夫，号念庵，江西吉水人，著《念庵集》《冬游记》等。

② 王畿（生卒不详），字汝中，号龙溪，又称“龙溪先生”，著《王龙溪先生全集》。

于‘蠢然无知’，则偏于‘纵欲为顺’矣。果其‘素位自得’①，‘发愤至老’②；谓之‘真委顺’可也，谓之‘逆数’可也。”智曰：“溯知‘天地未分’，则以‘泉出’，为来；坐照‘万世之下’，则以‘明日’，为来。‘来’，有殊称；而‘知’，则必逆。数，则自知；知，则能数。故，末句合‘数顺’‘知逆’，而撮之曰‘逆数也’。逆，以知‘顺逆之理’；而顺。以知‘逆顺之用’。鱼，逆流而上；鸟，迎风而立。神哉！此，‘深几’乎？”

右第三章

数者，气化，分限节度也。八卦相错，惟以数行，而理寓之。不倚，则穷；不逆，则散。倚，以寄体；逆，以神用。主张气化，“先天弗违”。人不“深几”，何堪语此？

雷以动之（《汉书》，作“靁”），**风以散之，雨以润之，日以烜之**（徐、虞，作晅。《举正》作“煊”。韩注云：“古文，略作‘晕’。”），**艮以止之，兑以说之，乾以君之**（《举正》，作“居之”），**坤以藏之。**

邵子曰：“《先天图》，皆自中起；万事万化，生于心也。”《全》曰：“此，《方图》也。《图》，不传；而天下后世，不知羲《易》矣。此，邵朱有功于《易》，远继‘羲、文、周、孔’者也。本《横荡》之序，而叠之。而‘雷风’中起，以生物，是初画也；坎‘雨’、离‘日’，以长物，是中画也；艮兑，以成物，是三画也；乾主之，坤收之，而已。”项平甫曰：“乾坤、六子，初为气，末为形，中为精。雷、风，气也；山、泽，形也；水、火，精也。”《蒙引》曰：“自‘动’，至‘烜’，物之‘出机’；自‘止’至‘藏’，物之‘入机’。出无于有，气之行也；故以‘象’言。入有于无，质之具也；故以‘卦’言。乾‘君’三阳，坤‘藏’三阴。”潜老夫曰：“乾，无所不君；坤，无所不藏也。六合、七尺，何处非《易》？而《先》《后》《方》《圆》诸图，刻镂虚空，费隐变化，不可思议。京山，信《后天》，不信《先天》；玄子，信《圆图》，不信《方图》；乃是‘信《河》《洛》不及’，乃是‘信六合七尺不及’耳。”

右第四章

《见》曰：“《圆图》，用顺；《方图》，用逆。盖谓：‘《圆》，乾在上；而《方》，则乾在西北也’。”潜老夫曰：“二章，既环而列对，矩而开方；则物围、物范，岁功、消息，皆在其中。皆有‘大顺逆’‘细顺

①《礼记·中庸》：“君子素其位而行，不愿乎其外。素富贵，行乎富贵；素贫贱，行乎贫贱；素夷狄，行乎夷狄；素患难，行乎患难。君子无入而不自得焉。”

②《论语·述而》：“其为人也，发愤忘食，乐以忘忧，不知老之将至云尔。”

逆'；而言'通用'，莫如'时'。羲，以木王；尧，钦历象；舜巡，应时；夏正，建寅；无非《乾》之'元亨利贞'、《坤》之'西南、东北'也，至文王而阐之耳。《先》《后》《方》《圆》诸图，俱详《图说》。"

帝出乎震，齐乎巽，相见乎离，致役乎坤，说言乎兑，战乎乾，劳乎坎，成言乎艮。

黄帝曰："帝，无常处也；有处者，乃无处也。"孔子曰："乾坤，'阴阳'之主也。阳，始于亥，形于丑。《乾》位西北，阳祖微据始也。阴始于巳，形于未，据正立位。故坤位，在西南，阴之正也。君道，倡'始'；臣道，正'终'。"邵子曰："坤，统三女，居西南；乾，统三男，于西北。乾坤交，而为《泰》；坎离交，而为《既济》也。其，得'天地之用'乎？"程子曰："以'主宰'言，谓之'帝'。"朱子，取之。《易简录》曰："出震之半，属阳、属生。'长男、女'用事，便代父母。入兑之半，属阴、属杀，须得乾坤夹之。物物，皆有一震，以为之主宰。"潜老夫曰："'时行物生'，万古当前；羲《易》，一有俱有。或文王，阐而著之，建寅首春，称为'帝出'。所谓：'太极'，莅'皇极'之任；而出巡'无所不用其极'之'天下'也。"智曰："'播五行于四时'，言'环中，必轮用也'。以岁为征；实则，大而'元会'，小而'呼吸'，皆此轮也。箕子，以'五行'，著于'北一'；则'一行'之中，各有'五行'，明甚矣。正以'立处即真，乘时者贵'耳。"

万物出乎震，震东方也。齐乎巽，巽东南也。齐也者，言万物之絜齐也（《今石经》，作"絜"）。**离也者，明也，万物皆相见，南方之卦也；圣人南面而听天下，向明而治，盖取诸此也。坤也者，地也，万物皆致养焉，故曰："致役乎坤"。兑，正秋也，万物之所说也，故曰："说言乎兑"。战乎乾，乾西北之卦也，言阴阳相薄也。坎者，水也，正北方之卦也，劳卦也，万物之所归也，故曰："劳乎坎"。艮东北之卦也，万物之所成终而所成始也，故曰："成言乎艮"。**

孔子曰："岁天气周，八卦用事，各四十五日。"此，言"八卦"，旋"十二宫"；阳正一，而阴隅二也。二十四，则一卦，各三候。《洪范传》云："雷，以长子，首长万物，为出入也。雷，出地百八十三日，而复入；入，则万物入。入地百八十三日，而复出；出，则万物出。"息斋曰："'出震''齐巽'，木气极也。风木相感，火德始形；故'见乎离'。火气成尘，尘结生土。火，非生土；火息，而土自成；故'致役乎坤'。土结为泽，泽润生金，金刚有声；故'说言乎兑'。金土相配，金为水母，水土之气，互相克贼；故'战乎乾'。乾金既纯，水出金母，流而不息；故‘劳乎坎’。水既盈溢，将反于土；木为水子，母往就子；风水相和，水返于风，复归元贞；故‘始终盛艮’。八用纵横，帝自震出，周游八极，‘元始’之妙，故曰‘象帝元游’。”项氏《玩词》曰：“木、金、土，各二者，以形王也；水、火，各一者，以气王也。坤，阴土，故在阴地；艮，阳土，故在阳地。震，阳木，故正东；巽，阴木，故近南，而接乎阴。兑，阴金，故正西；乾，阳金，故近北，而接乎阳。坤之季夏，义在中央；故言‘地’，而不言‘西南’。兑，以物成为‘说’；故言‘秋’，不言‘西’。”苏《传》曰：“艮，从坎。《传》曰[①]：‘水土衍而用也’，‘诚者，物之终始’。‘死生、终始’之际，其情必得。艮，不容伪也。”《蒙引》曰：“万物，‘出乎震’；以‘万物之出入’，见‘帝之出入’也。或言‘位’，或言‘象’，或言‘德’，或言‘时’，错互不一。犹《乾》言‘圆’，而《坤》不言‘方’，可以类推也。”《全》曰：“帝，不可见；而物，可见；即《中庸》‘不可揜’之意。故以‘万物’言之：七者，皆言‘万物’；惟‘战’，则曰‘阴阳相薄’。”吴因之曰[②]：“坎‘劳’、艮‘成’，全赖一‘战’；收敛坚固，造化人事，莫不皆然。”元公曰：“《先天》，藏坤；《后天》，成艮。”张行成谓：“《太玄》，日始于寅，祖《连山》；《元包》，卦首坤，祖《归藏》也。《元包》，本京氏‘游、归之变’。九星，以《艮》居‘丑寅之间’‘终始之际’；而其数，合于《洛书》之‘九畴’。则后天之以‘艮震为经’，固‘神禹叙《畴》’之旨也。”《参同契》曰：“‘天道之行，始于东北’。《难经·百刻图》：‘一岁，阴阳升降，会于立春；一日，阴阳昏晓，会于艮时；皆会寸口。’此，夏所以首《连山》也。坎离，水火之盛也；和之‘艮坤之土’，而后‘木金之气’乘焉。”仲虎曰：“土金，顺以相生，所以为‘秋之克’；木土，逆以相克，所以为‘春之生’。不克，不生也。”潜老夫曰：“天二极，应地二极；而腰轮，为‘黄、赤道’。故《先天》‘坎、离’，即《后天》之‘南、北’。诸卦，皆不交错，而惟南北正偶者；水火、寒暑，‘二至’之正气也。震兑，皆首西，而相错者也。亥、巳、寅、申；‘四维’，则‘四立’也。”智曰：“坤、艮，应《河》《洛》‘二矩曲’。《乾》亥、《巽》巳，为天门、地户，应‘阴阳六律吕’之始。东，二木，发生之；西，二金，收坚之。兑，以西成，报母归父，表‘利物之义’[③]，以收其‘智、信’。艮、震，犹‘贞悔之震、艮’；所以历岁限而终始，显仁于体也。《内经》，脏络之‘胜济’；声音，

①《传》，即苏轼著《东坡易传》。

②吴默（1554—1640），字言箴，一字因之，吴江人。

③《乾卦·文言传》：“嘉会足以合礼，利物足以合义。”

开闭之‘出入’；‘乡饮’之位，‘乐县’之设[①]；凡有表象，何往不然？四用三，而一炼三，时轮橐籥；谁，握其首尾乎？微哉。”

右第五章

潜老夫曰：“《后天八卦》方位，先以‘帝’言，而再以‘万物’言。朱子，以为‘万物，随帝出入’。然，即谓‘帝，随万物’，可也。”

神也者，妙万物而为言者也（王肃，“妙”，作“眇”；董云：“眇成也”）。**动万物者，莫疾乎雷，桡万物者莫疾乎风，燥万物者莫**熯**乎火**（徐，“熯”，作“暵”。《说文》，作“奚暵乎离”，“呼但”反），**说万物者莫说乎泽，润万物者莫润乎水，终万物始万物者莫盛乎艮。故水火相逮**（陆本，作“不相逮”），**雷风不相悖，山泽通气，然后能变化既成万物也**。

关子明曰：“六卦用；则乾坤，何为乎？‘垂衣裳，而天下治。’六官用；而我，‘无为’矣。”杨诚斋曰：“‘六子’之功，即‘乾坤之功’也。”幼清曰：“神，无迹可见，而不离物。”归震川曰[②]：“一动一静，出死入生，能识‘归根’[③]，则愈应、愈寂；乃能‘妙万物’，而不‘物于物’。”《全》曰：“五卦，皆象。艮，独言卦主者：‘终始’，万物之事；非山，所能尽也。此，言《后天》之位。”《简端》曰：“《先天》，乾坤纵，而六子横；《后天》，乾坤神，而六子化。神，一也；乾坤，两在；六子，六在；万物，无不在。无不在，乃见其为一也。”《象旨》曰[④]：“三章，以‘山泽’‘风雷’‘水火’相次，未入用也；此，以‘水火’‘雷风’‘山泽’相次者，‘入用’也。未用者，尚其体；入用者，尚其气。气，莫先于水火。行者，为风雷；凝者，为山泽；皆‘水火之气’也。”《易意》曰：“众妙从之，即‘一其妙’之妙也。‘天机不张，五官皆备。’[⑤]目视耳听，手持足行，本不相谋，各效其用，何所命之乎？故谓之‘神’。至命者，践形；形，即神矣。”

---

①《周礼·春官·小胥》：“正乐县之位，王宫县，诸侯轩县，卿大夫判县，士特县，辨其声。”

②归有光（1507—1571），字熙甫，又字“开甫”，别号“震川”，又号“项脊生”，世称“震川先生”，苏州府太仓州人，著有《震川先生集》《三吴水利录》等。

③《老子》：“致虚极，守静笃，万物并作，吾以观复。夫物芸芸，各复归其根。归根，曰静。”

④熊过（生卒不详），字叔仁，号南沙，富顺人，著《周易象旨决录》七卷。“《象旨》曰”“熊南沙曰”，皆引其著作。

⑤《庄子·天运》：“圣也者，达于情而遂于命也。天机不张，而五官皆备。此之谓天乐，无言而心说。”

右第六章

潜老夫曰："三、四章，皆言《先天》；五、六章，皆言《后天》；此，因卦位，而分指之也。其实，落一画后，即后天矣。其行于'先天、后天之中'者，所谓'神'也。神，即谓之'先天'，可也。究竟，无先、无后；惟有，此'时'。六经'妙'字，独见于此。"

乾健也，坤顺也，震动也，巽入也，坎陷也，离丽也，艮止也，兑说也。

东坡曰："循万物之理，无往而不自得，曰'顺'；执柔而不争，无往而不见纳，曰'入'。"《全诂》曰："自此以下，皆以阴阳纯卦，及'初、中、终'为序；又非上'先、后天之序'矣。'动''陷''止'，皆属'健'；'入''丽''说'，皆属'顺'。凡物，'健'，则能'动'；顺'，则能'入'。'健、顺'，其体也；'动、入'，其用也。健遇顺，则'陷'；顺遇健，则'丽'。'陷'，内健而善藏；'丽'，内顺而尽物。'陷''丽'者，其势也。'健'者，始于'动'，而终于'止'；'顺'者，始于'入'，而终于'说'。阳之'动'，志于得所'止'；阴之'入'，志于得所'说'；此，就'物情'言之。而至健、至顺，摄此八者，终不变也。"薛敬轩以"《先天》左半，健、说、明、动，属阳；右半，入、陷、止、顺，属阴。"《易意》曰："此，万事，权舆；万物，根柢也。空言'神''妙'，恐落'儱侗'；故，就卦而名其德。"潜老夫曰："'天地未分'前，即具此八理，而统于'健''顺'二理。健，在顺中，止有一理。用中，贵乎习明；而不言者，总用之也。"智曰："一，皆摄七；七，皆摄一。以先后天八卦，环重列之；一皆摄于九，十五皆摄一。左右旋转，冲射随举，无不各具其理；无所不'习'，则无所不'明'。此，'以物格物'之理也。十六卦，互相摄入，万理具备，谓之'大二'；其'弥之'者，谓之'大一'。然舍'大二'，岂有'大一'哉？譬之两镜相照，镜各含镜；所含之中，又有'所含之镜'；无量镜，不可以指数矣。况十六镜之'光光摄入'耶？立坛、建化，俱此表法；本自'洋溢''弥纶'，人不知耳。陷其中，则'洊而习'；丽于物，则'熯而明'。'动'，乃知'止'；'入'，乃知'说'。'说''止''动''入'，互用其偏，而神其中；即'不习'之'至顺'，顺于'大明终始'之'至健不息'矣。'过此''知化'，'未之或知'。[1]"

右第七章

云峰曰："欲言'八卦之象'，故言性情如此。象者，其似性情者，

①《系辞下》："过此以往，未知或知也；穷神知化，德之盛也。"

其真。《彖》传，于《巽》不言‘入’，而直言‘巽’;《坎》不言‘陷’，而言‘险’;《离》不言‘丽’，而言‘明’；得其真矣。”《蒙引》曰：“六十四卦，所说卦德；概是，说情。然，情，无不出于性者。”潜老夫曰：“惟‘知物之理’者，得物之情。故善因物转物，而尽物之性，是谓‘各正性命’。又安有‘我’与‘无我’哉？‘天下归仁’，‘万物皆备’；此，举因见体耳。”

乾为马，坤为牛，震为龙（虞翻，作“駹”，引《尔雅》“颡皆白日驨”），**巽为鸡，坎为豕**（京房，作“彘”），**离为雉，艮为狗，兑为羊。**

《造化权舆》曰：“马，阳；起先前足，卧先后足。牛，阴；起先后足，卧先前足。阳病，则阴；马疾，则卧。阴病，则阳；牛疾，则立。”颜质卿曰[①]：“乾数奇，而‘行不息’；马蹄圆，而能‘致远’也。坤数偶，而‘顺以载’；牛蹄圻，而驯伏、‘任重’也。”幼清曰：“动奋之身，息重阴下；与地雷，同其寂者，龙也。溽蒸，则飞；飞，而复下。以入伏之身，而出声于天；与地风，同感者，鸡也。鸣丑半，‘重阳’之时也。鸡，不能飞，为‘入’、为‘伏’。”《九家》云：“感入，风也。二九,十八；主风精，为鸡。故鸡十八日，剖而成雏。二九，应阴变阳；故知时而鸣也。六九,五十四；主时精，为豕。豕，胎四月，而生。七九,六十三；三主斗，斗为犬。犬，胎三月而生。斗，运行十三时，日出；犬，十三日，而开目。犬精，畏水，故以舌舐。斗，灌水，则解也。”孔仲达云：“坎，主水渎。豕，处污湿；前后浊，而中躁也。”《象旨》曰：“雉化蜃，内外壳，为《离》。盖，前后文明，而中心柔怯者，雉也。”《埤雅》云：“高一丈，长三丈，为雉；雉飞，如此。”《书》称“夏翟”，重阳文也；故以为“贽”。《遡》曰：“‘外刚止物，而中柔可驯’者，狗也。柔毛外说，善触、内狠，而难牵者，羊也。”项氏《玩辞》曰：“狗，直戌。而艮，在寅；火，墓戌，而生寅也。羊，直未；而主兑，金生土也。羊属土，土生金，故角触。羊属土，故土怪，为‘羵羊’。”左子厚曰：“今，以未，为白羊宫。牛食草，如浇；羊食草，如烧。死则不怖，以其决也。”元公曰：“异物相禅，莫得其伦。然有其气者，有其类，如子鼠、丑牛、角蛟、亢龙之属。”潜老夫曰：“‘两间，无非《易》也，无非物也’为之云者，不碍乎‘以此为彼’。则格通之，而‘因彼即此’矣，即‘无彼此’矣；‘无彼此’，而随其‘彼彼此此’。此，《易》之道也。”智曰：“‘乾为马’，马，不可以为乾；此，以‘明本’，统‘明末’者也。引触而极之，狗，一太极也；岂特‘马，

①颜素（生卒不详），字质卿，号与朴，万历二年进士，著《易研》。

不可以为乾’乎？此，‘无本无末’之‘荒冒’也。圣人，虞其荒，故以‘通论’贯‘质论’，而不执以坏‘质论’。果‘大通’乎？随物现形，藏‘通’于‘质’，任其分别，即是‘浑仑’。何容，复赘一‘浑仑’之词耶？”

右第八章

云峰曰：“乾，‘龙’；而，此为‘马’。坤，‘马’；而，此为‘牛’。”双湖曰：“《大畜》，乾爻称‘马’；《大壮》，以兑为‘羊’；《中孚》，巽爻称‘鸡’；《睽》称‘豕’。而余，惟《说卦》始见。即前圣未言，要无非象；则随其‘其所取’者，皆‘太极之理’所生也。”潜老夫曰：“此，‘远取诸物’也。当知，随物即形，故后复广之。”

乾为首，坤为腹，震为足，巽为股，坎为耳，离为目，艮为手，兑为口。

麻衣、图南，皆以“艮”，为“鼻”，面之山也。《传》曰：“鼻起而止，山也”。风，能鼓舞万物；手，所以舞也。乾“首”，坤“腹”，“天地定位”也。坎“耳”，离“目”，“水火相逮”也。艮“鼻”，兑“口”，“山泽通气”也。巽“手”，震“足”，“雷风相薄”也。管辂语何晏，亦以“鼻”为“面山”。王太古曰[①]：“羲卦，乾，在上三卦，中为‘首’。坤，在下三卦，中为‘腹’。震，在下三卦，而向右；故，足力，在左。巽，在上三卦，而向左；故，手力，在右。”以《易》证之：“观盥”者，手从巽也。《丰》九三，“折其右肱”；岂非“二三四，互《巽》”乎？姚氏，嫌“无《艮》”；故依康成，改“肱”为“股”，未达也。艮，在“下三卦”之后，而为“股”。在《艮》初六，曰“趾”；二，曰“腓”。《咸》三，曰“股”；而不以为手。此，明证也。《说卦》，偶“颠倒举之”耳。朱子发曰：“经脉，十二；手足，各六。”“动于足”者，震阳，自下而升；“动于手”者，艮阳，自上而止。震艮，相反：疾走者，掉臂；束手者，缓行。幼清曰：“坎‘耳’，水内景，阳在内；离‘目’，火外景，阳在外。耳，外内皆凹，阴也；中凸而实者，阳也。目，上下皆白，阳也；中黑而虚者，阴也。肾，开窍于耳；心，开窍于目。”《神易》曰：“耳听，以窍空，属阳，坎也；目视，以珠灵，属阴，离也。阳气，无尽，故听可穿墙；阴形，有尽，故视不洞垣。”元公曰：“人身八卦，悟者知之。乾‘首’，诸阳所聚也。坤‘腹’，诸阴所积也。震‘足’，艮‘手’；两阳卦，对也。巽下开‘股’，兑上开‘口’；两阴卦，对也。《素问》曰：‘清阳，出上窍；浊阴，出下窍。’其，斯谓

① 王太古（1597—1721），原名慎，字止止，号永宁子，止止道人，四川夔关人。

乎？”潜老夫曰：“邵子，以‘兑，月也’。月为胆，胆发为耳；故，耳属兑。‘乾，日也。’日为心，心发为目；故，目属乾。‘震，辰也。’辰为肾，肾发为口；故，口属震。‘离，星也。’星为脾，脾发为鼻；故，鼻属离。‘艮，火也。’火，为神。‘坤，水也。’水，为精。‘巽，石也。’石，为骨。‘坎，土也。’土，为肉。又曰：‘阳与刚交，而生心肺；阴与柔交，而生肝胆；柔与阴交，而生肾与膀胱；刚与阳交，而生脾胃。’此，以乾、巽，居上；故心肺，亦居‘脏腑’之上。坤、震，在下；故肾、膀胱，亦居‘脏腑’之下也。心生目，胆生耳，脾生鼻，肾生口，肺生骨，肝生肉，胃生髓，膀胱生血。故乾为‘心’，兑为‘腰’，离为‘胆’，震为‘肾’。此，则与前兑‘胆’、离‘脾’，又互用也。坤为‘血’，艮为‘肉’，坎为‘髓’，巽为‘骨’。此，则与前艮‘神’、坎‘肉’，又易用也。泰为‘目’，中孚为‘鼻’，既济为‘耳’，颐为‘口’，大过为‘肺’，未济为‘胃’，小过为‘肝’，否为‘膀胱’；则‘交合之取’，又易矣。人之呼吸、经脉，与时旋转：子时注胆，丑注肝，寅注肺，卯注大肠，辰注胃，巳注脾，午注心，未注小肠，申注膀胱，酉注肾，戌注包络，亥注三焦。旧，以《十二辟卦》配之；亦，可以《大圆图》配之。可见，善观物理者，自有取法，不拘一说也。盖，取象，亦有‘先后天之分’。邵子，总以‘阴阳、刚柔’位定；故一切分之自然配合，而用处又圆。岂，拘拘耶？如五行有数十种，而不出水火；水火，一土也；土，一气也；气，一天也。”智曰：“人知‘此身之官骸，皆八卦也’；‘时乘六龙，以御天’矣。《关尹子》曰：‘归五藏于五行，则孰能痛之？’又曰：‘厌生死、超生死，是大患也。生死之说，马手牛翼。’此，‘无入不自得’之‘点睛笔’耳。‘剑舟’者，尚执之；岂非‘田骈、慎到’之‘死灰’乎？圣人，‘寂然’‘历然’，不相坏也。首、目，在上；手足，在下；各尽其职，思官为宗。‘历然’咸宜，而‘寂然’自在也；是‘神化’‘治教’同时，而‘封濬命官’即‘垂拱’矣。圣人，示万世，有亲切于‘各人之身’者哉？并所谓‘寂历，不相坏’之说，亦‘县疣’也。”

右第九章

潜老夫曰：“此，‘近取诸身’也。可悟，当身具足；而天下，为吾身矣；践形，而已矣。”

乾，天也，故称乎父；坤，地也，故称乎母；震一索而得男，故谓之长男；巽一索而得女，故谓之长女；坎再索而得男，故谓之中男；离再索而得女，故谓之中女；艮三索而得男；故谓之少男；兑三索而得

女，故谓之少女。

《朱子语录》谓："不当，专作'揲蓍'。"仲虎，是之。柴氏曰："往，不以此章，并诸象。是，但知'男女为人'，而不知'物物，皆男女象'也。"何子元曰："《尚书序》，'八卦'，曰'八索'，言'八八，相索也'。"袁临侯曰[①]："伦序分明，垂训凛然。《庄子》自放，而必曰'人伦相齿'；身毒割爱，而必曰'孝名为戒'。况中土秉铎，而好偏言'无分别'，以相讹混耶？"钱国端曰[②]："人人，皆有此'乾父、坤母'，何不'一索'？"耿天台曰[③]："吾党，举圣人'人伦之至'，以为'天地未分'之'大父母'，不外于'当前父母'。我辈，止当以此示人，就其'所近、所明'，是以'易简'。卓吾，以此见诟，彼自讳此，以快其'泡电'之'簧说'耳。"姚有仆曰[④]："子索母，女索父。阳里阴，为女；阴里阳，为男。此，是'气质'之'物理'。圣人，以天命之、理宰之；故因其生机，而当其名。此，一'称'之，即是'帝出之震'。"《儿易》曰："三女，亲乾；日丽于天，而风泽天降也。三男，亲坤；山附于地，而水雷地居也。"又曰："'求媚于乾'者，不事其子，而事其女；'致敬乎坤'者，不畏其女，而畏其子。此，勾践之蛊吴，因嚭而不因胥；淮南之事汉，惮黯而不惮弘也。"《蠡》曰："人知'此身，为父母之身'，即自知'此身，为天地之身'。岂容，'逞私'而'暴弃'耶？尽其当然，而'太和'充'两仪'矣。"潜老夫曰："'浑浑'之中，名分，截然如此。圣人，因其'固有'者，一表出之，故曰'当名'。岂，强设哉？人生家庭间，蒸蒸然一'太极'也。资父事君，而父天母地，即此位育。'孝无终始'，通于'神明'，为'乾坤克家'者，能不凛凛？善欲'夸玄泼嫚'，以践蹋'经义'耶？"

右第十章

曰："犹是阴阳也，圣人因人而伦之。此，天之伦也，即身之伦，即心之伦也。怵其'生所自来'，即怵其'心之所自来'矣。两曰'称乎'，六曰'谓之'。一称谓间，便已万代秩然，直下'安分'，岂不省力？"

---

①袁继咸（1593—1646），字季通，号临侯，谥号"忠毅"，宜春人，其著作合编成《六柳遗集》。

②钱一本（1546—1617），字国瑞，号启新，明朝学者，武进人，著有《像象管见》九卷、《像抄》六卷、《续像抄》二卷、《四圣一心录》六卷、《范衍》及《遁世编》等。

③耿定向（1524—1596），字在伦，号楚侗，人称"天台先生"，谥号"恭简"，著有《冰玉堂语录》《硕辅宝鉴要览》《耿子庸言》《先进遗风》《耿天台文集》，今人整理成《耿定向集》。

④姚奇胤（？—1646），字有仆，明朝官员。

乾为天、为圜、为君、为父、为玉、为金、为寒、为冰、为大赤、为良马、为瘠马（京，作“柴马”）、**为驳马**（《释文》，作“驩”；通作“驳”）、**为木果**。

荀《九家》，有为“龙”，为“直”，为“衣”，为“言”。淮南，聘九人，撰《道训》二十篇，号“九师《易》”；荀爽，集之。玄同《补象》曰：“乾，为‘元’，为‘元永贞’，为‘光’，为‘终日’，为‘三人’，为‘大首’，为‘顒’，为‘頎’，为‘福祉庆祥’，为‘道’，为‘德’，为‘惠心’，为‘诚’，为‘习’，为‘载’，为‘大车’，为‘金车’‘金柅’，为‘辐’，为‘轮’，为‘战’，为‘行师’，为‘遄’，为‘飞’，为‘行’，亦为‘石’，为‘重象’；以其体圆，为‘旋’、为‘甕’，为‘鼎腹’。”淇澳曰：“广‘八卦’之象，最为精微。庄生‘出于机，入于机’；亦，微窥矣。乾，方为‘寒’，为‘冰’，堕指裂肤；随为‘大赤’，流金焦石。方为‘良马’，和鸾节奏；随为‘驳马’，锯牙食虎。坤之为‘文’，万象昭回，‘黑’于何隐？五色即‘黑’，‘文’于何藏？方其为‘均’，杨朱惭其‘一毛’[①]；随是‘吝啬’，墨氏惭其‘顶踵’[②]。八卦皆然，可以类推。”《易意》曰：“《易经》少言‘圜’字，惟‘蓍圆神’，与此‘为天’‘为圜’，言其‘无所不包、无所不在’也。故，以二象，为首句。莫尊于‘君、父’，故表之；莫贵于‘金、玉’，故表之；莫肃于‘寒、冰’，故又表之。乾，居西北，侯于天门，其义微矣。”颜质卿曰：“玉粹，则孚尹；金刚，而能变也。”余岸少[③]曰：“阳之始，‘寒、冰’在亥子；阳之终，‘大赤’，在巳午。”农父曰：“朱汉上，以‘坎为中阳’，为‘赤’。极于巳，纯阳也。故，乾为‘大赤’；而《奇门》作‘兑赤’，谓‘其成熟剥落，归《乾》之大赤也。’大赤，归于大白；故乾，为‘三白之首’。升庵，以‘明堂’位。商之‘大白’，周之‘大赤’，皆‘旂’名，亦取色耳。”《集诂》曰：“乾‘马’，加‘良’‘老’‘瘠’‘驳’四字；见其纯，异于震、坎。而首以‘良’，‘纯善’之至也。‘老马’，取其能知。‘瘠’，非阳弱也；骨属阳，纯阳，骨多也。《山海经》：‘驳如马，锯牙，食虎豹。’师旷，对晋平者，谓‘其，健之最威猛也’。宋衷曰：‘天有五行之色。’《诗·东山》駖白[④]，为

---

① 《孟子·尽心上》：“杨子取为我，拔一毛而利天下，不为也。”

② 《孟子·尽心上》：“墨子兼爱，摩顶放踵利天下，为之。”

③ 余日登（生卒不详），字岸少，黎川县人，著有《广易传》《卧庐稿》《太平通史》等。

④ 《诗经·豳风·东山》：“仓庚于飞，熠耀其羽。之子于归，皇驳其马。”

驳。玄同，以为‘连钱之骢’，其文圆’。”程沙随曰[①]：“以实承实，员在上为‘木果’。若艮，为‘果蓏’，则下柔也。”玄子曰：“木上果，生气，完也；中有仁，生理，具也；‘生生不已’之象乾。无其于其究之词，尊乾也。”藏一曰：“《小正》：‘合冰，必南风；解冰，必南风。’生、收，皆然；乾南，统天也。”《潜录》曰：“乾，无所不在，特以‘天、圜、君、父、玉、金’，统物。而‘寒、冰’，则十月‘炼性之候’也；‘大赤’，则乾南‘大用之地’。四‘马’，一用四也。以‘西兽’藏‘东龙’之象；《图》负，岂偶然哉？‘木果’，则剥叶贞干后，‘仁出帝’之象也。”智曰：“乾声，转为‘乾湿’之‘乾’；故又为‘干’。天干，亦取其‘幹’也。‘木果’，为‘贞下起元’之象，可乾而藏之。与离，飞伏[②]；故《离》，为‘乾卦’。赣州，亦名‘虔州’，可证也。声占，以乾当‘先、真、侵、寒’四韵。古，‘天’‘真’同韵；《华严》可考。易韵尽然，旋韵侵闭口值后天；乾，此心音也。乾，本音为角属，腭送气声。‘以类万物之情’，何者非‘五行’‘干支’？三式、星禽、轨革、卦影，以类变生克。气光形声，索之，举无逃矣。”

坤为地、为母、为布、为釜、为吝啬（京，作“遴啬”）、**为均**（《礼记注》，作“旬”）、**为子母牛、为大舆、为文、为众、为柄，其于地也为黑**。

荀《九家》，有“为牝，为述，为方，为囊，为裳，为黄，为吊，为浆”。《补象》曰：“坤，为‘霜’，为‘西南’，为‘野’，为‘国’，为‘邑’，为‘阶’，为‘城’，为‘墉’，为‘丘’，为‘次’，为‘荒’，为‘虚’，为‘户’，为‘地南北之经’，为‘十年’‘十朋’，为‘臣’，为‘有土之公’，为‘女子’，为‘小人’，为‘匪人’，为‘晦’，为‘亿’，为‘师’，为‘群’，为‘夷’（夷者，众也、平也）。于德，为‘安’，为‘宁’，为‘燕’，为‘承’，为‘智’，为‘允’，为‘敦’，为‘章’，为‘惠’，为‘含括’，为‘裕’，为‘迟’，为‘冥’。于物，为‘汇’，为‘大牲’，为‘蕃庶’。于器，为‘舆’，为‘佥’，为‘七鬯’。于味，为‘甘’。”朴庵曰：“《凿度》曰：‘坤为人门。’作成物，为‘母’。一切治教，乾总寓乎坤体，以布大业。故五十三中，多表‘母仪’，为其主教养也。”《全诂》曰：“边幅广平，为‘布’。或以‘泉布’，为地货布行。‘釜’者，容物、熟物，以养也。釜，出金，而冶成，示

①程迥（生卒不详），字可久，应天府宁陵人。家于沙随，靖康之乱，徙绍兴之余姚，著《古易考》《古易章句》《古占法》《易传外编》《春秋传显微例目》《论语传》《孟子章句》等。

②先天八卦，乾位；即后天八卦，离位。

效法也。”项氏曰:“六十四升,曰‘釜’。坤,容六十四卦也。‘静翕’,故‘吝啬’。‘均’,‘旋瓦’者也。”徐乾若曰:“‘均钟木’[①],为‘众乐之母’也。牛,顺物;而母滋子,益顺矣。乾马,‘老’‘瘠’;故坤牛,牸犊,其番庶也。”麻孟璿曰:“乾,圆轮也。坎,为‘舆始’;坤,为‘大舆’;皆为乾,转轮也。屈子,言‘皇舆’。光武,批《舆图》。《尔雅》:‘权舆,始也。’‘权’,天之始;‘舆’,地之始也;犹是‘堪天舆地’,而皆‘以地用天’也。直以‘舆’呼地矣。”戴敬夫曰[②]:“奇用偶,而成文;文表‘中理’,乃统众业。‘天理’在地,‘地文’归天;故下有其物,上为星光,臣职安民,釜养舆载。知‘黑啬’,而可以‘文、布’;为‘众、柄’,而‘均’此‘方、直’;盖人道也。”吴次尾曰[③]:“《洛书》,坤土,居西南,其色黑,为‘死门’。当万物极盛,‘交秋’之候,即为死门。危哉!”《潜录》曰:“邵子,以‘无万数’,为‘坤’。草类,亦属坤。凡物之‘浑举难名’者,皆乾;其‘细赜难名’者,皆坤;此,‘象外之象’也。”智曰:“《乾》,不言‘性情’;而《坤》以‘吝啬’,书其性情。《乾》,‘资始’而已;一切,皆《坤》所生成,而‘归其主’者于《乾》也,表人道也。谈‘玄牝’‘守黑’之学;其,偏持此柄乎?俞氏,‘柄’,作‘枘’;以‘方直’,配‘圆曲’也。”智按:“《周礼》‘枋’,即‘柄’。古,方、柄通声;‘为功于物,不居其名’者也。声占,主真交文恩韵;旋韵,坤值麻阳。未方,‘成物’之地,声大开也。坤字,角,腭送气声。”

震为雷(《古文》,作“为长子,为玄黄,为旉,为大塗,为骁,为决燥”;下同)、**为龙**(虞、干,作“駹”;李鼎祚,作“駹”,乃“駹”讹)、**为玄黄**、**为旉**(虞、姚、李,作“専”)、**为大涂**、**为长子**、**为决躁**、**为苍筤竹**(徐,“筤”作“莨”)、**为萑苇**(荀,“萑”,作“荻”;《石经》,作“藋”)。**其于马也,为善鸣**、**为馵足**(京,作“朱足”;荀,同),**为作足,为的颡**(《说文》,作“馰”;《尔雅》,作“馰”)。**其于稼也,为反生**(虞,作“坂生”)。**其究为健,为蕃鲜**。

荀《九家》,有“为玉,为鹄,为鼓”。幼清云:“‘王’,当为‘圭’;‘鹄’,当为‘鹤’。”智按:“古,隺、鹄,通声。‘黄鹄矶’,即

---

① 方以智《东西均》:“乐有均钟木”。

② 戴重(1601—1646),字敬夫,号碧落道人,和州人,著《河村文集》《河村诗集》。

③ 吴应箕(1594—1645),字次尾,号楼山,汉族,南直贵池人,著《读书鉴》二卷、《读书种子》二十卷、《友鉴录》《续觚不觚录》《宋史》五十卷、《盛事集》三十卷、《读书止观录》等。今传有《楼山堂集》二十七卷。

‘黄鹤楼’，足征也。《国语》：‘震，为车’。左氏，亦云：‘震，为土车’。《补象》曰：震，为‘斗’，为‘陵’，为‘九陵’，为‘高陵’，为‘易’（即‘埸’也），为‘百里’，为‘候’，为‘鸟’，为‘好爵’，为‘中行’，为‘言’，为‘言笑’，为‘大作’，为‘耕穫菑畲’，为‘夙’，为‘假’，为‘至’，为‘往’，为‘升’，为‘跻’，为‘兴’，为‘击’，为‘抝’，为‘荐’，为‘灾眚’，为‘震惊’，为‘失丧’，为‘渝’，为‘虩’，为‘杌’；于物，为‘车’，为‘柝’，为‘篚’，为‘筐’，为‘茅’，为‘朵’，为‘鸟隼’，为‘鸿’，为‘翩’，为‘翰’，为‘鸣’。在上，为‘藩蔀’；合巽，则为‘帝’。”《凿度》曰：“雷木，震，日月‘出入’之门。日，出震；月，入震。二阴一阳，不见其体，假‘自然之气’，顺风而形，成势作裂，尽时而息。”《诂》曰：“万物，用于声。左为青龙，‘东方’之宿，皆然。二老始交，生震，兼有‘天地’之色。‘甹’，即‘荂’，又作‘華’；古，‘不’字。‘鄂不韡韡’，是也。‘塗’者，帝万物所出也。‘家督’至重，故明‘一索之长’。阳动，必不免躁；与兑顺首，向西而伏；故曰‘决躁也’。而，又藏巽‘究’矣。苍青，震色，筤[illegible]也。萑，似苇。而大合溪曰：‘萑，荻也；苇，芦也。’与竹，皆‘下本实而上干虚’之象也。”朱汉上曰：“‘萑苇’，震之发气，善阳。阳声，自内而开。”《尔雅》：“马后，右足曰‘驤’；左足，曰‘馵’。”陆佃云：“上绊其足。”今《字书》：“一绊，作‘馵’；二绊，作‘馽’。”“作足”，即《诗》“思马斯作”也。“的”，额，有旋毛。昭烈，呼“的卢”，是也。阳动，必“反下而上”；萌芽，皆然。究，为“纯阳”之“健”，究“其前之所进”也；“番鲜”，究“其后之所变”也。三变为二巽，继震为木，为余气。故曰：“震‘花’，变巽，为‘草’；震‘龙’，变巽，为‘鱼’。”一曰：“帝之‘出’‘齐’，‘番鲜’而‘盛明’也。”一曰：“鲜，为鱼。”景纯曰[①]：“鱼，震之废气也。”《容斋》说“巽为鱼”，甚详。《潜录》曰：“‘雷行’，而‘物与无妄’[②]；此，‘声教’之象也。西方，用声；乾，为声主。至震，而发其声奋。故为‘雷’，为‘善鸣’，为‘口舌’；言语，则其声和。六子，惟‘震巽’，言‘究’者：长子用事，长女代母；乾坤始交，各有其究也。”智曰：“芭蕉，闻雷而长。‘剥芭蕉’者，闻之乎？圣人曰‘恐惧修省’，是‘返闻’也。声占，震巽，皆真韵，正东方也，旋韵。震主，皆真韵。巽主，安滂韵。震，为徵，舌上初发声，知毋通照者也。巽为商，齐齿声，心毋

① 郭璞《洞林》：“鱼者，震之废气也。巽王，则震废。故，巽为鱼。”郭璞（276—324），字景纯，河东郡闻喜县人，著《郭弘农集》《葬经》《青囊经》。

② 《无妄》卦，《象》曰：“天下雷行，物与无妄。先王以茂对时育万物。”

也，忍收声也。”

巽为木、为风、为长女、为绳直、为工、为白、为长、为高、为进退、为不果、为臭（王肃，作“为香臭”。玄子云：“虞翻，作‘嗅’；李鼎祚本，同。今按李本，作‘臭’。”[①]）。**其于人也，为寡发**（古本，作“宣”，云：“黑白杂，为‘宣’。”《释文》，作“蒜”。升庵，引《考工记》：“半矩，谓之‘宣’”，注“头发颡落，曰‘宣’。”）、**为广颡**（郑，作“黄颡”）、**为多白眼、为近利市三倍，其究为躁卦**。

荀《九家》，有“为杨，为鹳”。幼清曰：“当，‘为鸿’。”《补象》曰：“巽，为‘月几望’，为‘庙’，为‘处’，为‘居’，为‘命’，为‘戒’，为‘大号’，为‘富’，为‘富以其邻’，为‘盥’，为‘浚’，为‘渫’，为‘牵’，为‘系’，为‘挛’，为‘縻’，为‘繘’，为‘绂’；于体，为‘肱’，亦为‘泣’；于器，为‘舟’，为‘床’，为‘资斧’；于物，为‘莽’，为‘茅’，为‘杞’，为‘桑’，为‘瓜’，为‘鱼’，为‘鲋’，为‘豚鱼’，为‘羸豕’。其德入，故为‘损’，为‘摧’，为‘不荐’。巽，臭也，故为‘否’。”《凿度》曰：“巽，为风门，亦为地户，乾坤成器，风行天地；运动，由风气成也。”张子曰：“阴气凝聚。阳在外者，不得入；则周旋不合，为风。”《集诂》曰：“偶下入者，木根；奇上升者，幹也。又其性有曲直，绳柔达直，工以入巧。居‘纯阳’之巳位，曰‘白’。中阳积而达于上，故‘为长、为高’。风行无常，故‘进退’。或东或西，故‘不果’。为‘臭’者，以风传。阴血盛，发多；阳血盛，发少也。‘广颡’，阳体盛。‘白眼’者，上中白；而黑者，在下也。巽顺，而多有入，故‘为近利市三倍’。南方，‘日中为市’。巽居东南，与离相近；变至三而坤，则和成而多，甚矣。利之善，如入人也。究，变为震，不变坤。震，究为乾。巽者，喜‘阳之还纯阳’也。”《潜录》曰：“风声，主教。震‘决燥’、巽‘进退’；一过、一不及，必‘明善’，以转‘风声’。此，‘东方之仁’，所以用‘西方之义’，而即以利之也。谁，非‘臭’乎？谁，非‘市’乎？市心，危哉！君子，观乎‘绳直’，故贵其‘制权’焉。”智曰：“《先天》阴仪，巽坎艮坤，以巽为首；《后天》西南之半，巽离坤兑，亦以巽首也。乾，首坎艮震，为刚内制而出；震长仁，以柔用之。巽，领离坤兑，为柔制物；而兑收‘和义、利物’[②]，以‘刚决’归乾。故巽，以‘风门’‘地户’，司‘纯乾四月’之命；而《先天》之申《巽》，节《后天》之申《坤》。因物、

①何楷著《古周易订诂》卷十四。

②《乾》卦，《文言传》：“君子体仁足以长人，嘉会足以合礼，利物足以和义，贞固足以干事。”

利物，以制物；养物、成物，以究物。此，‘三倍’，所以独著于《巽》也。天地，是‘大欲钩’；天地，是‘大理障’。惟以天而理之，斯‘无声无臭’矣。‘法语’肃然，岂可少‘巽语’之入人深乎[①]？‘木从绳正’[②]，‘工居肆成’[③]，曲直‘半矩’[④]，‘进退’随风；惟‘开全眼、用半眼’者，知之。”

坎为水（简辅本，“为月”，在此下）、**为沟渎、为隐伏、为矫**輮（古，“矫”，一作“桥”。宋衷、王庆，“輮”作“柔”；荀，作“桡”），**为弓轮**（姚信本，作“伦”）。**其于人也**（古文，“为多眚”，在此下），**为加忧、为心病、为耳痛、为血卦、为赤。其于马也，为美脊、为亟心**（荀，作“极心”，云“中”也）、**为下首、为薄蹄、为曳。其于舆也，为多眚。为通、为月、为盗。其于木也，为坚多心。**

荀《九家》，有“为宫，为律，为可，为栋，为丛棘，为狐，为蒺藜，为桎梏”。朱郁仪曰[⑤]：“‘可’，古‘呵’字；心气，为呵。”《补象》曰：“坎，为‘云雨’，为‘羔’；亦为‘沛’，为‘沫’，为‘井’，为‘川’，为‘涉’，为‘濡’，为‘拯’，为‘戎’，为‘鬼’，为‘鬼方’；于体，为‘心’，为‘中’，为‘心不快’，为‘有言不信’，为‘臀’，为‘股’，为‘朵’，为‘血’（血，即朵也）；于德，为‘归’，为‘反’，为‘归’，为‘敬’，为‘劳恻’，为‘疑’，为‘得获’，为‘纳约’，为‘险’，为‘乱’，为‘毒’，为‘肯’，为‘疾’，为‘乐’，为‘忧’，为‘涟沱’，为‘惕恤’‘涕洟’‘泣血’；于食，为‘酒’；于事，为‘筮’，为‘原筮’，为‘包’，为‘结绳’，为‘拘系’，为‘弧’，为‘弋’，为‘引’（引，弓也），为‘田’，为‘即鹿’，为‘三驱’，为‘狩’，为‘刑’，为‘狱’。于物，为‘乘马’‘壮马’。其中阳，为‘金’，为‘水泉’，为‘不盈之平流’，为‘不通之室’；其阴，为‘巷’，为‘桶’，为‘穴’，为‘窞’，为‘幽谷’，为‘泥塗’。”《凿度》曰：“坎者水，天地脉，周流无息。月，坎也；水，魄也。坎不平月，水满而圆，水倾而昃。”关尹曰：“水，可折、可合；精，‘无人’也。火，因膏、因薪；神，‘无我‘也。”朱子《云谷记》曰：“非云所

①《论语·子罕》：“法语之言，能无从乎？改之为贵。巽与之言，能无说乎？绎之为贵。说而不绎，从而不改，吾未知之何也已矣。”

②《尚书·说命上》：“惟木从绳则正，后从谏则圣。后克圣，臣不命其承。”

③《论语·子张》：“百工居肆以成其事，君子学以致其道。”

④《周礼·考工记·车人》：“车人之事，半矩谓之宣。”

⑤朱谋玮（1564—1624），字郁仪，字明父，一字郁仪，私谥贞静先生，南昌县人，著《周易象通》八卷、《诗故》十卷、《骈雅》七卷、《藩献记》四卷、《豫章耆旧传》三卷、《玄览》八卷、《异林》十六卷、《金海》一百二十卷、《水经注笺》四十卷等。

沾，衣湿如沐。”可见，云、雨，非二物矣。《小畜》“密云不雨”，为风所散。退之，所谓“云軿軿兮，风以漓之”也。《全诂》曰：“凹，象水流，故为‘沟渎’。”《一》曰：“‘矫輮’水之性，而为‘沟’；亦犹‘矫輮’木之性，而为‘弓轮’也。巽，亦‘隐’、亦‘伏’者，得‘坎下半体’也。曲直可矫，所以‘习’之；‘弓轮’，中劲也。《素问》：‘金在志，为忧；水在志，为恐。’恐，甚于忧，曰：‘加忧’。”《庄子》曰：“上而不下，便人善怒；下而不上，使人善忘；不上、不下，中身当心，则为病。”升庵曰：“坎中一画，即心体。肾，皆属坎；水火，未尝离也。离，‘中虚’，心之用；‘有孚’则亨，是‘盈科’‘成章’而达也。‘加忧’，则病；是‘饥渴，害心’者也。肾窍耳；肾伤，则耳痛。血在身，水属也；赤，其色也。”《道藏》曰：“‘真阳之火，在此精一之水中，故为赤血。’坎，得‘乾中爻’，为‘美脊马’。‘亟心’，内，刚燥也。前画柔，故‘首，不昂’；下画柔，故‘蹄，不厚’。‘曳’，则限失健也。‘舆’，积才而不胜，故为‘多眚’。”《一》曰：“心病、目伤；古本，故在‘心病’之下。流自常通，月水同德；方诸，取水于‘月’。‘险’‘伏’，藏‘盗’；‘坚多心’，棘枣，属‘刚中’也。”《潜录》曰：“坎，受乾为体；月，受‘日之光’。天，凝精于日；日，非‘离所私有’也。旧，以‘月’，为‘山河内景’。实测之，其质凹凸耳。”又曰：“《太玄》，以‘水’，为‘盗’；阴阳家，以‘玄武’，为‘盗’。坎，主智，即为‘盗’，危哉！‘心病’之险乎？邵子，以‘智’，为‘衰德’；故，以‘信’合之。充类、矫枉；心，即是病。制心，使无其病，‘加忧’。‘习坎’之亨，在不失信。斯‘易简‘矣。以险习盗，而反以’矫輮伦物’，谓：‘高絙、长蹻者，不愁行地。’而驱百姓习之，岂不痛哉？《大学》‘正心’，《论语》‘学习’；所以，救‘行险之痛’也。”智曰：“道书，丙火，藏于壬水；此，天地之‘精神’也。精，自伏神；神，自盗精。耳目，盗心；心，曳耳目；皆病也。病，不得其所喜，故‘忧’。而以‘恐胜喜’，以‘思胜恐’，亦其‘迅不停息’之轮也。不知其故，而心耳相痛；正，痛而目眚耳。惟，‘劳’以‘习’之；而忧、喜、恐，皆泯矣。舆自通，水自流，本忘劳也。骤曰‘不习’，以径‘偷安’；岂知‘设险守法’之不得已哉？三百八十四爻，即‘三百八十四险关’也。声占，坎主闭口，而用在东冬，旋韵三闭，正应三滂，‘贞下元’之候也。坎字，角，腭送气声。”

离为火、为日、为电、为中女、为甲胄、为戈兵。其于人也，为大腹，为乾卦（“乾”，音“干”。古，作“乾挂”；董，作“幹卦”）。**为**

鳖、**为蟹**、**为蠃**（京，作“螺”；姚，作“蠡”。智按：东方：“以蠡测海”[①]，原读作“螺”，古通也。）**为蚌**（古，作蜯）、**为龟**。**其于木也，为科上槁**（虞，作“析上稍”；郑，作“稾”；干，作“熇”）。

荀《九家》，有“牝牛”。《补象》曰：“离，为‘昼日’，为‘日中’，为‘巳日’，为‘旬’，为‘南’，为‘牖’，为‘明’，为‘光’，为‘见’，为‘觌’，为‘窥’，为‘彭’，为‘嗃嗃’，为‘灾’，为‘樊’；于人，为‘恶’，为‘戚’，为‘不朵’，为‘血去惕出’；于德，为‘畜’，为‘言’；亦为‘敬’，为‘失得’，为‘愠’，为‘恤惕’‘号咷’‘涕嗟’；于事，为‘食’，为‘餗’，为‘禴’，为‘征伐’；于物，为‘马’，为‘鸟’，为‘雉’，为‘飞’，为‘贝’，为‘灵龟’‘朋鬼’；于器，为‘轮’，为‘茀’，为‘矢’，为‘弦’，为‘瓶’。其中阴，为‘锁’，为‘黄’，为‘舆’，为‘牛’。其不正，为‘眇’。”《凿度》曰：“日离火宫，正中而明，二阳一阴，虚内实外，明‘天地之目’。”《集》曰：“火丽木，日丽天，电丽云。‘大明’者，日；而‘暂明’者，电也。王逵言[②]‘卤薄旗，电母像’，取此‘中女’也。上刚，胄；下刚，甲；中，人也。上刚，刃；下刚，鐏鐓；中柔，其秘也。”《荃》曰：“坎、离，得‘乾坤中气’。《乾》为‘首’，《坎》为‘下首’；《坤》为‘腹’，《离》为‘大腹’。然此疾证也，火熯，日燥，故为‘乾卦’。鳖、蟹、蚌、龟：二刚，象‘前后介’；中柔，‘肉’也。皆‘滋生’之物。而中含火性，故入水不寒。其‘灵智蕴珠’者，则《离》之‘明德’也。‘科’，空也。‘木中空’者，上必‘槁’。”张子曰：“附而燥也；科巢，附木上者。’程可久曰：大枼，谓之《离》；小罍，谓之《坎》。见于他书，则‘凡物皆象也’。”《潜录》曰：“‘介虫’之伏，随日光，而以影加其上。蟹、螺、蚌、龟，与月盛衰。离南，‘朱雀’；而《小过》，肖《坎》[③]，亦取‘飞鸟’。坎位，龟统‘介虫’，而离取之；坎离为偶，无相离者。因其‘丽’，而名之‘离’。‘离’‘丽’，二声、二义；分合，同见。‘日中三足鸟’，射取‘酉鸡’[④]；‘月中兔’，射取‘卯’象；皆，离而丽也。郑厚之，以‘日，抱一；月，抱二；作篆文’；而合二字，为‘易’；不足奇矣。又曰：心，即火也；而‘甲胄’‘戈兵’之‘大

①《汉书·东方朔传》：“‘以管窥天，以蠡测海，以莛撞钟。’岂能通其条贯，考其文理，发其音声哉！”

②（明）王逵撰《蠡海集》：“巽，长女也。电母像，妇人。古之卤簿四神旗，皆绘画也。”

③原为“省”。根据雷山小过卦象，全卦似八经卦之坎，故言肖。肖卦，《时论》多有论述。

④射，即“射伏”。

腹’藏焉。何时，净耶？科，又槁矣。电光乎？吾安‘吾之白日’，而已。”智曰：“《周礼》二‘燧’，皆镜也。火，满空；水，亦满空。镜，因乾金，以光相取。削冰圆，亦取日火；乾，为‘冰’也。水火、精神，同在光镜中，明矣。声占，离主支韵；旋韵，值先天韵。来子母，半喉舌声。”

艮为山、为径路、为小石、为门阙、为果蓏（京，作“堕”）、**为阍寺**（俭，作[illegible]）①、**为指、为狗**（虞，作“拘”）、**为鼠、为黔喙之属**（“黔”，郑作“黚”，云：“虎豹、贪冒之类”）。**其于木也，为坚多节**。（陈氏《考异》云：“古一本，无‘多’字。”玄子云：“无‘坚’字。”）

荀《九家》有“为鼻、为虎、为狐”。《补象》曰：“艮，为‘东壮’，为‘磐’，为‘庐’，为‘家’，为‘舍’，为‘阙庭’，为‘丘圜’。高尚于人，为‘君子’；为‘童蒙’‘臣仆’，为‘子’，为‘琪琐’，为‘躬’，为‘背’，为‘生’，为‘不死’，为‘执’，为‘握’，为‘御’，为‘罢’，为‘已事’，为‘损疾’，为‘有终’。于物，为‘豕’。其上阳，为‘白’，为‘革’；下阴，为‘肤’。”《凿度》曰：“艮，为鬼冥门。物之生于‘冥昧’，气之起于‘幽闭’。艮止诸物，太齐而出；出后，至于中吕。艮静而冥昧，不显其路，故曰：‘鬼门’。”《荃》曰：“大而山，微而小石，皆‘坚而止’者也。”《集诂》曰：“震阳，始出，为‘大涂’；艮阳，上穷，‘高山’之上。”右錞曰：“艮，处‘水土石之间’，故为‘蹊’也。刚上求直，故为‘径路’；双峙，为‘门阙’；二，皆‘行止相兼，终始出入’之象也。植木，曰‘果’；蔓地，曰‘藤’。或以核分：纯乾，为‘木果’；艮，则兼‘蓏’。震‘萼’，草木之始；艮，草木之终；终而又始矣。外一刚，‘阍人’无足，而‘御止’于外；内二柔，‘寺人’无阳，‘给使’于内也。‘屈指互用’者，‘指’也，‘四支’之末，能止者也。一阳、二阴，共宅；时以为‘客’，时以为‘主人’。‘狗’‘鼠’之属，‘用灵于夜’者也；‘黔喙’之属，‘茹精于昼’者也。”郭子和曰：“坎，在君子，为‘隐’；在小人，为‘盗’。艮之利，皆‘狗’；害，则‘鼠’；皆‘一义而二象’者也。鸟喙，多黔；马融，以为‘默’；皆前刚也。艮，不言‘马’；其用‘偏上’，故无‘行健之功’，徒有‘噬嗑之功’耳。巽，曲直；干阳、根阴，为木全材。坎，内阳，‘为坚多心’。离中，阴虚，‘为科上槁’；艮阳，在上，‘为坚多节’。木枝在上，方有节；二少，当于‘微处’取。”《潜录》曰：

① 胡煦撰《周易函书》，“俭”字，作“徐”字。特别说明：因《周易时论合编》，有些章节字迹不清，增加校点难度。《周易函书》引用中，多有同于《周易时论合编》处，为本书点校提供了便利。

“指之为用末，而著之；为其指之，而‘节’见也。狗守、鼠盗，‘人间’之常。然，何得禁‘人间之熏鼠、畜狗’者乎？阍者，阍；寺者，寺。圣人之指，始终‘因物中节’，而已。”智曰：“皆‘庭’，皆‘艮’也；而，此表‘门’焉。《凿度》，以‘岁限’，称‘鬼门’，实‘寅方’之‘人门’也。震‘涂’、艮‘路’，始终‘时其行止’；则‘径’与‘阍’，皆可‘敦’、皆可‘指’矣。人未登峰，岂知‘平地’即是也？声占，艮主其真庚韵；旋韵，艮值‘支开之寅’。艮，为角，腭初发声。”

兑为泽、为少女、为巫、为口舌、为毁折、为附决。其于地也，刚卤。为妾、为羊。（郑玄作“阳”。阳，“养无家女，赁炊爨，贱于妾”者。郭璞引鲁《诗》“阳如之何？”又曰“巴濮，自称‘阿阳’”。升庵引《后汉》“西南夷女，为妇徒”。古文，作“为少女、为妾，为娻、为巫。”虞，作“羔”。《考异》载：“郑鲁，作‘为养者’识。”）①

荀《九家》，有“为常，为辅颊”。陆德明曰：“常，西方神。”草庐曰：“九旗之一。”熊南沙，定“常”，作“府”，非。《补象》曰：“兑，为‘雨’，为‘阴’（阴，秋也），为‘西山’‘岐山’，为‘武人’‘幽人’‘祝尸’，为‘面’，为‘言’，为‘誉’，为‘拘’，为‘跛’，为‘劓刖’，为‘羸’，为‘虞’，为‘素’（素，常也）。得所，则为‘悦’，为‘笑’，为‘和’；失所，则为‘号’，为‘咨嗟’。于事，为‘酒食’；于人物，为‘虎豹’。阴居上，为‘苋’，为‘葛藟’，为‘鼿卼’。两兑，为‘鸣’，为‘和’，为‘商’。”《凿度》曰：“泽金兑，日月往来门。月出泽，日入泽。万物燥，泽可及；天地怒，泽能说；万形恶，泽能美。泽者，天地之‘和气’也。”朱子，取仲翔“川雍成泽，泽决成川”之说，谓“坎，下画，闭合也”。幼清曰：“‘巫’‘少女’，‘以口悦神’者，幽也；言悦人，为‘口舌’者，显也；皆‘上折’象。金杀、毁折；《夬》，必附而决之。震，‘决燥’；兑，附刚而决也。”张子曰：“物成，则上；柔者，必折也。”是，仲达所谓“稾秆，则毁折；果蓏，则附决也”。《说文》曰：“东方，曰：‘斥’；西方，曰：‘卤’。卤，在燥地，则刚。”郑少梅曰：“刚者，出金；卤者，出盐。虽不生‘五谷’，而宝藏兴焉。”徐子舆曰：“刚卤地，不生物。卤者，木之死气也。泽在上，而下绝于泉，‘为卤’而已。”项平甫云：“外润霜露，则‘为卤’。”按：“今取‘铅霜’‘秋石霜’，皆此类也。”妻，齐也；奔，则为妾。妾，接也，接之而已。《潜录》曰：“八卦，终《兑》；八宫之魂，归于《归妹》。甚矣。少女之‘能说人、能杀人’乎？震‘鸣’、兑‘口’，《后天》，首

① 胡煦著《周易函书》，与此段大体相同。

西相错。甚矣，‘口舌’之‘毁折’也乎？天一生水，而润泽万物。在此海中，盥饮此水；圣人因而用之，即以‘说者’节之；盖，天地之‘出入机’也。”智曰：“此，以‘老长、中、少’为序。而用半之‘乾巽’，为‘亥巳’门户。此，用半之‘坎兑’，适收西北。《礼记》所云‘右义偕藏’者也。‘习坎’‘心亨’，而《兑》终‘讲习’。天地，终始于‘说’，以衍生机。纳音，自西起北，而东‘奋出’，南‘施命’焉。言，即‘无言’矣；毁，即‘不毁’矣。望圣人‘观象’毕，而一语决此‘元会之时宜’也。神哉！声占，兑，主皆来韵；旋韵，值庚。兑，为徵，舌头声。皆本于◎，用于余声。邵子，以‘开发、收闭、闢翕、清浊’分之；是，其概也。”

右第十一章

仲虎曰：“广‘八卦之象’，百十有二。有‘相对取象’者：乾坤，天地；震‘决燥’、巽‘进退’；艮‘指’、兑‘舌’，是也。有‘相因取象’者：震坎，得乾‘马’；坎得二坤，为‘舆’，是也。‘一卦自因’者，‘隐伏’，为‘盗’；‘绳直’，为‘弓’，是也。有‘不言互见’者，言‘君见臣’，言‘圆见方’；坎血，见离气；离气，见坎湿；巽臭，见震声；二长‘为究’，见‘艮兑之穷’；是也。”《诂》曰：“震，已为‘长男’，又言‘长子’；于‘阳之长’者，尊之也。三女言之，明‘女子，各当外成也’。少女，为‘妾’；于‘阴之少’者，卑之也。‘鸡、豕、雉’，不言；‘燥血’，乾独言；卦，皆互文也。”柴中行曰[1]：“‘八卦’之象，反而求之，不出‘吾身’。孰知，天之‘与我’者，有如是‘至精、至妙、至广、至大’之理。大而，天地；小而，虫鱼草木；幽，而鬼神；明，而事变；皆然也，一太极也。反诚、默识，岂‘直俟不惑’[2]，而已耶？”《圣学宗传》曰：“此，深明‘臭腐’‘神奇’，浑无二致。‘八卦’之用，充满宇宙；‘太极’之妙，普现目前。故，有所谓‘道在瓦砾，在‘矢溺’[3]，在扬眉瞬目者’[4]，略似乎此。”

《野同录》曰：“万，即一也。必曰‘一统万’；必曰‘一，不住一’；必曰‘就在，万之一，以理其万’者，何也？先天，后天，止有一用；用，必不离事物。物，必有‘亲疏’‘贵贱’；必以亲先、疏贵、

①柴中行（1175—1237），字与之，人称“南溪先生”，馀干人，著有《易系集传》《书集传》《诗讲义》《论语蒙童说》等。

②《礼记·中庸》：“故君子之道，本诸身，征诸庶民，考诸三王而不缪，建诸天地而不悖，质诸鬼神而无疑，百世以俟圣人而不惑。”

③《庄子·外篇·知北游》。

④（明）宋濂《焚石禅师六会语序》：“扬眉瞬目之顷，辄曰彼已悟矣，何其易悟哉！”

治贱。卦爻，因此而列；礼乐，因此而宜。此，‘费即隐’之道，体也。圣人，首表‘天地君父’，名以为教。岂得‘瓦礫其君’，而‘矢溺其父’，以夸‘平等’乎？无怪‘开君寺父’；而人，且不如‘狗’；盗，且不若‘鼠’矣？夸世，而尊出；隐劣，而显胜；乃‘挂餮’之‘曼陀饮’耳。至人，‘得意’之‘泯尽’；圣人，更以为‘矢溺’，而安顿‘万世之矢溺’于厕，以之粪田。勿恃‘婴儿’，秽我‘堂榻’；此，‘格物’‘时措’，所以为‘大泯’也。偏骄‘矢溺’，即非‘至人’。宁许‘夺毁帝王’；而偏词，诒人过世乎？陋者，听之‘情匿’，犹可言也；‘鬼随’，睨之‘纵悍’，不可言也。，故圣人作《易》，神于‘分别物宜、会通典礼’，以‘民视’为‘蓍龟’；而‘寂然’‘垂衣’，何容说耶？专取‘罕言’者，啧啧然自矜其‘谲智’，羶引一群苟偷黠才，肆口狎侮，荒篾招盗，而隐操舜虞，伏纂圣宗；更不如‘死浸苦行者’，远矣。君子，观此象曰：‘各形其形，各声其声，各才其才，各力其力，治相服。’他山攻玉，是‘因物’，而‘善用其物’之‘大成’‘于穆’也。‘善用之’，皆药，不‘善用之’，皆病。祸，先防大；时，以序安。故言‘贞一’，而不倚‘混一’。请读《序卦传》，自‘有天地’而言；则，舍‘天地’‘人伦’，无‘太极’，明矣。请读《杂卦传》，终决以‘君子道长’。读‘圣人书’，受‘圣人思’；何苦，不‘自决’乎？”

潜老夫曰：“邵子，‘观物’；朱子，‘格物’；始是，陆子‘注我’。随‘虚实、顿渐’相格，犹‘雷山’‘风泽’之归‘水火’，统‘乾坤’也。颖人，格一‘大冒之物’；而倚‘瓦甓’，以饰说；即已‘孤负瓦甓’矣。不知，‘细格’，善用物宜；则‘蛮横’一‘万物备之我’。忌讳‘强恕’‘精义’，正是‘精雾’‘毒烟’，安知‘如何注我’？”

智曰：“‘冒格’，为‘细格’之‘竿头’；细格，又为‘冒格’之‘竿头’。《观物篇》曰：‘物观物，而已。安有我，于其间哉？’则，谓‘我，注物’；‘物，注物’；‘六经，注六经’；可也。适当太极，现‘卦爻之身’，以注‘天地、万物之时’；安得，不温‘本注’？”

周易时论合编卷之十三终

周易时论合编卷之十四

皖桐方孔炤潜夫论述
孙中德、中履、中通、中泰编录
环山后学方兆兖较

序卦传

文中子，读至《序卦》曰:“大哉，时之相生也！达者，可与几矣。”朱子曰:“周子，言精与缊，甚分明。”萧景元《易原》，以卦画，指其序。杨、邓、何、黄、关之精矣。《易意》曰:“令升言‘有先天地者矣’。今，正取始于‘天地’。此，黄帝所云‘太古断元’也。《谷梁传》曰:‘不求知所不可知者，智也。’太极，既生‘仪象’；则，止有‘仪象’，即‘太极’矣；‘仪象’森然，即‘有序’矣。人人知‘天地’，可不言‘乾坤’矣。申言‘天地’表‘人伦’；则‘人道’，即‘天道’矣。几，以征民而安之也。”潜老夫曰:“圣人，因物理而时宜之，即‘所以然’之‘精理’也。蕴，必有精；精，藏于蕴。随举一端；精、蕴，皆寓焉。”智曰:“急于明一，则姑置‘睹闻’之‘天地伦物’，而会通‘不睹、不闻’之‘天地伦物’耳。归实，则止有此‘天地伦物’之‘森然序列’也。虽‘一元会’之内，自分‘夜旦午昏’；而‘一元会’之午，如此；‘万元会’之午，即如此。此，则‘森然序列’者，即‘万元会不坏’者也。世象常住，何容汝‘一丝毫回避’耶？即欲‘不在序中’，亦是‘画地作饼’。”

有天地然后万物生焉。盈天地之间者惟万物，故受之以《屯》；屯者盈也，屯者物之始生也。物生必蒙（京，作“始生”），**故受之以《蒙》；蒙者蒙也**（郭京，作“蒙昧也”），**物之穉也**（古或作“稚”）。**物稚不可不养也，故受之以《需》；需者饮食之道也。饮食必有讼，故受之以《讼》**（僧一行《易纂》，引孟喜《序卦》曰:“阴阳，养万物，必讼而成之；君臣，养万民，亦讼而成之”)。**讼必有众起，故受之以《师》；师者众也。众必有所比，故受之以《比》，比者比也**（郭京，作“亲比也”)。**比必有所畜**（徐，作“蓄”)，**故受之以《小畜》。物畜然后有礼，故受之以《履》**（幼清曰：“韩注，有‘履者，礼也’四字。今按王弼《略例》，引此。盖是后人，误以正文书作注字。”）**履而泰**（朱子，引晁氏曰：“郑，无‘而泰’二字”)，**然后安，故受之以《泰》**。（羽南氏曰：“朱子，于《序卦》分三节，有寓旨焉。天地，二；而一于人也。”）

《潜录》曰：“‘礼本大一’，而运于‘操履’，所以‘合外内’也；故特书之。而《下篇》，又申‘礼义’有所指。此，《序卦》之断案也。其六贞悔，三十阴阳，而‘天地交’之义，已详前矣。自《泰》而下，盖‘多故’哉。《上》第四，曰‘稚’；《下》第四，曰‘壮’；示‘物候’也。”

泰者，通也。物不可以终通，故受之以《否》。物不可以终否，故受之以《同人》。与人同者，物必归焉，故受之以《大有》。有大者不可以盈，故受之以《谦》。有大而能谦必豫，故受之以《豫》。豫必有随，故受之以《随》。以喜随人者必有事，故受之以《蛊》；蛊者事也。有事而后可大。故受之以《临》；临者大也。物大然后可观（《说文》，引“地可观者，莫可观于木”)，**故受之以《观》。可观而后有所合，故受之以《噬嗑》**（李大麠，噬嗑者合也）;**嗑者合也。物不可以苟合，而已故受之以《贲》；贲者饰也。致饰然后亨则尽矣**（李，作“而后”)，**故受之以《剥》；剥者剥也。物不可以终尽，剥穷上反下，故受之以《复》**（《淮南子》引云“剥之不可遂尽也”)。**复则不妄矣，故受之以《无妄》。有无妄然后可畜，故受之以《大畜》。物畜然后可养，故受之以《颐》；颐者养也。不养则不可动**（李，作“以动”)，**故受之以《大过》。物不可以终过，故受之以《坎》；坎者陷也。陷必有所丽，故受之以《离》；离者丽也**。（郑本，引《凿度》云：“乾，起于子；阴，起于午。天数天分，以阳出离，以阴入坎；坎为中男，离为中女。太乙之行，出从中男，入从中女。因‘阴阳、男女’之偶，为‘终始’也。”王昭素谓：“丽，必有所感；故受之以《咸》。咸者，感也。”晁以正，古易取之）

苏《传》曰：“《杂卦》，皆相反；《序卦》，皆相因。此，理也，即数也。步历，而历应；吹律，而律应。考之人事，而人事契；循乎天理而行，无往不相值也。世之所有，莫不咸在焉。”《象正》曰：“圣人意，不可见，而序可见。后人，不知其意，而乱其序；则‘先后中天’

之序，可一一代也。反复，体也；对化，用也。以乾坤，涵‘乾坤之用’；屯蒙，涵‘鼎革之用’；需讼，涵‘晋夷之用’。因而，乾乾，涵‘坤坤之用’；坎坎、离离，犹是也。后之人，必以是‘一反一对’者，为序也。故显其反者，而藏其对者。乾坤之从屯蒙，显反而从对；犹‘父母’之‘从子’，立子而隐妇也。”《荃》曰：“‘阴阳’之气，专；则‘生化’之理，灭。故阳中阴、阴中阳，肃肃出乎，赫赫发乎；此，至理也。”来矣鲜曰：“物，不可以终通、终否、终尽、终过；以‘理之自然’言也，‘造化’也。有大者不可以盈，不养则不可动；以‘理之当然’言也，‘人事’也。”潜老夫曰：“圣人，因物明物，而因以理之；因立‘宰理’，而即以‘物理’藏之，此‘至理’也。故所序立，造化不违；畜礼、畜养，不可苟合；复，则不妄，贯‘终始’矣。放者，废‘宰理’，而任‘自然’，早已不知‘物理’矣。有‘守宰理，而不穷物理’者，触途跛挈，固所不免。然藏感于恒，正赖学者之‘陷丽以济’；此，‘贞胜’之‘至理’也。究竟‘一理’，宁可分乎？究竟‘一理’，即在事物‘时措之宜’中。宁有‘荒一’，可执乎？‘居而安’者，‘素’其‘序’，而已矣。”

有天地然后有万物，有万物然后有男女，有男女然后有夫妇，有夫妇然后有父子，有父子然后有君臣，有君臣然后有上下，有上下然后礼义有所错（《荀爽传》引《易》云“礼义备，则人知所厝”）。**夫妇之道不可以不久也，故受之以《恒》；恒者久也。物不可以久居其所，故受之以《遁》；遁者退也。物不可以终遁，故受之以《大壮》。物不可以终壮，故受之以《晋》；晋者进也。进必有所伤，故受之以《明夷》；夷者伤也。伤于外者必反其家，故受之以《家人》。家道穷必乖，故受之以《睽》；睽者乖也。乖必有难，故受之以《蹇》；蹇者难也。物不可以终难，故受之以《解》；解者缓也。缓必有所失，故受之以《损》。损而不已必益，故受之以《益》**（《说苑》，孔子告子路，则此语而不同。盖自周末，引语尝引其意，而自为词。南沙，遂谓“《序卦》有经师之说，亦肤末矣”）。**益而不已必决，故受之以《夬》；夬者决也**（玄子，依时本，作“决讹”）。**决必有所遇**（李本，无“所”字），**故受之以《姤》；姤者遇也。物相遇而后聚，故受之以《萃》；萃者聚也。聚而上者谓之升，故受之以《升》。升而不已必困，故受之以《困》。困乎上者必反下，故受之以《井》。井道不可不革**（虞，无“道”字），**故受之以革。革物者莫若鼎，故受之以《鼎》。主器者莫若长子，故受之以《震》；震者动也。物不可以终动**（李本，下有“动必”二字），**止之，故受之以**

《艮》；艮者止也。物不可以终止，故受之以《渐》；渐者进也。进必有所归，故受之以《归妹》。得其所归者必大，故受之以《丰》；丰者大也。穷大者必失其居，故受之以《旅》。旅而无所容，故受之以《巽》；巽者入也。入而后说之，故受之以《兑》；兑者说也。说而后散之，故受之以《涣》；涣者离也。物不可以终离，故受之以《节》。节而信之，故受之以《中孚》。有其信者必行之，故受之以《小过》。有过物者必济，故受之以《既济》。物不可穷也，故受之以《未济》终焉。

程子曰："《易》者，变易而不穷也。"晁氏云："《未济》之终，复始于《乾》《坤》。"《玄》，以"将"，准《未济》。韩康伯曰："'三才'必备，岂有'天道、人事'，偏于'上、下'哉？"元公曰："《上经》，主'天地'言，多以'君道'相配；《下篇》主'夫妇'言，多以'臣道'相配。麻衣、《参同》，取'卦位'与'丹候'相应。无物，不具此理；圣人隐而尽之矣。"胡庭芳曰："《上》，'天道'，而具'人道'；《下》，'人道'，而具'天道'。"《易意》曰："统言'三才'，分言'天人'，皆不相坏也。令升，以殷末妲祸，周盛《关雎》；故备论礼义所由生。吾叹：'圣人，以天地代乾坤；重叙天地，托夫妇。'天地，伦于人；伦还其伦，即序还其序矣。曰'然后'，曰'不可'，曰'必有'，要惟'随时处中'已耳。"淇澳言："'居安《易》序'[1]，即此六十四卦相承，确然不可移。万古、人物、宇宙，皆在此'六十四德'中。生成变化，虽欲不安，亦不可得。吾身体会，方觉'居安'实地；所谓'思不出其位'者，此也。"《潜录》曰："三十六'贞悔'，十二之，九之，六之，三之，两之；又以十卦周之，末《震》领十四，皆详前矣。平心静气，一诵此《序》，言外'会通'，风行电转，真'千古大文章'。非'执一，所可行数'者也。《蒙引》谓'物不可穷也'一言，括尽全经，然哉。"智曰："东坡谓：'若赋诗断章，不可以一理论。'愚曰：'此，正其所以一也。'有知'反因'，即'公因'者乎？圣人，随触而是；即，随受而素矣'。摩尼宝珠，五色四射，日轮塞空，岂容正视耶？后士，执'训诂'，以赞圣人，西向而笑耳。"

周易时论合编卷之十四终

① 《系辞传》："是故，君子所居而安者，《易》之序也。"

周易时论合编卷之十五

皖桐方孔炤潜夫论述
孙中德、中履、中通、中泰编录
子婿左国鼎再较

杂卦传

仲翔曰："圣人因时而作。于时王道踳驳，故次《序》以《杂》，曰'非敢为佞也，疾固也。'其有'损益之思'乎？"令升曰："既《序》之，又《杂》之，明'道，非常道也'。'化裁存变'，终之以'决'，明'能决断其中，惟阳德之主也'。禅征伊周，遭遇异时也。夏野、殷鬼、周文，《春秋》取三代而损益之，以授颜子。故圣人于天下，同不是，异不非，'一以贯之'矣。"明善公曰："蔡介夫，谓'《序》，为流行之《易》;《杂》，为对待之《易》。吾谓'有杂，而不杂者存'。'一贯'以决，决于'君子之道'，而已。"《易意》曰："乾兑，同为太阳；坤艮，同为太阴。乾上兑下，顺则为《履》。《履》，即'伏坤艮'之《谦》。兑上乾下，交则为《夬》。《夬》，即'伏山地'之《剥》。《大横》首乾、兑，而终坤;《杂卦》首乾、坤，而终夬；明'决于阳之治阴，而乃能用阴也'，决于礼教而已矣。《谦》'平'、《复》'礼'，岂忧剥哉？"潜老夫曰："知'六十四之，即二十六万二千一百四十四也'，知'三十六之，即十八也'，皆'九六'也，皆'参两'也，皆一也。则《序》《杂》，皆纯矣。虚舟《孔易衍》，有精义，别载于后。"智曰："帝网之珠，光光相摄。然不'序'之、'杂'之，岂知'反因'之有'公因'？又岂知'公因'即在'反因'中，而决于'善用'乎？'《序》《杂》皆纯'者，'大受'也。序之，使知'适当时位'之'正受'也；杂之，使知'变中'之正，犹'适当'也。《大过》末后之'错综旁举'也，其深思乎？'劳'之乃安，'颠'乃知'决'；惟'易简'知'险阻'，惟'险阻'乃知‘易简’。后世，习流黠见，遂欲委之自然，以陷民于过。夫圣人之反复‘困衡’，人以使‘寡过’也，即‘天地’‘自然’之‘消息’也。惟其不得‘自然’，乃所以善享其‘自然’；故，先为决其‘因二贞一’之‘纲宗’，然后使之‘研极’以‘自决’焉。自决、自信，始信圣人。不信圣人，谁能决志？故‘陷于庸俗’者，‘死于安乐’，‘不自决志’之过也。‘陷于鬼窟、陷于莽荡’者，为‘过当不决’之语，误成其大过者也。是以，圣人终一‘决’之。匹夫决志，天地、鬼神‘不能违’，况‘圣人之所决’乎？”

《乾》刚《坤》柔，《比》乐《师》忧。

潜老夫曰：“言‘刚’者，天在地中也。言‘忧’‘乐’者，‘人道’，在‘因好恶以决之’也。以忧善其乐，而即可‘乐以忘忧’矣。人心，比昵于柔，则乐而过多；‘乾刚’‘师克’，则忧而过少。末一‘忧’字，正相应也。忧以‘终始’，其要‘无过’，‘孔《易》之旨’夫？”

《临》《观》之义，或与或求。

“或”之者，“教思”，亦物所自求也；“设教”，亦己所与也。人间两端，皆此“与、求”，生“忧乐”也。

《屯》见而不失其居，《蒙》杂而著。（《举正》作“稚而著”）

“动乎险中”，“经纶”，贵乎张主也。“亨行时中”，教法，贵乎“因而表之”也。教，所以为治；“君道”明于“师道”。故，“杂著”，与《杂传》相应。

《震》起也，《艮》止也，《损》《益》盛衰之始也，

“忧乐”之情，尽乎“与”“求”；隐，则难以治教。故表法必贵见者，要归“动静”“盈虚”；而“起”“止”，见于始几，又特著之。关子明曰：“《损》《益》，盛衰之始。”圣人推“时运”，施“典礼”，必济其衰，戒其盈。行乎《易》中，因夏、因殷，损益可知。后王不能应其数者，礼，不行于《易》中也。此，以世论也；心法，亦然。

《大畜》时也，《无妄》灾也。

始几，惟此“无妄”。然必“大畜”以“学问”，乃以“时其无妄”。若徒恃“本自无妄”，而莽莽然，则主仆不分，成“荒荡”之“灾眚”矣。

《萃》聚而《升》不来也，《谦》轻而《豫》怠也。（“怠”，京作“治”，虞作“怡”）

“萃聚”而来，升往不退；此，学问之“始几”，贵乎向上也，而益妙于损。惟《谦》“以自牧”，则身世顿轻；然豫图其乐，则颓然怠矣。

此，不可不知也。

《噬嗑》食也，《贲》无色也。

脱累能轻，入德妨怠。必去其间；而逢物化物，即可谓之“正命食”矣。色色者，未尝色。而即费是隐，“伦物”“践形”，皆“食色”也。

《兑》见，而《巽》伏也。

“见”与“伏”同时，犹“费、隐”也。乾坤统“四偏”于上，而留“坎离、二济”于下。

《随》无故也，《蛊》则饬也。（王肃本，“饬”，作“节”）

寂感大随，本无故也。而随即生蛊，饬必有事，岂可坐无事乎？

《剥》烂也，《复》反也。

驰外闭内，病在生事；而执离两途，又堕无事。故必过“剥烂、复反”之关。

《晋》昼也，《明夷》诛也。（孙奕，以“诛”，当作“昧”。升菴云：“诛，有之由切。‘昼’，亦音‘周’。”）

“昼”，言“明德”；“夷”，言“用晦”。“自昭”之几，在自诛其“隐微之私”，所谓“洗心斋戒，神武不杀也”。贞其“剥复之一”，则“通昼夜而知”矣。通“昼夜之道”，不过“一通一塞”之间。塞，则自通，即无“通塞”；故，继困、井。

《井》通，而《困》相遇也。

本“通塞之几”，而言“相遇”，何也？遇此，始知“忧乐”之“起止损益”，皆“一于二中”也，则可随感而久矣。此，为《上经》三十卦。

《咸》速，而《恒》久也。

天地人伦，在上下《经》之首，终不以杂而变。

《涣》离也，《节》止也。《解》缓也，《蹇》难也，《睽》外也，《家人》内也，《否》《泰》反其类也。

《咸》“感”、《恒》“立”之道，即“速”、即“久”。然必“涣汗”，以“离”之；乃中节，以“止”之。则，难可缓；而外内，咸宜矣。其几，止于“否泰之类”，不可不知其“反因”也。上、下《经》，原以否泰、损益，为“首六贞悔”之限。今，两处易而连称之。心学贵乎，知始；而入用，贵乎类情。反否，其类昌；反泰，其类败。邵子曰：“水受火，则温；火受水，则灭。”所以，泰则，小人皆为泰；否则，君子惟有否而已，不能从小人“乱其群”也。泰，则君子养小人；否，则小人伤君子；故云“反其类”。

《大壮》则止（熊氏，作“上”），**《遁》则退也**。

人世，莫重于“出处进退”之几，玩一“则”字，则“反类之学”精矣。

《大有》众也（荀，作“终也”），**《同人》亲也**。**《革》去故也**，**《鼎》取新也**，**《小过》过也**，**《中孚》信也**。

“类情、通德”[①]，则众亲。“新故”之际，可以过物而信行矣。乾至此，四十八卦，“四分用三”也。“观过，知仁”[②]，故二《过》皆于《下经》言之。

《丰》多故也，亲寡《旅》也。（王、韩，作“丰多故也”。荀，以“丰多故亲”，为句。）

上危之，下惜之，反出“旅”字。知旅于丰；则人世，真咸恒矣，可以“蹈水火”矣。

《离》上而《坎》下也

坎、离，“造化”之门户，炎上、润下，顺乎数也。君子反之，火降而水升，取“《离》中之阴”，以制火；取“《坎》中之阳”，以制水；是为“逆数”。此，“天人、身世”之“要几”也。

《小畜》寡也，**《履》不处也**。

圣人，所以“善世”者，礼也。故，以此用水火；而先“以寡御众”，即旅其“丰之道”也。“不处”，所以著其“履之善”也。上，言“大畜其无妄”；此，言“小畜于履”。

《需》不进也，**《讼》不亲也**。

依然，此“饮食”之“讼场”，岂能免哉？能“自讼”，则“不进”“不亲”，皆“《畜》寡”“不处”之善用也。不明“忧乐”之“始几”“反因”，则谈性命、超生死，亦“教讼而已”矣。岂能，颠转《大过》，而“决”之乎？此，下卦不反对，有“深几”焉。黄帝曰：“圣人，索颠作天。”颠，顶也，惟亢上项。惟顶即颠，颠必倒矣，此，“颠连”之理也。

《大过》颠也，**《姤》遇也，柔遇刚也**。**《渐》女归待男行也**（古，“归”，作“妇”），**《颐》养正也**，**《既济》定也**，**《归妹》女之终也**，**《未济》男之穷也**。**《夬》决也，刚决柔也；君子道长，小人道忧也**。

此，取三互，仲虎言之矣。四十八卦，言“《小过》过也，《中孚》信也”。余十六卦，又余其半，而举“《大过》颠也”；不即言《颐》，而

① 《系辞下》：“以类万物之情，以通神明之德。”

② 《论语·里仁》：“人之过也，各于其党，观过，斯知仁矣。”

举“《姤》遇”何耶[1]？人，所以“过”，皆“遇”之为也。以“忧乐”，知“损益之始”；是《困》相遇，而通也。“《否》《泰》反类”，当《小过》之后；丰、旅于“水火之中”，畜、履于“需、讼之场”，则《大过》之“颠”矣。危哉。故包“遇”，合“饮食”“男、女”于中；而“颠”其“终”“穷”，“决”其“养正”焉。“颠”，所以转“全刚全柔”之故：以“亢”，而惕其“飞、跃、利见”之“潜”。“决”所以断“扶阳化阴之理”，以君子申“二中制命之一”。岂得，不为乾坤各之，而一望其“道长”，一以忧“为道”哉？小人能忧，即君子矣。圣人，正忧“后世之君子，不知不觉，而近小人也”。况有“无忌惮”者，窃“偏高之奇兵”，雄“洸洋之巧护”，而贪以“蓬毂不决”之语，误人入阱乎？然，彼亦以“悍然不反”，为“刚”也，何以决之？潜老夫，不得回避，而叹曰：“真刚，惟言‘贞一’；邪刚，托于‘混一’。真刚，归于‘中和’；邪刚，助以‘狠僻’”。故曰“吾，未见刚者；以刚于‘欲之非刚’也”。然，人又曰：“何者，非欲？”故又曰：“刚健中正，纯粹精也。正用之，即‘非欲’矣。”至曰“本无‘刚柔之至体’，何容啧啧乎？”“鼓天下之动，存乎辞”，敢快口于“所不必言者”哉？人惕“修辞、立诚”之位，所以居“继善官天之业”也。人而生矣，体在用中，用在杂中，必决于“择善得一善”，乃止“至善”。诸家征考，谨列左方。

胡云峰曰：“《易》终《杂卦》，一卦，反覆为两；此，‘变易’也。乾、坤至困，三十卦，当《上经》数，而杂《下经》十二卦于其中；自咸至夬，三十四卦，当《下经》数，而杂《上经》十二卦于其中；此，‘交易’也。坎、离，‘交之中’者，本居《上经》三十卦内，今附于《下》；震、艮、巽、兑，‘交之偏’者，本《下经》三十四卦内，今附于《上》。其无反对者，《上经》六卦，《下经》二卦；今附于上者二卦，附于下者六卦，皆‘交易之义’也。十二辟卦，除乾、坤外，《上经》否、泰、临、观、剥、复，阴多于阳者十二；《下经》遁、壮、姤、夬，阳多于阴者十二，今《杂卦》移《否》《泰》于三十四卦之中，而阴阳之多少复如之。特，在上经者三十六画，在下经者二十四画；今附于上者二十四画，附于下者三十六画，愈见其交易之妙尔。若合六十四卦论之：《上经》三十卦，阴爻之多于阳者八；《下经》三十四卦，阳爻之多于阴者亦八。今则附于三十卦者，阳爻七十二，阴爻一百八，而阴多于阳者三十六；附于三十四卦者，阳爻一百二十，阴爻八十四，而阳之多

① “举”字，原文不清，根据文镜本。

于阴者亦三十六。以‘反对’论：《上经》阴之多于阳者四，《下经》阳之多于阴者亦四。今则，附于上者，阳爻二十九，阴爻五十七，而阴爻多于阳者十八；附于下者，阳爻六十九，阴爻五十一，合而阳爻多于阴者亦十八。或三十六，或十八，互为多少，非特见阴阳交易之妙；而三十六宫之妙，愈可见矣。”

又曰：“‘杂物撰德’，原指中爻互体。《先天三互图》，左互复、颐、既济、家人、归妹、睽、夬、乾八卦，右互姤、大过、未济、解、渐、蹇、剥、坤八卦。此则，于右取姤、大过、未济、渐四卦，于左取颐、既济、归妹、夬四卦，各举其半，可兼其余。《杂卦》中取肖体，又其最难者也。《上》三十卦，终《困》柔揜刚[①]；《下》三十四卦，终《夬》‘刚决柔’。柔揜刚，‘君子不失其所，亨’；‘刚决柔’，‘君子道长，小人道忧’矣。《杂卦》之末，特别君子、小人，其意微矣。始乾终夬，一阴决，画则乾也。考《皇极经世》‘乾，巳会之终，当尧世’。欲自夬而乾，如尧世‘任贤去邪，疑谋勿成’以为夬耳。”苏东坡、蔡节斋之改，徒多事矣。又何如朱子之疑耶？黄《疏》曰：“六十四卦，皆从乾坤交变得之。凡刚皆乾，凡柔皆坤；刚柔杂居，而吉凶遂判矣。全章俱明‘刚柔杂居’之义，非错举其名也。乾坤，纯之纯者也。乾坤之外，则以刚柔之专者为纯。‘一者，众之所宗；少者，多之所贵也。’师、比，一刚居上下之中；临、观，二刚统上下之始终，皆主刚而言也。屯、蒙二刚，分位于外内。震，以刚‘起’；艮，以刚‘止’；其常与万物出入之门乎？损、益，三刚三柔，或得或失，‘盛衰之际’也。大畜，艮刚止于乾上；无妄，震刚动于乾下，‘时’与‘灾’分焉。萃、升，以二刚与柔应，或聚于上，或止于下。谦、豫，一刚为主，而不当乎位之中。噬嗑与贲，以震艮从离，是阴柔为政矣。兑，阴外‘见’；巽，阴内‘伏’；主柔而用事也。随，刚下柔；蛊，则上柔；剥，柔变刚；复，则刚反，‘天地之心’见焉。晋、夷，则坤离相错，阴卦也；二刚丽上则明，二刚囚下则暗。‘《井》通’，以刚中之得；而《困》以‘刚掩’，故‘穷’。”

“《咸》《恒》居下篇之首，三刚三柔，柔上刚下，则气通；刚上柔下，则位定。涣与节，以巽兑从坎阳，用事于中也。蹇、解，以艮震从坎。阳卦也，刚动于险外则《解》，刚止于险中则《蹇》也。《睽》，离之柔居外；《家人》，离之柔居内，亲疏分矣。否、泰，刚柔相称，而‘小’‘大’分焉。大壮，刚止于上；遁，刚退于下。大有、同人，五刚

① 《困》卦，《彖》曰：“困，刚揜也。”

用事，非族众而情亲乎？革、鼎，以兑巽合离，阴卦也；离柔中用事，有‘去故’‘取新’之功焉。二刚制四柔,《小过》也；二柔顺四刚,《中孚》也。丰、旅，以震艮从离，柔为主也。离主柔，坎主刚，水火之势分矣。小畜，一柔为‘寡’；履，以一柔履刚为‘不处’。需，刚‘不进’，险在外也。讼，刚‘不亲’，险在内也。大过，刚胜矣，囚于二柔之内，非‘颠’乎？姤，有五刚，柔为主也。《渐》先刚而柔后。颐，四柔主中，二刚用事于外，皆不失其正焉。既济，三刚得位矣。归妹，柔乘刚，女不善其‘终’者也。未济，三阳失位，非‘男之穷’乎？《夬》以‘刚决柔’，变为纯乾之卦矣。六十四卦，不过‘刚柔相推’。圣人于刚柔损益之际，恒致意焉。扶抑之情，见于互举，非错陈也。”

孙文介曰：“从乾坤以下，比、师是一乾坤，剥、复是一乾坤，大壮、遁又一乾坤。从大壮前乾坤合，终之否、泰；大壮以后，有乾无坤。坎是天一本体，故乾坤继以师比。离是用九归还，故《大壮》下连继以离，而终既、未济。夫泽水之汇，以比水始，以夬则终，合离之成效也。震艮兑巽，以佐乾坤，始用离以还乾坤成用。一中气也，始之成之也。比、师继以临、观者，阳行阴即辅之临、观，阴阳自相‘求’‘与’。屯、蒙皆为坎用。震、艮，阳之‘起’‘止’也。损、益，山泽、雷风合，故曰‘盛衰之始’，其乾坤始造时一消息也。‘《大畜》时也’，阳畜之也。《无妄》曰‘灾’，戒阳也。萃、升，‘万物之情’；谦、豫，一人之情。随、蛊，合雷泽、山风，乾坤始造，至此一周也。晋、明夷，火一升一降；井困，水一升一降。解、蹇、睽、家人、否、泰，即八卦之全，故云‘反其类’，是乾坤中用时一消息也。小畜、履，皆乾为主，故曰‘寡’、曰‘不处’也。畜之大，则承震艮；畜之小，则承巽离，时言周遍，寡言精微也。‘《既济》定矣’，次归妹、未济，男女有离合之义焉，合水火之成效也，是乾坤终用时一消息也。终之以《夬》，刚决为柔，君子常不败，‘小人道忧’。返‘无忌惮’为‘戒惧’，乾坤调羹，在吾手矣。如是，而乾坤始完。首《乾》，中《大畜》亦乾，终《大壮》亦乾；刚柔虽二，而所以为刚柔者一耳。先之以《比》，刚中有柔；终之以《夬》，柔中有刚。震、艮，刚而柔；巽、兑，柔而刚；离、坎，而刚柔始中。《乾》《坤》之后首《比》，其是乎？《师》一阳，曰‘《师》忧’;《夬》一阴，曰‘小人道忧’，‘《乾》刚《坤》柔’义于是备。”《易简录》曰：“忧‘己之为小人’，而使世之不得为君子也。”

更生曰：“赵文敏得《定武禊帖》，临玩不尽，有《十三跋》《十七跋》。夫子赞《易》，说而又说，亦惧‘后世学人未必皆耳顺’，故叮咛反复耳。”

虚舟子曰：“文王合《羲易》为贞悔，既序之矣。尼父重为《孔易》，号曰《杂卦》，岂得已哉？始乾、终讼者，体对待也；知大过、终夬者，用流行也。合之，则始乾、终夬，而以讼、大过为转关。子盖曰：‘人具乾体，本来无过，而乾体晦蚀，乃有大过；有大过以复于无过，则讼实开之，而夬实竟之。’故提《大过》以承《讼》，而留《夬》以结《乾》，益昭然矣。不则，《易》无二理，何必更为《易》也？《乾》纯阳，《夬》五阳，《大过》四阳，以四阳而过大，初上之阴实蔽之，乃其中之乾体固在也。一决再决，夬其阴，而纯阳之体复，故曰‘五十学易，可以无大过矣’之言也。《孔易》既成，寄慨以示弟子志之，以明此旨也。余因次第之，且置其义、论其序，曰‘可以反对五十六’。合先后天，起北始《坤》，右行周《比》，而《复》终于南。卦有本宫，有对宫，每互取；有正位，有隅位，每交取。其尊《先天》之大《乾》，藏而不用；用《后天》西北之《乾》，贵用也。自刚柔分体，而无体之乾，化为乾坤，以统诸卦矣。首《比》《师》者，主《后天》坎，以合《先天》坤，自北方而东，亦‘天阳起北’之理也。于是取北方之坤、坎，以合四隅之偏卦：而坤合少长女之偏，为《临》《观》；坎合少长男之偏，为《屯》《蒙》。每至隅卦，必相交，取东南之隅，震艮在焉，其本卦也。艮交兑，则《损》；震交巽，则《益》。由本宫艮翻则震，对宫巽错则兑，故交取之。隅卦每交乾坤，《大畜》《无妄》，艮震交乾；《萃》《升》，兑巽交坤；《夬》《姤》，兑巽交乾。交附隅见，故次东北。今取大畜、无妄、萃、升、谦、豫，而遗姤夬，将留以殿诸卦也。正东，《先天》离位。离交震艮，以合偏阳，则《噬嗑》《贲》为贞悔云。东南之隅，兑巽为本卦。兑交震有《随》，巽交艮有《蛊》。又以四隅之交取之，乾当正南离位，圣人尊乾不举，且以用时，大乾宜藏。故举对宫之坤，交艮震为《剥》《复》；再取后天离交坤，为《晋》《明夷》；俱有坤者，避正则取对宫也。正南卦，乾可取坤，则离可取坎；故以坎交巽兑为《井》《困》，则亦对宫卦也，此上经也。《周易》前阳后阴，《孔易》前阴后阳。故乾坤外，上卦合坤者十二，合乾者二；下卦合乾者十二，合坤者二。其它妙叶，胡氏言之矣。《咸》《恒》转西南，故四隅之卦，又一交焉。正西坎位，先以坎交巽兑，为《涣》《节》；继以坎交震艮，为《解》《蹇》，亦主坎也。坎合四偏也，《睽》《家人》次之，取坎对宫之离交兑巽，合偏阴也，是南正西卦也。西北之隅，后天之乾所起，故乾坤交而《否》《泰》立。至此始取乾者，《先天》之乾，天也；后天之乾，乃人也。《否》《泰》虽天，实开人事，故于《后天》之位见之。继此则乾合偏阳矣：乾交震艮，为《壮》《遁》。《壮》《遁》亦人事，故附《否》《泰》后。再转正北《师》起处，前未取互，乃取对宫离乾为贞悔，又取对宫离交兑巽，‘以补前所未备’云。再于西北隅补互震艮，取本位，巽兑取对宫也。再转正东离位，交震艮，因以离坎次之。东南《先天》兑位近乾，故以巽兑交乾为《畜》《履》，巽则兑之反也。正南乾交对宫之坤、坎，于是以水地、地水起者，以水天、天水终，而五十八卦如循环矣。后不对之八卦，以三互取前五十六卦，天而人，是以先后天参用，起北终南，其行逆。后八卦人而天，本体渐复，纯先天，不参后天，始南终北，右旋一周，其行顺也。合其已用而举之，《颐》《未济》一逦，而四卦各十四阳，以胜十阴。总在提出《大过》，明乎‘决之可复乾体’也。”详具《图说》。藏一曰：“吾师先言大本领，而后举象数之淆讹处杂征之，亦见‘理无所不在’也。”

潜老夫曰：“胡、孙、黄、王就序征之，各有天巧。玄子谓：‘微言妙道，尽于阴阳乘错，毋为“舍玄珠，而抱赤椟”也。’吾以为，此各不相碍者也。岂可曰‘人用官骸而已’，遂恶指上之节，与经络之尺寸耶？道理光光相入，随举皆得，故备收之。‘君子之道’，不长则退[①]；‘小人之道’，使之忧，则乐矣。”智曰：“旧以八经卦提纲。愚谓‘用四偏，以用坎离之中，即乾坤之纯也’。‘杂而不越’，纯于杂中也。故以二老用四偏，表于上篇；以坎离用中，表于下篇。置阴阳，而言刚柔，正谓‘落于体质，方可论决’。贵知心法，故示‘忧’‘乐’；以明表幽，故贵‘见’‘著’。‘起’‘止’见伏，互为《损》《益》，而终《困》者；‘生安’[②]，归于‘困勉’[③]也。一知其始，则乐忧通矣，无非‘相遇’也。《下篇》正以人事之用征之，贵‘习坎’‘明离’之用中也。饮食男女，内外人我，无非‘上下相济’而已。‘上下’者，《否》《泰》之反因通类也。《坎》为‘心病’，而心之所遇，忧乐皆过，故二《过》皆肖《坎》。《孔易》，首师、比，首习险也；中井、困，入悦乎险也；转关以需、讼，健于险也；末合二济，于夬以终[④]：留心于坎，所以决‘杂而不越’之心学也。《困》‘通’决能知始，而‘自讼’决能‘反类’。‘颠’其所‘遇’，则举世皆险阻之药。而我心养易简之正，顿定于渐；‘终’‘穷’，

①原文缺“不长”二字，根据文镜本补。

②《孟子·告子下》：“生于忧患，死于安乐。”

③《礼记·中庸》：“或生而知之，或学而知之，或困而知之，及其知之一也。或安而行之，或利而行之，或勉强而行之，及其成功一也。”

④《杂卦传》之卦序。

亦无终穷矣[1]。决矣。嗟乎！人生不能不动，动与物相遇，遇无非过；女祸口祸，圣人深忧。总杀之，过矣；总赦之，更过矣。惟渐‘养’而正，‘定’之已耳[2]。本无终穷，此时但当善济。二互之终，惟有四乾坤、四既未，则《周易》之定符，治教之定符，本非可造作也。‘朔易’冬开，以小始知大始，则‘继善、成性’，刚决柔而用柔，故曰‘冷火烧空，热冰冻日，必以子先’。西北之乾金至刚，险止而震出，则‘神武不杀’；入明顺悦，奉我而行矣。辟之指南车焉，子午针正，而七十二龙，旁罗皆正，为有挟磁矫引者。遂焚指南，以泛溟渤耶？”移孝曰：“‘利用厚生’，而伦艺居业，以养正也。人不决志好学，则温饱葬人久矣，故以‘不耻恶衣恶食’决之。知其苟免也，故以‘忧患’‘疢疾’[3]决之。‘浮云’‘蔽屣’，孔孟决人之灵丹也；卦爻、诗书，养人自决之目手也。君平之帘下，‘与人子言孝，与人友言信’，是善用时中之决者也。虞稷曰：庄生云‘别墨倍谲’，至今不决，今遂有以不决之突梯藏身者矣。天地决生圣人，赖圣人决天地之理也。故十三卦与《杂卦》，皆终以《夬》。”《隅通》云：“终《未济》，犹贞元之虚意；终《夬》，则贞元之实事也。”倪文正谓：“《春秋》律《易》。”瞿虞山谓：“《孝经》决《易》。”愚谓：“六经，所以决天也。”

周易时论合编卷之十五终

①《杂卦传》：“《归妹》女之终也，《未济》男之穷也。”

②《杂卦传》：“《颐》养正也，《既济》定也。”

③《孟子·尽心上》：“人之有德慧术知者，恒存乎疢疾。独孤臣孽子，其操心也危，其虑患也深，故达。”